经以济世
建筑济民

贺教育部

重大方向项目

立项

李晓锋

教育部哲学社会科学研究重大课题攻关项目

"十三五"国家重点出版物出版规划项目

中国东北亚战略与政策研究

RESEARCH ON CHINA'S STRATEGY AND POLICY IN NORTHEAST ASIA

刘清才

等著

中国财经出版传媒集团

经济科学出版社

Economic Science Press

图书在版编目（CIP）数据

中国东北亚战略与政策研究/刘清才等著. —北京：经济科学出版社，2016.9

教育部哲学社会科学研究重大课题攻关项目

ISBN 978 - 7 - 5141 - 7278 - 2

Ⅰ.①中…　Ⅱ.①刘…　Ⅲ.①区域经济合作 - 国际合作 - 经济发展战略 - 研究 - 中国②东北亚经济圈 - 区域经济合作 - 研究　Ⅳ.①F125.5②F114.46

中国版本图书馆 CIP 数据核字（2016）第 225831 号

责任编辑：解　丹
责任校对：王肖楠
责任印制：邱　天

中国东北亚战略与政策研究

刘清才　等著

经济科学出版社出版、发行　新华书店经销

社址：北京市海淀区阜成路甲 28 号　邮编：100142

总编部电话：010 - 88191217　发行部电话：010 - 88191522

网址：www. esp. com. cn

电子邮件：esp@ esp. com. cn

天猫网店：经济科学出版社旗舰店

网址：http://jjkxcbs. tmall. com

北京季蜂印刷有限公司印装

787×1092　16 开　30.75 印张　590000 字

2016 年 9 月第 1 版　2016 年 9 月第 1 次印刷

ISBN 978 - 7 - 5141 - 7278 - 2　定价：76.00 元

课题组主要成员

刘雪莲　黄凤志　张慧智　沈海涛
朱显平　庞德良　陈志恒　王　生

编审委员会成员

主　任　周法兴

委　员　郭兆旭　吕　萍　唐俊南　刘明晖
　　　　　刘　茜　樊曙华　解　丹

总　序

哲学社会科学是人们认识世界、改造世界的重要工具，是推动历史发展和社会进步的重要力量，其发展水平反映了一个民族的思维能力、精神品格、文明素质，体现了一个国家的综合国力和国际竞争力。一个国家的发展水平，既取决于自然科学发展水平，也取决于哲学社会科学发展水平。

党和国家高度重视哲学社会科学。党的十八大提出要建设哲学社会科学创新体系，推进马克思主义中国化时代化大众化，坚持不懈用中国特色社会主义理论体系武装全党、教育人民。2016 年 5 月 17 日，习近平总书记亲自主持召开哲学社会科学工作座谈会并发表重要讲话。讲话从坚持和发展中国特色社会主义事业全局的高度，深刻阐释了哲学社会科学的战略地位，全面分析了哲学社会科学面临的新形势，明确了加快构建中国特色哲学社会科学的新目标，对哲学社会科学工作者提出了新期待，体现了我们党对哲学社会科学发展规律的认识达到了一个新高度，是一篇新形势下繁荣发展我国哲学社会科学事业的纲领性文献，为哲学社会科学事业提供了强大精神动力，指明了前进方向。

高校是我国哲学社会科学事业的主力军。贯彻落实习近平总书记哲学社会科学座谈会重要讲话精神，加快构建中国特色哲学社会科学，高校应需发挥重要作用：要坚持和巩固马克思主义的指导地位，用中国化的马克思主义指导哲学社会科学；要实施以育人育才为中心的哲学社会科学整体发展战略，构筑学生、学术、学科一体的综合发展体系；要以人为本，从人抓起，积极实施人才工程，构建种类齐全、梯队衔接的高校哲学社会科学人才体系；要深化科研管理体制改革，发挥高校人才、智力和学科优势，提升学术原创能力，激发创新创造活力，建设中国特色新型高校智库；要加强组织领导、做好统筹规划、营造良好学术生态，形成统筹推进高校哲学社会科学发展新格局。

哲学社会科学研究重大课题攻关项目计划是教育部贯彻落实党中央决策部署的一项重大举措，是实施"高校哲学社会科学繁荣计划"的重要内容。重大攻关项目采取招投标的组织方式，按照"公平竞争，择优立项，严格管理，铸造精品"的要求进行，每年评审立项约 40 个项目。项目研究实行首席专家负责制，鼓励跨学科、跨学校、跨地区的联合研究，协同创新。重大攻关项目以解决国家现代化建设过程中重大理论和实际问题为主攻方向，以提升为党和政府咨询决策服务能力和推动哲学社会科学发展为战略目标，集合优秀研究团队和顶尖人才联合攻关。自 2003 年以来，项目开展取得了丰硕成果，形成了特色品牌。一大批标志性成果纷纷涌现，一大批科研名家脱颖而出，高校哲学社会科学整体实力和社会影响力快速提升。国务院副总理刘延东同志做出重要批示，指出重大攻关项目有效调动各方面的积极性，产生了一批重要成果，影响广泛，成效显著；要总结经验，再接再厉，紧密服务国家需求，更好地优化资源，突出重点，多出精品，多出人才，为经济社会发展做出新的贡献。

作为教育部社科研究项目中的拳头产品，我们始终秉持以管理创新服务学术创新的理念，坚持科学管理、民主管理、依法管理，切实增强服务意识，不断创新管理模式，健全管理制度，加强对重大攻关项目的选题遴选、评审立项、组织开题、中期检查到最终成果鉴定的全过程管理，逐渐探索并形成一套成熟有效、符合学术研究规律的管理办法，努力将重大攻关项目打造成学术精品工程。我们将项目最终成果汇编成"教育部哲学社会科学研究重大课题攻关项目成果文库"统一组织出版。经济科学出版社倾全社之力，精心组织编辑力量，努力铸造出版精品。国学大师季羡林先生为本文库题词："经时济世 继往开来——贺教育部重大攻关项目成果出版"；欧阳中石先生题写了"教育部哲学社会科学研究重大课题攻关项目"的书名，充分体现了他们对繁荣发展高校哲学社会科学的深切勉励和由衷期望。

　　伟大的时代呼唤伟大的理论，伟大的理论推动伟大的实践。高校
哲学社会科学将不忘初心，继续前进。深入贯彻落实习近平总书记系
列重要讲话精神，坚持道路自信、理论自信、制度自信、文化自信，
立足中国、借鉴国外，挖掘历史、把握当代，关怀人类、面向未来，
立时代之潮头、发思想之先声，为加快构建中国特色哲学社会科学，
实现中华民族伟大复兴的中国梦作出新的更大贡献！

教育部社会科学司

前　言

　　东北亚地区在中国周边外交中占据重要地位，是中国和平发展和大国外交的重要地缘政治基础。这里集中了世界主要大国，是世界大国力量聚集和战略利益交汇之处。冷战结束后，东北亚地区形势发生重大变化，东北亚地区国际体系处于重大历史转型时期。东北亚地区的两极格局终结了，正在形成中、美、日、俄四大国纵横捭阖、竞合博弈的新格局。2010年中国超过日本成为世界第二经济大国。中国的迅速崛起正在改变东北亚地区的国际力量格局。中国积极开展具有中国特色的大国外交，推动周边命运共同体建设，实行更加积极的东北亚外交政策。美国作为一个域外国家是东北亚地区的重要角色。美国奥巴马政府的"亚太再平衡"战略主要是针对东北亚地区，东北亚地区是美国战略重心东移的重点地区。美国不断巩固和强化与日本和韩国的双边军事同盟，加强在日本和韩国的前沿军事部署。日本安倍政府积极推行"普通国家化"政策，修改和平宪法，解禁集体自卫权，通过系列安保法案，使日本成为新的政治和军事大国。俄罗斯是一个横跨欧亚大陆的国家，在东北亚地区具有重要国家利益。俄罗斯积极参与东北亚地区事务，积极开发俄罗斯东西伯利亚和远东地区，把东北亚地区作为融入亚太地区的重要通道。

　　东北亚地区也存在着历史问题、朝鲜核危机和朝鲜半岛问题、领土主权和海洋权益争端等地区安全问题，这些都折射出国际体系新变化与大国的地缘战略博弈。历史遗留问题仍然是东北亚地区国家关系的重要影响因素。日本战争反省问题、朝鲜半岛问题、岛屿争端问题都是第二次世界大战后的历史遗留问题。冷战结束后，这些历史问题不但没有解决，反而成为东北亚地区复杂的现实问题。朝鲜半岛的南北双方长期对峙，朝鲜战争停战已经60多年了，至今还没有签署和平条约。美国加强在韩国的军事部署，频繁举行大规模联合军事演习，都增加了朝鲜国家安全的外部压力。朝鲜为了提高国家防卫能力，执意进行核试验和导弹试射。朝鲜的核威慑政策和战争边缘政策使朝鲜半岛紧张局势不断升级。东北亚地区还存在着岛屿和海洋划界争端问题，包括俄日北方领土争端、中日钓鱼岛和东海划界争端、日韩独岛争端等。这些领土主权和海洋权益争端直接影响到国家间关系的发展。

中国是东北亚地区的重要国家，在东北亚地区具有政治、经济、安全和文化等重要国家利益。东北亚地区复杂的形势对中国国家主权、安全和发展利益构成严峻挑战。为了创造和平稳定、发展繁荣的东北亚地区国际环境，中国需要依据大国外交战略布局，实行更加积极的东北亚战略与政策。本书应对东北亚地区国际体系转型和形势变化，以东北亚地区政治、经济、安全和文化关系为主线，以东北亚地区重大和热点问题为重点，以战略研究和政策研究为视角，以理论研究和政策研究为分析路径，全面、深入、系统地研究了中国东北亚战略与政策。

在研究目标上，我们探讨了中国东北亚战略构想。秉持中国特色大国外交和"亲、诚、惠、容"周边外交新理念，提出以战略互信为基础，以经济合作为依托，以制度建设为重点，推动建设平等信任、睦邻友好、合作共赢的东北亚地区新型国际关系和国际秩序。为此，需要摒弃零和博弈，在利益平衡基础上，实现合作共赢。超越冷战思维和军事对抗政策，确立合作安全和共同安全新理念，共同维护东北亚地区和平与稳定。在国际法原则基础上，建立东北亚地区国家行为准则和国际机制，实现东北亚地区长治久安和发展繁荣。中国在东北亚地区的重要利益和大国地位，决定了中国将采取积极的东北亚政策。作为负责任的大国，在东北亚地区发挥引领者、塑造者和建设者作用，为中国崛起和和平发展创造良好的地缘政治基础和发展空间。

在研究架构上，我们突出一个主题、关注两大热点、应对五个基本问题。我们突出的主题是东北亚国际体系转型与中国的战略选择。主要是分析东北亚地区国际体系的结构转型，研究中国的身份与角色、机遇与挑战、国家利益与战略目标，探讨构建东北亚地区新型国际关系和国际秩序。我们关注的两大热点：主要是朝鲜核危机、东北亚地区领土主权和海洋权益争端问题。这是直接影响到东北亚地区和平与稳定的敏感问题，研究通过外交途径以和平方式解决这些问题的基本对策。我们应对的五个基本问题：一是东北亚地区安全威胁与安全机制建设。分析中国在东北亚地区面临的传统安全和非传统安全威胁与挑战，提出通过安全机制建设，维护东北亚地区和平与稳定的构想与对策。二是东北亚地区的能源安全挑战与能源体系建设。探讨通过建立能源合作体系实现地区能源安全的基本设想。三是东北亚金融安全与货币体系建设。主要是应对全球金融危机和金融安全问题，研究建立东北亚金融货币体系的可行性对策。四是推动东北亚地区贸易投资便利化和地区经济合作。在"一带一路"建设框架下，研究贸易便利化措施、发展互联互通和自贸区建设，深化东北亚地区经济合作。五是中国东北亚文化战略与政策。应对各种民族主义浪潮对东北亚地区国家关系的影响，从扩大文化交流入手，研究加深了解、增进友谊、扩大共识的途径与方法，以全面提升中国文化软实力。

在研究思路与方法上，我们突出了中国的主体性地位。从中国特色大国外交和东北亚地区外交政策的视角，对中国的东北亚战略与政策开展深入和系统的研究。我们努力把理论研究和应用研究、战略研究和政策研究相结合，对中国东北亚战略与外交政策进行基础性、综合性、战略性和对策性研究。运用各种研究方法，将系统方法与分析方法相结合、定性分析与定量分析相结合、规范性研究与实证性研究相结合、动态研究与规律性研究相结合。立足于战略视野，放眼于全局和长远目标，注重当前重大现实问题，使中国东北亚战略与政策具有稳定性、可操作性、可持续性和可预期性，确保中国东北亚战略利益和战略目标的实现。

由于东北亚国际体系正处于历史转型时期，各国外交政策和相互关系都处于重大调整和变化之中，这些都增加了中国东北亚战略与政策研究的难度。我们力求从战略高度，立足长远，纵览全局，统筹兼顾，以务实主义态度寻求解决的方案与路径。在这方面，首先，是东北亚国际体系转型带来的不确定性。东北亚地区国际体系转型取决于地区大国力量对比的变化和大国战略关系。美国亚太地区战略和中美战略关系是重要影响因素。它使东北亚地区国际体系转型的方向和秩序具有多种选择和可能性，这种动态性特征自然会增加研究难度。我们力图从战略高度来研究基本政策，从体系转型的宏观把握来研究国家外交政策走向，从规律性的把握来思考对策性问题。其次，东北亚安全困境导致的复杂性。目前，东北亚地区存在严重的安全困境问题。由于缺少政治互信，地区性安全机制建设严重滞后于其他地区。构建符合我国安全利益，有利于维护东北亚地区和平与稳定的安全机制是一项战略性选择。但是，如何超越美日、美韩双边军事同盟体系，增进战略信任和地区安全认同是一项重大难题。我们试图以新安全观为指导，研究建立安全机制的模式、途径与方法。再次，朝鲜核危机的多变性和突发性。朝鲜核危机和朝鲜半岛问题是影响东北亚地区和平与稳定，涉及中国国家安全的重大地区性问题。朝鲜核问题北京六方会谈搁浅，使通过多边外交途径解决朝鲜核问题的进程受阻。我们试图从建立朝鲜半岛和东北亚地区和平机制，寻求解决朝鲜核问题的途径与方法。最后，东北亚地区经济一体化发展问题。东北亚地区各国的贸易和投资不断扩大，形成密切的相互依赖关系，然而，地区经济一体化和制度化发展水平严重滞后，直接影响到东北亚地区金融安全、能源安全、经贸合作和国际竞争力。我们依据各国经济比较优势，兼顾各国经济利益，从推动能源和金融合作，发展贸易投资便利化和自贸区建设入手，提出了推动东北亚地区经济贸易一体化合作的政策与方案。

中国东北亚战略与政策研究是与世界形势、国际大势、中国和平发展战略、中国大国外交战略、中国周边外交政策和全面建成小康社会的发展目标紧密相连的。2008 年全球金融和经济危机使美国经济遭受重创，欧盟国家深陷主权债务危机，也充分暴露出西方自由市场经济体系的严重弊端。世界新兴经济体国家的整体崛起，使国际力量对比朝着均衡化方向发展。世界 20 国集团的建立意味着全球治理结构的根本变革。中国作为世界第二大经济体，在推动世界经济合作与发展中发挥着日益重要的作用。苏联解体后，美苏两个超级大国争夺世界霸权的战争威胁消除了，然而，发生在世界各地区的武装冲突和局部战争此起彼伏，接连不断。各种历史问题、领土主权和海洋争端、民族和宗教矛盾都成为引发国际争端和冲突的重要根源。国际恐怖主义、宗教极端主义和民族分裂主义成为新的安全威胁。保护生态环境，维护金融、能源、粮食、运输等经济安全和信息安全，打击国际犯罪，保护公民、社会与国家安全成为各国共同面临的威胁与挑战。应对各种传统和非传统安全威胁，中国政府积极倡导新安全观，推动建立新的安全理念和安全合作架构，推动建立更加公正合理的国际体系和国际秩序。2013 年和 2014 年中央召开了专门的周边工作会议和外事工作会议，提出了"亲、诚、惠、容"周边外交新理念和建设周边命运共同体的发展构想。与此同时，习近平主席又提出了建设"一带一路"的发展战略。中国大国地位的提升和中国重要外交理论和实践创新，使我们中国东北亚战略与政策研究具有了明确方向。我们也力图推动和深化中国东北亚外交政策的研究，为中国特色大国外交和周边外交贡献智慧和力量。

为完成这项重大课题，我们聘请了国内研究机构的知名学者为咨询专家，以吉林大学行政学院和东北亚研究院教学科研人员为基础，组成了实力雄厚、精明强干的科研团队。他们都是长期从事东北亚区域政治、经济、安全和文化方面研究的教授和学者。在项目执行过程中，我们广泛开展学术交流，积极开展科学研究和政策咨询活动。为此，课题组先后举办了五次国内和国际学术会议，在国内权威期刊发表论文 70 多篇，为外交部提供的多项政策研究和咨询报告获得采纳。

本书是教育部哲学社会科学研究重大课题攻关项目《中国东北亚战略与政策研究》（批准号：09JZD0037）的最终结项成果，2015 年 8 月 20 日正式提交结项研究成果，2016 年 2 月通过了重大攻关项目专家鉴定。我们广泛吸取了专家建议，经过修改和完善后正式出版。这部学术著作凝结了集体智慧和力量，它是目前我国第一部全面系统研究中国东北亚外交政策的学术专著。我们力求通过理论和实践创新，为中国东北亚外交政策与实践提供理论思想、外交智慧和政策建议，进一步推动和深化中国东北亚战略与政策的学术研究。然而，由于理论和政策水平所限，难免会有疏漏和不当之处，敬请各位专家学者不吝赐教。

刘清才

摘　要

　　《中国东北亚战略与政策研究》一书以中国特色大国外交和"亲、诚、惠、容"周边外交理论为指导，以战略和政策研究为分析视角，以政治、经济、安全和文化关系为主线，以东北亚地区重大和热点问题为研究重点，深入分析了东北亚地区形势与挑战，系统研究了 21 世纪中国东北亚战略构想与外交政策选择。

　　第一章，东北亚国际体系转型与中国的战略选择。深入分析了东北亚国际体系转型和地区形势变化带来的挑战，论述了中国在东北亚地区的政治、经济、安全和文化等重要国家利益，从中国特色大国外交的战略定位，论述了中国东北亚战略构想和实施路径；提出中国东北亚战略目标是维护东北亚地区和平与稳定，促进东北亚地区经济发展与繁荣，推动建设东北亚新型国际关系和国际秩序；在实施路径上，中国要积极构筑大国合作的战略架构，推动东北亚地区安全合作，深化东北亚区域经济合作，提升中国作为东北亚地区大国的文化软实力。

　　第二章，东北亚地区安全挑战与安全机制建设。从传统安全和非传统安全视角，分析了东北亚地区安全形势与安全挑战，对美国、俄罗斯和日本在东北亚地区的安全利益和安全战略进行了比较研究，论述了中国在东北亚地区的安全利益和安全战略；探讨了中国推动建设东北亚地区安全合作机制的模式选择与建构路径；提出将以共同安全和合作安全的新安全观为基本理念，坚持以经促政、循序渐进原则，推动建立东北亚地区多边安全合作机制。中国应在建立东北亚地区安全合作机制中发挥倡导者和推动者作用。

　　第三章，朝鲜半岛问题与中国的战略与政策。分析了朝鲜半岛高度紧张的安全形势，朝鲜和韩国对外政策及南北关系；比较研究了美国、俄罗斯和日本的朝鲜半岛战略与政策，重点分析了美国的朝核政策；深入研究和论述了中国的朝鲜半岛战略与政策；提出中国应坚持朝鲜半岛无核化立场，推动恢复六方会谈，和平解决朝鲜核问题。建立朝鲜半岛和平体制和东北亚和平与安全机制，将是实现朝鲜半岛无核化的根本路径。同时，探讨了中国与美国、俄罗斯和日本在朝鲜半岛问题上的协调与合作。

第四章，东北亚地区领土主权与海洋权益争端及其战略与对策。分析了东北亚地区各国间存在的领土主权和海洋权益争端及影响；研究了中国在东北亚地区的领土主权和海洋权益与战略选择；论述了中国对钓鱼岛拥有主权的历史和国际法依据，提出了中国解决钓鱼岛争端的战略与对策。在解决中日东海专属经济区划界争端问题上，建议借鉴"布伦特原油合作模式"解决中日东海划界争端的困境。

第五章，东北亚地区能源安全形势与能源合作。分析了东北亚地区各国能源安全形势与能源战略，研究了俄罗斯与中国、日本和韩国的能源合作；探讨了中国东北亚地区能源合作战略与对策；提出以"一带一路"经济发展战略为契机，以石油、天然气、电力、节能技术和新能源开发合作为平台，以加强能源基础设施和海陆运输通道建设为纽带，以建立东北亚地区能源共同体为目标，深化东北亚地区各国能源合作；推动东北亚地区能源合作机制建设，共同维护东北亚地区能源安全，促进东北亚地区经济发展与繁荣。

第六章，东北亚地区金融安全与货币体系建设。分析了 2008 年国际金融危机的影响与东北亚地区金融安全形势，论述了东北亚区域金融合作与中国的战略选择；提出应以中日韩金融合作框架为基础，推动东北亚区域功能性金融合作机制建设；对东北亚区域货币体系建设进行了理论探讨，提出的建设目标是推动建立汇率协调与合作机制，通过稳妥有序推进人民币资本项目可兑换，逐步实现人民币区域化和国际化。

第七章，东北亚地区贸易投资便利化与东北亚区域合作。分析了东北亚地区各国的经济贸易合作，研究了东北亚地区各国贸易投资便利化与自由贸易区建设的政策选择；论述了《中日韩投资协定》和中韩《自由贸易协定》对于推动东北亚贸易投资便利化和区域合作的示范和引领作用；提出了中国推动东北亚地区贸易投资便利化和自贸区建设的任务与目标，研究了中日韩自贸区建设与中国的战略对策。

　　第八章，民族主义对东北亚国家关系的影响及对策研究。分析了东北亚地区民族主义浪潮，主要是研究了爱国主义情感、排外主义情结和民族优越感等几种表现形式；从历史、文化和现实三个视角论述了东北亚地区民族主义产生的根源及其对国家关系的影响；提出了倡导文化多样性和包容性、构建东北亚地区文化认同、提升中国文化软实力的战略对策。

Abstract

The book *Research on China's Strategy and Policy in Northeast Asia* is under the guidelines of the major power diplomacy with Chinese characteristics, and the neighborhood diplomacy theory featuring amity, sincerity mutual benefit and inclusiveness. It has profoundly discussed the situation and challenges in the Northeast Asia region, and systematically studied China's 21st century strategy and foreign policies in the region. This book focuses on the significant events and hot issues, lines under the regional countries' relations in politics, economy, security and culture, both in perspectives of strategy and policy.

The first chapter expounded Northeast Asia's transformation of international system and China's strategy. This chapter has analyzed challenges which brought about by transformation of international system in the Northeast Asia, discussed China's interests in such areas as politics, economy, security and culture in the region. It has also discussed China's strategy and approaches from the position of major power diplomacy with Chinese characteristics. The chapter proposed China's strategy in the region is maintaining peace and stability, promoting regional economic development and prosperity, and boosting the building of new international relations and orders in the Northeast Asia. With regards to the specific approaches, China will positively build strategic framework within major powers cooperation, give impetus to regional security cooperation, and deepen regional economic cooperation as well as improve China's soft power as a major power in Northeast Asia.

The second chapter has described security challenges and the construction of security mechanism in Northeast Asia. From the traditional and untraditional perspectives, this chapter has discussed regional security situation and challenges, compared security interests and strategies among the United States, Russia, and Japan, expatiated on the China's security interests and strategy in the region and discussed mode as well as approaches by which China promoting regional security cooperation mechanism. China has proposed that it would conduct with the conception of common and cooperative security, practices the principle of boosting economic development by politics step by step, to boost the construction of multiple cooperative security mechanisms in the region. China should play the role as proponent and leader in the regional security mechanism.

The third Chapter has discussed the Korean Peninsula issue and China's strategy and policy. It has discussed highly intensified situation on the Korean Peninsula, foreign polices both of Democratic People's Republic of Korea and Republic of Korea as well as relations between them. It has compared the United States' Korean Peninsula policy with that of Russia and Japan, laid special stress on analyzing the United States' policy on Korean Peninsula nuclear issue. This chapter also has deeply discussed China's strategy and policy on Korean Peninsula. China's position on Korean Peninsula nuclear issue is continuously promoting denuclearization of the Korean Peninsula and pushing forward the six-party talks, in order to resolve the problem peacefully. To build a peninsula peace mechanism and Northeast peace and security mechanism is the basic way towards denuclearization of the Korean Peninsula. At the same time, this chapter has expounded China's coordination and cooperation with the United States, Russia and Japan on the Korean Peninsula issue.

The fourth Chapter has analyzed the territory sovereignty and ocean rights disputes in this region as well as China's strategy and tactics. This chapter has discussed the territory sovereignty and ocean rights disputes among regional countries and its impact. It studied China's strategy on territory sovereignty and ocean rights in the Northeast Asia, discussed China's sovereignty over Diaoyu Dao under the ground of history and international laws, and proposed China's methods of resolving Diaoyu Dao disputes. In solving the problem of East China Sea delimitation on exclusive economic zone between China and Japan, China suggested that Brent Oil cooperation mode should be the best way to solve the issue.

The fifth Chapter has discussed the energy security situation and cooperation among Northeast Asian countries. This chapter has analyzed energy situation and strategies of the regional countries, discussed china's regional energy cooperation strategy and counter-measures. China's initiative "One Belt One Road" targets, as a development opportunity, at deepen energy cooperation among Northeast Asia countries on the platform of oil, natural gas, electric power, energy-saving technology and new energy development and cooperation. It also seeks to strengthen construction of energy infrastructure, land and sea transport channel; the final goal would be an energy community within the region. Regional countries should boost the construction of energy cooperation mechanism; make joint efforts to maintain energy security regionally and driving economic development and prosperity.

The sixth chapter focused on finance security and monetary system construction in Northeast Asia. It has analyzed the impact of international financial crisis in 2008 and financial security situation in Northeast Asia, discussed regional financial cooperation and China's strategy in Northeast Asia. This chapter gives opinions on how to promote functional financial mechanism of cooperation in the Northeast Asia under the ground of financial cooperation among China, Japan and Republic of Korea. It has theoretically discussed the monetary system construction in the Northeast Asia, targeted at building a coordinated and cooperative mechanism on exchange rate, and gradually realized the localization and internationalization of RMB by orderly boosting RMB convertibility under capital accounts.

The seventh chapter has discussed the trade and investment facilitation as well as regional cooperation in Northeast Asia. It has analyzed cooperation in economy and trade among regional countries, their policies on the trade and investment facilitation and the construction of Free Trade Agreement (FTA). It has expatiated on the pilot role during the trilateral investment agreement among China, Japan and Republic of Korea as well as the Free Trade Agreement between China and South Korea has played. It has raised China's task and target on promoting the trade and investment facilitation and the construction of FTA, studied FTA construction among China, Japan and South Korea including China's counter-measures.

The eighth chapter is centered on the impact of nationalism on relations among regional countries. It has analyzed the trend of nationalism in this region, mainly focused on several representations of nationalism such as patriotic emotion, complex of exclusiveness and ethnocentrism. It has expounded the originality of nationalism and its impact on relations in regional countries from the perspectives of history, culture and reality. This chapter proposed measures for advocating diversity and inclusiveness of culture, building cultural identification in the region and upgrading China's soft power.

目 录

Contents

Contents

Chapter Ⅷ Research on the impact of Nationalism on relations among Northeast Asian countries and their counter-measures   395

第一章

东北亚国际体系转型与中国的战略选择

冷战结束后，特别是进入 21 世纪以来，东北亚地区形势发生了重大变化。东北亚地区在保持战略态势总体稳定可控的同时，本地区国际体系正在发生历史性转型，呈现出多极化的发展趋势。东北亚地区经济稳定发展，各国成为重要经济贸易伙伴，形成密切相互依赖的关系。2008 年全球金融和经济危机发生后，东北亚地区逐渐成长为世界经济发展的强大引擎和动力。

东北亚地区集中了多个世界主要大国，是大国利益交汇的重要地区。同时，东北亚地区也是大国合作、竞争和战略博弈的重要舞台。中国是东北亚地区重要国家，中国在东北亚地区具有重要国家战略利益，它是中国确立大国外交战略，实现和平发展的重要地缘政治基础。坚持"亲、诚、惠、容"睦邻外交政策，积极推动建设东北亚地区新型国际关系，努力构建东北亚地区新秩序，是中国东北亚地区战略与政策的重要选择与目标。

一、东北亚国际体系转型与中国面临的问题和挑战

冷战结束后，两极格局终结，世界呈现多极化发展趋势。在东北亚地区，随着中国迅速崛起，东北亚地区的国际力量对比发生重大变化，东北亚国际体系随之出现重大调整。东北亚国际体系的多极化趋势有利于建立合作共赢的新型国际关系，但也引发了体系性冲突，形成守成大国与新兴大国间的结构性矛盾和冲

1

突，造成大国间的安全困境，使东北亚地区局势具有很大不确定性。当前，东北亚地区存在的安全困境、热点问题以及各国调整国际战略的行径实质上都是东北亚地区国际体系转型引发的地震效应。东北亚地区国际体系转型和复杂的地区形势是中国周边外交面对的新问题和新挑战。这要求我们冷静分析、客观评估、权衡利弊、探索规律，从中国特色大国外交战略定位出发，审时度势地做出分析和判断。

（一）东北亚国际体系转型与结构性冲突

冷战结束以来，特别是进入 21 世纪后，东北亚地区国际体系进入重要历史转型时期。这导致东北亚地区形势发生新的变化，使其具有很大的复杂性和不确定性。顺应东北亚国际体系转型的时代潮流，适应东北亚地区形势的新变化，应对东北亚地区形势带来的新问题和挑战，是中国确定东北亚地区外交战略与政策的基础和出发点。

1. 东北亚地区国际体系正处于重要历史转型时期

冷战结束后，东北亚地区国际体系发生了重大历史性变化。原有的国际力量对比已被打破，国际格局正在走向多极化，各国的国家战略和外交政策随之进行重大调整。

首先，在东北亚国际体系中地区大国间的力量对比发生重大变化。所谓的"力量"不仅指经济实力和军事实力，也包括地区影响力和文化感召力等软实力。具体来看，当前东北亚地区大国中，中国、美国、日本和俄罗斯国家力量对比关系发生重大变化，集中表现为中美力量对比差距在缩小，中国超越日本和俄罗斯成为东北亚地区新兴大国。中国经济快速发展，在 2010 年就已经超过日本成为世界第二经济大国、东北亚地区的第一经济大国。中国的军事实力也不断增强，军费开支持续增加，军事现代化水平和国防能力不断提高，特别是远洋巡航能力和远海防御能力全面提升，增强了捍卫国家主权和领土完整、维护地区和平与稳定的军事实力。中国在东北亚地区的影响力也不断提高，特别是在缓和朝鲜半岛紧张局势上，在北京六方会谈协调解决朝鲜核危机中发挥了核心作用。相比之下，日本已经失去了东北亚地区第一经济大国地位，其经济长期处于萧条和停滞状态。外交上，日本长期追随美国，没有独立的外交战略与政策，这不利于其在东北亚地区施加影响力。俄罗斯独立以来，实行积极的东北亚地区政策。然而，由于俄罗斯远东地区经济长期停滞和落后，俄罗斯与东北亚地区经贸合作水平较低，这极大地限制了俄罗斯在东北亚地区的地位和影响力。美国是东北亚地区的域外国家，但是美国是东北亚地区国际体系中的重要存在。美国通过与日本和韩国的双边军事同盟和在韩国、日本的长期驻军，对东北亚地区国际格局和地区安全产生重要影响。随着中国经济快速发展，中美两国的经济差距正在缩小，按照目前中美经济增长速度，中国有望在 2020 年前后赶超美国。现在，美国控制和主导东北亚地区的能力受到严重削弱，美国始终担心中国未来会取代其地位，成为东北亚地区的主导国家。

其次，东北亚地区国际格局正在走向多极化。在东北亚地区，冷战时期美苏主导的两极格局终结了，新成立的俄罗斯彻底放弃了美苏两大体系的对抗政策。中国的迅速崛起从根本上改变了美国单极霸权的局面。为此，美国不断强化与日韩两国的双边军事同盟关系，巩固其在东北亚的同盟体系。中国和俄罗斯作为世界大国和联合国安理会常任理事国，是全球和东北亚地区国际体系中独立的一极。中俄建立了全面的战略协作伙伴关系，在地区事务中积极开展协调与合作，有效地平衡和制约了美国谋求地区霸权的意图，限制了美日、美韩双边同盟体系在地区事务中的作用，从而在东北亚地区形成了战略力量相对平衡状态，向东北亚地区多极均衡格局方向发展。

最后，东北亚地区国际体系转型处于重要的十字路口。这涉及国际体系模式的选择：一种国际体系模式是适应东北亚地区多极化发展趋势，建立多极均衡的国际体系格局。这种多极均衡国际体系格局将是建立平等信任、睦邻友好、互利合作的基础。在这个地区国际体系中各大国相互协作、共同治理，不是零和博弈，更不是赢者通吃，而是合作共赢，建设和平稳定、发展繁荣的地区秩序。另一种模式是美国单极主导的霸权体系，即所谓美国治下的和平体系。在这种体系下，美国充当地区的领导国，美国与日本、韩国建立的双边军事同盟将作为地区安全的基础。美国致力于将中国和俄罗斯等地区性大国纳入美国主导的体系，避免其可能对美国领导地位构成任何挑战。在这种体系下，各国之间不是平等的关系，美国将是领导国；在发展道路和意识形态上附属国将相对缺乏自主性，美国的发展模式和普世价值观将在东北亚地区被广泛推行；在安全上美国所主导的不是共同安全，而是将其与盟国安全置于优先地位，并以建立双边军事同盟和绝对军事优势地位作为美国地区霸权的基础。这种体系显然不符合中俄等国的利益，也不符合国际体系民主化发展潮流。

东北亚地区国际体系两种模式选择直接关系到如何构建东北亚地区国际体系和秩序问题。一种是地区大国多极均衡、相互尊重、平等协商、合作共赢的地区国际体系和秩序；一种是美国霸权治下的和平，它建立的是美国单极霸权体系和秩序。在东北亚地区多极化趋势下，推动建立多极均衡的民主秩序成为中国东北亚战略的重要选择。

2. 东北亚地区国际体系转型带来的结构性冲突

东北亚地区国际体系转型主要表现为地区力量对比和国际格局发生的重大变化。与此相联系，它涉及东北亚地区各国地位、角色和作用的调整和变化。因此，东北亚地区各国积极进行战略和政策调整，极力促使国际体系向更加符合本国利益的方向转变，以有效地维护和实现国家利益。由于东北亚地区各大国在体系角色、权力分配和地区秩序等重大问题上存在原则分歧与结构冲突，东北亚地区进入了体系转型过程中的震荡期。

首先是东北亚地区大国进行重大战略调整。随着东北亚地区国际力量对比和国际体系格局的新变化，东北亚地区大国都进行新的战略和政策调整以适应东北亚国际体系变化带来的影响，并积极地捍卫国家地位，维护国家利益。中国已经崛起为东北亚地区大国，实行积极的东北亚地区大国外交，在维护东北亚地区和平与稳定、促进东北亚地区合作与发展中，担当起体系建设者和塑造者的大国角色与责任。日本力图摆脱第二次世界大战后作为战败国的地位与限制，通过实行普通国家化，成为地区政治和军事大国。当前，日本安倍政权修改和平宪法，强行通过新安保法案的一系列举措都是服务于日本新的大国战略目标。随着世界政治和经济重心向亚太地区转移，俄罗斯从其横跨欧亚大陆的地缘政治现实出发，开始实行更为积极的亚太政策和东北亚地区政策，寻求融入东北亚地区体系，积极参与东北亚地区事务。美国采取了"重返亚洲"的政策，确定了新的"亚太再平衡"战略。在东北亚地区，美国不断巩固和强化美日、美韩双边军事同盟，以维护美国在东北亚地区的霸权地位和主导国作用。

其次是东北亚体系转型带来的中美间"修昔底德陷阱"问题。目前，中美两国利益相互融合度很深，共同利益和合作基础不断扩大。然而，中国积极推动建设东北亚地区新型国际关系和秩序，这无疑将对美国在东北亚地区的霸权地位构成挑战，从而引发中美两国的结构性冲突或体系对抗。因此，打破所谓"修昔底德陷阱"的定理，以及大国政治悲剧的逻辑，在东北亚地区建立新型中美大国关系就成为一项时代性课题。

最后是东北亚体系转型引发的地区安全困境。由于东北亚地区安全合作机制的缺失，加之转型时期所特有的冲突的多发性和多重性效应，从而导致大国间的安全困境。为此，在东北亚地区体系转型时期，东北亚地区各国的战略与政策都进行了重大调整和变化。

美国军事战略重心向亚太地区转移，并不断巩固和强化与日本和韩国的双边军事同盟。奥巴马总统上台后，美国政府宣布实行"重返亚洲"政策，确定了"亚太再平衡"战略。美国继续加大前沿军事部署，频繁举行联合军事演习，提高军备和军事合作水平。日本存在严重的政治右倾化趋势，安倍政府积极推动修改日本和平宪法，解禁集体自卫权，改变战后日本确定的专守防卫政策。2015年9月，安倍政府又强行通过了新的安保法案，扩大日本自卫队使用范围，突破日本采取海外军事行动的种种限制。美国与日本的军事同盟和军事政策具有明显的目的性和针对性，它增加了对中国和俄罗斯国家安全的外部威胁，这无疑会引起中国和俄罗斯等国的警惕和防范，不利于地区和平与稳定。在《美国国家安全战略》和美国《四年防务评估报告》中都表露出对中国军事现代化进程、透明度和意图的质疑和防范。在日本政府发表的《防卫白皮书》和《防卫计划大纲》中充斥着"中国军事威胁论"。在东北亚地区，俄日、美日都有交战的历史，日本经历过战败的历史，中、朝、韩都有遭受外敌侵略的历史。这种复杂的关系史使东北亚国家对国家独立、主权、安全问题都十分敏感。美国和俄罗斯重返亚洲、中国的崛起、日本普通国家化战略、朝韩争相主导南北统一的梦想都增加了东北亚地区安全形势不确定性、不稳定性和高风险性特征。这种安全困境造成了大国间信任的严重缺失，加剧了地区军备竞赛，使地区安全形势更加严峻复杂。

（二）东北亚地区的安全问题及其挑战

东北亚地区安全形势总体稳定可控，但不容乐观。受历史问题、冷战思维、安全困境、朝鲜半岛问题和领土争端等多重因素的影响，东北亚地区存在着各种安全隐患和挑战。如果发生战略误判或处理不当就可能使矛盾激化，引发地区冲突或战争。

第一，东北亚地区仍然存在着冷战思维和冷战历史遗产的影响。冷战已经结束20多年了，但在东北亚地区仍然存在着冷战思维。冷战时期实行的集团政治、结盟政策、军事优势政策、遏制战略、意识形态和价值观外交仍然盛行，并对地区国家关系产生重要影响。冷战时期形成的朝鲜半岛南北对峙局面没有改变，继续保持高度紧张状态。美国和日本仍然与朝鲜没有建立外交关系，继续对朝鲜实行敌视和遏制政策。美国继续保持并不断强化美日和美韩双边军事同盟，维持美国在东北亚地区的军事优势。这些冷战时期的思维和政策已经不符合东北亚地区格局和形势变化的要求，但仍然成为影响东北亚地区和平与安全的重要因素。

第二，朝鲜半岛问题是东北亚地区和平与稳定的严重威胁。朝鲜半岛南北双方仍保持高度紧张对峙状态。2010年发生的"天安舰"事件和"延坪岛炮击"事件使朝韩关系急剧恶化，朝鲜半岛局势接近战争边缘。朝鲜坚持先军政治，对于美韩大规模军事演习保持高度戒备，把防范美军入侵和"韩国吸收统一"政策作为维护国家安全的首要目标。朝鲜不顾国际社会反对，多次进行核爆试验，使朝鲜半岛局势处于高度敏感和危机状态。

朝鲜半岛无核化仍是各国面对的重大安全问题。朝鲜核问题已经发生根本性变化。朝鲜已经从进行核能开发计划转变为掌握核武器技术，并拥有少量和小型核弹头，现在还在研制和试验导弹技术。朝鲜已经突破核门槛，成为拥有核武器和核打击能力的核武国家。由于朝鲜半岛局势十分紧张，朝鲜拥有核武器将对朝鲜半岛和平和东北亚地区安全带来严重威胁。现在，朝鲜核问题北京六方会谈已经陷入停滞状态，从 2008 年至今就再也没有正式启动，使朝鲜半岛无核化进程搁浅。解决朝鲜核问题必须综合施策，缓和朝鲜半岛南北关系，美国和日本放弃不承认和敌视朝鲜的政策。推动建立朝鲜半岛和东北亚地区和平和安全合作机制，将有助于朝鲜核问题的解决，以及消除东北亚地区核扩散危险，实现朝鲜半岛和东北亚地区的和平与稳定。

第三，东北亚地区存在的领土主权和海洋权益争端成为国家关系发展的重大障碍。现在，中国与日本存在着钓鱼岛主权归属和东海划界问题的争端，俄罗斯与日本存在着北方领土主权争端，韩国与日本存在着独岛（日称竹岛）主权争端。这些领土争端多数是历史遗留问题，成为影响国家间关系发展的严重障碍。由于北方领土争端问题，第二次世界大战已经结束 70 年了，俄罗斯与日本仍然没有签署战后和平条约。2012 年日本政府制造的购岛事件，突破了中日间关于搁置争议，维持现状的底线，引发中日围绕钓鱼岛问题的激烈争端。为此，日本加强了东南海域的军事部署，中国也不断增强海军实力以有效维护国家领土主权和海洋权益。中国政府的海警舰船定期在钓鱼岛海域巡航，引起中日船舰的追逐和摩擦。韩国与日本独岛争端也造成韩日间关系疏远和紧张，使韩国总统朴槿惠拒绝与日本安倍首相举行会晤。这些领土争端都被视为国家核心利益，成为引发地区冲突的潜在隐患。

第四，日本安倍政府的内外政策引起周边国家的强烈反对和严重不安，产生了日本对战争历史反省问题、参拜靖国神社问题和"慰安妇"问题等一系列问题。日本军国主义势力发动的侵略战争给亚洲各国造成了深重灾难，特别是对中国的野蛮侵略造成 3 500 多万中国人的伤亡。日本军国主义侵略者还强征朝鲜、韩国和中国妇女充当"慰安妇"，使其惨遭蹂躏。然而，日本政府对这些令人发指的侵略罪行极力掩饰和回避，公然否认侵略历史和强征"慰安妇"的罪行。日本政府高级官员和国会议员公然集体参拜供奉甲级战犯的靖国神社，更极大地伤害了亚洲人民，特别是东北亚地区各国人民的感情。更加令人警觉的是，日本政治右倾化和军国主义势力抬头，还可能成为新的战争策源地，构成东北亚地区新的战争威胁。

日本政治右倾化和安倍政府的对外政策令人担忧。安倍政府推动修改和平宪法，解禁集体自卫权，修改安保相关法案，都是在走向军事大国之路。日本解除和平宪法确定的战争权问题，使日本逐步放弃专守防卫的安保政策，成为地区安全潜在威胁。

第五，中国的台湾问题始终是地区热点问题。台湾统一问题是涉及中国国家主权和领土完整的重大问题。台湾问题是中国国内战争遗留下的历史问题，由于美国长期实行武装和保护台湾的政策，使海峡两岸处于分离状态。美国支持和保护台湾政策是出于对中国的遏制政策，也是两岸统一的最大障碍。虽然近年来台海局势相对平静，两岸关系有所缓和，但是"台独"势力从未停止分裂活动。美国继续向台湾地区出售武器、拉拢台湾当局参加军演活动的做法都直接侵犯了中国国家主权，直接阻碍了两岸对话和和平统一进程。

（三）东北亚地区的经济合作和一体化

在冷战时期，东北亚地区存在着两种经济制度和经济体系，各国经济贸易发展水平相对较低。随着中国的改革开放，特别是苏联解体后，中国、俄罗斯和蒙古国等国都实现了经济转型，开始转向市场经济，这为东北亚地区各国发展经贸合作创造了基本条件。

亚太地区是世界经济发展最具活力的地区，东北亚地区是亚太地区经济发展的重要引擎。东北亚地区经济贸易合作具有很大的互补性和巨大的发展潜力。在东北亚地区，有日本和韩国等经济技术发达国家，有俄罗斯自然资源丰富国家，有中国人力资本雄厚和市场广阔的国家，中国、日本、韩国、俄罗斯都具有丰富的外汇储备，投资潜力巨大。

东北亚地区各国已成为重要的贸易和投资合作伙伴，中国、日本、韩国、俄罗斯和蒙古国也相互成为了重要贸易伙伴，中国是东北亚地区各国最大的贸易伙伴，相互投资的合作领域不断扩大，依赖关系不断加深。

2008 年全球金融和经济危机发生后，东北亚地区各国为规避金融风险，积极开展贸易本币结算，实行货币互换，加强金融领域的合作。2015 年 6 月 1 日，中国与韩国政府正式签署了《中韩自由贸易协定》，协定范围涉及了货物贸易、服务贸易、投资和规则等多个领域。在关税减让方面，经过 20 年过渡期后，两国 90% 以上的税目和约 90% 的进口商品实行零关税。这对于提升中韩两国贸易合作水平，促进中韩贸易发展具有重要意义，有助于推动中日韩三国自贸协定的谈判。

目前，东北亚地区经济一体化水平仍有待提高。东北亚地区与欧洲地区、东南亚地区相比较，在自由贸易区和经济共同体建设方面都非常滞后。现在，中国与韩国已经签署了自贸协定，而中日韩自贸协定谈判进行多年，仍然进展缓慢，建立东北亚自由贸易区以及东北亚地区经济联盟或经济共同体还有很长的路要走，中国政府积极推动的图们江区域合作由于复杂的地区形势更是举步维艰。东北亚地区经济合作机制的缺失使东北亚地区经济自主性能力受到极大限制，也难以抵御国际金融和经济风险可能带来的冲击。

东北亚地区经济合作的发展加深了地区各国利益的交叉与融合，促进了东北亚地区经济发展与繁荣，有助于维护地区和平与稳定。然而，密切的经济贸易关系也带来激烈的经济竞争，引发经济摩擦和冲突。自贸区建设都是基于平等、互利、合作、共赢的原则，然而，在东北亚地区仍然存着经济主导权之争。美国在亚太地区积极推动高标准的跨太平洋伙伴关系（TPP），具有明显的排挤中国的意图。美国和日本拒绝加入中国倡导的亚洲基础设施投资银行，则具有不甘心中国主导区域经济合作的狭隘打算。地区经济主导权之争以及各种担忧或不信任严重地妨碍了东北亚地区经济一体化发展。

二、中国在东北亚地区的国家利益

东北亚地区在中国周边外交中占据重要地位，是中国和平发展的重要地缘政治基础。中国位于欧亚大陆东部，太平洋西岸，是一个海陆相连的亚洲大国。中国所处的东北亚地区集中了世界主要大国，是大国力量和国家利益最汇集的地区。东北亚地区是经济最活跃的地区，也是中国对外经贸合作最密切的地区。东北亚地区安全形势也最为复杂，中国国家安全的外部威胁和挑战主要来自东北亚地区。

中国是东北亚地区重要国家，在东北亚地区具有重要国家利益。这些国家利益可以表现为政治利益、经济利益、安全利益和文化利益等各方面。有效维护和实现国家利益是中国东北亚战略与政策的重要目标和任务。

（一）中国在东北亚地区的政治利益

中国在东北亚地区的政治利益主要是指国家主权利益。主权是一个国家独立自主地处理对内对外事务的最高权力。国家主权可以分为对内主权和对外主权两大部分。对内主权是指国家选择社会政治制度和发展道路的自主权利，文化传统和价值形态受到尊重，国家具有对内决策的最高权力，不受任何外部干涉。对外主权则表现为独立自主地决定对外政策，维护国家主权平等地位，保证国家主权和领土完整等基本权利。

东北亚地区是一个多元化和多样性的地区。各国的历史和发展道路迥异，宗教、文化和意识形态具有多样性特征，社会政治制度不同，国家大小和强弱差异性很大。东北亚地区有经济发达国家，也有新兴经济体和经济落后国家；有西方民主国家，也有社会主义制度国家；在宗教信仰上，有基督教、天主教、东正教和佛教，也有儒家文化的影响。在东北亚地区有中国、日本和俄罗斯等世界和地区大国，也有朝鲜和蒙古国等地区小国。在地缘空间上，美国是东北亚地区的域外国家，然而，在东北亚地缘政治中美国又是不可排除的重要国家。有效维护中国政治利益成为中国东北亚战略与政策的重要目标。

1. 确立中国东北亚地区大国地位和影响力

在东北亚国际体系格局中，大国地位是一种权力分配，也是一种威望等级。从权力分配角度，它涉及东北亚国际体系格局的建构，是美国一超独霸格局下的多强并存局面，还是推动建立大国并存的多极格局。威望等级是大国影响力的结构状态，也是一种软实力的表征，表明地区大国的感召力、凝聚力、吸引力、主导力等多种因素。一个国家在地区国际体系中的地位是一种权力分配的格局，决定一个国家在地区事务中的身份、角色，如居于主导地位抑或从属地位，是领导者还是参与者。威望等级则表明一个国家的影响力，威望等级越高影响力就越大。确立国家应有国际地位和影响力是一个国家重要的政治利益，它是执行国家外交政策、维护和实现国家利益的重要基础。

当前，在东北亚地区确立中国大国地位，提升中国影响力，是中国在东北亚地区的重要政治利益。党的十八大以来，中国政府确定了建立中国特色大国外交的战略定位，提出了"亲、诚、惠、容"周边外交新理念。中国特色大国外交表现在全球、地区、国家间关系等各个层次。确立中国在东北亚地区的大国地位是保证中国特色大国外交在各个层次全面展开的重要地缘政治基础。中国"亲、诚、惠、容"周边外交新理念和"睦邻、安邻、富邻"睦邻外交政策是一种大国周边外交政策。它表明中国政府向周边地区提供公共产品的能力和意愿，以及在维护地区和平稳定，促进地区经济发展与繁荣中的大国责任。

从东北亚地区国际力量对比来看，中国完全具备了地区大国的综合实力，也在不断增强地区影响力。在东北亚地区事务中，不能没有中国的参加，中国不仅是平等的参与者，更是建设者和引领者。中国应平等地参与地区事务，反对美国在东北亚地区推行的地区霸权主义和强权政治，推动创设东北亚地区的规则与制度，推动建立东北亚地区新型国际关系和国际秩序。

2. 坚持中国特色社会主义

全球化、信息化、民主化是当代国际关系发展的时代潮流，它正将世界各国融合为一个统一的国际体系，使任何国家都无法独善其身；它也不断地推动建立统一的国际法原则和行为准则，使任何国家都不能超越国际制度规则。然而，全球化发展潮流并没有抹杀世界多样性本质和特征。各国历史传统、社会政治制度、经济发展状况、文化教育水平、宗教信仰和价值形态的差异决定了世界各国都不可能采用同一种发展道路和发展模式，每个国家发展道路和模式的选择都深深地植根于它的国家历史与政治现实之中。东北亚地区就具有政治和文化多样性特点。这里有资本主义制度国家，也有社会主义制度国家。在价值形态上，有坚持西方民主自由价值体系的国家，也有坚持社会主义价值体系的国家。

在冷战时期，美苏为首的东西方两大集团就是以社会制度和意识形态划线构成的两大对抗体系。苏联解体后，东西方两大体系的对抗消除了，但是美国并没有放弃对社会主义国家的各种限制和遏制政策。美国实行的民主扩展战略就是针对社会主义国家的价值观外交。美国把西方民主价值抬高为具有世界意义的普世价值，实质上就是把美国和西方的发展模式强加给世界各国，强加给中国等社会主义国家。并宣扬民主和平论，把中国等社会主义国家视为新的威胁，成为"中国威胁论"的理论依据。

中国社会主义是中国人民的历史性选择，是中国共产党领导中国人民探索出的中国特色发展道路和发展模式，是实现中国政治民主、社会稳定、经济发展、法制完善、文明进步的政治基础和制度保障。防止外部势力对中国政治制度的诋毁、西化和颠覆活动，捍卫中国社会主义制度，提升中国社会主义制度的优越性和吸引力，这些都是中国在东北亚地区重要的国家政治利益。

3. 捍卫中国国家统一和领土完整

国家统一和领土完整是国家主权的根本标志，它意味着主权国家对其领土范围的有效管辖和统治。国家统一表明一个主权国家具有统一的国家政治实体和统一的中央国家政权。国家统一相对的是国家分裂状态，国家分裂则表明一个统一的主权国家同时存在两个或两个以上政治实体和政权统治。在东北亚地区，海峡两岸处于分离状态，朝鲜半岛处于分裂状态，中国和朝韩都面临实现国家统一的问题。

当前，由于台湾与大陆尚处于分离状态，中国还没有最终解决国家统一问题。台湾问题是中国国内战争遗留问题，国民党政府内战失败后退至台湾，造成中国海峡两岸长期分离状态。美国支持和保护台湾的政策是造成台湾问题长期无法解决的重要原因，也成为中美关系中的敏感问题。近年来，海峡两岸关系明显改善，国共两党在"九二共识"原则基础上，积极推动两岸的和平、发展与合作，然而，两岸和平统一进程仍然十分曲折并漫长。一是美国继续实行台湾"不统、不独、维持现状"政策，无视中国政府反对继续向台湾出售武器，利用台湾问题要挟中国。二是台湾岛内的"台独"势力继续进行分裂活动，鼓吹"一中一台""台湾独立"。因此，坚持一个中国原则，坚决反对外国干涉和"台独"分裂活动，坚定维护中国国家统一和领土完整，是中国维护国家政治利益的一项重要任务。

中国与周边国家存在着领土争端，这是涉及中国领土完整的国家政治利益问题。在东北亚地区，中国与俄罗斯彻底解决了国家划界问题，然而中国与日本、韩国之间仍然存在着岛屿归属和海洋划界问题的争端。现在，中国与日本存在着钓鱼岛和东海划界问题的严重分歧。2012 年日本试图通过钓鱼岛国有化将争议岛屿窃为己有，打破了中日"搁置争议、共同开发"的共识。钓鱼岛是中国的固有领土，中国对钓鱼岛享有无可争议的领土主权。依据《雅尔塔协定》和《波茨坦公告》，钓鱼岛作为台湾及澎湖列岛的附属岛屿应当归还中国。在 1971 年美国单方面将钓鱼岛行政管辖权转让给日本，并把中日钓鱼岛争端列为美日同盟条约适用范围，加剧了中日解决钓鱼岛争端的复杂性。中日两国在东海专属经济区和东海大陆架划界问题上也存在着严重分歧，中韩两国在黄海划界和苏岩礁问题上也存在着争端，这些都涉及中国维护领土主权和海洋权益的核心国家利益问题。

（二）中国在东北亚地区的经济利益

随着经济全球化和区域经济一体化的深入发展，世界各国越来越注重利用自身的区位优势求得发展。东北亚地区是 21 世纪全球经济增长最快、最具发展活力、最有增长潜力、最有发展前景的区域。中国是东北亚地区重要国家，在东北亚地区具有重要经济利益。中国在东北亚地区的经济利益主要表现为深化经济合作，提升东北亚地区经济合作水平，防范各种经济风险，提高东北亚地区经济竞争力，为中国经济发展创造良好的地区环境，构筑中国经济腾飞之基。

1. 东北亚地区是中国经济发展的重要依托

东北亚地区是世界经济发展最快的地区，2008 年全球金融和经济危机发生后，美国经济出现衰退，欧洲经济陷入停滞，而东北亚地区经济保持快速增长，成为带动全球经济发展的强大引擎。当时,中国、韩国、俄罗斯和蒙古国等经济都迅速恢复增长,保持了强劲的发展势头。2013 年东北亚地区六国国内生产总值接近 17.5 万亿美元,占世界经济总量近 1/4,在世界国内总产值排名前 15 位的国家中有 4 个位于东北亚。[①] 东北亚地区各国经济具有极大互补性。东北亚地区有世界经济发达国家、新兴经济体国家和发展中国家。日本和韩国拥有雄厚资本,有先进技术和管理经验,但资源比较匮乏;俄罗斯有丰富矿产资源,但远东地区人口稀少,社会经济和基础设施相对落后;中国拥有丰富的自然资源和人力资源,经济增长迅速,贸易和投资市场广阔;蒙古国拥有丰富矿物资源,确定了矿产兴国战略;朝鲜也开始了经济开放政策,开展外贸和国际经济合作。东北亚地区为中国开展区域经济贸易合作开辟了广阔发展空间。

现在,中国与东北亚地区各国都是重要经济贸易伙伴,形成了密切相互依赖关系。2014 年中国是日本第一大贸易伙伴,两国贸易额为 3 074.8 亿美元,中国是日本第一大进口国,第二大出口国。[②] 2014 年中国是韩国第一大贸易伙伴,两国贸易额为 2 354 亿美元,中国是韩国第一大出口国和进口国。[③] 中韩双边贸易额超过了同期韩美、韩日、韩欧贸易额的总和。2014 年中俄两国贸易额为 884 亿美元,中国是俄罗斯第一大进口国和第二大出口国。[④] 2014 年中国与俄罗斯签署了价值达 4 000 亿美元的天然气购买合同,俄罗斯每年将通过东线天然气管道向中国出口天然气 380 亿立方米,期限长达 30 年。

区域经济合作是对外经济合作的重要依托,它具有对外经济合作的地缘优势和便利化条件,因此,发展地区经济合作是各国对外经贸的首要选择。东北亚地区各国是中国的重要经贸合作伙伴,形成了密切的经贸合作关系,为中国经济发展和对外经济合作创造了良好的地区环境。

2. 深化东北亚地区经济合作,实现东北亚地区经济一体化

适应经济全球化和区域一体化发展潮流,东北亚地区各国经贸合作不断深化,合作水平不断提高。为推动贸易投资合作,中国与东北亚地区各国都建立了

---

① 《开启东北亚和平合作新时代——外交部部长助理钱洪山在 2014 东北亚和平合作论坛开幕式上的主旨发言》,中国外交部网站,http://www.fmprc.gov.cn/mfa_chn/ziliao_611306/zyjh_611308/t1204796.shtml,2014 年 10 月 28 日。

② 《2014 年日本货物贸易及中日双边贸易概况》,中国商务部网站,http://countryreport.mofcom.gov.cn/record/view110209.asp?news_id=43691,2015 年 4 月 27 日。

③ 《2014 年韩国货物贸易及中韩双边贸易概况》,中国商务部网站,http://countryreport.mofcom.gov.cn/record/view110209.asp?news_id=42573,2015 年 1 月 21 日。

④ 《2014 年俄罗斯货物贸易及中俄双边贸易概况》,中国商务部网站,http://countryreport.mofcom.gov.cn/record/view110209.asp?news_id=43256,2015 年 4 月 10 日。

不同级别的双边对话和协调机制。为应对 2008 年全球金融危机，防范金融风险，中国与日本、韩国和俄罗斯都签署了货币互换和贸易本币结算的协议。东北亚地区各国实行积极的开放政策，降低关税水平、减少贸易壁垒、扩大市场准入等一系列举措促进了贸易关系发展。各国推动贸易便利化，实行互联互通，扩大地区相互贸易和投资。东北亚地区也开启了自贸区谈判进程。《中韩自由贸易协定》已经于 2015 年正式签署。中日韩三国还在进行自贸区谈判，以期签署自贸协定。

现在，东北亚地区还仅限于双边经贸合作，尚未建立多边经济贸易合作机制。为了深化东北亚地区经贸合作，提高东北亚地区经济合作一体化水平，还需要推动建立多边区域经济合作机制，实现东北亚地区经济一体化，以提升东北亚地区在全球经济中的竞争优势，深化东北亚地区各国的经济贸易合作。

3. 维护经济利益，共同防范各种经济风险

东北亚地区所涉及的经济风险主要包括防范金融风险、维护能源安全以及维护市场稳定等问题，我们应采取措施有效应对经济风险，从而为中国经济稳步、健康发展保驾护航。

首先是维护东北亚地区金融稳定，共同防范金融风险。中国金融安全面临东北亚地区金融环境的多维挑战。东北亚地区汇聚了中、日两大经济体以及经济发达的韩国和台湾地区，是世界经济的新兴区域。东北亚各国金融市场联系密切，一国局部市场的失衡极易扩散成区域性危机。1997 年东南亚金融危机和 2008 年全球金融危机给东北亚国家带来沉重打击，表明区域内国家存在着金融体系欠缺、金融体制不完善、金融调控能力脆弱等弊病。金融合作机制的不健全和金融风险防范机制的缺失使本地区无法有效抵御地区性和全球性金融危机的冲击。中国国内的金融体系同样存在着诸多问题，自加入世界贸易组织以来，金融领域的挑战层出不穷，特别是针对中国的金融犯罪非常突出，中国的金融安全问题亟须解决。此外，部分邻国的国内金融政策也会影响中国的金融安全。特别是日本屡屡在其国内经济衰退之时采取放任日元贬值的政策将危机输出到邻国，给包括中国在内的东北亚地区金融市场的稳定造成威胁。

其次是保证中国能源利益。随着中国经济的迅猛发展，矿物资源的消耗量剧增，特别是石油、天然气等战略能源仍将大量依赖进口。这样的局面反映出中国维护经济资源安全的迫切程度。中国在东海正在进行的石油天然气资源开发，一定程度上拓展了战略资源的获取渠道，而如何有效、稳妥地保障资源供给将是今后能源安全问题的重中之重。此外，东北亚地区国家对能源资源的需求增大，中国面临地区性能源争夺的激烈挑战。中国在能源关系非对称相互依赖中属敏感性较强的一方，易受能源供给风险的影响。油气资源的来源与运输线安全遇到任何

限制或冲击，都会使国内经济遭到打击。同时，东北亚地区整体能源需求的增长导致能源领域矛盾冲突的增加，如中日两国在俄罗斯远东输油线路问题上的矛盾与分歧等。甚至许多地区性冲突，如中日钓鱼岛之争也有其能源争夺方面的肇因。

最后是维护东北亚地区市场稳定。市场安全主要包括国内市场投资和国外市场竞争两个方面。在东北亚地区，美国、日本和韩国是对中国市场投资的重要国家，这些国家都位于对华投资排名的前列。保持良好的投资环境、确保稳定的资金来源是中国经济发展的重要基础，国内市场安全是其重要保证。另外，中国与周边许多国家的经济结构相近，市场竞争涵盖了技术、资金、人才、市场份额等方面，市场争夺日趋激烈。如何在市场竞争中占据优势，扩大中国在东北亚地区的市场份额，涉及中国在东北亚地区的经济利益，直接关系国家经济发展。中国外贸规模虽然扩大，但国际竞争力并没有相应增强。东北亚各国外贸依存度普遍较高，区域内市场竞争激烈，这给中国产业造成较大竞争压力。特别是金融危机造成的货币贬值效应，随着危机后各国经济的恢复，也将对中国商品的价格竞争力带来挑战。同时，来自东北亚地区特别是日韩等国的外资企业进入和抢占中国市场，必将对中国民族产业构成冲击，给国内产业安全埋下风险和隐患。

（三）中国在东北亚地区的安全利益

国家安全利益是一个国家生存和发展的基本要求，它是国家主权与权利的基本保障。中国是东北亚地区重要国家，在东北亚地区具有重要国家安全利益。中国在东北亚地区的安全利益是与东北亚地区安全形势和安全挑战密切相关的，主要表现为维护国家主权和领土完整，有效防御外敌入侵，积极应对各种非传统安全威胁与挑战，为中国政治稳定、经济社会发展、文化繁荣和睦邻外交工作创造和平、稳定、和谐的地区安全环境。

1. 加强国防安全，保卫领土和海疆安全

国防安全是国家最基本的安全利益，它通常是指有效地防御外敌侵略，保卫国家领土和边界安全。在东北亚地区，中国面临着严峻复杂的安全形势，保证国防安全是一项重要的军事战略任务。

首先，美国"亚太再平衡"战略对中国国家安全构成外部军事威胁。苏联解体、冷战结束后，美国的军事战略重心开始向亚太地区转移。2009年美国总统奥巴马上台后，确定了"重返亚洲"政策，实行新的"亚太再平衡"战略。在美国总体削减军费开支的背景下，美国继续加强在亚太地区的军事投入和军事部

署，其中包括把美国 11 艘航空母舰中的 6 艘部署在亚太地区，并把美国最先进的作战飞机、作战潜艇和战舰以及先进的军事装备部署在美国关岛和日本、韩国的军事基地，实现前沿军事部署。2015 年 7 月 20 日，美国海军发布的"导航规划"文件指出，美国海军航空兵将全面加强在亚太地区的军事部署，这包括美国海军最先进型号的武器装备，如 F－35"闪电Ⅱ"隐形战斗机、F/A－18E/F 升级版"超级大黄蜂"战斗机、P－8A 海神远程巡逻机等。①

美国军事战略重心向亚太地区转移有遏制和防范中国的战略意图，美方认为中国军事现代化是对美国亚太地区军事优势地位的挑战，因而将中国视为有能力对美国构成"反进入与区域拒止"威胁的国家。在 2010 年美国国防部发表的《四年防务评估报告》中提出，美国要发展新的空海一体化作战思想，"以在各种军事行动中击败敌人，包括具备尖端反进入与区域拒止能力的敌人"。②

当前，中美之间存在多种可能导致军事冲突的诱发性因素。其一为中美关系的"修昔底德陷阱"，即守成大国与新兴大国间发生的冲突。美国是世界超级大国，中国是新兴大国，美国可能会把中国视为对其世界霸权地位和主导的世界秩序构成挑战的挑战者。其二为美国可能卷入盟国的间接战争。美国不断强化美日、美韩、美菲等双边军事同盟，介入中国与日本、菲律宾等国岛屿和海洋争端，对中国实行遏制和防范政策。美国把钓鱼岛争端列入《美日安保条约》适用范围，就极有可能卷入中日间领土争端，引发中美间的军事冲突。其三为中国台湾问题。美国保护台湾的政策是造成中国海峡两岸长期分离的重要根源，美国保护台湾和干涉中国统一的政策不排除引发中美军事冲突的危险性。中国海峡两岸关系具有很大不确定性，海峡两岸和平发展局面也具有很大脆弱性。其四为中美在海权上的竞争。在中国东海防空识别区和南海问题上，美国频繁的抵近侦察活动引发中美间军事摩擦，中美误判或失控都有可能引发中美间的军事冲突。

中美发生全面战争的可能性很小，但不排除发生军事冲突的可能性。根据斯德哥尔摩国际和平研究所公布的数据，2014 年美国军费开支为 6 100 亿美元，相当于中国的 3 倍。在中美军事力量对比中，美国的军事优势比较明显。因此，维护中国国家安全利益的有效途径不是冲突和对抗，而是增进军事信任，妥善处理分歧，防止误判和误撞发生，建立危机管控机制，推动建立中美新型大国关系。

其次，日本新防卫政策对中国国家安全构成威胁。日本安倍政府谋求摆脱第

① 谢昭：《美 F-35C 舰载机将部署亚太，保证远程打击中国沿海》，中国新闻网，http://www.chinanews.com/mil/2015/07-23/7422383.shtml，2015 年 7 月 23 日。
② 刘海洋：《冷战后美国军事实力的变化》，载黄平、倪峰编：《美国问题研究报告》（2013），社会科学文献出版社 2013 年版，第 131 页。

二次世界大战后体制束缚，实行普通国家化和追求军事大国政策。安倍政府推动修改和平宪法，放弃专守防卫政策，解禁集体自卫权，为使用武力和向海外派兵扫除法律障碍。2014年7月1日，安倍政府通过了《日本国家安全保障会议决定》，这是修改宪法解释、解禁集体自卫权的内阁决议案，意味着日本放弃了战后实行的专守防卫政策。它放宽了日本使用武力的条件和范围，不仅是日本遭到攻击时可以使用武力，与日本关系密切国家遭到武力攻击并威胁日本存亡的情况下，也可以使用武力。过去日本使用武力自卫严格限于周边，现在则扩大到全球范围。2014年8月5日，日本政府发布2014年《防卫白皮书》，首次加入修改宪法解释和解禁集体自卫权等内容。2015年5月14日，安倍政府通过了与行使集体自卫权相关的一系列安保法案，并提交日本国会众议院审议，日本众议院在7月16日强行通过了新安保法案。日本新安保法是一个系列法案，包括1个新立法和10个法律修正案。这些新安保法案就是在确立日本行使集体自卫权和扩大自卫队海外军事行动的法律权利。安倍政府通过政府决议案和安保法案彻底放弃了和平宪法和专守防卫政策，一步步走向军事大国之路。

日本的防卫政策具有戒备和防范中国的战略意图。现在，中日两国政治关系降到了冰点，中日两国发生摩擦和军事冲突的诱发因素很多。中日钓鱼岛争端和东海专属经济区与大陆架划界问题是两国关系中的敏感问题。日本对中国在东海海域等距离中间线中国一侧建立钻井平台进行勘探和开采活动表示强烈不满。中国海监船在钓鱼岛海域或进入12海里区域进行海上维权巡航执法，日本海上保安厅巡视船与中国海监船可能发生相互追逐和冲撞的危险。中国设立东海防空识别区也引起日本的强烈反对，日本飞机擅自闯入中国设定的防空识别区域内飞行，这就有可能与中国执行识别和监督任务的飞机发生碰撞和冲突，引发意外事件。日本政要集体参拜靖国神社，否认侵略历史，这与日本政府宣扬的和平主义背道而驰。目前，日本对中国国家安全还不构成直接的军事威胁，但是，在美日同盟框架下，中日两国间的争端和冲突都有引发中国与美日同盟冲突的危险。为此，应推动建立中日安全对话和管控机制，防止中日紧张和对抗态势升级，避免中日发生军事冲突，以有效维护中国国家安全。

最后，保卫中国安全战略空间。世界新军事革命的发展，使武器装备逐步实现远程精确化、智能化、隐身化、无人化。适应武器装备和战争形态新变化，中国国家安全战略和国防政策也进行了重大调整。中国坚持实行积极防御军事战略方针，拓宽战略视野，更新战略思维，整体运筹备战与止战、威慑与实战、塑造态势与管控危机、遏制战争和打赢战争的综合防御体系。根据东北亚地区战略环境，为了有效保卫中国东部领土和海疆安全，我军不断调整和优化军事战略布局。我国海军开始从过去近海防御型向近海防御与远海防卫型结合转变，提高战略威慑与反击能力。我国空军由国土防卫型向攻防兼备型转变。[①]

随着中国对外贸易和投资规模的扩大，中国对国际能源和资源形成高度依赖。中国海外利益不断扩展，维护中国海洋权益和海上战略通道安全变得越来越重要。中国海洋安全目标不仅是保卫近海海域安全，还要突破近海防御，走向太平洋和印度洋，扩展保卫中国海疆的战略纵深。为此，我国公布设立了东海防空识别区，我海军和空军突破美日第一岛链和第二岛链，有效保卫中国海疆安全，作为防卫区域的外部延伸。这不是军事扩张，更不是把国际空域变为己有，抑或是限制国际航空和航海自由，而是防范美日等国利用国际海域和空域向中国渗透，通过抵近侦察中国沿岸或周边区域信息等方式，做出损害中国国家安全的行为。鉴于这些考量，防空识别区的设立有助于保卫国土安全。

2. 保护中国公民和社会安全

在海外保护本国公民人身、财产和生命安全，维护本国企业和公司正当权益和合法利益是一个国家的重要责任，它与国家安全一起构成国家安全利益不可分割的有机组成部分。中国与东北亚地区各国贸易、投资、人员往来十分频繁和密切，保护中国公民人身、财产和生命安全，维护中国企业和公司合法权益、不受歧视和公平竞争机会，防止境外敌对势力的渗透和颠覆，维护社会政治稳定，成为中国国家安全利益的重要方面。

首先，保护中国公民人身、财产和生命安全。现在，中国与东北亚地区各国的交往日益密切，中国公民出境到东北亚地区各国的人数不断增加，目的有经商、劳务、留学、交流和旅游等。近年来，中国公民到日本、韩国、朝鲜、俄罗斯和蒙古国旅游人数大量增加。2014 年，中国公民到韩国旅游人数为 610 万人次，[②] 到日本旅游人数为 241 万人次，到俄罗斯旅游人数为 120 万人次。中国青年学生赴日本、俄罗斯和韩国留学的人数也在逐年增加。由于投资和工程项目承包以及劳务用工合同的需要，一些中国公民到东北亚地区各国从事工程技术和劳务，如在俄罗斯从事工程项目和农业劳务承包工作，在蒙古国从事矿产资源勘探与开发项目等。中国公民在这些国家可能会遇到盗窃、抢劫、杀人等刑事案件发生，也可能会遇到无礼待遇和非法拘禁等现象。因此，中国政府与东北亚地区各国政府要加强协调与合作，维护中国公民合法权益，保护中国公民受到尊重，依法保护其人身、财产不受侵犯，保证中国公民的生命安全。

---

① 《中国的军事战略》白皮书，中国政府网，http://www.gov.cn/zhengce/2015-05/26/content_2868988.htm，2015 年 5 月 26 日。

② 《中国在韩旅游态度调查显示：赴韩游有望回暖》，人民网，http://travel.people.com.cn/n/2015/0708/c41570-27271186.html，2015 年 7 月 8 日。

其次，保护中国公司和企业的合法权益。随着中国经济迅速发展，中国已经成为世界制造大国、贸易大国和投资大国，与东北亚地区各国的贸易和投资合作不断扩大。现在，中国已经成为东北亚地区各国最大贸易伙伴，成为最大货物贸易进出口对象国之一，并且是日本和韩国等最大投资对象国之一。近年来，中国也开始向东北亚地区国家投资，包括扩大中俄、中蒙在投资领域的合作。由于东北亚地区存在激烈的市场竞争，依据世贸协定和投资保护协定，维护中国公司和企业合法权益，保护中国公司和企业公平参与竞争，积极开展经贸合作成为一项重要国家利益。这主要是为了保证中资公司企业在这些国家受到公正平等待遇，参与公平竞争而不受歧视，使其合法利益和各项权益得到应有保护。现在，东北亚地区各国都已加入世界贸易组织，中国与东北亚地区各国签署了贸易协定和投资保护协定，这将有利于实现经贸合作规范化和制度化，使中国外贸公司和企业利益得到应有保护。

最后，保护中国社会政治稳定。中国与东北亚各国毗邻地区有比较复杂的民族文化关系，如吉林省和辽宁省东部地区聚居着朝鲜族居民，有些中国朝鲜族公民与朝鲜和韩国公民不仅语言和文化相通，还保持着血缘和亲属关系。对此，我们应当保证中国朝鲜族居民与朝鲜和韩国公民的正常交往，推动及扩大经济合作和文化交流。与此同时，我们也要打击非法移民、跨国犯罪、毒品贩运、商业走私等违法犯罪活动，保护中朝边境地区安全与社会秩序。另外，朝鲜所谓"脱北者"① 现象亦是我们防范的重要内容。朝鲜的"脱北者"在一些境外组织的帮助下，非法越境，他们通过强闯进入到韩国或日本驻中国沈阳总领馆，并以此为跳板转移到第三国。这不仅违反了中国法律，扰乱了中国社会秩序，还造成中国与韩国和日本间的领事馆纠纷。另外，中国内蒙古自治区的蒙古族与蒙古国也在种族、历史和文化上具有亲缘关系。随着中蒙经济贸易和人员往来不断扩大，要努力消除蒙古国某些人利用历史、宗教和文化制造矛盾和分歧，宣扬各类所谓"中国威胁论"，为中蒙两国发展睦邻友好关系，深化政治、经济和文化各领域全面合作创造条件。

3. 维护东北亚地区和平与安全环境

一个国家的周边地区是其重要生存环境和发展空间，与周边邻国保持睦邻友好合作关系，建立和平与稳定的地区环境是维护和实现国家安全利益的重要保障。东北亚地区总体上保持和平稳定状态，然而，这种和平稳定局面十分脆弱，还存在各种安全威胁和挑战。东北亚地区安全形势主要是受到朝鲜半岛局势、朝

---

① 即因经济原因非法进入中国境内的朝鲜人问题。

鲜核问题和各国岛屿争端的影响。努力缓和朝鲜半岛紧张局势，和平解决朝鲜核问题和各国间领土争端，积极维护东北亚地区和平与稳定，为中国和平发展创造良好的地区国际环境，这是中国最重要的国家安全利益之一。

首先，维护朝鲜半岛和平与稳定。朝鲜半岛与中国山水相连，朝鲜半岛局势直接关系到中国的国家安全。20世纪50年代发生的朝鲜战争直接威胁了中国东北边疆地区安全，中国也被卷入了朝鲜战争，休战至今，朝鲜半岛南北双方仍处于军事对峙状态，双方军备水平不断升级。"冷战"已经结束20余年，美国尚未与朝鲜建立外交关系，继续对朝鲜实行孤立和制裁政策。美国与韩国军事同盟和军事威慑政策直接加剧了朝鲜半岛的紧张局势。朝鲜半岛是东北亚地区各国地缘战略利益的交汇点，朝鲜半岛局势及其变化直接影响到东北亚地区各国关系以及东北亚地区的和平与稳定。

朝鲜半岛紧张局势是东北亚地区和平与安全的重要威胁，也对中国国家安全构成严重挑战。缓和朝鲜半岛紧张局势，推动建立朝鲜半岛和平体制，支持朝鲜半岛南北双方自主和平统一进程，是解决朝鲜半岛问题、维护朝鲜半岛和平与稳定的理性选择。中国积极维护朝鲜半岛和平与安全，促进南北对话与合作，推动缓和朝鲜半岛紧张局势，这对于维护东北亚地区和平与稳定具有积极作用。

其次，推动和平解决朝鲜核问题。朝鲜核问题是对东北亚地区安全的严重威胁。朝鲜无视国际社会强烈反对，不顾联合国安理会决议和国际制裁，执意研究和制造核武器，已经进行四次核试验，宣布成为拥有核武器国家。现在，朝鲜还在进行导弹试验，使朝鲜核武器具备小型化和实战化能力。朝鲜拥核具有战略威慑性质，在应对美韩强大军事优势时，不排除朝鲜走向军事冒险和使用核武器的可能性。朝鲜拥核破坏了朝鲜半岛无核化制度，可能引发地区核扩散和军备竞赛，美国正是以此为借口提出在韩国部署"萨德"反导系统。

中国始终坚持朝鲜半岛无核化立场，同时主张通过和平谈判解决朝鲜核危机，反对使用武力或以武力相威胁。中国积极倡导和推动通过六方会谈来解决朝鲜核危机，并取得了阶段性成果。当前朝核问题北京六方会谈已经陷于停滞状态，但这绝不意味着和平解决朝核问题走进了死胡同。根本缓和朝鲜半岛紧张局势，推动建立朝鲜半岛和平体制，建立东北亚地区安全合作机制，实现美国和日本与朝鲜关系正常化，将会有助于最终解决朝鲜核问题，从而避免朝核问题加剧地区紧张局势，防止朝核问题可能引发的地区冲突。

最后，妥善处理东北亚地区领土争端。东北亚地区各国间都存在着岛屿争端，如俄日北方领土争端、中日钓鱼岛和东海划界争端、韩日独岛（日称竹岛）争端、朝韩北方界线争端、中韩黄海划界和苏岩礁争端等。东北亚地区相邻国家间存在的岛屿争端，有些是历史遗留问题，有些是国际海洋法解释和适用产生的分歧问题。由于这些岛屿关系到国家领土主权、国防安全和海洋利益，成为国家间关系十分敏感的问题。这些岛屿争端严重影响到东北亚地区国家间关系，威胁到东北亚地区和平与稳定。

俄日北方领土争端是第二次世界大战遗留问题，由于领土争端使俄日两国战后 70 多年还没有签署和平条约。俄罗斯总理梅德韦杰夫先后三次登临南千岛群岛（日称北方四岛）视察，引发日本政府强烈抗议和外交交涉。俄日北方领土争端严重影响了俄日两国的战略互信和国家关系。中日钓鱼岛争端也是历史遗留问题，2012 年日本政府非法购岛事件加剧了两国钓鱼岛争端，使中日战略互惠关系发生严重倒退。韩日独岛争端也严重影响韩日关系发展。

东北亚地区各国间的岛屿争端是可能引发国家间军事冲突的导火线。妥善处理各国间岛屿争端是各国面临的一项重要课题。中国政府坚持和平解决领土争端原则，强调应充分尊重历史、法律和现实，本着相互尊重、平等协商的原则，反对使用武力或以武力相威胁。中国政府的主张目的在于防止领土争端引发地区冲突或战争，避免威胁到地区和平与稳定，破坏地区和平发展的局面。

（四）中国在东北亚地区的文化利益

中国是一个拥有 5 000 年历史的文明古国，中华民族创造了丰富灿烂的优秀文化。中国文化承载着中华民族精神、民族智慧、民族创造，也是中华民族团结奋进、自强不息的精神动力。中国文化对东北亚地区各国都有着深远影响，使东北亚地区各国形成历史相近、民族相亲、文化相通的密切文化关系。扩大中国与东北亚地区各国文化交流，传承和弘扬中国优秀文化，提升中国在东北亚地区文化软实力、促进中国文化发展与繁荣是中国在东北亚地区重要的文化利益。

1. 传播中华文化，建立东北亚各国民心相通的桥梁

东北亚地区各国不仅地理相近，民族相亲，经济相连，文化也具有相通性。中华文化对日本、韩国、朝鲜和蒙古国都有着深刻的影响。中华文化博大精深，它包括生活习俗、社会伦理、思想道德、人文精神、政治思想、文学艺术、科学教育、国家治理和国际交往等多个方面。今天，中国与东北亚地区各国政治、经济和文化交流不断扩大，继续弘扬和传播中华优秀文化变得越来越重要。

传播中华文化是中国睦邻外交政策的重要基础。国之交在于民相亲，民相亲在于心相通，文化是沟通人们心灵的桥梁和纽带。在东北亚地区，中华文化具有得天独厚的优势地位，东北亚地区各国文化都蕴含着中华文化精神。在东北亚地区积极宣传和弘扬中华文化，对于加强东北亚地区各国人民间的相互了解，扩大

东北亚地区各国人民的广泛共识，增进东北亚地区各国人民之间友谊，发展睦邻友好国家关系都具有重要意义。

中华文化崇尚"和合"文化，在外交政策上，主张"协和万邦""天下大同"，在文化上，强调"有容乃大""海纳百川"，在国家关系上，主张"和为贵""合作共赢"。今天，中国"亲、诚、惠、容"周边外交思想就充分体现了中国文化传统思想。扩大文化交流可以使东北亚地区各国深刻了解中国文化精神内涵，进而认识中国外交的深刻思想渊源，增进东北亚地区各国间的信任、友谊与合作。

2. 维护历史正义，保护中国文化遗产

中国与东北亚地区各国有着几千年密切交往的历史，其中经历了朝代更替、国土版图变更、民族迁移等历史变迁。关于东北亚地区各国历史、东北亚地区国家关系史和东北亚地区各国文化关系史，长期存在着历史学意义上的争论。然而，有些历史和文化问题的争论不可避免地会带有政治色彩，出于某种政治需要而遭到篡改。维护东北亚地区国家关系历史科学性和公正性，理性对待这些问题，对于维护中国文化利益，深化东北亚地区各国文化交流具有重要意义。

中韩两国学者就存在着关于高句丽历史的史学争论。中国学者坚持高句丽王国是中国东北地区少数民族建立的地方政权之一，韩国一些学者认为高句丽王国是高丽王国的发源地，是韩国历史的一部分。这种争论涉及位于吉林省集安市的高句丽王城、王陵和贵族墓葬等历史遗址问题，我国在2004年7月1日成功地完成了申遗工作，联合国教科文组织第28届世界遗产委员会会议批准将其列入世界遗产名录。由于中韩具有文化相通性，在申报世界非物质文化遗产名录上也存在着较大争执。如中国传统节日端午节，被韩国抢先申报为韩国江陵端午节世界非物质文化遗产。这些事例提醒我们，要加强对中国优秀传统文化的研究、保护和申遗工作，使中华文明的历史传承继续得到发扬。

日本发动的侵略战争给亚洲各国人民造成了深重的灾难，特别是日本侵华战争造成3 500万中国人伤亡，财产损失达6 000亿美元。然而，日本右翼势力和安倍政权却千方百计地回避和篡改侵略历史，日本右翼势力编写的历史教科书就公然篡改日本侵略历史，把日本侵略亚洲说成是解放亚洲，把骇人听闻的南京大屠杀轻描淡写地说成是因抵抗而发生的南京事件，把日本"侵略"写成"进入"，公然否认强征慰安妇事件。[①] 这不仅给遭受日本侵略的各国人民造成极大

---

① 曹鹏程：《日本历史教科书问题》，新华网，http://news. xinhuanet. com/ziliao/2005-04/06/content_2791899_4. htm，2005年4月6日。

心理伤害，也警示我们要坚持捍卫历史公正，恢复历史本来面目，让人们牢记历史，珍爱和平。

3. 提升中国文化软实力

按照经济、军事等硬实力标准，中国已经成为东北亚地区大国，然而，中国的文化软实力还需要进一步提升。文化软实力可以表现为良好的国家形象，中国政治制度与文化艺术的吸引力、感召力和影响力等。

首先，提倡文化的多样性和包容性。文化的多样性是人类社会的基本特征，也是文化发展的根本动力，人类文明和文化就是在求同存异、相互借鉴中得到发展和繁荣的。文化多样性要求相互尊重每个国家和人民的社会制度、价值形态和发展道路的自主选择。中国社会主义制度是中国人民做出的历史性选择。实践证明，它是符合中国国情的社会模式和发展道路。我们反对美国和日本推行的价值观外交和民主外交，它们将自己的价值形态和发展模式强加于别国。美国和日本的价值观外交实质上就是把文化外交作为对外政策工具，成为推行遏制中国政策的重要手段。

其次，扩大中国与东北亚地区各国的文化交流。近年来，中国与东北亚地区各国间的文化交流不断扩大，并建立了政府间文化协调与合作机制。中国与东北亚地区各国经常举办文化年、交流年、电影节、艺术节等文化交流活动。中国还在韩国、日本、俄罗斯和蒙古国等国家先后建立了多所孔子学院，向孔子学院学员讲授汉语，传播中国优秀文化。中国的文化外交和文化交流活动扩大了中国文化在东北亚地区的传播，加深了东北亚地区各国人民对中国的文化精神、文学艺术的了解，增进了中国与东北亚地区各国人民的信任和友好感情。

最后，树立中国良好国家形象。国家形象可以从根本上提升国家的国际声望、国际吸引力和国际感召力，从而增强国家的亲和力和国际影响力。随着中国与东北亚地区各国文化交流不断扩大，中国的国家形象日益提高，然而，在外国媒体和舆情机构进行的国家形象调查中，日本和韩国的受访者对中国的评价和好感度较低，各种所谓"中国威胁论"还有一定市场。据英国媒体的调查，2012年日本民众对中国持好感的比例为16%，没有好感的日本人高达80.6%。2013年，日本国民对中国的好感度降到历史最低点5%，93%的被访者称对中国没有好感。[1] 据美国皮尤研究中心和BBC进行的调查显示，韩国人对中国的好感度平均分为46.4分，低于对美国和日本的好感度。[2]

---

[1] 许利平、朱凤岗、王晓玲：《未来5～10年周边国家对中国认知变化趋势》，载李向阳编：《亚太地区发展报告——中国的周边环境（2014）》，社会科学文献出版社2014年版，第79页。

[2] 同上，第80页。

中国国家形象在日本和韩国评价不高可能有多种原因，其中包括中国经济迅速发展引起这些国家的心理失衡，近年来在东北亚地区各国出现的民族主义浪潮，以及媒体的误导和宣传。因此，加强中国与日本和韩国的文化交流，增进两国民众的相互信任和友好感情，树立中国良好国家形象成为中国软实力发展的重要目标。

三、中国在东北亚地区的角色定位

国家角色是国际体系中的国家身份，由于国家角色不同，决定了国家的利益、目标、地位和作用不同。研究中国在东北亚国际体系中的角色定位，这是我们研究中国东北亚战略与政策的基础和前提条件，有了明确的角色定位才有明确的前进方向和目标。中国在东北亚国际体系中经历了从挑战者向参与者和建设者的重大角色转变。现在，中国作为东北亚地区负责任的大国，在维护东北亚地区和平与稳定，促进东北亚地区合作与发展，推动东北亚国际体系和秩序建设中正发挥积极的建设性作用。

（一）中国在东北亚国际体系中的角色转变

中国是东北亚地区的重要国家。在东北亚地区国际体系中，中国的角色定位和角色分配决定中国的地位和作用，也直接影响中国的国家利益和战略选择。而中国的角色既是一种自我身份定位，也是一种体系角色分配。它既是建立在中国自身综合实力基础上，也是在东北亚地区国家互动过程中建构形成的。

中国在东北亚地区的角色正在发生变化，一是中国作为世界新兴大国已经成为东北亚地区大国；二是中国已经成为东北亚国际体系的参与者、建设者和引领者。

1. 中国在东北亚地区的大国身份定位

国家是国际关系的重要行为主体。按照主权平等原则，每个国家都是国际社会平等的成员，国家不分大小、强弱都处于平等地位。然而，由于每个国家实力不同，在国际事务中的作用和影响力则不同。在当代国际关系中，世界大国在国际事务中发挥主导性作用。世界大国创设规则，并维持建立在规则基础上的秩序。这些国际规则反映和代表了世界大国的意志和利益，同时它也需要符合多数国家的利益，得到世界多数国家的认可和支持。我们坚持联合国在当代国际事务中的核心地位和主导作用，同时不可否认世界大国在解决重大国际问题上的重要作用。世界大国积极参与协调和解决国际事务，不仅是为了维护和实现国家利益，也是应当负起的一份国际责任。

一个世界大国或地区大国身份的定位，主要是依据其国家实力，或称综合国力。按照国家实力评估体系，它既表现为自然资源、人口数量、工业基础、经济总量、军事力量、科技水平等硬实力，也表现为政治制度、外交政策、文化影响等软实力。国家实力是一种相对实力的比较，是在与其他国家实力对比中实现的。科学和客观的实力评估是自我身份定位的重要基础。

中国是东北亚地区的资源和人口大国，经过改革开放30多年的发展，中国迅速崛起为世界新兴大国。现在，中国国内生产总值位列美国之后，超过日本成为东北亚地区第一经济大国。按照国际货币基金组织统计数据，2015年美国国内总产值是17.95万亿美元，中国国内总产值是10.98万亿美元，日本是4.12万亿美元，俄罗斯是1.32万亿美元，韩国是1.38万亿美元。[1] 中国相当于日本、俄罗斯和韩国等东北亚地区各国GDP的总和。按照中国经济发展速度，预计中国将在2020年达到或超过美国，成为世界第一经济大国。中国的创新能力不断增强，中国的装备制造业正在走向世界。中国的军事现代化进程不断加快，军事装备水平和国防能力迅速增强。中国的国际形象不断改善，特别是在东北亚地区的影响力不断提升。中国在东北亚地区的综合实力和影响力超过其他东北亚国家，这为中国确立在东北亚地区的大国地位创造了实力基础。

习近平主席在2014年11月中央外事工作会议上指出，要有中国特色的大国外交。这是对中国在当代全球国际体系中地位与作用的重要定位，对于在东北亚地区确立中国大国外交地位同样具有指导意义。确立中国在东北亚地区大国外交地位完全符合东北亚地区国际格局多极化趋势，也体现了中国在东北亚地区的国际地位和影响力。它意味着中国作为地区大国将更加积极地参与东北亚地区事务，在维护东北亚地区和平与稳定方面发挥更具建设性的作用，在推动东北亚地区国际体系转型和国际秩序构建中发挥了更重要的引领作用。

2. 中国在东北亚国际体系中的角色分配

在国际体系中国家的角色分配通常包括双重含义：其一，是指在国际格局中的角色分配，如在两极格局中，美苏两个超级大国作为两极的角色分配；其二，

---

① International Monetary Fund. World Economic Outlook Database April 2016, April 12, 2016. http：//www.imf.org/external/pubs/ft/weo/2016/01/weodata/index.aspx.

是指在国际体系中一个国家的角色和作用，如挑战者、参与者、建设者、领导者等多种角色。中国在东北亚国际体系中的角色分配主要是指，在不同历史时期中国在东北亚地区所担当的角色和发挥的作用。这种角色是一种自觉的政策选择，它是在地区各国互动过程中建构而成的，也表现为对地区国际体系和秩序的实际影响力。

东北亚地区国际体系经历了"冷战"时期和冷战后时期两个大的历史阶段。在"冷战"时期，全球建立了美苏两极格局，形成以美苏为首的两大政治军事集团。在东北亚地区则表现为美苏两大政治军事集团的激烈对抗和势力争夺。美苏两个超级大国争夺霸权是引发东北亚地区战争的最主要危险。在20世纪60年代，中苏关系破裂，美国和日本等国对中国实行孤立和封锁政策，中国实行两条战线出击，选择了既反苏，也反美的两条线政策。20世纪70年代末，中国实行改革开放政策，开始逐步融入国际体系，积极改善与东北亚地区国家关系。中日、中美和中韩相继建立外交关系，中苏关系和中蒙关系实现正常化。

在冷战时期，中国也曾是东北亚地区国际体系的挑战者。中国公开反对美苏两个超级大国在东北亚地区争夺霸权和战争政策，就是要改变这种极不合理的地区秩序。"冷战"结束后，美苏在东北亚地区争霸和引发战争的危险消除了。东北亚地区国际格局发生了重大变化，中国迅速崛起为世界和东北亚地区的新兴大国。中国在东北亚国际体系中的角色也由挑战者转变为维护者和建设者，开始主动地承担起东北亚地区大国的责任。中国始终坚持联合国在解决国际和地区事务中的核心地位和主导作用，坚定维护第二次世界大战后东北亚地区建立的国际秩序，积极协调和解决朝鲜半岛问题，推动解决朝鲜核危机，协调和解决东北亚地区的争端与冲突，为维护东北亚地区和平与稳定，促进东北亚地区经济发展与繁荣发挥了重要作用。

（二）中国是东北亚国际体系和秩序的维护者

中国作为东北亚地区大国，坚持走和平发展道路，积极参与协调和解决朝鲜半岛问题，积极维护第二次世界大战后建立的东北亚地区秩序，为东北亚地区和平稳定和发展繁荣做出了重要贡献。

1. 中国是东北亚地区和平与发展的积极力量

进入21世纪，随着中国迅速崛起，在东北亚地区出现了各种形式的"中国威胁论"，所谓中国"军事威胁""人口威胁""经济威胁"不绝于耳。这些舆论和思潮有的是出于一种惯性思维，认为中国强大起来以后也会像老牌帝国一样，不可避免地要向周边和世界扩张，从而把中国迅速崛起看成是对地区各国的一种新威胁。同时不排除是一种恶意宣传，出于防范和遏制中国的战略需要，把中国迅速强大视为一种新的威胁和挑战。各种"中国威胁论"是十分有害的，它对中国与东北亚地区各国的信任与合作将会产生消极影响。

为了消除各种担忧、误解和敌意宣传，向世界昭示中国坚持和平外交政策，中国政府先后于2005年和2011年两次发表了《中国的和平发展》白皮书，就是要向世界表明，中国将始终不渝地坚持走和平发展道路，中国的和平崛起不是对世界和地区和平的威胁，而是世界和地区和平与发展的积极力量。

中国坚持走和平发展道路源于中华文化传统。中国是崇尚和爱好和平的民族，在中华文化传统中就蕴含着"协和万邦""天下大同"等和谐文化。中国紧紧地把握和平与发展的时代主题，坚持顺势而为，而不是逆势而动，抓住和平机遇发展自己。中国实现迅速崛起的经验昭示我们，没有和平就没有发展，中国要实现富强、民主、文明、和谐的社会社会主义现代化国家发展目标，只能走和平发展道路。

历史和现实决定了中国坚持走和平发展道路，并积极维护东北亚地区和平发展环境。中国不谋求地区霸权，中国过去不称霸，现在不称霸，将来也永远不称霸。中国和平发展的成功经验就是要破除所谓的"强国必霸"定律。在"中国的和平发展"白皮书中，中国政府明确表示，"中国坚持奉行积极防御性国防政策""中国军队现代化的根本目标是捍卫国家主权、安全、领土完整，保障国家发展利益""中国不会也无意同任何国家搞军备竞赛，不会对任何国家构成军事威胁"。① 因此，中国作为东北亚地区新兴大国不是地区和平的威胁，而是维护和实现东北亚地区和平与稳定的积极力量和重要保证。

2. 中国积极维护东北亚地区和平与稳定

维护东北亚地区和平与稳定是实现中国和平发展的重要条件，也是中国和平外交政策的基本方针。它不仅符合中国国家主权、安全和发展利益，也符合东北亚地区各国的共同利益。东北亚地区的安全形势十分严峻复杂，积极协调和解决东北亚地区的矛盾与冲突、维护东北亚地区和平与稳定成为中国义不容辞的大国责任。

朝鲜半岛问题和朝鲜核危机是东北亚地区的热点问题，是东北亚地区和平与安全的最大威胁。朝鲜半岛问题是朝鲜和韩国南北关系问题，它涉及缓和朝鲜半

---

① 《中国的和平发展》白皮书，中国政府网，http：//www.gov.cn/zhengce/2011-09/06/content_2615782.htm，2011年9月6日。

岛紧张局势，南北双方实现自主和平统一问题。朝鲜战争已经结束 60 多年了，朝鲜和韩国一直处于分裂状态，朝鲜半岛局势十分紧张。朝鲜坚持先军政治，积极研制导弹和核武技术。韩国不断强化与美国军事同盟，美国继续保持在韩国大规模驻军，加强前沿军事部署，韩美频繁举行大规模军事演习。2010 年发生的"天安舰沉船事件"和"延坪岛炮击事件"使朝鲜与韩国的战争一触即发。朝鲜半岛问题是冷战的遗产，是美苏两个超级大国在东北亚地区争夺势力范围的产物。今天，虽然苏联解体了，但朝鲜半岛问题仍然凝结了地区大国复杂的地缘战略关系，而美国的东北亚战略是影响朝鲜半岛局势的重要外部力量。

中国与朝鲜半岛山水相连，中国与朝鲜和韩国保持着睦邻友好和互利合作关系。在朝鲜半岛问题上，中国不是纵容南北双方对抗和冲突，而是积极缓和朝鲜半岛紧张局势，努力协调南北冲突与争端，支持朝鲜与韩国在主权平等和没有外部势力干涉基础上，通过谈判实现自主和平统一。

朝鲜核危机是对朝鲜半岛和东北亚地区和平与安全的重大威胁。朝鲜研制核武器和导弹技术，一方面会加剧朝鲜半岛紧张局势，可能会因局势失控而引发朝鲜半岛冲突与战争，使东北亚地区和平局面被破坏。另一方面，它涉及维护东北亚地区无核化制度。遵照核不扩散条约，朝鲜、韩国和日本都承诺成为无核国家。朝鲜违背联合国核不扩散条约，执意研制和拥有核武器，无疑将对其他无核国家构成威胁。其后果可能会导致进一步核扩散，促使韩国和日本也寻求拥有核武器；亦可能会导致美韩采取先发制人战术，对朝鲜实施军事打击。无论哪一种方式都会恶化朝鲜半岛和东北亚地区局势。中国政府坚持朝鲜半岛无核化立场，同时，坚决反对使用武力或以武力相威胁，主张通过谈判和平解决朝核问题。中国积极推动朝核问题北京六方会谈进程，倡议建立朝鲜半岛和平体制，建立东北亚和平安全机制，为最终解决朝核问题，实现朝鲜半岛无核化创设条件。朝核问题北京六方会谈避免了军事冲突，也开创了通过多边谈判解决地区问题的途径。这些都证明，中国是东北亚地区和平与安全的积极维护者，中国在维护东北亚地区和平与稳定方面发挥着积极的正能量。

3. 中国积极维护第二次世界大战后东北亚地区秩序安排

"冷战"结束后，两极格局终结，东北亚地区国际体系处于重要转型时期。日本政治出现右倾化，日本安倍政权企图否定侵略战争历史，否定战后东北亚地区秩序安排。保卫抗日胜利成果，维护战后东北亚地区秩序安排，成为维护东北亚地区和平与稳定的一项重要任务。这里涉及战争期间反对德国法西斯和日本军国主义同盟国签署的重要协定的法律效力问题，对日本归还和割让领土的战后安排，对日本侵略战争性质、日本战争历史责任、日本战争责任追究与赔偿等一系

27

列问题。这些问题直接涉及东北亚地区国家关系，也直接影响东北亚地区的和平与稳定。近年来，俄日北方领土争端、中日钓鱼岛争端、韩日独岛争端、日本战争反省问题都与战后东北亚地区秩序安排有关。日本安倍政权否认侵略历史，就是要为否定战后东北亚地区秩序开路。

俄日北方领土争端和中日钓鱼岛争端就涉及《雅尔塔协定》和《波茨坦公告》的国际法效力问题。按照促令日本投降的《波茨坦公告》，日本须向中国归还台湾岛、澎湖列岛、满洲等全部窃取于中国的领土。日本的国土仅限定于本岛四岛及一小部分岛屿。根据《雅尔塔协定》和《波茨坦公告》，美国违背了同盟国关于战后安排的一系列协定，它更无权私自将中国所固有领土转让给日本实行行政管辖。俄日北方领土争端也直接涉及《雅尔塔协定》的国际法效力问题。这些重要协定是战后东北亚地区秩序安排的国际法基础，因此，坚持这些国际法文件的法律效力，维护在这些国际法文件基础上建立的战后东北亚秩序安排是一项重要任务。

现在，日本安倍政权否认侵略战争性质，回避日本发动侵略战争给亚洲各国和人民造成的灾难性后果。日本公然否认南京大屠杀和强征"慰安妇"等暴行，其政要公然参拜供奉着甲级战犯灵位的靖国神社。2015 年是抗日战争胜利 70 周年，在这个重要历史时刻，日本政府的右倾化做法不能不引起我们高度警惕。我们坚持要求日本承认侵略战争性质，敦促日本进行战争谢罪，这不是要牢记仇恨，而是不忘历史教训，是要让日本牢记侵略战争历史，以及战争给亚洲各国和人民带来的深重灾难，也包括给日本人民带来的重大灾难。"前事不忘，后事之师"，历史是一面镜子，对历史的评判决定未来的走向。坚持以史为鉴，全面深刻地反省日本侵华战争历史，可以避免历史悲剧重演，实现中日永久和平。

（三）中国是东北亚国际体系和秩序的建设者

"冷战"结束后，东北亚地区国际体系处于历史转型时期。中国积极倡导摒弃"冷战"思维，推动建设东北亚地区新型国际关系，推动建设一个更加公正合理的东北亚地区国际体系和国际秩序。

1. 中国积极推动建设东北亚新型国际关系

"冷战"已经结束了，在东北亚地区还仍然存在着冷战思维、军事同盟、强权政治和军事对抗政策。朝鲜半岛问题、大国军备竞赛、地区安全困境和第二次世界大战遗留问题成为影响国家关系发展的严重障碍。这些问题严重威胁到东北亚地区和平与稳定。适应和平与发展时代潮流，推动建设东北亚地区新型国际关系成为各国面对的重大问题。

中国积极倡导建设以互利共赢为核心的新型国际关系。新型国际关系的基本内涵为平等互信、包容互鉴、合作共赢。平等互信就是要"遵循联合国宪章宗旨和原则，坚持国家不分大小、强弱、贫富一律平等，推动国际关系民主化"；包容互鉴是要"尊重世界文明多样性，发展道路多样化，尊重各国人民自主选择社会制度和发展道路的权利，相互借鉴，取长补短，推动人类文明进步"；合作共赢就是"倡导人类命运共同体意识，在追求本国利益时兼顾他国合理关切，在谋求本国发展中促进各国共同发展"。[1]

中国积极推动东北亚地区各国共同建设新型国际关系。在2015年5月9日发表的《中俄关于深化全面战略协作伙伴关系，倡导合作共赢的联合声明》中，中俄两国共同倡议推动建立新型国际关系。中俄呼吁各国"尊重各国主权和领土完整，尊重彼此核心利益和重大关切，尊重各国人民自主选择的社会制度和发展道路，反对颠覆合法政权的行径；恪守《联合国宪章》、和平共处五项原则及其他国际法和国际关系基本准则，认真履行国际条约，将倡导和平发展和合作共赢理念、推进世界多极化以及促进国际关系民主化和法治化作为外交政策的基本方向；通过政治外交途径解决国家间分歧和争端，反对零和博弈、赢者通吃的冷战思维和行径，反对使用武力或以武力相威胁，反对实行单方面制裁和威胁实行制裁；尊重文化差异和文明多样性，推动不同文明建设性协作"。[2]

2014年7月4日，习近平主席访问韩国，在韩国首尔大学发表了题为《共创中韩合作未来 同襄亚洲振兴繁荣》的演讲。习近平主席强调，在国际关系中，"要遵守国际法和国际关系基本原则，秉持公道正义，坚持平等相待""坚持互利共赢、共同发展"。[3] 中韩两国在发表的《中韩联合声明》中表示，"两国将以互信为基础，构建成熟的战略合作伙伴关系，双方为增进朝鲜半岛和东北亚的和平与稳定加强合作"，"共同致力于推动东亚地区经济一体化、世界经济复苏，为地区及世界经济增长发挥引领作用"。"加强两国国民间的感情纽带，构筑心灵相通的信任关系""以两国政府和国民间的相互理解和信任为基础，进一步加强双方在各种地区、国际问题上的合作，为东北亚地区的和平稳定乃至世界的发展与共同繁荣作出贡献"。[4]

---

① 胡锦涛：《坚定不移沿着中国特色社会主义道路前进 为全面建成小康社会而奋斗——在中国共产党第十八次全国代表大会上的报告（2012年11月8日）》，人民出版社2012年版，第47页。

② 《中俄关于深化全面战略协作伙伴关系，倡导合作共赢的联合声明》，中国外交部网站，http://www.fmprc.gov.cn/mfa_chn/zyxw_602251/t1262144.shtml，2015年5月9日。

③ 习近平：《共创中韩合作未来 同襄亚洲振兴繁荣——在韩国国立首尔大学的演讲》，中国外交部网站，http://www.fmprc.gov.cn/mfa_chn/ziliao_611306/zyjh_611308/t1171668.shtml，2014年7月4日。

④ 《中华人民共和国和大韩民国联合声明》，新华网，http://news.xinhuanet.com/world/2014-07/03/c_1111449615.htm，2014年07月03日。

2. 中国积极倡导新安全观

冷战结束后，东北亚地区仍然面临着严峻的安全形势，传统安全威胁与非传统安全威胁相交织。超越"冷战"思维，确立新的安全观，通过合作共同应对各种安全威胁与挑战，已经成为维护东北亚地区和平与安全，促进东北亚地区发展与繁荣的必由之路。

2002年7月31日中国政府发表了《中国关于新安全观的立场文件》，全面论述了中国关于新安全观的政策与实践，阐述了互信、互利、平等、协作的新安全观。2013年10月24日，习近平主席在中央周边外交工作座谈会上进一步阐述了中国周边安全政策。他指出："要着力推进区域安全合作。我国同周边国家毗邻而居，开展安全合作是共同需要。要坚持互信、互利、平等、协作的新安全观，倡导全面安全、共同安全、合作安全理念，推进同周边国家的安全合作，主动参与区域和次区域安全合作，深化有关合作机制，增进战略互信"[①]。2014年5月21日，在上海举行的亚洲相互协作与信任措施会议第四次峰会上，习近平主席发表讲话，积极倡导确立共同、综合、合作、可持续的亚洲安全观。

在2010年9月27日中俄两国发表的《关于全面深化战略协作伙伴关系的联合声明》中，中俄共同倡议确立国际公认的安全合作的基本原则，这些原则包括尊重彼此主权、独立和领土完整，互不干涉内政；坚持平等和不可分割的安全原则；坚持防御性国防政策；不使用武力或以武力相威胁；不采取、不支持任何颠覆别国政府或破坏别国稳定的行动；通过政治外交手段以和平方式解决彼此分歧；在应对非传统安全威胁方面加强合作；开展不针对第三国的双边和多边军事合作。中俄还积极倡导建立亚太地区开放、透明、平等的安全与合作架构。[②]

在东北亚地区，中国不仅倡导新安全观，也积极推动建立东北亚地区和平与安全机制。在朝鲜半岛问题上，中国坚持主权平等和不干涉内政原则，反对使用武力或以武力相威胁。主张通过外交谈判和平解决朝鲜核问题。中国积极推动朝核问题六方会谈，使朝核问题北京六方会谈成为东北亚地区多边安全对话与合作的重要机制和平台。中国与俄罗斯共同倡导建立了上海合作组织，它充分体现了中国倡导的新安全观。上海合作组织就是"在互信、互利、平等、协商、尊重多样文明、谋求共同发展"原则基础上，"共同致力于维护和保障地区的和平、安

---

① 习近平：《坚持亲、诚、惠、容的周边外交理念（2013年10月24日）》，《习近平谈治国理政》，外文出版社2014年版，第298页。
② 《中俄关于全面深化战略协作伙伴关系的联合声明》，中国外交部网站，http://www.fmprc.gov.cn/chn/pds/ziliao/1179/t756814.htm，2010年9月27日。

全与稳定"①，走共同安全、综合安全、合作安全和可持续安全之路。实践证明，上海合作组织在加强成员国相互信任，推动政治、经济、安全、文化各领域合作，共同打击三股势力，维护地区和平与安全中发挥了积极作用。

3. 中国积极推动互利共赢的区域经济合作

中国与东北亚地区各国成为重要经济贸易伙伴，形成经济相互依赖，利益相互交融的利益共同体。适应经济全球化和区域一体化发展潮流，排除各种政治因素和外部干扰，深化经济贸易合作，实现共同发展和互利共赢，已经成为东北亚区域各国的共同愿景。

首先，中国与东北亚地区各国的经贸合作不断发展。中国是韩国最大贸易伙伴，中韩两国贸易额相当于韩美、韩日、韩俄贸易额的总和。2015 年，中韩贸易额达到 2 758 亿美元。中韩建立了商务部长级别的经贸沟通和协调机制，并建立了人民币对韩元直接交易机制。

中国是俄罗斯最大贸易伙伴，两国确定的发展目标是 2020 年两国贸易额达到 2 000 亿美元。中俄建有政府总理定期会晤机制，设有政府总理定期会晤委员会，下设经贸、科学、金融、核能、通信与信息技术、能源、运输、航天、环保、民用航空和海关等分委会。近年来，中俄能源领域的合作不断扩大。2009 年中俄签署了石油贸易协议，俄罗斯通过斯科沃洛季诺至大庆的石油管道每年向中国出口 1 500 万吨石油，合同限期为 20 年。2011 年俄罗斯通过这条石油管道已经正式向中国供应石油。2014 年 5 月中俄两国签署了《中俄东线天然气购销合同》，总价值达 4 000 亿美元。俄罗斯通过东线天然气管道每年向中国供应天然气 380 亿立方米，期限为 30 年。2009 年中俄两国政府还批准了《中国东北地区与俄罗斯远东及东西伯利亚地区合作规划纲要（2009 ~ 2018）》，以推动俄罗斯东部地区与中国东北地区的跨区域合作。

中蒙两国经贸合作不断加强，双方积极推动在矿产资源、基础设施建设和金融领域的互利合作，争取 2020 年使双边贸易额达到 100 亿美元。

中日两国是重要贸易伙伴，近年来受政治因素影响，中日贸易额有所下降，但是，日本仍然是东北亚地区中国最大的贸易和投资合作伙伴。

其次，中国积极推动中日韩三边和图们江次区域经济合作。中国积极推动中日韩三边合作，中日韩三国是重要贸易伙伴，中日韩三国经贸合作是东北亚区域合作的重要引擎。1999 年在东盟与中日韩"10 + 3"框架下开启了中日韩三国领

---

① 《上海合作组织成立宣言》，上海合作组织网站，http：// www.sectsco.org/CN11/show.asp? id = 100，2001 年 6 月 15 日。

导人会议机制,从 2008 年开始独立举行由中国总理、日本首相和韩国总统参加的中日韩三国领导人会议,会议在中日韩三国轮流举行。中日韩领导人在 2008 年发表了《三国伙伴关系联合声明》、2009 年发表了《中日韩合作十周年联合声明》、2010 年发表了《2020 年中日韩合作展望》等重要文件。中日韩三国表示,将进一步密切经贸联系,深化利益融合,加强财金合作,营造具有吸引力的贸易和投资环境。2012 年 5 月,中日韩三国政府签署了《中日韩投资协定》,2014 年 5 月《中日韩投资协定》正式生效,它将为三国投资合作建立更加稳定透明的投资环境。然而,近年来,中日政治关系趋冷使中日韩三边合作受到严重影响。

中国积极推动图们江区域合作开发。"大图们江开发计划"最初是在 1991 年由联合国开发计划署发起建立的区域项目。它是以图们江流域为核心区,包括中国东北地区、朝鲜和韩国沿海城市、蒙古国和俄罗斯远东地区,推动发展区域合作。现在,图们江区域合作主要有中国、韩国、蒙古国和俄罗斯 4 个成员国,建有政府间协商委员会部长级会议。2014 年 9 月 17 日在中国吉林省延吉市举行了第 15 次部长级会议,会议发表了《延边宣言》。在"大图们江开发计划"合作机制下,东北亚各国在交通、旅游、贸易便利化和能源等领域开展了务实合作。中国积极支持"大图们江开发计划",它将打通东北地区与东北亚各国经贸合作的"瓶颈",开辟吉林省通向海洋的运输通道,通过次区域合作促进本地区各国经济发展与繁荣。然而,由于朝鲜半岛紧张局势和日本的消极态度,图们江区域合作进展还十分缓慢,合作效果还不明显。

最后,中国积极推动中韩、中日韩自由贸易区建设。中日韩三国国内总产值达到 16.5 万亿美元,约占东亚 GDP 的 90%。然而,中日韩三国贸易额只占三国对外贸易总额的不足 20%,具有很大合作潜力和发展空间。适应经济全球化和贸易自由化趋势,建立中日韩自由贸易区,实现贸易、投资和人员的自由流通,对于促进中日韩三国经济发展,带动东北亚地区和整个亚洲地区经济发展都具有重要意义。

2015 年 6 月 1 日,中韩两国政府正式签署了《中韩自由贸易协定》,这是中国与东北亚地区国家自贸区建设迈出的第一步。2004 年,中韩两国开始启动自贸协定可行性研究;2012 年,两国正式启动自贸协定谈判,历经 14 轮谈判,两国最终达成了自贸协定。中韩自贸协定涵盖了货物贸易、服务贸易和投资等广泛领域,双方货物贸易自由化比例超过税目 90%、贸易额的 85%,是开放水平较高的自由贸易协定。中韩自贸协定将为中韩经贸关系发展创造广阔发展空间,对于中日韩三国自由贸易区建立也将起到推动和示范效应。

现在,中日韩三国还在开展自由贸易协定谈判。从 2002 年起,中日韩三国就开始了建立自贸区的可行性研究。2012 年 11 月,中日韩三国正式开始了自贸协定谈判。2015 年 5 月 12～13 日，在韩国首尔举行了中日韩自贸区第七轮谈判首席谈判代表会议。中日韩是亚洲经济一体化的发动机，建立中日韩自贸区不仅会进一步深化中日韩经贸领域合作，对于推动中日韩与东盟区域全面经济伙伴关系发展都会起到重要引领作用。

四、中国的东北亚战略构想

中国的东北亚战略与政策是服务于中国两个一百年奋斗目标，高举和平、发展、合作与共赢的旗帜，兼顾国际国内两个大局，充分利用国际和国内两大资源，适应和平与发展时代潮流，应对东北亚地区国际体系转型和形势变化带来的新挑战。从维护和实现中国在东北亚地区国家利益出发，以东北亚地区大国地位和地区秩序的维护者与建设者的角色定位，确定中国东北亚地区战略与政策。中国东北亚地区战略目标是维护东北亚地区和平与稳定，促进东北亚地区经济发展与繁荣，推动建设民主、公正、和谐的东北亚国际秩序，为中国和平发展和实现中华民族伟大复兴创造良好的周边国际环境。

（一）中国东北亚战略的指导方针

中国的东北亚战略是在中国国家战略和外交战略布局指导下所确定的东北亚地区战略。东北亚地区在中国周边外交中占据重要地位，是中国实现和平发展的重要地缘政治基础。高举和平、发展、合作和共赢的旗帜，建立东北亚地区利益交融、合作共赢的命运共同体将是中国东北亚地区战略的重要指导思想。

1. 明确东北亚地区的重要地位

周边外交在中国总休外交中占据重要地位，周边外交是中国开展大国外交和发展中国家外交的重要地缘政治基础。2013 年 10 月 24 日，我国专门召开了中央周边外交工作座谈会，习近平主席发表重要讲话，分析了中国周边形势，确定了新时期中国周边外交工作的战略目标和基本方针。习近平主席指出，要"积极运筹外交全局，突出周边在我国发展大局和外交全局中的重要作用""无论从地理方位、自然环境还是相互关系看，周边对我国都具有极为重要的战略意义。"[1]

---

[1] 《习近平谈治国理政》，外文出版社 2014 年版，第 296～297 页。

在中国周边地区中，东北亚地区占据重要地位。东北亚地区是世界大国较为密集的地区，包括世界经济大国、世界军事大国、世界资源大国和世界人口大国等。"2013年东北亚六国国内生产总值近17.5万亿美元，占全球经济总量近四分之一，世界GDP排名前15位的国家有4个位于东北亚"①。在2008年发生的全球金融和经济危机中，东北亚地区经济仍然保持高速增长，成为全球经济复苏的重大引擎。东北亚地区是世界经济发展最具活力和潜力的地区之一，是中国经济快速发展的重要依托。

东北亚地区也是中国周边环境最复杂的地区之一。东北亚地区国际体系处于重要历史转型时期，与此相联系，东北亚地区的结构性矛盾、大国战略博弈、历史问题、冷战思维、领土争端等矛盾和冲突相互交织，使东北亚地区安全形势变得十分严峻复杂。美国重返亚洲和实行"亚太再平衡"战略，日本极力摆脱战后体制，意图通过采取普通国家化政策，重新走上军事大国道路。东北亚地区的朝鲜半岛问题、领土争端问题、历史问题等热点问题不断发酵。结构性矛盾和现实问题的相互影响和综合作用，极易引发东北亚地区的军事冲突。在东北亚地区一系列矛盾和争端中，中国是重要的利益攸关方，直接涉及中国的主权、安全和发展利益。因此，在中国东北亚、东南亚、南亚、西亚和中亚等周边地区中，东北亚地区对于中国更具特殊意义。

东北亚地区既为中国经济发展与国际合作提供了地缘优势和发展机遇，也使中国面临着各种地区安全威胁与挑战。这要求我们对东北亚地区形势进行审时度势的研究，放眼全球，立足高远，纵揽全局，提出具有战略性和前瞻性的东北亚战略与政策。

2. 服务于中国和平发展的大战略

中国确定了两个一百年发展目标，就是在中国共产党成立一百周年时，即在2020年使中国全面建成小康社会；在新中国成立一百周年时，即在2050年，把中国建成富强、民主、文明、和谐的社会主义现代化国家。习近平主席指出："我国周边外交的战略目标，就是服从和服务于实现两个一百年奋斗目标，实现中华民族伟大复兴"②。为此，中国需要为自身发展营造和平发展的国际战略空间，需要实行互利共赢的开放战略，需要创造一个和平稳定的周边国际环境。中国的东北亚战略就是要为中国实现两个一百年发展目标创造和平稳定和发展繁荣

① 钱洪山：《开启东北亚和平合作新时代——外交部部长助理钱洪山在2014东北亚和平合作论坛开幕式上的主旨发言》，中国外交部网站，http://www.fmprc.gov.cn/mfa_chn/ziliao_611306/zyjh_611308/t1204796.shtml，2014年10月28日。
② 《习近平谈治国理政》，外文出版社2014年版，第297页。

的良好地区环境。

和平与发展仍然是 21 世纪的时代主题，求和平、谋发展、促合作是大势所趋。在可预见的时期内世界大战打不起来，这为中国提供了实现和平发展的战略机遇期。维护和利用好中国和平发展的重要战略机遇期，这是确保实现中国两个一百年发展目标的关键。中国的和平发展战略就是"争取和平的国际环境发展自己，又以自身的发展促进世界和平"①。没有周边地区的和平与稳定，就不会有中国和平的国际环境。维护东北亚地区和平与稳定，促进东北亚区域合作与发展，就是要积极维护和利用和平发展战略机遇期，为中国和平发展创造良好的周边国际环境。因此，中国的东北亚地区战略就是要服务于中国和平发展战略，为中国和平发展创造和平稳定的周边地区环境。

3. 高举和平、发展、合作、共赢的旗帜

中国始终高举和平、发展、合作、共赢的旗帜，这是中国外交政策的基本方针。和平、发展、合作、共赢是密切联系的统一体，凝聚了中国智慧。和平是发展的保障，发展是和平的基础，合作是实现和平与发展的重要途径，共赢是我们要达到的最终目的。中国的东北亚战略与政策也要高举这面旗帜，始终不渝地贯彻落实和平、发展、合作、共赢的外交方针。

中国坚定地奉行独立自主的和平外交政策，实行与邻为善、以邻为伴的睦邻友好政策；主张和平解决国际争端，反对动辄诉诸武力或以武力相威胁；在东北亚地区坚持"亲、诚、惠、荣"周边外交新理念，实行睦邻友好的外交政策，在东北亚地区不称霸、不扩张，积极维护东北亚地区和平与稳定。

发展是和平的基础，是实现持久和平的重要条件。中国奉行互利共赢的开放战略，秉持平等互利、共同发展的方针。东北亚地区各国经济互补性强，经济联系密切，相互依赖度深。促进东北亚地区经济发展与繁荣，可以为中国经济发展与繁荣创造广阔的发展和合作空间。中国的发展依靠各国的共同发展，中国发展也会促进各国经济发展，为东北亚地区各国提供广阔贸易和投资市场。通过深化合作，实现共同发展，共襄和平，造福于民。

合作是实现和平与发展的必由之路。无论是应对各种传统和非传统安全威胁与挑战，还是应对全球经济危机带来的冲击和激烈的国际竞争，都要求加强和深化全球和地区的国际合作。在东北亚地区，各国已经建立了政治、经济、军事、文化各种合作关系。面临的任务是不断增进相互信任，不断深化和拓展合作领域

---

① 《中国的和平发展道路》白皮书，中国政府网，http://www.gov.cn/zhengce/2005-12/22/content_2615756.htm，2005 年 12 月 22 日。

和空间。通过合作加深信任，通过信任深化合作，共同维护东北亚地区的和平与发展。

通过合作实现共赢是中国外交政策的基本理念。在全球化时代，各国利益相互交叉和融合。中国主张摒弃零和游戏规则，不是赢者通吃，而是通过合作实现双赢、多赢和共赢。在东北亚地区，我们将本着互惠互利原则开展合作，让地区各国得益于中国的发展，也使中国从地区各国发展中获得合作和发展的机会。

（二）中国东北亚战略的基本目标

中国东北亚战略从属于中国和平发展的大战略，它是根据东北亚地区形势新变化，从维护和实现中国东北亚地区国家利益出发而确定的中国在东北亚地区要达到的基本目标。当前，中国在东北亚地区面临的战略性问题主要表现为三个方面：首先是保持东北亚地区和平与稳定，维护中国国家主权、安全和发展利益；其次是促进东北亚地区经济发展与繁荣，为中国经济稳定快速发展创造广阔发展空间；最后是推动建设东北亚地区民主、公正、和谐的国际体系和秩序，为东北亚地区持久和平和共同繁荣建立制度保障。

1. 保持东北亚地区和平与稳定

东北亚地区总体上保持着和平稳定状态。东北亚地区经济迅速发展，各国经济合作不断深化，都得益于东北亚地区的和平与稳定。东北亚地区和平与稳定也是有效维护中国在东北亚地区主权、安全和发展利益的重要保障。然而，东北亚地区也面临着严峻的安全形势与挑战，存在着影响东北亚地区和平与稳定的不利因素。为此，中国要把维护东北亚地区和平与稳定作为东北亚战略的重要目标与任务。

首先，维护东北亚地区睦邻友好国家关系。建立睦邻友好的国家关系是实现东北亚地区和平与稳定的重要基础，中国与东北亚各国都实现了国家关系正常化，与俄罗斯、日本、韩国、蒙古国和朝鲜分别建立了不同形式的伙伴关系，中国与俄罗斯和蒙古国还签署了《睦邻友好合作条约》。这不仅表明中国与东北亚国家关系发展水平，也为国家关系稳定发展建立了坚实的政治法律基础。

在东北亚国家关系中也存在着各种矛盾与争端，这成为影响东北亚地区国家关系发展的障碍和消极因素。朝鲜战争已经结束60多年了，然而，美国和日本仍然没有和朝鲜建立外交关系。第二次世界大战胜利已经70年了，由于北方领土争端，俄罗斯与日本还没有签署战后和平条约。这些不利因素都不同程度地影响到东北亚地区各国关系发展。近年来，中日钓鱼岛争端使两国关系发生严重倒退，也使中日发生摩擦和冲突的危险大大增加。它不仅影响到中日两国的相互信任，也使中日两国经贸合作受到严重影响。

中国作为东北亚地区重要国家，长期实行独立自主的和平外交政策，始终不渝地坚持睦邻友好的周边外交政策。中国作为东北亚地区负责任的大国，将积极维护东北亚地区良好的国家关系，积极协调和解决东北亚地区国家间的分歧与争端，推动建设东北亚地区新型国家关系，确保东北亚地区国家关系稳定健康发展。

其次，维护东北亚地区和平稳定局面。冷战结束后，东北亚地区基本保持着和平稳定的局面，没有发生大的军事冲突或战争。朝鲜半岛局势也处于危险可控状态，2010年发生的"天安舰事件"和"延坪岛炮击事件"，事态很快得到控制，没有扩大升级。维护东北亚地区和平稳定符合东北亚地区各国的安全和发展利益。中国在维护东北亚地区和平稳定中发挥了积极作用。中国积极倡导和平共处和不干涉内政原则，主张通过外交谈判和平解决国家争端，互不使用武力或以武力相威胁。中国与东北亚地区各国都建立了各种形式的战略对话机制、安全预防和联络机制。这不仅有助于增进各国间的交流与信任，也有效地防止了突发事件。东北亚地区大国间建立了各种对话和会晤机制，对于维护东北亚地区和平与稳定也具有积极意义。

现在，美国是影响东北亚地区和平与稳定的重要因素。美国不断巩固和强化美日、美韩双边军事同盟。奥巴马政府确定了"亚太再平衡"战略，把美国军事战略重心向亚太地区转移，加强在东北亚地区的军事前沿部署。美国奥巴马政府的亚洲政策具有遏制和防范中国的战略意图，它也使美国"守成大国"与中国"新兴大国"的结构性矛盾变得日益突出。美国也深深地卷入中国与日本、菲律宾等国岛屿和海洋权益争端，使中美发生军事冲突的风险增大，这些都不利于东北亚地区和平与稳定。

东北亚地区和平与稳定直接关系到中国的安全利益。增进东北亚地区国家间的战略信任，在东北亚地区构建不冲突、不对抗、相互尊重和合作共赢的中美新型大国关系，是解决东北亚地区结构性矛盾和冲突的关键所在。积极推动东北亚地区大国间的战略与安全对话，建立东北亚地区安全合作机制，将是维护东北亚地区和平与稳定局面的根本出路。

最后，使东北亚地区局势保持稳定可控状态。在东北亚地区存在着许多热点问题，其中包括俄日北方领土争端、中日钓鱼岛和东海划界争端、韩日独岛争端、朝韩北方界线争端、中韩黄海划界和苏岩礁争端等。近年来，这些岛屿和海洋划界争端严重影响东北亚地区国家关系。如果处理不当就可能加剧国家间紧张关系，成为引发国家间冲突的导火线。朝鲜半岛问题和中国台湾问题是影响东北亚地区和平与稳定的最敏感问题。朝鲜半岛南北双方还处于军事对峙和紧张状态，美国与韩国的军事同盟政策，美国对朝鲜的制裁和遏制政策，更加剧了朝鲜半岛紧张局势。中国的台湾问题也是十分敏感问题，具有很大不确定性。现在，两岸和平局面十分脆弱，台湾的"台独"势力还在进行分裂活动。美国对台湾的保护政策是造成台湾与大陆长期分离的根本原因。中国维护国家主权和统一的决心不会改变，台湾政局的变化和台湾分裂活动的加剧，极有可能加剧台海局势，最后引发中美关系紧张和冲突。

中国积极参与解决东北亚地区争端，支持朝韩南北对话和缓和半岛局势。在朝核问题上，中国反对使用武力或以武力相威胁，推动建立朝核问题北京六方会谈机制，通过多边外交谈判和平解决朝核危机。中国也积极主张通过谈判解决东北亚地区国家间领土争端，反对使用武力或战争手段。在台湾问题上，中国通过发展海峡两岸信任关系，加强经贸联系和人员往来，维护台海和平，以和平方式最终实现国家统一。加强中美战略协调与合作是维护两岸和平发展，实现海峡两岸和平统一的重要因素。

2. 促进东北亚地区经济发展与繁荣

世界经济仍处于 2008 年全球金融和经济危机后的深度调整期，世界经济增长速度低于预期，经济复苏进程缓慢。美国、欧盟和日本等主要经济体经济走势和政策取向继续分化。国际经济环境的不确定性对于东北亚地区经济发展将产生重大影响。面对新的国际经济形势与挑战，东北亚地区各国要继续保持密切的经贸合作关系，深化经济一体化合作，保持东北亚地区经济稳定快速增长，提升东北亚地区全球经济竞争力，促进东北亚地区经济发展与繁荣。东北亚地区经济发展与繁荣可以为中国经济快速发展创造广阔的发展空间，中国经济快速发展也会进一步带动东北亚地区经济发展与繁荣。

首先，保持东北亚地区密切的经济贸易关系。东北亚地区各国都是重要的经济贸易伙伴，相互贸易和投资不断扩大，要继续保持发展势头，实现共同发展。2015 年中国外贸保持平稳增长，继续保持全球第一货物贸易大国地位。然而，高速增长的时代结束了，现在已进入外贸平稳增长的"新常态"。中国是东北亚地区各国最大贸易伙伴，继续保持东北亚地区各国密切贸易关系变得十分重要。日本、韩国和俄罗斯是中国在东北亚地区三个最大的贸易伙伴，近年来受世界经济形势的影响，中国与三国的贸易额均出现不同程度的下滑。据中国海关总署统计，2015 年中日双边贸易额为 2 786.6 亿美元，同比下降 10.2%。其中，中国向日本出口 1 356.7 亿美元，下降 9.2%；从日本进口 1 429.9 亿美元，下降 12.2%。2015 年中韩双边贸易额为 2 758.1 亿美元，同比下降 5.5%。其中，中国对韩国出口 1 012.9 亿美元，增长 1.0%；从韩国进口 1 745.2 亿美元，下降 8.2%。

2015 年中俄双边贸易额为 680.6 亿美元，同比下降 28.6% 。其中，中国对俄罗斯出口 347.8 亿美元，下降 35.2%；从俄罗斯进口 332.8 亿美元，下降 20.0% 。[①]

中国与东北亚地区国家贸易额出现下降，有国际和国内各种因素的影响。日本经济波动和中日政治关系恶化是中日贸易额下降的主要原因。2015 年中俄贸易额大幅下降是由于乌克兰危机和全球石油价格下跌带来的严重影响。由于乌克兰危机，以美国为首的西方国家对俄罗斯实行经济制裁，使俄罗斯经济受到严重打击。另外，国际石油价格大幅下跌，使俄罗斯石油出口收入大幅下降。据国际货币基金组织公布的数据，2015 年俄罗斯国内生产总值为 1.32 万亿美元，同比下降 3.7% ，近 10 年来俄罗斯 GDP 首次被韩国反超。[②] 俄罗斯严峻的经济形势也将给中俄经贸关系带来冲击和影响。

保持中国与东北亚地区各国贸易额稳定增长是中国经济快速发展的重要条件。中日两国是重要贸易伙伴，加强中日两国相互信任，努力改善中日关系将有助于中日经贸关系稳定健康发展。西方制裁和国际石油价格下跌将使俄罗斯经济受到严重冲击，但是，中俄两国经济互补性特点没有变，通过推动中俄大项目投资合作，将使中俄经贸关系稳步增长。东北亚地区各国还应积极创造条件，改善贸易和投资环境，相互开放市场，进一步加强互联互通，简化海关手续，扩大投资领域合作，以保持经贸关系稳定发展。

其次，促进东北亚地区经济稳定快速发展。东北亚地区经济富有活力和巨大发展潜力，也具有极大互补性。在 2008 年全球金融和经济危机发生后，东北亚地区经济首先恢复增长，成为带动全球经济增长的巨大引擎。应对世界经济曲折艰难的复杂环境，促进东北亚地区经济稳定健康发展，将是保证中国经济稳定快速发展的重要条件。

当前，世界经济正处于全球金融危机后的复苏和增长过程中。美国经济开始展现发展活力，并出现经济增长；欧元区经济增长乏力，核心国家经济几乎处于停滞；新兴经济体和发展中国家经济增速放缓。受国际经济整体疲软和增长乏力影响，东北亚地区经济也出现增速逐步减缓趋势。中国经济在保持 20 多年高速增长后，进入经济发展"新常态"，正从高速增长转向中高速增长。2014 年中国经济增长 7.3%，2015 年经济增长 6.9% 。中国经济增速减缓有国际因素的影响，也有中国经济发展规律的作用。现在，中国国内生产总值已达到 10 万亿美元，

---

① 《2015 年 12 月进出口商品国别（地区）总值表（美元值）》，中国海关总署，http：//www.customs.gov.cn/publish/portal0/tab49667/info785160.htm，2016 年 1 月 21 日。

② International Monetary Fund. *World Economic Outlook Database April 2016*，http：//www.imf.org/external/pubs/ft/weo/2016/01/weodata/index.aspx，April 12，2016.

占世界国内总产值的13%。① 中国经济体量大，不可能始终保持高速增长，它必然有一个增长速度递减的过程，另外，中国经济也存在着内需不足和产能过剩等问题。中国经济正在进行结构调整，"从规模速度型粗放增长向质量效率型集约增长，从要素投资驱动转向创新驱动"。② 日本安倍政府采取刺激经济政策，力图摆脱困扰日本的经济通缩，提振日本经济恢复增长，然而，效果仍然不够明显。2013年日本经济增长率为1.4%，2014年下滑至-0.0%，2015年仅为0.5%。③ 日本经济增速回落的主要原因是国内消费需求下降，国际出口乏力，工业生产回落和巨额公共债务。日本安倍政府将进一步推动结构改革，以扭转经济发展颓势。韩国经济形势总体平稳向好，2013年韩国经济增速是2.9%，2014年达到3.3%，2015年为2.6%。④ 国际市场进一步复苏使韩国制造业出口大幅回升，韩国房地产市场复苏带动了国内消费，韩国经济对国际市场的过度依赖和国内需求不振，使韩国经济具有一定脆弱性和波动性。如2015年由于对外出口规模出现负增长，使韩国规模以上工业增长出现回落。由于西方的制裁，加上2014年国际石油价格大幅下跌，使俄罗斯经济遭受重挫。全年经济增长率约为0.6%，比2013年下降了0.8%。俄罗斯卢布的汇率大幅下降，2015年1月1日，俄罗斯中央银行公布的官方汇率是56.2卢布兑换1美元，68.3卢布兑换1欧元。⑤ 与2014年初的汇率相比较，卢布对美元和欧元汇率贬值接近一倍。俄罗斯2014年全年通货膨胀水平达到11.4%。⑥ 2014年俄罗斯出口为5 000亿美元，进口为3 100亿美元，进出口分别下降了2.2%和2.3%。⑦

东北亚地区各国经济都面临着国内外各种风险和挑战，消除贸易保护主义，相互开放国内市场，扩大贸易和投资领域的合作，协调货币和关税政策，将会带动东北亚地区经济稳定和健康地发展。习近平主席在博鳌亚洲论坛2015年年会主旨演讲中指出："中国经济发展进入新常态，将继续给包括亚洲国家在内的世界各国提供更多市场、增长、投资、合作机遇。未来5年，中国进口商品将超过10万亿美元，对外投资将超过5 000亿美元，出境旅游人数将超过

---

① 《图解2015年全国两会》，人民出版社2015年版，第67页。

② 习近平：《携手迈向命运共同体，开创亚洲新未来》，新浪网，http：//finance.sina.com.cn/china/20150328/105521833537.shtml，2015年3月28日。

③④ International Monetary Fund. Regional Economic Outlook：Asia and Pafic，http：//www.imf.org/external/pubs/ft/reo/2016/apd/eng/pdf/areo0516.pdf，April 2016.

⑤ Официальные курсы ЦБ с 1 января составили 68, 3681 руб. за евро и 56, 2376 руб. за доллар，http：//www.interfax.ru/business/416461，31 декабря 2014 года.

⑥ Годовая инфляция в РФ составила 11, 4%，http：//www.interfax.ru/business/416458，31 декабря 2014 года.

⑦ и бизнес，МЭР РФ ожидает в 2015 году падения ВВП РФ на 0, 8，ТАСС，http：//itar-tass.com/ekonomika/1616644，2 декабря 2014.

5亿人次。中国将坚持对外开放的基本国策，不断完善国内投资环境，保护投资者合法权益，同大家一起，共同驱动亚洲发展的列车，不断驶向更加光明的未来。"[1]

最后，推动东北亚地区经济一体化发展。经济全球化的发展，既把各国经济紧密联系起来，形成密切的相互依赖关系，又使各国经济发展受到国际经济竞争和经济形势的深刻影响。加强地区经济合作，实现地区经济一体化，是保证地区经济发展与繁荣，提高国家国际竞争力的重要途径。面对全球经济复杂的形势与挑战，推动东北亚地区经济一体化发展是促进东北亚地区经济稳定发展，实现东北亚地区各国共同发展与繁荣的重要基础。

东北亚地区具有发展经济一体化的内生动力。东北亚地区各国都面临着确保经济稳定增长的艰巨任务。加强东北亚地区经济一体化可以为各国经济发展创造良好的发展空间。东北亚地区有广阔的市场、丰富的资源、先进的技术和制造业、充足的资本，以及高素质的人力资源。如果通过区域经济一体化把这些潜力整合起来，做到优势互补，就可以保证东北亚各国经济稳定增长，提升东北亚地区整体竞争优势，促进东北亚地区经济发展与繁荣。

东北亚地区具有发展经济一体化的良好基础。现在，东北亚地区各国都成为重要贸易伙伴，在贸易和投资领域的合作不断扩大。东北亚地区各国在双边合作基础上，也在积极发展多边经济合作，如中日韩三国经济合作、中蒙俄三国合作、俄朝韩三国经济合作等。中韩两国已经正式签署了双边自由贸易协定，中日韩三国还在进行自贸协定谈判。东北亚地区各国在亚太经济合作组织、东盟与中日韩"10 + 3"框架下积极开展多边合作。然而，东北亚地区经济一体化水平还比较低，还不能适应区域一体化发展的客观要求。"面对国际金融危机的深远影响，东北亚各国应同舟共济，加强政策协调，利用好比较优势，不断发掘互利合作的战略契合点，进一步提高东北亚地区贸易、投资自由化和便利化，推动地区经济一体化迈上新台阶。"[2] 加强东北亚地区各国的相互信任，不断完善各国经济制度和外贸政策，推动建立和发展东北亚地区经济合作机制，将是东北亚地区经济一体化发展的基本方向。

3. 建立东北亚地区新秩序

东北亚地区国际体系正处于历史转型时期，面临着建立更加公正合理的地区

---

[1] 习近平：《携手迈向命运共同体，开创亚洲新未来》，新浪网，http://finance.sina.com.cn/china/20150328/105521833537.shtml，2015年3月28日。

[2] 刘建超：《在2014东北亚和平与发展滨海会议上的致辞》，中国外交部网站，http://www.fmprc.gov.cn/mfa_chn/wjbxw_602253/t1201237.shtml，2014年10月16日。

国际体系和秩序的战略选择。中国作为东北亚地区大国，积极推动建立东北亚地区新秩序，不仅是为了更好地维护和实现中国国家利益，也是中国的大国责任。中国应当适应时代潮流，根据东北亚地区国际体系新变化和新形势，提出构建东北亚地区新秩序的"中国方案"。建立东北亚地区国际新秩序主要表现为确立东北亚地区国际关系准则、建立东北亚新型国际关系、推动建立东北亚地区国际机制。推动建立东北亚地区国际新秩序的目标是建立一个更加民主、和睦、公正、包容、和谐的东北亚地区新秩序，实现东北亚地区持久和平和共同繁荣。

第一，以联合国宪章和国际法原则为基础，确立东北亚地区国家关系的行为准则。第二次世界大战后，为了维护和实现世界永久和平，反法西斯战争的同盟国建立了联合国组织，签署了联合国宪章，确定了战后世界秩序。联合国宪章及其国际法原则成为协调国际关系的基本准则。根据联合国宪章，中国和印度、缅甸等国共同倡导提出了和平共处五项原则。构建东北亚地区国际新秩序要继续坚持和遵守联合国宪章和国际法等国际准则，它的核心思想就是和平共处五项原则。东北亚地区各国要坚持相互尊重主权和领土完整的原则，相互尊重各国社会制度、意识形态和发展道路的选择，不将自己的社会模式和价值形态强加于人。禁止纵容和支持分裂活动，反对破坏他国国家统一和领土完整；各国互不侵犯和互不干涉内政，各国要坚持和平解决国家间争端，保证互不使用武力或以武力相威胁，更不能以渗透、威胁和利诱等手段干涉他国内部事务，颠覆他国合法政府；各国应发展平等互利的国家关系，实现和平共处。相互尊重各国的国家利益和重大关切，积极开展互利合作，发展睦邻友好国家关系，实现共生共存，共同发展。

东北亚地区国际关系准则可以表现为东北亚地区国家间的双边条约和联合声明，并通过签署和发表《东北亚地区国家关系宪章》等多边条约或文件来确立。在联合国宪章和国际法原则基础上确立的东北亚国家关系行为准则应当成为东北亚地区各国共同遵守的基本准则，是建立东北亚地区新秩序的国际法基础。

第二，推动建立东北亚地区新型国际关系。在东北亚地区国际关系中，还存在着冷战思维，强化军事同盟、谋求军事优势、推行强权政治、谋求地区霸权的政策仍然大行其道。建立东北亚地区国际新秩序，就要求以联合国宪章精神和国际法原则为基础，建立以合作共赢为核心的东北亚新型国际关系。

在东北亚地区，各国已经建立了密切的政治、经济、军事和文化关系，利益相互交叉与融合，相互依赖不断加深，形成了"一荣俱荣，一损俱损"的命运共同体。国际关系的新变化要求我们必须与时俱进，摒弃传统的"弱肉强食"和"丛林法则"，不搞"零和博弈"和"赢者通吃"，以合作共赢为核心建立新型东北亚国际关系。

在政治上，相互尊重国家主权和平等，摒弃传统的结盟和对抗政策，任何国家不得谋求霸权，反对强权政治。超越社会制度和意识形态差异，在国际法原则基础上，发展平等信任和睦邻友好的国家关系。

在经济上，确立利益共同体意识，发展贸易、投资各领域经济合作。实现优势互补，共同发展。建立平等互利、合作共赢的经济关系。

在安全上，摒弃冷战思维，确立新安全观。和平解决国家间争端，不使用武力或以武力相威胁，更不能把自己的安全建立在威胁他国安全的基础上。按照共同安全、合作安全、综合安全和可持续安全新理念建立东北亚地区国家安全关系。

在文化上，实行包容互鉴，坚持开放包容精神。充分尊重东北亚地区文化多样性特点，不把自己的意识形态强加于人，更不搞价值观外交。实现相互交流，相互借鉴，取长补短，共同发展。

第三，建立东北亚地区合作机制。推动建立东北亚地区合作机制是建立东北亚地区国际秩序的重要组成部分。建立东北亚地区合作机制是为各国提供对话与合作的制度平台。东北亚地区已经建立了一些多边的对话与合作机制，如上海合作组织、中日韩三国领导人会议、朝核问题北京六方会谈机制等。另外，在东盟主导的东盟与中日韩"10+3"框架下中日韩三国还建立了对话合作机制。然而，东北亚地区还没有建立涵盖东北亚地区各国，属于东北亚地区的合作机制。由于东北亚地区存在着制度缺失，东北亚地区和平与发展的稳定局面也带有极大的脆弱性，任何军事或安全突发事件都可能导致冲突升级和局势失控。

东北亚地区合作机制可以包括政治、经济、安全、文化各方面的对话与合作机制。它可以分为功能性合作机制和制度性合作机制；可以是一种地区性机制，主要是由东北亚地区各国组成，也可以是开放性合作机制，除了地区各国，还可以吸收域外国家参加。

在东北亚地区合作机制框架设计上，首先，应推动建立所有东北亚地区国家参加的高级定期会晤机制。起步阶段可确定为外交部长级会晤机制，逐步提升为国家领导人定期会晤机制。东北亚高级定期政治会晤机制可以就地区政治、经济、安全、文化、外交各方面问题交换立场，协商和解决地区和国家间问题。其次，应推动建立地区经济合作机制。如经济和商务部部长参加的贸易投资合作会晤机制，主要是协调和促进在经贸、投资、货币、金融、关税、物流等方面的合作。最后，建立安全对话与合作机制。主要是由国防、边防和公安等部门高级官员参加的对话合作机制。在加强军事信任、开展军事交流、建立军事预警、防止意外突发事件、海上救援以及打击三股势力和国际犯罪等各方面开展交流与合作。

东北亚合作机制可采取循序渐进的方式逐步建立。根据各国意愿先建立功能性对话与合作机制，然后再逐步建立制度性合作机制。建立东北亚地区合作机制应坚持自愿参加、多边合作、开放透明、平等互利、合作共赢的原则。

（三）中国东北亚战略的实施路径

中国东北亚战略的目标是维护东北亚地区和平与稳定，促进东北亚地区经济发展与繁荣，推动建设民主、公正、和睦、包容、和谐的东北亚地区国际新秩序。中国东北亚战略不仅是为了实现中国和平发展和现代化建设目标，也符合东北亚地区各国和人民的根本利益。因此，以合作共赢为核心，积极开展东北亚地区各国合作是实现中国东北亚战略的根本路径。

1. 构筑东北亚地区大国合作战略架构

中国东北亚战略的实施要走地区大国合作共赢之路。这里需要构筑中国的东北亚地区大国战略合作架构，就是通过地区大国战略协作实现中国东北亚战略构想。这里主要涉及中国与美国、俄罗斯、日本和韩国的战略关系。美国是东北亚地区的域外国家，但是，美国是东北亚地区国际格局中的重要力量，不能回避美国在东北亚地区的地位、利益和影响力。在中国东北亚大国合作战略架构中，中美关系是支柱，中俄关系是支点，中日韩三国关系是基础。

首先，推动构建中美新型大国关系。美国是世界唯一超级大国，也是东北亚地区的重要影响力量。美国在东北亚地区具有重要的政治、经济和安全利益。东北亚地区各国是美国的重要贸易伙伴，美国与日本和韩国保持着双边军事同盟，在这两个国家设有军事基地和驻军。推动构建中美新型大国关系是中国东北亚战略实施的优先方向。中国作为新兴大国，美国作为守成大国，中美如何避免落入"修昔底德陷阱"成为一个绕不开的问题。中国推动构建中美不冲突、不对抗、相互尊重、合作共赢的新型大国关系，就是要打破"强国必霸"的定律，开创出两个世界大国合作共赢的一条新路。

中国的东北亚战略目标不是谋求地区霸权，中国既不争霸，也不称霸，而是做一个负责任的地区大国。在东北亚地区，中国无意排斥美国，更避免走向新的中美对抗。中美应相互尊重国家利益和重大关切，积极开展大国合作。中美在维护朝鲜半岛和平与稳定，通过朝核问题北京六方会谈在解决朝鲜核问题上开展积极合作。然而，中美两国在中日钓鱼岛争端、美国向中国台湾地区出售武器、中国南海问题上存在着严重分歧。尽管如此，中美两国在东北亚地区具有广泛的共同利益和坚实的合作基础，两国战略契合点远远大于分歧。中美两国国家元首定期会晤机制、两国战略与经济对话机制，以及两国密切的对话与沟通渠道，都有助于加深了解，增进信任，减少误判，化解矛盾，促进合作。要以战略眼光审视和发展中美关系，构建中美新型大国关系的基础在于求同存异、和而不同。2014年11月12日，习近平主席在会见奥巴马总统时指出，"宽广的太平洋足够大，容得下中美两国。双方应该致力于在亚太地区开展积极互动，鼓励包容性外交，共同为地区和平、稳定、繁荣发挥建设性作用"。① 中美在东北亚地区不是形成新的大国对抗，而是携手合作，共同建设和平、稳定、繁荣的东北亚地区。

其次，加强中俄全面战略协作伙伴关系。俄罗斯是一个世界大国，也是东北亚地区重要国家。俄罗斯从其横跨欧亚大陆的地缘政治特点出发，实行积极的亚洲政策。中俄两国超越社会制度和意识形态差别，积极发展睦邻友好和互利合作的国家；积极开展国际事务协调与合作，在许多重大国际和地区问题上立场相近或一致。习近平主席指出："中俄关系是世界上最重要的一组双边关系，更是最好的一组大国关系。一个高水平、强有力的中俄关系，不仅符合中俄双方利益，也是维护国际战略平衡和世界和平稳定的重要保障。"②

中俄共同倡议建立的上海合作组织，在打击三股势力，维护地区和平与安全，促进地区经济合作与发展方面发挥了积极作用；积极协调朝核问题的立场，在维护朝鲜半岛和平与稳定方面发挥了重要作用；积极推动建立亚太地区开放、透明、平等的安全与合作架构。俄罗斯是保持东北亚地区战略平衡的积极力量，加强中俄在东北亚地区的战略协作伙伴关系，对于中国东北亚战略的实施将具有重要意义。

最后，推动中日韩信任与合作关系。中日韩三国是东北亚地区的主要国家，中日韩合作是构建东北亚国际体系和秩序的重要基础。构建新型中日韩关系是实施中国东北亚战略的重要步骤。目前已形成了中日韩三国合作机制的框架，建立了中日韩三国领导人会议机制和外交、经贸、科技、文化等18个部长级会议机制，以及50多个工作层机制。2011年9月，在韩国首尔建立了中日韩三国合作秘书处，形成了全方位、多层次、宽领域的合作格局。在维护东北亚地区和平与安全，推动地区经济发展与繁荣方面形成广泛共识，目标是建设全方位合作伙伴关系。现在，还需要从以下几个方面进一步深化中日韩合作：其一，战略互信问题，中韩对日本未来选择的隐忧，这从日本对侵略历史的反省中可以看到，要防止日本政治右倾化和军国主义化。中日韩三国要确保相互支持和平发展，在东北亚地区不谋求霸权，不搞扩张；其二，推动中日韩合作机制建设，加强合作规章

① 刘华：《习近平强调从6个重点方向推进中美新型大国关系建设》，新华网，http://news.xinhua-net.com/politics/2014-11/12/c_1113220972.htm，2014年11月12日。

② 《习近平谈治国理政》，外文出版社2014年版，第275页。

与制度建设，增进各国间的相互信任；其三，中日韩应加快自贸区建设，加深中日韩经济一体化合作，推动地区经济发展与繁荣；其四，推动和扩大中日韩的文化交流，为中日韩合作建立广泛的社会基础。

2. 加强东北亚地区安全合作

东北亚地区安全形势十分严峻复杂，和平稳定的局面非常脆弱。东北亚国际体系转型带来的结构性冲突，大国安全困境和激烈军备竞赛，朝鲜半岛问题和各国间领土争端，以及经济、能源、金融、环境、网络等各种非传统安全问题，都成为东北亚地区各国面对的安全问题。如何应对这些安全威胁与挑战，必须超越传统安全观和传统安全模式，确立新的安全观，加强东北亚地区国家安全合作，推动建立东北亚地区安全合作机制，这是保持东北亚地区和平与稳定，实现东北亚地区长治久安的根本途径。

首先，确立东北亚地区新安全观。观念认同是多边合作的重要思想基础。东北亚地区安全合作需要在新安全观基础上达成观念认同。当前，传统的安全理念在国际关系中仍然占据主导地位，把建设强大的军事力量作为保障国家安全的重要手段，把谋求军事优势作为国家的军事战略目标。一些国家仍然坚持传统的军事同盟政策，不断巩固和强化双边和多边军事同盟。这些传统的安全理论和安全政策没有失去其意义，但是在安全主体多元化和安全威胁多样性的新形势下，再重复延续传统的军事实力政策已经不能完全应对新的安全挑战。为此，我们需要改变传统的安全理念，摒弃冷战思维，确立新的安全观。中国是新安全观的积极倡导者，早在2002年，中国政府就发表了《中国关于新安全观的立场文件》，积极倡导"互信、互利、平等、协作"的新安全观。在2014年5月中国上海举办的亚信峰会上，习近平主席提出了"共同、综合、合作、可持续"的亚洲安全观。中国政府倡导的这些安全理念符合时代发展潮流，反映了多数国家的安全利益。这是我们加强东北亚地区安全合作，推动建立东北亚地区安全合作机制的重要思想基础。

按照中国政府倡导的"互信、互利、平等、协作"新安全观，各国要建立战略互信，互不猜疑，互不敌视；坚持互利原则，互相尊重对方的安全利益和重大关切，在实现自身安全利益的同时，不损害和不威胁其他国家利益；各国应平等相待，相互尊重，互不干涉内政；积极开展安全协作，以和平方式解决争端，就共同关心的安全问题进行广泛协商与合作。

中国政府倡导的"共同、综合、合作和可持续"亚洲安全观，开创了一条共建、共享、共赢的亚洲安全之路，它对于我们实现中国东北亚安全战略具有重要指导意义。共同安全是强调安全的普遍、平等和包容性。安全应当是普遍的，

"不能一个国家安全而其他国家不安全，一部分国家安全而另一部分国家不安全，更不能牺牲别国安全谋求自身所谓绝对安全"。① 在地区安全问题上，各国都有平等的权利和责任，相互尊重合理的安全关切。综合安全就是要统筹考虑传统安全和非传统安全问题，做到综合施策，协同治理。合作安全就是强调通过对话与合作来实现各国和地区安全，它不同于同盟安全，它需要地区各国的积极参加与合作，走合作共赢之路。可持续安全就是强调维护地区持久和平与安全。注意发展与安全并重，使发展与安全相互促进，实现地区长治久安。

其次，确立东北亚地区国际行为准则。确立东北亚地区国际公认的行为准则，这是东北亚地区安全合作的国际法基础。为了加强东北亚地区安全合作，中俄两国积极倡议建立东北亚地区安全行为准则。在 2010 年 9 月 27 日发表的《中俄关于全面深化战略协作伙伴关系的联合声明》中，提出了在发展双边和多边安全合作时应遵循的国际公认的基本原则的倡议。这些基本原则包括"尊重彼此主权、独立和领土完整，互不干涉内政；坚持平等和不可分割的安全原则；坚持防御性国防政策；不使用武力或以武力相威胁；不采取、不支持任何旨在颠覆别国政府或破坏别国稳定的行动；本着相互理解、相互妥协的原则，通过政治外交手段以和平方式解决彼此分歧；开展不针对第三国的双边和多边军事合作。"②

中俄倡议的这些国际公认的行为准则是依据联合国宪章和国际法原则确定的。这些基本原则应当成为东北亚地区各国的政治共识，并正式确定为东北亚地区的国际法准则。这些基本原则可以通过签署《东北亚地区安全宪章》的方式加以确立。《东北亚地区安全宪章》是一项开放式的国际公约，东北亚地区各国和域外国家都可以签署和参加，承诺遵守《东北亚地区安全宪章》规定，享有相关权利，履行相应义务。

最后，建立东北亚地区安全合作机制。东北亚地区各国为增进战略互信开展了广泛对话与合作。在各国领导人会晤和发表的联合公报中，各国都表示积极发展伙伴关系，支持和平发展。如美国总统奥巴马明确表示，"美国并不寻求遏制中国，……一个强大、繁荣的中国的崛起可以加强国际社会的力量"。③《中日关于全面推进战略互惠关系的联合声明》表明，中日"互不构成威胁，相互支持对

---

① 习近平：《积极树立亚洲安全观，共创安全合作新局面——在亚洲相互协作与信任措施会议第四次峰会上的讲话》，中国外交部网站，http://www.fmprc.gov.cn/mfa_chn/ziliao_611306/zt_611380/dnzt_611382/yxhy_667356/zxxx/t1158070.shtml，2014 年 5 月 21 日。

② 《中俄关于全面深化战略协作伙伴关系的联合声明》，中国外交部网站，http://www.fmprc.gov.cn/chn/pds/ziliao/1179/t756814.htm，2010 年 9 月 27 日。

③ The White House Office of the Press Secretary. *Remarks by President Barack Obama at Suntory Hall*, https://www.whitehouse.gov/the-press-office/remarks-president-barack-obama-suntory-hall，November 14, 2009.

方的和平发展"。① 各国间还建立了战略与安全对话机制，如中美战略与经济对话、中俄战略安全磋商、中日防务安全磋商、中韩高层战略对话、俄日战略对话、俄韩战略对话等。值得强调的是东北亚地区各国都表达了增进相互信任，维护东北亚地区和平与稳定的积极愿望。然而，东北亚地区安全对话与合作机制建设还严重滞后。要真正解决战略互信问题，还需要建立规则与制度。建立东北亚地区安全对话与合作机制，需要从功能性合作走向制度性合作，建立东北亚地区安全合作制度。为此，需要建立东北亚地区信任机制、预警和管控机制、东北亚地区安全合作组织。

应当开展军事领域信任与裁军的对话与合作，包括军事部门领导人互访，相互通报军事信息，邀请观察军事演习等。通过谈判签署《东北亚地区军事领域信任协定》（以下简称《协定》）。《协定》将明确规定，地区各国互不使用武力或以武力相威胁，限制军事演习的规模、地理范围和次数，相互通报重要军事部署、军事演习和导弹发射情况。增加军事领域的公开性和透明度，限制军事部署和军事活动，增加军事信任和军事行动的可预测性。围绕防止大规模毁灭性武器扩散和部署地区反导系统等问题开展军备控制和裁军谈判。

应当建立预防外交和管控机制。东北亚地区各国定期举行外交、国防、公安、边防等部门的部长和高级官员会议。定期会议主要是进行信息交流，预防地区军事冲突，协调和解决地区争端，开展非传统安全合作。目前，需要解决的地区安全问题主要有朝鲜半岛紧张局势可能出现的突发事件、军事对抗升级可能引发的大规模军事冲突、朝鲜核试验和导弹发射可能造成的核泄漏和灾难性后果及其对地区安全可能造成的严重威胁、美国部署地区反导弹防御系统对地区战略平衡的影响，以及对地区安全的新挑战。

应逐步建立东北亚地区安全与合作组织。东北亚地区安全与合作组织的宗旨是，发展成员国的战略互信和睦邻友好关系；各成员国保证互不侵犯，互不干涉内政；尊重各国的核心利益和合理关切，通过谈判和平解决国家间争端，互不使用武力或以武力相威胁；加强军事信任和裁军，开展军事交流与合作；加强非传统安全领域合作，共同打击三股势力，应对跨国犯罪和各种全球性问题的挑战；在能源安全、粮食安全、环境安全、公共卫生安全、经济安全、金融安全等各领域开展协调与合作。东北亚安全合作组织将建立决策、领导和组织机构，制定组织章程和规则，建立执行和监督机构。对于东北亚安全合作组织签署的协定和决议，参加签署的成员国都要遵守和执行，并对其承诺和执行情况进行监督。

---

① 《中日关于全面推进战略互惠关系的联合声明》，中国外交部网站，http：//www.gov.cn/jrzg/2008-05/07/content_964157.htm，2008 年 5 月 7 日。

3. 深化东北亚地区经济合作

东北亚地区各国已经建立了密切的经济合作关系，相互成为重要贸易伙伴。在此基础上，还需要进一步推动东北亚地区区域经济一体化合作，进一步提升东北亚地区国家贸易投资合作水平。推动东北亚丝绸之路经济带建设，推进大图们江区域开发合作，深化中日韩三国经济合作，将是加强东北亚地区经济合作的重要发展方向。

首先，建设东北亚丝绸之路。2013 年习近平主席提出了"一带一路"战略倡议。2015 年 3 月 5 日，李克强总理在《政府工作报告》中提出了"推进丝绸之路经济带和 21 世纪海上丝绸之路合作建设"的任务。2015 年 3 月中国政府发表了《推动共建丝绸之路经济带和 21 世纪海上丝绸之路的愿景与行动》。它是以历史丝绸之路为桥梁和纽带，秉承"和平合作、开放包容、互学互鉴、互利共赢"的丝绸之路精神，通过"丝绸之路经济带"和"海上丝绸之路"，把亚欧非三大洲联结起来，建立基础设施，加强互联互通，发展贸易便利化，实现共同发展和共同繁荣的战略规划和发展蓝图。

东北亚地区是中国"一带一路"战略发展规划的重要地区，东北亚丝绸之路经济带建设将会推动东北亚区域经济一体化发展。中国的"一带一路"发展战略得到了东北亚地区各国的支持和响应。2015 年 5 月 8 日，中俄两国签署了《关于丝绸之路经济带建设和欧亚经济联盟建设对接合作的联合声明》。俄方表示支持丝绸之路经济带建设，"双方将共同协商，努力将丝绸之路经济带建设和欧亚经济联盟建设相对接，确保地区经济持续稳定增长，加强区域经济一体化，维护地区和平与发展"[①]。在 2015 年 7 月 10 日中俄蒙三国元首第二次会晤中，习近平主席提出了"丝绸之路经济带建设"倡议，建议"将中方丝绸之路经济带建设、俄方跨欧亚大通道建设和蒙方'草原之路'倡议更加紧密地对接起来，推动构建中俄蒙经济走廊"[②]。中方倡议得到了俄罗斯与蒙古两国总统的积极回应。建立亚洲基础设施投资银行是"一带一路"发展战略的重要步骤。2013 年中国发起建立亚洲基础设施投资银行（简称"亚投行"），主要是支持基础设施建设，发展互联互通。2015 年 12 月，亚投行正式建立，已经有 57 个成员国签署了《亚投行协定》，其中，俄罗斯、韩国、蒙古国都是亚投行的创始成员国。中国倡议的"一带一路"发展战略符合地区各国发展要求和合作愿望，对于东北亚区域经济

---

① 《中俄关于丝绸之路经济带建设和欧亚经济联盟建设对接合作的联合声明》，中国外交部网站，http：//www.fmprc.gov.cn/mfa_chn/zyxw_602251/t1262143.shtml，2015 年 5 月 9 日。

② 《习近平出席中俄蒙三国元首第二次会晤》，人民网，http：//citiccard.politics.people.com.cn/n/2015/0710/c1024-27281577.html，2015 年 07 月 10 日。

合作将会起到重大推动作用。

其次，推动图们江区域合作的大通道建设。1991年联合国开发计划署倡导成立了图们江开发项目。"大图们江开发计划"实施20多年来，在推动图们江区域经济合作，图们江区域合作机制建设方面取得了一定成就。中国政府在推动大图们江区域合作方面采取了一系列重大措施。在2009年8月30日中国国务院批准了《中国图们江区域合作开发规划纲要——以长吉图为开发开放先导区》。2012年4月，中国国务院批复成立了"中国图们江区域（珲春）国际合作示范区"。中国图们江区域合作开发规划纲要确定，以长吉图开发开放先导区建设为主体，推进内外运输通道建设，推动建立跨境经济合作区，提升图们江区域合作开发水平。[1] 2013年中国政府提出了"一带一路"发展战略，把东北四省区纳入"一带一路"发展规划。这将会极大地推动图们江区域海陆空国际运输通道建设，促进图们江区域经济合作进入新的发展阶段。

在"一带一路"战略框架下，将会推动图们江区域合作的海陆运输大通道建设，其中包括连接中、俄、朝、韩海路大通道和中、俄、蒙欧亚大陆桥建设。黑龙江省提出了中俄共建东部陆海丝绸之路经济带的发展构想。吉林省则把中俄共建扎鲁比诺大型海港与长吉图开发开放先导区建设联结起来，使吉林省改变无出海口状况，获得国际运输的战略通道。

现在，中俄积极开展铁路、桥梁、海港等基础设施建设方面的合作，建立中俄和亚欧战略运输通道。中国铁路总公司与俄罗斯铁路公司达成了发展基础设施和运输的战略合作协议。两国铁路公司计划发展铁路过境运输和基础设施建设，以增加铁路通行能力，提高两国间和过境的国际运输量。2014年10月13日，在中俄总理第十九次定期会晤期间，中俄签署了《中国国家发展和改革委员会与俄罗斯运输部、中国铁路总公司与俄罗斯国家铁路股份公司中俄高铁合作谅解备忘录》。签署文件的目的是研究莫斯科到北京的欧亚高速铁路运输走廊计划，包括优先实施莫斯科到喀山高铁干线项目。中俄正在建设同江铁路界河桥，以提高中俄过境运输能力。它是位于中国同江市与俄罗斯犹太自治州下列宁斯阔耶的跨黑龙江铁路大桥。2014年2月，同江铁路界河桥开始进入施工建设阶段，预计2017年建成。目前，中俄两国主要有三个铁路运输通道，即满洲里—后贝加尔斯克、绥芬河—格拉捷阔沃和珲春—马哈利诺铁路，同江铁路界河桥是又一个最重要的跨境运输通道。它将会推动中国东北地区与俄罗斯远东地区的贸易和人员往来，形成又一个中国东北铁路网与俄罗斯西伯利亚铁路相连接的国际联运大通

---

[1] 《中国图们江区域合作开发规划纲要——以长吉图为开发开放先导区》，新浪网，http://jl.sina.com.cn/yanbian/jjyb/2014-07-14/68.html，2014年7月14日。

道。中俄积极推动海上运输通道建设，将联合建造扎鲁比诺大型海港。俄罗斯支持中国提出的建设海上丝绸之路计划，积极推动中俄建设北方海上通道的合作。建设扎鲁比诺海港就是中俄重大合作项目。在 2014 年 5 月 20 日，吉林省政府与俄罗斯苏玛集团签署了合作建设扎鲁比诺大海港的框架协议，计划在俄罗斯滨海边疆区特罗伊察海湾建设大扎鲁比诺港。它是以集装箱运输为主的重要国际货运港口，包括集装箱码头、粮食专用码头和多功能海运码头，设计每年货物吞吐量为 6 000 万吨。扎鲁比诺大海港距离中国边界 18 公里，它将会推动中国东北地区与俄罗斯远东地区的经贸合作，为吉林省打开出海通道，建立起连接亚太地区与欧洲的北方海上丝绸之路。①

最后，深化中日韩三国经济合作。中日韩三国是东北亚地区的经济大国，三国经济总量占东亚 90%，占亚洲 70%，占世界 20% 以上②。中日韩三国是重要贸易伙伴，2015 年，三国贸易总额达到了 6 257 亿美元。③ 多年来，中国已经成为日本和韩国最大贸易伙伴，日本和韩国是中国第二和第三大贸易伙伴国。中日韩三国是东亚经济的支撑力量，也是推动东亚和亚太地区经济一体化进程的核心力量。由东盟倡导推动的"区域全面经济合作伙伴关系"和"亚太自贸区"，在很大程度上都取决于中日韩三国的经济合作。因此，进一步深化中日韩三国经济合作，是保持三国经济稳定增长，促进东北亚地区经济发展和繁荣的要求，也是东亚地区经济一体化的重要基础。当前，深化中日韩三国经济合作的努力方向，一是推动中日韩自贸区建设；二是全面提升中日韩经济合作水平。

中日韩三国应积极推动中日韩自贸区建设。早在 2002 年中日韩三国领导人峰会上就提出了建设中日韩自贸区的设想。2012 年中日韩三国经贸部长宣布，正式启动中日韩自贸区谈判。到 2015 年 5 月已经举行了中日韩自贸区第七轮谈判首席代表会议，会谈涉及货物贸易、服务贸易、投资、协定范围等相关问题。建立中日韩自贸区是互利共赢的经济合作，将会进一步开放市场，提供贸易自由化和便利化条件，发挥三国经济互补性优势，促进中日韩三国经贸关系发展。建立中日韩自贸区也将会拉动三国经济和对外贸易的增长。

中日韩三国经济发展水平和产业结构不同，都有各自比较优势。要充分考虑平衡、互惠和共赢的原则，对于一些高度敏感产品可以实行渐进开放的方式。2012 年 5 月，中日韩三国正式签署了《中日韩关于促进、便利和保护投资的协

① 刘清才、刘涛：《西方制裁背景下俄罗斯远东地区发展战略与中俄区域合作》，载《东北亚论坛》2015 年第 3 期。

② 《外交部部长助理刘建超出席第九次东北亚名人会》，中国外交部网站，http：//www. fmprc. gov. cn/mfa_chn/wjbxw_602253/t1148853. shtml，2014 年 4 月 21 日。

③ 《外交部副部长张业遂：2015 年中日韩贸易总额高达 6 257 亿美元》，国际在线，http：//news. cri. cn/20160429/119941f1-6042-b606-83a3-e79113c720c9. html，2016 年 4 月 29 日。

定》，为中日韩自贸区建设提供了重要基础。2015 年 6 月 1 日中韩两国签署了《中韩自贸协定》，它将有助于推动中日韩自贸区谈判，为中日韩自贸区建设提供可借鉴的经验。

中日韩经济合作还有很大潜力和发展空间，需要进一步深化中日韩全面合作。中日韩要为三国贸易创造互联互通和更为便利化条件，建立统一认证标准，建立无缝物流系统。促进经济结构改造和企业转型升级，在"绿色低碳、节能环保、财政金融、智能城市、社保医疗和高新科技等领域"开展互利合作。[①]

4. 提升中国东北亚地区大国的软实力

中国是东北亚地区的大国，为发挥中国东北亚地区大国作用，还需要提升中国东北亚地区大国的软实力。通过实行睦邻外交政策，确立中国"亲仁善邻"的大国形象，消除在东北亚地区一些国家存在的所谓"中国威胁论"。通过积极开展公共外交，增进东北亚地区各国人民对中国的亲近感和向心力，从而提高中国在东北亚地区的凝聚力和大国影响力。

首先，倡导合作共赢，树立中国特色大国外交新形象。中国是东北亚地区新兴大国，中国的迅速崛起引起东北亚地区一些国家的担忧，同时出现了各种所谓"中国威胁论"。为了消除各种疑虑，中国政府先后在 2005 年和 2011 年发表了《中国的和平发展》白皮书。中国政府郑重地宣示，中国将始终不渝地走和平发展道路，通过维护和平国际环境发展自己，通过自身发展维护和平国际环境。中国选择的和平发展道路是从中国国情出发，符合时代发展潮流，它也深深地源于中国的"和合"文化。在中国传统文化中，倡导"和睦修善""协和万邦"和"天下大同"，崇尚"王道"，行"仁政"，反对霸道和暴政。它不同于西方"强国必霸"和"强权政治"等传统现实主义思想。中国积极倡导合作共赢，而不是零和博弈，赢者通吃。中国的传统文化对日、韩、朝、蒙各国的早期思想文化都有着深刻的影响。

中国作为东北亚地区新兴大国不是对各国新的威胁，而是维护东北亚地区和平与稳定的积极力量。中国是东北亚地区负责任的大国，中国不会垄断地区事务，也不会谋求地区霸权。中国在东北亚地区不谋求一国之私利，而是相互尊重彼此核心利益和重大关切。中国反对使用武力或以武力相威胁，主张通过谈判与协商和平解决各种矛盾与争端。中国积极推动建立东北亚地区更加公正合理的国际体系和国际秩序，以更好地维护东北亚地区和平与稳定，促进东北亚地区共同

---

① 《唐家璇首席委员在第五届中日友好 21 世纪委员会全体会议开幕式上的基调发言》，中国外交部网站，http：//www.fmprc.gov.cn/mfa_chn/ziliao_611306/zyjh_611308/t1216306.shtml，2014 年 12 月 3 日。

发展与繁荣。

其次，坚持"亲、诚、惠、荣"外交理念，实行睦邻友好外交政策。中国与东北亚地区各国形成了密切的相互依赖关系，建立了"一荣俱荣、一损俱损"的命运共同体。中国政府确定了"与邻为善，以邻为伴""睦邻""安邻""富邻"的睦邻外交政策。按照睦邻外交思想，中国积极发展与东北亚地区各国的睦邻友好和互利合作关系。

2013 年 10 月在中央周边外交工作座谈会上，习近平主席系统地阐述了新时期中国周边外交的战略目标和基本方针，提出了"亲、诚、惠、荣"周边外交新思想。它的核心思想就是坚持睦邻友好、诚心诚意、互惠互利、包容开放。习近平主席阐述的中国周边外交思想和政策是中国开展东北亚地区周边外交的基本方针，而且要努力把中国的睦邻外交思想和政策外化为东北亚地区各国遵循和秉持的共同理念和行为准则。"使周边国家对我们更友善、更亲近、更认同、更支持，增强亲和力、感召力、影响力。"①

最后，积极开展公共外交，提高中国文化软实力。要积极开展对东北亚地区国家的公共外交，扩大人文交流，巩固和扩大我国同东北亚国家关系发展的社会和民意基础。现在，我们与东北亚地区各国交往很密切，中国的形象和威信不断提高。但是一些国家的民众对中国仍存疑虑，对中国的信任度和好感度指数偏低，各种"中国威胁论"还有一定市场。这些问题不是主流，但其影响不能低估，需要引起我们高度重视。积极开展公共外交、扩大中国与东北亚地区各国人文交流、提升中国文化软实力将有助消除各种负面因素的影响。

现在，中国与东北亚地区各国建立了人文交流与合作的政府间协调机制，制订了各种人文交流合作行动计划。中国在东北亚地区各国都建立了多所孔子学院，传播中华语言、文化和思想。中国与东北亚地区各国都相继举办了文化年、语言年、旅游年、青年交流年等丰富多彩的文化交流活动，积极开展文学、体育、戏曲、艺术等方面的交流。这些公共外交和人文交流有助于消除对中国的各种负面印象和影响，加深中国与东北亚地区各国人民间的相互了解，增进信任和友谊，夯实中国与东北亚地区国家长期稳定发展的社会基础。

---

① 习近平：《让命运共同体意识在周边国家落地生根》，新华网，http：//news. xinhuanet. com/2013-10/25/c_117878944. htm，2013 年 10 月 28 日。

第二章

东北亚地区安全挑战与安全机制建设

东北亚地区集中了世界主要大国，是世界大国战略利益交叉融汇的地区，也是安全形势极其严峻和复杂的地区。东北亚国际体系转型导致的大国结构性冲突、大国安全困境和军备竞赛、冷战思维和历史遗留问题、朝鲜半岛问题和朝鲜核危机、东北亚地区各国间存在的领土主权和海洋权益争端，都成为东北亚地区安全的严重威胁。东北亚地区也存在着三股势力威胁，存在着经济安全、能源安全、粮食安全、生态安全、信息安全以及公共卫生安全等各种非传统安全问题。这些安全问题是历史问题与现实问题相叠加，传统安全威胁与非传统安全威胁相交织，使东北亚地区面临的安全威胁具有复合性、综合性和复杂性特点。面对新的安全威胁和挑战，需要摒弃传统的冷战思维，放弃传统军事同盟安全模式，确立新的安全观，走合作安全和共同安全之路。推动建立多边安全合作机制，克服东北亚地区安全制度缺失，将是维护东北亚地区和平与稳定，实现东北亚地区长治久安，发展繁荣的理性选择。

一、东北亚地区的安全形势与安全挑战

东北亚地区是安全形势最复杂和最敏感的地区之一。东北亚地区是世界主要大国战略利益的交汇点。与世界其他地区相比，东北亚地区是典型的异质政治文

明的共存地，不同文明、不同意识形态和不同的发展阶段所引发的矛盾、冲突凸显于该地区。异质政治文明与非兼容战略目标的并存，使东北亚地区在政治上表现出鲜明的非整合性特征，它制约了该地区国家间关系的合作化进程，阻碍了国家间政治互信的发展。而政治互信水平的低下也决定着东北亚地区国家在各自安全战略定位与选择上的冲突性。

（一）东北亚地区的冷战遗产与美国遏制政策

21世纪初，东北亚地区冷战遗产继续发酵导致国际冲突频发。冷战时期，为了对抗苏联和遏制中国，美国曾在东北亚地区构筑了以美日、美韩军事同盟为基础的同盟安全体制，制造了台海两岸和朝鲜半岛南北对峙的格局。冷战结束后，东北亚地区的地缘政治格局发生了新的变化，美国为维护世界唯一超级大国地位采取了加强冷战同盟关系的战略举措，把战略矛头转向了中国。21世纪初，东北亚地缘战略格局中，冷战的遗产依然保留，海陆折冲的二元结构继续存在。现在，中日之间存在着钓鱼岛、东海权益争端以及历史问题的认识分歧；俄日之间存在着关于北方四岛归属问题的争执；日韩也存在着独岛（日称竹岛）争端；朝鲜半岛的南北方长期处于分裂状态，这些问题都是冷战时期留下的遗产。冷战的遗留问题至今威胁着东北亚地区的和平与安全。

如何清除冷战遗产，已成为摆在东北亚地区国家政府面前不可回避的问题。在东北亚地区冷战时代遗留的众多问题中，中日钓鱼岛争端和朝鲜半岛南北分裂两大突出问题较之日韩、日俄岛屿纠纷等问题，具有更大的危险性、爆炸性和突发性特点。这是因为同样都是历史遗留问题，但因冷战后，世界以及整个东北亚地区政治安全形势的新变化，以美日为首的西方国家已把崛起的中国作为其对外防范的主要对手，即中日与中美之间的矛盾已成为未来东北亚地区发展中最重要的矛盾。为此，美日已把冷战时期一切为抗衡苏联的国家战略调换了方向，转而瞄向中国。日韩、日俄之间的领土纠纷、矛盾和冲突，在新的战略背景下，可以暂缓、放下甚至妥协，一切为大战略鸣锣开道。而中日之间的纠纷、朝鲜半岛问题，则可以拿来造事，干扰中国的和平发展环境，阻碍中国的和平崛起。因此，在中国同周边国家出现矛盾、冲突甚至对抗的背后，我们始终能够看到美国亚太战略大调整和"亚太再平衡"战略的影响。美国"亚太再平衡"战略的本质是要在该地区抑制中国崛起，它可供利用的战略支点在东南亚是东盟中的诸国，如菲律宾、越南、缅甸等国，而在东北亚地区则是日本和韩国。在东北亚地区美日、美韩同盟关系是美国在该地区发挥自身影响力的两条臂膀，而"一个典型的

55

联盟，一定是针对某一特定国家或特定国家集团的"。① 冷战时期对付苏联，而今天其矛头世人皆知。东北亚地区冷战遗产的危险性在于该地区所遗留的这一系列问题，可以被政治对手所操控，作为达到其战略目标的棋子任其摆布。东北亚地区国家间存在的问题是历史遗留给后代解决的，问题之所以在现在爆发是国内外因素共同作用的结果。国家间有战略竞争，也存在战略依存，国家的长远战略不应被眼前的问题所蒙蔽，更不能受其干扰。越是在危机时刻越要冷静应对，要以战略合作化解战略矛盾，它关系到国家生存与发展的根本利益。东北亚地区的国家应该意识到，该地区是国家生存、发展与安全的立足点。国家间的问题、矛盾和冲突应在该地区范围内，通过国家间协商，公平合理地解决，不要给外来势力插手该地区事务留下把柄和借口。就美日、美韩同盟关系的实质而言，日、韩两国在政治、经济、军事等诸多层面上并未达到与美国平起平坐的地位，日、韩目前均需要依靠美国提供安全保障。鉴于东北亚地缘政治环境的现时状况，尤其是中日、俄日、韩日、中韩以及朝日和朝韩关系的冲突性，美国以日本和韩国牵制和制衡中国，并以美日、美韩同盟潜意识地约束和控制两国的发展取向，在美国的亚太战略再平衡中已表现得愈加明显。

（二）东北亚地区的安全困境与对抗态势

由于制度安排的缺失，东北亚地区充满着不稳定变数。目前，东北亚地区各国难以摆脱"安全两难"困境的束缚。东北亚地区是安全两难或者说安全困境显现最广泛、表现最突出的地区，它突出地表现在朝核问题、中日关系和中美关系中。朝鲜核问题是东北亚地区安全的热点问题，它牵动着东北亚地区和全球国际社会的敏感神经，引发人们对地区安全与核安全关系的思考。朝核问题的历史与现实背景，决定了其政治解决的进程不可能一蹴而就，需要各方的诚意与耐心，平等地对待所有相关国家的安全关切，借解决朝核危机的契机，构筑东北亚持久和平与共同安全的机制化秩序。但愿望与现实之间总存有差距，朝鲜采取"先军政治"政策和试射核武，倾其国力维持一支庞大军队，多半源于韩美同盟的军事实力和控制朝鲜半岛的意图。在朝鲜领导人眼中，韩美所做的一切都充满敌意，这会引起，甚至有时会加剧他们的安全疑惧。同样，在韩美方面，对朝鲜国防政策的疑惧也导致其不断增强军事安全戒备的层级，不断提升其军事装备的质量和水平。可以说在新兴工业化国家中，韩国为自身安全所付出的人力、物力、财力

---

① ［美］汉斯·摩根索著，徐昕、郝望、李保平译：《国家间政治——权力斗争与和平》（第七版），北京大学出版社 2006 年版，第 220 页。

和精力绝无仅有，朝鲜同样如此。这是由安全疑惧引发安全困境带来的必然结果。朝鲜半岛南北双方的安全困境已完全超出了当事者双方，而将东北亚地区内国家尽皆卷入其中，使双边的安全两难困境扩大至多边，东北亚名副其实地成为了世界安全格局中的不稳定地区。

中日关系的困境和两国地缘战略的对立，也是东北亚地区安全困境难以逾越的重要成因之一。中日地缘政治矛盾表现在若干层面，其根源在于中日之间基于历史与现实原因尚难建立战略互信。所谓地缘政治矛盾，是指在相对独立的政治地理区域内相邻国家间的根本利害纷争，是由生存与发展空间、经济主导权、政治主导权及安全利益等诸多层面结构而成的战略分歧，中日地缘政治矛盾加深了东北亚地区的安全困境。

东北亚地区安全困境带来的必然结果是军备竞赛的升级，对抗与冲突的加剧，如 2012 年 10 月 7 日，韩国总统府宣布韩国同美国商定将韩国导弹射程由过去的 300 公里增加至 800 公里。这意味着从韩国中部地区发射的弹道导弹就能够覆盖朝鲜全境。针对韩美的政策，朝鲜方面迅速做出反应。朝鲜国防委员会发表声明指出，由于韩国导弹打击范围覆盖朝鲜全境，朝鲜人民和军队将千方百计地加强军事因应态势。战略导弹部队和朝鲜军队不仅将韩国，而且将驻韩美军基地乃至日本、关岛以及美国本土都置于"命中打击圈"。除朝鲜半岛的直接对抗外，美日、美韩、中俄等国的联合军事演习也十分频繁，军备竞赛的步伐明显加快。2015 年 6 月 3 日，韩国国防部宣布，韩美两国当天组建一个联合师，该师由韩国一个机械化步兵旅和美军第二步兵师组成。其目的在于"提升战术级作战能力以更好地应对朝鲜的威胁"。韩国国防部称，这是 1992 年韩美野战军司令部解散以来，双方首次组建能够执行实际作战任务的联合部队。2015 年 6 月 16 日，俄罗斯总统普京在出席俄罗斯"军队－2015"国际军事技术论坛时表示，今年内俄军将新增 40 枚"有能力突破任何反导系统的"洲际弹道导弹。到 2020 年，俄军现代化武器装备率将达到 70%，个别种类现代化武器装备将达到 100%。普京当天还表示，如果某些国家威胁到俄罗斯的领土安全，俄将被迫把自己的"打击力量"瞄准这些国家。东北亚地区国家一系列相关动作给东北亚地区安全蒙上了难以挥去的阴影，使该地区内国家更难于从安全困境中走出，其今后的安全秩序走势令人忧虑。

（三）东北亚地区的非传统安全威胁

在东北亚地区，非传统安全问题涉及资源、环境、网络安全和有组织犯罪等各个方面，并呈现出愈来愈突出的发展态势。如果东北亚地区各国不采取强有力的措施加以预防和解决，这些问题会对整个地区的发展、稳定和安全构成威胁。

第一，从资源来看，东北亚地区各国的资源存储十分不平衡。一些稀有资源、战略资源成为地区各国竞相争夺的对象，如中国的稀土、俄罗斯的油气资源等。"随着这些资源越来越稀缺，竞争越来越激烈，造成冲突的可能性也就越来越大"。① 中日之间在有关中国稀土出口政策上的较量，以及对俄罗斯输油管道线路的争夺，都体现出资源越稀缺，竞争越激烈，造成冲突的可能性就越大的特点。

第二，东北亚地区各国人民的生存环境，也面临着不断恶化的威胁。由于全球变暖，一些极端天气引发的自然灾害不断地侵袭东北亚各国。如沙尘暴的频繁发生就是东北亚地区环境恶化的突出表现。根据联合国发表的相关数据显示：全世界每年发生沙尘暴约 180 次以上。从 20 世纪下半叶起，特大沙尘暴已开始频繁侵袭东北亚部分国家和地区。发生次数由 60 年代的每年 8 次，增至 90 年代以来的每年 20 多次，并且波及范围和造成的损失也越来越大。沙尘暴带来的影响早已突破了一国范围，覆盖东北亚地区多个国家。东北亚各国政府如不采取有效措施遏制其蔓延，地区生态环境将会出现新危机。

第三，跨界污染和危险物转移也会引发国家间矛盾，对地区稳定和安全构成威胁。如 2005 年 11 月发生的松花江跨境污染事件，不仅涉及中俄关系，也引起了国际社会的关注。核电站安全和核废料污染问题也会影响地区安全和国家间关系。冷战期间，苏联曾秘密向日本海倾倒了大量核废料。1993 年该事件曝光后，日本与俄交涉并对此行径提出了抗议。2011 年 3 月，日本大地震和海啸引发的福岛核电站泄漏事故，不仅使日本损失惨重，更引发了周边多国的安全恐慌。

第四，生态危机随着地区各国经济的发展以及对资源环境的破坏，呈日渐加强的恶化态势。各国如不采取共同措施加以遏制的话，会威胁到东北亚地区的和平及国家间关系。生态危机"系人类盲目和过渡的生产活动所致。在其潜伏期间，往往不易被察觉，如森林减少、草原退化、水土流失、沙漠扩大、水源枯竭、气候异常、生态平衡失调等"。② 进入 21 世纪，随着国际舞台上环境外交的兴起，一个国家的生态形象成为该国在国际舞台上的重要标识。西方国家某些学者针对生态威胁的跨国性，甚至提出了所谓的国际环境干涉理论。认为国家不能以主权为由来保护境内的环境破坏，更有学者提出联合国应增加环境维护功能。"如果一个国家的环境问题影响到其他国家的利益，安理会自然应当授权采取行动，以维护国际和平与安全"③。应当说生态环境恶化和西方国家所谓新理论的

① 世界环境与发展委员会编：《我们共同的未来》，世界知识出版社 1989 年版，第 290 页。
② 《辞海》缩印本，上海辞书出版社 1999 年版，第 1498 页。
③ Crispin Tickell. *The inevitability of environmental security. Threats Without Enemies.* ed. Gwyn Prints. London：Earthscan，1993，pp.9-23.

出笼，对我国及整个地区都带来了新的安全隐患。

第五，随着信息网络技术的发展以及国际互联网的全面普及和应用，网络安全问题也越来越受到各国的高度重视。由于互联网的开放性，它已成为世界各国电子商务、信息战的主战场之一。例如，2013年4月23日，美联社"推特"微博账户中发布"叙利亚电子军"声明，指出美国白宫遇袭，奥巴马总统受伤。此假信息一出笼，美国标准普尔500种股票指数5秒内下跌14点，市值一度蒸发1 365亿美元。道琼斯工业平均指数应声下跌143.5点，跌幅为0.98%。"由于网络犯罪没有国界，因而无论犯罪分子在哪个角落作案，都可能严重威胁整个网络世界的安全""网络威胁主要包括黑客入侵，散播病毒，在金融领域进行盗窃和贪污，发动拒绝服务型攻击使目标系统瘫痪，恐怖分子利用信息技术和因特网制订计划、筹集资金、传播舆论和进行交流，散布虚假广告骗取钱财，窃取政治、军事、商业秘密，开展信息战"[①] 等。网络安全现在已被世界各国提到重要的议事日程，如何应对该领域的挑战，已成为世界各国政府、特别是安全部门的重要课题，东北亚地区国家同样面临着严峻挑战。

第六，随着全球化、网络化、信息化的飞速发展以及通信技术的日新月异，有组织的跨国犯罪问题已成为国际社会的毒瘤。它不仅危害社会秩序，也对国家安全构成威胁。现阶段跨国间犯罪主要表现在各国犯罪组织间的相互勾结不断加强，犯罪活动的国际化趋势日益增强，如国际毒品走私、跨国间绑架、洗钱和偷渡等，成为危害社会安定、影响国家间关系和引发国际纠纷的新病毒。如不加以铲除，将危害国家间的正常交往，甚至会破坏国家间已有的合作与信任关系。在全球化和信息化时代，整个世界是连接在一起的一个大家庭，世界变得更"小"，国与国之间的"相互依赖"更强。过去的国内问题，今天已变成地区或者是世界性问题，非传统安全领域问题更具有代表性。因此，世界各国在该领域加强协调、沟通与合作已成为许多国家的普遍共识。在非传统安全领域，东北亚地区同世界其他地区一样，面临着同样，甚至是相似的威胁。如何应对挑战和威胁成为东北亚地区国家需要面对和解决的问题。

（四）美国东北亚霸权政策构成的挑战

中国处于东北亚地缘中心，它的"和平崛起"成为美国试图建立东北亚霸权体系的最大"障碍"。对于正在致力于建设多元均衡的东北亚安全秩序的中国来

---

① 李伟、符春华：《非传统安全与国际关系》，选自《全球战略大格局》，时事出版社2000年版，第493页。

说，美国的霸权企图及其推行的"亚太再平衡"战略，无疑是中国安全面临的主要挑战。

第一，美日同盟对中国安全的威胁。美日军事同盟原本就有遏制中国的目的。冷战结束后，由于中国迅速崛起，美国为保障其全球及地区霸权，调整了在东北亚地区的军事部署。美国将安全战略的重心置于东北亚，尤其是加强和调整了美日军事同盟，将所谓防范危机的矛头明显指向中国。美国利用中日间战略互信尚无法建立之机，臆断所谓中国对日本及东北亚安全的"威胁"，推动日本修改日美安保条约和日美防卫合作指针。将美日同盟干预周边事态的范围扩大到中国大陆临海周边，直接挑战中国的基本安全利益。2015 年 4 月 27 日，美日两国在纽约举行外长和防长"2 + 2"磋商，重新修改了《美日防卫合作指针》。新版《美日防卫合作指针》解除了日本自卫队行动的地理限制，允许日本自卫队在全球扮演更具进攻性的角色。美国总统奥巴马说，两国敲定新版《美日防卫合作指针》后将在更为广阔的领域灵活合作，有助于美国调整在亚太地区的军力部署，包括应对海洋安全挑战和灾难应急响应。5 月 14 日，在日本政府举行的临时内阁会议上，通过了与行使集体自卫权相关的一系列安保法案。新安保法案意味着日本战后长期坚持的"专守防卫"政策将被安倍政府彻底颠覆。2015 年 6 月 10 日，日本参议院全体会议通过《防卫省设置修正法》，正式废除"文官统领"制度，实际上取消了防卫省文职官员相对军职官员的优势地位，废除了防止自卫队恣意妄为的一道重要防线。美国的霸权政策在主观和客观上也激化了中日两国矛盾，助长了日本对中国安全的威胁。由于中日间钓鱼岛和东海油气资源争端的绝对性和冲突性，美国也会以尽同盟义务之名直接卷入可能的中日军事冲突。这种对中国更直接和现实的安全挑战迫使中国无法回避与美国的直面冲突，大大增加了中国捍卫自己安全空间的难度。所以，美国借助美日军事同盟的所谓"维护东北亚安全"的功能与使命，放纵日本玩火而自充救火者，将冲突之弦绷紧于中国门庭之前，以随时可能发生的中美直接冲突的危险来威慑中国维护自身安全的力量和意志，因而这是中国面临的最为严重的安全威胁与挑战。

第二，美国的台湾政策是中国统一的最大牵掣。美国的"与台湾关系法"和保护台湾政策是中国实现统一的最大障碍。美国所要建设的中美关系，是既接触又遏制的关系。它也集中体现在美国与中国大陆和中国台湾双重关系的矛盾统一之中。美国对中国的政治承诺与其同中国台湾的特殊关系似乎是矛盾的，然而却体现了美国对华战略的统一性，即在接触中遏制中国，在合作中牵制中国，根本目的就是防止中国崛起为其霸权战略的敌手。在战略统筹意义上，台湾问题拖得越久，对中国的发展与安全越不利。美国利用这一点使台湾相对于大陆的关系维持在既不统一又不独立的状态。这是美国战略视野中的理想状态，美国既可以与中国进行有限的战略合作，吸收和利用中国的能量与影响力；同时又可以利用台湾问题牵制中国，防止中国的强大超出美国霸权秩序所能容忍的程度。2015年6月，台湾民进党主席蔡英文访美期间，美国高官在办公场所接连会见她，则充分暴露出美国对台政策的本质。在此意义上，美国不仅是为了地区霸权利用台湾问题，也是为了其全球霸权借台湾问题掣肘中国的全面复兴。这自然危及中国的终极安全利益，是对中国和平崛起战略的关键考验。

第三，美国保持在朝鲜半岛的影响力是建立东北亚霸权的关键。美国在以朝鲜半岛问题为枢纽的东北亚安全格局中的地位，是基于美韩军事同盟及其在半岛的军事与政治存在。美国在韩国的军事存在直接威胁着朝鲜的安全，也间接挑战中国的安全利益。在地缘上，中国与朝鲜山水相连，中朝安全利益紧密相依的战略基石犹在。朝鲜安全所面临的直接威胁，就是中国安全所面对的间接威胁。美国是朝韩对立的始作俑者和受益者，朝鲜半岛南北对立的格局符合美国的霸权利益。尽管冷战结束后东北亚政治格局发生变化，朝韩紧张对峙关系也开始松动，但是，美国并不希望半岛实现统一，至少不希望半岛走向脱离美国控制的统一。相比较而言，分裂的朝鲜半岛是美国与韩国军事同盟的基础，也是美国在半岛保持军事存在的理由。如果朝鲜半岛实现了统一，由于其未来政策取向具有的不确定性，美国将可能失去在东北亚的一个重要战略支点。所以，美国会努力维持朝鲜半岛的现有格局，保持对朝鲜的常态压力与威胁，保持半岛安全的紧张态势。美国对朝鲜政府一直以来的"求谈"愿望，采取回绝的态度，充分体现了美国的对朝战略。这种态势使得朝鲜在高压下不间断地紧绷安全神经，久之会造成战略疲惫，继之或铤而走险地一战，或陷入紊乱。而朝鲜半岛上无论发生战争还是出现动荡，无疑都会间接威胁中国的安全，而且这种威胁的根源在于美国的东北亚霸权图谋。

第四，美国在蒙古国的影响也构成了对中国安全的间接挑战。冷战后美国的势力迅速向蒙古国渗透，美蒙政治与军事关系发展较快。美国与蒙古国关系直接涉及中国周边安全环境。在中国的地缘安全格局中，蒙古国的地位颇为重要，它可以对中国的安全构成直接威胁。美国出于战略上遏制中国的需要，从未停止在中国周边寻找牵制点，蒙古国的战略价值自然不会被忽视。自20世纪90年代以来，美国积极发展与蒙古国的军事交流与合作关系，不排除美国挟其霸权意志，以美蒙关系的强化来疏离和削弱中蒙关系的意图。目前，蒙古国与东北亚各大国之间努力保持均衡关系，由于地缘优势，中蒙与俄蒙关系相对优先。但是，均衡往往是动态的，相对优先的优势可能会因影响力对比的变化而丧失，即使中蒙关系始终是正向的，如果中蒙关系与美蒙关系在蒙古国对外战略中的地位发生不利于中国的相对变化，则在客观上会弱化中国的安全利益。蒙古国在中美之间向美国表现出任何幅度的倾斜，都会形成美国霸权对中国安全利益的间接制衡与挑战，中国对此不可掉以轻心。因此，中国要保持对蒙政策的连续性，推动中蒙关系不断拓展和深化，以理性的外交巩固周边安全环境的基础，抵御美国霸权渗透对中国安全的间接威胁。

第五，美国霸权对中国安全的战略性挑战。近年来，美国在太平洋上的军事力量不断调整部署，重心明显移向西北太平洋，直逼东北亚，威慑的矛头指向中国。依托美日、美韩军事同盟及与中国台湾的特殊关系，美国在中国的东部及东南部海疆的外缘，编织了一条锁闭中国安全空间的军事链条。这一链条向南延伸与东南亚岛群相连，现实地包围着中国的海防利益核心区，客观上阻挡着中国的海洋利益线向外海的自然展开，牵制着中国的海洋强国战略。美国对华政策的不确定性，是其遏制中国的战略策略。美国与中国竞争的价值取向是"零和博弈"规则。最大限度地侵夺中国和平崛起所需要的战略资源和战略空间，对中国的政治、经济与军事形成持续而不确定的安全压力，破坏中国综合安全结构的有机性和弹性。中国对来自美国的战略性挑战必须保持清醒，灵活地因应美国对华政策的变化，及时调整自身战略的阶段性目标，控制内政与外交的节奏，在稳健中求发展，在发展中求安全。要准确识别美国针对中国综合安全的政治讹诈，透视美国对华政策不确定性的根源，抓住规律，未雨绸缪，有效化解来自美国的战略阻力与安全威胁，反制美国对中国安全的战略性挑战。

二、东北亚地区大国安全利益与安全战略

21 世纪初，东北亚整体地缘政治环境正在经历深刻的历史性变革。这种变化既体现在格局层面，也体现在关系层面。前者如中国的崛起，以及中美、中日实力对比态势的缓慢变化，后者则更多地表现为中俄战略协作的推进，中日关系的交恶，美国同盟体系的强化，朝核问题各方博弈的新动态。面对集经济活力、冷战沉疴、大国地缘政治分歧与意识形态矛盾于一身的东北亚地区的上述新态势与特征，东北亚地区各大国的战略利益在发生新的变化，战略目标与战略诉求也在进行新的调整。认知、审视东北亚地区各大国的安全利益与安全战略具有重要意义。

（一）美国东北亚地区安全利益与安全战略

21 世纪初，美国东北亚安全战略的核心是力图维护其在东北亚，乃至亚太

地区的主导地位，奥巴马政府"亚太再平衡"战略以霸权护持为宗旨，以调动各种政治、军事和经济资源为手段，以防范中国崛起挑战美国霸权为目标。奥巴马政府推行"亚太再平衡"战略需要对其在东北亚地区既有利益进行认知，既有战略构想与政策规划进行调整，最终巩固美国为主导的霸权秩序，不断攫取霸权的红利。

1. 美国面临的东北亚地缘政治环境

当前，东北亚地缘政治环境正处于深刻的变化当中。在地区格局层面，这种环境变化表现为地区各国实力的消长变化。冷战结束以来，中国综合国力稳步增长，地区影响力迅速提升。韩国在20世纪七八十年代取得的瞩目经济成就的基础上深化发展，不但在各项经济社会指标上对朝鲜构成压倒性优势，更在综合国力方面跃居地区强国行列。日本自90年代泡沫经济破灭以来，一直深受通货紧缩困扰，经济增长乏力，国势萎靡不振。虽然安倍政权自2012年底执政以来，以"财政积极""货币宽松"与"结构调整"的"三箭头"提振日本经济的策略收到了一定成效，但在核心技术优势的弱化、老龄化趋势的加剧、巨大国家债务规模的掣肘、国际市场需求的疲弱等因素的影响之下，日本当前经济复苏态势的基础依然薄弱，未来还存在巨大的不确定性。俄罗斯在从冷战结束之初的经济与外交挫折中恢复的同时，对东北亚地区的重视程度与日俱增，开始稳步推进战略上的"东移"进程，不仅在经济资源投放和军事部署方面向远东和西伯利亚地区倾斜，更着力提升其在东北亚地区的存在感和话语权。"乌克兰危机"之后，俄罗斯同美国与北约的关系全面恶化，俄罗斯西部战略安全压力陡增，国民经济发展更面临严重的下行压力。此时，在东部战略方向上确保安全与谋求发展成为俄罗斯更加迫切的战略需求。

这种变化还表现在大国关系态势上。面对崛起的中国，相对衰落的日本陷入了深切的战略焦虑，在战略上对华保持着疑虑、敌视态度。日本拒绝正视和接受中国崛起的现实，并不遗余力地推动对中国地缘政治上的种种遏制企图。日本战略上敌华、遏华的判断与抉择加剧了中日两国在地区事务上的分歧，扩大并激化了两国国家利益上的矛盾，使两国关系进入了龃龉不断的多事之秋。大国关系态势的变化还体现在中俄战略协作伙伴关系的深化及其地缘政治效应的显现。中俄战略伙伴关系的形成源起于20世纪90年代中期，起初有着在美国全球扩张压力下"抱团取暖"的考虑，但随着时间的推移，中俄两国对彼此"好邻居、好伙伴"的内生性需求已经成为推动双边关系发展的核心动力。在美国对亚太地区，特别是东北亚地区军力部署持续增强、美日同盟强化、中日和俄日领土纠纷不时升温的背景下，中俄战略协作伙伴关系的地缘政治意涵正逐步显现。

东北亚地缘政治环境的变化还体现在朝核问题的升温和朝鲜半岛南北关系的恶化。朝鲜罔顾国际社会的反对和劝阻，无视安理会的有关决议及制裁，分别于2006年、2009年和2013年进行了核试验和导弹试射，在2014年2月至7月间进行了70余次火箭弹与短程导弹实验，更在2015年上半年宣称具备了潜射弹道导弹的能力，其铀浓缩与乏燃料再处理的能力也在强化之中，并且很可能已经超出宁边核设施的范围。在核阴云的笼罩下，半岛南北关系空前紧张，2010年"天安舰事件""延坪岛事件"的爆发更几乎让南北双方走到战争的边缘。其后，韩方对朝的经济"5·24制裁"呈现持久化的趋势，双边关系持续紧张。朝核危机的升级对半岛南北双方来说都产生了深刻的影响。现在，朝鲜逐步将其常规威慑升级为核威慑，并将其矛头延伸至美国在日本和关岛的军事部署，甚至美国本土。朝鲜在核武与导弹开发方面取得的进展令韩国倍感压力，一方面在侦察、监视、打击、网络等方面全方位强化军力，意图构建对朝"杀伤链"（kill chain）与导弹防御体系（KAMD）；另一方面对美国在安全保障方面的依赖性空前提升，主动延续了美国移交战时指挥权的时间，并以联合军演、组建联合师团等措施提升与美军的协同作战能力。

这种地区环境上的变化还体现在经济合作层面。从现实层面来说，东北亚地区经济动向表现有两点。其一，经过冷战结束后二十余年的发展，东北亚地区中日韩三国间业已形成了经济上紧密相互依赖的局面，三国彼此间经贸规模巨大，人员往来互动频繁，产业门类间和产业链条内部业已形成了深度的对接融合；其二，中日韩三国在经济发展模式上都具有鲜明的外向型特征，且都主要以制造业方面的专长与优势跻身于全球产业链分工体系当中，凭借着制造业出口的多年积累，中日韩三国当前在经济发展都步入了资本富集和输出的阶段。上述现状决定了区域内部整合与面向周边辐射带动成为中日韩三国未来推动经济发展的路径，也揭示了在这一路径中所存在的种种不确定性。东北亚区域内部，中日韩三国以何种的深度和样式展开经济合作，是三边集体推进，还是具备条件的双边协作首先突破？具备资本、规模与技术优势的中日两国在谋求更为广宽的区域间经济合作时会秉持怎样的理念，遵循着怎样的原则与路径？

2. 美国在东北亚地区的安全利益

美国作为世界唯一超级大国，其安全边界与安全认知有着两重特性：其一是在范围上远远超越其国土边界，而将全球整体囊括其中；其二是在内涵上远远超越于普通国家出于生存发展考虑而形成的必要的关切，不但执着于单边优势的保持，更在秩序主导、机制引领、资源占有等方面表现出霸权式的排他与垄断。在中国崛起态势明显、中俄地区协作深化、中日关系交恶、朝核问题升温、东北亚地区合作曲折演进的背景下，以霸权护持为着眼点的美国东北亚安全利益主要表现为政治、军事、经济和意识形态四个层面。

政治利益在美国东北亚地区安全利益的谱系中无疑居于核心地位。政治利益内容涵盖广泛，在双边层面，它体现为美国同东北亚地区主要国家间关系的稳定与提升；在过程层面，它体现为美国积极参与、甚至主导地区机制的形成过程，并在其中保持强大的议程设置能力；在地区层面，它表现为美国对于地区秩序的主导，这主要通过对各种地区力量在中长期走向上加以规约和制导，对地区矛盾进行有效的驾驭和管控来实现。政治利益的实现可以为其他利益的维护与拓展开掘广泛的战略空间，而军事、经济与意识形态等利益则从不同侧面对政治利益的巩固与推进提供有力的支撑。

军事利益是对于美国东北亚地区政治利益的最有力的支撑，更是美国于该地区安全利益的最为直观的体现。美国的东北亚地区军事利益，其核心就是保持美国在该地区无可置疑的军事优势，具体表现为保持对于各种现实与潜在的地区对手的可靠战略威慑能力；保持美军必要的装备、后勤支撑与训练，使之具备全面充分的能力可以应对各种情况下的地区安全挑战与突发事件；保持与地区盟友和伙伴关系国的密切军事协作，使美军得以保持那些可以实现前沿部署、发挥地缘战略支点作用的关键基地，并在巩固与盟友间的政治关系的同时，适当分担防务责任、节约预算；防止现实和潜在对美国利益构成威胁的国家获得有可能颠覆现有地区军力平衡与危及美军前沿存在的武器与技术。

经济利益是美国东北亚地区安全利益的基础。从长远来说，任何安全利益都必须表现为以特定方式、从特定角度对国家经济利益的护持与助推，否则，所谓的安全利益就会成为无源之水，甚至沦为安全负担和预算上的黑洞。美国在东北亚地区的经济利益要主要体现为保持并推进与地区国家间稳定、密切的经贸关联，为美国的商品、资本与服务持续地开拓地区市场空间；说服地区主要经济体接受美式的经济治理理念与运行规则，并确保上述理念与规则在区域微观经济活动中普及适用；防范那些将美国排除在外，或有降低美国地区经济影响力嫌疑的地区经济机制与安排的出现。

意识形态一直都是美国国家利益中的重要组成部分，也是其第二次世界大战以来全球政策中的一贯诉求。同有形的外交往来、成文的同盟章程、具体的军事协作、可见的前沿部署和货真价实的经济红利相比，意识形态显得无形而抽象，但它却一直是构成维系美国同其盟友的社会间亲缘关系与精英间相互信任的重要联系纽带，成为美国全球霸权的最为重要的软权力支撑。

3. 美国的东北亚地区安全战略

美国东北亚安全战略的出台与实施始终弥漫着浓厚的霸权护持意味。其目标包括对地区政治安全架构予以支配，对有利于美国的地区金融、贸易、资源等现行秩序加以维护，不断强化美国在价值观与经济模式上的优越地位。为了实现上述目标，美国对各种可资利用的内外资源加以优化整合、充分调动，综合运用软硬实力，以美国的实力、理念、创意与模式对地区秩序加以整合塑造。奥巴马政府执政以来，美国的东北亚安全战略集中体现在以下五个方面。

第一，整体战略。就东北亚的整体地缘政治格局来看，中国崛起态势明显，中日矛盾上升，韩国虽安全上依赖美韩同盟，但在经济上对华依赖有所加深，其外交走向表现出一定程度上的犹豫和摇摆。朝鲜拥核态势正一步步变为既成事实，其在对外姿态上，除了传统上"以超强硬对强硬"的手法之外，进行"核威慑"的频率与调门也有所提升，南北关系的僵局短期内也很难打开局面。从地缘政治角度分析，东北亚地区目前存在三重内部矛盾。首先是中美矛盾，其性质是崛起国家与霸权守成国之间的矛盾，表现形态集中体现为美国在东北亚地区对华集中于军事层面上的遏制与防范。其次是中日矛盾，其性质是东北亚域内两大国之间的地缘政治矛盾，其现实形态是中日两国在历史问题、领土划界以及军事安保层面的纷争与对立。最后是半岛与朝核问题，其表现为拥核的朝鲜对地区既有的力量格局、安全秩序以及全球核不扩散机制的冲击与挑战，其根源则是弱势的朝鲜在富裕且强大的美韩同盟的敌意与遏制面前深刻的生存危机与不屈的生存意志。在上述矛盾中，中美矛盾重大而深刻，关系到全球权力格局的重新排序与世界经济体系的平稳运行，居于核心地位。而中日矛盾与朝核及半岛问题则明显带有地区性特征。

当代美国的霸权护持战略在地缘政治上主要表现为欧亚大陆战略，即防范在欧亚大陆上出现实力与影响力强大到可能影响到美国的霸权利益的强国出现，在逻辑上则遵循着"分而治之"与"离岸平衡"的传统，即以其实力与影响力鼓动欧亚大陆内部权力之间的彼此制约与平衡。在东北亚地区美国同样遵循着上述逻辑，国势上升迅猛的中国成为美国地区战略最核心的考虑和重点关注的对象，"亚太再平衡"与TPP等政策的出台展现了美国经济上在东北亚保持影响力，在军事上对中国防范与遏制的意图。在中日交恶的情况下，美国通过鼓励日本从战后体制之中"自我松绑"、扩充并提升美日双边关系的内容与层次以及强化两国同盟协作等方式，力图将日本打造成美国保持在东北亚地区政治与军事影响力的"锚点"。朝核问题历史经纬与现实动因极为复杂，在当前形势之下，朝核问题呈现出两重特征：其一就是因为朝鲜拥核的既成事实化，朝鲜与各利益相关方在权力、利益与观念上的既有的平衡局面与交易模式不复存在，新的协商互动的基础还需经过艰苦的磨合才能形成，当前取得核心突破的可能性极其渺茫；其二就是随着中美矛盾与中日矛盾的上升，朝核问题在整个东北亚地区的影响力与重要性均有所下降。基于这种现实，从"离岸平衡"与"分而治之"的角度考虑，当前奥巴马政府对朝核问题更多地由"解决"转向"利用"，将朝核问题作为美韩、美日同盟强化的"助燃剂"，以及弥合日韩盟友间分歧，将两个双边同盟转化为美日韩三边协调合作的"润滑剂"。[①]

第二，军事战略。奥巴马执政时期，同政治、经济其他诸要素比较，美国在东北亚地区军事资源上投入的规模更大，在整体的战略设计中，呈现出"军事先行"的特点。主要表现为：首先，在对威慑的判定和作战样式的谋划上高度重视东北亚地区，先提出"空海一体战"理论，继而将之拓展为全军种参与的"联合介入作战"，将中国的"反介入"与"区域拒斥"能力作为主要的针对对象，推动高精尖武器在东北亚地区展开针对性部署。[②] 其次，从建构有效的军事威慑体系出发，推动东北亚基地群在人员与功能上的调整，一方面将部分原驻冲绳的海军陆战队后撤；另一方面着力强化对关岛基地群的建设，形成总体上"战略前压，战术后移"的威慑态势。[③] 最后，积极推动东北亚军事部署的南下延伸，以"联合军演"为名目，以"轮换驻防协议"为依托，不断实现影响力和威慑力的南下传递，形成在整体东亚军事调整中"以北补南"的阶段性态势，继而全力强化东北亚地区的反导部署。随着美国对东亚，特别是东北亚重视程度的提升，美国全球反导体系也因之调整，奥巴马上台之初提出的"欧洲分阶段适应方案"（EPAA）在第一阶段完成后，第二阶段拟定于将罗马尼亚部署的陆基反导系统移至西海岸，目标就是源自东北亚的导弹威胁。除此外，美国还增加东北亚地区"宙斯盾"舰的数量，增加东北亚地区用于反导监测的 X 波段 AN/TPY 雷达数量，并推动在韩国部署末段高空拦截系统（THAAD）。[④]

第三，同盟战略。主要表现为：首先，在提升盟国地位、强化同盟承诺的基础上，在内涵上将同盟关系由传统的军事领域向政治、经济、文化等领域扩展，在范围上推动双边同盟的影响触角不断外延，使之超越东北亚的范围，将更为广

---

① 许宁、黄凤志：《战略忍耐的困境——奥巴马政府对朝政策剖析》，载《东北亚论坛》2014 年第 3 期，第 110～119 页。

② 关于"联合作战介入"，参见美国防部：Joint Operational Access Concept，http：//www.defense.gov/pubs/pdfs/JOAC_Jan% 202012_Signed. pdf（2014 年 12 月 12 日上网）。

③ 关于关岛在美亚太军力部署中的核心地位，参见 Cheryl Pellerin. Work：Guam is Strategic Hub to Asia-Pacific Rebalance，http：//www. defense. gov/news/newsarticle. aspx? id = 122961（2015 年 1 月 12 日上网）。

④ 关于美国反导体系建设的规划及其变革，参见 Steven Pifer. Missile Defense in Europe：Cooperation or Contention？. Brookings Arms Control Series，May 2012，P. 8；关于美国在日本部署 X 波段反导雷达，参见 *Quadrennial Defense Review* 2014，P. 16，http：//www. defense. gov/pubs/2014_Quadrennial_Defense_Review. pdf（2014 年 12 月 21 日上网）。

阔的东亚、亚太，乃至全球作为活动的舞台。[①] 其次，在军事安全领域，美国不断提升同日韩盟国间的合作水平与层次。在部分领域，在确保自身主导权不动摇的前提下，适度地将同盟关系向相对均衡的方向推进。近年来，美国不断推升同日韩盟国间的军事协作水平，军事技术合作日趋密切，联合军演的频率、规模与协作层级不断提升。在具体的军事协作过程中，出于发挥盟友积极性、提升作战效率和压缩己方成本的考虑，美国适度提升盟国在指挥决策过程中的地位，强化与其在战役战术各层面的沟通协商，由传统上的美国主导向"互联、互动、互操作"原则下同盟各作战单元与军事资源间优化整合的方向演进。再次，从提升同盟威慑能力，调动同盟积极性的考虑出发，对日韩盟友在军事上适度"松绑"，允许其发展利用部分之前遭禁止的军兵种门类与技术手段。美国对韩弹道导弹在射程与弹头当量上限制的放宽，对日本发展与"专守防卫"原则背道而驰的"先发制人"远程打击与兵力投送能力的纵容都体现了美国对东北亚盟国在军备限制上的"松绑"。最后，推动东北亚美日、美韩同盟向美日韩三边同盟的转化。这既是美国在东北亚同盟政策中最为期待的前景，也是现实推进中遭遇阻力最大的问题所在。日韩之间在独岛（日称竹岛）归属和历史问题上分歧巨大，日本自民党重新执政后国内极端民族主义情绪弥漫，两国对立态势加剧，分歧难以弥合。为防止同盟内部的龃龉和内耗，美国更多地通过对朝核问题的利用与渲染来实现撮合日韩，一致对外的目标。美国的这种努力部分地取得了回报，在朝核危机的驱动下，美日韩间机制化的外交磋商平台业已建立，以美国为中介的日韩间对朝情报互换机制也得以创立。

第四，对华战略。从内涵与影响范围来看，中美关系无疑超越于东北亚地区，具有明显的全球意义。近年来，中美两国虽在诸如经贸往来、货币金融与环境变化等治理层面保持沟通，但在中国周边，特别是东北亚地区，两国间的战略互疑与利益摩擦有升温加剧的迹象。在东北亚地区，美国对华战略主要体现在以下四个层面：首先，面对中国的崛起和自身实力相对衰落的现实，美国对华疑虑、防范心态有所提升，虽然"接触"和"遏制"依然是美对华政策的两重基

---

① 小布什和奥巴马政府都将美日同盟称为"亚太地区和平稳定的基石"，这种观点在 2012 年 8 月美国战略与国际研究中心发表的新一版阿米蒂奇报告：《美日同盟：亚洲稳定之锚》中得到了系统性的阐述。参见 Armitage. The U. S. -Japan Alliance anchoring stability in Asia, http：//csis. org/files/publication/120810_Armitage_USJapanAlliance_Web. pdf（2013 年 6 月上网）。一直以来，同美日同盟相比较，美韩同盟在美国全球战略中的地位相对次要，但 2013 年韩国总统朴槿惠访美期间，两国元首发表的《美韩同盟 60 周年联合宣言》在开篇就指出美韩同盟在过去六十年间在朝鲜半岛、亚太地区，乃至全球范围内发挥着"安全、稳定和繁荣"的锚点作用，对美韩同盟的地位给予显著的提升。参见 Joint Declaration in Commemoration of the 60th Anniversary of the Alliance between the Republic of Korea and the United States of America，http：//www. whitehouse. gov/the-press-office/2013/05/07/joint-declaration-commemoration-60th-anniversary-alliance-between-republ，May 07, 2013。

本特征[①]，但在二者的阶段性权衡中，更多地强调后者。在发展对华关系与推进地区内排他性的同盟体系与安全秩序构建中，明显地倾斜于后者。其次，以岛链为依托，以强化前沿军事部署和同盟关系为途径，构筑对华的战略围堵态势。再次，在具体的遏制方式中，借势于当前中日间地缘政治矛盾的上升，在有关钓鱼岛争端中，事实上站在了日本一边，鼓励怂恿日本冲在遏制中国的前线，而自身却努力避免同中国形成正面的碰撞与摩擦。最后，对华施加多重外交压力，不断呼吁中国在朝核危机中履行所谓"对朝施压"的国际责任，增加军事透明度，并在东海争端中保持克制。

第五，对朝战略。一直以来，无论是克林顿执政时期的对朝接触与对话，还是小布什执政时期的强硬与施压，美国对朝战略都体现为三重目标的结合。一是，实现朝鲜半岛无核化，防止核扩散危及地区稳定，对美国的既定政治安排与战略利益构成冲击；二是，以压促变，诱发朝鲜内部的动荡与变革，最终实现美国所期待的"政权更迭"；三是，对朝核危机在总体掌控的情况下因势利导，借危机提升韩日盟国在安保方面对美国的依赖性，从而增强同盟的凝聚力。在奥巴马执政的第一任期内，美国的这三重基本诉求没有发生变化，但在其推进的战略与策略上却有所调整。主要表现为：首先，"战略忍耐"，即在朝鲜于弃核方面做出有实质意义的转变之前，在对朝援助与展开朝美对话等议程上态度强硬，拒绝妥协。其次，"延伸威慑"，即用美国的核力量对韩日盟友提供核庇护，一方面强化对朝的威慑力度；另一方面也以此排除其所不乐见的核武器前沿部署及盟国自行拥核等未来选项。最后，强化常规威慑。在朝核问题升温、天安舰事件、延坪岛事件后半岛南北尖锐对峙的背景下，美国近年来同韩国联合举行针对北方的演习，在规模、频率与针对性等方面均大幅提升。在军事战略方面，美韩正全面推进其新制定的对朝"针对性威慑"，从最近两年内美韩军演所释放出来的"自动反击""先发制人""越境打击""源头摧毁"等理念观察，"针对性威慑"中包含着极强的进攻性意蕴，美韩对朝威慑业已提升到全新的层次。[②]

第六，地区经济整合战略。东北亚地区合作立足于区域内各国间的比较优势与区位优势基础上，由各国市场力量所推动，在各国政治层面获得一定程度上的共鸣与助力，并隐约地向人们展示出未来地区一体化的远景轮廓。对于东北亚地区合作进程及其所隐含的区域一体化指向，美国的态度较为矛盾。随着地区合作

---

① 关于同中国建立"积极的、有建设性的、广泛的"双边关系，及这种关系对美国国家安全的意义，参见 The White House. National Security Strategy, May, 2010, http://www.whitehouse.gov/sites/default/files/rss_viewer/national_security_strategy.pdf；以及 Kenneth G. Lieberthal. *Bringing Beijing Back In.* as part of *Big Bets and Black Swans: A Presidential Briefing Book.*

② 《美韩演练越境打击朝鲜核武，拟攻打944处朝目标》，新华网，http://news.xinhuanet.com/mil/2014-08/20/c_126892834.htm，2014年08月20日。

进程的展开与市场活力的激发，由于美国与东北亚各国密切的经贸关系，它自然愿意从地区的繁荣中获得相对收益。但美国同时又对这种地区合作所可能带来的政治经济前景而感到担忧。在政治方面，一旦这种合作在高层次上得以制度化、常态化，势必形成强有力的政治溢出效应，彼时强调地区认同、谋求地区合作的日韩势必在战略上对大洋彼岸的美国形成某种疏离；在经济方面，幅员辽阔、市场规模巨大，并且互补性极强的东北亚地区一体化进程一旦开启，地区内不同经济要素优化配置、互联互通的局面在短期内会对美国的商品与资本形成挤出效应。而在长远上，地区国家间货币互换协议的跟进、财政政策的协调乃至地区货币的出现都难免会危及美国汲取全球资源财富的制度根基——美元的霸权地位。①这种由地区内部自发形成的向心凝聚效应对于作为域外力量介入方的美国来说无疑构成了挑战。为此，美国一方面通过对各种问题矛盾的炒作，不断以横生枝节的方式对任何可能将其排斥在外的一体化构想与操作加以干扰，另一方面又尽可能调动各项资源，通过 FTA、TPP 等多种手段，以其在意识形态、市场规模、法规制度、资本金融等方面的优势强化同地区国家间的经济关联，保持对地区治理进程的强势持续介入。

（二）俄罗斯东北亚地区安全利益与安全战略

进入 21 世纪，俄罗斯在东北亚地区面临的内外部形势均已发生了巨大的变化。对于实力上升，谋求大国复兴的俄罗斯来说，这种变化既意味着发展上的机遇，也带来了安全上的挑战。把握机遇、因应挑战，科学合理地界定俄在东北亚地区的安全利益，规划出兼顾当前与长远、切实可行的安全战略，既是俄罗斯东北亚地区外交所面临的核心课题，更是俄罗斯全方位大国复兴蓝图中的重要组成部分。

1. 俄罗斯东北亚地区的安全利益与安全环境

俄罗斯东北亚地区的安全利益可以分为三个层面。首先是传统安全层面，即确保西伯利亚和远东地区的国土安全和社会稳定。其次体现在政治外交层面，即维持俄罗斯同东北亚地区国家间关系的稳定与发展，推动彼此间的互利合作，确保俄罗斯在东北亚地区政治进程中的影响力和话语权。最后，也是最为根本的，就是发展层面，即努力推进远东和西伯利亚地区的经济和社会发展。三者之间是辩证统一的关系，安全诉求和政治诉求从内外两个方面为发展打下基础、创造条

---

① 王湘穗：《币缘政治：世界格局的变化与未来》，载《世界经济与政治》2011 年第 4 期，第 22 页。

件，而只有实现发展，消除俄远东地区同周边国家和俄西部核心区间发展上的鸿沟，俄远东西伯利亚地区的长治久安才成为可能，进而俄对东北亚区域国际关系的参与，在重要区域国际议程中的话语权才能得到有力的支撑。

东北亚地区集迅速的经济增长与复杂的地缘政治矛盾于一身，既是一块发展上的希望之地，又是一块地缘政治上的"问题"之地。一方面，地区经济规模巨大，发展势头迅猛，在全球经济格局中的权重不断上升，地区国家间经济结构互补性强，地区内部贸易繁荣；另一方面，地区内大国力量汇聚，安全机制缺失，朝鲜半岛南北双方自冷战时期延续下来的对抗阴云至今仍挥之不去。近年来，中国崛起、美国推进亚太"再平衡"战略、中日交恶、半岛局势几度濒临危机边缘。东北亚地缘政治结构正在经历深刻变化，大国力量间博弈折冲在强度和幅度上均有所提升，上述变化对俄罗斯东北亚地区的安全与发展均构成了深刻影响。

第一，美国重返亚太战略的推进与美日同盟的强化助推着东北亚地区国家间紧张关系的加剧与对抗风险的提升，更在一定程度上恶化了俄罗斯东部地区的安全环境。随着进入 21 世纪以来俄罗斯国力的上升，渴望大国复兴的俄罗斯同掌握全球霸权的美国在地缘政治层面的摩擦已呈上升趋势。俄日之间关于北方四岛的纷争一直存在，随着日本近年来国内对争议领土诉求呼声的高涨，俄日之间围绕争议岛屿的外交争执与武力示威不断上演。在美国推进"再平衡"战略的背景下，美国调整并充实东北亚军事部署，强化美日同盟，并纵容日本军事松绑。美日间在作战协同、情报侦察和军事技术合作等方面层次的提升，虽然并非完全针对俄罗斯，但对俄罗斯西伯利亚和远东地区及其周边海域的战略安全无疑构成了挑战与威胁。特别是美国联合日本，在东北亚地区推进反导体系建设，对于在战略安全上日益倚重战略打击能力的俄罗斯来说，不啻对其战略威慑能力的釜底抽薪。

第二，朝核危机的数次恶化对国际和地区核不扩散机制构成了破坏，危及地区的战略平衡与稳定。一直以来，朝鲜半岛南北关系与朝核问题作为地区内各种矛盾交织汇聚的集中表现，牵动着地区各国的敏感神经，并带动着整体地区局势的波动起伏。近年来，朝鲜不顾国际社会的再三敦促和警告，在拥核路线上一意孤行。而美国奥巴马政府在半岛问题上奉行政治上的"战略忍耐"与军事上的"针对性威慑"相结合的政策，在总体上保持对朝不妥协强硬姿态的同时，以更加紧密的同盟关系，更加密集的军演与更加富于挑衅性的作战计划，来保持对朝压力与局势热度。在美朝双方迥异诉求的驱使下，近年来朝核问题持续恶化、半岛局势高位振荡、六方会谈长期搁置。受半岛局势的影响，东北亚地区安全机制建构长期停滞，地区经济合作向深度演进更遭遇"瓶颈"。

第三，俄罗斯远东地区与东北亚周边国家经济发展差距依然明显，且有扩大的趋势。进入 21 世纪以来，亚太地区作为全球经济新增长极已获得普遍的共识，而汇集中日韩三大规模经济体的东北亚地区则凭借在资本、技术、人力资源、管理经验等方面的显著优势而成为牵引整个东亚经济蓬勃发展的核心动力源泉。形成强大反差的是，俄罗斯远东地区经济发展明显滞后，人口持续减少。从苏联解体初期的 805 万人减少至 2010 年初的 644 万人，减幅近 20%，相对巨大的 620 万平方公里土地面积，如此稀缺的人口资源实在难以支撑有效的资源利用与经济发展。2011 年，俄远东地区 GDP 总量仅为 2.3 万亿卢布，仅占俄全国 GDP 总量的 5.4%。这一数字不仅意味着远东地区同俄西部地区的发展差距在拉大，更难以同周边中、韩、日等国的经济发展速度和规模相提并论。

第四，中国综合国力的迅速成长日益改变东北亚地区的地缘政治格局。改革开放三十年以来，中国综合国力迅速增长。2010 年，中国超过日本，成为世界第二大经济体，2012 年，中国经济总量已是日本的 1.5 倍，接近美国的 60%。中国的崛起是一种全方位的崛起，它表现为经济总量的增长、经济结构的转型升级、内部经济要素的盘活与市场潜力的挖掘，也表现为对于全球资源的利用、向国际市场的拓展、经济规模与质量上的崛起，以及政治影响力与军事现代化的跟进。它既包括硬实力的上升，也包括软实力的飞跃。对于俄罗斯来说，秉持睦邻友好和合作共赢外交理念的中国，既是其维护远东地区安全的可资信赖的"芳邻"，又是其推进远东地区发展，进而融入亚太经济新"增长极"的可以依托的"伙伴"。

2. 俄罗斯东北亚地区的安全战略

俄罗斯的东北亚安全战略放眼全球，立足长远，其内涵十分丰富，并且处于动态的调整变迁之中。它涵盖了政治、经济、安全、社会、文化等各领域，包括指导对中、韩、日、朝、蒙等地区国家的外交战略与规划。俄罗斯东北亚安全战略主要表现为以下几个方面。

第一，加强远东地区军力部署。俄罗斯为应对东北亚地区复杂的安全态势，不断强化远东地区的军力，将之作为捍卫俄远东地区主权与领土完整的根本保障。近年来，"北风之神"级战略核潜艇"亚历山大·涅夫斯基"号，"山毛榉"中程防空系统和 S-400 远程防空系统等先进武器纷纷部署俄东部军区。针对日本对争议岛屿的主权声索，俄罗斯不但予以强硬回绝，高层领导人更屡次亲身登岛宣示主权。俄还计划斥巨资更新驻守择捉岛和国后岛的第 18 机枪炮兵师的装备，提升远东地区的前沿防务水平。面对美日同盟强化的一系列举动，俄也往往针锋相对，俄"图-95"战略轰炸机屡屡携实弹对日本列岛展开威慑性的"领土巡航"，"伊尔-38"反潜机也几次高调造访美演习空域。

第二，大力推进中俄战略协作伙伴关系。中俄两国间有着 4 300 多公里的漫长边境线，在国际上地位和处境相似，对许多国际问题持有相同的看法和观点，且都将经济发展作为政策优先考量。对俄罗斯来说，积极发展对华关系是其推行全方位大国外交战略的重要基石，是其强化对美欧外交战略姿态、夯实本国外交战略厚度的坚实依托，更是其打开整体亚太外交局面的关键锁钥。中俄两国间于1996 年建立"平等信任、面向二十一世纪的战略协作伙伴关系"。2001 年 7 月，两国签署《中俄睦邻友好合作条约》，确立了两国长期友好合作的法律框架。2011 年，两国领导人又将双边关系推向全面战略协作伙伴关系的高度。目前，中俄两国间的合作不仅广泛涉及政治、经济、军事、科技、文化、教育、司法等诸领域，更建立了一系列专门机构与制度来积极协调运筹，保证两国职能部门间的顺畅沟通和合作项目的平稳推进。2015 年 6 月 27 日，中国外交部长王毅在出席第四届世界和平论坛，回答俄罗斯学者提出的关于中俄关系及中俄人文交流方面的提问时表示，"中俄互为最大邻国，双边关系历经曲折。双方充分汲取经验教训，建立了不结盟、不对抗、不针对第三方的睦邻友好关系。还有一条就是不以意识形态划线。如果说这是一种'负面清单'，那么中俄关系还有一系列的'正面清单'。那就是两国都相互尊重对方自主选择的发展道路和治理模式，都相互支持对方维护自身的核心利益和重大关切，都在国际事务中共同坚持《联合国宪章》宗旨原则以及国际关系基本准则，从而使中俄全面战略协作伙伴关系始终保持高水平运行。还有更重要的一点，就是两国元首之间建立起高度的相互信任，这对两国关系稳定发展发挥着重要的保障和引领作用。"[1]

第三，平衡推进与东北亚地区其他国家关系，并在其中展现出"平衡"与"兼顾"的特征，为俄地区利益护持与战略推进保持必要的"回旋空间"与"操作余地"。对于日本，虽然存在矛盾和分歧，但俄罗斯还是从现实角度出发，通过外交与安全等多方努力，实现彼此间的增信释疑。在普京看来，"日本是具有战略意义的伙伴，不仅是在亚太地区，在整个世界舞台上也是这样。"[2] 俄日关系的改善，不仅可以为其远东地区的发展求得丰裕的外部资金支持，更可以缓解美日同盟对俄东线上的压力。即使在俄日岛争态势有所激化的背景下，俄罗斯还是力求维持对日邦交的转圜空间，对日在远东地区的投资持开放态度，保持同日本的军事交流与高层访问。在对朝、韩关系方面，俄罗斯力求在南北之间维持一种"平衡外交"的态势，力求实现经济收益与外交影响力的同步拓展。在对蒙外

① 王毅：《中俄关系有着一系列"正面清单"》，新华网，http：//news. xinhuanet. com/world/2015-06/27/c_127958139. htm，2015 年 6 月 27 日。
② ［俄］普京：《普京文集》，中国社会科学出版社 2006 年版，第 146 页。参见季志业：《俄罗斯的东北亚政策》，载《东北亚论坛》2013 年第 1 期。

交方面，俄罗斯同样也在努力推进双边关系发展，2008年，俄罗斯与蒙古国举行冷战后首次"色楞格河"联合军演，并共同商定将该军演例行化，这标志着俄蒙两国两军关系的一大进步。

第四，积极参与地区合作进程与机制建设，在推进俄全方位外交布局，增进地区政治影响力的同时，更期望通过对地区经济圈的融入，带动远东地区的发展。2011年，俄罗斯受邀正式加入东亚峰会，在东亚崛起的背景下，许多俄罗斯政界学界人士都将之解读为具有政治大国、新兴经济体、能源大国和科技潜力大国等多重身份的俄罗斯在战略上对东亚的全面回归。2012年，俄罗斯战略重心向亚太倾斜的步伐加快，拉夫罗夫在缅甸召开的第七届东亚峰会上发言时表示，构建亚太地区新的不结盟的集体安全体系的理念已经"孕育成熟"，并且俄罗斯同中国和文莱一起就加强亚太地区安全与合作发展框架性原则的制定已经开始进行磋商。在当年9月于符拉迪沃斯托克举行的亚太经合组织峰会上，再任总统的普京高调宣称"俄罗斯的未来关键在于亚太，这个充满活力的地区是西伯利亚和远东地区发展的最重要因素，也是整个国家成功的未来的最重要因素"。从俄罗斯独特的地理位置、政治影响及在全球市场中的独特作用出发，普京更对未来全球战略力量与板块间的共处态势与协作模式加以设想，即"考虑使欧盟、亚太经合组织及欧亚经济联盟框架内现行的经济制度、技术标准实现更加紧密的'对接'，从而在欧洲大西洋、欧亚和亚太地区这一如此广阔的区域为商业活动的开展提供通用的、易懂的规则"。东北亚是俄罗斯战略东进，走向亚太的桥梁，更是俄罗斯亚太战略中的重心与锚点。整体亚太战略的展开与局部东北亚次区域战略的推进彼此之间互为表里、相得益彰。俄罗斯正通过营造地区机制的参与者、地区和平的促进者、地区一体化的推动者等正面形象，为其全方位亚太外交打开的新局面，更以此为契机努力赢得与东北亚国家政治经济互动中的上佳站位。

第五，在对待如朝核问题及中日岛争等地区内敏感热点问题时，俄罗斯在保持关切、同各方保持磋商的同时，对自身在特定问题与议程上的态度立场、介入的方式与幅度等都十分谨慎，力求留有余地。俄罗斯历史文化根基与经济重心均位于欧洲，其当下战略性地"东向转身"，其目的是力求借助于中日韩等东北亚国家乃至亚太经济圈的活力带动自身远东地区发展，并在未来世界政治经济新的"增长极"中谋求更大的政治话语权与影响力。对于地区内部的冷战遗蜕与大国间矛盾纷争的过度介入，不但与俄罗斯当前的国家利益与力量相违背，更会压缩俄地区战略推进过程中的选择空间，使俄罗斯地区外交背负不必要的负担与限制。出于上述考虑，在朝核问题上，俄罗斯的政策稳健而务实。在基本立场上，俄罗斯坚决维护六方会谈作为解决问题的基本框架及半岛"无核化"原则，遵循安理会通过的有关对朝决议，更强调对半岛与整个东北亚地区和平稳定的大局的维系，反对轻率地动用武力和军事威胁。在问题的调处中，俄罗斯力求进退有度。俄方始终保持对朝核危机的高度关注并进行详尽的情报收集，强化同各利益相关方在多边框架下的沟通，努力树立俄罗斯在该问题上的话语权和影响力。而当面对朝核问题中的核心症结与矛盾焦点时，保持适度距离、以静制动则成为俄罗斯外交的显著特征。在这一点上俄罗斯明显区别于置身于矛盾风口浪尖上的朝美韩，为人质问题立场僵化、锱铢必较的日本，以及作为六方会谈东道国、为谋求问题和平妥善解决而在各相关方间积极奔走，竭力弥合分歧的中国。面对因钓鱼岛纷争而引发的中日对立，俄罗斯在外交姿态上的拿捏也十分稳健而慎重。中俄两国都同日本存在领土纷争，双方存在潜在的共同利益，基于这一点，俄罗斯同中国在"全面战略协作伙伴关系"框架之下明确了彼此间"在涉及对方主权、领土完整、安全等核心利益问题上相互坚定支持"的立场。而基于维系俄日关系"斗而不破"的基本局面，保持自身外交和战略上必要的回旋余地等考量，俄罗斯在2012年10月派遣高级特使访日期间，又向日方传达了在钓鱼岛纷争上"不选边站队"的立场。

（三）日本东北亚地区安全利益与安全战略

日本是传统的东北亚大国。沉重的历史压力和现实的困境与野心，彰显出日本东北亚安全战略的矛盾性。长期以来，作为东北亚头号经济强国，地区优势地位和主导权的谋取为其夙愿。然而，随着中国持续和平发展，日本走向和平衰落，中日关系日趋敏感，"一山不容二虎论"持续发酵，并引起了全世界的关注。同时，日本与东北亚主要国家——中、韩、俄存在领土争端，岛屿之争在2012年急剧升温，趋于白热化。可以说，领土争端已成为日本外交与安全上的沉重负担，使之在政治、经济等方面付出了巨大代价。面向未来，随着国家实力的相对下降，日本战略疆域将有所收缩，其安全重心聚焦于东北亚，日美同盟是其维护安全与地区地位的基石，中国是其安全战略的核心议题，朝核问题则是其展示安全影响力的重要舞台。

在面对中国崛起，俄罗斯逐步振兴，朝鲜半岛可能拥核的态势下，日本国内经济依然萎靡不振，国际政治地位没有突破，军事力量严重受限，自身安全利益不能得到保障，安全战略处处掣肘。可以说日本陷入了国内和国际局势的双重危机之中，在日本首相安倍晋三首次施政演说之中，"危机"成为演讲的主题，除了强调经济、社会和地理环境所面临的危机与困难之外，安倍指出："外交政策的中心正在动摇，像被人抓住了弱点一样，对我国领土、领海、领空的不断侵犯，这是外交和安全保障的危机。"① 日本外交政策的中心是以美日同盟为基础和保障，在保证经济发展的前提下，不断参与国际事务以增强日本的政治地位，在寻求承担更多政治责任的过程中，逐步突破和建立独立的军事力量。正如安倍所言，这一外交政策的中心正在动摇，美日同盟出现分歧，经济萎靡不振，领土争端迭起，军事力量突破受阻，这是日本构想新的安全战略的现实基础。

1. 日本的东北亚地区安全利益

2009 年民主党赢得日本国会选举，成为日本的执政党，标志着日本政治发展进入了新的阶段。上台之后，民主党有意强化"日本利益"在日本外交战略中的核心地位，从鸠山到野田内阁，日本的外交活动无不以实现"日本利益"作为最终诉求。② 2012 年 12 月安倍晋三再度出任首相之后，将"日本利益"上升到国家战略层面，在领土争端方面施行较为强硬的外交政策。③ 在 2013 年 12 月出台的《国家安全保障战略》中，日本政府将日本国家利益划分为两个层面，其基本层面是"保障国家的存在"，保卫国家领土与主权，维护自由与和平；在此基础上，则将利益延伸到国际层面，"强化和巩固基于普世价值观和规则的国际秩序"。④ 在东北亚范围之内，"日本利益"以安全利益为主要表现，主要包括政治安全利益、经济安全利益和本土安全利益三个方面，并与美国、中国、俄罗斯、韩国以及朝鲜五个国家息息相关。认清上述国家与"日本利益"之间的关系将是日本实现在东北亚地区安全利益的关键。

第一，日美同盟——维护安全与地区地位的基石。从第二次世界大战结束至今，国际形势虽然日新月异，但日美同盟对于日本实现其国家利益的重要性却丝毫未变。从 1960 年《日美安保条约》签订开始，通过多个条约文件的签订，日本逐步强化日美同盟，使之成为日本实现政治大国战略的基础。日本防卫省认为美日同盟是美日关系的核心，美日安全保障体制不仅确保日本的安全，美日安全合作更是促进了地区的和平与稳定，并创建了一个安全的环境。⑤ 日美同盟带给

---

① 《安倍首相の所信表明演説の全文》，日本经济新闻，2013 年 1 月 29 日。

② 杨伯江：《日本民主党对外战略方向评析》，载《现代国际关系》2012 年第 2 期，第 36～37 页。

③ 《北方領土交渉「強い意志で」 全国大会で安倍首相》，朝日新闻，http://www.asahi.com/shimen/articles/TKY201302070654.html（2014 年 2 月 8 日上网）；《安倍晋三：将在钓鱼岛问题上显示强硬态度》，凤凰网，2012 年 12 月 17 日，http://news.ifeng.com/gundong/detail_2012_12/17/20236578_0.shtml；《安倍晋三对钓鱼岛强硬态度持续 欲跨党合作修宪》，中国新闻网，2013 年 2 月 1 日，http://news.china.com/dydzd/gdxw/11127676/20130201/17666349.html（2014 年 2 月 8 日上网）。

④ 日本《国家安全保障战略》，每日防务快讯，http://express.cetin.net.cn/cetin2/servlet/cetin/action/HtmlDocumentAction? baseid=1&docno=556186（2014 年 2 月 8 日上网）。

⑤ 《日米安全保障体制の意義》，日本防卫省，http://www.mod.go.jp/j/approach/anpo/worth.html（2015 年 2 月 8 日上网）。

日本的利益是多方位的：它既可以为日本安全利益和经济利益的实现提供更深层次的保障，又可以为其军事力量的发展提供契机。但是与上述两项相比，政治安全利益才是日美同盟带给日本的最重要利益。自战败之后，日本从未放弃重返世界政治大国行列的努力，在联合国"入常"等问题上手段频频，不断努力使自己成为"普通国家"，近期更是提出了"准常任理事国"的新概念，力图达到"曲线救国"的目标。日本在国际上的经济地位与政治地位极度不平衡，政治地位的提高可以为其他利益的实现奠定良好的基础。在日美同盟的框架下，日本可以通过同盟的调整，逐渐淡化同盟的非对称性，改变美日主从关系，进而提高其国际地位和对国际事务的发言权。

民主党执政之初曾表达过"对等美日关系"等新主张，试图修正长久以来的日美关系，但是事实证明，这些主张要么流于空想，要么实施不力。鸠山和菅直人内阁的下野充分证明了日美同盟对于当今的日本仍然具有重要意义。野田内阁上台后，调整了前两任内阁的对美政策路线，积极解决普天间机场的搬迁问题，申请加入环太平洋经济协定（TPP），同时开展日美首脑战略对话，力图全方位巩固日美同盟。[①] 早在 2006 年安倍晋三首次出任日本首相之时，便提出一方面加强美日同盟，另一方面加强与亚洲各国的联系与合作，同时强调日本应在美日关系中承担更多的责任，并提出美日关系应提高"双向性"。[②] 2012 年 12 月安倍再次出任日本首相，明确表示要加强美日同盟，为振兴日本经济提供良好的外交和安全基础，维护领土主权。[③] 2013 年 12 月的《国家安全保障战略》中，将强化日美同盟作为安全保障的目标之一。[④] 上述表明，在可预见的一段时间内，日本仍会紧紧抓住美日同盟这一颗救命稻草，将对美关系摆在安全战略的首位，通过强化美日同盟关系来应对不断变化的东北亚局势，利用美国在东亚地区的"战略再平衡"，保障自身安全，拓展地区安全战略的空间，谋求地区政治安全利益。

然而，从长期看，日美军事同盟关系存在着结构性矛盾。围绕日美同盟，两国希望实现的战略和目标越来越相左。美国希望日本作为一颗有力的战略棋子在东北亚起到"平衡"他国的战略作用，同时控制日本在政治、经济以及军事上的增长限度，以免在未来挑战美国的地区乃至全球领导地位。而日本深感自身力量有限，政治经济发展不平衡。在面对领土争端问题上，日本有着很强的受挫感，

---

① 张玉国：《野田政权对日美同盟关系的强化》，载《外国问题研究》2011 年第 4 期，第 54～58 页。

② 金熙德：《日本政治大国战略的内涵与走势》，载《当代世界》2007 年第 7 期。

③ 参见《安倍首相－所信表明演說の全文》，日本经济新闻，2013 年 1 月 29 日。另见《安倍希望通过强化日美同盟保卫领土》，日本共同社中文网，2 月 16 日。http：//china. kyodonews. jp/news/2013/02/46820. html

④ 日本《国家安全保障战略》，每日防务快讯，http：//express. cetin. net. cn/cetin2/servlet/cetin/action/HtmlDocumentAction? baseid＝1&docno＝556186，2014 年 1 月 8 日。

美国提供的保护一方面是安全的保障，另一方面也是安全战略的制约，让日本战略空间受压，不能依照自身国家利益行事。另外，对于政治上是同盟关系、经济上是竞争关系的国家来说，经济的结构性摩擦往往被政治性的判断所左右，呈间期性的爆发性状态，而政治军事关系受经济的推动呈不断加强的趋势，并向日渐冲突的方向发展，从而使同盟关系的危机不断地发生。① 同时，随着中国的和平崛起和俄罗斯的逐步复兴，日美同盟的加强也将愈来愈受到东北亚地区多极化趋势的影响和制约。

第二，对华战略——防范为主接触为辅的安全策略。近年来，日本经历了"失去的20年"，政治、经济虽未出现大的动荡，但"和平衰落"的趋势却日渐明显，贫富分化、失业人口增加一直困扰着日本政府。2010年中国GDP规模超过日本，成为世界第二大经济强国，中日实力对比开始发生根本性变化，日本对中国的防范之心更浓，防卫对象直指"中国威胁"，对华战略目标不再隐讳。日本强调，中国以空军和海军为重点促进军队现代化建设，在周围海域存在增强军事影响力的趋势，加之军费缺乏透明度，中国的军事动向"是令地区和国际社会忧虑的事项"。② 因此，它利用中国尚未实现完全崛起的机遇攫取难得的利益，对华趋向虽有顺应的一面，更体现出刻意对抗的一面。2012年以来，钓鱼岛问题由于日本的挑衅性举措不断升温，进一步加深了中日之间的政治争端，引起了全世界的关注。安倍晋三上台之前就以强硬言论以博取政治资本，出任首相之后，更是继续坚持其强硬姿态。③ 可以说，中日之间历史问题复杂、现实问题交织，未来相互影响巨大。虽然目前中日因钓鱼岛爆发战争的机会较小，但现在的危机已是"冷战"的预示信号，而这危机还会持续多年。④

面对综合国力日趋强大的中国，日本在对华战略上采取了更为高调的姿态。2010年12月，日本政府制定的新《防卫计划大纲》指出，中国军事动向为"地区和国际社会的担忧事项"。⑤ 2011年3月，日本防卫省防卫研究所首次发布《中国安全战略报告》，强调"国际社会对中国国家安全战略的关心日益高涨，日本国民意识到中国军事力量扩大对其安全保障产生莫大的影响，对中国的安全

① 张玉国：《新时期的美日关系：回顾与展望》，载《日本学论坛》2004年第3期，第27～28页。

② 《日本2011年度防卫白皮书》，日本防卫省，第74页，http：//www. mod. go. jp/e/publ/w_paper/pdf/2011/12Part1_Chapter2_Sec3. pdf（2015年2月8日上网）；另参见《2010日本防卫计划大纲》，日本防卫省，http：//www. mod. go. jp/j/approach/agenda/guideline/2011/taikou. html（2015年2月8日上网）。

③ 《安倍再就钓岛强硬发言，称中国领土策略"错误"》，环球网，http：//world. huanqiu. com/exclusive/2013-01/3474673. html，2013年1月11日。

④ 《美专家称钓鱼岛危机预示"冷战"中日将趋冷淡》，环球网，http：//world. huanqiu. com/exclusive/2012-10/3169432. html，2012年10月8日。

⑤ 《2010年度日本防卫计划大纲》，日本防卫省，第4页，http：//www. mod. go. jp/e/d_act/d_policy/pdf/guidelinesFY2011. pdf（2015年2月8日网）。

保障动向愈加关心"。① 2011 年 8 月，日本政府公布《日本 2011 年度防卫白皮书》，认为中国正在对外采取高压姿态，将中国军事力量上升视为日本面临的主要安全威胁之一，对中国外交政策进行指责，对华言论更趋强硬。② 2012 年 7 月，日本政府公布《日本 2012 年度防卫白皮书》，妄称中国海军舰艇部队进出太平洋出现常态化，发生了中国船只侵入"尖阁诸岛"（即我钓鱼岛及其附属岛屿）周边日本领海的事态。包括军事不透明在内，中国的动向已成为地区的担忧事项。③ 2013 年 1 月，日本政府决定重新修订《防卫计划大纲》，其焦点是针对中国在钓鱼岛周边进入日本主张的领海与领空，着重加强自卫队的岛屿防卫能力。2013 年 7 月，日本政府公布《日本 2013 年度防卫白皮书》，声称中国的国防费用增长迅速，并以高压政策应对与包括日本在内的周边国家之间的利益对立问题，日本在安全保障环境更趋严峻的形势下，致力于提升军事能力、加强安全同盟等防卫举措。④ 2013 年 12 月，日本内阁出台的《国家安全保障战略》中，认为中国不断扩充军备，并在东海、南海等领域提出主权的主张，是企图以武力改变现状。⑤ 同期发布的《防卫计划大纲》在对中国军事实力表示担忧的情况下，将防卫方针从"动态防卫力量"转变为"综合机动防卫力量"，并加强岛屿防卫。⑥ 日本防卫战略由"基础性防卫"向"机动性防卫"转变，其基本思路是根据日本面临的威胁将自卫队进行针对性和重点性部署，主要防范恐怖袭击和他国侵占离岛，特别强调以高技术能力和情报能力为支撑，提升自卫队的反应性、机动性、持续性和多能性，确保在关键时刻先发制人；其防卫重心由本土和北方移向"西南岛屿"（包括我钓鱼岛）；其防卫措施也实行改革并增强情报机构，积极寻求同韩国的情报合作，重点强化搜集来自中国和朝鲜的军事情报；提升防卫体系，寻求允许行使集体自卫权，强化日美同盟并扩展同韩国、印度、澳大利亚等国的防卫合作，在与中国存在争议的问题上采取强硬姿态。日本对华战略并不是一味地防范，两国在地区安全与经济合作中存在广泛的共同利益，这决定了日本对中国施行以防范为主、接触为辅的战略。2013 年 1 月 22 日，安倍称日中

① 《中国安全战略报告 2010》，日本防卫省防卫研究所，第 34 页。

② 《2011 年度日本防卫白皮书》，日本防卫省，第 72~92 页，http：//www. mod. go. jp/e/publ/w_paper/pdf/2011/12Part1_Chapter2_Sec3. pdf（2015 年 2 月 8 日上网）。

③ 《2012 年度日本防卫白皮书》，日本防卫省，http：//www. clearing. mod. go. jp/hakusho_data/2012/2012/index. html（2015 年 2 月 8 日上网）。

④ 《日本 2013 年度防卫白皮书》，日本防卫省，第 38~64 页，http：//www. mod. go. jp/e/publ/w_paper/pdf/2013/11_Part1_Chapter1_Sec3. pdf。

⑤ 日本《国家安全保障战略》，每日防务快讯，2014 年 1 月 8 日。http：//express. cetin. net. cn/cetin2/servlet/cetin/action/HtmlDocumentAction？baseid=1&docno=556186。

⑥ 《防卫计划大纲》，日本防卫省，2013 年 12 月 17 日。http：//www. mod. go. jp/j/approach/agenda/guideline/2014/pdf/20131217. pdf。

关系对日本来说是最重要的双边关系之一，维护两国友好符合日本的国家利益，希望展开对话，重回战略互惠原点。但其对钓鱼岛问题仍不松口，称不会让步。①安倍曾多次表示希望以对话解决日中争端，并重视日中关系的发展。这说明日本非常注重与中国的关系，与中国一味对抗不符合日本的国家利益。一方面，日本保持与中国的接触，并寻求共同利益，在东北亚地区尤其是朝鲜半岛的和平与稳定是中日两国的共同利益所在；另一方面，日本通过接触来试探中国的战略意图和战略底线，一旦触碰中国的底线，日本的态度就趋向缓和。在这种接触心态的作用下，两国高层领导人始终在寻找恰当的路径进行沟通。2014 年 11 月 8 日，两国外长在亚太经合组织部长级会议上进行正式会谈。在此之后，11 月 10 日和次年 4 月的亚信峰会上，习近平主席与日本首相安倍晋三进行了两次会晤，双方都表示要顺应时代潮流，构建稳定健康的中日关系。

总之，对中日双方而言，任何一个国家获得了东亚的主导地位，就意味着具有了成为世界大国的基础条件，这是中日亘古以来争夺东亚主导地位的根本原因所在。由于双方实力对比的变化和国际局势，日本已经不具备这样的可能性，但日本并不甘心落于下风。另一方面，日本的核心利益更加集中于东北亚，利用东北亚局势变化实现对华遏制的目标是日本东北亚战略的核心内容，但随着日本经贸主导能力的急剧下降②，日本的战略调控能力下降，很可能利用中国东亚利益增长与东亚国家疑惧增加的互动，利用"东亚各国对中国今后方向性的不安"，加大地区影响力，从负面的角度搅动东亚格局。

第三，朝鲜半岛——确保本土安全的重要区域。在日本的安全战略中，朝鲜半岛一直被定位为影响其本土安全的最重要地区之一。朝鲜半岛特别是半岛南部对日本的领空和领海安全意义重大，一旦为敌对势力所控制，日本本土特别是经济、人口集中的战略核心地带将处于威胁之中。以维护本土安全、控制半岛局势为目标，日本在朝鲜半岛的安全利益主要涵盖以下四个方面：其一，维持朝鲜半岛分裂对峙的现状。在对待半岛统一的问题上，日本政府认为一个稳定而又分裂的朝鲜半岛最符合日本的国家利益。其二，对朝鲜保持足够的外交压力，但不放

---

① 《安倍称希望中日展开对话，称对钓鱼岛问题不让步》，中国新闻网，http：//www. chinanews. com/gj/2013/01-23/4512735. shtml，2013 年 1 月 23 日。

② 从政治角度讲，日本经济持续衰退的这 20 年在政治上得以稳定，缘于支撑日本的两只脚——综合农协模式和财阀模式；从经济角度讲，是以往形成的庞大储蓄可以支撑。然而，2011 年全年日本贸易收支出现了 24 927 亿日元，约合 2 030 亿元人民币的逆差，这不仅与大地震后进口增加有关，也有它历史性转变的重要原因。2009 年开始，日本的家庭储蓄率开始负增长，1990 年日本的家庭储蓄率是 15%，2009 年是 5%，而且当年下降了 2.3%，2011 年成为日本 1980 年以来首个年度逆差年，这可能是一种历史性的变化。参见 Secretariat of China's Strategic Think Tank（中国战略思想库秘书处）：《日本的政治经济特点及战略取向》，载《战略决策研究》2012 年第 3 卷第 3 期，第 44~47 页；《日本时隔 31 年全年贸易收支出现逆差》，人民网，http：//world. people. com. cn/GB/16949639. html，2012 年 1 月 25 日。

弃实现关系正常化的努力。其三，主张通过外交途径解决朝核问题，并强调日本的参与能力。其四，积极改善同韩国的双边关系。自民主党执政以来，日本在日韩关系上开始表现出积极的姿态。

第四，对俄战略——主权和利益的共同诉求。俄罗斯在日本的东北亚安全利益中同样占有重要的地位。苏联解体之后，日俄之间的意识形态分歧已经消失，两国间的交往恢复到了正常的国家间交往形态，谋求两国间关系的正常化成为日本对俄外交的重要内容。究其主要原因，不外乎以下三点：其一，出于对政治利益的追求。"入常"是日本谋求政治大国地位的过程中必须面对的课题，而作为安理会常任理事国，俄罗斯的支持对于日本能否实现目标显得意义重大。为得到俄罗斯的支持，日本逐渐加强与俄罗斯的沟通与合作。2011 年 10 月 27 日，日俄两国在俄罗斯远东萨哈林岛南部的阿尼瓦湾举行边防军联合战术演习。[①] 2012 年 6 月 15 日，日俄第十次副部长级战略对话在东京举行，双方就两国间问题及时局交换了意见。通过军事合作和安全对话的开展，日本可以更好地了解俄罗斯的军事实力，建立信任关系，缓解军事特别是核武器的压力，为得到俄罗斯的政治支持创造条件。其二，出于对经济利益的追求。能源是日俄关系中不可回避的话题之一。俄罗斯丰富的油气资源储量对于日本有着巨大的吸引力，从俄罗斯进口能源具有成本相对低廉以及运输风险较小等优点，符合日本的经济利益。日俄两国的能源合作有着深厚的历史基础，萨哈林一号和二号项目早在苏联时期就已启动，对于日本的天然气供应意义重大。而当前西亚北非的动荡局势和"福岛核泄漏"事件的发生更为日俄能源合作的深化提供了有利的条件。2011 年 3 月核电事故发生后，俄罗斯承诺从其远东地区提供 6 000 兆瓦的电力，输送 20 万吨的液化天然气，并将对日本的石油出口增加一倍到 1 800 万吨，并同时增加石油产品的供应。[②] 加强日俄能源合作今后将是日本对俄战略的重要一环。其三，出于对维护主权的追求。长期以来，北方四岛问题成为制约日俄关系改善的核心障碍。由于俄方实际控制北方四岛，所以日方在这一争端中处于弱势地位。为解决这一问题，日本政府相继实行了政经不可分原则、扩大均衡原则和多层次接触，谋求通过日俄在经济、政治、文化与安全等领域的交流与合作，来进一步改善日俄关系，为最终解决领土问题创造条件。但是两国在基本立场上依然存在不可调和的分歧，而且日本在政治和经济上对俄罗斯的依赖导致其在两国的博弈中始终处在被动受制的位置。

---

① 《日俄共同举行联合战术演习，将深化边防合作》，环球网，http://mil.huanqiu.com/world/2011-10/2124972.html，2011 年 10 月 28 日。

② 《利益互补拉近日俄能源合作》，中国石油新闻中心网站，http://news.cnpc.com.cn/system/2012/07/31/001385721.shtml，2012 年 7 月 31 日。

当两国关系出现紧张波动时，俄罗斯频繁通过"登岛"等活动对日进行牵制。2012 年 7 月 3 日，俄罗斯总理梅德韦杰夫再次登上北方四岛之一的国后岛，日俄领土争端再起。① 2013 年 2 月 7 日，日本首相安倍晋三表示，"竭尽所能化解'北方领土'问题，与俄罗斯签署和平条约的决心没有改变。"为促成问题最终解决，日方将"继续以强烈意愿与俄方展开交涉"。② 虽然俄罗斯总统普京多次表示愿意与日本就领土争端展开对话和谈判，但北方四岛的领土问题依然是日俄关系中难以解开的心结。

2. 日本的东北亚地区安全战略

日本综合国力下降势在必然，尤其是面对全球新兴大国的群体性崛起，日本陷入了一种和平的危机之中。换言之，相对于发展中大国的蓬勃增长趋势，日本经济增长速度下降，GDP 规模相对增长趋缓；与周边三国存在的领土问题时刻困扰着日本脆弱的安全神经，从安倍上台以来的表现来看，日本主要采取较为强硬的政策。其战略取向具体表现为以下几个方面。

第一，明确亲美，深化美日同盟关系。亲美在日本国内有着深厚的基础。面对中国崛起和东亚格局的巨大变革，与周边国家的领土争端事态不断升级，朝鲜半岛核问题日益严重，加之自身军事力量受到和平宪法的限制而不能独立防卫，日本陷入了深深的恐惧之中，迫切的需要美国对日本的安全保护。而美国实行"亚太再平衡"战略以来，日本一直是美国在亚太的政治盟友和军事存在的重要平台，在应对中国崛起和朝核问题方面，都将日本作为最重要的战略棋子对亚太各方实力进行再平衡。美日互有紧迫的战略需求，美日同盟将成为双方在东亚战略部署的根本性基础。日本曾经或明或暗反对美国介入东亚，今后将转向全面支持美国参与其中。日本防务专家均认为，长期以来东亚稳定最重要的原因在于美国的参与，今后东亚出现大的利益冲突，美国也必然参与其中。日本《2012 年度防卫白皮书》明确指出，美日安全保障体制在实现日本和亚太地区的和平与稳定上不可或缺，日美两国今后将进一步推进在更广泛领域的安保合作，深化美日同盟关系。③ 2013 年 2 月 22 日，美日两国在华盛顿举行首脑会谈，日本首相安倍与美国总统奥巴马就朝鲜核试验，环太平洋伙伴关系协议（TPP）的谈判和参

---

① 《梅德韦杰夫再登俄日争议岛屿》，凤凰网，http：//news.ifeng.com/photo/hdnews/detail_2012_07/04/15781955_0.shtml#p=1，2012 年 7 月 4 日。

② 《日首相允诺与俄化解领土争端》，《新京报》2013 年 2 月 8 日，A20 版。

③ 《2012 年度日本防卫白皮书》，日本防卫省，http：//www.clearing.mod.go.jp/hakusho_data/2012/2012/index.html（2014 年 2 月 8 日上网）；《日米安全保障体制の意義》，日本防卫省，http：//www.mod.go.jp/j/approach/anpo/worth.html（2014 年 2 月 8 日上网）。

与交换了意见。① 12 月发布的《国家安全保障战略》强调美日同盟将通过进一步深化两国在安全、防务等方面的合作以及确保美军地位来得以巩固。② 安倍上台之后，在面对周边安全局势不利的情况下，欲通过修改宪法从"集体自卫权"上打开突破口，突破现行的军事禁制。③ 2014 年 7 月，日本内阁通过了修改宪法以解禁集体自卫权的决议，并将之写入本年度的《防卫白皮书》中。这需要美国的支持，但美国一方面希望日本在东北亚能够承担更多的安全责任，另一方面不愿意看到日本突破了军事管制，拥有过多的军事力量。

日本当前急需美国对自身的安全保障，但并不是一味地依靠美国，况且美国的军事存在从根本上也是对日本发展军事力量的制约。日本的安全战略是一方面深化美日同盟，依靠美国保障其国家安全，通过与美国的军事互动威慑周边国家，借助美国提高日本在东北亚地区的安全地位。同时，逐步改善美日同盟的结构，强调平等和双向美日关系。另一方面，日本试图在地区安全事务中起到更加积极的作用，通过承担更多责任来获取更大的能力，通过参与更多安全事务获取更为广泛的权限。2014 年 4 月 24 日，日本首相安倍晋三在与美国总统奥巴马会谈中表示，美日同盟应共同主导亚太地区的和平与稳定，这与日本积极推行的和平主义外交是契合的。④ 日本安全战略的根本目的是在与美国及地区各国互动中得到国内和美国的支持，修改宪法获取集体自卫权以突破更多军事禁制，逐步成为"普通国家"，从而拥有更为独立的军事力量以应对周边事态。

第二，加强防务部署和对外军事合作。日本 2005～2010 年《防卫计划大纲》主要针对朝鲜，将应对弹道导弹、游击战和特种部队的攻击作为首要课题，而2010 年公布的新《防卫计划大纲》把确保周边海空域的安全和防止岛屿受到攻击作为重点，剑指中国。⑤ 日本《2011 年度防卫白皮书》指出，中国正在对外采

---

① 《安倍首相、米大統領と 22 日に会談》，朝日新闻，http：//www. asahi. com/shimen/articles/TKY201302160001. html（2014 年 2 月 8 日上网）。

② 日本《国家安全保障战略》，每日防务快讯，http：//express. cetin. net. cn/cetin2/servlet/cetin/action/HtmlDocumentAction；jsessionid = 1BA9814441AAAFA77206E74ABFF825D0？baseid = 1&docno = 556314（2014 年 2 月 8 日上网）。

③ 参见《集団的自衛権の対象拡大検討へ　安倍首相が意向》，朝日新闻，http：//www. asahi. com/shimen/articles/TKY201301180009. html（2014 年 2 月 8 日上网）；《特集ワイド：集団的自衛権行使　本当に国益にかなうのか　首相が意欲、憲法解釈の見直し》，日本每日新闻，http：//mainichi. jp/feature/news/20130123dde012010014000c. html（2014 年 2 月 8 日上网）；《安倍内阁加快修宪步伐》，《人民日报》2012 年 2 月 15 日，第 3 版要闻。

④ 《美日举行首脑会谈》，环球网，http：//world. huanqiu. com/exclusive/2014-04/4979898. html，2014 年 4 月 24 日。

⑤ 《2010 年度日本防卫计划大纲》，第 4 页，日本防卫省，http：//www. mod. go. jp/e/d_act/d_policy/pdf/guidelinesFY2011. pdf（2015 年 4 月 8 日上网）。

取高压姿态，并注意到中国为确保海洋权益采取的军事行动。① 日本《2012 年度防卫白皮书》称将继续深化美日安全保障体制，以"构筑动态防卫力量，稳步进行有效的防卫力量建设"。② 同时，强调其对钓鱼岛（日称尖阁诸岛）、独岛（日称竹岛）以及南千岛群岛（日称北方四岛）的主权。日本《2013 年度防卫白皮书》凸显国别威胁，认为朝鲜核试验、中国"侵害"其海上权益、俄罗斯军事活动频繁等行为对其安保环境产生不利影响。③ 此举实际上将俄罗斯、中国、韩国和朝鲜都视为在不同程度上威胁日本安全的国家，其中中俄韩三国与日本存在领土纠纷，而朝鲜则是日本一直以来的防范对象。在诸多争端中，日本对中国的军事防范明显加重，在 2014 年度的《防卫白皮书》中，日本防务省全方位地评估中国军事实力和活动范围，并考虑到中国与俄罗斯、东南亚、欧洲等相关国家的外交关系，继续渲染中国的海上活动对其造成安全威胁。④ 并因中国军费不明和具体军事目的不明确，日本称"中国动向成为地区担忧事项"，表示将在包含日本西南地区在内的区域，进行警戒监视，海上巡逻，防空，弹道导弹的处理、运输与指挥通信等行动。2013 年 4 月 26 日，日本内阁通过了《海洋基本计划（2013 ~ 2017）》，并表示将"推进海洋资源开发并加强日本周边海域的警戒监视体制"⑤，这显示了日本强化其在海域管控上与盟国合作的意志。2015 年 7 月 16 日，日本众议院强行通过了以解禁集体自卫权为主要内容的安保法案，法案成立几成定局，这将扩大自卫队海外活动范围，提升日本使用武力的灵活性。可以预见的未来，安倍晋三的国防政策将以亲美为轴心，加强对外军事合作。以美日同盟为基础，以美日韩三边框架为重点，以美日韩澳四边协调、日印双边合作为扩展，致力于促成围堵中国的松散部署。

第三，对华心理更趋于矛盾，采取防范为主、接触为辅的战略。日本人对中国未来走向的关注程度，不亚于中国人自己。一方面日本对于领土争端态度坚决，钓鱼岛（日称尖阁诸岛）实际控制在日本手中，从近期钓鱼岛争端看出日本不会放弃在钓鱼岛海域的既得利益，必然要和中国争持到底；另一方面，在地区安全和经贸合作方面中日之间存在重要共同利益，这使得中日两国合作存在国家

---

① 《2011 年度日本防卫白皮书》，日本防卫省，第 78 ~ 80 页，http：//www. mod. go. jp/e/publ/w_pa-per/pdf/2011/12Part1_Chapter2_Sec3. pdf（2015 年 4 月 8 日上网）。

② 《2012 年度日本防卫白皮书》，日本防卫省，http：//www. clearing. mod. go. jp/hakusho_data/2012/2012/index. html（2015 年 4 月 8 日上网）。

③ 《2013 年度日本防卫白皮书》，日本防卫省，http：//www. clearing. mod. go. jp/hakusho_data/2013/w2013_00. html（2015 年 2 月 8 日上网）。

④ 《2014 年度日本防卫白皮书》（英文版），日本防卫省，http：//www. mod. go. jp/e/publ/w_paper/2014. html（2015 年 2 月 8 日上网）。

⑤ 《日本政府通过海洋基本计划》，新华网，http：//news. xinhuanet. com/world/2013-04-26/c _ 115553416. htm，2013 年 4 月 26 日。

利益基础，同时在中国逐步崛起和美国缓慢衰落的动态之中，日本必须思考如何面对没有美国的亚洲，其中中国必然是其战略考量的重点。日本认识到中国重要性的提高，例如 2011 年首次发布的《中国安全战略报告》指出，"包括日本在内的许多国家都把与中国建立稳定关系视为利益所在。"① 2012 年发布的《中国安全战略报告》则非常关注中国人民解放军的态度，认为"执着于核心利益的中国人民解放军的态度，是否显示出中国政府内部对外政策存在着根本对立的意见，还是反映了中国领导层的方针，有待观察。同时，在围绕领土主权和海洋权益的安全问题上军方表态的增加是一个新的趋势"。② 2014 年发布的《中国安全战略报告》认为，"与中国发生危机的可能性有增无减"，因而要寻求危机管控的办法。③ 日本认为，未来的中国有可能不接受以美国为首的世界秩序框架，并具体表现为太过强调国家实力和利益，放弃"韬光养晦、有所作为"的外交指针。日本视之为对付中国的机会。在对华战略选择上，日本将持续忧虑中国的战略走向，并将制衡中国作为首要的战略选择。同时基于地区稳定和经贸联系等原因，日本会继续保持对中国的接触，通过与中国的接触保持双边稳定，维持双方争端事态的限度，保障日本在地区内的安全。综上所述，日本对华态度呈复杂的矛盾发展趋势，但大体上采取防范为主、接触为辅的安全战略。

第四，对俄战略以合作为主线，能源合作是中心。在《2011 年度防卫白皮书》中，日本对俄罗斯在远东地区的军事部署以及在"北方四岛"问题上的态度表现出了极大的忧虑，认为这将会影响到日本的安全环境。④ 但是鉴于日本对俄罗斯的政治诉求和能源依赖，日俄关系不会出现太大的波动。"北方四岛"问题作为领土争端性问题，领土实际掌握在俄方，而日本不具备与其抗争的军事实力，短期内出现突破性进展几乎不具备可能性，而作为长期性争议问题，其更可能成为两国展示本国立场的舞台，象征意义要大于实际意义。在日本对俄罗斯的政治支持有所期冀的前提下，领土问题对两国间关系的发展尤其是经济关系的发展影响有限。在中东局势尚不明朗的前提下，日本今后与俄罗斯的能源合作势必有增无减。当前，日本与俄罗斯已展开能源合作的谈判，达成"萨哈林一期"和"萨哈林二期"两个能源合作项目，并借此开启了解决领土争端的会谈。在这种情况下，日俄关系在一段时期内将会保持高位运行的状态，不会发生大的波动。

---

① 《中国安全战略报告 2011》，日本防卫省防卫研究所，第 34 页。
② 《中国安全战略报告 2012》，日本防卫省防卫研究所，第 33 页。
③ 《中国安全战略报告 2013》，日本防卫省防卫研究所，第 30 页。
④ 《2011 年度日本防卫白皮书》，日本防卫省，第 98 ~ 100 页，http：//www.mod.go.jp/e/publ/w_paper/pdf/2011/13Part1_Chapter2_Sec4.pdf（2015 年 2 月 8 日上网）。

第五，对朝鲜半岛战略以维持现状为重，与盟国保持战略一致。《2011年度防卫白皮书》指出，朝鲜规模庞大的军队以及持续不断的军事挑衅动作加剧了半岛局势的紧张，而其坚持发展核武器和弹道导弹的行为更是成为影响东亚安全的不稳定因素。[①] 2013年2月12日，朝鲜进行了第三次核试验，安倍声明朝鲜此举违反了联合国安理会2087号决议，希望通过在安理会的相关机制下解决朝核问题。[②] 对日本而言，维持半岛和平对峙的现状以及朝鲜无核化是未来日本朝鲜半岛战略的重心，而朝鲜半岛将成为日本施展大国外交，提高政治地位的舞台。今后一段时期，日本在朝核问题上将继续保持强硬"弃核"立场，但是也会密切关注"后金正日时代"朝鲜外交上的细微变化，力图寻求突破。与此同时，构建面向未来、多层次的日韩关系将在美国亚洲战略的推动下沿着合作的方向发展，领土问题带来的争议会相对弱化。当然，日本的朝鲜半岛政策将受到日美同盟关系的制约，一旦美国的半岛政策出现突变，日本很难不受其影响。

三、中国在东北亚地区的安全利益与安全战略

中国是东北亚地区正在崛起的国家，在东北亚地区有重要的安全利益。中国国家安全"应当坚持总体国家安全观，以人民安全为宗旨，以政治安全为根本，以经济安全为基础，以军事、文化、社会安全为保障，以促进国际安全为依托，维护各领域国家安全，构建国家安全体系，走中国特色国家安全道路"。[③] 从地缘政治的视角看，东北亚地处中国国家安全的东、北部门户，中俄、中蒙陆路边界接壤，中俄边界线长度为4 350公里，中蒙边界线长度为4 700公里，中俄蒙和平友好事关中国北部疆域安全。朝鲜半岛是东北亚安全与稳定的晴雨表，朝鲜半岛问题在东北亚地区举足轻重，事关中国和平发展环境。台湾问题事关中国统一大业，是中国主权安全的核心问题。中国和日本隔海相望，一衣带水，钓鱼岛争端直接影响到中国的主权与海上安全。两国近年出现的政治、外交和安全抗衡，成为东北亚地区安全困境的重要组成部分。在中国与俄罗斯不断深化战略协

---

① 《2011年度日本防卫白皮书》，日本防卫省，第58~59页，http：//www. mod. go. jp/e/publ/w_pa-per/pdf/2011/11Part1_Chapter2_Sec2. pdf（2015年2月8日上网）。

② 《北朝鲜核実験を受けた首相声明》，朝日新闻，http：//www. asahi. com/politics/update/0212/TKY201302120213. html（2015年2月8日上网）。

③ 《中华人民共和国国家安全法》，新华网，http：//news. xinhuanet. com/legal/2015-07/01/c_1115787801_2. htm，2015年7月1日。

作伙伴关系的同时，中国也积极改善和促进与美国的安全合作，但美国施行"亚太再平衡"战略必将加剧东北亚地区的战略博弈，影响中国在东北亚地区的国家安全利益与安全战略。厘清中国在东北亚的国家安全利益，探索中国东北亚安全战略具有重要意义。

（一）中国在东北亚地区的传统安全利益

2009 年 7 月戴秉国国务委员在中美经济对话中将中国的国家核心利益概括为：第一是维护基本制度和国家安全；第二是国家主权和领土完整；第三是经济社会的持续稳定发展。[①] 2015 年 7 月 1 日公布的《中华人民共和国国家安全法》将国家安全界定为，"国家政权、主权、统一和领土完整、人民福祉、经济社会可持续发展和国家其他重大利益相对处于没有危险和不受内外威胁的状态，以及保障持续安全状态的能力。"[②] 中国东北亚地区安全利益是中国安全利益的区域化体现，涵盖了政治安全、军事安全、经济安全和生态安全四个维度的利益，其核心问题是政治安全利益、军事安全利益和经济社会发展安全利益。具体而言，表现为四方面内容。

1. 中国的主权安全

主权安全是中国独立自主地处理对内和对外事务的最高权力，是中国东北亚地区安全利益的基石。中国在东北亚地区安全利益的内核是中国国体、政体安全和政治稳定，即中国共产党的领导和中国社会主义制度、中国特色社会主义道路在东北亚地区不被敌对国际势力所颠覆和损害。中国社会政治制度在国际政治体系中的鲜明个性是中国特色的社会主义模式，中国的政治特点塑造了中国崛起的独特模式。东北亚地区成为 21 世纪初"冷战"的"活化石"，其中既有中国崛起、朝鲜半岛和各国领土争端问题，也有世界两种社会制度、两种意识形态、两种经济社会发展模式在东北亚地区博弈的属性。

中国东北亚政治安全利益面临的现实威胁在于，美国和西方国家在当代国际体系中扮演着主导者角色，面对中国崛起的冲击充满了戒备和非议，在民主与人权问题及"台独"、"藏独"与"新疆问题"上，它们屡向中国发难，损害中国国家利益，使中国国家主权频遭干涉。2011 年 4 月，美国助理国务卿迈克尔·波

---

① 陈岳：《中国当前外交环境及对应》，载《现代国际关系》2010 年第 11 期，第 4 页。

② 《中华人民共和国国家安全法》，新华网，http://news.xinhuanet.com/legal/2015-07/01/c_1115787801_2.htm，2015 年 7 月 1 日。

斯纳（Michael Posner）宣称，"美中两国在人权问题上的分歧极深，最近几个月，中国人权在严重倒退"。[①] 2013 年 6 月 26 日，我国新疆吐鲁番地区鄯善县鲁克沁镇发生暴力恐怖袭击案件，造成 24 人遇害事件，美国不对暴力恐怖事件进行谴责，反而"敦促中国当局"对被捕者提供法律保护。2014 年 10 月 2 日，美国副总统拜登在哈佛大学肯尼迪政府学院发表讲话，强调"我们也永远不会停止捍卫我们坚信的普世原则，即民主自由和人权"。[②] 2014 年发生在香港持续多日的占中运动，凸显了外部势力利用一国两制支持港独势力，恶化香港与中国内地关系，将香港变为引发中国颜色革命火种的图谋。

中国在东北亚处于异质社会制度国家的战略包围中，美日等国对中国政治制度的偏见与敌视始终存在，东北亚地区意识形态领域的斗争并未随冷战的终结而结束。

2. 中国的领土完整和国家统一

中国在东北亚地区的安全利益，在国家层面上是指国家领土完整和国家统一不受区域外势力的侵略与威胁。摩根索曾指出国家利益中最本质问题是国家的生存，[③] 国家领土完整和国家统一是事关国家生存与发展的根本性问题，是实现其他各层次安全利益的基础。在东北亚地区，对中国领土完整利益的威胁来自同邻国海洋国土的争端。中国同日本在钓鱼岛群岛主权和东海大陆架划界问题上存在争端；同韩国在黄海和苏岩礁主权归属问题上也存在严重分歧。在中日钓鱼岛争端中，日本不仅窃据中国的钓鱼岛，而且图谋使其非法占有拥有法律上的效力，在海洋利益和安全利益方面双重损害中国的重要国家利益。中国同周边国家领海争端积淀多年，与国家利益、民族情绪交织在一起，陷入当前解决互不让步、留待未来又不甘情愿的两难境地。例如，若按照日本主张的"中间线"原则划分东海海域，那么日本的边界就可以向中国东海岸推进 180 海里，这 180 海里的海域内还蕴藏着巨大的石油、天然气资源；如按日本主张钓鱼岛属于日本领土，日本的国防前沿就从冲绳岛向前推进了 400 余公里，整个中国东海海域将处于日本的监控范围，中国的海防安全将受到严重威胁。

国家统一是民族国家的最高利益，是中国走向繁荣富强与和平发展的前提和

① Jo Ling Kent. U. S. challenges China's "serious backsliding" on human rights, April 28, 2011. http：//articles. cnn. com/2011-04-28/world/china. human. rights_1_liu-xia-human-rights-teng-biao？_s＝PM：WORLD.

② Bridget Hunter. Biden Outlines U. S. Foreign Policy for Rapidly Changing World, October 03, 2014. http：//iipdigital. usembassy. gov/st/english/article/2014/10/20141003309340. html#ixzz3dkmmO0DF.

③ Hans Morgenthau. The National Interest of the United States. *American Political Science Review*, 1988 (46), P. 961.

保证，也是中国东北亚地区安全利益的重要组成部分。美国在第二次世界大战后确立了其在太平洋地区的主导地位，通过海洋威慑战略将新中国的势力范围局限在东北亚陆路，中国台湾地区在美国的保护下游离于中国主权行使范围，台湾问题成为中国主权统一与和平发展利益的伤痛。美国推行"不统不独，不战不和，分离分治，以台制华"的两岸政策，这与中国走向崛起、国力不断增强的现实发生了深刻矛盾。台湾问题凸显了中美在东北亚地缘政治中的博弈，美国支持"台独"和极力阻挠中国统一的政策严重损害了中国的国家统一利益。

妥善处理与周边国家现存的领土和海洋权益争端，维护国家主权和领土安全，进而消除地区不安全因素，是中国东北亚安全利益的重要内涵。在东北亚地区，中国与日本之间的领土和海洋争端，严重威胁了中国领土主权的完整性，影响着中国和东北亚地区的安全。现在，日本重新调整军事政策，增加军费开支，扩充军事力量，实施军事强国战略。中日钓鱼岛争端持续升温，直接威胁着中国的领土完整和国家安全。特别是 2012 年以来，日本再度打破中日之间在钓鱼岛问题上"搁置争议"的共识，对钓鱼岛实施"国有化"，严重侵犯中国领土主权，使钓鱼岛问题迅速升温。随着中国公务船只和飞机在钓鱼岛巡航的常态化，中日钓鱼岛争端仍在持续发酵。领土争端对国家安全构成直接而严重的威胁，其导致的摩擦很容易酿成直接军事冲突。虽然武装冲突不符合中日两国的现实利益，钓鱼岛争端导致双方爆发大规模战争的可能性亦不大，但不能排除中日之间会出现低烈度、小规模的军事冲突。

就未来走向而言，中日钓鱼岛之争在可预见的时间内很难得到彻底的解决，而是很可能出现两国摩擦的常态化。一方面，2012 年底自民党上台后，日本政坛的右倾化趋势更加明显，右翼势力的影响将进一步上升。其强硬的对华政策主张若更多地付诸实践，必将导致钓鱼岛争端的继续升温，加剧中日之间的紧张关系，恶化东北亚地区局势。另一方面，随着中国的进一步崛起，包括日本在内的周边国家对中国更为担忧。"担心中国强大起来后将'取回'争议岛礁和海域，因而危机感和紧迫感空前增强，主动'争权、扩权'意识抬头。"[①] 因而日本在钓鱼岛问题上很可能采取更加强硬的立场和更具进攻性的行动。中日钓鱼岛争端，将成为中日关系的死结，长期挑战中国东北亚安全利益。2015 年 7 月，日本众议院通过新安保法案，我国学者认为，"日本将来不仅可能参加不必要的战争，而且可能将周边特定国家当作假想敌，破坏地区和平与稳定。新安保法案是为美国推进亚太地区再平衡的军事战略服务的，而美国的再平衡战略和日本的再军事化动向是引发亚太地区的政治、军事紧张的主要因素。日方的消极动向及其背后

---

① 张学刚：《中国边海形势与政策选择》，载《现代国际关系》2012 年第 8 期，第 16 页。

的真实意图令人高度警惕。"①

　　美国在亚太"再平衡"战略之下继续实施战略重心东移，深刻影响中国周边安全。2015 年 1 月 5 日美国公布的《维持美国的全球领导地位：21 世纪国防的优先任务》的新军事战略报告，继续将美国军事重心转向亚太地区，提出在亚太地区进一步巩固现有联盟，扩大与新兴国家的合作，加强在亚太地区的军事存在。2012 年 6 月 3 日，美国国防部长帕内塔正式提出"亚太再平衡战略"。"'再平衡'战略的目标是以一种积极方式将美国插入并由此主导亚太地区的'游戏'，让美国在亚洲发挥不可或缺的领导作用。""再平衡"战略成为美国"重返亚太"战略的新版本，它通过强化美国在亚太的军事部署，实现美国对亚太地区的霸权护持。在此战略理念之下，美国在精简国防预算并从欧洲和中东进行战略收缩的同时，不断加强在亚太地区包括东北亚的战略部署，强化与日本、韩国等亚洲盟友的联盟关系。奥巴马政府反复强调美日同盟是亚太安全的基石，问题在于日本明确把中国视为重要威胁。美国联日抑中的战略与部署，对中国国家安全利益造成深刻的负面影响。"美国在亚太地区的高强度军事布局，显然反映出美国对中国军事防范力度的增强，这必然给中国造成较大军事压力以及增加了与美国发生军事冲突的风险系数。需要注意的是，美国正在寻求打造亚太地区联盟战略的升级版，即加强美澳日三边合作。"② 2014 年 10 月美国副总统拜登声称，"到 2020 年，美国将有 60% 的海军资源和空中力量驻扎在太平洋地区。美国正在加强针对北韩核野心的威慑能力，扩大美国—越南合作关系，并在抓住'历史机遇'与缅甸建立新关系"。③ 美国领导人表面上一再表明亚太再平衡战略不针对中国，但在军事部署和强化军事同盟做法上却剑指中国，中国和平发展面临美国亚太再平衡战略的政治与军事压力有增无减。美国"亚太再平衡"战略强化了美国在东亚地区的安全主导地位，削弱了中国塑造东亚安全秩序的影响力。

3. 中国经济社会的和平发展环境

　　经济安全是一种发展层面的利益，在需求层次中属高级需求，与政治、领土、主权和统一安全共同构成国家重要核心安全利益。东北亚是中国对外经贸合作的重要地区和中国和平发展的依托之地。随着中国建立市场经济体制并走向崛

　　① 吕耀东、王惠波：《日本众议院通过新安保法案，没被攻击也可动武》，中华网，http：//news.china. com/international/1000/20150715/20016035_all. html#page_2，2015 年 7 月 15 日。

　　② 陈积敏：《美国亚太再平衡战略及其对中国的挑战》，学习时报网，http：//www. cntheory. com/zydx/2015-02/ccps150210WOGJ. html，2015 年 2 月 10 日。

　　③ Bridget Hunter. Biden Outlines U. S. Foreign Policy for Rapidly Changing World，http：//iipdigital. usembassy. gov/st/english/article/2014/10/20141003309340. html#ixzz3dkmmOODF. October 03，2014.

起之路，中国国家经济利益与世界各国经济利益发生了不可分割的联系。而中国沿海地理结构存在着一条从韩国、日本、中国台湾和菲律宾一直延伸到印度尼西亚的漫长海上岛链，中国在海洋领土、海洋资源和海洋权益方面与这条岛链上的一些国家存在着争端。美国从冷战时期就开始构建围堵中苏的太平洋岛链，冷战结束后美国继续经营和完善太平洋岛链，剑锋直指对海外贸易与海外资源依赖日增的中国。由此，中国海洋安全利益的护持事关中国崛起的命运。

21世纪维护中国经济社会和平发展利益的最大挑战来自美国在东北亚推行强化霸权政策带来的威胁。在全球金融危机背景下，中国模式的成功、中国实力的增长和中国崛起为超级大国的未来，使美国逐渐认定中国崛起是美国霸权面临的最大威胁和挑战。霸权是超级大国美国的核心利益，任何国家一旦影响或挑战其霸权地位，美国都会采取各种手段消除威胁。中国只要还在崛起的轨道上发展，无论怎样表达善意，美国都将奉行接触加遏制的对华政策。2006年的美国防部《四年防务评估报告》认为，中国作为一个主要新兴大国，"最具与美进行军事竞争的潜力，如果美国不采取反制措施，中国很可能发展破坏性军事技术，从而打破美在传统武器方面的优势"。[1] 2011年3月，美国国防情报局局长罗纳德·伯吉斯（Ronald Burgess）称，对美国而言，中国是其最大威胁。目前，中国仍聚焦于台湾问题，但2020年，中国将把基本目标由地区扩展到全球。中国领导人将继续在寻找潜在对手弱点的同时实行非对称性战略以平衡自身优势。[2] 近年来，美国军事部署的重点开始向亚太地区转移，而其亚太军事部署主要集中在东北亚地区，这对中国和平发展构成了直接威胁。在2010年5月发表的《美国国家安全战略报告》中，奥巴马政府肯定了历届美国政府坚持的"世界领导"的战略目标，强调美国要继续加强太平洋国家军事同盟国关系。[3] 2012年1月奥巴马公布的《维持美国的全球领导地位：21世纪国防的优先任务》中指出，"过去的65年，美国在国际体系转型过程中扮演了领导角色。……我们将强化现有的同盟关系，为亚太地区的安全提供基本保证。"[4] 美国强化与日本、韩国、东盟国家以及澳大利亚、印度关系和对台军售，昭示了美国正在构筑防范中国崛起的战略遏制链。

———————

① The US Department of Defense. Quadrennial Defense Review Report. http：//www. defenselink. mil/qdr/report/Report20060203. pdf. *February 6 2006.*

② Eli Lake. China deemed biggest threat to U. S. , The Washington Times. http：//www. washingtontimes. com/news/2011/mar/10/china-deemed-biggest-threat-to-us/？ page = all，March 10，2011.

③ The White House. National Security Strategy. http：//www. whitehouse. gov/sites/default/files/rss_viewer/national_security_strategy. pdf. May，2010.

④ The White House. Sustaining U. S. Global Leadership：Priorities for 21st Century Defense. http：//www. defense. gov/news/Defense_Strategic_Guidance. pdf. January，2012.

中日关系紧张和日本拉美抑中也是威胁中国和平发展机遇期的重要因素。21世纪前 30 年和平稳定的周边环境对中国崛起意义重大。然而，中日战略互信的缺失、中日关系的僵局和潜在对抗加剧了中国东北亚地区安全环境的恶化。它与南中国海、中印边界和朝鲜半岛问题相互关联、相互作用，加大了中国崛起的安全成本。日本认同美国单极霸权，奉行支持美国建立单极世界秩序的外交战略，寄厚望于美国主导下的日本政治大国抱负的实现。日本民主党上台和鸠山由纪夫的辞职表明，"日本依靠美国安全支持的需求超过了其寻求'正常国家'的努力，任何动摇美日联盟的尝试都将面临巨大阻力"。[①] 日本联美抑华的外交战略选择对中国东北亚地区安全环境和利益构成了现实威胁。中日在东北亚地缘政治中存在结构性矛盾和相互猜忌，是引发双方战略关系困境的重要原因。冷战结束后，在日本强国地位回归的同时，中国走向了崛起道路。2010 年 GDP 赶上和超越了日本，日本遇到了自近代以来一百多年时间里中国"首次强大"问题的困扰。对"中国威胁"的判断和忧虑必然催生日本防范中国的政策举措，导致其采取诸如日美军事一体化、反对欧盟解除对华武器禁售、提出"日美澳印价值观联盟"构想等外交行动，从而引发中日战略关系的潜在对抗。中日关系有从冷战时期的"战略伙伴"逐渐向冷战后的"竞争对手"方向演进的趋向，国家利益的冲突诱导两国关系经常出现抗衡性因素。

4. 中国在东北亚地区的军事安全

中国东北亚地区军事安全主要是指中国领土在东北亚免受他国军事力量、军事联盟和周边军事环境的威胁和侵害。军事安全是实现国家安全利益的坚实后盾，属于涉及生存问题的国家基本需求范畴。21 世纪初，中国东北亚地区军事安全利益的内生环境是东北亚一超三强的地缘政治格局、美日韩同盟防范遏制中国、世界新军事变革深入发展和中国崛起的发展态势。其内涵包括防范军事威胁、保障国土安全利益，防止核扩散和军备竞赛、维护周边稳定利益，大力推进新军事变革、保障中国和平崛起。毋庸讳言，中国东北亚军事安全正面临多重挑战。

（1）美国在东北亚的前沿军事存在及其主导的双边军事同盟体系，对中国的本土国防安全构成了严峻挑战。护持中国东北亚地缘军事安全利益需要我们增强自身军事力量的有效威慑能力，抵消敌视性军事集团的军力优势，确保安全边界的外延空间，保证地缘战略缓冲地带的存在。

（2）大规模杀伤性武器特别是核武器在中国周边地区的扩散，将破坏东北亚

---

① 金灿荣：《2010 年中国外交新态势》，载《现代国际关系》2010 年第 11 期，第 7 页。

安全局势的稳定和地区军事力量格局的平衡，甚至使中国安全面临地区性核军备竞赛的威胁。有效防止核扩散，构建和平稳定的周边安全环境，是中国东北亚军事安全利益的重要内容。

（3）地区热点问题对中国东北亚军事安全的挑战。朝鲜半岛危机不断加剧了东北亚地区安全局势的紧张，直接威胁中国在东北亚的国家安全利益。朝鲜半岛是中国国家安全的核心利益，近代历史上朝鲜半岛危机数次将中国拖入战争。21世纪初，在美日韩同盟轴心和太平洋岛链遏华军事基地群存在的背景下，朝鲜对中国国家安全具有重大战略意义。朝鲜的存亡事关中国东北安全和中国政治中枢的安危。朝鲜半岛发生的任何危机都将直接损害中国国家安全利益。

（二）中国在东北亚地区的非传统安全利益

中国的东北亚安全利益，在内在结构上除了传统安全领域：政治安全、军事安全、社会经济和地缘政治安全，还包括非传统安全利益，即经济安全和生态安全。中国的东北亚经济安全利益主要是指，在东北亚地区中国经济的稳定和发展免于外来负面影响的干扰和破坏。

1. 中国在东北亚地区的经济安全利益

第一，保证中国的金融安全。金融是国民经济的命脉，金融系统是配置社会资本资源的功能系统，是国家内部各个经济体相互联系的中介。[①] 国民经济各部门都通过金融系统相互作用，金融系统的稳定和安全直接关系到国家经济的整体安全。防范区域内金融风险，抵御和消除金融领域来自东北亚地区的各种威胁和侵害，确保国家正常的金融功能和金融秩序，是中国东北亚经济安全利益的核心内容。

第二，维护中国能源安全。中国工业化的迅速推进造就了当前高能源需求度的经济结构，在此结构之下，能源安全问题日趋不可回避。国民经济的稳定发展，愈来愈与能源安全息息相关。东北亚是中国能源供应多元化战略的重要依托。就这一地区而言，中国的能源安全主要是油气资源的战略安全。具体主要包含两个方面：一方面，要有稳定可靠的东北亚能源供应来源，确保油气资源的供应安全；另一方面，要有顺畅安全的东北亚能源运输通道，确保油气资源的运输安全。

第三，保证中国的产业安全。产业安全是指国内产业能够在开放的国际经济

---

① 雷家骕：《国家经济安全理论与方法》，经济科学出版社2000年版，第89～90页。

贸易体系中保持健康平稳的发展，保持独立的产业地位和竞争优势。就东北亚区域而言，中国的产业安全主要表现为在东北亚外贸商务活动中，国内产业能够获得良好的地区生存环境，免受进口产品不公平竞争和进口激增造成的损害，并能够依靠自身的努力，在东北亚市场环境中获得发展空间，维护中国产业在地区竞争中的独立地位和竞争优势，从而保证整体国民经济全面、协调和可持续的发展。

第四，保证中国东北亚生态安全利益。主要是指中国赖以生存和发展的生态环境免受来自东北亚地区的污染和破坏。生态安全是发展层面的利益，它主要关系国民的健康与生活质量，以及社会经济发展的可持续性，属国家行为体的高级需求。在安全利益内在结构中居于边缘层次。但生态环境的破坏可能会引起不同领域的连锁反应，对国家政治安全、军事安全和经济安全产生间接影响，因此，在国家利益序列中生态安全利益的重要性不容忽视。

中国在东北亚地区的生态安全利益主要包含两方面的内容：一是大气生态安全。大气生态是一个超越国境的整体系统，"大气运动使一国的空气污染能长途跋涉至另一国家，即导致跨境空气污染。"① 东北亚地区各国对大气造成的污染，会破坏整个地区的生态系统，对他国赖以生存和发展的环境造成危害。当前东北亚地区大气生态问题主要表现为沙尘暴问题和酸雨问题。尤其是酸雨物质的越境扩散，对中国生态环境、国民生活和经济社会发展消极影响较大。维护大气生态的安全，是中国东北亚生态安全利益的重要内容。二是海洋生态安全。人类活动排放的污染物进入海洋中，会破坏海洋生态系统，损坏海水质量和环境质量，并产生一系列消极后果。东北亚地区海域（黄海和日本海）具有半封闭性的特点，自身调节能力相对脆弱，加之沿岸国家污染物排放严重，海洋生态持续恶化。地区海洋生态的破坏，会妨碍中国包括渔业在内的海洋活动，损害中国的海水使用质量和环境质量，危害中国的国民健康。因此，维护海洋生态的安全，是中国东北亚生态安全利益的又一重要方面。

第五，维护中国的信息安全。信息安全是指对国家信息系统完整性、安全性和可用性的保护，信息安全涉及信息系统的安全、数据库的安全、个人隐私保护、商用信息安全和国家机密保护等范畴。在信息化发展进程中，世界各国在政治、经济、军事、科技、文化和社会生活等方面对信息网络高度依赖，信息网络日益成为国家机器运转的神经系统，信息安全问题也应运而生。提高我国信息网络技术自主研发能力，加强网络安全能力建设，是中国东北亚地区非传统安全利益的重要组成部分。

---

① 张海滨：《东北亚环境合作的回顾与展望》，载《国际政治研究》2000 年第 2 期，第 76 页。

2. 中国东北亚经济安全利益面临的现实威胁

第一，中国金融安全面临的多维挑战。东北亚各国金融市场联系密切，一国局部市场的失衡极易扩散成区域性危机；同时，东北亚地区金融合作机制的不健全和金融风险防范机制的缺失，使本地区无法有效抵御全球性金融危机的冲击。此外，部分邻国的国内金融政策也会影响中国的金融安全。特别是日本，屡屡在其国内经济衰退之时采取放任日元贬值的政策将危机输出到邻国，给东北亚区域包括中国金融市场的稳定造成威胁。

第二，中国能源安全面临地区性能源争夺的挑战。中国在能源关系非对称相互依赖中属敏感性较强的一方，易受能源供给风险的影响。油气资源来源与运输线安全遇到任何限制或冲击，都会使国内经济遭到打击。同时，东北亚地区整体能源需求的增长导致能源领域矛盾冲突的增加——譬如中、日在俄罗斯远东输油线路问题上的矛盾与分歧等。甚至许多地区性冲突（如中日钓鱼岛之争）也有其能源争夺方面的肇因。

第三，中国产业安全面临东北亚市场竞争的严峻挑战。中国外贸规模虽然扩大，但国际竞争力并没有相应增强。[①] 东北亚各国外贸依存度普遍较高，区域内市场竞争激烈，给中国产业造成较大竞争压力。特别是金融危机造成的货币贬值效应，随着危机后各国经济的恢复，也将对中国商品的价格竞争力带来挑战。同时，来自东北亚地区特别是日、韩等国的外资企业进入和抢占中国市场，必将对中国民族产业构成冲击，为国内产业安全埋下了深刻的风险隐患。

第四，中国东北亚生态安全利益面临的现实威胁。一是跨境的大气污染是中国在东北亚地区面临的紧迫的生态安全威胁。东北亚地区多工业化国家，各国燃烧煤和石油等化石燃料的发电厂和工厂，向空气中排放硫等大量污染物质，而大气运动使一国的空气污染物能够扩散到邻国，导致跨境空气污染。这些污染物在东北亚地区造成了普遍的酸雨，对中国大气生态安全也构成了威胁。此外，沙尘暴是东北亚地区大气污染的又一代表性现象。蒙古高原甚至西伯利亚地区产生的黄沙，在气象动力的作用下，能够对中国北方的大气环境产生消极影响。另外，地区性的海洋污染也是中国在东北亚地区面临的严重生态安全威胁。东北亚地区海域封闭性强，自我调节能力弱，本身就易受污染和破坏。近几十年来，随着区域内国家工业的发展，东北亚海洋生态环境受到的污染和破坏日趋严重。陆上污染物的倾倒、海洋石油开采特别是原油泄漏以及各种形式的船舶污染等，使东北亚海域环境趋于恶化。具体表现为赤潮、石油污染、塑料污染和有毒物质累积等

---

① 刘伊婷：《我国经济安全存在七大"潜危机"》，载《中国质量报》2006年3月6日，第2版。

多个方面。海洋污染持续性强、扩散范围广、难以控制，对海洋生态系统平衡构成危害，使中国生态安全利益面临严峻挑战。

第五，中国信息网络安全面临重大挑战。我国地处东北亚，在信息网络安全领域面临与东北亚地区各国的合作与竞争，特别是面临全球网络超级大国美国的挑战。国家互联网应急中心《2012年我国互联网网络安全态势综述》指出，"针对我国网络基础设施的探测、渗透和攻击事件时有发生，虽未造成严重危害，但高水平、有组织的网络攻击给网络基础设施安全保障带来严峻挑战。"[①] 2013年6月9日，美国情报人员斯诺登主动将美国国家安全局关于"棱镜"监听项目的秘密文档披露给《卫报》和《华盛顿邮报》。从2007年小布什时期，美国国家安全局和联邦调查局启动了代号为"棱镜"的秘密项目，通过接入微软、雅虎、谷歌、苹果等9家美国互联网公司中心服务器，对视频、图片、邮件等10类数据进行监控，以搜集情报，监视民众的网络活动。"棱镜门"事件揭露了美国政府长期以来对中国及他国从事网络系统监听、渗透。在网络安全方面，美国一方面千方百计窃取中国情报，实行大规模国家黑客行为，危害中国网络安全；另一方面却以网络卫士自居多方指责中国攻击美国网络安全。在过去15年时间里，美国情报部门"定制入口组织"（TAO）已成功渗透进入中国计算机及电信系统，获得了有关中国国内所发生的"最好的、最可靠的情报"。[②]

"棱镜门"事件给中国国家信息安全敲响了警钟。美国的思科、微软、谷歌、高通、英特尔、苹果、甲骨文、IBM等公司产品广泛使用在中国国家基础信息设施上，政府、海关、邮政、金融、铁路、民航、医疗、军警等部门几乎都有美国公司的产品。"在金融行业，中国四大银行及各城市商业银行的数据中心全部采用思科设备，思科占有金融行业70%以上的份额；在海关、公安、武警、工商、教育等政府机构，思科的份额超过了50%；在铁路系统，思科的份额约占60%；在民航，空中管制的骨干网络全部为思科设备；在机场、码头和港口，思科占有超过60%以上的份额；在石油、制造、轻工和烟草等行业，思科的份额超过60%，甚至很多企业和机构只采用思科设备；在电视台及传媒行业，思科的份额更是达到了80%以上……"[③] 美国信息产品在中国关键部门的广泛使用对中国国家信息安全构成了潜在隐患。

---

① 《2012年我国互联网网络安全态势综述》，国家互联网应急中心，http://www.cert.org.cn/publish/main/upload/File/201303212012CNCERTreport.pdf（2013年6月9日上网）。
② 丁良恒：《美国秘密机构被爆"网络攻击中国"达15年》，中华网，http://news.china.com/international/1000/20130613/17887101.html，2013年6月13日。
③ 白朝阳：《思科IBM微软等美国八大企业渗透中国网络存隐忧》，新华网，http://news.xinhuanet.com/fortune/2013-06/25/c_124905600.htm?prolongation=1，2013年6月25日。

（三）中国东北亚地区安全战略的理性思考

国家安全战略是依据国家周边安全环境和国际安全环境的全局、总体筹划维护国家安全利益的规划和方略，是维护国家根本利益的集中体现。国家政治、军事、经济、外交、科技和社会发展等方面的战略决策都应受其指导并与之协调。东北亚地区是中国政治安全的重要地区之一，是中国国家主权安全与经济、社会发展的重要区域。中国东北亚安全战略的目标应为维护东北亚地区和平稳定、发展繁荣，促进东北亚地区各国人民友好交往，防范地区突发事件和敌对势力破坏东北亚和平，威胁中国国家政治安全、军事安全、经济安全、文化安全、信息安全和生态安全。

1. 中国东北亚地区安全环境

中国地处欧亚大陆东部，是东北亚区域重要国家。东北亚地区和平与发展形势与中国的繁荣、稳定休戚相关，是中国周边地缘政治环境的重要组成部分。近年来，东北亚地区政治安全形势发展的主旋律依旧是和平与发展。中国在东北亚地区的安全环境遇到了美国"亚太再平衡"战略、中日外交抗衡、朝鲜拥核战略三重挑战。

美国旨在维系亚太地区主导地位的"再平衡"战略仍在推进中，在东北亚地区防范中国崛起是美国"再平衡"战略的核心目标。美国亚太"再平衡"战略鼓励了日本政坛右翼保守势力的发展，东北亚地缘政治格局呈现出了美国联日制华的特点。东北亚国家领导人完成了新旧更替期后，朝鲜半岛核危机步入僵持，六方会谈依旧停顿。

中日钓鱼岛争端陷于困境，中日关系处于政治、外交与安全抗衡的状态。韩朝关系趋于缓和，中俄、中韩、中蒙关系良性运行，中美新型大国关系处于摸索之中。东亚地区各国经济发展仍在探索新的转型路径，民族主义与海洋意识持续提升，海疆主权纠纷依然如故。世界唯一超级大国——美国防范中国崛起的思维与行径，建构了中国一些邻国"借美衡中"的东北亚地缘政治环境。中国崛起的地缘政治安全压力主要来自美国和日本。

2. 中国东北亚安全战略理念

2015年7月1日公布的《中华人民共和国国家安全法》规定，"维护国家安全，应当坚持互信、互利、平等、协作，积极同外国政府和国际组织开展安全交流合作，履行国际安全义务，促进共同安全，维护世界和平。"① 中国东北亚安全战略的理念是，在东北亚地区国家间坚持相互尊重国家主权和领土完整、互不侵犯、互不干涉内政、平等互利、和平共处五项原则，积极推进东北亚地区各国间发展政治方面的互尊互信、平等协商，共同推进东北亚地区国际关系民主化；经济方面：发展与东北亚各国间的合作互补关系，努力推动东北亚地区各国经济朝着互惠、均衡、互利、共赢方向发展；文化方面：尊重各国文化发展的差异性和多样性，相互借鉴、求同存异；安全方面：增强互信合作，减少分歧、化解纠纷，谋取用和平方式解决东北亚国家争端，共同维护东北亚地区和平与稳定；环保方面：推进东北亚各国间的相互帮助、共同努力，实现东北亚地区的环境治理合作和环境保护，在东北亚地区环境治理与保护中坚持共同承担但有区别的责任原则，与东北亚国家合作共同应对区域与全球气候变化。

中国东北亚地区安全战略要注重综合安全，追求共同安全，促进合作安全。面对东北亚地区存在的严重安全困境，东北亚地区各国只有"去除冷战思维，摈弃意识形态偏见，树立同舟共济、合作共赢的新理念"②，走多边合作道路来维护和实现共同安全，才能达到防止冲突、避免战争、维护东北亚地区和平与繁荣的目标。

3. 中国东北亚地区安全战略的目标与路径

中国东北亚地区安全战略的根本目标是：在东北亚地区捍卫中国人民自己选择社会制度和发展道路的权力，不允许来自东北亚地区的外部国家和势力干涉中国内政；坚决维护中国在东北亚地区国家统一和领土完整等核心利益不受损害和侵犯；保证中国东北亚外交政策的执行和实施，为坚持和平共处五项原则，同所有东北亚国家发展友好合作提供安全保障；以实力支持中国政府通过对话协商、和平谈判解决东北亚地区各国间的矛盾与分歧，为东北亚地区的和平与安全做出贡献。

为此，中国要以中俄战略协作伙伴关系为依托，积极发展中国与韩国、朝鲜和蒙古国国家关系，积极构建中国与美国和日本新型国家关系，以确保中国东北亚安全战略目标的实现。

发展中俄战略协作伙伴关系，推动两国在维护东北亚地区和平与发展中的合作，共同维护东北亚地区的和平与稳定。近年来，中俄两国战略互信不断增强，

---

① 《中华人民共和国国家安全法》，新华网，http：//news. xinhuanet. com/legal/2015-07/01/c_1115787801_2. htm，2015 年 7 月 1 日。

② 《中国外交部部长杨洁篪在首届"蓝厅论坛"上的讲话》，人民网，http：//world. people. com. cn/GB/157578/13372720. html，2010 年 12 月 2 日。

经济、贸易、能源合作不断扩大，民间交往空前活跃。两国"在涉及国家主权、统一和领土完整等两国核心利益问题上相互支持。""积极倡导世界多极化和国际关系民主化，推动建立更加公正、合理、民主的国际政治经济秩序，为推动建立持久和平、共同繁荣的和谐世界而不懈努力。"① 中俄战略协作伙伴关系发展在地区层面的意义在于，有利于东北亚地区的战略力量平衡，维护东北亚地区的和平、稳定和繁荣；在两国关系层面有利于两国边界安全利益，提升两国国际地位和影响力。

不断深化中韩战略合作伙伴关系。2013 年朴槿惠总统访华时中韩两国发表了《中韩面向未来联合声明》和《充实中韩战略合作伙伴关系行动计划》。这两份声明和文件为构建和推进"新的中韩关系"明确了新的蓝图和方向，开创了中韩关系发展新篇章。中韩两国在朝鲜半岛无核化、反对安倍政府否认侵略历史和政治右倾化等问题上有高度共识。2015 年 6 月 1 日，中韩正式签署自贸协定，为中韩经济政治关系发展注入了新的动力，对于加速东北亚地区经济融合，促进东北亚地区的和平、发展与繁荣具有重要意义。中韩关系良性互动有助于制约美国大力推动美日韩联盟的意图。

积极发展中蒙全面战略合作关系。蒙古国是中国在东北亚地区的重要邻国，两国边界线长达 4 700 公里，两国在有关东北亚地区安全等许多问题上有着广泛共识。都主张实现朝鲜半岛无核化，通过和平解决朝核问题维护东北亚地区的和平与稳定。中蒙两国合作关系的不断发展对于推进东北亚地区多边安全合作机制建设将发挥着积极作用。

探寻改善中朝关系的可能与契机。朝鲜是中国无法选择的近邻，是美日、美韩军事同盟同中国陆路接壤的缓冲地。中朝关系的核心问题是中国地缘战略安全问题。朝鲜坚持拥核战略将中朝关系推向窘境。朝鲜是中国传统地缘政治势力范围，不能因其拥核而弃之。朝鲜存亡与中国东北亚地缘政治安全密切相关，发展中朝关系是中国和平发展战略的需要。中国和平发展需要朝鲜半岛稳定，朝鲜兴衰中国无法置身事外。中国对朝政策的目标应是希望朝鲜稳定、发展、人民幸福。在朝鲜冻结核试验的前提下，中国应采取措施，进行改善中朝关系的努力，将中朝关系建立在新型国家关系基础上。

构建中美新型大国关系是实现中国东北亚安全战略目标的重要基础。中美两国在全球和东北亚地区具有广泛共同利益和合作基础。加强中美战略对话与沟通，扩大军事交流与合作，将有助于减少误判与误解，增进理解与信任，扩大中

① 《中俄关于全面深化战略协作伙伴关系的联合声明》，中国政府网，http：//www.gov.cn/ldhd/2010-09/28/content_1712072.htm，2010 年 9 月 28 日。

美安全领域合作。加强中美战略合作的关键是，要摒弃冷战思维，走出"修昔底德陷阱"，构建中美不冲突、不对抗，相互尊重，合作共赢的新型大国关系。

努力发展中日战略互惠关系。近年来，由于日本购岛风波使中日关系陷于谷底，两国矛盾与争端不断升温，两国关系极度恶化。中日两国都是东北亚地区的大国，中日交恶的结果只能是两败俱伤。中日战略互惠关系出现逆转的根本原因是日本的倒行逆施。日本安倍政权修改和平宪法，解禁集体自卫权，强行通过新安保法案的政策，只能是将日本引向不归之路。日本必须深刻地反省历史，坚持和平发展，更重要的是要以实际行动取信于东北亚地区各国。

4. 中国东北亚地区安全战略选择

2013 年中国国防白皮书《中国武装力量的多样化运用》指出："走和平发展道路，是中国坚定不移的国家意志和战略抉择。中国始终不渝奉行独立自主的和平外交政策和防御性国防政策"。[①]

首先，中国在东北亚地区应继续走和平发展道路，在"以邻为伴、与邻为善"和"亲、诚、惠、容"外交理念的指导下，恪守"睦邻、安邻、富邻"的睦邻政策，通过走和平发展道路探索中国和平崛起模式，增强东北亚地区和平稳定的基础。通过睦邻外交营造东北亚地区平等互利、互信互惠、合作共赢的地缘政治环境，与东北亚地区各国共同走出安全困境，实现东北亚地区的和平、稳定与繁荣。

其次，中国在东北亚地区的军事安全政策应坚持防御性原则，努力实现东北亚地区战略力量的平衡，坚持以实力求和平的方针。为此，中国在和平发展道路上要不断增强军事实力，努力实现国防现代化。实现东北亚地区战略均势，以军事实力增强战略威慑力，以军事威慑力谋求和平。中国在东北亚地区应奉行防御性、自卫性的原则，以有理、有利、有节的方式护持国家安全利益。致力于和平解决东北亚地区各国间领土争端和热点问题，使"睦邻、安邻、富邻"成为现实可能。

最后，破解东北亚地区的安全困境考验着中国外交应对战略的能力与智慧。在东北亚地区霸权国与崛起国的结构性矛盾是一种现实存在。美国、日本和中国周边国家始终以疑虑的目光审视中国对外政策的微细变化，接受中国经济崛起是一个无法改变的事实，防范中国军事崛起则不遗余力。它们力图抢在中国军事力量崛起之前完善岛链遏制网络，在领海主权争议区形成事实占有的定局，强迫中

---

① 《国防白皮书：中国武装力量的多样化运用》，中国国防部网站，http://www.mod.gov.cn/affair/2013-04/16/content_4442839.htm，2013 年 4 月 16 日。

国接受"笼中之虎"的现实。为破解安全困境，实现中国和平崛起，需要中国特色大国外交的理论与实践创新：中国在 21 世纪外交战略的目标应与各种国际力量合作，推动国际关系走向多极化。中国崛起的国际政治经济效应是单极世界回归到可能的多极并存；中国走向崛起道路决定了美中霸权国与崛起国的矛盾，但中国在国际体系中的角色不是美国霸权的取代者，而是多极世界建设者的角色，中美关系应避免"修昔底德陷阱"；国际关系多极化的发展趋向建构了霸权国与崛起国矛盾的缓冲时空，而当代世界和平发展的时代主旋律、全球化相互依存的国际关系利益纽带、中国在当代国际体系环境中崛起的受益者身份和中国历史文化的非扩张性则决定了中国走和平崛起道路的选择，决定了当代中美互动进程中低烈度冲突与多领域密切合作交织共存的复杂态势。破解中日关系困境的出路在于两国要共同努力回归到战略互惠的轨道。

四、推动建设东北亚地区安全机制的模式与构想

东北亚地区作为中、美、日、俄四大国战略利益交汇与碰撞的地带，是当前安全形势最为复杂的地区之一。利益关系的复杂性和权力结构的动态性，使得当前错综复杂的地区安全问题难以在现有安全结构之下得到有效解决。东北亚地区缺少安全合作和制度性安排，分散的权力结构使既有的利益冲突难以得到有效协调和控制。① 推进区域安全合作，构建地区安全机制，成为东北亚各国不可回避的现实需要。东北亚地区各国基于国家利益的考量，也纷纷主张推动地区安全机制建设。推动建设东北亚地区安全机制的客观需要与主观愿望都已具备，对这一安全机制的规范性探讨和实证性研究成为必要。这里主要从目标与原则、结构与功能、模式选择和建构路径等方面对东北亚地区安全机制做一浅要探析。

（一）东北亚地区安全机制的目标与原则

东北亚地区安全机制不同于军事同盟，它是以维护东北亚地区和平与稳定，促进对话与合作，建立国际行为准则与规范为目标。它是基于平等、信任、互利、合作的原则，通过平等协商和合作实现共同安全。

---

① 黄凤志、金新：《中国东北亚安全利益的多维审视》，载《东北亚论坛》2011 年第 2 期，第 5 页。

1. 东北亚地区安全机制的目标

（1）维护东北亚地区和平与稳定。和平与发展已成为当今时代的主题，但冷战思维仍困扰着东北亚地区。各种历史遗留问题持续发酵，热点问题间或升温，领土争端难以解决。尤其是朝鲜半岛，更是成为东北亚地区的"火药桶"。"朝鲜、韩国、与之相邻的三个大国，以及美国相互之间进行着特殊的博弈，这种博弈作为冷战在微观世界的残余，几乎没有改变。"① 为东北亚地区国家进行理性沟通和合作搭建有效平台，为和平解决各国的矛盾冲突提供可行路径，管控国际危机，防止区域战争，成为东北亚地区安全机制的目标所在。若东北亚地区安全机制得以良性运行，可使地区紧张局势得到有效缓解，朝核问题等地区热点问题得到和平解决，可能出现的地区军事冲突与核军备竞赛得到切实消除，进而促进各国关系的稳定发展。东北亚地区安全机制，通过东北亚各国制度化的协调与合作，维护和平稳定的地区秩序，为东北亚各国的发展与繁荣提供有利的外部环境。

（2）保障东北亚地区各国共同安全。"国际安全机制最基本的目的是满足成员国的安全需要"，② 东北亚地区安全机制的首要目标，在于保障域内各国的共同安全。"在经济全球化条件下各国命运休戚与共，国际社会应增强共同安全意识，既要维护本国安全，又要尊重别国安全关切。"③ 当前随着区域化的发展，国家行为体的安全利益愈来愈具有地区性特征，东北亚地区亦不例外。东北亚地区各国面临着相同的地区安全形势和共同的安全威胁，包括安全困境、领土纠纷所造成的军事安全威胁，能源短缺、经贸争端所形成的经济安全威胁，生态破坏、气候变化所带来的环境安全威胁，等等。在传统安全领域，东北亚地区军备控制成效甚微，甚至出现逆裁军势头。特别是在核军控领域，已然陷入困境。在朝核问题上，相关各方若不能有效沟通和妥善处理，将会对东北亚地区安全产生深刻的负面效应，甚至会增加地区核竞赛的可能性，加剧对东北亚各国安全的挑战。东北亚地区安全机制，应能够缓解和消除地区安全困境，降低地区战争爆发的可能性，使东北亚各国面临的安全威胁和恐惧得以消解。

（3）规范东北亚各国对外行为。国际机制的最大功能是"制约和调节国际

---

① ［英］巴里·布赞、［丹］奥利·维夫著，潘忠岐等译：《地区安全复合体与国际安全结构》，上海人民出版社 2010 年版，第 144 页。

② 唐永胜、徐弃郁：《寻求复杂的平衡——国际安全机制与主权国家的参与》，世界知识出版社 2004 年版，第 15 页。

③ 《中国的和平发展》白皮书，中国政府网，http://www.gov.cn/jrzg/2011-09/06/content_1941204.htm，2011 年 9 月 16 日。

社会角色的行为",① 国际安全机制作为安全领域的一种制度性安排,应发挥制约和调节相关国际行为体对外行为的作用。在东北亚地区安全机制缺失的现状下,各国对外行为的不可预测性较高,国家间互信缺失,安全领域盛行零和博弈。东北亚地区安全机制的建立和有效运行,将促使一系列具有普遍约束力的原则、规则和规范的形成,从而约束域内各国的对外行为。东北亚地区安全机制的良性运行,可使各国将安全领域的行为规范逐渐内化为自身理念,使各国在内在理念的有效规制下展开对外活动,进而提高东北亚国家安全行为和安全互动的可预测性。

2. 东北亚地区安全机制的原则

（1）包容和平等原则。东北亚地区安全机制,首先应明确内向型安全机制的定位,秉持包容和平等的基本原则。一方面,应坚持包容原则,建设能覆盖东北亚所有国家的安全架构,而非针对本区域特定国家的外向型对抗性机制。东北亚地区安全机制的建构,不能以加剧地区内矛盾与纠纷、分裂与对抗为代价。另一方面,应坚持平等原则,"坚持国家不分大小、强弱、贫富一律平等",② 反对借助地区安全机制谋求东北亚霸权的意图与行为,避免出现支配性大国主导地区安全机制。东北亚地区安全机制的构建,不能把本国意志强加于他国,而应实现东北亚地区各国的平等协商与合作。

（2）合作共赢原则。"合作共赢,就是要倡导人类命运共同体意识,在追求本国利益时兼顾他国合理关切,在谋求本国发展中促进各国共同发展"。③ 东北亚地区安全机制,应保障东北亚各国通过国际合作实现自身安全利益的最大化,使各方共同获益。国际社会的无政府状态,使各国将维护国家安全利益视为一种零和博弈,这在缺乏安全机制的东北亚地区更为凸显。东北亚国家一贯通过自助方式维护国家安全利益,最主要的手段便是提升自身的军事实力,这使得东北亚各国深陷地区性安全困境难以自拔。目前,东北亚地区存在一系列地区安全问题,域内各国面临着诸多共同威胁,任何国家单凭一己之力无法应对,国家间必须进行安全合作。东北亚地区安全机制能确保本地区国家在机制框架下沟通信息、协调利益,避免安全领域的零和博弈,推动各国的安全合作,进而在安全机制的制度性保障下,实现东北亚国家间的互惠互利、合作共赢。

---

① Stephen Krasner ed. *International regime.* Cornell University Press,1983,P. 62. 转引自倪世雄等:《当代西方国际关系理论》,复旦大学出版社 2004 年版,第 376 页。
②③ 胡锦涛:《坚定不移沿着中国特色社会主义道路前进,为全面建成小康社会而奋斗——在中国共产党第十八次全国代表大会上的报告（2012 年 11 月 8 日）》,《人民日报》,2012 年 11 月 18 日,第 1 版。

（3）综合治理原则。东北亚地区安全机制，应全面应对区域内的传统安全威胁与非传统安全挑战，实现地区安全的综合治理。在传统安全领域，东北亚地区冷战残余依旧明显，地区冲突威胁未消，安全困境难以缓解；在非传统安全领域，东北亚地区经济安全、社会安全、环境安全等方面问题错综复杂，新的安全威胁不断衍生。本地区非传统安全"关注的重点在于：金融危机、能源短缺、生态环境恶化、恐怖主义和大规模杀伤性武器扩散、非法移民、流行疾病等问题"。① 非传统安全问题威胁的跨国性和解决的艰巨性，使得东北亚地区各国已经无法单独应对。面对共同的非传统安全威胁，各国需要在地区安全机制的框架下，立足于区域综合安全，通过广泛的安全合作，共同治理地区安全的各种问题。

（4）协商一致原则。东北亚地区安全机制，应在地区各国协商一致的原则下，实行安全合作，解决安全问题。东北亚地区安全对东北亚各国利益均有重要影响，只有兼顾域内所有国家的安全利益，东北亚安全机制才能得以有效运转。在东北亚地区安全机制架构下，各国应进行充分沟通与协商，充分表达本诉求，协调各方安全利益，以达成一致共识，在此基础上开展多边安全合作。东北亚安全机制，应重视契约与共识，在地区各国协商所达成共识的基础上，解决具体的安全问题，使各国安全利益得到有效护持。

（二）东北亚地区安全机制的结构与功能

东北亚地区安全机制是由原则、规则、规范和决策系统等构成的合作制度，它又可以分解为功能性安全机制和制度性安全机制。其功能在于，为成员国创设一种对话与合作的平台，建立行为准则，调解分歧与冲突，促进对话与合作。东北亚地区安全机制是提供对等信息，开展平等交流，增进相互信任，促进对话与合作的平台，是协调和解决分歧与争端，预防和管控危机的制度安排。

1. 东北亚地区安全机制的结构

东北亚地区安全机制，应具备完整的机制结构，以实现全方位、多层次、多渠道的地区安全合作，全面应对和有效解决东北亚地区存在的各种安全问题。在新安全观之下，地区安全机制不再是单向度的简单模式，而是包含多样化的合作模式。"新安全观的合作模式应是灵活多样的，包括具有较强约束力的多边安全机制、具有论坛性质的多边安全对话、旨在增进信任的双边安全磋商，以及具有

---

① 肖晞：《东北亚非传统安全：问题领域及合作模式》，载《东北亚论坛》2010 年第 2 期，第 5 页。

学术性质的非官方安全对话等。"① 东北亚地区安全机制，应是涵盖多样化合作模式的复合结构。其具体结构，可从横向的治理领域和纵向的主体层次两个维度进行探讨。

（1）东北亚地区安全机制的横向结构。从横向结构上看，东北亚地区安全机制至少应包含危机管理机制、核不扩散机制、军备控制机制等构成要素。一是危机管理机制。在东北亚地区，中美、中日、中韩、朝韩、日韩、日俄、美俄等多对双边关系中普遍缺乏战略互信，安全利益上存在对立与竞争，地区安全局势的不确定性较高。如朝鲜半岛局面长期紧张，东北亚各国间的领土主权争端不断升温。在这种安全态势之下，东北亚地区随时都存在出现国际危机与冲突的可能。在东北亚地区安全机制框架中，应建立完善的双边和多边危机管理机制，形成处理危机的制度化磋商渠道，以避免危机升级，维护地区和平与稳定。二是核不扩散机制。朝核问题的存在对东北亚地区造成严重的负面影响，甚至使东北亚地区难以排除核扩散与核军备竞赛的危险。"在东北亚地区建立有中、美、俄、日、韩、朝、蒙共同参与的核不扩散机制，对东北亚各国的安全是重要保证。"② 东北亚地区安全机制建设的一个重要内容，是以《不扩散核武器条约》和《全面禁止核试验条约》为基石，在地区范围内强化核不扩散机制，以确保东北亚地区的核安全。三是军备控制机制。除核军控之外，常规武器的军备控制对东北亚而言也十分重要。东北亚地区存在数以百万计的武装，集结了全球范围内最强大的军事力量和最先进的军事装备。东北亚军备控制成效甚微，甚至出现逆裁军势头，安全困境难以消解。特别是近年来随着中国的崛起和军事现代化，美国加速了军事战略重心的转移，推行"重返亚太"战略，强化了在东北亚地区的前沿军事部署，这加剧了东北亚安全局势的不稳定性和地区军备竞赛的风险。有效的军备控制机制成为东北亚地区安全的客观需要。

（2）东北亚地区安全机制的纵向结构。从纵向结构上看，东北亚地区安全机制需既包含政府间机制，又包含非政府层面的第二轨道机制。一是政府间机制。政府层面的官方机制是东北亚地区安全机制的主要组成部分。东北亚地区安全机制虽然可以包含多种国际行为体的共同参与，但主权国家将是东北亚地区安全合作的核心主体。东北亚地区安全机制无疑应以政府间安全合作与对话机制为主导。基于各国政府间对话的朝核问题北京六方会谈是东北亚安全协商与合作的核心机制。二是第二轨道机制。第二轨道机制由半官方和民间人士共同参与，其参与者包括现任或去职的政府官员、政府智囊机构的研究人员、相关领域的学者以

---

① 《中国关于新安全观的立场文件》，中国外交部网站，http://www.fmprc.gov.cn/mfa_chn/ziliao_611306/tytj_611312/t4549.shtml（2015年7月15日上网）。

② 黄凤志、高科、肖晞：《东北亚地区安全战略研究》，吉林人民出版社2006年版，第400页。

及商界精英等。第二轨道的参加者由于其特殊的个人背景或公职身份，与各自政府的安全政策决策层之间存在着个人或组织层面的关系。① 第二轨道机制能够影响东北亚国家政府的安全政策。在东北亚安全机制中容纳第二轨道外交的渠道与平台，可以为地区安全问题的对话与协商提供一个辅助性机制，有助于东北亚各国的安全协调与合作。

2. 东北亚地区安全机制的功能

（1）冲突管理功能。东北亚地区存在一系列影响安全秩序稳定并可能导致国际冲突的矛盾与问题，包括美国霸权与中国崛起之间的结构性矛盾、朝鲜半岛问题、台海问题，以及东北亚国家间错综复杂的领土纠纷，如中日钓鱼岛之争、韩日独岛（日称竹岛）之争、日俄"北方四岛"之争等。例如，在海洋安全领域，2010 年，东北亚地区发生了 3 月份的"天安舰事件"，9 月份的"钓鱼岛撞船事件"和 11 月份的"延坪岛炮击事件"等多次海上摩擦。2012 年，中日、日俄、日韩岛屿争端均一度升温。2013 年朝鲜进行第三次核试验，朝鲜半岛局势紧张。日本将钓鱼岛"国有化"的购岛风波严重恶化了中日关系，加剧了东北亚地区局势的紧张。中国以海监船巡航方式打破日本独占钓鱼岛的迷梦，初步实现了在钓鱼岛海域的常态化存在。中国政府决定并宣布在东海地区建立防空识别区后，中日关系更加恶化。2014 年以来，安倍政府为使日本成为普通国家，采取了否认侵略历史、解禁集体自卫权、通过新安保法等举措，凸显了外交和安全战略联美遏华的特点。美国持续推进以遏制中国崛起为目标的"亚太再平衡"战略，支持东亚所有与中国有争端和摩擦的国家，中美新型大国关系举步维艰。冲突与对抗频发成为当前东北亚安全形势的显著特征。冲突管理是东北亚地区安全机制的重要功能。冲突管理的内涵涵盖冲突预防、冲突避免、冲突遏制、冲突转化、冲突和解和冲突解决等多方面。② 冲突管理囊括国际冲突的整个周期，包括冲突前的预防、冲突中的处理和冲突后的和平构建。东北亚地区安全机制致力于防止危害地区安全秩序的国家间冲突，避免东北亚国家间冲突的升级与扩散，减弱国家间冲突对东北亚区域的负面效应。东北亚地区安全机制的有效运行，将会使区域内部冲突得到有效的预防和控制，避免域内国家间的大规模武力冲突，最大限度地实现区域和平与稳定。

（2）安全保障功能。保障东北亚地区安全，不能寄希望于霸权稳定或者均势

---

① 喻常森：《"第二轨道"外交与亚太地区安全合作》，载《东南亚研究》2003 年第 5 期，第 44 页。
② Niklas Swanström. *Regional Cooperation and Conflict Management*：*Lessons from the Pacific Rim.* Department of Peace and Conflict Research, Uppsala University, Report No. 64, 2002, P. 20.

和平。霸权稳定模式在东北亚地区并不能完全实现，东北亚安全体系也难以形成能够制衡区域外霸权力量的地区性均势。中国的迅速崛起和美国"重返亚洲"、实施"亚太再平衡"战略，更是使东北亚地区体系内部结构性矛盾深化。在东北亚地区，单纯依靠体系结构的作用难以得到有效的安全保障，必须诉诸国际制度即东北亚地区安全机制。东北亚地区安全机制为东北亚各国提供安全保障，消除对地区安全造成负面影响的安全威胁与挑战。这种安全保障功能，既涵盖传统安全领域，又涵盖非传统安全领域。东北亚地区安全机制的传统安全保障功能表现为，通过东北亚各国间的协调与合作，防止和消除东北亚政治安全和军事安全领域存在的威胁与隐患。非传统安全保障功能表现为，处理和解决东北亚经济安全、社会安全、生态安全等领域存在的问题与挑战。

（3）信任构建功能。东北亚地区各国间长期受意识形态对立或历史恩怨的影响，彼此猜疑和恐惧，普遍将对方认定为潜在威胁。中美、中日、中韩、朝韩、日韩、日俄、美俄等多对双边关系中普遍缺乏战略互信，加剧了东北亚地区安全态势的对抗性和地区安全合作的滞后性。[1] 消除相互猜忌，构建战略互信，是东北亚地区安全机制的又一重要功能。地区安全机制通过制度性的沟通和交流，传达可靠信息，增加各方透明度，消除对彼此战略意图的误判，避免信息不对称所造成的安全困境。东北亚地区安全机制的有效运行，可以逐步化解地区各国间不必要的误解、猜疑、恐惧和敌视，增进彼此了解和信任，为进一步地区安全合作奠定基础。东北亚地区安全机制的运行，有助于实现"通过协商对话增进信任、减少分歧、化解纠纷，避免使用武力或以武力相威胁"的政策目标。[2] 随着近年来东北亚地区热点问题的屡屡升温，建设具有信任构建功能的东北亚地区安全机制的重要性和紧迫性更加凸显。

（三）东北亚地区安全机制的模式选择

国际安全机制具有多种具体模式，包括集体安全模式，如联合国；军事联盟模式，如北大西洋公约组织；多边合作模式，如上海合作组织等。国际安全机制模式的形成，取决于成员国家间的权力结构、利益关系、共有观念、制度惯性、外部环境以及国内政治等多方面的动因。东北亚地区安全机制的模式选择，应从本地区历史与现实出发，既不能盲目追求脱离现实的理想主义模型，又不能刻板

---

① 黄凤志、金新：《中国东北亚安全利益的多维审视》，载《东北亚论坛》2011年第2期，第5页。
② 《中国的和平发展》白皮书，中国政府网，http://www.gov.cn/zhengce/2011-09/06/content_2615782.htm，2011年9月6日。

固守零和博弈的权力政治教条。

1. 东北亚地区安全机制模式比较与选择

集体安全模式、军事联盟模式和多边合作模式，是东北亚地区安全机制的几种备选模式。这里分别从应然的规范层面和实然的实践层面，对这些模式进行具体考察，从而揭示多边合作是东北亚地区安全机制最为合理的模式选择。

（1）集体安全机制。集体安全是"以集体的力量威慑或制止其内部可能出现的侵略者和侵略行为的办法来保护每一个国家的国家安全的一种安全保障体系"。① 东北亚集体安全机制，是一种脱离现实的理想化模式。从规范角度考量，它符合平等包容、合作共赢等原则，能够消解东北亚地区的安全困境，维护东北亚各国安全及地区和平。但从现实角度考量，构建东北亚集体安全机制并不是一种合理的选择。一方面，集体安全机制有其本身无法规避的内在缺陷，正如基辛格所揭示的，"集体安全的弱点在于各国的利益极少一致，安全也很难做到无懈可击。因此一个全面性集体安全制度，其成员同意坐视不管的可能性大于采取联合行动的可能性。"② 另一方面，东北亚地区错综复杂的安全环境决定了在可预见的未来仍无法构建有效的集体安全机制。东北亚地区利益矛盾与纷争根深蒂固，战略互信与认同严重缺失。东北亚地区还存在多种相互交错、彼此制约的双边关系和三角关系，使地区安全体系中难以形成域内国家协同一致合力威慑和遏制特定对象国的集体行动。集体安全机制的构建难以突破利益关系的困境。

（2）军事联盟机制。军事联盟是"两个或多个主权国家之间利用武力对付外来威胁而形成的一种正式联合"。③ 东北亚地区现已存在美日、美韩两对双边军事联盟，美国甚至将这种联盟关系视为"亚洲安全的基础"，④ 不断加以强化。但不论从应然还是实然的层面考察，军事联盟模式并非是东北亚安全机制一种合理的选择。从应然的规范层面看，军事联盟机制违背了平等包容、合作共赢的基本原则。从其性质来看，军事联盟具有封闭性和排他性，联盟国家排斥他国共同参与地区安全事务，无法将东北亚区域内的所有国家都容纳到联盟之内。从其目标来看，军事联盟意欲达到的并非是所有国家平等的共同安全，而是单方面的绝对安全。从其手段来看，军事联盟以第三方为对象国，追求超越对象国的军事优势，与合作共赢的原则相背离。从现实层面看，东北亚地区存在着美、中、日、

---

① 倪世雄等：《当代西方国际关系理论》，复旦大学出版社 2004 年版，第 376 页。
② ［美］亨利·基辛格，顾淑馨、林添贵译：《大外交》，海南出版社 1998 年版，第 81 页。
③ Glenn H. Snyder. *Alliance Politics*. Ithaca：Cornell University Press，1987，P. 4.
④ The White House. *National Security Strategy*. http：//www. whitehouse. gov/sites/default/files/rss_viewer/national_security_strategy. pdf. May，2010.

俄四大国的战略竞争关系。大国间战略利益的结构性冲突决定了它们在各自安全战略定位与选择上的冲突性。军事联盟机制将安全利益的护持建立在对第三方产生负面影响的基础上，片面谋求联盟国家的安全，无法顾全东北亚各国利益，难以得到域内所有国家的支持，反而会进一步恶化地区安全态势。

（3）多边合作机制。国际安全机制的多边合作模式，将多边主义与合作安全理念相结合，为东北亚地区安全机制的建设提供了可行的方案。多边合作模式是东北亚地区安全机制最为合理的模式选择，兼具规范意义上的可取性与实践意义上的可行性。就规范维度而言，多边安全合作机制是一种包容而非排他的机制模式。在其制度框架内能够有效协调东北亚各国利益，能够在平等的基础上，立足于协商与合作的基本行为准则。通过安全对话与合作的方式解决地区安全问题，增进互信，实现东北亚各国的共同安全。就实践维度而言，东北亚地区是个大国战略利益交汇之处，各国间存在错综复杂、彼此牵制的利益关系，需要在多边主义的制度框架下，通过安全合作的路径加以有效协调。这种方案在当前条件下也最有可能获得各方的支持。在集体安全机制和军事联盟机制都不具备价值可取性或现实可行性的情况下，多边安全合作机制是唯一适应东北亚现有安全结构的安全机制模式。

2. 东北亚多边安全合作机制的设想与实践

正如约翰·鲁杰所指出的，由于没有安全关系上多边主义的制度性安排，亚太地区已难以适应全球政治所发生的根本变化。[①] 东北亚地区的这一缺陷尤为突出。多边安全合作机制是东北亚地区必要且可能的安全机制模式选择。事实上，东北亚各国也曾提出很多基于多边合作模式的地区安全机制的设想。美国提出过"新太平洋共同体""分区安全机构"和"东北亚安全论坛"等多种安全形式；日本曾主张效仿"东盟论坛"的做法，建立"东北亚论坛"；韩国曾提出建立由东北亚六国参加的"东北亚地区论坛"，并主张现阶段宜于首先构建相当于"小多边主义"（Minilateralism）的中、美、韩三角合作体制[②]；俄罗斯亦曾提出建立东北亚地区冲突调解中心、东北亚多边磋商机制和六国集体安全体制等设想。

东北亚国家建构多边安全合作机制的探索与实践已经初步展开。涉及东北亚安全的多边合作或对话机制现已为数不少。政府层面的官方机制有朝核问题六方会谈（SPT），以及中日韩三方在"10＋3"框架内的合作机制，此外覆盖了东北

---

① ［美］约翰·鲁杰：《对作为制度的多边主义的分析》，载［美］约翰·鲁杰主编，苏长和等译：《多边主义》，浙江人民出版社 2003 年版，第 4 页。

② 孙春日：《从〈韩国的国家战略 2020〉看韩国对今后 15 年东北亚安全机制的预期》，载《当代亚太》2006 年第 11 期，第 56 页。

亚多国的东盟地区论坛（ARF）、东亚峰会（EAS）和亚洲合作对话（ACD）也为东北亚国家的对话与协商提供了机制渠道。此外还有一些在东北亚多边安全协商与合作中起辅助作用的非政府层面的第二轨道机制，如亚太安全合作理事会（CS－CAP）、东北亚合作对话会（NEACD）、北太平洋安全保障三级论坛、中美日三边学术研讨会、美日俄安全对话等。

在这些多边合作或对话机制中，朝核问题北京六方会谈无疑是推动东北亚地区多边安全合作的核心机制。北京六方会谈机制若能长期顺利运行，无疑对东北亚安全机制的构建具有积极意义。东北亚地区制度化安全架构的缺失需要六方会谈由一种临时的、松散的实体转换为永久性的东北亚地区安全机制。[1] 可以说，六方会谈框架不仅是解决朝核问题的核心机制，而且是东北亚多边安全机制的雏形。若朝核问题在六方会谈框架下最终能够得到妥善解决，则六方会谈的多边协商机制将可能外溢到东北亚区域其他安全议题，如半岛永久和平机制的建立和东北亚安全合作的推进等，为未来制度化的东北亚地区多边安全合作机制奠定基础。

（四）东北亚地区安全机制的建构路径

在东北亚这样一个安全困境仍未化解、安全关系十分复杂的地区，建设有效的地区安全机制，面临着一系列棘手的问题，必然会经历一个长期而波折的过程。地区安全机制的建构，既是一个历史演进的客观过程，又是一个理性设计的能动过程。东北亚地区安全机制的建设，离不开作为理性行为体的东北亚各国的自觉行为。因此，有必要设计一个具体而可行的路径，以落实东北亚地区安全机制的构想。

1. 以经促政，循序渐进

米特兰尼曾指出，"在某一功能领域进行的合作，将会推动合作态度的改变，或者使合作的意向从一个领域扩展到其他领域，从而在更大的范围内进行更深入的合作。"[2] 域内各国在构建东北亚多边安全合作机制的过程中，受到地区性安全困境的严重制约。因此，加强经济领域的多边合作，以区域经济合作推动区域

---

[1] Danish Institute for International Studies. *North Korea's Security Policy*: *Implications for Regional Security and International Export Control Regimes*, DIIS Report 2008: 10, July 2008, P. 31.

[2] ［美］詹姆斯·多尔蒂、小罗伯特·普法尔茨格拉夫，阎学通、陈寒溪译：《争论中的国际关系理论》，世界知识出版社 2003 年版，第 551 页。

政治与安全合作，将成为东北亚地区安全机制建构的理性选择。东北亚各国间存在着复杂交错的相互依赖关系，在资金、资源、技术、劳动力、市场等生产要素和经济结构方面有着较大的互补性，这提升了地区经济合作空间，减少了地区经济合作的阻力，环黄渤海地区、环日本海地区以及图们江流域等次区域经济合作也在相继展开。特别是 2008 年全球金融危机以后，合作维护金融安全已成为东北亚国家的现实任务，由此可见东北亚区域经济合作的困难远小于区域安全合作。

当前的国际关系早已不再是单纯的政治军事关系，而是政治、经济、军事、社会、文化等多维度相互交错而形成的复杂系统。东北亚各国在经济领域的多边合作，可以逐步拓展到能源安全、生态环境保护以及打击跨国犯罪等非传统安全领域。通过这些领域的交流与合作，建构信任与认同，并建立非传统安全治理的区域治理机制。进而将这些领域的合作进一步向传统安全领域外溢，拓展共同利益，逐步深化东北亚各国对地区利益共同体理念的认同，将通过对话、协商与合作解决矛盾纷争内化为各国遵循的区域行为规范。通过全方位、多层次、跨领域的合作网络，扩大共识，推动东北亚地区安全机制的建设。

东北亚地区安全机制的建构，应秉持循序渐进方针。首先，在对话的议题与合作的领域上应从易到难，渐进推动。在地区安全机制建设中，先从东北亚各国存在较大共同利益、易于达成集体共识的问题领域入手，逐步拓展利益契合点，扩大目标一致性，培养国家间合作习惯，推进安全机制发展。其次，在制度化程度方面应从低到高，逐步推进。国际机制有功能性机制与制度性机制的区别，东北亚地区安全机制可以先从功能性合作机制开始，随着合作的不断深入而持续提高制度化水平，最后建立具有常设机构的制度性的东北亚多边安全合作机制。最后，注重安全机制建构进程中"时间的渐次性"和"空间的层次性"。如中俄共同倡导建立了上海合作组织，加强打击"三股势力"的安全合作；中日韩三国可以先行开展经贸合作，推动建立中日韩自贸区；朝核问题北京六方会谈可先从功能性安全合作机制逐步发展为制度性安全合作机制；等等。

2. 依托六方会谈框架，提高制度化水平

安全机制非无源之水，构建东北亚地区安全机制，不能脱离现有的合作基础和制度安排，而应选择性地依托和利用现有基础，推动其发展和演进。在东北亚地区，最符合多边安全合作机制特性的便是朝核问题北京六方会谈机制。推动建设东北亚地区安全机制，需要充分依托六方会谈的机制架构。六方会谈机制是目前东北亚地区最为可行的多边安全合作制度框架。中、美、日、俄、朝、韩六国能够在六方会谈框架内集中表达和协调各国的安全利益。在六方会谈现有机制基

础之上，推动其朝着更具普遍意义的多边安全合作机制方向发展，提高其制度化水平，是建构东北亚地区安全机制的可行性路径。当前，北京六方会谈机制面临着诸多现实问题与困境，甚至会谈能否持续下去也受到质疑，但"对话协商是解决半岛有关问题的唯一有效途径"，[①] 六方会谈机制在解决朝核问题、维护东北亚地区和平与稳定方面发挥着无法替代的作用。

尽管目前六方会谈机制处于停滞状态，但这种停滞状态不符合相关各国的根本利益。为重启六方会谈，相关各方已经展开积极接触。中国明确表示"六方会谈是平衡解决各方关切、实现半岛无核化的有效平台。希望有关各方保持接触对话，继续致力于通过谈判解决分歧，争取早日重启六方会谈。"[②] 2011 年 7 月 28 日至 29 日，朝美两国代表在纽约举行了双边会晤，以商讨恢复停顿已久的六方会谈；10 月 24 日至 25 日，两国代表团在日内瓦举行了第二轮会晤，继续就朝鲜核项目以及恢复六方会谈的相关问题进行接触。虽然朝鲜 2012 年的两次卫星火箭试射和 2013 年 2 月的第三次核试验，使东北亚安全局势再度紧张，但六方会谈重启的希望远未断绝。2013 年 6 月 19 日，朝鲜在中朝首次战略对话再次表态"愿与有关各方举行对话，参加包括六方会谈在内任何形式的会谈，希望通过谈判和平解决核问题"。[③] 尽管朝美博弈仍是重启六方会谈无法回避的现实问题，但随着中国"穿梭外交"的斡旋努力和朝美双边对话的磋商进展，恢复和重启北京六方会谈存在相当大的可能性。

当前的六方会谈机制，仍是一种功能性地区安全机制。"它只是相关各方为解决朝核问题而建立起的一个临时性的、松散的协商机制，制度化程度很低。它没有国际组织所具备的常设机构，没有正式国际机制所存在的成员国间'有法律约束力的权利与义务关系'，甚至没有明确的会谈时间安排。"[④] 构建东北亚地区安全机制的首要步骤是重启陷于停滞状态的六方会谈，并将其确立为一种固定的机制。在妥善解决朝核问题的基础上，推动六方会谈机制的制度化发展。在这一制度架构下，各国就地区安全问题定期进行协商，并逐步扩大议题范围，就更广泛的地区安全问题展开对话与合作，使其逐渐发展成为真正的东北亚多边安全合作机制。

3. 充分发挥中国作用，积极参与机制建构

在东北亚地区安全机制建设中，中国应当成为积极的倡导者、参与者和引领

① 《第 67 届联合国大会中方立场文件》，中国外交部网站，http://www.fmprc.gov.cn/chn/pds/wjb/zzjg/t970916.htm（2015 年 7 月 8 日上网）。
②③ 《朝鲜愿意重启六方会谈，希望和平解决核问题》，人民网，http://yn.people.com.cn/GB/news/world/n/2013/0620/c228495-18900563.html，2013 年 6 月 20 日。
④ 黄凤志、金新：《朝核问题六方会谈机制评析》，载《现代国际关系》2012 年第 12 期，第 13 页。

者。东北亚地区安全机制的建设符合中国的现实利益与现行政策。东北亚的和平与安全，能够为中国自身发展提供一个稳定的周边环境。同时，以合作共赢为原则的东北亚地区安全机制，也符合中国一贯的对外政策主张。中国一向主张"地区各国相互尊重、增进互信、求同存异，通过谈判对话和友好协商解决包括领土和海洋权益争端在内的各种矛盾和问题，共同维护地区和平稳定。"① 积极参与东北亚地区安全机制建构，有利于中国国家安全利益的实现。而中国的积极参与，也将对东北亚地区安全机制建构起到重要和积极的作用。

东北亚各国间的战略互信是进行地区安全合作的基础。中国若要在地区安全机制的建设中发挥应有作用，首要一步是构建国家间的信任，消除东北亚各国对中国崛起的担忧。中国作为地区大国和地区安全机制的倡导者，若不能化解域内国家对自身的疑虑，将很难推动东北亚多边安全合作机制的构建。中国应树立负责任大国的形象，以更加积极的姿态参与国际事务，充分发挥在提供地区公共产品与应对地区安全问题中的作用，以实际行动打消东北亚周边国家对自身的疑虑。特别是在区域性的非传统安全问题上，积极承担大国责任是消除误解、增进互信的重要策略。中国应"坚持与邻为善、以邻为伴，巩固睦邻友好，深化互利合作，努力使自身发展更好惠及周边国家"。② 唯其如此，方能消解"中国威胁论"的影响，为国家利益的实现和地区安全的维护创造有利条件。

在构建政治互信的基础上，中国可以和地区各国携手推进东北亚多边安全合作机制的建设。现阶段中国应从两方面努力：一是加强与东北亚其他国家的经济合作，推进自由贸易区建设，促进地区一体化进程，以经促政，推动地区合作机制的功能性外溢；二是积极展开外交斡旋，说服相关各国尽快重返六方会谈，推动六方会谈机制的重启与良性运行。在求同存异、对话协商的原则下，促成各方达成合作共识，提升六方会谈的制度化程度。在中国和其他各国的共识与努力之下，东北亚地区安全机制将不断完善，从而为推进东北亚地区安全合作和维护各国安全利益提供制度保障。

---

① 《中国的和平发展》白皮书，中国政府网，http://www.gov.cn/jrzg/2011-09/06/content_1941204.htm，2011 年 9 月 16 日。

② 胡锦涛：《坚定不移沿着中国特色社会主义道路前进，为全面建成小康社会而奋斗——在中国共产党第十八次全国代表大会上的报告（2012 年 11 月 8 日）》，载《人民日报》2012 年 11 月 18 日，第 1 版。

第三章

朝鲜半岛问题与中国的战略与政策

朝鲜半岛问题是威胁东北亚地区和平与安全的地区性问题。它主要表现为朝鲜半岛南北双方长期分裂与军事对抗状态以及朝鲜核问题。朝鲜半岛问题是冷战的产物，它集中反映了世界大国在东北亚地区的利益冲突和战略博弈。因此，解决朝鲜半岛问题，不仅取决于朝鲜半岛南北双方缓和关系与和平统一政策，还取决于利益攸关的各大国战略和政策的协调与合作。中国与朝鲜半岛山水相连，朝鲜半岛局势及其走向直接关系中国国家安全利益与和平发展环境。它决定了中国在朝鲜半岛问题上的战略与政策选择是，积极发展中国与朝鲜和韩国的睦邻友好与互利合作关系，维护朝鲜半岛和平与稳定；积极推动朝核问题北京六方会谈，通过和平谈判实现朝鲜半岛无核化；推动建立朝鲜半岛和平体制和东北亚和平安全机制，以实现朝鲜半岛长治久安，从而为中国和平发展创造和平稳定的地区环境。

一、朝鲜半岛形势变化及其影响

受"天安舰事件"和"延坪岛事件"的冲击与影响，2010年以来的朝鲜半岛局势一直处于高度紧张状态。朝核问题北京六方会谈继续迟滞停转、朝鲜半岛南北关系长期对峙、美日和美韩双边同盟不断强化，而2011年底朝鲜最高领导人金正日的突然辞世又给朝鲜半岛局势平添多种变数。围绕朝鲜半岛波谲诡异的流变局势，大国博弈更加激烈，使朝鲜半岛的遗留性问题与突发性事件相互交织和牵动。由此，朝鲜半岛局势一直在风雨险难中曲折蹒跚，难以实现和平与稳定。

（一）朝鲜内政外交的新变化

金正恩执政后，朝鲜国内政治经济形势出现较大变化，对外关系有所调整。国际社会基本认为朝鲜政权已经得到巩固和稳定，其经济政策转向开放的可能性较大。不过，朝鲜国内重大人事调整不断给外界以强烈冲击，核与导弹问题的持久化给朝鲜"核与经济"并进路线的实施蒙上阴影，各种不确定因素依然很多。

1. 经济开放迹象显现

在朝鲜提出建设"思想强国、军事强国、政治强国"的背景下，年轻领导人金正恩在朝鲜人民心目中的地位与威信很大程度上取决于国家经济建设成果。因此，金正恩上任后，通过多种渠道和举措明确了经济建设的决心和意志，并取得一系列的效果。

一方面，朝鲜强调"经济强国建设是今天社会主义强盛国家建设面临的最重要任务"。金正恩在新年致辞中均会提出每年的经济政策方针及重点建设任务，并作为重要指导意见部署全国实施。比如，2015 年金正恩在新年致辞中提出建设"元山—金刚山国际旅游地带"后，朝鲜元山国家旅游局人员多次赴境外进行投资说明会，进行积极宣传。另一方面，朝鲜继续探索"我们式的经济管理改善方法"，以促进经济发展。尽管国际社会希望朝鲜能够走改革开放道路，朝鲜也一直努力扩大对外经济合作，但出于国内外环境的综合考虑，朝鲜始终坚持"我们式的经济管理改善方法"，探索建立"我们式的经济管理体系"。"我们式的经济管理体系"的核心是把经营权限下放到生产单位，从制订计划、生产到分配产品和收益，均要大幅度扩大生产单位权限。在执行国家计划的过程中，将部分收入上缴国家，其余部分由企业决定用于设备投资、提高职工生活、扩大后备投入等方面。①

在农业方面，朝鲜采取类似"分田到组"和"分田到户"的耕种方式，大幅度缩小集体农场作业班的人数（由原来的 15 ~ 20 人减少到 3 ~ 5 人），甚至部分地区试行了家庭承包责任制。增加可自由处置的农作物比例，努力推进"农业

---

① ［朝］赵景锡：《确立我们式经济管理方法的基本要求》，载［朝］《经济研究》2015 年第 2 期，以及 2013 年 9 月作者与朝鲜经济学者座谈内容的整理。

生产集约化、工业化、现代化"。通过下放生产物的分配权，提高生产者积极性，利用现代科技提高劳动生产率，促进农业生产，解决粮食问题。

在工业方面，朝鲜一方面大力提高科技水平，利用尖端技术开发新产业，采取新技术、新工艺、新设备等方式提高产品质量、劳动生产率和资源利用率，从而推动产业结构升级改造；另一方面，积极实施新企业管理体系，要求企业制定切实可行的经营战略，给企业下放生产经营权，遵守按劳分配原则，提高劳动者生产积极性，实现经济的自主化、现代化、国产化。

在对外合作方面，朝鲜倾力学习中国经验，设立 20 多个经济开发区，颁布《经济开发区法》，欢迎国外的企业、个人、经济团体和海外侨胞到上述经济开发区投资，自由进行经济活动，并给予这些经济开发区管理机构以更多权限。虽然目前朝鲜各道的经济开发区鲜有实质性进展，但可以看出其希望借助对外经济合作，鼓励各地通过吸引外资自行发展地方经济的同时，促进国家经济发展。2014年以来，朝鲜接连召开元山—金刚山旅游开发地带投资说明会，新设立白头山茂峰国际旅游特区，希望通过发展与政治影响不大的旅游业增加朝鲜外汇收入。

在法律法规方面，朝鲜不断修订相关的律法规定，大幅度下放权力，扩大地方政府权限，允许工商企业集体式承包经营及外国投资企业与本地企业进行合作。这些法律法规上的重大变化，对朝鲜经济发展方式转变无疑具有重大的现实意义。

在朝鲜的多措并举之下，从 2011 年开始朝鲜经济连续三年实现正增长，分别达到 0.8%（2011 年）、1.3%（2012 年）和 1.1%（2013 年）。平壤出现欣欣向荣的景象，朝鲜人民生活得到明显改善，百姓对金正恩政权充满期待和希望。

2. 政治局势基本稳定

金正恩上台后，采取一切措施确保自己的"唯一领导体制"不受任何威胁，通过对朝鲜的党、政、军进行频繁的人事调整，初步完成了稳固政权的目标。金正恩执政后，一方面强调"金日成—金正日主义"的本质是"人民群众第一主义"，把改善人民生活水平作为最高目标，因而获得朝鲜民众的大力支持；另一方面，"我们式的经济管理方法"等不仅提高朝鲜民众的责任感和积极性，也提高了朝鲜企业和个人的创造力。金正恩多次表示，"只要是为了人民的利益，我们就应大胆动员所有方法"，由此强调"核与经济建设并进路线"以此向朝鲜民众宣传借助核武器可以保障国家安全不受威胁，也向朝鲜民众承诺将更多力量投入到经济建设，以改善民生，这得到了朝鲜民众的广泛认可和期待。[1]

---

① 《朝鲜的"5·30"措施，金正恩第一书记关于经济的讲话》，［韩］CBS nocut 新闻，http://www. nocutnews. co. kr/news/4349978，2015 年 1 月 6 日。

3. 外交困局没有突破

朝鲜进行第三次核试验并受到更加严厉的国际制裁，尤其是中朝关系遇冷后，金正恩不得不对朝鲜外交政策进行较大的调整。

其一，朝日关系触礁。在日本因历史问题、岛屿争端与中韩关系恶化的背景下，朝鲜主动与日本进行接触沟通，双方就重新调查绑架受害者问题达成一致。朝鲜承诺对绑架受害者和不能排除遭绑架可能性的所有日本人实施全面调查，而日本会部分取消对朝鲜经济制裁。由于朝鲜迟迟未提交日本所要求的调查报告，日本在 2015 年 3 月末决定将 4 月 13 日到期的对朝鲜的单边经济制裁延长 2 年，以便对朝鲜施加压力，敦促朝鲜加快调查进程。该制裁包括全面禁止对朝鲜的进出口、禁止人道主义目的之外的朝鲜籍船舶进港、禁止朝鲜包机入境等。朝鲜试图改善与日本关系，寻求外交破局的努力没有取得预期效果。

其二，朝俄关系趋于冷静。2013 年以来，朝俄经济合作进展迅速，哈桑—罗津铁路完成连接，俄罗斯租赁朝鲜罗津港 3 号码头正式启用，哈桑—罗津—浦项实现初次煤炭运输。俄罗斯远东开发部官员表示，今后 20 年将投资 250 亿美元对朝鲜境内的 3 500 公里的铁路、隧道和桥梁进行改造，朝方将以煤炭、有色金属等偿还相关投资。不过，俄罗斯因乌克兰危机受到西方严厉制裁，其经济处于极端艰难状态，缺少足够资金落实朝俄之间达成的协议。在朝鲜经济发展严重依赖资源出口的情况下，是否真正有意愿以资源换铁路尚待进一步确认。虽然朝俄政治关系比较密切，但受金正恩借故不出席俄罗斯卫国战争 70 周年纪念活动的影响，一度"火热"的朝俄关系正趋于冷静。

其三，朝美关系受挫。朝美达成的"2·29 协议"被撕毁和朝鲜进行第三次核试验后，美国对朝鲜态度日趋消极，其将解决朝核问题的重任更多交给韩国，同时加大对朝鲜制裁力度。虽然朝鲜长期将改善与美国关系作为外交重点，其在解决人质问题上甚至破例允许美国军机到平壤接人，朝美双方也多次展开私下外交，朝鲜还派外相李洙墉参加了 2014 年 9 月在纽约召开的联合国大会，但在朝核问题上双方始终处于僵持状态。朝鲜坚持不弃核的立场，甚至扬言要核打击美国本土。而美国则坚持如果朝鲜不在核问题上明显后退，不会与朝鲜进行对话。奥巴马总统在 2015 年初的电视讲话中表达了"朝鲜最终崩溃"的言论，对朝鲜无疑造成了极大压力，也因此招致朝鲜的极大不满。目前，美国的战略目标依然是通过不断提高制裁等级和力度，迫使朝鲜就范。

其四，南北关系停滞。朴槿惠政府提出"朝鲜半岛信任进程"① 后，朝鲜一

---

① 韩国统一部：《朝鲜半岛信任进程说明手册》，2013 年 10 月。

度观望并希望韩国尽快采取措施调整对朝鲜政策，改善南北关系。但受朝鲜第三次核试验的影响、韩国政党政治的束缚、"5·24制裁措施"的法律效应及朝韩固有的互信缺失，南北关系改善始终没有实质进展。朝鲜提出的多项南北对话建议被韩国拒绝，朝鲜对朴槿惠政府由期待逐渐转为失望，批判朴槿惠提出的"德累斯顿构想"是为实现对朝鲜的"吸收统一"[①]；发射导弹、火箭炮等应对美韩联合军演，声称对话与侵略战争演习、和解与对决绝不能并存；对韩国在联合国开设朝鲜人权办事处表示强烈抗议，声称对韩国采取严酷无情的报复行动；表示"朴槿惠政府以'天安'号沉没事件发生5周年为契机在韩国全国范围内制造反朝气氛，朝鲜已无法在朴槿惠执政期间对朝韩关系改善抱有期待"；[②] 等等。可以看出，朝鲜试图加大对朴槿惠政府的压力，促使韩国改变对朝鲜的强硬政策，以改善南北关系。朴槿惠政府任期已进入第四年，如果不能在南北关系上取得进展，意味着这种状态将维持到其任期结束。因此，朝韩两国均寄望于2016年取得新突破。

其五，中朝关系遇冷。朝鲜进行第三次核试验，使中朝关系受到较大影响。中国认真执行联合国对朝鲜制裁决议，朝鲜则不理解中国对朝核问题的"三个坚持"原则，不满意中韩关系积极发展，由此中朝关系遇冷。2015年以来，中国新任驻朝大使再次明确了中朝关系的基本原则是"相互尊重、平等相待、求同存异、合作共赢"，明确表达了中国态度。因朝鲜担心中国在核问题上的立场，而迟迟没有明确反应。中国无论是从本国利益出发，还是基于负责任的大国原则，均不会改变在朝核问题上的立场。如果朝鲜在核问题上没有根本转变，即便双方经济合作有所进展，政治关系也难有突破。

总体而言，朝鲜的政治基本稳定、经济情况好转，金正恩对国家的掌控能力很强。但是，朝鲜经济增长的内生性较差，对外依赖性很强。如果朝鲜在对外经济合作方面无法取得实质进展，其经济状况的持久性会受到质疑。虽然朝鲜一直将对美国外交作为重点，但如果与中、俄两国的友好关系受到损害，则无益于其改善与美、韩、日等国家关系，只能是更深地陷入孤立状态。摆在朝鲜面前的关键问题是发展与中、俄关系，改善与美、韩关系，而这要看金正恩的政治智慧。

（二）朝鲜半岛南北关系的变化

作为冷战遗产一部分的朝鲜半岛至今未迎来持久的和平、稳定与繁荣的新局

---

① 《德累斯顿构想 or 高丽民主联邦：朝韩统一无共同点》，载《人民日报（海外版）》，http://news.ifeng.com/a/20141014/42197898_0.shtml，2014年10月14日。

② 《朝鲜称无法在朴槿惠执政期间对朝韩关系改善抱有期待》，人民网，http://news.163.com/15/0329/17/ALT14P4C00014JB6.html，2015年03月29日。

面，仍然处于令人忧虑的状态，时刻传递和迸发各种危机性的信息与险情。究其原因，冷战时代形成的维系朝鲜半岛局势稳定的诸多条件发生巨大变化，新的条件尚处于建构和整合过程。这是造成当前朝鲜半岛南北关系一直处于激烈对峙和风险升级状况的根源所在。

1. 朝鲜对韩国政策的变化

朝鲜由于长期面临经济困难，受到国际孤立和制裁，经常在国家重要时刻面临"崩溃论"的质疑。比如，1994 年 7 月金日成突然去世后，外界评论认为在苏联崩溃、东欧剧变、自然灾害加剧经济困难等内忧外患下，朝鲜很快会"崩溃"。不过，朝鲜式体制没有任何动摇。金正日上任后，在 1998 年提出"强盛大国"建设目标，并于 2006 年 10 月和 2009 年 5 月进行两次核试验，宣布成为"拥核国家"。2008 年金正日健康出现问题后，国际社会非常关心朝鲜发生突发事件的可能性，"崩溃论"再次抬头。但是，至今朝鲜依然"健在"。在恶劣的国内外环境下，朝鲜既要与中、美、日、俄等大国周旋，又要防止被韩国"吸收统一"，其对外政策和对韩国政策是相辅相成的。朝鲜对外战略目标主要是维持"国家生存与发展"，其对韩国政策在维持武力威慑的同时，更多体现为南北共存、民族和解与合作等内容。

李明博政府时期采取针对朝鲜的强硬政策，拒绝履行"6·15 共同宣言"和"10·4 宣言"的协议内容，提出"无核、开放、3000"的对朝政策目标，声称"纠正朝鲜的恶习"[①]，招致朝鲜"超强硬对强硬"政策[②]。南北关系由此严重恶化，甚至一度濒临战争边缘，至今仍没有明显缓和迹象。"天安舰事件"和"延坪岛炮击事件"后，韩美联合军演和韩国本国军演不断，朝鲜半岛形势进一步趋紧。朝鲜宣布与李明博政府中止对话和往来，将改善南北关系希望放在韩国下届政府。金正恩接班后，不仅加大对李明博政府的抨击力度，而且重提驻韩美军撤离问题。虽然朝鲜多次表达了缓和南北关系、加强双方合作的意愿，但很明显其重点是放在了下届韩国政府上。

在韩国大选期间及朴槿惠当选韩国总统后，朝鲜一方面继续指责李明博政权对朝政策，另一方面释放善意信息，提出朝韩摆脱对立状态非常重要。朝鲜希望朴槿惠政府改变强硬政策，呼吁其切实履行"6·15 共同宣言"和"10·4 宣言"的协议内容。上述宣言包含朝韩在政治、经济等多个领域合作内容，朝鲜急切期待与韩国恢复经济合作和人道主义援助，这对朝鲜实现发展经济、改善民生

---

① 韩国统一部：《李明博政府执政 3 年，对南北关系的正确梳理》，2011 年 2 月。
② 《朝鲜称或实施"超强硬对策"，指责韩美险恶用心》，载《环球时报》2012 年 7 月 30 日。

的目标至关重要。不过，由于朝鲜不断进行核试验、屡屡发射卫星和导弹、在开城工业园区建设上设置各种障碍，招致韩国方面的强烈谴责、严厉制裁和军事反制，使朝鲜所希望的南北关系改善落空。

2. 韩国对朝鲜政策的变化

冷战后韩国历届政府对朝鲜政策的目标比较相似：朝鲜半岛无核化、朝鲜改革开放及朝鲜半岛和平稳定，换言之，即追求朝鲜的体制转变和政策变化。为扭转李明博政府的强硬政策导致南北关系严重恶化的局面，朴槿惠在竞选中提出，其对朝鲜政策"既不是阳光政策也不是施压政策，而是第三条路"。她认为"韩朝之前的信任降到历史最低水平，这一事实正说明现在是重建信任的绝好机会"。但是，朴槿惠在强调交流、互信的同时，指出"朝鲜需要恪守与韩国及国际社会之间达成的协议"，需要"为破坏和平的行为承担后果"。[1] 虽然朴槿惠考虑逐步放宽对朝鲜制裁，通过对话缓和南北关系，[2] 但朝鲜进行第三次核试验无疑是浇了一盆冷水，第三条道路面临严峻考验，其外交、安保政策向中间路线靠拢的难度倍增。

朴槿惠提出"朝鲜半岛信任进程"，是指"以坚固的安保为基础，通过建立韩朝互信，发展韩朝关系，实现朝鲜半岛和平，进而打下统一的基础"。具体推进课题为："通过建立互信恢复韩朝关系正常化"；"持续解决人道主义问题，构建长期的对话渠道，实践协商精神，深化和扩大互惠交流与合作，推进'远景韩国'项目"等。韩国表示在无核化问题取得进展、韩朝形成信任关系后，将推进的"远景韩国项目"包括：为提高朝鲜的自力更生能力扩充电力、交通和通信基建设施；帮助朝鲜加入国际金融机构与建设经济特区；推动建立首尔与平壤的韩朝交流合作办事处；等等。同时，韩国为巩固实现统一的基础，将继承"民族共同体统一方案"，从经济共同体开始，最终追求政治共同体；将"谋求朝鲜半岛和平统一与东北亚和平合作的良性循环"；为朝鲜半岛与东北亚的共同利益与和平，在能源与物流等领域推进韩朝俄及韩朝中等三方合作；为实现"追求朝鲜半岛可持续的和平"，将不断完善安全防御；为解决朝核问题在多层次上付出努力，将非军事地带建设为世界和平公园；等等。[3]

为尽快开启朝鲜半岛信任进程，缓和改善南北关系，朴槿惠总统多次表示

---

① Park Geun-hye. A New Kind of Korea building Trust Between Seoul and Pyongyang. Foreign Affairs. September/October, 2011. http：//www. foreignaffairs. com/articles/68136/park-geun-hye/a-new-kind-of-korea? page = show.

② 《交接委：考虑逐步放宽对朝制裁》，韩联社，http：//chinese. yonhapnews. co. kr/allheadlines/2013/01/09/0200000000ACK20130109003300881. HTML，2013 年 1 月 9 日。

③ 《朝鲜半岛信任进程》，韩国统一部，http：//cn. unikorea. go. kr/content. do? cmsid = 87，2013 年 8 月。

"对话之门依然敞开",呼吁"朝鲜只有弃核,中止挑衅,才能成为国际社会负责任的成员,才能实现南北共同发展"①;"朝鲜若选择正确道路,韩国将扩大与朝鲜的交流和合作,努力共创朝鲜半岛和平与繁荣的未来"。② 关键问题是在朝韩军事实力有极大差异、韩美军事同盟不断施压的情况下,朝鲜弃核无异于"缴械投降",因此朝鲜明确表示绝不弃核。在朝核问题上,朴槿惠政府毫无让步余地,她反复强调"决不容忍朝鲜拥核",主张韩国在朝鲜半岛局势上占据主导地位,表明"国家安全高于一切";呼吁朝鲜"必须放弃核武器"。由于韩朝长期缺乏互信,均试图利用"对话与遏制"的两手政策迫使对方让步,因此双方达成和解面临多重障碍。可以说,南北关系缓和任重道远。

3. 朝鲜半岛统一:渐近还是渐远

2000 年朝韩第一次首脑会谈时,双方就自主和平统一达成一致意见,并就具体统一方式、统一阶段进行了交流。随着南北关系的改善,对加强双边交流与合作的讨论增多,而关于统一的讨论减少;南北关系出现矛盾与摩擦时,朝韩反而会就统一问题发表更多观点。朴槿惠政府上任后,提出"朝鲜半岛统一大发论"和"德累斯顿构想",但遭到朝鲜坚决反对,朝鲜认为"这是吸收统一的理论,是荒唐的诡辩"③。

对朝鲜而言,最紧迫的任务是保障本国生存与发展。在南北实力悬殊的背景下,"统一"在很大程度上意味朝鲜被韩国"吸收统一"或"武力统一"。避免"被统一",朝鲜需要发展自身实力。因此,朝鲜一方面研发核武器,宣布成为"有核国家",以"终极武器"减轻军事装备落后的巨大劣势;另一方面发展经济,争取缩小与韩国的经济实力差距。充分利用韩国对朝鲜政策,实现"民族共助"和"朝鲜民族与美国的对决"。金正恩多次向韩方提出"改善南北关系",要求韩国全面停止挑衅行为和诽谤中伤。朝鲜官方舆论既表明对武力统一和"吸收统一"的担忧,也对与韩国改善关系抱有强烈意愿。在朝鲜看来,一要高举统一的道义大旗,将坚持南北和解与合作、拒绝韩方提出的不利于朝鲜的要求融入坚持统一的纲领中,保障朝鲜在南北关系中的主动权、主导权和灵活的应对能力;④ 二要根据国内政治需要,适度调整南北关系紧张程度,加强内部团结,树

---

① 《朴槿惠总统三一节讲话》,韩联社,http://www.yonhapnews.co.kr/politics/2013/03/01/0501000000AKR20130301031000001.HTML,2013 年 3 月 1 日。

② 《韩美举行韩国战争停战 60 周年纪念活动》,韩联社,http://chinese.yonhapnews.co.kr/national/2013/07/28/8100000000ACK20130728000100881.HTML,2013 年 7 月 28 日。

③ 《"体制统一"是对立发疯者的荒唐妄想》,载〔朝〕《劳动新闻》2013 年 8 月 10 日。

④ 刘鸣:《2000 年峰会后朝鲜对韩国政策的特点和内容》,选自《韩国研究论丛》(第十辑),中国社会科学出版社 2003 年版。

立领导权威，利用外部紧张缓解内部问题；三要利用南北关系向美国施加压力以软化其对朝鲜政策，呼吁韩国不受美国的支配和影响，而应从同一民族、兄弟同胞的情感出发，共同推动朝鲜半岛统一进程，其中不乏瓦解韩美同盟的意味。

韩国在政治、经济、军事等方面拥有朝鲜无法比拟的巨大优势，并将和平统一作为国家战略目标。但是，朝鲜半岛分裂历史、南北长期缺乏信任状况、军事紧张态势持续加剧、国际因素和大国介入的影响等，导致韩国在短期内无法实现和平统一目标。首先，长期分裂状态完全割裂了朝鲜半岛南北既有联系，双方严重缺乏政治互信，尤其是李明博政府强硬政策瓦解了金大中和卢武铉时期艰难建立的合作与信任基础；其次，南北关系尚未形成以政治互信为基础的"互惠型合作关系"，单方面的受惠和施惠难以维持长期可持续的交流与合作；再次，尽管韩国优势明显，但对未来统一而言不具备"求同存异"的环境基础；最后，朝韩两国把对对方政策作为内政外交的一部分，将适度保持南北关系缓和或紧张作为获取国家利益的手段，尽管双方把实现统一作为最终目标，但此目标达成前要为各自中短期目标服务，致使南北关系时常处于不稳定状态。对韩国而言，除在本国拥有巨大优势的前提下提倡和平统一外，利用南北关系变化实现东北亚地区大国目标是应有之义。即把对朝鲜政策作为韩国外交的一部分，利用朝鲜的核与导弹问题、南北关系变化等加快提升韩国的政治影响力、军事硬实力，结合经济力量发展，促使国际社会承认其东北亚地区大国地位。这不仅有利于未来朝鲜半岛向有利于韩国方向实现统一，也有利于统一后的朝鲜半岛向"世界大国"方向发展。

可以说，尽管朝韩两国把统一作为最终目标，但从国内外的现实情况出发，为各自的生存、发展、强大而努力，统一尚未提到议事日程。朝鲜半岛和平统一之路尚较遥远。其实，朝鲜半岛和平统一不仅是南北双方的最终目标，也具有强烈的国际化性质。朝韩两国与周边大国关系复杂，朝鲜半岛统一成为东北亚地区大国关系的重要变数之一。能否实现和如何实现朝鲜半岛统一，需要周边国家的认同、支持与合作。

（三）六方会谈与朝鲜半岛安全形势

六方会谈于 2003 年 8 月 27 日开始，到 2007 年 9 月 30 日为止，一共举行六轮会谈。2009 年朝鲜宣布退出后，六方会谈至今没有复会，被普遍认为是名存实亡。[①] 事实上，朝鲜用意是与美国直接对话，并表示"不反对朝鲜半岛无核

---

① 《朝鲜宣布退出六方会谈》，新华网，http://news.xinhuanet.com/world/2009-04/14/content_11184071.htm，2009 年 4 月 14 日。

化"，只是对美国的朝核政策不满。如果美国答应与朝鲜进行直接对话，六方会谈又能保障朝鲜的"自主权及和平发展权"，朝鲜愿意回归六方会谈。毕竟，尚无新方式可以取代六方会谈解决朝核问题。

2009 年 8 月初以后，朝鲜曾主动发动一轮外交攻势，向美、韩"示好"。不过，朝鲜的和解姿态没有得到回应，其再次打出"核牌"，软硬兼施，向国际社会施压，迫使美国下决心与朝鲜进行直接对话。美国确实对朝核问题束手无策，只能宣布与朝鲜举行直接对话，目的是说服朝鲜重返六方会谈。朝美"过招"的几个回合，美国虽然动员国际力量加大对朝鲜制裁，但朝鲜明显掌握主动权，迫使美国接受直接对话要求。首先，美国不愿意放弃朝鲜半岛无核化目标，又没有找到解决该问题的有效途径。为避免朝鲜的核武力变为现实，只能选择直接对话。其次，美国希望通过与朝鲜直接对话，了解其真正意图，用"一揽子援助方案"做"最后一搏"，换取朝鲜的完全、不可逆转的弃核。此举是美国的"迂回"战术，目的是劝说朝鲜回归六方会谈。最后，美国通过劝说朝鲜回归六方会谈，可以提高其在东北亚安全与战略上的影响力，削弱中国在朝核问题的发言权，甚至是利用朝核问题获得其他利益。

应当说，当时朝鲜在与美国的直接对话中得到的好处更多。一是朝鲜终于作为平等对话伙伴与美国进行对等谈判，这被视为其外交上的一大胜利；二是一旦美国对金正日政权予以承认，可使朝鲜顺利推动内部权力继承；三是如果美国默认朝鲜有核，朝鲜不仅获得保障自身安全的绝对手段，还有了要挟他国的战略筹码；四是如果朝鲜以弃核为条件，可以换取朝美关系正常化及能源、经济等"一揽子"援助，将为其经济复苏奠定基础，为建设"强盛大国"铺平道路。

美国坚持在六方会谈框架下解决朝核问题，主要有三个方面考虑：首先，朝核问题不对美国构成直接威胁，也不是美国必须解决的重大问题，因此，美国把朝核问题放在东北亚区域框架内考虑。随着东北亚地区在美国全球战略中的重要性提高，美国不可能不顾及域内他国的意见和感受。其次，美国提出解决朝核问题的"一揽子援助方案"，是需要周边国家分担其承诺的对朝经济援助措施。朝鲜不回归六方会谈，各方就没理由援助朝鲜。最后，美国宣布与朝鲜进行直接对话前，通过特使访问中、韩、日、俄并得到各方的理解和同意。美国一再强调在六方会谈框架外，美朝不会谈及任何实质性问题，不过是表面上"保持与周边国家的一致性"，避免受到国内、国际的批评和指责而已。实际上，奥巴马政府并非想象中的温和派，其非常重视"利益优先"和"实用主义"。

"天安舰事件"和"延坪岛炮击事件"后，中国积极斡旋重启六方会谈。2012 年 2 月 23 日，美国朝鲜政策特别代表戴维斯和朝鲜外务省第一副相金桂冠率领的代表团在北京恢复会谈。此次会谈是朝鲜新领导人金正恩继任后朝美首次高级别对话，外界将之视为传递金正恩对外策略和朝核问题态度的最佳时机。同年 2 月 29 日，朝美达成"2·29 协议"，这为重启六方会谈创造了良好条件。但是，朝鲜在同年 4 月发射卫星，导致该协议失效，使美国受辱并对重启六方会谈失去信心。

金正日逝世一周年、金正恩执政一周年之际，朝鲜因核与导弹问题再次成为国际社会的关注焦点。2012 年 12 月 12 日，朝鲜利用"银河 3 号"远程火箭，将"光明星 3 号"二期卫星发射升空；2013 年 2 月 12 日，朝鲜在咸镜北道丰溪里进行第三次核试验。针对联合国安理会出台的 2087 号决议和 2094 号决议，朝鲜态度极为强硬，其表示继续发射卫星和运载火箭，加强核遏制力，宣布六方会谈和"9·19"共同声明不复存在，朝鲜不再进行有关朝鲜半岛无核化的对话，将实施"瞄准美国"的高水平核试验。针对韩美接连不断、规模越来越大、威胁性越来越强的联合军演，及"美韩的敌视朝鲜政策和制裁阴谋"，朝鲜人民军将采取包括针对美国等各种敌对势力的敌对行为采取更强有力的实质性的第二步、第三步应对措施，宣布 1953 年签订的《朝鲜停战协定》"完全无效"，以及全面停止朝鲜人民军板门店代表部活动；① 宣布《关于北南间和解和互不侵犯及合作交流协议书》无效；如果美国点燃核战争导火索，朝鲜将行使核先发制人打击权利等。同年 3 月 30 日，朝鲜宣布南北关系进入战时状态，所有问题将根据战时状态处理。次日，朝鲜劳动党中央委员会全体会议决定"实行经济建设和核武力建设并行路线"。同年 4 月 2 日，朝鲜宣布重启宁边石墨减速反应堆。朝鲜直接强硬地针对美、韩尤其是美国的一系列举动，甚至是不惜以"全面战争"威胁，更深层的目的是表明朝鲜继续进行核与导弹开发的决心和意志的同时，希望通过"战争边缘"手段，迫使美国进行直接对话，改善朝美关系，利用《和平协定》取代《停战协定》，从根本上解决朝鲜国家安全隐患。

但是，朝鲜利用战争威胁达到对话目的的手段对周边国家越来越失去效果，各方一致要求朝鲜回归六方会谈。2013 年 5 月 25 日，朝鲜最高领导人特使崔龙海在人民大会堂向中国国家主席习近平递交金正恩的亲笔信，表示朝鲜愿意参加六方会谈。同年 6 月，金桂冠访华与中国外交部进行战略对话表示，朝方愿与各方举行对话，参加包括六方会谈在内的任何形式会谈。朝鲜还先后与中、美、日、韩接触，终因"朝鲜先弃核还是韩美先改变敌朝政策"的纠结无果而终。2013 年 11 月 27 日，六方会谈美方团长、美国朝鲜政策特别代表格林·戴维斯表示，如果朝鲜不改变态度，六方会谈恐难重启。朝鲜外务省发言人表示，戴维斯

---

① 《朝鲜人民军最高司令部发言人针对当前形势申明将采取的重大措施》，朝中社，http：//www. kcna. kp/kcna. user. article. retrieveNewsViewInfoList. kcmsf#this \，2013 年 3 月 5 日。

言论证明美国"阻碍重启六方会谈的态度"未发生变化,六方会谈的宗旨是本着主权尊重和平等精神,消除引发朝鲜半岛核问题的根源,最终实现朝鲜半岛无核化。但美国从未履行在六方会谈中承诺的任何义务,现在反而提出朝鲜应首先单方面让步的要求,朝鲜以此拒绝六方会谈。

在朝鲜宣布拥有核武器,借助核武器保卫国家安全的背景下,如果以朝鲜弃核为目标重启六方会谈,需要更多的战略智慧。目前暂无任何方式可以取代六方会谈解决朝核问题。在朝鲜日益处于孤立的情况下,重启六方会谈解决朝核问题的可能性增加。但"此六方会谈非彼六方会谈",其内容、形式、效果等可能发生一定变化,以适应已经变化的东北亚局势。中国应抓住机会,使六方会谈向满足本国利益诉求的方向发展。朝鲜在核博弈中的三大关切,即政治承认、安全保障、经济解困,目前来看难以得到各方的一致认可因而始终未能实现。有鉴于此,六方为重启会谈尚需进行多种博弈,虽然重启会谈有望,但难度倍增。

(四)朝鲜半岛局势对东北亚地区的影响

解决朝鲜半岛问题最重要的因素是两个当事国——朝鲜和韩国,但因朝鲜半岛问题具有强烈的国际化性质,朝、韩与周边大国关系复杂,朝鲜半岛成为东北亚大国关系的重要变量。美、中、俄、日等大国在朝鲜半岛不同的战略目标及对朝鲜半岛统一的远期趋势的共同认识,导致各国均试图发挥各自优势和影响,以使朝鲜半岛局势向有利于本国方向发展。目前,朝、韩正处于战略调整的关键时期。随着世界政治经济重心转移到东亚地区,以及中国崛起给周边国家带来的不适应,朝核问题和朝鲜问题成为周边国家遏制中国的借口。围绕朝鲜半岛的大国博弈日益激烈,东北亚地区局势日趋复杂。大国间错综复杂的矛盾和利益在很大程度上决定朝鲜半岛局势走向,同样朝鲜半岛局势变化也极大关系到周边大国的利益和政策。

由于朝鲜核与导弹开发给朝鲜半岛及东北亚地区带来极大不稳定性,为解决朝核问题,周边国家有过合作,从而取得六方会谈的诸项成果。目前,朝鲜核与导弹问题已沦为各国敲打朝鲜的"必要工具",其重点转向朝鲜新政权的政策走向,以及如何利用朝核问题和朝鲜半岛问题为各自国家在东北亚地区的战略利益服务。

美国利用"天安舰事件"和"延坪岛炮击事件",以保护盟国为借口,加快实现"重返亚洲"的战略目标。它将原来处于离心状态的日、韩两国重新纳入控制框架,继续对朝鲜进行高强度军事威胁,将朝鲜半岛南北关系问题转变为东北亚地区大国关系问题。随着美国"亚太再平衡"战略的实施,美国不断强化与

韩、日同盟关系，意图建立美韩日三边同盟，把韩、日拉进导弹防御系统。美国
"亚太再平衡"战略加大了朝鲜半岛的战略失衡态势，为朝鲜半岛注入新的不稳
定因素，导致停战机制难以转向和平机制，也加大了朝鲜半岛发生新的军事冲突
的可能性。

日本一直把朝鲜半岛视为关系本国生存与繁荣的重要地区，把朝鲜半岛安全
看作是日本的安全。冷战后朝鲜核与导弹开发，引起日本的高度关注。20 世纪
90 年代以来，日本对朝鲜半岛的政策基调有三点：一是维护朝鲜半岛分裂状态
下的和平稳定；二是与韩国保持友好合作关系，同时寻求与朝鲜关系改善，不断
扩大自身对朝鲜半岛的影响力；三是将朝鲜半岛打造为日本连接欧亚大陆、向欧
亚大陆进军的战略桥头堡。至今，日本依然希望通过日美韩合作体系和平解决朝
核问题，并展示了解决核、导弹与绑架问题后，日朝建交和日朝经济合作的可能
性。朝鲜核与导弹开发，还给日本以合理借口发展军事力量，摆脱《和平宪法》
束缚，让日本自卫队转身为正常军队。另外，日本借机加入美国主导的导弹防御
系统，甚至叫嚣要拥有核武器。长期以来，日本担心统一的朝鲜半岛国家对其政
治、经济、安全构成威胁，希望维护朝鲜半岛分裂现状，推进朝鲜半岛无核化，
利用经济优势提升自身在朝鲜半岛的地位作用，谋求改善与朝鲜关系，联合韩
国、打击中国。因此，在金正恩上任后，日本与朝鲜的接触活跃，互动频繁。同
时，安倍政权向朴槿惠政府一再示好，期待改善日韩关系，巩固日美关系，通过
"价值观外交"对中国构建包围网。

美国亚太战略的新转变，引起俄罗斯的高度警觉。俄罗斯将西伯利亚和远东
地区作为未来发展的重点，开始制定"新亚太战略"。一方面，俄罗斯要分享亚
太繁荣与发展的难得机遇，融入亚太经济一体化进程；另一方面，俄罗斯要将政
治影响力延伸到亚太地区，防止美国压缩俄罗斯在远东地区的战略空间。俄罗斯
把朝鲜半岛作为进入东北亚的钥匙，希望借助与朝韩合作扩大影响力，促进远东
地区发展，把远东地区作为实施新亚太战略的"东亚之窗"。俄罗斯对朝韩采取
"等距离外交"政策。加强与韩国交流合作的同时，全方位加强与朝鲜合作。比
如，在经济上，在铁路连接、油气管道铺设、电力输送等项目上与朝鲜密切协
商，削减朝鲜对俄罗斯90%的负债，向朝鲜提供500万美元人道主义援助和5万
吨粮食援助，等等。① 在外交上，梅德韦杰夫在2011年8月与金正日举行首脑会
谈，强调两国友好关系，并达成一系列协议。2012年普京上任伊始，再次向朝
鲜建议举行普京与金正恩之间的领导人会谈。在军事上，俄罗斯恢复与朝鲜的军

① 《俄罗斯向朝鲜提供粮食援助》，朝中社，http://www.kcna.kp/kcna.user.article.retrieveNews-
ViewInfoList.kcmsf#this，2009年9月25日。

事交流合作，双方商讨重建军事合作事宜，包括地面部队合作、联合搜救演习、舰船互访、联合军演等。俄罗斯的战略目标是通过加强与朝鲜合作，抑制美韩联盟在东北亚地区给自身带来的巨大压力。不过，朝鲜导弹问题的持续发酵尤其是第三次核试验后，俄罗斯认为朝鲜是"难以预测的合作伙伴"，对其产生警觉心理。俄罗斯旨为寻求保证朝鲜半岛形势变化不影响俄罗斯国家安全和远东地区发展，促进朝鲜半岛无核化，消除"热战"威胁，支持朝韩通过对话解决相关问题。为此，俄罗斯不断呼吁朝鲜勿与国际社会对抗，敦促朝鲜放弃核与导弹计划，呼吁与中国加强合作和协调立场，阻止外部力量给朝鲜制造新困难，避免朝鲜走极端危险道路，帮助朝鲜融入国际体系。

目前，中美是对朝鲜半岛问题具有重要影响的力量。中朝关系与美韩关系是冷战时期形成并延续至今的两对特殊关系，至今中国仍对朝鲜具有他国无法替代的影响力，美韩军事同盟则一直占据韩国外交安保政策的核心地位。冷战后，东北亚地区围绕朝鲜半岛分治所建立的冷战格局依然存在，美日韩"南三角"不仅没有随着中苏朝"北三角"解体而消失，美日、美韩同盟反而不断巩固加强。韩国与中、俄等国家关系不断取得进展的同时，朝鲜依然与美、日保持紧张对峙局面。中朝、中韩、美韩、美朝之间关系的现实性与复杂性，导致朝鲜每当遇到无法解决难题时，就会主动向中国靠拢，要求中国提供经济、政治与军事等援助。每当南北关系紧张时，韩国就寻求美国"核保护"以抵御朝鲜"核威胁"，同时期待中国站在本国立场，"压制"朝鲜。

朝鲜依仗在东北亚地区重要的地缘战略地位，虽然长期面临国际孤立和军事威胁，但行事乖张，不按常理出牌。即便朝鲜明知中国是其生存与发展的"生命线"，依然在建设"强盛大国"过程中不时损害中国国家利益，在核与导弹问题上不顾及中国感受，在国际事务上给中国制造麻烦。为改善和发展与美国关系，朝鲜不仅保持与美国密切接触，必要时可能与美国交换中国国家利益。中国在维持与朝鲜的"传统友好合作关系"上承担过多的单边责任，却没有享受应有的权利。

虽然冷战早已结束，但朝鲜半岛南北对立没有终结。朝韩双方希望借助中、美等大国力量，使朝鲜半岛形势向有利于己的方向发展，甚至是将南北关系问题转变为中美关系问题。中美在防止核扩散、坚持朝鲜半岛无核化等方面存在共同利益，两国在解决朝鲜半岛问题过程中一度加强了合作。中国对朝鲜半岛的目标是稳定、和平、发展；美国则希望朝鲜半岛保持"适度紧张"，加强与韩日同盟关系，撮合日韩与美国形成三边军事同盟，共同遏制中国崛起。中、美对朝鲜半岛的战略目标相异，导致两国在朝鲜半岛问题的合作基础不牢固。而朝鲜半岛形势的持续恶化，则加剧中美在该地区的竞争局面。大国围绕朝鲜半岛事务的激烈博弈，既使朝鲜半岛问题趋于复杂化，也对美国的"亚太再平衡"战略给予了一定的牵制。

二、美俄日的朝鲜半岛战略与政策

朝鲜半岛问题长期悬而未决，尤其是大国之间的激烈博弈，是导致朝鲜半岛不时陷入危局状态或战争边缘境地的原因所在。随着东北亚局势和域内国家实力对比的变化，围绕朝鲜半岛问题持续激烈展开的大国博弈进入新时期。在这一背景下，美俄日纷纷对朝鲜半岛战略与政策做出新的规划和调整。

（一）美国的朝鲜半岛战略与政策

美国是影响朝鲜半岛局势变动的重要因素之一，朝核问题一再反复与美国固执的"冷战思维"不无关系。美国极为重视对朝鲜半岛战略与政策的制定及实施，但其习惯于从本国利益和立场来思考问题，一直奉行敌视朝鲜政策，致使朝鲜半岛局势难以收拾。

1. 美国的朝鲜半岛战略目标

冷战结束后，美国除关注"朝鲜威胁"外，更加关心中国崛起。美国面临的最大挑战是如何将崛起的中国纳入"美国治理下"的东亚体系。美国积极推动双边、多边的同盟与安全伙伴机制，将美日、美韩关系纳入维护本国战略利益的地区安全框架。通过"2+2"对话、协调、军演等整合美日韩三方战略诉求，使日韩成为遏制朝鲜、抗衡中国的安全政策的组成部分。

为维持"东亚霸权"，美国的朝鲜半岛战略主要包括以下措施：其一是维持均势。支持地区大国管制挑战国，或支持较弱的大国对付较强的大国，让他们彼此互相牵制，自动维持地区稳定。其二是组建联盟。当均势不奏效时，通过同盟加以遏制。其三是共处、结盟或进攻。当无法组建同盟时，要么与挑战国达成协议或转而结盟，要么转而进攻。从美国处理地区性挑战国的外交惯性看，一旦美国实力允许，大多以战争手段解决而告终。上述战略落实到朝鲜半岛，可以看出美国对朝鲜政策的基本轨迹。

具体而言，美国对朝鲜政策的基本逻辑有三个方面：一是尽量不用美国的权力，通过中国对付朝鲜，这可以减少美国的风险与成本。即便不成，也可以分化中朝两国。二是当中国与其他国家没有意愿，不愿意承担风险，美国会寻求同盟或六方会谈的松散组织。一直以来，美国在朝核问题解决上的更多注意力是放在东北亚总体的地区环境上，主张美中俄日韩共同应对朝核问题，推动地区安全前景的五边会谈，制定朝鲜突然崩溃的应对措施，借此打造一个地区安全结构。通过地区性联盟解决地缘政治难题，并以"胡萝卜"和"大棒"为手段，逼迫朝鲜就范。三是上述方法对朝鲜失效后的政策考虑。朝鲜一直寻求通过"核外交、导弹外交、人质外交"，逼迫美国与朝鲜展开直接对话，打破美国以五对一向朝鲜施压的局面。而对朝政策只是美国防止全球核扩散的组成部分而已。因此，美国一再拖延时间，在共处与开战之间做出选择。当风险降到最低时，再寻求解决。以时间换风险，从而抵消风险，也可能导致战争。一旦美朝达成协议，六方会谈的作用可能降低，朝鲜半岛地缘政治格局将发生变动。美国会组建新的地区集团，寻求更大目标——遏制中国。应当说，美国对朝鲜政策占据主导地位的仍是地缘政治利益考虑。动摇与控制朝鲜局势，实际意图是牵制美国在东亚的地缘政治战略对手——中俄两国，将该地区变成中俄边境区域问题的策源地。同时，为美国在该地区长期驻扎军队提供充足理由。

2. 朝核问题是美国朝鲜半岛战略的核心问题

朝核问题是美国朝鲜半岛战略的核心问题，这是矛盾中的主要矛盾。其中，美国对朝鲜政策构成主要矛盾的主要方面。奥巴马政府上台后，美国对朝鲜政策有所变化。尽管"高压与说服"的手段没有变化，但处理方式上有所不同。奥巴马政府注重外交谈判，包括双边外交与多边外交的接触，组织了富有经验的对朝谈判团队，诱使朝鲜采取合作态度，而不是通过布什时期的军事与经济制裁手段迫使朝鲜就范。奥巴马政府弱化了小布什时期推行"民主和平论"的理想主义理念，在朝鲜半岛事务中复归现实主义，重拾多边主义立场。即采用两手政策，既设法维系与朝鲜关系，又推动国际社会制裁，同时平衡相关的多边关系。

奥巴马政府对朝核问题的路线图已经清晰。近期目标是通过美朝双边会谈打开核僵局，实现朝美关系正常化；中期目标是全面开展经济、文化、教育与安全方面的渗透，推进美国对朝鲜的影响力；长期目标是实现民主制的统一的朝鲜。2009年12月8日，美国特使博斯沃斯访朝，成为奥巴马政府首次进行的美朝双边对话。美国一改小布什时期"分阶段"解决策略，提出"一揽子"解决模式。在朝鲜不彻底弃核的前提下，美国不会放宽经济制裁，通过大规模的经济援助及关系正常化等"一揽子"回报。也就是说，美国要求朝鲜以彻底可验证的方式弃核。而朝鲜认为朝核问题是美国长期敌视政策的产物。朝鲜半岛的核对抗，完全是朝美之间的对抗。因此，朝美之间敌对关系不解决，六方会谈无疑是毫无意义的。如果美国想解决朝核问题，就必须通过对话解决朝美之间的核对抗。同时，作为改变敌视政策的基本条件，必须将《停战协定》转换为《和平协定》。通过和平关系的建立，再谈弃核问题。否则，朝鲜会继续实施核对抗政策。

可以说，朝核问题一直是"进一步、退两步"的螺旋上升模式。朝鲜追求的国家利益目标与相关各方产生"权力冲突"，朝鲜不是选择经济与政治的"相互竞争"形态，而是采取"核武器"这一"直接对立"的特殊手段，企图在这场"权力冲突"中实现"维持权力、增加权力和显示权力"的国家利益最大化的战略目标。朝鲜运用无限期拖延战术寻求核技术突破，就此在谈判中不断提高要价，巩固已有成果。这一战术的反复使用，最终目的是使朝鲜成为"核拥有国"。朝鲜的做法是"鱼和熊掌"兼得，迫使国际社会由"不认同"到"默许"。既要与美国建交，又要成为拥核国，其策略是"以拖待变"，不急于与美国谈判。即使与美国谈判，也要视相互交换条件而定。目前来看，朝鲜的要价很高，美国的"大买卖"与韩国的"大交易"均未打动朝鲜。未来即使达成协议，也存在能否严格遵守与顺利执行问题。因此，解决朝核问题的道路仍会一波三折。

3. 美国与朝韩关系

在朝鲜半岛，美国以意识形态作为识别敌友的标准，一直区别对待朝鲜和韩国，至今未与朝鲜建立正常关系，而与韩国不断强化军事同盟。美国在对待朝鲜和处理朝鲜半岛事务时，总是做好两手准备。其实，陷入热战状态的朝鲜半岛及动荡不安的东北亚地区局势不是美国乐见的，也不符合美国核心利益。

（1）美朝关系。朝鲜一直通过"边缘政策"寻求国家利益最大化的目标。朝鲜"边缘政策"手段的选择依次表现为：海上冲突、边界交火、发射导弹、核试验、核扩散、全面战争。核扩散与全面战争尚能得到控制，但未来不排除擦边走火的可能性。朝鲜的路线图——主张"先双边，再多边；不对话，就对抗；无和平，就拥核"。美国的双边外交面临的挑战是如何将《停战协定》转化为《和平协定》；多边外交的挑战是如何将六方会谈这一短暂机制，转化为围绕朝鲜半岛与东北亚和平的新机制。同时，美国面临双边与多边外交如何平衡的问题。换言之，美国的双边外交体现出"大胆"的特色，多边外交则与其他国家保持一致，尤其是与中、韩、日之间的协调。

可以说，美国兼顾双边与多边行动具有挑战性。在双边机制上，如果美国要取得成功，可以断定其更多使用"胡萝卜"，而减少"大棒"使用的次数与范围。这意味美国不会将人权问题、常规武器、导弹问题等作为美朝谈判的首要条件，美朝实质性会谈将以互设联络处为起点，旨为结束美朝敌对关系；通过逐步放宽对朝鲜制裁，消除两国间在旅游与贸易等方面限制；通过签订《和平协定》，为两国外交正常化奠定基础；通过对朝鲜境内的国际贸易、投资、融资，逐步渗透到朝鲜经济领域。

其实，美朝关系不限于遏制与反遏制的对抗关系，而表现出表里不一、复杂微妙的关系特征。"胡萝卜与大棒"政策不会有好效果，反而一直以来发挥相反的作用。实际上，对朝鲜制裁不仅没有收到很好的效果，反而增强其国内凝聚力，成为朝鲜官方最好的宣传武器，使朝鲜历史上深受伤害的民族主义与现有的爱国主义有机结合，强化了朝鲜人民对西方思想渗透的"免疫力"。因此，不排除未来美国对朝鲜尝试建立"全面关系"的可能性，即开展经济、文化、教育与人员的全面交流，这将带动东北亚地缘政治板块的巨大移动。

（2）美韩关系。冷战结束后，韩国基本完成民主化制度的演变，美韩通过"观念的内敛与集聚"使双边关系不断强化。在朝鲜半岛问题上，美韩公开强调推动朝鲜半岛民主政权的全面建立，共同维护朝鲜半岛和平。在美韩看来，朝鲜半岛问题的最终解决，只能期待朝鲜的民主改革或内部革命。在这个意义上，其终极目标与围堵政策相同，只是冷战后的国际环境与冷战时期完全不同罢了。单纯的"硬性介入"朝鲜的代价巨大。目前，美韩通过构筑"力"的关系，"维护朝鲜半岛的和平"。同时，以"人权、自由、民主"为口实，守护"民主秩序"，向朝鲜施压，希望看到朝鲜内部形势变化。可以说，现实主义"均势政治"的共同干预和新自由主义的"民主同盟"内部的凝聚及意识形态的合作，是美韩双边合作的不可缺少的内容。

进入 21 世纪，美韩的战略交汇更多体现在如何集中外交资源，共同阻止朝鲜寻求核拥有。防止朝鲜拥核，这符合美韩两国切身利益。目前，美韩阻止朝鲜拥核的安全合作体现在三个领域：一是核能生产领域。美韩是全球核能生产的重要参与者，两国在全球核能生产标准、确保安全保障措施、防止对朝鲜核扩散方面有着紧密合作。二是海外发展援助。美韩拥有众多的海外援助项目与救助团体。通过非政府组织合作，两国形成对朝鲜渗透的巨大网络，比如，对所谓"脱北者"的援助、基督教的传播等。三是美日韩三方战略安全合作。面临朝鲜"威胁"，在美国推动下，美日韩加快《军事情报保护协定》和《战备物资相互提供协定》的签订步伐，以实现对朝鲜情报的分享、军事援助共担的目的。2012 年 6 月美日韩举办首次联合海军演习，对该区域安全产生了重要影响。

第二次世界大战后至今，尽管美韩一直维持紧密同盟关系，但双边关系存在不小的政治分歧。一方面，受美朝双边接触与美韩军事同盟的平衡问题影响。韩国是朝鲜半岛问题的当事方，但受到美国的忽视与朝鲜的怠慢，其一直有被排斥在外的感觉。韩国政府对朝鲜的"强硬立场"，给美国对朝鲜接触政策带来一定压力。另一方面，受统一民族信仰与保守派对朝鲜强硬政策的平衡问题影响。南北统一已成为韩国民间信仰，如果美国不在《和平协议》上拿出诚意，将遭遇韩国国民的反美浪潮。而韩国保守派一贯亲美，其对朝鲜奉行强硬政策，牵制了美国对朝鲜的接触政策。因此，美国必须考虑如何兼顾韩国民间与韩国政府的利益问题。具体来说，美韩之间有三大难题待解：第一，韩美自由贸易协定。美国保守主义声音出现，民主党参众两院要求对部分项目进行重新谈判。韩国官员不接受这一要求。第二，在对朝鲜核开发政策方面，韩美两国利害关系存在冲突。美国关注的是消除核武器、大规模杀伤性武器与核不扩散问题，韩国关注的是如何主导统一进程，对美国主导存有疑虑。美国把"直接、攻击性的"与"巧实力"的外交相结合，通过国际制裁与美朝高层会谈，越过韩国解决朝核问题。对此，韩国表现强烈不满和牵制动向。第三，韩美同盟。在解决朝鲜半岛及东北亚安全事务上，存在美韩、美日同盟平衡问题，及扩大美韩同盟干预范围的争议问题。美国希望扩大韩美同盟作用范围，韩国存有疑虑。

（二）俄罗斯的朝鲜半岛战略

朝鲜半岛北部与俄罗斯远东地区接壤，是俄罗斯进入东亚地区的桥梁和进入环太平洋地区的优良出海口，从帝国主义时代开始就被其视为进入远东地区的终点。这不仅彻底改变了欧亚大陆的交通运输方式，也将朝鲜半岛与俄罗斯的地缘政治、地缘经济、国家安全密不可分地联系起来。

1. 俄罗斯对朝鲜半岛战略的调整

苏联解体后，俄罗斯总统叶利钦推行向韩国倾斜的外交政策，使俄朝关系进一步恶化。对朝鲜的常年大量投入成为俄罗斯经济发展的巨大负担，其成为俄罗斯急于甩掉的战略包袱。而同韩国建交成为俄罗斯向美国为首的西方国家示好的政策手段之一。只不过这种示好没有带来俄罗斯期望的结果，其对西方国家的亲善外交没有得到美、韩等国家的应有回报。由于同朝鲜关系恶化，俄罗斯已经丧失对朝鲜的实际影响力，也就丧失了同美国谈判的战略筹码。因此，在 20 世纪 90 年代初的数次朝鲜半岛局势会谈中，俄罗斯均被美国排除在外。边缘化的俄罗斯逐渐失去对朝鲜半岛问题乃至东亚问题的发言权和影响力，这显然是俄罗斯难以接受的。有鉴于此，从 1994 年秋季开始，俄罗斯逐渐调整对朝鲜半岛战略。1996 年普里马科夫任俄罗斯外长后，开始实施"全方位"外交并调整亚太政策。俄罗斯开始对朝鲜半岛施行"南北等距离"的"双头鹰"外交，力求在朝韩之间维持平衡关系，使其成为朝韩两国相互争取的目标，进而在外交中获得实利。

具体而言，俄罗斯对朝鲜半岛战略的调整依据有三个方面：

（1）"向东转移"的地缘政治趋势。近年来，在东北亚太平洋沿岸地区出现诸多问题，主要是美、中、俄、日、韩五国利益交织，使该地区形势变得错综复杂。中俄军事力量的日趋强大，使美国将外交和防务重点转向亚洲。虽然美国对日本、韩国提供一定的安全保护，但无法确保盟友不与中国、朝鲜发生冲突。日本想摆脱《和平宪法》约束，美国则鼓励日本发展独立防务力量，目前日本海上军事作战能力已经超出自卫利益的需要。日本对中国、韩国不断挑起领土争端，并在阿拉伯海、澳大利亚沿海有所行动，相关军事建设使其成为仅次于美国的世界第二海上力量，而朝鲜核试验成为日本加强军事建设的极好借口。美韩同盟在发生新转变，韩国的战略抱负是除了成为美国在该地区军事上的伙伴外，还要将同盟优势扩大到对全球的政治经济影响上。目前，韩国军事建设重心从陆地对峙转移到加强海上力量，虽然提出让美国战术核武器重返韩国的要求没有得到允许，但美国表示将与韩国进行更紧密的军事合作，在朝鲜半岛周围部署更多反导系统，并联合日本进行更多军事演习，达到威慑朝鲜的目的。唯一有助于该地区和平与对话的是六方会谈，但没能合理解决朝鲜半岛问题，主要原因是美国不能协调盟友日韩与朝鲜的关系。其他国家也无法限制、干涉朝鲜在国际社会的政策举动，朝核问题可能成为各方展开新一轮军备竞赛的导火索，从而使该地区局势趋于紧张。

普京总统上任后，不断调整俄罗斯外交政策，明确在该地区俄罗斯和中国是战略伙伴。毕竟，俄罗斯在亚太地区政治影响力尤其是海上军事影响力并不突出，以至于亚太国家对中国抱有"恐惧感"。因此，普京总统决定适应"向东转移"的地缘政治趋势。在地缘战略上，恢复俄罗斯对亚太地区政治经济的影响力，并保持核超级大国地位，担当维护该地区安全的关键角色，树立良好的国家形象。换言之，无论朝核问题是朝鲜的单边游戏，还是美朝双边的"核战争游戏"，与朝鲜接壤的俄罗斯都会起到稀释战争气氛的作用。这些说明俄罗斯"向东转移"的地缘战略目标是，重新寻找和形成更加平衡的外交格局。

（2）"向东突破"的地缘经济需求。普京总统上任后，俄罗斯更加注重与朝韩两国同时建立和保持友好外交关系，俄罗斯对两国政治问题一贯秉承推进无核化的政策立场，努力维护地区和平稳定。在经济上，俄罗斯与朝韩两国均有贸易关系，在天然气出口、天然气管道铺设、原材料（钢材、食品、化工产品、木材、矿产）等领域有较多合作。在远东地区开发问题上，早在1989年俄罗斯就对外资企业提供了很多优惠政策，前期依靠吸引外资，经济实体局限在对外贸易、餐饮旅店等服务性较强的行业，生产领域招商引资成效不大。因此，俄罗斯在1995年颁布《与本国和外国投资者签订租让协议法》和《产品成分协议法》，以吸引美、英、日、韩等国家的大企业来远东地区租赁油田、开发森林。普京执政后，采取一系列的措施刺激远东地区经济增长，外资流入该地区速度不断增长。目前，俄罗斯提出更多优惠政策来提升当地人口数量并引进人才，目的是将远东地区由目前的原材料大本营转变为多样化的经济实体。这一政策面临的主要问题是基础设施建设落后。俄罗斯多元化矿业、金属和能源巨头——EN＋集团首席执行官阿蒂姆·沃雷涅茨预计，开发远东东西伯利亚地区需要花费 6 000 亿美元，如此大的开发项目和大笔的资金运作必定依靠与地区国家在多个领域的紧密合作。通过发展与区域国家关系，吸引它们参与到俄罗斯上述地区发展进程。对俄罗斯而言，"向东突破"极具地缘经济价值。

（3）重建"欧亚联盟"的外交坐标。重建"欧亚联盟"的外交坐标是俄罗斯"网状外交"的重要内容所在。与欧亚大国的外交关系，能够扩大俄罗斯的政治、经济、贸易实力及地区影响力。"欧亚联盟"最早由俄罗斯、白俄罗斯、哈萨克斯坦、吉尔吉斯斯坦、塔吉克斯坦及其他苏联国家组成的地区性组织。该联盟是集经贸、政治为一体的超越国界的联合体，建立友好互利的合作关系是整个联盟发展的基础。该计划是 2011 年普京担任总理时，以欧盟为蓝本提出的。普京再任总统后依旧积极推动与这些国家加强友好合作关系，设定到 2015 年正式建立"欧亚联盟"，并明确提出建立以俄罗斯、印度和中国为主的有效互利的外交框架。

2. 俄罗斯对朝鲜半岛战略及特点

出于本国利益和地区局势的长远考虑，俄罗斯对朝鲜半岛战略以维持朝鲜半岛地缘构造稳定、反对"外部干预"与"内部颠覆"、坚持"半岛无核化"与"六方会谈"的政治方案为主要内容。

（1）维持朝鲜半岛地缘构造的基本稳定。俄罗斯希望朝鲜半岛处在分裂状态。其一，统一后的朝鲜会成为由南方控制的民族主义国家，并有可能与美国结盟，进而对俄罗斯造成压力。同时，统一而强大的朝鲜半岛国家在亚太地区的影响力和竞争力势必提高，这对俄罗斯政治经济战略百害无利。其二，统一过程中朝鲜半岛可能发生大规模动乱或爆发战争，无论是政权更迭还是同意合并，均会带来大量现实问题，如人口迁移，这可能破坏俄罗斯的安定局面。其三，朝韩统一会造成俄罗斯的燃料运输、进出口、国防贸易等方面的重大经济损失。其四，朝鲜半岛的核战争言论若因统一进程的开始而激化，将给美、俄、中的地缘战略及全球框架带来巨大影响。如果朝核问题不能妥善解决，将威胁到俄罗斯国家安全。而日、韩必然会借机参与其中甚至是研制核武器，导致亚洲地区的核军备竞赛。其五，如果朝韩两国欲改变现状，俄罗斯企图恢复地区影响的努力将更加困难。韩朝问题激化会给美国重返亚太提供最大限度的便利,彻底稳定其在中亚、南太平洋包括菲律宾、印度尼西亚等国家的军事存在,并扩大在太平洋地区的海军力量。其六,朝鲜在冷战时期欠下苏联38亿美元的巨额外债,如果朝鲜与韩国改变现状,很可能会延缓或推迟朝鲜经济复苏进程,削弱其偿债能力。可以说,对急于融入亚太经济贸易圈的俄罗斯来说,朝鲜半岛保持现状是最佳方案。

(2)反对"外部干预"与"内部颠覆"。美国在朝鲜半岛问题上是有选择余地的。多年来,针对如何对待这一地区,美国创造了一套完整而审慎的战略:建立和保持强大军事威慑力,以审慎视野进行外交,对日、韩进行支持,要求中国控制朝鲜,并对朝鲜面临的困境及问题高度警惕。众所周知,造成朝鲜半岛危机的原因是朝鲜在1950~1953年与美国战争后没有签署"和平条约",致使朝鲜战争无果而终。此后,朝美拒绝实现关系正常化,甚至是拒绝缔结持久和平关系。可见,美国不打算与朝鲜和平共处。而美韩一直保持良好关系,这使朝鲜半岛总是冲突不断,走上冲突升级—相对缓和—再冲突的恶性循环。

在金正日执政的17年及韩国的"阳光政策"时期,朝鲜一共接受韩国政府4.5亿美元援助,但依旧继续研发核武器及导弹,原因是朝鲜一向奉行一切以国防建设为优先的"先军"路线。2012年4月和12月朝鲜分别进行两次远程导弹试射,此前朝鲜在美朝谈判中曾承诺冻结核相关活动,并要求美国给予粮食援助作为报酬,而在2005年,朝鲜曾在六方会谈中表示会弃核。对朝鲜反复无常的举动,美国将通过强化导弹防御能力,防止朝鲜威胁的扩大化。目前,美国确定将加强和日韩合作,进一步介入亚太地区安保系统,同时兼顾对日益强大的中国军事力量的牵制。

2013年3月朝核问题再次激化、局势趋于紧张后,俄美私下合作使局势有所缓和,这体现俄罗斯在对待朝鲜半岛问题上推行的是反对"外部干预"与"内部颠覆"的基本原则。俄罗斯不赞成美国对朝鲜半岛的外部施压和大肆宣传朝鲜核武器威胁论,认为这会增加误判而导致战争爆发的风险。朝鲜可能认为拥有核武器就可以发动有限度的军事挑衅而不必担心被报复,如2010年的"延坪岛炮击事件"。美国似乎担心会引发第二次朝鲜战争,而禁止韩国在军事上正面回应朝鲜,但美韩制定了主动出击的新路线。这可以理解为朝鲜再对韩国发动类似袭击,美韩将给予"预防性的攻击"。不论"外部干预"或"内部颠覆",均可能引发全面战争,这显然不符合俄罗斯的国家利益。

(3)坚持"半岛无核化"与"六方会谈"政治方案。在朝鲜半岛问题上,周边国家坚持"半岛无核化"与"六方会谈"政治方案是最为有利的。朝核问题在两个方面给周边国家带来严重担忧。其一,朝鲜的"核威慑力"一旦形成并将"核威慑力"转移给第三方,与韩国在海域上发生冲突甚至爆发战争,均会使周边国家面临安全压力。其二，如果金正恩升级策略的行动没有让其他国家承认朝鲜是合法的拥核国，也不能够有效缓解制裁，可能引起朝鲜的孤注一掷举动。

尽管 2009 年 4 月 23 日六方会谈以朝鲜宣布退出而暂时告终，但坚持六方会谈这一和平对话方式是不能放弃的。究其原因：第一，六方会谈可以作为开展东北亚安全对话的固定机制；第二，在六方会谈的基础上建立东亚地区安全论坛，可以为各国建立长期稳定的信任关系提供有效平台，同时增加军事透明度，便于开展外交合作；第三，东北亚地区安全机制应建立在多边机制的合作基础上，关键是区域内国家建立互信。通过俄罗斯及中国的努力，在 2013 年 5 月 25 日得到朝方愿意再次参加六方会谈的答复，俄罗斯希望通过六方会谈和平解决朝鲜半岛问题，维持和平发展的地区环境。

3. 俄罗斯对朝鲜半岛战略的趋向

未来俄罗斯对朝鲜半岛战略的制定及实施，将主要围绕避免大国权力"竞争失控"、维护朝鲜半岛双方"合作平衡"、推动区域安全机制"稳定形成"三个核心方面展开。

（1）避免大国权力"竞争失控"。俄朝关系的持续发展，能够发挥平衡大国权力竞争的作用。首先是影响美国。美国在冷战后有了重心转移到亚太地区的战略安排，可是"9·11事件"打乱了这一战略部署。美国在伊拉克战争和阿富汗战争耗费很多精力，以至于无暇加强对亚太地区关注。然而，美国没有放弃战略部署的东移步伐，这是因为该地区的中国、印度等大国不断崛起成为全球经济增长的推动力，该地区是全球经济最具活力的地带，可能成为 21 世纪对世界格局影响最大的区域。亚太地区的战略部署成功与否，直接关系到美国能否保持住在全球政治经济体系中的领导地位。2010 年奥巴马上任，为进一步推进在亚太地区的全方位布局，首先是巩固与盟国的安全合作关系，尤其是韩国和日本。这两个美国的亚太盟友也希望加强与美军联合作战能力，增强反导方面合作，获得提升本国军事综合水平的机会。同时，美国拉拢印度、越南、印尼等国家，增加经贸合作机会和扩展合作领域，其在亚太地区势力的扩大，必定对该地区其他国家带来巨大影响。

俄罗斯在亚太地区战略从对西方的"一边倒"调整为"全方位"外交战略，在重视西方世界的同时，致力于加强对亚太地区外交拓展。美国及欧洲国家推行的北约东扩计划，使俄罗斯承受巨大压力，回归亚太战略的"全方位"外交变得更加重要。近年来，美国为维护与韩国同盟关系，对朝鲜态度强硬。美国施行各种敌视朝鲜政策，导致朝鲜半岛气氛由缓和趋于紧张。俄罗斯与朝韩两国合作建立在维护双方的政治、经济利益的共同需要上，以便在亚太地区竞争环境中与美国相抗衡。朝鲜是俄罗斯与美国进行政治对话的重要筹码，对此俄罗斯心知肚明。

（2）维护朝鲜半岛双方"合作平衡"。俄罗斯对朝鲜半岛问题的外交立场是同时保持与朝韩两国的睦邻友好关系，为两国政治经济上的对话提供平台、创造机会。朝鲜半岛局势紧张，引发国际社会对朝鲜内政外交的关注，朝核问题更引来联合国安理会的严厉制裁。在经济上，制裁会给朝鲜及与其有贸易往来的国家带来一定损失，韩国也不例外。六方会谈再次开启，就是为了和平解决朝鲜半岛问题，避免危机扩大化。俄罗斯作为能源大国，其对朝韩两国的能源消费市场均不会放弃，逐年增长的进出口贸易额为俄罗斯带来巨大收益。对俄罗斯而言，朝韩两国均是重要贸易伙伴。保持朝鲜半岛现状、平衡朝韩力量对比，让两国和平稳定地发展经济，是俄罗斯"合作平衡"战略的具体表现，这符合俄罗斯国家利益，也展现了该地区势力分配的平衡性。

（3）推动区域安全机制"稳定形成"。俄罗斯面临让自身在美国主导的单极世界中重获应有地位的严峻挑战，推动单边主义转向多边主义，对抗体制转向合作体制，还要在新的政权格局中找到自己的位置和责任，促使地区安全机制重新建立。在这一过程中，俄罗斯主要的担忧是美国的霸权主义，尤其是美国推动北约东扩计划的行为，将严重威胁区域政治经济平衡，带来极大的不稳定性。在2013年2月发表的《俄罗斯联邦外交政策构想》指出，要"体现俄罗斯作为国际事务和世界文明发展中的平衡因素所具有的独一无二的作用"，俄罗斯"作为国际社会负责任和建设性的一员，推动建立积极、平衡和统一的国际议事日程，以解决全球和地区问题。"① 可以看出，俄罗斯的政治外交机制是建立在平衡地区安全的基础上，包括发展与朝鲜友好合作关系。换言之，俄罗斯对朝鲜半岛战略以限制区域不稳定因素为主，旨为推动区域安全机制"稳定形成"。

（三）日本的朝鲜半岛战略与政策

第二次世界大战结束至今，日本尽管与韩国建立外交关系，但领土与历史问题不断困扰双边关系发展。而日朝仍然停留在第二次世界大战结束时的敌对关系状态，至今未建立正式国家关系。因此，日本被朝鲜半岛两个国家视为"近而远的国家"。

1. 日本对朝鲜半岛政策的三根支柱

一是依靠日美同盟，通过强化日本安保力量，在朝鲜内政发生剧变时，快速

① 《俄罗斯联邦外交政策构想》，http://www.mid.ru/foreign_policy/official_documents/-/asset_publisher/CptICkB6BZ29/content/id/122186，2013年2月18日。

介入朝鲜半岛事务。二是通过日美韩三方合作强化,构建以朝鲜半岛为中心的东北亚地区安全体系。目前,日美韩三方互动频繁,日本在日韩关系方面投注极大热情。2009 年 5 月,日美韩三国在新加坡召开亚洲安全保障会议上,首次举行三国最高级别的国防部长级别会谈,集中讨论朝核问题,强调通过三方合作推动朝鲜弃核。同年 7 月,三国举行局长级别的国防联络会议,对朝核发展势态进行讨论。2010 年 3 月,"天安舰事件"后,日美韩三方加强沟通,并达成协议,共同推动联合国谴责朝鲜的决议及新的制裁措施。可以说,日美韩三方合作会逐渐从"务虚"向"务实"、"无序"向"有序"转变。这不仅会强化日本干预朝核问题的能力,还会增强日本参与朝鲜半岛事务的对应能力。三是日本试图通过联合国及六方会谈等国际机制,推行介入朝鲜半岛事务的基本政策。第一次朝核危机时,日本在美国主导和《朝美核框架协议》下参与朝核问题解决。此后,日本加入六方会谈这一解决朝核问题的地区安全机制。在这一框架内,日本基于相关的国际决议与"行动对行动"解决朝核问题的原则,寻求日朝关系的新突破。第二次朝核危机后,日本加紧与国际社会合作,加大对朝鲜的双制裁战略。

2. 日朝关系是日本朝鲜半岛战略的盲点

日本布局朝鲜半岛的最大难题和阻碍是实现日朝关系正常化。这是当前日本对朝鲜半岛战略的盲点所在,也是其意欲突破的难点所在。

(1) 日朝之间的主要问题。日朝关系正常化谈判始于 1991 年 1 月,至 1992 年 11 月,共召开八次会议,此后双方中止谈判;1999 年 12 月村山富市代表团访问朝鲜,双方再次启动关系正常化会谈,分别在 2000 年 4 月、8 月、10 月和 2002 年 10 月举行邦交正常化会谈;日朝红十字会会谈在 1999 年 12 月,2000 年 3 月,2002 年 4 月和 8 月分别举行谈判;2004 年 2 月和 5 月,日朝举行高级别协议会;2004 年 8 月、9 月、11 月,日朝工作级别会谈举行;2005 年 11 月和 12 月,日朝政府间协议会召开;2006 年 2 月,日朝全面履行协议会举行;2007 年 3 月和 9 月,日朝邦交正常化工作会议举行;2008 年 6 月和 8 月,日朝工作级别协议会召开。虽进行了近 30 余次的大小会谈包括 13 次国交正常化会谈和两次峰会,但日朝至今仍未实现邦交正常化。究其原因,战后清算、绑架问题、导弹与核等一直制约朝日关系发展。这其中,朝鲜最关注的是清算过去问题,而日本最关注的是绑架问题、导弹与核问题,两国立场迥异而无法达成共识。

战后清算。朝鲜主张殖民时代的条约和协定是日本强制签订,因此是无效的。对战前和战争中的殖民统治,要根据交战国之间的"赔偿"和"申诉权"进行补偿,要求查明"慰安妇"问题真相,谢罪道歉和补偿;日本国和政府最高领导人正式公开道歉,其内容铭记在外交关系的正式文件中。朝鲜还要求补偿过去的殖民统治，包括补偿人力和物质损失、返还文化遗物、保障在日朝鲜人的法定地位等。日本政府回应称日朝之间过去一度是不幸关系，对此感到遗憾，但《日韩合并条约》等是殖民统治期间合法签订和实施的。日本承认两国在财产申诉权问题上没达成共识，鉴于当时两国不是战争状态，因此不能进行赔偿。有关"慰安妇"问题，日本认为宫泽首相访朝时已经"谢罪和反省"。日本不接受战后赔偿和补偿的要求，但可以承认财产申诉权。日本主张根据日韩国交正常化时的方式（经济合作方式），寻找日朝双方的共同点。对过去不幸的历史，与村山首相谈话（1995 年 8 月 15 日）的内容基本一致。

绑架问题。尽管日朝举行的两次峰会和发表的《平壤宣言》均涉及绑架问题，但两国关系依然处于紧张状态。朝方的态度是随时可以进行建交协商，但认为绑架问题已经解决，在此后的建交协商中不会再讨论这一问题。朝鲜认为日本对此事纠缠不清，是企图使朝鲜在国际社会上失去信用的阴谋。而日方认为绑架问题没有完全解决，因此不能实现国交正常化。围绕绑架问题，日朝之间的分歧日益加深。2009 年 11 月 19 日在联合国第三委员会大会上，日本和欧盟共同提交谴责朝鲜严重侵犯人权的决议，强烈敦促朝鲜尊重人权和基本自由，并解决绑架日本人问题，要求将被绑架者立即返回。对此，朝鲜表示强烈抗议。2014 年 7 月 4 日，朝鲜宣布成立针对"绑架日本人问题"的特别调查委员会，而日本则在同日宣布解除对朝鲜的部分制裁。不过，日方至今也未见到朝方的正式调查结论，绑架问题依然是日朝邦交正常化的一大问题。

导弹与核问题。朝鲜认为核检查是朝美之间的问题，核问题的对象是美国和国际原子能机构（IAEA），而与日本无关。导弹发射关系到国家自主权，属于朝鲜主权范畴，不受外部干涉。日本则主张朝鲜必须接受核检查，遵守"朝鲜半岛非核化的共同宣言"，彻底放弃核武器开发。可以说，导弹与核问题不解决，日朝关系正常化就不会有任何进展，这是日朝邦交正常化的核心矛盾问题所在。

（2）日本对朝鲜的"双制裁战略"。所谓"双制裁战略"，是指自 2006 年第二次核试验后，日本一方面推动、响应联合国安理会通过的对朝鲜制裁决议，包括 1695 号、1718 号、1874 号、2094 号决议，主要内容是武器禁运、冻结资产、禁止人员往来、中止教育文化交流；另一方面，日本制定了自己的制裁措施，包括禁止朝鲜船舶进入日本港口、禁止朝鲜国籍人士入境等。

在履行联合国安理会相关决议的同时，日本也在制定国内的制裁法案。比如，为配合联合国制裁决议，日本制定了《货物检查法案》。该法案原是由自民党麻生内阁提出，但由于日本提前举行大选，而最终成为一项废案。民主党鸠山政府上台后，几乎照搬了该法案内容，最终获得日本国会通过。可以说，日本民主党对朝政策与自民党相比没有太大变化。《货物检查法案》是对联合国 1874 号制裁决议的补充。根据 1874 号决议，日本可以与各国采取紧密合作，对与朝鲜相关的可疑船舶实施警戒监视，进行检举、检查、跟踪等。基本内容是日本不仅可以检查在领海出入的朝鲜船舶，即使是在公海对违反国际法令的载有生化武器、地雷、枪炮等常规武器的朝鲜船舶，也可以登船检查。《货物检查法案》不仅强化了日本自卫队的作用，扩大了日本制裁权限与范围，突破了联合国制裁决议的限制。

3. 日韩安全合作是日本的朝鲜半岛战略支点

冷战结束后，日韩安全合作集中体现在朝鲜半岛这一"安全目标"上。在日本政治家心目中，朝鲜半岛是日本生命线的延伸，"日本对朝鲜半岛的应对将直接关系到日本自身的安全"，强化日韩合作是"今后共同安全体系构筑的关键"。[①] 应当说，日本对朝鲜半岛的关心程度不低于美国，它不仅担心朝鲜半岛现状被打破，更担心现状被打破后韩国实力延伸，以及日韩在领土冲突问题会面对面地碰撞。因此，在解决朝鲜半岛统一问题前，日本本着介入朝鲜半岛事务的目的，强化美日韩三边安全合作，旨为今后介入朝鲜半岛问题创造更好的外部环境。对韩国而言，实现统一目标或维持现状均要与盟友美国提升关系，也要与地理距离最近的日本建立类似的安全保障关系。冷战后日韩安全合作发展正是基于"日韩两国在经济合作和安全保障方面对国家利益的追求"[②] 的结果，其主要内容有两个方面：一是通过法律的修改、制定及政策的协调，将朝鲜半岛安全事务纳入日美同盟框架；二是为最大限度应对朝鲜半岛突发事态，成立美日韩三方协调机制，将日韩安全合作整合到美日韩安全合作框架。

（1）"日美安保再定义"与"新韩国条款"。1991 年海湾战争、1994 年朝核危机、1995 年台海对峙，为日美同盟"再确认"提供了机会。通过一系列的日美协议，以日美同盟为基轴的日韩安全保障合作方式被明确下来。可以说，将韩国的安全保障纳入日美同盟视野，这是日美同盟在冷战时期制定的"韩国条款"的进一步延续，由此成为冷战后的"新韩国条款"。

日美安保"再定义"不仅是对日美之间军事同盟的新调整，更主要的"功能性"作用在于完成两国对朝鲜半岛安全的再设计，实际上是建立了美日韩三边互动合作机制。通过"联合宣言""新指针""周边事态"等法案，再度将朝鲜半岛安全纳入日美安保干预范围，传递了日美维持东亚安全的强烈意图。与"冷

---

① ［日］室谷克实：《朝鲜半岛》，ダイヤモンド社 1992 年版，第 6 页。
② 安成日：《国家利益的追求是促进日韩邦交正常化的根本动力——以"经济合作"的需求为视角》，载《日本学刊》2011 年第 5 期。

战"时期相比，日美军事同盟中的韩国因素一直存在，不同的是当时韩国因素构不成日本政府自身的战略选择，更多是应付美国的东亚政策。近年来日美同盟不断调整，不仅体现日本对美国东亚政策的追随性，也是基于日本安全战略的需要，表现为日本主动将韩国安全因素纳入日美安保体制。

日美安保"再定义"下的日本，其在朝鲜半岛安全上的作用发生极大变化。日本已不单纯是为美国提供军事基地的次要角色，而是成为美国军事行动的支援力量。一旦朝鲜半岛有事，日本会基于自身利益考虑，从正面驰援美国。可以说，韩国因素使美国把对美韩防卫体制与日美安保体制、日本国家安全战略结合起来，形成"有机的一体构造"，使之成为21世纪处理对朝鲜半岛关系的一种新战略。日韩则先后发表《日韩伙伴关系宣言》与《日韩行动计划》，这标志着双方安全合作的逐步成熟。

（2）KEDO与TCOG的建立。日韩安全合作变化提升的另一个重要标志是双方沟通管道的扩大与完善，即实现组织化的安全合作。1995年，美国召集日韩两国共同成立朝鲜半岛能源开发机构——KEDO，该组织旨为朝鲜建设代替清水反应堆的发电所。日美韩就清水反应堆的资金承担问题达成协议，其中韩国承担32亿美元、日本承担10亿美元、美国承担3亿美元。建设费用基本上是由日本承担30%、韩国承担70%，直至最终完成。这期间，火力发电需要的重油，由KEDO提供。2003年8月第一次六方会谈结束后，美日韩举行局长级会议，提出冻结轻水反应堆计划，导致轻水反应堆工程陷入瘫痪状态。同年11月21日，KEDO理事会在纽约宣布，停止朝鲜轻水反应堆工程至2004年10月。KEDO的建立，表明冷战后美日韩安全合作框架的初步形成。

1998年8月，朝鲜发射中距离弹道导弹，导致美日韩发生严重分歧。为弥补分歧，美国调整对朝鲜战略，联合日韩建立三方委员会和三方协调小组，即TCOG。美日韩协调小组的成立，标志日韩安全合作在美日韩三边合作框架下进一步完成。同年，美国政府任命国防部长佩里为朝鲜政策调整官，以协调三方政策。"9·11事件"后，TCOG多次召开会议，探讨朝鲜半岛局势变化及美日韩三方安全合作问题。在这一框架下，日韩安全合作有了实质性变化。2006年10月14日，朝鲜进行第一次朝核试验。2009年5月25日，朝鲜宣布"第二次成功进行地下核试验"。2010年3月的"天安舰事件"及同年11月的"延坪岛炮击事件"，将朝鲜半岛危机推向顶峰，战争似乎一触即发。韩国统一部等部门宣布对朝鲜的制裁措施，明确表示进一步强化韩美联合防御姿态。日本也表示支持韩国政策，尽最大努力与韩国保持合作，并主张日韩及美日韩之间应建立紧密联系。2010年7月，日本海上自卫队官员以"观察员"身份，登上美国航母观摩美韩军演。同年12月3日，美日联合军演启动。期间，韩国持续在朝韩有争议海域进行实弹演习。朝鲜半岛局势一时间处于"失控"边缘。

2011年伊始，美日韩三边互动不断强化。1月10日至11日，日本防卫大臣访问韩国，这是自2007年日本防卫厅升级为防卫省后的日本防卫大臣的首次访韩，双方就签署军事领域合作协定达成共识，一致同意强化彼此的安全和防务合作。继日本防务大臣访韩后，日本外相前原诚司也访问韩国。为配合日韩两国外交活动，美军航母在韩国周边海域展开新的军事部署。围绕朝鲜半岛紧张局势，美日韩三国多次在公开及非公开场合表示，将进一步加强三国间合作。2012年，美日韩举行首次联合军演，预示着日韩安全合作的扩大与深化，这将对朝鲜半岛局势乃至东北亚安全形势产生重要影响。

4. 日本对朝鲜半岛战略趋向

影响日本对朝鲜半岛战略的因素，既有国际体系结构下的外部干预变量，也包括日本国内独特变量因素的作用。日本对朝鲜半岛战略自始至终来自于国际体系结构性外生因素的推动，同时受到国内的历史、文化传统等内在因素的局限。

第一，美国的绝对"权力"与朝鲜的外部"威胁"成为日本对朝鲜半岛战略的外部核心干预变量。美国的绝对"权力"是日本对朝鲜半岛战略决定性外部因素的主要构成所在。以日美同盟为基轴的日本外交，其对朝鲜半岛战略的制定内容均要获得美国的默许，同时要顾及韩国因素。尽管日本在朝鲜半岛拥有自身利益，但与美韩保持政策一致性是至关重要的。与朝鲜进行接触的进退、快慢这一杠杆，没有完全掌握在日本手中。日本与朝鲜能否实现关系正常化，还要看美国对朝鲜的态度。美朝关系得到缓和，日朝邦交正常化谈判就会留有空间。一旦美朝关系紧张，日朝关系也可能陷入僵局。另外，日本对朝鲜半岛战略受制于国际环境的其他外部因素的影响，如苏联（俄罗斯）、朝鲜等在不同时期成为日韩合作的主要外部战略目标。由此，"朝鲜半岛的和平与稳定"这一共同目标，成为日韩安全合作的核心因素。

第二，日韩两国不同的战略文化相互作用，既会促进两者安全合作，也会阻碍日韩安全机制形成。对国际社会交往和合作而言，每个国家都是国际社会的组成部分。在国际秩序中，战略文化的相似性或共同的历史经历，将为双方合作带来积极影响，反之将阻碍双边合作关系。日韩两国具有制度的类似性，经贸、文化交流、民间往来趋于成熟。但历史问题的纠缠，常常导致两国在现实中的对立。现实国家利益的需求是日韩合作的基础，但历史问题的反目削弱了双方合作的动机与动力。

第三，日韩两国战略文化的差异性，将导致双方安全领域的"有限合作"。战略文化的差异性使日韩都很难对外"示弱"，日韩问题的前景不会是一方退让或沉默，第三者仲裁也无可能。打破僵局取决于当事方的政治能力。未来，日韩很难打造出超越历史仇恨的新型合作模式。一旦日韩问题有所激化，将威胁到一系列的双边或多边关系，不仅严重损害日韩两国防务关系计划，也会弱化日本对朝鲜半岛战略的预期。

具体而言，日本对朝鲜半岛战略可能呈现以下特征与趋势：一是从近十多年日本对朝鲜半岛战略的实施看，安全问题导致日朝关系的"政冷经冷"，历史及领土问题折射的是日韩政治关系的互不信任。二是脆弱的政治关系左右日本对朝鲜半岛战略的走向。日朝经贸关系停留在技术性层面，尚未对日朝僵冷的政治局面带来积极影响。日朝不稳固的经济关系无法对脆弱乃至动荡的政治关系起到稳定作用，还时常成为双方政治关系的牺牲品。三是民族主义高涨削弱日韩安全合作基础。日韩拥有相同的民主体制，面对"朝鲜威胁"拥有相似的战略利益诉求，但面临国内政治压力。这使日韩两国政府打出民族主义招牌，民族主义也成为日韩领导人的重要动员与选举手段，由此求得缓解国内政治对抗，转移经济不景气焦点，减轻国民对政治不信任风险。但民族主义一旦释放，就很难控制。刺激对方情绪，将引起连锁式的情绪化反应，容易陷入自我中心化的恶性循环，从而断绝外交上让步的可能性。这将严重破坏日韩双边关系的活力。四是朝美、朝韩在安全、政治、经济上的对话与互动日益明显，这为日本带来压力，将使其面临边缘化的可能。

日朝正经历两国历史上艰难而漫长的国家定位和民族心理的调适过程，两国关系的结构性矛盾不会在一朝一夕间解决，邦交正常化是一个漫长的交涉过程。日本为避免被排除在朝鲜半岛事务外，走出边缘化的困境局面，主要有三种选择：一是加强与美国合作，提醒美国考虑日本利益诉求，不要过快放弃对朝鲜制裁，并与朝鲜建交。不过，美国一旦改变对朝鲜的强硬政策，日本的这一策略将很难奏效。二是在美日安全联盟或美日韩三边体制中，主动寻找同美韩国家利益相重叠的区域。强化与美韩进行三边的、相互的、非排他性的政策协调。比如，日韩应对共同的朝鲜绑架问题。不过，在日本发现与美韩有分歧时，其可能推进"单边主义"，寻找对待朝鲜的其他方法。三是寻求拓展空间，主要是争取中国、俄罗斯等国家的帮助，以便对朝美迅速和解构成牵制。其实，无论哪种选择，均反映出日本对边缘化的强烈担忧。

三、中国的朝鲜半岛战略与政策

朝鲜半岛处在东北亚腹地及中国战略侧翼，在该地区发挥着"地缘翘板"的作用，对中国有着巨大意义。近年来，围绕朝鲜半岛问题展开的大国博弈更加激烈复杂。① 为平衡和削弱中国日益上升的影响力，美国宣布在亚洲发挥"领导作用"，实行"重返亚洲"政策和"亚太再平衡"战略，不断强化美韩同盟体系。日本和俄罗斯积极介入朝鲜半岛事务，争取和维系自身利益。朝鲜半岛局势事关中国和平稳定的周边环境，直接影响中国国家安全。只有从战略高度实施长远规划，借助朝鲜半岛的特殊地位与作用，才能有效维护和扩展中国核心利益，不断促进朝鲜半岛乃至周边地区的和平、发展与繁荣。

（一）中国在朝鲜半岛的地缘战略选择

朝鲜半岛对中国国家安全的特殊重要性不言而喻。历史证明，朝鲜半岛局势的任何变化，都会对中国国家安全产生直接或间接的影响。与朝鲜半岛国家开展灵活、务实和全面的合作，对中国在 21 世纪上半叶保持周边环境的整体和平稳定、把握战略机遇期、实现国家跨越式发展的战略目标具有重大意义。

1. 维持中国和平发展战略机遇期

中国在朝鲜半岛的地缘战略选择首先服从和服务于国家长远发展战略和对外政策，维护和实现国家核心利益。基本目标是维护朝鲜半岛和平与稳定，努力实现朝鲜半岛无核化。确保中国难得的战略机遇期，全力提升以经济发展为核心的综合国力建设。

2010 年以来，朝鲜半岛局势一直剧烈震荡，先后发生"天安舰"事件、朝鲜重启铀浓缩、"延坪岛炮击"事件、发射"光明星 3 号"、第三次核试验等一系列事端，朝核危机和南北海上危机同时爆发，美韩日以大规模、高密度的军事演习相应对。2016 年 1 月 6 日，朝鲜进行第四次核试验，这给朝鲜半岛局势演变增添新变数。一系列的事态演进，加剧了朝鲜半岛紧张局势。这不仅关乎当事国国家利益，也关乎朝鲜半岛乃至东北亚地区安全形势。中国和平发展需要稳定的周边环境作为保障，持续动荡和紧张的朝鲜半岛局势，不利于中国现代化建设和经济转型，严重威胁中国核心利益及国家安全。中国政府认为，对话协商是解决朝鲜半岛问题的唯一有效途径，六方会谈是平衡解决各方关切、实现朝鲜半岛无核化的有效平台。②

---

① 郭锐：《朝鲜半岛问题与大国安全博弈》，载黄凤志主编：《东北亚地区政治与安全报告（2012）》，社会科学文献出版社 2012 年版，第 35～49 页。
② 《第 67 届联合国大会中方立场文件》，中国外交部网站，http：//www.fmprc.gov.cn/chn/pds/wjb/zzjg/t970916.shtml（2015 年 7 月 15 日上网）。

中国应着眼于解决与朝鲜半岛相关国家的跨境公共问题，努力建构具有中国特点、灵活有效的周边区域制度，推动建立健全东北亚地区多领域、多功能的新型多边合作机制。中国与周边国家面临的跨境公共问题有三大类：一是地区安全问题，包括防止大规模杀伤性武器扩散、打击恐怖主义与跨国犯罪等；二是区域多边经济开发问题，包括降低贸易壁垒、扩大相互投资、建立自由贸易区、安排区域货币等；三是广泛的社会发展问题，如毒品贩卖、生态环境保护、疾病控制、突发性自然灾难等。[1] 中国与朝鲜半岛国家的跨境公共问题包括：安全上的核扩散及地区稳定问题，环境上的沙尘暴问题、酸雨、区域海洋的陆源污染、海洋渔业资源保护、边界河流域污染、海洋环境等，还有疾病控制、跨国犯罪、非法移民、潜在难民等问题。上述问题关系中国东北、华北、华东地区及相连的海洋国土的安全与发展。中国与朝鲜半岛国家应就共同面临的跨境公共问题达成或建构正式或非正式的多边制度安排。具体而言，中国要推动建立以与朝鲜半岛相关国家间合作关系为核心的地区新秩序，其思路是制定复合型而非单一性的方案，涉及经济、安全、文化等领域。这是一个渐行渐进的梯级过程，如推进经济领域的一体化进程、建立安全领域的地区信任关系与合作机制、促进文化领域"共有理念"的认同等。这一周边区域制度安排，意味着中国与朝鲜半岛国家将逐步超越国家层次，达成协力解决区域内跨境公共问题的共识，在多边制度框架的指引下建构地区新秩序。

2. 维护朝鲜半岛和平与稳定

从近年来朝鲜半岛事态发展过程看，该地区局势呈跌宕起伏、"高烧难退"的态势。中国对朝鲜半岛地缘战略的实施，依然受到朝鲜半岛局势不确定性和缺乏多边安全机制安排等一系列问题的挑战。2011年12月朝鲜最高领导人金正日去世，朝鲜进入金正恩时代。中国对朝鲜新政权迅速而坚定的支持，对促使其他大国保持外交理性，共同维护朝鲜半岛和平与稳定发挥了重要作用。

朝鲜政权的稳固是整个朝鲜半岛保持和平与稳定的前提。金正恩的政策选择无疑是执行"遗训统治"，而"先军政治"与拥核是"遗训"的重要内容。朝核问题是当前朝鲜半岛最具紧迫性和全局影响性的重大问题。随着三年守丧期的结束，标志朝鲜已经正式迈入金正恩时代，朝核问题可能迎来新的变局。与此同时，朝鲜国内经济形势依然严峻，金正恩面临发展经济、改善民生的迫切任务，这关系到朝鲜新政权的稳固程度。

---

[1] 苏长和：《周边制度与周边主义——东亚区域治理中的中国途径》，载《世界经济与政治》2006年第1期。

朝鲜半岛形势发展的历史脉络表明，朝鲜与美国、韩国、日本的互信缺失是朝核问题加剧、朝鲜半岛安全形势趋紧的症结所在。朝鲜半岛安全结构进入冷战后的不稳定状态，朝核问题爆发就成为一种必然。① 从朝鲜方面看，处于"角色转型"的朝鲜面临安全、发展、尊严、民族四大难题，即政权和国家的生存，社会经济的发展与改革，朝美、朝日关系正常化及朝鲜半岛统一问题。② 朝鲜将拥核作为获取外部援助、实现朝美关系正常化、实现安全保障和稳固政权统治、实现"强盛大国"目标的工具。而美、韩、日无视朝鲜的切身利益诉求，将朝鲜视为破坏该地区稳定的根源所在。李明博政府上台后，鉴于朝核问题挥之不去且愈演愈烈，抛弃前两任的"阳光政策"和"包容政策"，把朝鲜无核化作为南北对话、对北援助和经济合作的前提。坚持对朝鲜"制裁"措施，谋求在美日共同支持下主导对北和谈进程，将朝核问题纳入南北对话框架。③ 上述政策的结果是南北关系急剧恶化，甚至一度濒临战争边缘。奥巴马政府除承诺对韩日的核保护责任、加强与韩日的传统盟国关系外，还支持李明博政府对朝政策。美国的战略目的是在战略重心转向亚太地区的背景下，避免朝鲜拥有核武器而威胁到美国在东亚地区的战略利益，同时遏制中国在朝鲜半岛日益上升的影响力，巩固美日韩同盟体系作为亚太安全战略的基石。这反映围绕朝鲜半岛问题而激烈角力的各方力量存在严重的信任匮乏情况，从而使朝鲜半岛难以走出安全困境。

3. 以六方会谈机制为基础建立东北亚地区安全合作机制

中国应继续在朝鲜半岛问题上发挥积极的建设性作用，促成和推动相互合作，塑造共有利益，以六方会谈为基础，建立东北亚多边安全机制。基于地理、历史、政治、经济等方面的综合优势，中国在朝鲜半岛问题上具有无法否认的特殊地位，使其在解决朝鲜半岛问题过程中一直发挥突出作用。④ 在朝核问题上，中国积极开展外交斡旋，推动六方会谈。中国坚持朝鲜半岛无核化的立场，坚持通过六方会谈和平解决朝核问题。虽然目前六方会谈处境艰难，但这一机制是各方经过长期努力而做出的历史选择。在六方会谈框架下政治解决朝核问题是最现实的方案，中国将本着负责任和建设性的态度继续努力。⑤ 通过六方会谈框架带

---

① 李开盛、李小方：《安全结构视野下的朝核问题走向》，载《太平洋学报》2011 年第 4 期。

② 中国现代国际关系研究院编：《东北亚地区安全政策及安全合作构想》，时事出版社 2006 年版，第 19 页。

③ 《韩国：韩朝对话必须讨论朝核问题》，东方早报网，http://www.dfdaily.com/html/51/2011/1/10/557055.shtml，2011 年 1 月 10 日。

④ 陈峰君、王传剑：《亚太大国与朝鲜半岛》，北京大学出版社 2002 年版，第 340 页。

⑤ 祁怀高：《构筑东亚未来：中美制度均势与东亚体系转型》，中国社会科学出版社 2011 年版，第 93 页。

动东北亚多边安全机制的建立健全，最重要的是以朝核问题为议题导向、以问题解决的能力发展为目标，通过各方合作解决朝核问题为突破口，创立域内各国在处理危机问题上相互合作的习惯、程序和信念，培养和建立相应的合作规则和意识，明确多边合作机制在应对地区安全事件中的路径选择。①

目前，六方会谈距离成熟的多边主义制度尚有差距，这表现在两个层面：一是在议题解决层面，谈判各方利益分歧和互信缺失严重，使六方会谈在朝核问题上一时间难以消解分歧和矛盾，特别是美朝之间战略博弈，使朝鲜半岛无核化及相关问题的解决困难重重；二是在机制运行层面，六方会谈机制的约束力偏弱，制度化程度较低，难以确保有关协议得到有效落实和遵守，甚至会谈机制本身频遭搁浅而无法保证运转。为此，中国要不断推动朝鲜半岛问题相关各方明确和发展共有利益。中国在朝鲜半岛事务上争取自身利益的同时，始终努力兼顾他国切身利益，坚持协商、合作、共赢的立场，使各方认识到共有利益的存在及重要性。中国要鼓励并引导朝鲜融入国际社会，更好的遵守国际规则。

另一方面，中国应努力推动六方会谈的制度化和长效化，增强其权威性和执行力，推动构建东北亚多边安全机制进程。六方会谈的制度化可以从组织框架、参与主体、惩戒机制等方面着手。例如，在组织框架上，可以五个工作组②为基础，组建六方会谈的正式机构，使其承载解决实际问题的不同功能；在参与主体上，短期内保持现有成员规模不变，保证各方博弈后果的稳定性和预期性；在惩戒机制上，通过有效增进和发展各方共有利益，确立一系列的规则制度，明确责任和分工，增强对违规者的惩戒力。③ 朝核危机的反复表明，朝鲜半岛停战机制仍是冷战的残留，只有建立永久和平机制，才能确保朝鲜半岛乃至东北亚的和平与安全。在六方会谈多边协商机制建设中，要创造条件、适时将构建朝鲜半岛和平机制纳入议程，从法律上真正结束朝鲜战争，最终将六方会谈开创的多边安全机制发展为东北亚多边安全机制。

（二）中国对朝鲜的战略与政策

中朝关系是中国整体外交战略和周边外交战略的重要部分。"冷战"后，中

① 朱锋：《六方会谈的制度建设与东北亚多边安全机制》，载《现代国际关系》2007年第3期。
② 2007年2月13日，在第五轮六方会谈第三阶段会议通过的共同文件当中，与会各方一致同意设立五个工作组，分别是：朝鲜半岛无核化工作组、朝美关系正常化工作组、朝日关系正常化工作组、经济与能源合作工作组、东北亚和平与安全机制工作组。参见《六方会谈各方同意设立5个工作组30天内全部启动》，中国新闻网，http://www.chinanews.com/gj/yt/news/2007/02-13/874317.shtml，2007年2月13日。
③ 祁怀高：《构筑东亚未来：中美制度均势与东亚体系转型》，中国社会科学出版社2011年版，第127~129页。

朝关系一度处于低潮。这既与新形势下中国调整外交战略、与韩国建交有关，也与中国按照市场原则发展对朝贸易、减少对朝援助不无关系。20世纪90年代后期，中朝关系步入恢复阶段，但两国关系不再以传统的意识形态和共同的战略目标为基础，而是回归以现实的国家利益和相互的战略需求为指针。朝核危机的反复发作及朝鲜半岛局势的复杂化，使中国的朝鲜半岛战略及对朝外交政策面临新选择。在六方会谈无限期延长，国际社会对朝鲜经济制裁加大的情况下，如何既坚持朝鲜半岛无核化目标，维护朝鲜半岛和平与稳定，又切实增进中朝关系的稳定及传统友谊，这是重要的课题。中国应以维护国家利益为出发点，积极调整对朝鲜战略与政策。从战略层面而言，中国应担负大国责任，确保中朝关系稳定发展的同时，推动实现朝鲜半岛无核化目标，促进朝鲜半岛和平与稳定，有效保护中国和平发展权益。从政策层面而言，中国应加强同朝鲜在政治、经济、安全、文化、资源、环境等领域合作，不断发展正常的中朝国家关系。

1. 中朝关系的发展

从中朝关系发展历程看，出于地缘格局、国家利益、传统友谊、意识形态等因素的考虑，双方始终保持"曲折前行"，总体关系未受根本动摇。[1] 当前中朝关系逐渐完成从传统盟友向以国家利益为导向的正常国家关系的转变。中国加强与朝鲜协调与合作，反对朝鲜拥核，致力于中朝共同维护朝鲜半岛和东北亚地区和平与稳定。

在政治上，中朝高层交往比较密切，进一步加强了政治沟通与互信，稳固了两国关系发展的政治基础。21世纪以来，中国主要国家领导人先后访问朝鲜，朝鲜前最高领导人金正日八次访华。[2] 中国政府坚持"继承传统、面向未来、睦邻友好、加强合作"的方针[3]，致力于巩固和推进中朝关系。中朝在发展传统友谊、增进互信、加强交流与合作、坚持朝鲜半岛无核化、通过对话和平解决朝核问题等方面达成共识，并取得积极成果。2009年4月，朝鲜宣布退出六方会谈，随后进行核试验，并宣布退出《停战协定》。当时朝鲜半岛和东北亚地区局势急剧恶化，朝鲜的战争边缘化政策使朝鲜半岛冲突或战争一触即发。为了缓和朝鲜半岛局势，尽快重启六方会谈，中国政府积极进行外交斡旋。2009年10月5日，温家宝总理访问朝鲜，同朝鲜最高领导人金正日会谈。金正日表示，朝方致力于实现朝鲜半岛无核化目标未变，朝方愿视朝美会谈情况进行六方会谈在内的多边

---

① 黄河、吴雪：《新形势下中国对朝外交政策的调整》，载《东北亚论坛》2011年第5期。

② 中国驻朝鲜民主主义人民共和国大使馆：《中朝关系概况》，http://kp.china-embassy.org/chn/zcgx/t713044.htm（2015年7月15日上网）。

③ 《传承友好 加强合作》，http://www.chinaxinkecheng.cn/viewf.aspx?id=37996。

会谈。① 2011 年 5 月 25 日，中国国家主席胡锦涛同朝鲜最高领导人金正日会谈。期间金正日表示，朝鲜需要稳定的周边环境进行经济建设，将坚持朝鲜半岛无核化目标，主张尽快重启六方会谈，改善南北关系，并对中国推动六方会谈及维护朝鲜半岛和平稳定所做努力表示感谢。中国不断巩固和提升中朝关系，加强高层互访，积极斡旋解决朝核问题，推动六方会谈机制，为稳定朝鲜半岛局势、探索建立东北亚多边安全机制发挥了重要作用。

中朝经贸关系不断发展，贸易和投资合作不断扩大。中国积极发展与朝鲜经贸关系，有助于朝鲜经济恢复和发展，维系朝鲜社会经济稳定。从 1991 年起，中国一直是朝鲜最大贸易伙伴，两国贸易额不断增长。朝鲜对中国的贸易依存度呈逐年增大态势，20 世纪 90 年代一直保持在 25% ~ 30% 的水平，2010 年达到56.9% 的新高。朝鲜对中国的进口依存度很高，2009 年达到 61%。② 中国对朝鲜的投资也逐年大幅度增加，截至 2010 年底，中国对朝鲜非金融类直接投资（实际投资）存量为 2.9 亿美元。③ 由于朝核问题升级，朝鲜在国际社会越来越孤立，加强中朝经济合作可为朝鲜提供产业必需的原材料、居民生活必需品、外汇等，帮助朝鲜度过经济难关。中国对朝鲜投资的增加，运输、物流、基础设施、资源开发等项目的启动，将促进朝鲜经济的恢复和发展，使其产业重建向着良性方向发展。特别是中国对朝鲜的资源领域开发是长期性投资，这对朝鲜的工业、交通运输等领域会起到积极推动作用。中朝在资源和产业结构等方面存在较强互补性，加强与朝鲜合作可以帮助中国东北地区打通陆海通道，推进中国图们江区域开发开放，助推东北振兴。

2. 中朝关系发展中的问题

朝鲜核问题给中朝关系和中国朝鲜半岛政策带来严峻挑战，成为影响中朝关系发展的最严重问题。冷战后，朝鲜半岛南北双方出现严重的战略失衡状况：一方是美韩军事同盟不断强化，形成对朝鲜强大外部军事压力；另一方则失去了苏联传统盟友和中国的支援，处于明显劣势地位，朝鲜的生存与安全面临严重考验。这导致朝鲜半岛局势紧张，使朝核问题产生和升级。纵观朝核危机发展过程，不难发现拥核是朝鲜的战略决策，弃核则是其战术运用。④ 六方会谈停滞以

---

① 《温家宝同朝鲜劳动党总书记金正日会谈》，新华网，http：//news. xinhuanet. com/politics/2009-10/06/content_12185310. htm，2009 年 10 月 6 日，（2015 年 7 月 15 日上网）。

② 李俊江、范硕：《中朝经贸关系发展现状与前景展望》，载《东北亚论坛》2012 年第 2 期。

③ 《对外投资合作国别（地区）指南·朝鲜（2011 年版）》，中国商务部网站，http：//fec. mofcom. gov. cn/gbzn/gobiezhinan. shtml（2015 年 7 月 15 日上网）。

④ 蔡建：《朝核危机再起，中国如何应对》，载《世界知识》2009 年第 9 期。

来，朝核问题及导弹问题不断发酵，其中包含朝鲜打破六方会谈原有框架，使其他国家承认其作为有核国家"既成事实"的意图。朝鲜认为，成为核国家后可以使其在南北关系、对日外交中占据有利地位，迫使美国直接与其进行双边对话。如果能够实现美朝关系正常化，那么许多问题会迎刃而解。

朝鲜前最高领导人金正日希望朝鲜成为拥核国家，为接班人留下"伟大革命遗产"，彰显"先军体制"的优越性。金正日辞世后，朝鲜将"核和卫星"确定为金正日最伟大的革命遗产之一。① 金正恩上台后，朝鲜坚持的"遗训统治"和作为劳动党指导思想的"金日成—金正日主义"，其核心思想都包括先军政治和拥核，拥核已经成为朝鲜的一项基本国策。朝鲜研制和拥有核武器违背了联合国《禁止核试验条约》和《国际核不扩散条约》，也直接威胁到中国国家安全和东北亚地区安全。中国对朝鲜核问题的立场也直接考验中国作为世界大国的角色与责任。因此，在朝核问题上，中国将坚持朝鲜半岛无核化立场，同时，又要考虑维系中朝关系大局，积极维护朝鲜半岛的和平与稳定。

中朝在经济领域合作潜力巨大，但也面临一些问题和障碍。长期以来，朝鲜坚持高度集中的计划经济管理体制和优先发展重工业的经济发展战略，自身经济缺乏足够活力，加之外援不断减少，致使朝鲜的国民经济几近崩溃。20世纪90年代末以来，朝鲜对经济发展理论与政策先后进行一系列的谨慎调整，其工作重心转移到经济建设轨道，并逐步推行经济领域的变革措施和有限度的开放政策，这为朝鲜经济的恢复和发展注入新的活力。朝鲜坚持自力更生的原则，同时不断通过各种方式和渠道扩大对外交流合作，借助外部力量发展自身经济，努力争取更多国际援助。虽然近年来中朝经贸关系发展势头较好，但总体上贸易和投资规模相对较小，并存在一些障碍和问题。首先，朝鲜国内政策和外部环境的不稳定与不确定性较大。朝鲜经济本身是内向型，经济发展节奏由其自身权力关系决定，而非邻近地区的市场压力或拉力所决定。朝鲜在一些地区实行有限的对外开放政策，但其采取的经济措施没有突破计划体制的条框，反而突出中央计划经济体制的主导作用，这不利于朝鲜对外开放。朝核问题造成的地区紧张局势是阻碍中国企业界对朝进行投资的一大因素。其次，朝鲜对外经贸交流体制不健全，操作不规范，贸易风险较高。朝鲜对外贸易交流体制与国际通用惯例相去甚远，其法律法规不完善，政府官僚作风和行业保护经常侵犯到中国贸易公司合法权益。② 最后，朝鲜外汇储备短缺，其支付能力较差，信用危机偏高。三次核试验后，朝鲜连续遭到国际社会的严厉制裁，其武器出口和国际援助均大为减少。而且，朝

---

① 《朝鲜：金正日最伟大遗产为研发核武器》，韩联社，http://chinese. yonhapnews. co. kr/allhead-lines/2011/12/28/0200000000ACK20111228002200881. HTML，2011年12月28日。

② 李俊江、范硕：《中朝经贸关系发展现状与前景展望》，载《东北亚论坛》2012年第2期。

鲜每年几乎和所有国家的贸易均处在逆差状态，这进一步加剧朝鲜的外汇匮乏、支付能力减弱和朝元贬值的情况。

3. 中国对朝鲜的战略与政策选择

中国积极推动东北亚地区的国际合作，如果缺少朝鲜的参与是不完整的，该地区和平稳定也会受到很大影响。中国和相关各方应积极协作，跨越朝核问题的藩篱，引导和促进朝鲜全面融入国际社会和地区秩序。出于现实主义的考虑，朝鲜在短期内不会做出弃核的决定。只要朝美延续以前的敌对状态而不能实现关系正常化，朝鲜依旧会感到来自美国的巨大威胁，也就难以做出弃核的决定。朝鲜发展核武器确实可能刺激该地区的核扩散，但是，首先指责朝鲜发展核武器而不是批评并制止超级大国对朝鲜的政治敌对与军事威胁，不仅不公正还可能刺激朝鲜在拥核道路上越走越远。① 作为朝鲜的友好邻邦，中国对朝鲜战略与政策的制定和实施，应有利于朝鲜政权和社会的稳定，有助于朝鲜发展经济、改善民生。同时，中国应协同东北亚各国不断加大与朝鲜的交流及合作，增进相互理解和信任，扩大对朝贸易和投资，在政治、经济、文化、教育、资源、能源等领域同其开展全方位合作关系。共同推动朝鲜融入国际社会，使其成为既存的国际体系和地区秩序的参与者、维护者与建设者。

在政治和安全战略上，中国应立足于朝鲜的"国情"和朝鲜半岛的"区情"，在维护中朝传统友谊的基础上，稳步提升双方政治关系。同时，借助稳定的大国关系尤其是中美、中日关系，通过平等协商、循序渐进的模式，促使朝鲜与相关国家开展安全对话，和平解决朝核问题。相当长一段时期内，美国仍将是影响朝鲜半岛国家关系及朝鲜对外关系的核心变量。朝鲜的生存、发展和统一面临的主要压力与负面作用主要来自美国方面。对朝鲜而言，在"先军政治"和"先军思想"的指导下，通过"拥核""拥导"进一步增强国防自卫能力，才能为国家安全和体制稳定提供保障。尽管美国从未放弃瓦解或变革朝鲜政权的企图，交替采取"接触"与"遏制"的对朝政策，朝鲜也采取以"缓和"对"接触"、以"强硬"对"遏制"的回应措施，反复强调将利用核遏制力反制美国的经济制裁和军事威胁，但朝鲜从未真正关闭与美国对话的大门。② 朝美在先缔结《和平协定》还是朝鲜先"弃核"问题上，立场相互对立，但朝核问题只能通过合作与对话的方式解决。中国要利用自身的政治、经济"杠杆作用"，敦促朝鲜

① 《"亚洲国际关系的重构"——2010上海论坛政治分论坛白皮书》，载沈丁立、张贵洪主编：《亚洲国际关系的重构》，上海人民出版社2011年版，第8页。
② 张慧智：《朝鲜半岛战略调整与东北亚大国关系互动》，载《社会科学战线》2012年第4期。

回到谈判与对话的正确轨道，利用六方会谈机制和平解决朝核问题，绝不姑息迁就朝鲜的极端冒险政策。中国应继续发挥建设性的外交斡旋作用，积极支持朝美在六方会谈框架内直接开展双边对话，初步达成解决问题共识，进而在六方参与的多边机制中予以明确规范，真正妥善解决朝核问题及相关问题。

在经济战略上，中国应坚持平等、互惠、互利的原则，利用中朝经济合作的巨大潜力，广泛深入开展中朝经贸合作，推动朝鲜融入东北亚区域经济合作，实现可持续发展。中国对朝鲜的经济援助目标从早期的看重共同意识形态，转变为维护和平稳定的周边环境及促进共同发展。中国对朝援助方式则从政府无偿援助转变为人道主义援助，实行贸易和投资多措并举。当前，中朝经贸合作的巨大潜力表现在六个方面：第一，朝鲜新政权的政策调整，创造了经济合作的新氛围；第二，朝鲜物资匮乏为中国商品提供了广阔市场；第三，中国向朝鲜转移劳动密集型产业；第四，加强中朝运输通道、物流和观光旅游业的合作；第五，加强与朝鲜的矿产资源合作；[1] 第六，探索共同开发和共同管理朝鲜新兴经济区的新型模式。在中朝经济合作中，中国坚持"政府引导、企业为主、市场运作、互利共赢"的合作原则[2]。努力保持双边贸易稳步增长，加强相互投资，加大重点领域、重点项目的推介合作。努力将双边关系引向正常化轨道，促使朝鲜搞活经济、逐步接受和引入市场机制。

（三）中国对韩国的战略与政策

冷战结束后，中韩两国在 1992 年正式建立外交关系。以中韩建交为标志，中国对朝鲜半岛政策发生重大变化，中国与朝鲜半岛国家关系进入崭新时代。继1998 年中韩宣布建立面向 21 世纪的合作伙伴关系后，2003 年两国宣布建立全面合作伙伴关系，2008 年宣布建立战略合作伙伴关系。中韩两国在政治、经济、安全、教育、科技、文化各领域的交流与合作不断扩大。中韩关系发展也面临一些问题，如将受到美国因素、朝鲜因素的影响，仍面临政治和战略互信相对缺失的窘境。同时，中韩在一些历史问题、海洋专属经济区划分问题、遣返所谓"脱北者"问题上存在一定争议。这些争议往往受各自民族主义情绪的影响，造成中韩民间感情对立，最终不利于两国关系民意基础的构建。

---

① 赵传君主编：《东北亚三大关系研究：经贸·政治·安全》，社会科学文献出版社 2006 年版，第158～160 页。

② 《中朝两个经济区投资说明会在北京举行　陈健：政府引导　企业为主　市场运作　互利共赢》，http://www.mofcom.gov.cn/aarticle/ae/ai/201209/20120908360623.html。

1. 中韩关系的发展

2008 年 5 月，中韩一致同意将"全面合作伙伴关系"提升为"战略合作伙伴关系"，在外交、安全、经济、社会、文化、人员交流等领域加强交流与合作。[①] 纵观中韩关系历程，短短 20 多年间，两国关系实现从建交到确立战略合作伙伴关系的"三级跳"，速度之快、合作范围之广，堪称现代外交史的奇迹。无论从战略层面，还是政策层面看，积极发展中韩关系都具有重要意义。从战略层面而言，发展对韩关系，可以提升中国在朝鲜半岛问题上的发言权和影响力。冷战后，朝鲜半岛的权力均衡机制由两极体制演变为中、俄、美、日四边博弈格局。四大国围绕朝鲜半岛形成新的地缘战略态势，其分为三个层次：一是内部层次，即朝鲜半岛南北之间关系；二是内外交叉层次，即朝鲜半岛南北双方与四大国之间关系；三是外部层次，即四大国之间关系。[②] 朝鲜半岛南北与大国关系的互动，是解决朝鲜半岛问题的基础。朝核危机以来的四方会谈、六方会谈及各国博弈和穿梭外交，均体现这种战略结构态势。中韩关系提升无疑增强中国对朝鲜半岛事务的影响力，扩大中国在该地区事务的话语权。同时，保持与朝鲜半岛南北双方正常友好关系，使中国在朝鲜半岛问题上具备更大的灵活性和回旋余地，在维护地区和平与稳定方面起到积极作用，从而为东北亚乃至东亚地区发展尽到自己应尽的责任。[③]

在政治和安全领域，中韩两国高层交往密切，政治共识和政治互信不断加强，这为两国关系持续健康发展提供重要保障。此外，中韩两国逐步搭建起安全互信和合作架构，分别建立外交部门和国防部门高级别战略对话机制。这对于加强中韩在防务领域交流与合作，进一步维护朝鲜半岛乃至东北亚地区和平与稳定发挥着重要作用。中国政府高度重视中韩政治交往，两国领导人利用双边互访和国际多边平台保持经常性会晤，就两国关系和共同关心问题广泛深入交换意见。中韩政治关系提升推动了两国在防务安全领域的交流与合作。2008 年 11 月 24 日，中韩两国军事热线开通。中韩在维和、人道主义援助及救灾活动、反海盗行动等以和平为目的的防务领域合作不断取得共识。中韩在防务安全领域的交流与合作，对于两军积累互信，预防海上冲突，保持朝鲜半岛事务的沟通与协调，共同推动朝鲜半岛无核化目标，实现东北亚地区和平与稳定具有重要意义。

在经济和人文领域，中韩之间交流与合作实现稳步、健康、快速发展。中韩

---

① 《中韩联合声明》，中国外交部网站，http://www.fmprc.gov.cn/chn/pds/ziliao/1179/t460923.htm（2015 年 7 月 15 日上网）。

② 陈峰君、王传剑：《亚太大国与朝鲜半岛》，北京大学出版社 2002 年版，第 42 页。

③ 同上，第 321 页。

利用地缘毗邻优势、经济互补优势和传统文化相近优势，在经济和人文领域取得巨大合作成就。这对发展繁荣两国经济，夯实两国政治基础，维护朝鲜半岛和平稳定，促进东北亚区域合作，有着巨大推动作用。中韩两国建交以来，在科技、贸易、投资、运输、渔业、核能及人力资源等领域，开展卓有成效的双边合作，两国政府签署多项协定，以促进双边经济技术合作持续健康发展。[1] 目前，中国是韩国的最大贸易伙伴、最大出口市场和进口来源国，韩国则是中国的第三大贸易伙伴国。随着中韩正式签署 FTA 协议，将进一步释放双方合作潜力，并对东亚和亚太地区自由贸易发展形成巨大带动效应。在经济关系迅速发展的同时，中韩在人文领域交流日趋活跃，交流范围不断扩大。目前，中韩双方建立了 130 多对友好省市关系，每周有近 850 多个航班往返两国；每年人员往来从建交之初的几万人次增加到如今的 800 多万人次；双方互为重要旅游目的地国和最大留学生来源国，孔子学院在韩国开设 17 家之多；韩国文化产品热销中国，在韩国学习中文的人数逐年增加，"汉风"和"韩流"交相辉映，大大加深两国人民的相互了解，也进一步巩固中韩友好的民间基础。

2. 中韩关系发展中的问题

中韩各领域合作潜力巨大，前景广阔，但也存在一些不容忽视的阻碍因素，在一定程度上制约两国关系发展。这主要表现在双方政治和安全关系的稳定性受到美国和朝鲜因素的影响。近年来，美国推行"亚太再平衡"战略，其针对中国的战略意图明显。根据《美韩相互防卫条约》，美国一直担当韩国的监护者、韩国安全的管制者，以及包括朝鲜半岛在内的东北亚地区安全均衡者的角色。[2] 为确保美国在亚太地区地位与利益，美国将继续加强与韩国军事同盟关系，并保持前沿军事部署。韩国外交和安全战略深受美国影响，无法完全做到独立自主，同时受制于国内政治的诸多变化，一直缺乏连贯性和稳定性，因而中韩关系深深嵌入美国因素，韩国将自身外交和安全战略捆缚在美国"战车"上，将严重影响中韩在政治和安全领域的战略互信。

中韩关系也深受朝鲜因素的影响。随着朝鲜半岛局势的微妙变化及南北关系的紧张升级，中国的"等距离"外交面临严峻考验。中国对朝鲜半岛的"等距离"外交，时常受到韩朝冲突的考验。由于中国与韩国、朝鲜之间均有友好关系，当韩朝发生冲突时，双方都会求援于中国，或要求中国主持公道。例如，在

---

① 《对外投资合作国别（地区）指南·韩国（2011 年版）》，中国商务部网站，http：//fec. mofcom. gov. cn/gbzn/gobiezhinan. shtml（2015 年 7 月 10 日上网）。

② 沈定昌：《韩国外交与美国》，社会科学文献出版社 2008 年版，第 107 页。

"天安舰事件"解决过程中，中韩产生严重分歧，随后美韩频繁的军演使中韩关系更加微妙。从长远来看，只要朝鲜半岛停战机制依然存续，朝鲜半岛和平机制迟迟不能建立，朝美和朝韩关系就无法实现真正正常化。那么，朝核问题和朝鲜半岛问题就会一直悬而难决，朝韩之间摩擦和冲突也不会消失，中国会一直面临南北均衡外交的考验。因而，中国对韩国战略与政策的选择要立足自身的外交和安全需求，审慎应对南北关系带来的政策困境。

中韩两国的民族主义情绪也不断冲击两国关系的民意基础。近年来，文化领域问题成为影响中韩关系发展的重要因素。韩国借助强烈的文化民族主义，试图摆脱中国文化的影响，彰显本民族文化的独立性和优越性。中韩在韩民族起源、高句丽归属、间岛、长白山（韩国称白头山）等历史问题上的分歧，刺激了民众对立情绪的高涨。韩国的文化民族主义偏激严重影响两国民间认知，在大量诸如"汉字申遗""端午祭申遗"等危机事件的刺激下，中韩两国民间情感的恶化和民间互信的降低，严重影响到两国战略伙伴关系的健康发展。虽然中韩在地缘上相近、文化上相通，但在民间感情上存在"近而不亲"现象。2010年一份韩国民意调查报告显示，仅有6.4%的韩国受访者对中国有亲近感，而71.6%的韩国人对美国有亲近感，超过对中国有好感人数的10倍。[①] 近年来韩国政治民族主义甚至延伸到中朝关系领域。2012年2月21日，韩国总统李明博对一名因所谓"脱北者"问题在中国驻韩使馆前绝食抗议的女议员进行电话慰问，随后借用所谓"国际标准"向中国施压，使中韩两国一度发生争执。中朝之间密切的经济合作引起韩国主流舆论的纠结和忧虑。他们担忧朝鲜对中国形成严重的经济依赖，进而成为政治上的软肋，中国可能会由此阻止朝鲜半岛统一。

3. 中国对韩国的战略与政策选择

2013年6月，韩国总统朴槿惠正式访问中国，两国发表了《中韩面向未来的联合声明》，描绘了中韩关系未来发展蓝图。两国将本着相互尊重、平等互利、和平共处、睦邻友好的精神，大力发展在政治安全、经济贸易和社会文化各领域的合作关系，以实现两国繁荣，维护朝鲜半岛和平与稳定，实现亚洲共同发展与繁荣。[②]

首先，中韩要保持密切的高层交往，多层次、多渠道开展政府间交流与合作，增进政治和战略互信，共同维护东北亚地区和平与稳定。中韩关系的内在结

---

① 《韩媒：韩国人对美国亲近感超中国10倍》，http：//www.kryj.wh.sdu.edu.cn/fenxi/shijiandian-ping/2010-08-12/3290.html（2015年7月11日上网）。

② 《中韩面向未来联合声明》，中国外交部网站，http：//www.fmprc.gov.cn/mfa_chn/gjhdq_603914/gj_603916/yz_603918/1206_604234/1207_604246/t1053915.shtml（2015年7月11日上网）。

构存在双重性：一方面，中韩在政治、安保、经济、文化等方面存在共同点，这些共同利益为两国关系的发展提供动力；另一方面，中韩在对美政策、对朝政策和相互认知方面存在内在结构性分歧。这些分歧在相当长的时期内难以从根本上消除，只能通过双方努力进行适当的调整和平衡。① 从战略认同和国家利益的角度看，中国对韩国战略与政策应致力于强化双方合作的重要基础、扩大共有利益、深化战略认同。这需要中韩两国加强高层交往，通过相关部门的战略对话等有效机制，就共同关心的双边及地区重大问题加强沟通，相互照顾对方重大关切，准确把握两国战略合作伙伴关系的发展方向。在朝鲜半岛事务上，实现朝鲜半岛无核化是中韩两国共同的战略目标。而朝鲜半岛局势向来复杂微妙，存在种种变数，这增加了中韩在战略合作伙伴关系框架下加强合作和互动的必要性。中韩之间密切合作应强调保持相互沟通，同时抑制矛盾和冲突，努力稳定朝鲜半岛局势，共同引导朝鲜走出封闭环境，推动建设东北亚地区安全机制。

其次，积极发展中韩两国经贸合作关系，挖掘潜力，拓展空间，吸引并扩大投资，提升双方在低碳、循环经济等领域合作水平，积极推进中韩自贸区建设。中韩均是经济快速增长国家，双方在经济领域存在多层次合作互补关系。近年来，中国通过实施西部大开发、中部崛起、东北振兴等国家战略，积极推进地区均衡化发展，内陆地区城市化和产业基地建设不断提速，韩国企业也加速将生产基地转向中西部地区。② 从生产要素的组合来说，韩国在科技和 IT 技术领域的领先优势及资金优势，与中国广阔的地域、人力及原材料资源优势存在经济上最佳的合作结构。③ 中国应鼓励和支持韩国不断扩大对华高端制造业、现代服务业、现代农业、新兴产业的投资，支持通过建设产业园等方式实现韩国对华投资向规模化、集约化发展。④ 中韩正式签署 FTA 协议，将为两国经贸合作提供更加有利的制度环境，为中日韩 FTA 谈判提供更加坚实基础。中韩两国面临资源、能源、环境等问题的共同制约。以发展低碳经济、绿色经济实现经济增长方式的转向，最终实现可持续发展的战略目标过程。"绿色增长"领域的合作前景无疑将推动中韩经贸关系向更加深入方向发展。另外，中国"一带一路"建设与韩国"欧亚计划"相对接，将为中韩经贸合作展现新的机遇。

最后，加强中韩民间交流与沟通，改善中韩关系的民意基础。中韩文化交流

---

① 石源华、[韩] 文恩熙：《试论中韩战略合作伙伴关系中的美国因素》，载《东北亚论坛》2012 年第 5 期。

② 中华人民共和国驻大韩民国大使馆经济商务参赞处：《韩国企业加速开拓中国中西部市场》，中国商务部网站，http://kr.mofcom.gov.cn/aarticle/jmxw/201208/20120808305295.html，2012 年 8 月 27 日。

③ 张蕴岭主编：《中国与周边国家：构建新型伙伴关系》，社会科学文献出版社 2008 年版，第 71 页。

④ 吴绮敏、莽九晨、马菲：《胡锦涛会见韩国总统李明博》，载《人民日报》2012 年 3 月 27 日，第 1 版。

得益于各种有利因素，并取得丰硕成果。不过，由于文化学术问题被政治化，文化交流缺乏相互理解，加之民族主义情绪鼓噪，以及媒体不当宣传，从而产生一系列的摩擦问题。因此，增进中韩民众的文化认同感、亲近感，消除彼此误解，进一步加强融合，这是两国面临的共同任务。中国要同韩国加强文化、教育、体育、旅游等领域的进一步交流，支持两国地方省市、民间团体、新闻媒体、青少年的交流互访，通过交流活动增进两国人民友好感情。[①] 中韩两国悠久的交往历史是双方友好关系健康发展的宝贵财产，要积极支持两国学术机构开展历史、文化等领域交流，加强相互理解和尊重。对一些历史问题，应本着学术与政治分离、现实与历史分离的原则，不能够影响中韩两国大局。此外，中国应同韩国一道加大对两国重要媒介的管理力度，重视新闻媒体宣传导向作用，重视对"知华派"和"知韩派"的培养。从长远来看，中国应继续以睦邻、安邻、富邻的行动，消除韩国人的"历史文化情结""中国威胁论"和"中国竞争论"。求同存异，树立中国良好形象，促进朝鲜半岛乃至东北亚地区的稳定、发展、合作与繁荣。

四、在朝鲜半岛问题上中国与大国关系的互动

朝鲜半岛周边大国林立，利益关系盘根错节。只有中国既能获得当事方的信任，又有足够的影响力来协调各方关系，使中、美、朝、韩、俄、日六方能在谈判桌上持续有效进行沟通和对话。在朝鲜半岛问题上，中国应与相关大国继续保持沟通，进行更多互动，推动朝鲜半岛由停战机制转向和平机制，维护朝鲜半岛的和平与稳定。

（一）朝鲜半岛与中美关系的互动

中美作为朝鲜半岛事务的利益攸关方，围绕相关问题的互动由来已久。"冷战后中美两国在朝鲜半岛问题上已经逐步超越了长期以来的彼此对抗状态"，"在对话与合作逐步增多的同时，彼此之间的矛盾与分歧却依然存在。"[②] 这是因为"朝鲜半岛是中美两国在观点和利益上都相当接近的地区"，[③] 而中美又存在巨大

① 王莉：《胡锦涛同韩国总统李明博会谈》，载《人民日报》2012年1月10日，第1版。

② 王传剑：《朝鲜半岛问题与中美关系》，载《国际政治研究》2005年第3期。

③ ［美］罗伯特·A·斯卡拉宾诺：《美国与亚洲》，北京大学出版社2002年版，第137页。

的利益分歧。因此，有人把冷战后中美围绕朝鲜半岛问题的互动界定为"竞争型互动状态"。随着朝鲜先后进行四次核试验、"天安舰事件""延坪岛炮击事件"等一再诱发地区紧张局势，中美两国再次被推到解决危机的风口浪尖，如何协调两大国的政策走向显得更加重要。

1. 中美东北亚战略框架下对朝鲜政策目标比较

冷战结束后，维持东北亚地区均势的冷战格局没有消融，"北三角"不复存在，而"南三角"持续强化。对中国而言，东北亚战略地位至关重要，是巩固陆权、加强海权，成为海陆兼备型大国的基石，在外交战略序列居于首位。伴随中国提出和平发展战略，确立了"大国是关键，周边是首要，发展中国家是基础，多边外交是重要舞台"的总体外交布局。其中，周边外交的目标是"共同营造和平稳定、平等互信、合作共赢的地区环境"。① 因此，中国主要通过建立多种伙伴关系参与多重合作体系来实现自己的战略目标。中国陆续与相关国家建立战略协作伙伴关系（中俄）、建设性战略伙伴关系（中美）、战略合作伙伴关系（中韩）等类型的伙伴关系，积极推进与俄罗斯、韩国、蒙古等国家关系，巩固和加强中朝传统友好关系，努力恢复和维持中日关系的总体友好。同时，在"10＋3"框架、上海合作组织、亚太经合组织等多边合作体系与区域内国家积极合作，通过多边外交促进东北亚地区的和平与发展。

朝鲜在东北亚地区的地缘战略地位重要，中国高度重视中朝关系，维持"睦邻友好伙伴关系"是中国对朝鲜政策努力的方向和目标。进入21世纪后，中朝双方同意本着"继承传统，面向未来、睦邻友好、加强合作"的精神，共同努力把中朝友好合作关系推向更高的发展水平。在政治上，中国强调与朝鲜"密切高层往来，加强相互沟通"，政策目标是构建高度友好与互信的中朝关系。在经济上，中国致力于"推进中朝经贸合作，促进共同发展"，② 促进朝鲜逐步对外开放，加入东亚地区经济合作进程。在安全上，中国认为"维护东北亚地区的和平与稳定符合本地区各国的利益"，③ "坚定不移地主张实现半岛无核化，反对核扩散，维护东北亚和平稳定"。④

---

① 《胡锦涛在党的十七大上的报告》，新华网，http：//news. xinhuanet. com/newscenter/2007-10/24/contvent_6938 568_10. htm，2007 年 10 月 24 日。

② 《中联部举行新闻发布会，介绍胡锦涛访朝成果》，央视国际，http：//www. cctv. com/news/china/20051030/100501. shtml，2005 年 10 月 30 日。

③ 《武大伟与俄副外长就朝核问题和东北亚局势交换意见》，中国外交部网站，http：//www. fmprc. gov. cn/chn/pds/gjhdq/gjhdq zz/mzblwelm/xgxw/t572518. htm（2015 年 7 月 15 日上网）。

④ 《2009 年 5 月 26 日外交部发言人马朝旭举行例行记者会》，中国外交部网站，http：//www. mfa. gov. cn/chn/gxh/tyb/fyrbt/jzhsl/t564576. htm（2015 年 7 月 15 日上网）。

对美国而言，确保在东北亚地区主导地位是维护其全球霸权的重要部分。近年来，伴随中国崛起，国际影响力提升，周边国家担心中国将经济实力转化为军事能力并对本国安全构成威胁；美国迫于国际金融危机冲击后的实力下降，霸权地位受到削弱。于是，美国调整战略方向，将战略重心转向东亚地区，希望借助东亚经济增长潜力恢复本国经济。同时，利用周边国家对中国崛起的担忧心理，挑拨中国与周边国家关系。加强东亚地区同盟和前沿军事部署，遏制中国崛起，维护本国在东亚地区的影响力和领导力。为此，朝鲜半岛问题成为美国"重返亚太"的重要理由。一方面，朝鲜包括核与导弹在内的大规模杀伤性武器威胁，要求美国加强在东北亚地区的军事存在，遏制朝鲜威胁，保护韩、日等盟国安全；另一方面，朝鲜作为东北亚地区最不稳定的因素，牵涉美、中、日、俄等大国及美国在韩、日的军事存在，朝鲜威胁成为美国在东北亚地区进行军事部署的有力依据。

由于朝鲜同时对美国具有双重战略意义，冷战后美国历届政府对朝鲜政策总体上采取"接触＋遏制"的框架——总体遏制但保持接触。在政治上，美国既给朝鲜以实现双边关系正常化的希望，又从来没有放弃改变朝鲜政权的企图。在经济上，美国希望"促进朝鲜经济开放和融入国际社会"，① 又对朝鲜采取经济调改措施持怀疑态度，继续对其制裁和孤立。在安全上，无核化是美国对朝鲜政策的关切目标，它包括防止朝鲜核扩散和实现朝鲜无核化两个部分。随着朝鲜先后进行四次核试验和核技术、导弹技术的继续发展，防止朝鲜进行大规模杀伤性武器扩散成为美国最紧迫的目标。

可以看出，中美在无核化与防扩散、维护地区稳定等方面有共同利益，但在朝鲜的意识形态问题、解决相关问题方式上存在冲突性利益。中美两国在对朝鲜政策的核心目标与优先事项上有着明显差异。中国对朝鲜政策要契合"营造和平稳定周边环境"的总体外交战略，即需要朝鲜维持稳定局面从而保证地区稳定。只要中国以经济建设为中心的国家战略不变，就会继续保持这一政策。中国构建与朝鲜的睦邻友好伙伴关系，意味中国不太可能采取强硬手段逼迫朝鲜弃核，而是以和平手段推动朝鲜融入国际社会，通过谈判解决问题。而美国的核心利益与主要目标是防扩散与无核化，希望借机加强在东北亚地区的战略部署，具有根深蒂固地敌视朝鲜的意识形态表现。因此，美国与朝鲜保持接触的同时，不断加强对朝鲜的武力威慑和经济制裁，借机强化地区主导权。在这种情况下，中美对朝

---

① 美国国会对外关系委员会一份独立报告认为，"核僵局制约美国政府促进朝鲜经济开放和融入国际社会的行动能力"，应以多种形式促进朝鲜了解外部世界，刺激朝鲜内部发生变化。参见 U. S. Policy Toward the Korean Peninsula. Independent Task Force Report No. 64, Published by the Council on Foreign Relations, 2010, P. 49。

鲜政策的竞争合作态势，需要对各自政策的具体内容进行分析。

2. 中美对朝鲜政策的 SWOT 分析

SWOT 是一种战略分析方法。通过对分析对象的优势、劣势、机会和威胁的综合评估与分析，结合内部资源与外部环境，从而清晰确定分析对象的资源优势和不足，了解面临的机会和挑战，使分析对象能够有效调整资源与策略，有效达成目标。由于选取中美作为分析对象，因此内部资源是指可调用的政策资源，即政策执行过程需要的各种支持和条件；外部环境是指政策执行面临的国际环境、政策对象国态度等。相对应，中美对朝鲜政策目标的分为政治、经济、安全三个维度，内部资源也设定了政治资源、经济资源和军事资源三个方面。

在内部资源方面，中国的政治优势是政策制定与实施不受党派与议会制约，中国共产党作为中华人民共和国的唯一执政党，在对外政策上保持连续性和稳定性是明显优势。不断巩固和发展中朝睦邻友好合作关系，是中国党和政府坚定不移的政策方针。经济优势是增强的经济实力，使中国对朝鲜的贸易、投资具备一定实力，经济外交有了充裕的资源。军事优势是中国持续发展的军事力量，提高其打赢局部战争、维护周边安全的能力。《中朝友好互助合作条约》赋予中国军事干预朝鲜半岛事务的合法性。劣势在于中国韬光养晦、和平发展的外交战略，使中国坚持不干涉内政原则，不允许中国给朝鲜提供安全保障，限制中国对朝鲜政策上军事资源的利用。

中国对朝鲜政策面临的外部机会与威胁，可以从全球、区域与对象国三个层面分析。首先，在全球层面。随着美国实力下降、中国实力上升，中国政治模式的合理性在国际上的认可度有所上升，这有利于中国在国际事务上发挥更大作用。在全球经济复苏过程中，和平与发展的时代主题得到普遍认可，这有利于中国和平发展战略的推行。但中国对朝鲜政策在国际上获得的支持有限，朝鲜三次核试验后，中国面临承担更大国际责任的挑战，国际压力增强，美国对中国的防范特别在军事上的防范更加严密。其次，在东北亚区域层面。中日韩经济联系紧密，区域合作深化，营造和平稳定的地区环境符合各方利益。但中国实力地位的上升改变了东北亚传统力量状态，这种格局变动不可避免地使地区局势更加敏感。最后，在对象国层面。中朝传统友好伙伴关系为中国对朝鲜政策的推行提供便利，但朝鲜多次强调朝美双边会谈的重要性，为改善朝美关系对美国打"中国牌"，对中国打"美国牌"，外交政策"见风使舵"而难以预测把握。结合中国的内部资源与外部环境，可以看到中国对朝鲜政策的主要内容，如表 3 - 1 所示。

表 3 - 1   中国对朝鲜政策

内部资源 / 外部环境	S 优势 · 政策制定与实施具有稳定性 · 具备进行经济外交的资源 · 军事资源的使用具有合法性	W 劣势 · 驾驭经济外交的能力有限 · 军事资源的使用受到约束
O 机会 · 国际社会希望中国发挥更大作用 · 和平解决朝鲜问题的主张得到广泛支持 · 中朝传统友好关系的巩固加强	SO 战略 · 推行对朝政策主张，使和平解决朝鲜问题成为国际共识 · 深化中朝双边经贸联系 · 加强中朝战略互信与合作	WO 战略 · 深化对朝经贸合作，构建多边合作平台 · 表达对朝鲜安全的关切，与各方合作改善朝鲜外部安全环境
T 威胁 · 承担国际责任压力增大 · 政策国际支持度较小 · 地区不稳定因素增多 · 朝鲜的"见风使舵"政策	ST 战略 · 坚持六方会谈模式，加强多边合作 · 深化中朝关系，保持半岛稳定 · 加强地区经贸合作，强化相互依赖关系	WT 战略 · 就对朝政策加强与国际社会的沟通解释 · 深化与东北亚各国的互信与理解

与中国不同，美国对朝鲜政策具有不稳定性，往往随着政府换届而波动。美国对外政策不仅受执政党方针的影响，还是多种机制、多方主体、多项因素共同作用的产物，尤其是战略性政策多由总统和国会经过充分辩论而产生。"朝鲜问题"是美国国会外交行为关注的重点，在国会两党和各党派内部存在争议。因此，美国对朝鲜政策经常随不同政党上台而发生根本改变。美国经济优势明显，尽管受经济危机冲击和债务危机影响，仍比其他国家具有明显优势。而且，美国是商业立国的国家，其外交行为被视为管理国际商务。[①] 这意味美国对朝鲜的制裁、援助、投资，均具有优势的资源和能力。但目前美朝之间没有有效的贸易联系，这使美国的经济资源又具有明显劣势，即美国对朝鲜制裁无法奏效的情况下，无法动用更多经济资源对朝鲜施加影响。在军事资源上，美国的优势明显，在朝鲜周边地区的同盟体系和前沿部署提供了足够的军事资源。而且，美朝之间意识形态的敌视、美国绝对安全的诉求和对技术手段的崇拜，[②] 使其使用武力和

[①] ［美］孔华润主编：《剑桥美国对外关系史（上）》，新华出版社 2004 年版，第 416 页。

[②] 关于美国对绝对安全的诉求和技术崇拜的论述，参见卿文辉：《从导弹防御看美国的战略和战略文化》，载郭树勇主编：《战略与探索（2）》，世界知识出版社 2009 年版，第 135～137 页。

以武力相威胁的偏好明显。美国的劣势在于对朝鲜武力威慑的效果不明显。

美国对朝鲜政策面临的国际环境也可分为全球、区域和对象国三个层面。在全球层面，美国的全球同盟体系为其政策提供广泛支持，其在世界经济与金融领域的结构性优势，为其对朝鲜制裁与援助提供了充分资源，但全球反恐战争削弱了美国对朝鲜政策资源。2008 年开始的全球经济危机和此后的美国债务危机导致全球新一轮经济动荡，也是美国面临的不利国际环境。在区域层面，美国既获得域内盟友（日、韩）支持，也受到域内大国（中、俄）警惕。在对象国层面，朝鲜视美朝关系为矛盾的主要方面，多次强调美朝双边会谈的重要性，这为美国对朝鲜政策展开提供了机会。结合美国的内部资源与外部环境，可以看到美国对朝鲜政策的基本内容，如表 3 - 2 所示。

表 3 - 2　　　　　　　　　美国对朝鲜政策

内部资源 外部环境	S 优势 ·经济资源丰富，驾驭经济外交能力较强 ·军事资源丰富，具备使用武力干涉的能力	W 劣势 ·政策制定与实施具有不稳定性 ·政策难以突破自身逻辑矛盾 ·制裁与威慑效果有限 ·与朝鲜之间缺少基本互信
O 机会 ·广泛的盟友支持 ·有效的国际资源支持 ·防扩散与无核化的正当性 ·朝鲜对美朝关系的重视	SO 战略 ·加强对朝武力威慑 ·继续对朝经济制裁 ·美朝建交，展开合作 ·以援助换取无核化	WO 战略 ·加强多边合作，重开六方会谈 ·与朝鲜展开双边对话 ·维持现状
T 威胁 ·与中俄两国存在分歧 ·其他地区的战略牵制 ·全球经济危机 ·大规模杀伤性武器扩散	ST 战略 ·加强大国合作，重开六方会谈 ·强化同盟关系 ·使用武力	WT 战略 ·加强国际合作防扩散

3. 中美竞争的根源与合作的可能

中美对朝鲜政策竞争的根源，归结于崛起国与霸权国的结构性矛盾。冷战结束后，中国坚持以经济建设为中心，努力构建和平稳定的周边环境。中国按照政治大国—经济大国—军事大国的走势稳步向前推进，不可避免会改变东北亚地区原有力量对比状态。美国为维护霸权地位，保持在东北亚地区的影响力与控制力，以军事力量为后盾，以同盟体系为依托，利用均势外交推行"分而治之"策略，努力维持东北亚原有的"权力均衡"。对中国来说，朝鲜半岛作为陆权和海权两大地缘政治力量相互作用的交接部位，历来是大陆国家与海洋国家的缓冲区。中国不断巩固与朝鲜友好关系，强调和平解决相关问题，不仅是在维持国家安全的战略缓冲区、构建和平稳定的周边环境，也是推动边疆经济开发、实施"走出去"战略的需要。美国则将朝鲜半岛视作亚太战略的支点和遏制欧亚大陆力量的"岛屿锁链"的重要环节。朝鲜问题在美国外交序列的地位不是特别重要，以朝鲜问题牵制相关大国才是关键。2000 年以后，美国认为亚洲地区"有可能出现一个有巨大潜力的军事竞争者，东亚沿海是特别具有挑战性的地区，"①防范地区大国崛起是美国在东北亚地区加强军力部署的目标所在。而朝鲜半岛问题成为掩饰这一目标的借口，也为强化美日、美韩同盟关系提供了充分依据。2010 年，奥巴马政府以"天安舰事件"为契机，成功强化美韩同盟体系，拉住了有离心倾向的日本，并有效加强了对中俄的战略威慑力量。

在中美天然性的竞争关系下，双方合作集中在基于共同利益的积极合作和基于冲突性利益的消极合作两个方面。积极合作的目的是就共同关心的问题取得积极进展，消极合作的目的是防止竞争加剧和由此导致冲突。目前，中美在朝鲜半岛基于共同利益——无核化与防扩散、维护朝鲜稳定——而进行的积极合作虽然态度明确，但缺乏实质进展。究其根源，美国虽然了解朝鲜发展大规模杀伤性武器的原因是美国的现实威胁，但为遏制中国崛起，美国需要以朝鲜威胁为借口，实现其东北亚战略目标。

如果中美进行基于冲突性利益的消极合作，有关问题就会取得缓慢但稳定的进展。所谓"消极合作"，是指"通过预防潜在的冲突或对抗的发生，或者限制这些冲突和对抗所产生的破坏效应，以减少相互不利利益给彼此造成的损失"。②中美在朝鲜的意识形态问题、解决朝鲜问题方式上坦言分歧，就能够降低获得对方支持的心理预期，防止双方采取竞争战略导致的地区局势与双边关系波动。首先，能够降低彼此对合作成功的心理预期，不至于因对方不符合自己的预期政策而太失望。其次，能够使两国逐渐接受对方不会轻易改变的固定立场，减少双方固守优势战略造成的摩擦。最后，增强两国就朝鲜半岛问题建立危机管理机制的紧迫感，防止突发性事件导致的朝鲜半岛局势紧张和冲突升级。

中美在朝鲜问题上的竞争与合作，不仅涉及这一问题本身的解决，更要防止朝鲜半岛问题诱发中美关系紧张乃至冲突。这需要中美加强安全对话，推动朝鲜半岛危机管理机制建设，共同维护朝鲜半岛及周边地区和平。中美之间的崛起国

---

① U. S. Department of Defense. *Quadrennial Defense Review Report*, September 30, 2001, P. 4.

② 阎学通：《对中美关系不稳定性的分析》，载《世界经济与政治》2010 年第 12 期。

与霸权国的结构性矛盾是客观的，这一矛盾中最危险的方面是可能的军事冲突。2010 年的"天安舰事件"和"延坪岛炮击事件"使南北双方走到战争边缘，并使中美军事关系再度陷入紧张。冷战结束以来，朝鲜半岛突发性事件时有发生，未来仍可能发生不可预测的事件。在突发性事件发生后，通常一国会同时追求两个目标：一是自身利益的实现，二是避免事态恶化导致战争。如果当事方不能有效沟通，将导致决策者在处理突发性事件时偏重第一个目标，强化自我定位，从而采取激化矛盾，将冲突表面化，乃至升级危机等手段，直至危机即将转化为战争的最后时刻，才不得不妥协和让步。"中国要保证一个持久的和有利于经济建设的和平环境，就会必然寻求避免与美国发生战争，而美国同样也绝不想与一个核大国开战。"① 中美显然不希望朝鲜半岛问题诱发两国军事冲突，因此在建立全面军事互信机制面临诸多困难的情况下，中美可就朝鲜半岛事务探讨建立一个处理突发性事件的危机管理机制。这一机制应能对可能的突发性事件发出预警，在事件发生后使中美双方能够及时沟通信息、有效协调政策，防止危机升级乃至爆发冲突。

（二）朝鲜半岛与中俄关系的互动

近年来，中俄两国高层领导人在双边与多边政治对话中，始终保持密切往来与沟通，两国互为重要贸易伙伴。由于国家利益切合不是"无缝式"的，中俄两国也存在一些问题。比如：中国经济竞争力提升对俄罗斯造成挤压效应、中国军力发展壮大引起俄罗斯军方忧虑、中国对两国间军品贸易及能源合作不满意、双方在第三国存在经贸竞争情况，等等。中俄围绕敏感复杂的朝鲜半岛问题展开诸多互动，从多个侧面、多个角度映射这一发展态势。巩固并加强中俄在朝鲜半岛的长期友好合作关系，具有重大战略意义。不仅对推进深化中俄睦邻友好合作关系有益，还能促进朝鲜半岛乃至东北亚地区的和平、发展与繁荣。

1. 中俄在朝鲜半岛的关注点与"关系交点"

每当国家间在一个地区发生关系时，必然存在"关系交点"，即两国出于自身利益在该地区所共同关注的议题。审视一个地区内国家间双边关系的好坏程度，要衡量它们在"关系交点"领域的合作冲突情况。这要首先明确两国共同关注的政策领域，寻找它们的"关系交点"。从地缘政治学角度看，朝鲜半岛作为环绕欧亚大陆的沿海陆地之一，形似巨大的海上"跳板"。正是这一特殊的地缘

① 阎学通：《对中美关系不稳定性的分析》，载《世界经济与政治》2010 年第 12 期。

结构，中俄两国才会不约而同地关注朝鲜半岛，进而形成引人注目的双边协调与合作关系。

中俄对朝鲜半岛的重视程度及其外交政策经历了不同发展过程，由此形成不同的关系局面。"冷战"期间，在中、美、苏的力量博弈和支撑下，朝鲜半岛这一"边缘地带"形成所谓的"战略平衡"，从而保持较长时期的平稳安全局势。冷战结束后，朝鲜半岛原有战略结构发生巨大变化，包括朝核危机在内各类突发性事件频现。归根结底，大国的利益诉求和力量格局的变化，导致朝鲜半岛形势趋紧。其中，俄罗斯的朝鲜半岛政策及其战略身份的巨大改变是一大关键因素。冷战时期，苏联为与美国争霸"全球"十分重视朝鲜半岛的地缘战略价值，不断加紧并强化对朝鲜渗透，希望借此把美国逐出该地区。同时使日本列岛处于苏联军事威慑下，并从侧翼包抄中国东北工业区。这一战略侧重为苏联在朝鲜半岛赢得巨大的影响力和控制力。冷战结束后，严重衰减的综合实力使俄罗斯难以做到"东西兼顾"，咄咄逼人的北约东扩及美国的"反导计划"将其注意力不得不锁定在欧洲，朝鲜半岛的地缘战略地位急剧下降。虽然普京多次表示："既介入欧洲事务也介入亚洲事务，不仅是俄罗斯独有的地缘政治特征，而且是它的无可争议的优势。"① 不过，他指出，俄罗斯在朝鲜半岛的战略利益是"确保平等参与南北朝鲜和解进程，排除不让俄罗斯参与地区安全系统的可能性。"② 对俄罗斯而言，朝鲜半岛不再是具有决定意义的地缘战略要地。

伴随对朝鲜半岛地缘价值的认知调整，俄罗斯的朝鲜半岛政策发生明显变化。总体而言，俄罗斯与朝韩之间的关系链条由繁化简，其影响范围收缩。在综合实力减弱的背景下，朝核问题依然是俄罗斯最关注的政策议题。1991～1993年，俄罗斯采取拉拢韩国、疏远朝鲜的"亲南疏北"政策，"督促朝鲜使其所做的一切符合朝鲜本国人民的利益——把所有核装置置于国际监督之下"。③ 这使俄朝关系陷入低谷，最终俄罗斯被排挤出解决朝鲜问题的四国机制。普京上台后，指出要确保俄罗斯平等参与解决朝鲜半岛问题。梅德韦杰夫主政期间，表示俄罗斯要积极参与政治解决朝核危机进程，并与朝韩发展建设性关系，保持首尔与平壤之间的对话。④ 经贸议题是俄罗斯在朝鲜半岛的另一个关注点。冷战结束后，俄韩开展了卓有成效的经济合作。2004年，俄韩发表《联合声明》指出，"为了促进双方在贸易、投资等领域相关合作的进一步发展，两国将进行深入的

---

① ［俄］伊·伊万诺夫著，陈凤翔等译：《俄罗斯新外交：对外政策十年》，当代世界出版社2002年版，第106页。

② 陈锋君、王传剑著：《亚太大国与朝鲜半岛》，北京大学出版社2002年版，第264页。

③ 林军著：《俄罗斯外交史稿》，世界知识出版社2002年版，第481页。

④ Концепция внешнейполитики Российской Федерации，http：//kremlin.ru/acts/785.

对话。韩国对俄罗斯加入世界贸易组织表示支持"。① 同时，经历短暂的政策失误后，俄罗斯重新调整对朝经济政策。2000 年，俄朝签署新的政府间协议，旨在恢复并扩大各种形式的经贸关系。2003 年，俄朝签署《关于海关事务合作的协议》，旨在减少海关限制和加快两国公民与货物交流。②

与俄罗斯不同，中国政府没有在"冷战"后轻视朝鲜半岛的地缘战略价值。这一意识推动中国走上"南北协调均衡"的政策道路：一方面，中朝保持传统友好关系；另一方面，中韩关系经历了"友好关系—合作伙伴—全面合作伙伴"五年一个台阶的重大变化。具体而言，中朝保持传统友好关系，中方积极为朝核问题展开各种形式斡旋，并多次向朝鲜提供无偿援助。2005 年 10 月，胡锦涛主席访朝时提出，两国要"继承传统、面向未来，推动中朝关系全面深入发展"。③在中韩关系方面，两国在政治、经济、文化等领域取得跨越式发展。建交后，中韩建立更加完善的双边和多边会谈机制，两国高层互访频繁。可见，中国与朝韩分别展开多领域、全方位的双边合作，其在朝鲜半岛拥有重要的国家利益和无可替代的影响力。

综上所述，对朝鲜半岛地缘战略价值的认知不同，最终为中俄两国冷战后的地区地位描绘了不同图景：中国在朝鲜半岛的影响力增强，而俄罗斯面临影响力消退并暂时无力恢复的局面。由于一直重视朝鲜半岛的地缘战略价值，中国的朝鲜半岛政策更加成熟务实，由此在该地区催生更加广泛的国家利益，而这增强了朝鲜半岛对中国的重要意义。这大大拉长了中国与朝鲜半岛国家关系链条，进一步扩展中国与朝韩两国合作领域。中国对朝鲜半岛政策的关注点也更加的多元化和复杂化，包括政治、经济、安全、文化、社会等议题，其发展进程息息相关、丝丝入扣。与之相反，朝鲜半岛对俄罗斯的战略吸引力下降，其政策关注点萎缩，仅局限在朝核问题与经贸合作两个议题。由于俄罗斯积极参与的朝鲜半岛议题，中国也参与其中，而中国参与的很多议题，俄罗斯仅拥有较小的影响力，换言之，俄罗斯关注的朝鲜半岛议题包含在中国的朝鲜半岛议题中。因此，这两个领域是促动和最终形成中俄在朝鲜半岛所谓"关系交点"的关键，即中俄在朝鲜半岛的持续协调与合作，要从朝核问题与经贸合作这两个"关系交点"着手。

---

① Российско-Корейская Совместная деклар ация принята в Москве Президентом России В. В. Путиным и Президентом Республики Корея Но Му Хёном，http：//www. mid. ru 22-09-2004.

② Соглашение между Правитель ством Российской Федерации и Правите льством Корейской Народно-Демократиче ской Респуб ликой о сотрудничестве в таможенных делах//Бюллетень междунар одных дого воров. -2009. -Июль. -№7. -С. 62.

③ 陈鹤高、罗辉、姬新龙：《胡锦涛开始访朝，同金正日会谈》，载《新华每日电讯》2005 年 10 月 29 日，第 1 版。

2. 中俄在朝鲜半岛问题上的协作

近年来朝核危机不断升级，中国政府努力说合美、朝、韩、日、俄等国家，主导开启六方会谈，敦促各方保持克制，防止朝鲜半岛局势恶化。俄罗斯在该问题上与中国拥有相同的战略目标，因此两国容易产生合作局面。普京上台后，俄罗斯的朝鲜半岛政策更加务实，其在安全上渴望维持南北双方力量平衡，防止发生冲突，造成地区局势动乱，[①] 并表示支持六方会谈。即使在六方会谈停滞阶段，俄罗斯仍强调"政治途径解决朝鲜半岛核问题是可能的，而且也应当在中国、朝鲜、韩国、俄罗斯、美国与日本参与的六方会谈框架内找到解决办法。我们主张尽快恢复六方会谈。"[②] 2011 年 8 月末，金正日在访俄期间向梅德韦杰夫总统表示朝鲜将无条件重返六方会谈，并准备冻结核设施和停止核试验。俄罗斯学者认为，这一表态是中俄在朝核问题上积极斡旋的结果，充分反映两国在解决朝核危机中的合作态度及作用。

在朝鲜半岛，中俄之间另一个可能的"关系交点"在经贸领域。目前，中韩在经贸领域取得辉煌成就。中国保持对韩国的第一大贸易伙伴国、出口对象国及进口来源国地位。[③] 中国对韩国出口的主要产品是机电音像设备及部件、纺织原料及制品、贱金属及制品、矿产品、植物产品和化工产品六大类商品。另外，中国是朝鲜的第一大贸易伙伴国。朝鲜对中国的经济依赖性一直居高不下。2012年 9 月 26 日，中朝在北京共同举办朝鲜罗先经贸区和黄金坪、威化岛经济区投资说明会，这意味着备受外界关注的中朝经济区进入实质性招商引资阶段。[④] 与之相比，由于俄罗斯经济贸易的相对衰落，其在朝鲜半岛的经济深入程度不及中国。1992 ~ 2009 年，对俄贸易在朝鲜对外贸易所占份额呈震荡下降趋势，从最初的 3. 115 亿美元滑落到 2009 年的 4 940 万美元。从贸易结构来看，俄罗斯主要向朝鲜提供焦煤、石油、人工橡胶等原材料或半成品。俄韩贸易往来同样不温不火。虽然俄韩贸易额从 21 亿美元增长到 183. 1 亿美元，但对俄贸易在韩国对外贸易总额中仅占 2. 3% ，与中国相差甚远。一方面，朝鲜对中国经济的依赖程度、对俄罗斯吸引力的有限及自身计划经济的封闭性，使中俄一时间难以在该国寻觅到经济合作的"关系交点"；另一方面，中俄在韩国的经贸利益、经贸结构

---

① 季志业：《俄罗斯朝鲜半岛政策的演变及走势》，载《现代国际关系》2003 年第 2 期。

② 《俄罗斯称仍主张尽快恢复六方会谈解决朝核问题》，中国新闻网，http：//www. chinanews. com/ gj/gj-gjzj/news/2010/04-02/2204284. shtml，2010 年 4 月 2 日。

③ 《韩方统计 2011 年中韩贸易额为 2 139 亿美元》，中国商务部网站，http：//www. mofcom. gov. cn/ aarticle/i/jyjl/j/201201/20120107915095. html，2012 年 1 月 15 日。

④ 《朝鲜两经济特区可流通人民币，欲建世界规模特区》，新华网，http：//news. xinhuanet. com/fi-nance/2012-09/27/c_123767626. htm，2012 年 9 月 27 日。

等方面的差异，使两国很难发生经贸冲突与摩擦。可见，中俄在朝鲜半岛的经贸联系并不密切，双方没有在经贸这一可能存在"关系交点"的领域形成深入合作关系。

应当说，合作是中俄关系在朝鲜半岛的主旋律。中俄在朝核问题上的关系互动一直比较频繁并保持密切合作态势。尽管目前中俄在有关朝鲜半岛的经贸议题上交集较少，但产生摩擦与冲突的可能性也较少。中俄在朝鲜半岛能够保持合作态势的原因有四个方面：第一，中俄面临相似的国际环境，两国均是上升阶段的大国，在国内面临体制、经济、社会等方面改革问题，在东北亚地区面临美日、美韩军事同盟不断强化和扩大带来的巨大压力，单独一国难以保证其在朝鲜半岛与美国及其主导的地区同盟体系进行长期有效的平等对话；第二，中俄分享冷战意识形态斗争的政治遗产，两国均与朝鲜保持亲密关系，这使它们对朝鲜的态度与美国等国家不同，其致力于共同维护朝鲜的独立和稳定，更多从朝鲜的发展环境来考量朝鲜半岛政策，不希望美韩日与朝鲜在核问题上爆发更大冲突；第三，俄罗斯渴望恢复在冷战结束初期失去的大国地位，希望在朝核问题上拥有更大影响力，当前的最好办法是与中国紧密合作，共同推动六方会谈；第四，俄罗斯没有从冷战结束初期的衰落中完全恢复实力，其一时间无暇对朝鲜进行过多经济援助。虽然俄韩开展卓有成效的经济合作，但贸易结构的严重不平衡，导致俄罗斯在朝鲜半岛的经济利益较少，这减少了其与中国在朝鲜半岛产生经贸纠纷与摩擦的可能性。

不过，长期合作关系不意味着中俄在朝鲜半岛没有潜藏暗流。一旦当前合作的背景发生变化，暗流便会涌动。首先，国际地位的变化冲击中俄在朝鲜半岛的合作力度。随着经济快速发展，中国在未来的不确定性增大，这给世界尤其是周边地区带来巨大压力，俄罗斯也不例外。在远东地区，俄罗斯开始警惕中国在该地区移民情况。中俄人口数量差距过大，即使中国没有扩张念头，俄罗斯也不放心。[①] 在朝鲜半岛，俄罗斯始终担心单极大国的出现，其政策底线是防止出现一个国家操纵整个地区致俄远东地区安全受控于人的局面。其次，中俄均与朝鲜保持传统友谊关系，这为朝鲜寻求更好的国际环境提供了出口，也在无形中为朝鲜提供左右逢源、纵横捭阖的空间。为获取更多利益，当中国提供较少援助时，朝鲜便寄望于俄罗斯；当俄罗斯与朝鲜关系冷淡时，朝鲜又亲近中国。这种摇摆态度会直接影响中俄在朝鲜半岛的影响力，进而有间接恶化中俄关系的风险。再次，俄罗斯希望恢复其在朝鲜半岛的影响力，这种张力可能给中俄合作带来一定阻力。2010 年以来，俄罗斯在朝鲜半岛的积极表现，反映了它的这一雄心壮志。

---

① 左凤荣：《重振俄罗斯——普京的对外战略与外交政策》，商务印书馆 2008 年版，第 382 页。

2010 年 5 月 31 日，梅德韦杰夫总统派遣军方专家调查"天安舰事件"，俄国媒体称有专家对国际联合调查团做出结论提出质疑。"延坪岛炮击事件"后，俄罗斯严词批评朝鲜，呼吁朝鲜遵守联合国两个决议，不对韩国进行军事挑衅。[①] 同时，俄罗斯从未放松国内的经济改革与复兴步伐。一旦俄罗斯的经济实力恢复、贸易结构理顺，其在朝鲜半岛势必与中国形成竞争局面。另外，在六方会谈框架内，中俄合作没有阻止朝鲜进行核试验，这会影响双方的合作信心，从而为两国合作带来潜在威胁。

3. 中俄加强在朝鲜半岛问题上协调与合作的建议

在朝鲜半岛无核化的原则下，中俄要帮助朝鲜早日成为国际社会的正常成员。"隐士之国"的历史和现状，使朝鲜一直独立于国际社会。这种游离姿态增加朝核问题的不确定性，东北亚地区的安全和稳定倍受威胁。只有真正融入国际社会，朝鲜才能最终走上和平、发展、繁荣的强盛国家之路，才会成为对国际社会真正负责任的国家。为此，在政治上，中俄应努力促进朝韩关系、朝美关系的解冻，协调朝鲜与周边国家外交关系。在经贸上，中俄应逐渐减少对朝鲜的直接援助，尝试推动朝鲜进行符合其国情的经济体制改革，通过加强双边或多边贸易带动朝鲜相关产业发展和复兴。这一过程中，中国与俄罗斯的政策实施要做到积极谨慎，决心要大，但步伐要稳。此外，中俄需要通过强有力合作，不断巩固和推进六方会谈。六方会谈的现有设置和运作机制确实需要做出适当调整。由于六方会谈建构于"共识"之上，朝美双边僵局使该多边机制陷入困境，朝鲜便享有事实上的"一票否决权"。[②] 为此，需要在程序和机制上加强六方会谈的执行功能，在各方一致的原则下引入更加有效的执行机制，[③] 这需要中俄的共同努力和推动。

中国在冷战后保持连贯的对朝鲜半岛政策，在朝鲜半岛发挥无可替代的作用。经过不断调整，俄罗斯的朝鲜半岛政策与冷战结束初期相比发生巨大变化。俄罗斯正在朝鲜半岛问题和东北亚事务中发挥重要作用，它是实现朝鲜半岛和东北亚地区和平与发展的重要力量。作为战略协作伙伴国，中俄应在朝鲜半岛展现更加积极务实的合作姿态，这有利于维护朝鲜半岛的持久和平与长期繁荣，有利于推动东北亚地区的合作与发展，并为域内国家的政治、经济、社会发展营建更加优越的环境氛围。

---

① О рабочем визите в Россию Министра иностранных дел КНДР Пак Ы Чуна，http：//www. mid. ru/bdomp/ns-rasia. nsf，2012-12-13.

② Choe Sang Hun. U. S. Condemns North Korean's Missile Tests. *New York Times*，July 5，2009.

③ 朱锋：《二次核试后的朝核危机：六方会谈与"强制外交"》，载《现代国际关系》2009 年第 7 期。

（三）朝鲜半岛与中日关系的互动

朝鲜半岛与中日两国隔海相望，其在地缘上无论是政治取向、经济发展还是安全保障，均对中国和日本具有战略意义。当前中日关系的症结是领土、海洋权益及历史认识问题，不包括朝鲜半岛问题。但是，朝鲜半岛对中日两国均具有重要价值，这使朝鲜半岛问题与中日关系产生必然联系。

1. 中国在朝鲜半岛问题上的政策考虑

朝鲜自 2006 年进行首次核试验后，中朝、中韩关系开始发生微妙变化。在 2013 年朝鲜第三次核试验后，这种变化使中朝关系与中韩关系形成鲜明对比。朝鲜在 2009 年和 2013 年进行两次核试验，均遭到中国政府的强烈反对，而中韩两国在这一问题上保持一致态度。2013 年 2 月，朝鲜在中国新一届领导人正式履职和韩国新总统朴槿惠正式就职前进行第三次核试验，再次遭到包括中国在内的国际社会的强烈谴责。中国严格执行联合国 2094 号决议对朝鲜的金融制裁及相关技术和设备的禁运等措施。中国的银行系统、交通部、商务部、工业和信息化部、海关总署及国家原子能机构等相继发表制裁声明，这是中朝关系史上前所未有的情况。不过，尽管中国加大对朝鲜的制裁措施，对中朝关系进行冷处理，但没有彻底改变对朝鲜的基本政策。中国在核问题上态度更加的强硬和坚决，但依然强调以对话协商方式解决问题。

2. 日本在朝鲜半岛问题上的政策考虑

在中国对朝鲜半岛政策发生变化的同时，日本的朝鲜半岛政策也出现新的调整。20 世纪 90 年代以来，日本国内相当一部分人将朝鲜与中国看作是对其国家安全构成严重影响的重要因素。"朝鲜威胁论""中国威胁论"在日本有着广泛市场，朝鲜与中国毫无疑问被日本视为"主敌"。日本一些政客与右翼学者长期以来将解决朝核问题与牵制中国视为一种共同目标，认为朝核问题与中国崛起破坏东亚地区均衡，严重损害日本在东亚地区的存在及影响，进而臆测东亚未来发展是充满竞争和冲突的。同时，在解决朝核问题上，日本又强调借重中国力量。因此，日本国内相当一部分人主张在战略问题上强化日美同盟的同时，继续推进与中国的谨慎接触。

安倍晋三在 2012 年底再度出任日本首相后，全力推动日本国家战略的"向右转"。日本对中韩两个邻国在历史问题、领土问题上表现出咄咄逼人的态势，并在东亚地区旗帜鲜明地遏制中国。在这种背景下，陷入僵局的朝核问题被日本视为打破其在东北亚地区孤立境地和展示影响力的平台。因此，日本的朝鲜半岛政策随之发生变化，即对韩国政策更加僵化，而对朝鲜政策更加投机。安倍政府对侵略历史、"慰安妇"问题和参拜靖国神社问题坚持"右倾"主张，这引起与韩国关系的持续紧张。安倍内阁通过"河野谈话"调查报告，否定征集"慰安妇"的强制性；通过修改现行教科书标准，推进删除侵略历史，以加强培养爱国心。加之日本国内周期性爆发的"竹岛日"问题，韩国国内多次爆发针对日本的激烈的抗议活动。

与僵硬的对韩国政策相比，安倍政府对朝鲜政策反倒是充满"灵活性"。在朝鲜进行第三次核试验后，联合国安理会进行严厉谴责并通过有关制裁的草案决议，将从事非法活动的朝鲜外交人员、银行业实体及非法的大量现金转账列入制裁范围，并进一步增加旅行限制。① 在各国开始执行联合国决议时，安倍政府在2013 年 5 月 14 日派出特使饭岛勋突访平壤。事后，饭岛勋称此行"主要原因是因为奥巴马不关心日本人被绑架问题"，② 其就日本人被朝鲜绑架问题进行商讨，但对话未取得进展。鉴于此前小泉首相突访朝鲜的先例，而饭岛勋曾是小泉首相的政务秘书，并对此做了大量工作，因此饭岛勋此行被视为安倍访朝打前站。而安倍此举的意图是借朝鲜面临的外交僵局，以突访带来的冲击效果，打破日本在东北亚地区面临的外交孤立局面。

2014 年 5 月 26 ~ 28 日，日朝两国局长级会谈在瑞典斯德哥尔摩举行，朝鲜外务省朝日邦交正常化谈判大使宋日昊与日本外务省亚洲大洋洲局局长伊原纯一进行会谈。随后日朝同时发布消息称，朝鲜将对日本被绑架受害者等一系列涉及日本人的情况进行重新调查，日本将解除部分对朝鲜的单独制裁。③ 安倍政府的日朝会谈"惊人秀"把周边国家排除在外，其"投机专行"式外交引起美国、韩国的不满和担忧，不利于多边对话、协商的展开。同年 6 月 2 日，美国国务院与朝鲜政策特别代表戴维斯与韩国外交部朝鲜半岛和平交涉本部长黄浚局在华盛顿举行会谈，确认在朝核问题上日美韩不得自乱步调，有必要合作保持一致。④ 7 月 7 日，美国国务卿克里就日本政府在绑架问题上的应对措施表示，"如果安倍

---

① 《简讯：安理会通过制裁朝鲜决议，扩大制裁范围》，中国新闻网，http：//www.chinanews.com/gj/2013/03-07/4625354.shtml，2013 年 3 月 7 日。

② 《饭岛勋称访朝因"奥巴马不关心日本人被绑架问题"》，新华网，http：//news.xinhuanet.com/world/2013-05-19/c_124732132.htm，2013 年 5 月 19 日。

③ 《朝鲜承诺重新调查日本人绑架问题，日方称是"重大进展"》，国际在线，http：//gb.cri.cn/42071/2014/05/30/7671s4560201.htm，2014 年 5 月 30 日。

④ 《美韩磋商日朝协议，强调日美韩步调一致应对朝核》，中国新闻网，http：//www.chinanews.com/gj/2014/06-03/6237785.shtml，2014 年 6 月 3 日。

晋三首相访问朝鲜，有可能打乱日美韩的合作"，强调"日本单独走在前面不是
好事"，"如果安倍首相决定访朝，希望事先与我们进行充分沟通，而不是仅在出
发前通报说'我要去'"。①

在整个国家"向右转"的背景下，日本更加重视朝鲜半岛的工具价值，其朝
鲜半岛政策服务于"普通国家化"战略，政策的利己性、投机性更加明显。具体
来说，日本的朝鲜半岛政策表现为继续维持其对韩国经济合作的结构性优势并获
得更大的经济利益，推动美日韩三边协同以扩大其外交政策的效能，借助朝鲜的
核与导弹威胁持续发展军力，寻机在朝鲜问题上采取"惊人之举"以提升国家形
象。但是，日本意图的双重性与现实的矛盾性，决定其很难完全落实既定政策。
中韩经贸关系的飞速发展，使韩国对日韩经济相互依赖的敏感性大大降低，其国
民对安倍政府的右倾政策充满反感。日本对朝鲜政策受到美国方面的制约，日朝
关于人质问题、赔偿问题的落实将极为困难。特别是朝核问题这一最核心、最敏
感的问题得不到解决，就其他问题所达成的协议都是脆弱的。因此，日本在"向
右转"的过程中，如果只是为一己私利来经营其朝鲜半岛政策，将对问题的解决
起不到积极作用，也不会取得很好的效果。

3. 中日在朝鲜半岛问题上加强互动的建议

当前，中国更加重视周边外交，习近平主席提出"周边外交战略和工作必须
与时俱进、更加主动"。②"一带一路"互联互通工程作为中国建立周边"命运共
同体"的基础设施，需要邻国参与。从中国外交的实际情况看，中国崛起面临的
最大外部挑战是美国的遏制行为，奥巴马政府的"亚太再平衡"战略将对华遏制
的重点地区放在中国东部和东南部的周边地区。日本政府则积极利用美国"亚太
再平衡"的大背景，一方面继续冲击政治大国、军事大国的目标；另一方面利用
各种手段给中国制造麻烦。其中，对朝鲜半岛的投机政策是日本制造的麻烦之
一。另外，中日关系始终难以出现较大进展，抑制徘徊在冷淡状态。从朝鲜半岛
与中日关系互动的角度看，朝鲜半岛问题是日本试图打破其在东北亚地区外交僵
局的突破口，也是日本趁机发展军备、重新武装的绝佳借口。在这种情况下，中
国有必要巩固在东北亚地区的战略影响力，特别是增强对朝鲜半岛事务的话语权
和影响力。

无论是从学习大国崛起的历史经验角度，还是从应对霸权国家的遏制角度，

---

① 《美国不满"日朝走近"担忧安倍访朝打乱日美韩合作》，国际在线，http://gb.cri.cn/42071/2014/07/16/6991s4617684.htm，2015年7月16日。

② 《习近平在周边外交工作座谈会上发表重要讲话》，中国政府网，http://www.gov.cn/jrzg/2013-10/25/content_2515555.htm，2013年10月25日。

周边地区都是中国外交全球布局的重点所在。何况，中国尚不具备在全球进行全方位布局的实力，将有限的资源投入周边地区是合理选择。"对中国崛起而言，争取众多周边国家的支持比降低美国一国的防范力度更为重要"。[1] 因此，中国的东北亚战略和朝鲜半岛政策要与时俱进、改革创新，以更加主动和鲜明的姿态进行战略筹划，切实维护国家利益，并真正使朝鲜半岛成为中国崛起的战略支点。一方面，中国仍需要包括日本、韩国在内的外国直接投资来确保自身一贯和可持续的经济增长态势。尽管中日韩经济合作受到日本政治右倾化的干扰，但除非日本有严重挑衅行为，进一步推动地区经济合作符合中国长远国家利益。另一方面，努力稳住朝鲜半岛局势，加固东北亚地区的"短板"，防止日本投机政策带来的负面影响。朝核问题是我国北疆陆基的唯一的"不稳定点"，单纯的斡旋与搁置难以对相关问题起到积极作用，主动、积极开展政治对话与经济合作甚至是必要的军事参与是今后的努力方向。在朝核问题的解决过程中，美韩等国家对中国之所以倚重，是因为中朝之间的对话渠道较为通畅。因此，中国在执行联合国决议的同时，应加强与朝鲜的对话协商，进一步稳定和提升中朝关系。同时，深入发展中韩关系，稳步推进与韩国的战略合作伙伴关系。此外，中国需要在国际层面为建构持久的朝鲜半岛和平机制创造有利条件，提供必要的合作平台与公共产品。

---

① 阎学通：《整体的"周边"比美国更重要》，载《环球时报》2015 年 1 月 13 日，第 14 版。

第四章

东北亚地区领土主权与海洋
权益争端及其战略与对策

东北亚地区国家通过陆地和海洋相互毗连和相邻，它们既形成了密切交往和相互依存关系，也存在着岛屿主权归属和海洋划界的争端。由于历史、法律、政治和经济原因，东北亚地区各国间的岛屿归属和海洋划界争端变得十分复杂，成为影响东北亚地区国家关系发展的重要因素。现在，俄罗斯与日本、中国与日本、韩国与日本、朝鲜与韩国之间都存在着领土主权和海洋权益争端。这些领土主权和海洋划界争端涉及各国的政治、经济和安全利益。近年来，东北亚地区各国间的领土主权和海洋权益争端愈加激烈，严重地影响到国家间的信任与合作，成为可能爆发地区冲突的不稳定因素。依据国际法和国际关系准则，充分尊重历史与现实，通过外交谈判公正、合理地解决各国间的领土主权和海洋权益争端，已经成为东北亚地区各国面临的重大地区性问题。中国应当从周边大国外交战略出发，长远谋划，积极应对，妥善解决，既要有效维护中国领土主权和海洋权益，又要努力避免使其成为地区合作的最大障碍，积极维护东北亚地区和平与稳定，为中国和平发展创造良好的地区国际环境。

一、东北亚地区领土主权与海洋权益争端及其影响

东北亚地区领土主权与海洋权益争端是东北亚地区国家关系的重要影响因素，也是影响地区和平与稳定的重大隐患。东北亚地区领土主权与海洋权益争端

主要涉及俄日北方领土争端、中日钓鱼岛和东海划界争端、韩日独岛（日称竹岛）争端、朝韩北方界线争端、中韩黄海划界争端、中韩苏岩礁争端等。东北亚地区领土主权和海洋权益争端主要是历史遗留问题，也涉及国际法和国际海洋法的适用。东北亚地区领土主权和海洋权益争端成为影响国家间关系的地区热点问题。

（一）东北亚地区的领土主权与海洋权益争端及其成因

东北亚地区领土主权与海洋权益争端整体上看，已经涵盖东北亚地区几乎所有的国家。东北亚地区领土主权与海洋权益争端是历史遗留问题，同样也是十分敏感的现实问题，它涉及相关国家的外交政策、安全政策、国内政局与媒体舆论等多个层面。同时，东北亚地区领土主权与海洋权益争端也涉及域外因素的干预，这种干预的屡屡出现，事实上加剧了争端的复杂性。

从当前的局势看，东北亚地区领土主权与海洋权益争端除中俄两国已经妥善解决边界领土划界争端外，其他国家之间的相关争端解决的困难程度是相当大的，在短时期内难以解决。因此，可以这样认为，当前东北亚地区领土主权与海洋权益争端已经陷入零和博弈的困境。从未来的发展趋势看，东北亚地区领土主权与海洋权益争端在未来相当长的一段时期内，可能影响甚至主导东北亚地区安全局势的基本走向。

1. 东北亚地区各国存在的领土主权和海洋权益争端

现在，东北亚地区相邻各国间都存在着岛屿和海洋划界的争端，主要涉及岛屿归属和海洋划界问题。由于它涉及国家主权和领土完整，关系到国家重要的政治、经济和安全利益，使解决各国领土主权和海洋权益争端问题变得十分复杂。

中日两国主要存在着钓鱼岛领土主权和东海划界的争端。中日钓鱼岛主权争端牵涉到中国大陆、中国台湾和日本三个方面，当前钓鱼岛为日本所窃据。近年来，中日两国钓鱼岛争端有所上升，自 2010 年中日钓鱼岛撞船事件以来，两国围绕钓鱼岛的争端不断升级。而 2012 年以来，东京都知事石原慎太郎所力主的购买钓鱼岛的政治闹剧，已经将钓鱼岛争端变成影响中日两国关系的热点因素之一。事实上，中日两国钓鱼岛争端已经在 2012 年影响到中日关系正常化 40 周年的相关活动。[①] 就中日钓鱼岛争端而言，当前的中日钓鱼岛争端已经成为包括中

---

① 《中方决定将纪念中日邦交正常化 40 周年招待会调整到适当时候举行》，新华网，http://news.xinhuanet.com/politics/2012-09/23/c_113176571.htm，2012 年 9 月 23 日。

日关系在内的东北亚地区安全中的关键性环节之一。中日两国对钓鱼岛争端的应对、美国对钓鱼岛争端或现实或潜在的参与，都在相当程度使钓鱼岛争端陷入更为复杂的局面。中日东海划界争端多是源于根据1982年的《联合国海洋法公约》对200海里专属经济区的划分。目前，中国所主张的大陆架自然延伸划分与日本主张的中间线划分的两种方案之间存在着相当明显的差异。尽管中日两国曾达成东海共识，但鉴于日本多次在中日海洋争端中的不良作为，两国在东海的划界谈判中尚处于停滞状态。同时，中国在东海正在进行油气资源的开发，比如春晓油田、天外天油田等，日本对中国在东海的油气资源开发也相当关注，曾要求中日尽快恢复在东海划界和油气资源开发等领域的谈判。对此，中日两国的主张虽有所不同，但两国就东海问题的接触也在进行。综合中日钓鱼岛和东海划界争端分析，中日两国之间领土主权和海洋权益争端已经成为影响两国关系和整个东北亚地区安全，以及大国关系的重要因素之一。

俄日北方领土争端是苏联时期遗留的历史问题。俄日北方领土争端主要涉及齿舞、色丹、国后、择捉四个岛屿的归属问题。俄罗斯称这四个岛屿为南千岛群岛，认为其是俄罗斯千岛群岛的一部分。俄罗斯认为，根据第二次世界大战时期苏美英三国领导人签署的关于对日本作战的《雅尔塔协定》，俄罗斯对南千岛群岛拥有无可争议的领土主权。日本则强调，北方四岛是日本北海道的附属岛屿，不属于应当归还的千岛群岛，俄罗斯占据北方四岛没有国际法律依据。俄日北方领土争端是长期困扰俄日关系的重大问题。由于俄日间存在着北方领土争端，使俄日两国至今还没有签署战后和平条约。长期以来，日本积极主张从俄罗斯手中收回北方四岛。但是，随着俄罗斯国内政治经济局势的变化，俄日关系的发展前景也并不明朗。2010年时任俄罗斯总统梅德韦杰夫登临北方四岛视察后，两国围绕北方四岛的争端也随之升级。俄日北方领土争端将是影响俄日关系走向的重要因素。

韩日独岛（日称竹岛）争端主要涉及韩日两国对独岛的主权争端。当前这一岛屿为韩国实际控制，2012年8月韩国在独岛上设立主权碑，进一步强化韩国对该岛的实际控制。当前，韩日两国就独岛的主权争端因两国均采取相对强势的态度而逐渐陷入某种困境：一方面韩日两国都作为美国的盟国，在美国的协调下进行积极的军事与情报合作；另一方面，两国因独岛（日称竹岛）争端造成双边关系处于持续紧张的状态，进而冲击韩日两国正在进行的合作。同时，朝鲜也对独岛提出相应的主权要求，并反对日本对独岛的主权主张，但目前朝鲜并未实质性地参与到争端中。对独岛争端的整体分析看，这一争端已经成为影响韩日关系，甚至日本海地区和平与稳定的重要因素。

朝韩黄海划界争端主要涉及海上临时分界线，即北方界线的问题。这一争端首先涉及当时的北方界线（NLL）的合法性问题，毕竟这一分界线是当时美韩当局单独划定的。与之密切相关的就是白翎岛、延坪岛、大青岛、小青岛和隅岛的主权归属问题。与东北亚地区其他国家间的领土主权与海洋权益争端不同，朝韩两国在黄海争议海域已经出现多次武装冲突。如1999年6月、2002年6月的朝韩海上军事冲突，2010年的大青海战等。而2011年3月，韩国海军天安号护卫舰在朝韩争议海域沉没和2011年11月朝鲜炮击延坪岛这两个事件相继发生后，朝韩两国黄海划界争端则更为激化。通观朝鲜半岛安全事务的演进历程，黄海划界争端已然成为影响朝鲜半岛安全局势较为显著的驱动性因素之一。

中韩两国存在着黄海划界和苏岩礁归属的争端。中韩黄海划界争端主要涉及黄海专属经济区划界的重大分歧。由于中韩两国在黄海海域的专属经济区有部分重叠，韩国主张采取等距离中间线原则来划分黄海专属经济区海域，中国主张按照海岸线长度比例来划分黄海专属经济区的界线。中韩两国为解决黄海划界问题，从1996年开始举行黄海划界谈判，由于双方在划界标准上存在重大分歧，使谈判没有任何进展。与黄海划界相联系，中韩两国也存在着苏岩礁归属问题。中韩两国黄海划界争端对中韩关系也产生了消极影响。由于黄海专属经济区划界争端，曾引发了韩国海警无理扣押中国渔船的事件。在2013年韩国总统朴槿惠访华期间，中韩两国就开展海洋划界谈判达成共识。在《充实中韩战略合作伙伴关系行动计划》中，明确提及"双方再次确认两国海域划界对推动双边关系长期稳定发展和推动海洋合作十分重要，决定为推进海域划界进程，尽早启动海域划界谈判"。[①] 2015年1月中韩两国恢复了黄海划界谈判，这为解决中韩黄海划界争端提供了契机，但彻底解决这一争端仍然任重而道远。由于短时期内中韩黄海划界争端不能得到有效的解决，争端对中韩关系健康发展的影响将会长期存在。

2. 东北亚地区领土主权与海洋权益争端形成的原因

东北亚地区各国间存在的领土主权和海洋权益争端十分复杂。有些争端是历史遗留问题，由于侵略扩张或战后领土交割产生的领土争端，有些则是根据海洋法公约对海洋划界产生的有关海洋专属经济区的争端。由于受到国际形势和国家间关系变化的影响，这些领土主权和海洋权益争端成为地区热点问题，成为影响国家关系发展的严重障碍。

东北亚地区领土主权与海洋权益争端主要是战争后遗留的历史问题。在近现

---

① 《充实中韩战略合作伙伴关系行动计划》，中国外交部网站，http://www.fmprc.gov.cn/mfa_chn/ziliao_611306/1179_611310/t1054065.shtml（2015年5月20日上网）。

代历史上，沙皇俄国和日本曾先后对中国和朝鲜发动侵略战争。沙皇俄国通过一系列不平等条约侵占中国大片领土，日本通过侵略战争直接吞并了朝鲜半岛，俄日战争也使两国领土多次发生变更。按照第二次世界大战后东北亚地区秩序安排的一系列国际条约，日本放弃了通过侵略战争占有的全部领土。然而，由于美苏大国之间分歧和东北亚地区国际格局变化诸多因素的影响，对于日本应当归还和割让领土的某些岛屿的认定和归属产生了争议，并未最终确定。这些具有争议岛屿的归属也因缺少全面的相关条约而未做出有效规定。

由于国际海洋法公约适用引起的海洋划界分歧是东北亚地区领土主权与海洋权益争端产生的另一个重要原因。1982 年通过的《联合国海洋法公约》对 200 海里专属经济区的规定，使很多国家面临着海洋权益争端。在东北亚地区黄海、东海东西宽度均不足 400 海里，如何进行专属经济区的划分，成为摆在黄海、东海周边的中国、朝鲜、韩国和日本所共同面临的问题。

俄日领土争端从沙皇俄国向太平洋地区扩张时起就已经存在。根据俄日两国 1855 年所签署的《俄日亲和通好条约》规定，北方四岛属于日本。第二次世界大战后期，苏联对日本宣战，根据《雅尔塔协定》占领了萨哈林岛南部和千岛群岛。根据旧金山《对日和约》，日本同意放弃对上述领土的主权和权利。然而，对于齿舞、色丹、国后、择捉四个岛屿的地理认定，以及是否属于日本割让的领土，在苏联时期两国间就存在着严重分歧。日本一直要求苏联归还所谓"北方四岛"，苏联则拒绝承认两国间存在北方领土争端。苏联解体后，俄罗斯作为苏联的主要继承国形成了俄日间北方领土争端。

中日钓鱼岛争端源于 1971 年美国将其托管的冲绳向日本移交的过程中，将原本属于中国的钓鱼岛也交给日本，这在当时引发了中国政府和台湾当局的强烈不满。事实上，钓鱼岛是中国台湾岛的附属岛屿，在 1943 年的《开罗宣言》中，就台湾岛及其附属岛屿的归属就已经做出相当明确的规定。但美日两国将中国的钓鱼岛私下相授的行为，造成了中日两国关于钓鱼岛的领土争端。中日东海划界主要在于两国如何划分东海专属经济区的问题。这一问题源于两国根据 1982 年的《联合国海洋法公约》对专属经济区的规定。而中日两国对东海划界问题的争议，已经成为 21 世纪中日关系持续健康发展所需要面临的重要问题之一。

中韩黄海划界争端主要源于 1982 年《联合国海洋法公约》对 200 海里专属经济区的规定，而对于黄海周边的中国、朝鲜和韩国而言，对黄海海域的最终划分并未确定。

韩日独岛（日称竹岛）争端源于 1951 年旧金山《对日和约》中对独岛（日称竹岛）地位的模糊规定。1954 年韩国民间人士强行占领独岛，赶走独岛附近海域的日本警察。从历史角度分析韩日独岛争端，这一争端源自于近代以来，日本对朝鲜半岛的长期侵略与殖民统治对韩国所形成的痛苦的历史记忆。

朝韩划界争端的原因主要在于北方界线，北方界线是源于 1953 年朝鲜半岛停战协定签订时，当事国仅仅划定交战各方在陆地的分界线并设置非军事区，在海上并未划定停战线。随后，韩国政府依靠其海空优势将西海五岛划入韩国实际控制范围，并单独划定分界线，从而产生了朝韩北方界线争端。

根据对上述东北亚地区领土主权与海洋权益争端的成因分析可以看出，东北亚地区领土主权与海洋权益争端具有很大的复杂性和不确定性，形成了协调解决东北亚地区领土主权与海洋权益争端的政治困境。

3. 东北亚地区领土主权与海洋权益争端的基本特点

综合对东北亚地区领土主权与海洋权益争端的整体情况来看，可以对当前这些争端做出相关的整体性概括。东北亚地区领土主权与海洋权益争端主要表现为以下几个特点：

首先，显性与隐性并存的局面。当前东北亚地区领土主权与海洋权益争端多数已经演化为东北亚地区国际关系的现实，除中韩黄海划界争端和苏岩礁争端之外，多数争端已经成为当前东北亚地区的显性热点。而中韩黄海划界争端和苏岩礁争端尽管当前可以视为隐性热点，但这一热点随时有可能因各种因素激化而向显性热点转化。

其次，合作与对抗相互交织的局面。东北亚地区领土主权与海洋权益争端既包含着相关国家在争议地区进行对抗的因素，也包含着相关国家就争议地区进行对话，展开必要合作的因素。以中日钓鱼岛争端为例，自 2010 年中日钓鱼岛撞船事件以来，中日两国政府公务船在钓鱼岛附近的对峙事件时有发生。2012 年中日两国进行首次海洋磋商，其中钓鱼岛问题即是磋商的核心问题之一。[①] 结合当前钓鱼岛争端的现实分析，争端中的合作与对抗在相互交织的同时，存在着相互转化的可能。其关键性的促进因素在于中日两国以何种姿态、何种方式应对这一争端，尤其是日本。

最后，介入与反制的复杂局面。它主要涉及争端参与方与域外因素的相互关系。当前，东北亚地区领土主权与海洋权益争端已经或多或少地因外部因素的介入，尤其是美国的介入而呈现出更为复杂的局面。需要强调的是，东北亚地区领土主权与海洋权益争端很多源于第二次世界大战后美国所主导下的东北亚地区国

---

① 《中日举行第一轮海洋事务高级别磋商》，新华网，http://news.xinhuanet.com/world/2012-05/16/c_111968122.htm，2012 年 5 月 16 日。

际关系的变化。可以这样认为，正是由于美国在某种程度上的介入造成了东北亚地区领土主权与海洋权益争端。事实上，美国是造成东北亚地区领土主权与海洋权益争端的历史渊源之一。美国正是利用东北亚地区领土主权与海洋权益争端，挑起争端的不断发酵和激化，实现对这些争端的某种管控，从而为美国带来相当显著的战略利益。争端的持续可以延续美国在东北亚地区的军事存在，争端的激化可以使美国借机强化地区霸权。对于中国和俄罗斯等东北亚地区领土主权与海洋权益争端的当事国，对美国参与争端是保有警惕的：一方面，美国的参与使中俄等国在应对争端中面临更为严峻的困境；另一方面，美国将争端变成遏制中国、俄罗斯的重要筹码，因此，有效反制美国对东北亚地区领土主权和海洋权益争端的介入和参与，对于平等协商、公正合理地解决争端将更为有利。

（二）东北亚地区领土主权与海洋权益争端的政治困境

东北亚地区领土主权与海洋权益争端现状与成因所呈现出的复杂性与不确定性，已经逐渐演化为东北亚地区领土主权与海洋权益争端的政治困境。整体上看，这一政治困境的出现构成了东北亚地区国际关系困局的现实内容之一，大国关系的博弈也参与其中。

1. 东北亚地区领土主权与海洋权益争端陷入政治困境的影响因素

东北亚地区领土主权和海洋权益争端出现政治困境的必然性来自由西方国家国际观念所构成的基本认知，这种认知已经在东北亚地区根深蒂固。一百多年来，西方国家的侵略使东北亚各国认识到建立强大国家的必要性与重要性，而西方国家关于国家、领土与主权的观念也随之在东北亚各国政府与公众中扎根。时至今日，威斯特伐利亚体系的某些观念在亚洲，尤其是在东北亚地区的深入发展则是不容忽视的事实。

当前东北亚地区领土主权与海洋权益争端的现实表明，东北亚地区领土主权与海洋权益争端所形成的政治困境，从国内分析而言，来自公众、媒体以及某些政治团体、利益集团的内部压力逐渐凸显。领土争端是零和博弈，政府几乎难以让步。同时来自国内某些政治利益集团、地方政府、媒体舆论的强大压力迫使政府在涉及领土主权与海洋权益的争端中坚持相对强硬的立场。

从外部制约进行分析，美国对东北亚地区领土主权与海洋权益争端的参与事实上压缩了他国在处理争端中的战略回旋空间。在 2010 年发生钓鱼岛撞船事件，2012 年中国民间保钓人士和日本右翼团体、政客相继登陆钓鱼岛事件后，美国政府相继做出钓鱼岛问题将适用于《美日共同防卫条约》第五条的表态。这表明，一旦钓鱼岛出现美日所认为的意外，钓鱼岛将成为美国协助日本进行防卫的对象。对此，表面上看，美国通过借机表态协助日本，履行作为盟友的义务，形成应对中国外交与军事上的强势。但同时，美国的表态也刺激了日本右翼势力，使其假借美国的"保护"继续在钓鱼岛争端中的政治闹剧，并向日本政府施加更大的压力。日本政府在承受国内压力，以及来自美国的给予外交和军事支持的表态后，也在某种程度上限制了日本在外交上的某些作为，尤其是采取相对缓和的、能够取信于中国的措施。

东北亚地区领土主权与海洋权益争端政治困境的出现与延续，客观上加剧了地区军备竞赛，进而造成地区内安全局势的紧张。这种争端的常态化趋势也将会影响到国家间关系，造成各国之间互信的严重缺失，建立互信的可能也随之降低。这一政治困境也造成东北亚地区安全局势的进一步动荡，无助于开展必要的交流与合作，造成各国对地区安全机制构建的努力成效渐微渐弱。

2. 东北亚地区领土主权和海洋权益争端所带来的政治困境

对东北亚地区领土主权与海洋权益争端所带来的政治困境进行具体分析，主要表现为以下四种态势。

第一，东北亚地区领土主权与海洋权益争端短时期内难以根本解决。从当前东北亚地区领土主权与海洋权益争端的现实考量，这些争端在短时期内是难以解决的。除了军事手段解决争端外，通过外交谈判的方式处理争端，很难有效地将争议岛屿和海域划给争端国家中的某一方。而对于争议岛屿来说，即使通过一分为二的方式将争议岛屿分给争端国家，对于岛屿周边专属经济区的划分也面临相当的困境。同时，争端国家内部，随着公民社会的建立与不断完善，国内公众是否认可这些解决争端的模式，也将是有所疑问的。

东北亚地区领土主权与海洋权益争端在短时期内难以解决的同时，也面临着可能转化为大规模武装冲突的可能。除了已经出现武装冲突的朝韩黄海划界争端外，其他争端多数存在着转向武装冲突的可能。结合东北亚地区冷战后的安全局势分析，上述争端一旦转向大规模武装冲突甚至局部战争，势必将损害整个东北亚地区的和平与稳定，进而影响相关国家在区域政治、经济等诸多领域的合作。

第二，东北亚地区领土主权与海洋权益争端表现出明显的外溢效应。东北亚地区领土主权与海洋权益争端所带来的政治困境及其相关影响已经在向其他地区乃至全球扩散。东北亚地区领土主权与海洋权益争端所带来的政治困境造成国家之间互不信任，进而造成在地区与全球范围内有效合作的进一步缺失，使区域一体化合作受到影响。由于各国对争端的应对难以满足国内某些民意，这一政治困境可能向国内层面扩展，这既可能影响到执政党在国内的地位，也可能成为社会不稳定的因素。东北亚地区领土主权与海洋权益争端所带来的政治困境如果得不到有效的关注与及时治理，这一困境将可能在争端国家的民众中持续存在与扩散，加剧各国公众之间关系的恶化。

第三，东北亚地区领土主权与海洋权益争端深受外部干涉因素的影响。如前文所述，美国对东北亚地区领土主权与海洋权益争端的作用是具有多重性的：一方面，美国因素是促成多数东北亚地区领土主权与海洋权益争端出现与不断恶化的重要原因之一。"冷战"时期，美国对包括中日、朝韩、韩日之间的领土主权与海洋权益争端是负有相当的历史责任的。另一方面，"冷战"后时代，美国对东北亚地区领土主权与海洋权益争端的参与客观上加剧了争端，而且造成整个地区安全局势的紧张。

第四，东北亚地区领土主权与海洋权益争端具有新的不确定性。鉴于东北亚地区领土主权与海洋权益争端的长期存在，决定了这种政治困境在短时期内难以消除。尽管各国都积极主张通过外交手段加以解决，但对于非外交手段解决争端的相关努力各国并未放弃。比如，日本不断加强其在西南诸岛的军事部署，其主要目的之一就在于加强对钓鱼岛的实际控制。东北亚地区领土主权与海洋权益争端各个参与国家之间国力对比可能出现新的变化，随着中国经济迅速发展，综合国力不断增强，东北亚地区各国之间的国力对比将向着有利于中国的方向发展，这种变化对如何影响东北亚地区领土主权与海洋权益争端及其政治困境的解决仍是难以确定的。

3. 东北亚地区领土主权与海洋权益争端所带来政治困境的整体效应与未来前景

东北亚地区领土与海洋权益争端已经逐步演化为东北亚地区政治的核心问题之一。由于东北亚地区领土主权和海洋权益争端的激化，已经严重地影响到东北亚地区各国之间的政治互信和相互关系。

2012年9月以来，因日本强行实现钓鱼岛的所谓"国有化"，直接刺激了中日钓鱼岛争端的升级，使中日关系进入低谷状态。两国之间除了屈指可数的关于钓鱼岛问题的副部级接触外，两国之间的首脑外交全面中断。时任外交部副部长张志军指出，中方在与日方的各层次接触磋商中，均严肃、全面地阐明了中国政府在钓鱼岛问题上的严正立场和维护国家领土主权的坚定意志，敦促日方承认错误，改弦更张，为妥善处理当前问题做出实实在在的努力。[①] 通过中国政府的表

---

① 《外交部副部长张志军就钓鱼岛问题举行中外媒体吹风会答问实录》，中国外交部网站，http://www.fmprc.gov.cn/chn/gxh/tyb/zyxw/t982918.htm（2015年5月20日上网）。

态分析，中日关系的恢复在很大程度上取决于日本政府就钓鱼岛问题具有更为明确的态度。

东北亚地区领土主权与海洋权益争端已经逐步演化为影响东北亚地区安全的变量之一。东北亚地区领土主权与海洋权益争端的不断激化，使相关国家海军、海上执法力量在争议海域形成对峙的局面，它已经造成地区安全局势持续紧张的状态。在未来东北亚地区领土主权与海洋权益争端演化中，如何实现对地区安全领域的有效管理与控制，将是缓和地区安全紧张局势、寻求政治解决领土主权和海洋权益争端的理性选择。

中国海军在太平洋地区的远洋训练是中国国防建设的正常组成部分，但鉴于中日两国之间在地区安全领域的互信程度较低，中国海军进入太平洋的正常训练却成为日本官方与媒体所热炒的内容之一。而结合中日两国钓鱼岛争端与东海划界争端的不断激化的现实分析，中国海军的远洋训练经过日本政府"过度"的关注与媒体不适当的炒作，随即成为折射地区安全现实的表象。

（三）东北亚地区领土主权与海洋权益争端对国家关系的影响

领土主权与海洋权益争端是国家关系发展的重要影响因素。处理不当就可能引发国家间的冲突和战争，也因为领土主权和海洋争端使国家间关系长期处于紧张和对峙状态。然而，由于历史和现实的多种原因，相邻国家之间存在领土和海洋划界争端又是不可避免的国际现象。问题在于如何理性和冷静地对待领土主权和海洋权益争端，降低其对国家关系的负面影响，不因领土主权和海洋权益争端使国家关系发展受到严重影响。

1. 东北亚地区领土主权和海洋权益争端成为国家关系发展的重要影响因素

东北亚地区领土主权与海洋权益争端对国家关系产生了重要影响，它不仅表现为东北亚地区国家间的双边关系，也表现为多边关系的影响。在这方面，主要涉及存在领土主权与海洋权益争端的相关国家之间的关系。其中最为突出的是俄日关系、中日关系、中美关系、韩日关系，以及中日韩三边关系、中日美三边关系等诸多双边与多边关系。

俄日两国的北方领土争端是苏联时期历史遗留问题。由于俄日两国在北方领土问题上存在着严重分歧，使俄日两国关系发展受到严重影响。第二次世界大战已经结束 70 年了，由于北方领土争端，俄日还没有签署战后和平条约，使俄日国家关系处于一种非正常状态。这将在很大程度上影响俄日两国间的信任与合作关系。在俄罗斯独立初期，日本为了向俄罗斯施加压力，曾实行"政经不可分"原则，即俄罗斯不交还北方四岛，日本就不会向俄罗斯提供经济援助和大规模投资。解决北方领土问题常常成为俄日两国领导人会晤必谈的重要议题，但是，由于双方立场的分歧，使俄日北方领土争端成为两国关系发展难以逾越的重大障碍。

中日两国因钓鱼岛和东海划界的争端已经严重影响到两国关系发展进程，成为中日关系发展难以逾越的障碍之一，同时，两国公众围绕争端问题的争执也逐步显现。日本右翼势力借领土主权与海洋权益争端捞取政治资本的行径，更加激化了争端。因而，如何有效地在政府和公众这两个层面采取有效措施，在缓和争端的同时，维系双边关系的发展是中日关系在可以预见的若干年内所面临的共同问题。

美国对东北亚地区领土主权与海洋权益争端的积极介入，在事实上已经影响到中美关系的发展。中美两国在东北亚地区与全球范围内的诸多领域存在着相当广泛的共同利益，然而，美国通过对东北亚地区领土主权与海洋权益争端的介入，在临近中国周边地区部署了大量的军事力量。如美国借 2012 年中日钓鱼岛争端在西太平洋部署反导系统等，① 构成对中国国家安全的实质性威胁。这使得美国难以在地区安全事务中取得中国的信任，使中美两国很难在安全事务中实现战略互信和积极协作。

中韩两国妥善处理黄海划界和苏岩礁争端是两国关系发展面临的重要问题，需要两国进行共同的努力。在中韩关系实现正常化 20 多年来，中韩关系发展取得了显著成就。但中韩关系所凸显出的问题也不少，比如中韩两国在所谓"脱北者"问题上的争执。在中韩两国应对黄海划界和苏岩礁争端时，能否妥善地处理好其他问题，避免其他因素的干扰，将是中韩两国处理领土主权和海洋权益争端时需要慎重对待的问题。

韩日两国就独岛（日称竹岛）问题的争端已经严重影响到两国关系的发展。在 2012 年，由于在历史等诸多问题上的矛盾激化，使韩日两国《军事情报保护协定》推迟签署，日本随即宣布中止两国在货币领域的合作。而在两国独岛争端的问题上，又出现韩国在独岛设立主权碑的事件。显然，这种局面的出现甚至一再重演，将不利于韩日关系的正常发展。尽管美国从中积极协调，但历史问题与独岛争端所赋予韩日关系的重压，仍使未来的韩日关系面临一时难以逾越的

---

① Daily Press Briefing. *Victoria Nuland*, August 23, 2012. http：//www. state. gov/r/pa/prs/dpb/2012/08/196881. htm.

困境。

东北亚地区领土主权与海洋权益争端的持续发展与不断演化，对美日关系的影响是多重性的。东北亚地区领土主权与海洋权益争端使美日防务合作进一步提升与加强，比如进行规模更大、持续时间更长的联合军事演习。但更为深层次的影响在于，通过美日防务合作的深入展开，日本需要在东北亚地区、亚太地区乃至全球事务中积极支持美国的行为，使日本更为坚定地成为美国行使地区霸权与全球霸权的重要盟友。同时，在日本因领土主权与海洋权益争端而发生与邻国的外交危机甚至军事冲突时，美国所能进行的战略选择空间也随之减少。

就美韩关系而言，美国借助包括朝韩黄海划界争端、朝核问题在内的诸多朝鲜半岛问题将美军长期部署于朝鲜半岛，加强美韩军事同盟。美国也同样借助东北亚地区领土主权与海洋权益争端加强其对美韩军事同盟的控制，使韩国在东北亚地区安全事务中更加听命于美国。值得关注的是，尽管朝韩之间已经多次出现海上军事冲突，但驻韩美军并未实质性地介入朝韩冲突。而一旦美军介入，朝韩之间的冲突可能会升级为更大规模冲突，甚至发生战争。因而，在未来的美韩关系中，朝韩黄海划界争端将成为美韩关系不断加强的重要缘由之一。

从多边角度来考虑，中日韩三国都是东北亚地区领土主权与海洋权益争端的参与国。在东北亚地区领土主权与海洋权益争端问题上，中日韩三国应考虑以下两个问题：第一，如何避免东北亚地区领土主权与海洋权益争端的不断激化对三国合作的冲击；第二，在中日韩三边框架内，通过彼此之间的合作与互信的构建，为实现东北亚地区领土主权与海洋权益争端的有效应对和最终解决创造必要前提条件。在1969年，韩日两国就东海划界签署了《日韩大陆架协定》。东海划界涉及中日韩三国的海洋权益，韩日两国在没有东海沿岸国家中国的参与下，进行东海划分是单方面的，并无视中国的海洋权益，中国政府是不予承认的。因而，在未来东海海洋专属经济区的划分中，中日韩三国如何妥善地解决相关的问题，将是三国在东海所共同面临的问题。

中日钓鱼岛争端也涉及中美日三边关系。可以说，美国应对钓鱼岛争端的缘起负有主要责任。美国也利用中日钓鱼岛争端的激化获取战略利益，借机强化美日军事同盟，增强美国战略优势。在中日钓鱼岛争端中，美国通过支持日本以取得日本对美国维系其东亚地区霸权的有力支持，美国也以此来遏制中国的崛起，推行其"亚太再平衡"战略。美国对于中日解决钓鱼岛争端和东海划界问题的影响是不可低估的。因此，中美日三边关系的发展和变化，对于如何协调和解决中日领土主权与海洋权益争端极为重要。

就美日韩三边关系而言，东北亚地区领土主权与海洋权益争端的激化与延续，在相当程度上有助于美国借机整合美日韩同盟在东亚诸多事务的协调与合作，这种协调与合作的持续有利于美国维护其在东北亚地区乃至整个亚太地区的霸权与战略优势。然而，倘若东北亚地区领土主权与海洋权益争端的激化超出了美国及其盟国所能控制的范围，从而演变为区域内的甚至更大范围的军事冲突与战争，美国也可能因其同盟的牵连而使其卷入地区冲突或战争。

2. 东北亚地区领土主权和海洋权益争端使未来国家关系发展蒙上了阴影

由于管控东北亚地区领土主权与海洋权益争端相应机制的缺失，以及地区大国在处理争端中的复杂关系，使东北亚地区领土主权和海洋权益争端对未来东北亚地区国家关系发展产生消极影响。

首先，东北亚地区国家关系和安全形势将变得更为严峻复杂。由于东北亚地区领土主权与海洋权益争端的长期存在，各国缺乏战略互信，对东北亚地区各国开展互利合作和地区一体化进程将产生负面影响。这种非良性化趋势的存在，使东北亚地区建构类似东盟或欧盟的区域整合难以实现。

其次，东北亚地区区域内外国家间关系互动的复杂化。这种复杂化主要体现为东北亚地区领土主权与海洋权益争端及其政治困境造成相关国家之间既有所排斥，也有所合作。东北亚地区呈现出两种进程的相互交织：第一种是推动和加深区域一体化进程，中日韩三国努力推动地区贸易自由化、便利化，实现互联互通，推动中日韩自由贸易协定的谈判。第二种情况是东北亚地区领土主权与海洋权益争端及其政治困境的持续发酵，造成东北亚地区安全局势的持续不安，而安全机制的缺失使这种不安更为凸显，尤其是美国对争端的各种介入。

最后，国家间战略关系的空洞化、失效化趋势。冷战结束后，中国与周边很多国家建立了相当广泛的战略关系，比如中日战略互惠关系、中美战略伙伴关系和中韩全面合作伙伴关系。由于东北亚地区领土主权与海洋权益争端及其政治困境对国家战略关系的持续负面影响，使这些战略关系呈现出内容空洞化和功能失效化的趋势。其原因在于这些国家在涉及领土主权与海洋权益争端问题时对中国国家主权与利益的无视或轻视，直接损害了这些战略关系的发展。

3. 中国划设东海防空识别区是维护领土主权和海洋权益的预防机制

2013 年 11 月 23 日，中国国防部发布《中华人民共和国政府关于划设东海防空识别区的声明》与《中华人民共和国东海防空识别区航空器识别规则公告》，宣布在东海划设防空识别区。前者主要涉及设置中国东海防空识别区的依据与地理范围，后者主要涉及中国东海防空识别区的主要管理规则，并宣布"东海防

空识别区的管理机构为中华人民共和国国防部"，"自 2013 年 11 月 23 日 10 时
起施行"。① 在中国东海防空识别区划设的声明与规则公告公布之后，中国国防
部随即开始对东海防空识别区实行有效管理。

对中国划设东海防空识别区的整体效应分析主要涉及中国划设东海防空识别
区后，所产生的相关效应。按照中国国防部官方的解释，中国划设东海防空识别
区的目的"是捍卫国家主权和领土领空安全，维护空中飞行秩序。这是中国有效
行使自卫权的必要措施，不针对任何特定国家和目标，不影响有关空域的飞越自
由"。② 换言之，中国划设东海防空识别区是基于本国国家主权与安全的需要，
是维护东海地区和平与稳定的需要。因而，东海防空识别区是中国作为一个负责
任的大国，对于本国和与中国所密切相关的东北亚地区所做出的国际贡献与切实
履行的国际责任。通过中国国防部对东海防空识别区的有效管理，则体现出东海
防空识别区所具有的国际公共安全产品的性质。因为中国政府已经明确表示，中
方划设东海防空识别区是一种行使自卫权的正当行为。③ 而东海防空识别区并不
是禁飞区，中国国防部在对东海防空识别区的管理中明确提出，"尊重各国依国
际法享有的飞越自由，东海防空识别区的划设不改变有关空域的法律性质。国际
航班在东海防空识别区内的正常飞行活动，不会受到任何影响"。④ 对东海防空
识别区的有效管理，是中国作为一个独立自主的主权国家所应有的权利，也是中
国服务于国际社会的良好契机。

中国划设东海防空识别区将会有效地维护中国国家安全的战略空间，有效预
警可能对中国国防造成威胁的飞行器，并采取措施加以应对。按照中国国防部的
解释，对于"不配合识别或者拒不服从指令的航空器，中国武装力量将采取防御
性紧急处置措施"。⑤ 可见，中国政府划设与管理的东海防空识别区所采取的具
体措施具有防御性，这就决定了中国东海防空识别区所具有的防御性质。

在划设东海防空识别区以后，中国国防部就开始进行有效管理。2013 年 11
月 28 日，中国空军组织 1 架空警 – 2000 预警机和数架苏 – 30、歼 – 11 等主战飞
机，在中国东海防空识别区执行空中巡逻任务。因而，中国对东海防空识别区的
管理已经成为巡逻的常态化与既成事实。在 2013 年 11 月 29 日的巡逻中，中国
空军对进入东海防空识别区的外国军用飞机进行了有效查证。其中包括查证美国
P – 3、EP – 3 侦察机 2 批 2 架，识别进入中国东海防空识别区的日本 E – 767、

---

① ⑤ 《中华人民共和国东海防空识别区航空器识别规则公告》，中国国防部网站，http：//news. mod.
gov. cn/headlines/2013-11/23/content_4476124. htm（2015 年 5 月 20 日上网）。

② ④ 《国防部新闻发言人杨宇军就划设东海防空识别区答记者问》，中国国防部网站，http：//news.
mod. gov. cn/headlines/2013-11/23/content_4476146. htm（2015 年 5 月 20 日上网）。

③ 《2013 年 11 月 27 日外交部发言人秦刚主持例行记者会》，中国外交部网站，http：//www. fmprc.
gov. cn/mfa_chn/fyrbt_602243/t1103134. shtml（2015 年 5 月 20 日上网）。

P‑3、F‑15 等 3 型飞机 7 批 10 架。中国军队在东海防空识别区的日常管理已经有效实现。这对于中国的国家安全，对于整个东海地区的和平与稳定，做出了积极贡献。

划设东海防空识别区将提高中国维护领土主权与海洋权益的国防能力。随着东北亚地区领土主权与海洋权益争端的不断升级，中国在东北亚地区领土主权与海洋权益争端中面临着更加严峻与危险的挑战。而设置东海防空识别区后，将为中国有效维护东北亚地区领土主权与海洋权益提供保障，为积极参与解决东北亚地区领土主权和海洋权益争端提升影响力。

首先，划设东海防空识别区是对中国国家安全提供了必要的安全保障，使中国军队在维护国家安全的进程中能够争取必要的主动，获得相应的战略空间。随着中国对东海防空识别区的有效管理，在应对和管控东北亚地区领土主权与海洋权益争端时，将为中国提供必要的战略主动性。

其次，划设东海防空识别区将使中国在应对突发事件和冲突时及时采取有效措施。由于东北亚地区领土主权与海洋权益争端的不断升级与激化，中国在东北亚地区，包括东海海空领域面临着可能发生冲突和战争的危险。比如 2013 年年初，日本通过向中国在东海巡逻飞机发射曳光弹的决议，① 这是在东北亚地区明显制造危险的举措。而通过东海防空识别区的设置，至少能够为中国应对可能出现的冲突危险提供一种有效的措施。

最后，划设东海防空识别区也为中国参与危机管理提供相应的制度准备。中国划设东海防空识别区对于有效管控东北亚地区领土主权与海洋权益争端是一种预防机制。它在为中国带来战略性主动的同时，也为中国参与解决东北亚地区领土主权与海洋权益争端等相关事务，开展双边和多边对话与合作提供契机。中国设立东海防空识别区是具有防御性的，美日等国家在东海防空识别区问题上明确表示反对，但是，并未采取更加过激的行为。中国军队在东海防空识别区内的巡逻并未受到来自美日军队的阻碍，没有阻止中国在东海防空识别区的有效管理。这就为未来开展各国在东海防空识别区进行有效的对话与合作提供了有利条件。

二、中国在东北亚地区的领土主权
与海洋权益及其战略选择

中国领土主权和海洋权益是一个需要长期维护的任务，是一个不断扩大和建

---

① 防衛相「領空侵犯、信号弾で警告」 中国メディア質問に，《朝日新聞》，2013 年 1 月 15 日。

构中的目标。① 趋利避害从来是战略家的基本原则。依照国际法和国际社会公认的准则处理与周边国家的岛屿和海域争端，中国既能够保障自身的领土主权和海洋权益，又可以展示和体现爱好和平、亲仁善邻的负责任大国形象。

（一）中国维护国家领土主权与海洋权益的政治和安全利益

在东北亚地区，中国的领土主权和海洋权益主要涉及位于东海的钓鱼岛主权归属、东海专属经济区和海底大陆架划界，以及中韩黄海专属经济区划界和黄岩礁归属问题。由于东海和黄海是中国沿海区域，不仅具有丰富的海上资源、海底矿产资源，也是中国走向太平洋和全球的战略通道，对中国东部海上国家安全具有重要战略意义。中国与日本在钓鱼岛归属和东海划界问题上、中国与韩国在黄海划界问题上都存在着分歧与争端。维护我国在东海和黄海上的岛屿和专属经济区行使国家主权、管辖权和开发利用的专属权利，是涉及中国国家主权和领土完整的重要政治和安全利益。

1. 维护中国海洋主权，构建海洋战略的基石

中国拥有约 1.8 万公里漫长的海岸线和 1.4 万多公里的岛屿海岸线，大陆海岸线总长 3.2 万多公里。根据《联合国海洋法公约》规定，中国可主张的海洋国土面积约 300 万平方公里，但是这并不意味着其完全控制着所有的可主张海洋国土。在东海地区，中日之间围绕着专属经济区划界和钓鱼岛争端构成了未来中国走向海洋的重大掣肘。加之美国奥巴马政府推行重返亚太的战略，利用联盟体系构造三层岛链围堵遏制中国的海上战略纵深和回旋空间，更加剧了中国长期以来"有海无洋"的处境。因此，中国的海洋战略实际上是中国走向新的更广阔国际空间的必由之路。中国的海洋战略应当服从于整体的和平发展战略，以便使决策层能够通盘考虑问题并具有始终一贯和政策连续性的政治主张。

中国整体的海洋战略肇端于 20 世纪 80 年代末期，形成于 90 年代中期，快速发展于 21 世纪头十年。随着 20 世纪 80 年代末"冷战"气氛趋向缓和以及中苏关系的全面回暖，中国改变了在陆地边界与苏联陈兵百万的战略态势，逐步向"海陆并举"的新战略调整。伴随着这种调整的加速，中国开始谋划自身的百年"蓝水战略"，借以改变自元明清三代海禁直至 20 世纪 70 年代中国塞防高于海防、陆军重于海军的战略布局。因此，中国整体的海洋战略就是最大限度地改变自身长期以来"有海无洋"的尴尬局面，通过收复和开发"蓝色国土"，为国家与民族的快速崛起提供持续的空间支撑与资源保障。

---

① 王逸舟：《全球政治和中国外交》，世界知识出版社 2003 年版，第 240 页。

海洋作为中国重要的资源宝库、安全屏障与通向世界的交通大动脉，在经济全球化的今天，其战略地位愈加明显。作为中国整体海洋的重要构成部分，东海战略的制定、实施与调整都应该配合并服从于整体海洋战略的进程。当前东海战略的实质就是中日两国开启的"蓝色圈地运动"。《海洋法公约》开启了世界各国对蓝色国土的新一轮争夺，原先海洋的公共属性正在被主权国家进行的"私有化"进程所取代。这种历史性机遇使得崛起的中国必须积极地参与其中，否则，整个民族的未来将被牢牢地束缚在有限的土地上。

具体来讲，中国的东海战略与整体海洋战略一致，整体海洋战略又与整体崛起战略一致，时间上可以分为三个阶段，空间上可以分为三个里程。在 20 世纪末之前的"黄水海军"阶段，中国的东海战略主要奉行"近海防卫"，基本在 12 海里领海内进行被动的驱赶外籍船只，中国的海洋资源勘探也集中在较浅的近海海域。在 21 世纪前十年，中国海洋战略进入第二阶段，即"蓝水海军"阶段，东海战略调整为"积极防卫"态势，中国海军冲出第一岛链的频率和舰队规模日益增加，并远洋至索马里地区维护国家利益。同时，中国的海洋开发技术也迅速提升，逐步向深海勘探进军。在未来 20 年，中国海洋战略将进入第三阶段，即"深蓝海军"阶段，东海战略将完全跳出第一岛链的战略围堵，并通过战略核潜艇、航母编队同陆基弹道导弹的里应外合来构筑一个对美日岛链的"反结构"或"反包围"制衡结构。中国的海洋勘探也全面进军深蓝海域，随着深海探测技术的提升，中国将完全有能力自主开发深海资源。中国的军舰将承担更大的国际海洋安全责任，中国的商船将航行于世界的每一个角落，中国的影响力将会在这一阶段得到世界的认可与一切爱好和平国家的信赖。

2. 维护第二次世界大战后东北亚国际秩序，防止日本军国主义复活

东北亚地区的海洋领土争端与海洋开发争议既有历史遗留问题，更与战后殖民主义和军国主义影响清算不力，以及冷战时期以来国际局势变化息息相关。目前被视为热点的领土争端主要有俄日北方领土之争、日韩独岛（日称竹岛）之争、中日钓鱼岛之争，以及中国与日韩之间有关东海专属区和大陆架的划界争议等问题。这几类争端都与日本密切相关，北方四岛问题、独岛问题及钓鱼岛问题更是日本军国主义时期战争政策直接或间接造成的恶果，美国在冷战时期为了扶植日本打压中苏两国更是在其中起到了推波助澜的作用。俄日北方四岛问题的恶化源自日本 1904 年撕毁合约登上库页岛南部[①]，独岛之争则是明治维新后日本侵

---

① 持续几百年的俄日北方四岛之争曾于 1875 年通过缔约形式得到解决，根据签订的《库页岛千岛群岛交换条约》，千岛群岛（包括北方四岛）归日本所有，库页岛归俄国所有，这个条约曾经在日本北方维护了半个世纪的和平，转引自万峰：《日本近代史》，中国社会科学出版社 1978 年版，第 144～145 页。

略及吞并朝鲜半岛政策所带来的争议问题。钓鱼岛作为台湾的附属岛屿在甲午战争后被日本非法获得，在战后根据《波茨坦公告》理应归还中国，但冷战的大背景促使美国于 1971 年将钓鱼岛"施政权"移交给日本，从此掀起中日间钓鱼岛之争的波澜。可见，这些领土争端都与日本发动的侵略战争相关，所以有韩国媒体将日本称为"东北亚地区的麻烦制造者"①。中国在解决海洋领土争端、维护国家海洋利益的时候必须意识到这些具体纠纷的背后，实质性的问题是中国要确保战后雅尔塔秩序的法理合法性，以及东亚现有国际秩序不受到颠覆性破坏。这不仅是中国的国家利益所在，更是东亚地区所有国家的福祉。因此，中国需要把海洋领土纠纷问题的解决与提防日本军国主义复活的宏大历史命题结合起来，并在这一大背景下考虑双方的政策互动，而不能出现因为技术性的进展而在大是大非问题上做出妥协的情况。

2014 年 11 月安倍晋三突然宣布解散众议院，提前约两年进行大选。同年 12 月 14 日，日本第 47 届众议院选举揭晓，自民党不出预料地再次获得选举胜利。日本的右倾化趋势在大选中获得确认。安倍的修宪企图也开始进入立法层面的考虑。尽管由于新议会依然无法凑够 2/3 的票数优势达到修宪企图，但是修改和平宪法已经成为日本今后一段时期内政治生活中的主轴。为了给修宪预热，安倍政府计划利用自民党在日本众议院的多数议席，在 2015 年 8 月前通过修改现行自卫队法、周边事态法、国际和平合作法（PKO 协力法）、船舶检查法等一系列法律，在修改宪法之前，实现自卫队"集体自卫权"法制化。日本将从此彻底放弃战后以来的"专守防卫"政策，在未受到攻击时也会以某种借口参与国际军事行动。这一系列企图无不以渲染中国海上威胁和两国钓鱼岛争端为依托。受安倍煽动的日本国内激进的民粹舆论，会对日本中央政府维持长期战略的决心产生巨大影响，而这一问题又绝非单纯的日本内政。中国需要意识到，挑起事端的政客及其背后的力量并没有对本国国际战略及地区战略形势进行真正反思和辩论的诚意，他们只是将个别问题放大并用煽动民意的方式同时对国内政治体系和他国施加压力。这一现象在日本东京地方政府与民主党内阁间的互动上体现得尤为明显。对这种明显僭越中央专属权力却假借民族主义和爱国主义面目出现的行为，中国政府必须鲜明地表明自己的反对态度，这是中国的根本利益所在。

3. 实现敏感复杂海洋纠纷与区域合作进程的分离

2000 ~ 2013 年，韩国对中国出口占韩国出口的比重从 10.7% 升至 26.1%，

① 《韩媒称日本是东北亚麻烦制造者，领土纠纷不断》，腾讯网，http://news.qq.com/a/20080716/002007.htm，2008 年 7 月 16 日。

中国成为韩国最大海外市场。2014 年韩国企业对华直接投资同比增加 29.8%，达到 39.7 亿美元。2015 年中韩双边贸易总额有可能突破 3 000 亿美元，甚至不久便会超过中日双边贸易总额。与此相反，中日双边贸易、直接投资出现双双下滑趋势。据中国海关总署统计，2014 年中日贸易总额为 3 100 亿美元，约合 1.92 万亿元人民币，同比下降 1%。中国对日出口下降 1.4%；进口下降 0.5%。1993～2003 年，日本曾经连续 10 年是中国最大外贸伙伴。在 2012 年日本仅下降为中国第五大贸易伙伴[①]。2014 年日本对华直接投资额比上年减少 38.8%，为 43.3 亿美元。这是继 2013 年日本对华直接投资同比减少 4% 之后的持续下滑，跌幅是 25 年来最大的。[②] 中日韩经济与政治关系的不平衡使区域议程的中长期前景受到巨大影响，也使三国关系不确定性增加。中国的发展依然十分需要一个明确可预期的区域一体化进程，因此，中国需要考虑如何使区域经济合作和敏感领土纠纷分割的问题。

国际战略目标是否能与国家核心利益完全等同？国际战略目标的"简明性"其背后隐含着"国际战略效能具有有限性"。一个国家的核心利益可能是伴随着民族国家始终存在，但是一项战略规划则只具有时间跨度几十年的合理性。一个国家可能存在大量的核心利益，就这些利益本身而言无法轻易做出孰轻孰重的判断，但是在诸多核心利益都需要国家投入大量资源加以护持的前提下，战略的制定意味着中央政府得到合法授权后以国家名义对有限资源的投放所做出的一定时间跨度内的方向选择。从这一意义上讲，一项正确的战略从长期而言是与国家核心利益的维护方向一致的，但是在它自身的生命周期内，它又将与部分核心利益的护持发生绝对意义的矛盾。既然在理论上核心利益和战略目标不能等同，那么，面对东北亚区域内普遍存在的领土主权和海洋权益争议，各国政府政策思考应该回答的问题就不是"领土主权完整是否属于国家核心利益"，而应该是"争议领土问题在国家总体国际战略中的相对位置怎样"。根据威胁程度的大小和对突发情况的判断，一个国家的战略目标当然有修正的空间。

领土主权和海洋权益争议问题往往因为涉及核心国家利益，在解决过程中将会出现摒弃妥协鼓励强硬的倾向，有时候它更是变成诸多悬而未决的问题的集中出口，这增加了解决该问题的复杂性。我国的最根本利益在于维护和平发展战略的权威性，因此，需要在敏感的领土主权和海洋权益之争与和平发展大局之间保

---

① 《海关总署：2012 年日本下降为我国第五大贸易伙伴》，http://finance.chinanews.com/cj/2013/01-10/4476603.shtml，2013 年 1 月 10 日。

② 江瑞平：《中日韩合作中的经济互利与政治互信问题》，清华大学、高丽大学、东京大学合办的"东亚国际秩序的形成与未来——第四次东亚共同体论坛"会议论文集，2014 年版，第 211、208 页，转引自刘江永：《"安倍政治学"与中日韩关系》，载《东北亚论坛》2015 年第 3 期。

持适度距离，这是我国作为大国应有的气度，也是将我国外交政策与日本的钓鱼岛"国有化"，以及安倍的保守主义政策区分开来的最好方式。我国需要警惕那种把争议领土视为一个国家限制他国影响力增长工具的倾向。

（二）中国保护国家领土主权与海洋权益的经济利益

21世纪被称为海洋世纪，世界各国特别是主要的海洋国家都已制定或公布了国家海洋战略与相关法制，并正在大力推进实施海洋开发活动。为保障能源资源供应，确保经济可持续发展，我国必须实施海洋开发战略。海洋利益事关中国的国家安全、统一与发展，同时，我国是一个海洋地理相对不利的国家，而且海洋意识淡薄，海洋法规和战略滞后。为此，我国应以钓鱼岛危机为契机，积极推进《国家海洋事业发展规划纲要》的实施，制定、修改与完善相关海洋法制，加强双边、区域与国际海洋合作，以维护我国海洋权益。

1. 中国海洋经济的蓬勃发展

随着海洋开发战略和海洋强国战略的实施，中国的海洋经济有着长足的发展。海洋经济总产值由1996年的2 855.22亿元上升到2007年的24 929亿元，占国内生产总值的比重也由1.9%上升为10.11%。据预测，中国海洋经济数字在2015年底会突破126 879亿元。[①] 目前，我国已经形成以海洋渔业、滨海旅游业、海洋油气业、海洋交通运输业、海洋船舶工业、海洋盐业、海水利用业和海洋生物医药业为主的外向型海洋经济体系。2004年我国海产品出口总额已居全球第1位，出口创汇能力占大农业出口的第1位。海水养殖业则连续19年居世界首位，海洋盐业生产量也连续多年位居世界第一，船舶工业的世界市场份额占有比例超过23%。[②] 中国目前已经形成了包括环渤海、长三角、珠三角、北部湾四大海洋经济圈，并以国家批复的形式建立了山东经济半岛蓝色经济区、浙江海洋经济发展示范区、广东海洋经济综合实验区、海洋经济功能区、福建海峡蓝色经济区5个国家级经济区。

日益繁荣的海洋经济不仅体现在其对国内生产总值的贡献上，更体现在其在中国经济产业调整和可持续发展的巨大贡献上。经过30年的积累和发展，我国海洋经济已经由近海走向远海，由滨岸走向远洋，传统海洋养殖、渔业与海洋运输业、工业的比例关系更为合理，具备了相当的国际竞争力。在全球海洋产业蓬

---

① 罗鹏、白福臣、张莉：《中国海洋经济前景预测》，载《渔业经济研究》2009年第2期。
② 喇全恒：《我国海洋经济发展战略研究》，载《中国国情国力》2014年第12期。

勃发展的契机下，海洋产业的结构升级和竞争力提升已经成为中国国民经济长期发展规划中的重要一环，也是中国可持续发展战略的核心组成部分。

为了保障海洋经济的可持续发展，我国出台了包括《国家海洋事业发展规划纲要》《全国海洋经济发展规划纲要》《全国科技兴海规划纲要（2008～2015年)》等一系列文件。党的十八大报告中则明确提出"五位一体""海洋强国"的理念。习近平同志在给《海洋：浙江的未来——加快海洋经济发展战略研究》的序言中写道：我长期在福建工作，对海的印象很深刻，也很有感情。发展海洋经济，是我长期致力和探索的一件事。①

我国经过30年的摸索，已经对海洋经济的开放形成了完整的系统化的思路，其中包括海洋经济开发、海洋技术研发、海洋环境保护、海洋安全的实现等各方面。海洋经济的发展对中国政府的外交工作提出了新的明确的要求，那就是确保海洋经济的开发与区域海洋秩序的和谐，为海洋经济的可持续发展提供稳定的外部环境。因此，我国政府明确了"调整海洋经济结构；坚持突出重点，大力发展支柱产业；坚持海洋经济发展与国防建设统筹兼顾，保证国防安全"的基本方针。②

2. 通过有吸引力的区域经济合作议程消解单边的海洋权益观

海洋经济是具有明显开放性色彩的经济形态，它的长远发展需要立足于各国的共识与合作。虽然各国对领土主权与海洋权益分配问题的分歧可能短期无法取得突破，但东北亚各国积极发展海洋经济已是共同的需求。各国需要通过新的兴趣点和合作议题，使合作开发以各方都能接受的方式实现。为了做到这一点，一个更强有力的区域经济合作议程是必不可少的。然而，现在的地区政治冲突有一个很明显的特征就是经济事宜经常被视为压力工具，用于迫使旨在让对方让步的政治行为中。日本在中日韩自贸区与TPP谈判中的摇摆更是表现出脱离东北亚区域一体化进程的信号。以前我们经常用"政冷经热"形容东北亚地区局势，而目前已经出现了"政冷经冷"的某些前兆。这意味着在大量干扰因素的存在下，区域经济合作进程已经开始出现消极发展的迹象。这种趋势如果不加扭转，将可能成为严重的问题，最后使大有可为的区域海洋经济合作陷入停滞甚至倒退。当然，我们所倡导的区域化不是传统的与"外部排他性"共存的区域化。③ 而是一种对合作内容、合作形式界定持开放态度的新区域主义。这种新区域主义框架不

---

① 崔旺来：《论习近平海洋思想》，载《浙江海洋学院学报（人文科学版）》2015年第2期。
② 国务院、国家海洋局：《全国海洋经济发展规划纲要》，http：//www.cme.gov.cn/gh/gy.htm（2015年7月20日上网）。
③ 邱晟晏、顾丽娜：《多边主义、区域主义和双边主义的概念辨析》，载《经济纵横》2007年第10期。

会影响争议各方传统的结盟关系，只意味着东北亚国家对包括海洋经济合作开发等功能性议题具有更密切的合作关系和更良好的彼此认同。事实上东北亚地区与欧洲的历史发展截然不同，其区域化模式只是要改变"以往以单边自主行动为主的开发模式"，① 它不意味着各国要建立一个规模和权力都极为巨大的区域性组织管理各国行为，也不意味着区域化发展一定要牺牲国家的主权要求。东北亚的经济合作进程可以将目标定位在为各国共同感兴趣的海洋经济合作问题解决提供一个良好的和可对话的外部环境，为相关谈判做好前期准备上。目前，东北亚各国之间较低的制度化合作水平说明区域化要面对的问题不是技术性合作向政治领域外溢的问题，而是政治问题阻碍外溢效应发生的问题。扭转这一趋势需要将不同方面的问题区分开来看待和处理。各种区域和次区域的制度和对话形式看似凌乱，但实际上积极地推动了地区性合作的发展。

（三）中国维护国家领土主权与海洋权益的战略选择

中国自 1840 年以来长达百年的衰落历史既使我国丧失了面积广大的领土和海洋，也对中华民族的政治意识和政治判断形成了巨大的影响。在大量争议领土被他国实际占领的情况下，巨大的挫败感和民族复兴的渴望交织，对我国新世纪国际战略的形成造成了巨大冲击。领土问题只有真正嵌入我国的国际战略框架，才能解决我国目前所面临的困境。而做到这一点，需要从两个方面解决我国领土和海洋战略的落地问题，使之由抽象的理念变成具有现实性的政策行为。

1. 维护领土主权及海洋权益与中国和平发展道路的战略对接

维护中国领土主权与海洋权益是中国重要的核心利益，然而，它不会是中国东北亚外交战略与政策的全部内容。在和平发展的大方针下，如何平衡这一棘手问题与其他问题的相互关系及地位，将成为和平发展战略细化和深化的具体表现。

首先，从目标选择上，在东北亚领土争议的问题上，我国希望同时实现维护地区和平发展和收回日本非法占据的钓鱼岛两个目标，但是战略性选择在于国际战略最终需要在多元目标结构中确立一种核心目标，该目标在实践上具有绝对优先地位，具有其他目标不具备的引领整个战略体系的任务。中国需要做出一个时间性的判断，日趋恶化的领土争议是否会在未来 5～10 年内构成沉重的外部压力，达到需要我们修正原有战略框架的地步。

---

① 王胜今：《东北亚区域经济合作的发展趋向及路径选择（笔谈）》，载《吉林大学社会科学学报》2007 年第 7 期。

要回答这一疑问，有两个问题需要加以澄清：第一个是原有的战略核心目标是什么？第二个问题是在原有战略框架内领土纠纷是否能够得到解决？和平发展战略最初的表述为"和平崛起战略"，虽然和平崛起能够生动展现中国经济发展的强劲趋势，但是"崛起"（rise）一词在某些语境下有"霸权"的潜在含义，容易和西方国家蓄意制造的"中国威胁论"相联系，从而背离中国发展的初衷。所以，胡锦涛总书记在2004年4月博鳌亚洲论坛年会开幕式上的演讲中没有沿用"和平崛起"这个词汇，而是强调中国坚持走"和平发展的道路，高举和平、发展、合作的旗帜"，和平发展开始逐渐成为中国未来的国家战略。2005年12月国务院新闻办公室发表了名为《中国的和平发展战略》的政府白皮书，从五个方面阐释了这一战略的基本内涵：第一，和平发展是中国现代化建设的必由之路；第二，以自身的发展促进世界的和平与发展；第三，依靠自身力量和改革创新实现发展；第四，实现与各国的互利共赢和共同发展；第五，建设持久和平与共同繁荣的和谐世界。① 在和平发展的基本战略框架内，维持周边地区的和平局面不仅是实现我国经济社会持续发展的条件和手段，同时构成了与和平同等重要的战略性目标。和平发展战略的本质仍然是一项发展战略，该战略隐含着两个基本前提，一是我国的发展水平依然不足，二是我国的快速发展周期还未结束，还存在着巨大的发展空间。对和平目标的强调不是有意忽视国际环境中的潜在风险和包括领土纠纷在内的周边环境不稳定因素，而恰恰是在意识到这些潜在威胁的可能后果后，要求我国在一段时间内集中精力改变自身的脆弱现状，以提升未来可能出现的险恶局面中的承受能力。《左传·哀公元年》中勾勒出的越王勾践的著名战略至今发人深思，"越十年生聚，而十年教训，二十年之外，吴其为沼乎！"——二十年的隐忍和平并非外部没有遭遇威胁和挑战，吴人的苛索无度和傲慢侮辱在春秋史上曾经留下了无数记载，越国在二十年内为了实现发展是付出了高昂代价的。如果我们把二十年视为越王国的一个战略周期的话，那么在该阶段内越国显然严厉限制了其政策手段的施用范围，除"生聚""教训"外的其他需要都被人为的压抑，尽管这些需要本身是合理的、有必要的。

那么，在一个和平发展的战略框架内，我国在争议领土问题上是否就注定是无所作为的呢？更准确的表述应该是有所作为但有限作为。一方面，军事和外交领域本身就是和平发展的构成部分，在我国综合国力和国际影响力大为提高的今天，中国已经可以在维护国家安全方面投入更多的资源。我国已经具备了维护国家领土完整和应付紧急事态的能力。另一方面，和平发展战略限定了我国战略资

① 《中国的和平发展道路》白皮书，中国政府网，http://www.gov.cn/zwgk/2005-12/22/content_134060.htm，2005年12月22日。

源的投放方向和政策选择的范围。领土争议尤其特殊，其彻底解决只有改变占领现状之唯一途径，依据谈判解决领土纠纷的成功概率极小。而谈判之外的改变占领情况的行为，几乎不可能与国家间军事冲突脱钩。因此，在争议岛屿长期被他国实际占领的情况下，中国在现有战略框架内找不到彻底解决该问题的有效工具。这并不是说现行战略将与岛屿纠纷等问题发生绝对的矛盾，事实上我国可以在现行战略框架内加强对该领域的资源倾斜力度和速度，为未来的彻底改变夯实基础。但是，必须承认未来的改变究竟是什么、如何实现等问题只有在战略目标彻底修正后才能清晰化。

其次，在战略目标的修正问题上，无论是经济发展，国际形象提升，还是领土收复问题，都属于国家核心利益。因此，很难简单地比较孰轻孰重，也很难简单地断定要求彻底改变现状的呼声就是不理智或不正确的。在钓鱼岛、东海等争议问题上，汹涌而来的呼声已经不仅来自民间，越来越多的战略制定和执行部门也参与其中。这就产生了一个极为现实的问题：战略目标本就具有周期性，战略调整总会发生。那么，怎样的修正和调整是合理的？传统的国际战略研究往往把战略调整单纯地理解为对"外部环境"的反馈过程，视外部环境变化为调整的根源。这样的思维与经典战略管理的理念背道而驰。按照埃尔文·怀特（R. E. White）的观点，战略性决策和行动的转型，首先是战略管理系统（包括非正式组织）自身的认知重组、对话进程和职能调整。[①] 在钓鱼岛和东海问题严重冲击了国民情绪的情况下，国内的战略对话已经刻不容缓。我国目前不是缺乏关注，也不是缺乏情绪的表达，但是，这些表达完全是通过媒体喊话的方式进行，以激发热情而非解决问题为导向，以不需要负责任却施加压力为特征。舆论压力倒逼政府决策的模式从某个侧面反映了我国官方战略对话和形成机制的匮乏。充分而理性的对话不仅可以缓解社会焦虑，明确战略期待，凝聚举国共识，更可以就具体的政策问题加以探讨。我国在钓鱼岛问题上如果改变政策，国际环境可能发生哪些变化，外部军事干预的可能性有多大，我国国防部门有无相关预案，军力的投放和施用有无困难，这些困难是否能通过部门间协调加以解决，外交部门的最坏预期，基于领土纠纷产生的经济损失会对经济部门造成哪些影响，政府如何回应民间声音等，这些严肃的命题事关我国未来战略发展的全局，都需要高级别、全方位、可持续和负责任的战略对话体制才能得出切实的答案。无论我国是否需要调整既定战略，不论调整是微调还是彻底修正，在没有回答这些问题之前都将是盲动的。

---

① BF Chakravarthy，RE White. *Strategy Process*：*Forming and Implementing and Changing Strategies*. *Handbook of Strategy and Management*，Sage Publications，2002，P. 14.

最后，就是战略的代价问题。一项关系国家未来纵向的宏大战略，其成熟的标准不仅是目标上合理、实践上可行，更应该包含代价上可承受。因此，必须十分重视战略代价的研究，明确战略代价所预期的战略价值，综合评估自身的战略能力，形成国民对于国家战略的深刻理解和高度认同。

2. 维护领土主权和海洋权益的实施路径：从技术谈判到战略谈判

如果从东北亚区域合作的发展阶段来看，目前东北亚区域合作已经基本实现了区域经济的规模化，但是没有建立制度性的政治协作关系。在这种情况下，寄希望于"一揽子"方案解决我国所面临的领土归属和海洋划界问题是不现实的。针对复杂的领土和海洋纠纷及海洋开发问题，国际上常见的解决方案通常有两种：第一个方向是参照约瑟夫·奈的"重点性外溢"方案，力图就该问题在政治上达成"一揽子"协议，进而借助共同开发与政治协商的力量推动领土和海洋问题的彻底解决；第二个方向则是借鉴米特兰尼和哈斯的研究成果，在基础性和复杂的法律、历史、政治问题等方面推动政府间或非政府间的技术性合作或非政治性合作，达成基础性共识，夯实相关问题的法理基础，再慢慢推动基础性技术性谈判转向更高级别的谈判。事实上这两个解决方向不是相互对立的关系，针对东北亚地区复杂的历史与现实纠纷，领土和海洋问题的解决直接过渡到政治协调是很困难的。因此，在相关工作机制建设的问题上，技术性或非政治性机制网络的建立是一个很必要的中间阶段。

按照米特兰尼提出的技术性工作机制网络理论，政治性议题总是包含着大量技术性内容，虽然这些问题的解决方案不能说与意识形态或民族主义无关，但他们更依赖专业人员协商并寻找长期性的解决方案。[①] 哈斯则进一步说明，在规制化程度日益增强的今天，敏感的政治议题会存在越来越多的复杂细节，比如领土和海洋问题就涉及国际法、考古、经济合作开发、政治等多种细节，都需要大量艰苦努力的磋商和探讨，这些工作有些需要借助各国的技术性官僚磋商加以解决，还有很多则需要非政府性的社会组织加以完成。这些磋商的深入会推动磋商进入新的层次，相应共识和相互理解会使更高级别的谈判水到渠成[②]。如何激活分散在不同领域的技术性合作，如何使这些非政治性合作机制形成制度网络，催生敏感问题谈判的进一步发展，是当前条件下我国需要考虑的课题。从目前的情况看，我国最适合也最能打破当前僵局的就是充当东北亚地区该问题谈判的积极

① ［美］肯尼斯·W·汤普森，耿协峰译：《国际思想大师：二十世纪主要理论家与世界危机》，北京大学出版社 2003 年版，第 243 页。

② Ernst B Hass. *International Integration：The European and the Universal Process. International Organization*, vol. 15, no. 3, 1961, P. 372.

倡导者和实践者。为了实现这一目标，我国需要在以下领域取得进展：

首先，切实推动包括学术界和社会组织对话为主的民间沟通。钓鱼岛的归属、东海油田的共同开发、中韩海上专属经济区重叠等一系列问题，甚至包括东北亚其他国家的领土和海洋划界纠纷，都可以成为技术性对话的命题。广义的区域合作本身就包含了非政府组织或私人机构"正式或非正式的持续合作"。[①] 目前，我国和其他国家在领土和海洋问题上的民间压力都是单方面的，许多矛盾并非是实质性的，而是建立在偏见和误解上。相互交换资料和信息的目的不是说服对方或让对方接受自己的立场，而是建立沟通的习惯，培养跨国性的社会沟通渠道，建立一个能够相互尊重的身份认同。这种长期性的工作往往不能直接给领土和海洋问题的解决提供办法，但它能够有效阻止消极因素迅速扩展为社会压力，建立必要的宽松氛围。

其次，建立稳定的双边性工作程序。如果存在稳定的工作程序和"共同标准"，培养稳定的合作机制，建立通畅的能够迅速传导双方观点的外交通道，那么这种沟通机制对于寻求解决方案将会发挥重要作用。2011年福田中日韩峰会通过的《中日韩合作行动计划》，已经说明了建立双边和多边工作程序的重要价值。只有各国的政治意志能够通过并极大依赖各国专业部门的信息、判断和渠道，政治家才不会抛弃这些渠道转而寻求直接介入领土和海洋的争吵之中。技术层面的官方合作还能够加深东北亚各国的相互依赖程度，培养理解和熟悉区域化的国家精英阶层以及稳定的跨国政府联系。如果可以给予这些机制足够时间的话，跨国机制为了减少争议甚至能够保持一种服务性、共赢性和中立性的态度。当然，各国政府部门建立这样成熟的工作机制需要时间，在这一过程中需要谨慎处理的就是如何使政府间合作机制和工作程序不受政治风波的干扰。

最后，保持战略规划与政策实践的连贯性。中国的崛起已经成为21世纪最为重要的国际政治现象之一，这种崛起使中国与外部环境的交往与碰撞更为频繁。如何延续自身快速发展的势头，并将发展与国际地位的提高结合起来，对中国的国际战略规划与实践能力提出了巨大挑战。面对复杂多变的国际环境和重大外交挑战，中国需要建立总体的战略框架，并在总的框架内对包括领土主权和海洋权益问题在内的敏感问题提出解决方案。任何脱离总体框架试图单独解决的思路，或者希望在短期内获得成功而忽视了长期发展规划的工作思路都是与战略性思维相违背的，也是我国外交部门急需避免的。

---

① Andrew Mark and John Ravenhil, eds. *Pacific Cooperation: Building Economic and Security in the Asia-Pacific Region.* Boulder: Westview Press, 1995, P. 158.

三、中国解决中日钓鱼岛领土
主权争端的战略与对策

钓鱼岛领土主权争端是横亘在中日两国之间敏感而又复杂的问题之一，它对于中日关系和东北亚地区和平与稳定都具有重要影响。中日钓鱼岛主权争端是历史遗留问题，它涉及复杂的政治、历史、法律、经济和安全问题。依据国际法原则，充分尊重历史和现实，通过外交谈判和平解决钓鱼岛领土主权争端是中日两国的理性选择。

（一）中国对钓鱼岛享有主权的历史与国际法理依据

中日两国在钓鱼岛主权争端上的原则分歧主要有两点：一是从国际法角度看，在 1895 年钓鱼岛是归属于中国，还是日本认为的"无主地"；二是第二次世界大战后日美之间的条约或协定能否作为日本拥有钓鱼岛主权的依据。要解决这些争端，有必要从历史和国际法理角度澄清以上问题。

1. 日本在钓鱼岛问题上对国际法的曲解

在钓鱼岛争端问题上，日本坚持钓鱼岛是日本的领土。其依据是：首先，钓鱼岛群岛是日本政府在明治十八年（1885 年）以后，通过对该岛再三进行实地调查，慎重确认该岛不仅是无人岛，且无证据说明其属于清国所有后，于 1895 年 1 月内阁会议上决定于该岛建设标桩，正式将其编入日本领土；[①] 其次，在历史地理上，钓鱼岛群岛始终是构成日本南西诸岛的一部分，而不是包含在中日《马关条约》中得自于中国割让的台湾及澎湖列岛之内；[②] 第三，从条约规定看，1951 年旧金山《对日和约》未将"尖阁列岛"（钓鱼岛）包括在根据该条约第 2 条日本应放弃的领土之中，而是根据第 3 条置于美国行政管辖之下。所以，根据 1972 年 5 月生效的《归还冲绳协定》，日本恢复对这些岛屿的完全主权，在美国

---

① J. R. V. Prescott. Maritime Jurisdiction in East Asian Seas. Occasional Papers of the East-West Environment and Policy Institute, East-West Center, 1987, Paper No. 4, P. 54.

② 杰拉尔德·伯克利：《钓鱼岛主权问题》，出席香港大学主办的第 34 届亚非国家国际会议的论文（1993 年 8 月 23 日～27 日），第 4 页。

管辖时期，日本只是保留对它们的"剩余"主权；[①] 最后，日本是依据国际法中的"无主地先占"原则行事的，并连续地、和平地对钓鱼岛实行了有效统治，中国对此主权的所有挑战都按国际法的要求受到辩驳。[②]

然而，日本政府的这些主张在国际法上是站不住脚的。中国政府认为，"钓鱼岛、黄尾屿、赤尾屿、南小岛、北小岛等岛屿是台湾的附属岛屿。它们和台湾一样，自古以来就是中国领土不可分割的一部分。"[③] 中国的依据主要有：从地理上看，钓鱼岛群岛位于毗连中国大陆和台湾的东南沿海大陆架边缘，南接2 000多米深的冲绳海槽，因此，这些岛屿是"大陆型"的，附属于台湾；[④] 从历史上看，中国人最早发现和命名了这些岛屿，在明、清两代的《使琉球录》及中、日、琉的一些图志中都载明了这些岛屿属于中国；[⑤] 从使用角度看，中国渔民长期以来就在此海域捕鱼，利用岛屿避风，明、清两代的册封使都利用这些岛屿作为航标；[⑥] 从条约来看，1895年当台湾及其附属岛屿由于中国在甲午战争中战败而割让给日本时，钓鱼岛无疑是包括在割让领土范围之内的。1945年日本向盟国投降时，接受《开罗宣言》和《波茨坦公告》中有关归还包括钓鱼岛在内的中国领土条款。《波茨坦公告》第8条规定，"日本之主权必将限于本州、北海道、九州、四国，及吾人所决定其他小岛之内"，[⑦] 在1972年中日关系正常化的《联合声明》中，日本明确表示，"坚持遵循《波茨坦公告》第8条的规定"。[⑧] 至于旧金山《对日和约》和《冲绳协定》，中国认为，"美国政府在旧金山会议中强制签订的、没有中华人民共和国参加的对日单独和约是非法的、无效的"，"美日两国政府在归还冲绳协定中，把我国钓鱼岛等岛屿列入归还区域，完全是非法的，这丝毫不能改变中华人民共和国对钓鱼岛等岛屿的领土主权。"[⑨]

2. 中国对钓鱼岛享有主权的历史依据

依据国际法的"发现"原则，早在15世纪，中国便因为发现钓鱼岛而取得

① Choon-Ho Park. *Continental Shelf Issues in the Yellow Sea and the East China Sea.* Law of the Sea Institute, University of Rhode Island, Occasional Paper, No. 15, 1972, P. 42.

② 杰拉尔德·伯克利：《钓鱼岛主权问题》，出席香港大学主办的第34届亚非国家国际会议的论文（1993年8月23日~27日），第4~5页。

③ 《中华人民共和国外交部1971年12月30日声明》，载《人民日报》1971年12月31日，第1版。

④ Choon-Ho Park. *Continental Shelf Issues in the Yellow Sea and the East China Sea.* Law of the Sea Institute, University of Rhode Island, Occasional Paper, No. 15, 1972, P. 40.

⑤⑥ 吴辉：《从国际法论中日钓鱼岛争端及其解决前景》，载《中国边疆史地研究》2001年第1期。

⑦ 《国际条约集（1945~1947）》，世界知识出版社，第77~78页。

⑧ 《当代中国外交》，中国社会科学出版社1988年版，第294页。

⑨ 《当代中国外交》，中国社会科学出版社1988年版，第195页；载《人民日报》1971年12月31日，第1版。

了该岛的主权。在 15 世纪末哥伦布发现新大陆时，就以"发现即占有"作为取得美洲大陆领土的根据。当时欧洲人大量涌入美洲，不管当地是否有印第安土著居民居住，一概视为"无主地"加以占有。国际法上"发现即占有"这项规则直到 19 世纪后半期才改变。中国发现钓鱼岛群岛差不多与哥伦布发现新大陆同时或比其更早，因为从 15 世纪起，中国历史文献就已有关于钓鱼岛的记载。① 显而易见，根据传统国际法关于"发现"可以作为取得领土的方式，钓鱼岛群岛至少从 15 世纪起就已成为中国的领土。

国际法是 17 世纪才逐渐发展起来的，然而"时际法"原则得到国际法学家、国际法庭及仲裁庭的认可。这一原则要求"评价某一个国际事件、解释某一国际条约时必须适用此一事件发生、此一条约签订当时的国际法规则，而不应适用尔后评价之时的规则"。② "以前时候，国家以先占方式取得领土主权并不以该国有效占领该地，并在该地行使管辖权为必要条件。说到占有其地，也常常只是象征的占有而已。只是到了 18 世纪，学者们才认为实际占有其地才是拥有其地主权的必要条件，而到了 19 世纪国家实践才和学者们这一主张一致。"③ 因此，中国在发现钓鱼岛时即取得了对其领土主权符合当时的国际法，不需要符合 19 世纪发展变化了的国际法，即满足有效占领和行使管辖权的必要条件。

日本坚持认为，航海日志中偶然提及这些岛屿不能被认为包含着它们属于中国的意思，这种看法似乎是试图将现代国际法运用到格劳秀斯以前的时代。正如朴椿浩教授所言："公正地说，比较适合的是把这些老的记载放在中国和琉球王国存在着臣属关系的时代背景下来解释，而不是依照现代国际法中关于获得领土主权的规则来考虑。也应该指出，在当时的情况下，为了确保对这些除作航标外别无其他用途的外围小岛的所有权，中国或任何其他国家在不存在任何争议的可能性时，有否必要做出明确的领土要求。所以，在当时的时代背景下，老的著作和地图中特别提到琉球的边界就足以证明这些岛屿既不是无主地，也不是公有地。"④

从另一方面来看，钓鱼岛当时确切地来说是属于无人居住岛屿而并非"无主地"，日方对此有意加以混淆。按照国际法，"无人居住"并不等于"无主"，国际法要求对"无人居住岛屿"和"有人居住岛屿"行使管辖权的程度是不一样的。通常，对"有人居住岛屿"的管辖权应该是连续不断地行使，而对于"无人居住且不适于人类居住"的边远岛屿，只要求象征性行使主权，如定期派军用

---

① 刘文宗：《中国对钓鱼岛主权具有无可争辩的历史和法理依据》，载《法制日报》1996 年 11 月 1 日，第 2 版。

②③ ［英］伊恩·布朗利，曾令良、余敏友译：《国际公法原理》，法律出版社 2003 年版，第 142 页。

④ Choon-ho Park. *East Asia and the Law of the Sea*. Seoul：Seoul National University Press，1983，P. 45.

船只巡逻等。因此，明、清时期，在钓鱼岛这样的边远小岛上是否有中国人定居并不影响中国对这些岛屿的主权权利。

日本主张中国对钓鱼岛的先占没有辅之以有效统治来完成主权行使，但日本所谓对钓鱼岛的有效统治却是始于联合国远东经济开发委员会出具的报告之后。意识到钓鱼岛的价值，开始怂恿民间人士登上岛屿、竖立日本国旗、修建直升机场、自动气象站、设置灯塔等，并将钓鱼岛及其周围海域纳入日本军事控制区。这些行为的目的只有一个，即制造国际法上的"有效统治"假象，继而产生对钓鱼岛的实际控制和占有。

3. 美日条约或协定不具有决定钓鱼岛主权归属的法律效力

1942 年中、美、英、苏等 26 个国家在华盛顿签署了《联合国家宣言》，公告了缔约国将全力以赴对轴心国作战，决不与敌人缔结单独的停战和约。而旧金山《对日和约》恰恰是 1951 年美国在排除了中国的情况下一手包办的单独对日和约，这明显违反了《联合国家宣言》的规定，因此，从一开始就是非法的。根据条约法一般规则，"条约只拘束缔约国"，未经第三国同意，不得对该第三国产生义务或权利。在没有中国参与和同意的情形下，美日为中国创设义务是完全违反国际法原则的，当然对中国也是没有任何约束力的。

美国方面承认美日之间的条约和协定并不表示美国承认日本对钓鱼岛等岛屿享有主权。"把原从日本取得的对这些岛屿的行政权归还给日本，毫不损害有关主权的主张。美国既不能给日本增加在它们将这些岛屿的行政权移给我们之前所拥有的法律权利，也不能因为归还给日本行政权而削弱其他要求者的权利。"[1]直到 1996 年，美国政府发言人伯恩斯仍表示："美国既不承认也不支持任何国家对钓鱼岛列岛的主权主张。"[2] 可见，美国政府也并没有因为旧金山《对日和约》和《归还冲绳协定》而承认日本对钓鱼岛群岛拥有主权。

4. 中国对钓鱼岛享有主权的条约依据

1943 年 12 月发表的《开罗宣言》明文规定，"日本所窃取于中国之领土，例如，东北四省、台湾、澎湖群岛等，归还中华民国。其他日本以武力或贪欲所攫取之土地，亦务将日本驱逐出境"。1945 年 7 月发表的《波茨坦公告》第

---

[1] 美国参议院外交关系委员会听证会，第 92 届国会记录，1971 年 10 月 29 日，第 91 页，转引自李先波：《从国际法看中日钓鱼岛争端》，载《国际法学》2004 年第 6 期。

[2] 转引自李先波、邓婷婷：《从国际法看中日钓鱼岛争端》，载《时代法学》2004 年第 3 期，参见香港《东方日报》1996 年 9 月 12 日，第 8 版。

八条规定："日本之主权将限于本州、北海道、九州、四国及吾人所决定其他小岛之内。"① 所谓"吾人所决定"应指包括中国在内的决定。《波茨坦公告》虽然不是以条约冠名但具有条约性质，根据《维也纳条约法公约》第 2 条规定，"条约是国家间缔结而以国际法为准之国际书面协定，不论其载于一项单独文书或两项以上相互有关之文书内，也不论其特定名称为何。"② 《波茨坦公告》规定了缔约国间的权利和义务，因此，毫无疑问具有条约性质。1945 年 9 月 2 日，日本政府在《日本投降书》中明确接受《波茨坦公告》，并承诺忠诚履行《波茨坦公告》各项规定。根据上述事实，钓鱼岛作为台湾的附属岛屿与台湾岛应一并归还中国。

（二）中国解决中日钓鱼岛领土争端的战略选择

钓鱼岛主权争端发生后，日本已构建了完善的海洋战略和海洋管理体制，并在国际范围通过联盟体系寻求政治支持。我国亦应加快完善相应海洋立法与制度建设，确保我国的领土主权与海洋权益。

1. 国际法解决路径

到目前为止，国际上解决岛屿主权争端的法律方法主要是国际仲裁和国际司法程序。仲裁是联合国《海洋法公约》规定的作为和平解决海洋争端的重要方法之一，同时也是争端当事国可以任意选择的一种强制程序。国际法院是最重要的国际司法机关，国际法院在处理和解决国际社会面临的诸多法律问题方面，在促进国际法治化进程方面发挥着无可替代的作用。属于国际司法程序的还有根据联合国《海洋法公约》于 1996 年设立的国际海洋法法庭，它是专门审理海洋争端的机构，在管辖权和程序方面有着自身的特点，也有助于补充国际法院某些职能方面的不足。依据国际法原则，通过国际法院协调和仲裁中日钓鱼岛争端无疑是一项重要选择。

（1）国际法院解决岛屿主权争端适用的法律原则。国际法院从 1946 年成立到 2009 年，共审理了 6 件岛屿主权争端案件。③ 通过对这些案件的研究与理解，

---

① 《国际条约集（1945～1947）》，世界知识出版社，第 77～78 页。

② 《维也纳条约法公约》，载王铁崖、田如萱编：《国际法资料选编》，法律出版社 1986 年版，第 494～513 页。

③ 英法之间的敏基埃岛和埃克利荷斯岛案；萨尔瓦多与洪都拉斯之间的陆地、岛屿及海洋边界案（尼加拉瓜参加）；卡塔尔与巴林之间的领土问题案（涉及哈瓦尔、加南岛的主权）；印度尼西亚与马来西亚之间的利吉丹岛和西巴丹岛主权争端；尼加拉瓜与洪都拉斯之间的领土和海洋争端案（涉及伯贝礁等四个岛礁主权）；马来西亚与新加坡之间的白礁岛、中岩礁及南礁岛主权争端案。

可以发现国际法院在解决岛屿主权争端时所适用的法律原则，包括条约信守原则、保持占有原则、有效控制原则以及禁止反言原则。其中，条约作为国际法的最主要渊源，也像其他案件的审理一样得到国际法院的最优先适用。在无法通过条约解决岛屿主权争端时，法院会考虑保持占有原则的适用。保持占有是摆脱殖民化的国家在获得独立时通过继承殖民地行政边界的方式确定自己的国家边界，目前已发展成为习惯国际法。

如果依据条约信守原则和保持占有原则都无法确定岛屿的合法所有者，法院则适用有效控制原则确认争议岛屿的主权。由于不同时期国际法关于有效控制的标准不同，从司法实践看，法院是以关键日期时的国际法来判定有效控制存在与否。而从法院审理的岛屿主权争端案件来看，所谓关键日期也就是使岛屿主权争端变得明确的日期。同时，有效控制必须满足两个条件，即实施控制的意愿和控制权力的实际行使或显示。对于控制权力的实际行使和显示，从法院的相关论述来看，要符合以下标准：一是体现或显示控制权力的行为应是国家行为或能够代表国家的行为；二是这种控制行为应当是持续的和平稳的，"持续的"强调时间的不中断，"平稳的"强调"没有其他国家反对"或"没有其他国家提出主权要求"。

亚洲国家一般不习惯于把争议诉诸国际司法程序解决，近些年来这种传统发生了一些变化。例如，马来西亚和印度尼西亚之间关于西巴丹岛（Sipadan）和利吉丹岛（Litigan）的主权争端持续30多年，双方进行过多次谈判，但一直没有结果，1996年双方同意将争端提交国际法院，法院于2002年12月做出判决，将该两岛判归马来西亚，印度尼西亚表示接受国际法院的判决。[①]

（2）国际司法程序解决钓鱼岛主权争端的关键问题。国际法院通过审理的案件不断丰富和发展了国际法关于领土争端解决的原则和规则，使其他国家得以透过这些判例来认识自己国家在面临类似争端时所处的有利或不利的局面。同时，深入研究国际司法实践，也更有利于争端方依据普遍的国际法原则、规则来审视和处理它们之间的争端。

意欲提交国际法院解决，必须在提出强有力的证据方面准备充分。法院在审理案件时，会仔细审阅争端各方提出的证据，而导致最后判决的往往是一份压倒其他所有证据的重要证据，该证据的存在会对案件起决定性作用。例如，1953年英、法关于敏基厄斯岛和埃克尔霍斯岛（Minquiers and Ecrehos Case）归属争端提交国际法院解决，虽然该两岛地理位置靠近法国海岸，岛上长期以来为英法

---

① 邵沙平主编：《国际法院新近案例研究（1990~2003）》，商务印书馆2006年版，第357~406页。

居民混居，但法院最后判决该两岛归英国，原因是有一证据表明英国向岛上居民征税，而法国提供不出类似的征税证据。①

我国应加强对国际法院解决岛屿主权争端适用的法律原则的研究。通过上述案例，总结规律，目前比较迫切需要研究的问题有两个：一是对相关条约的研究，包括条约效力的认定、条约解释等；二是要对有效控制原则进行深入的研究，尤其是能够表明国家对争议岛屿行使持续的、平稳的统治的相关证据。另外，日本在和其他国家的同类岛屿主权争端问题上采取双重标准，对这一问题的研究或可为我们寻求法律的解决另辟蹊径。

（3）钓鱼岛在中日东海划界中零效力化的可能。钓鱼岛在中日东海划界中的效力问题是增加解决争端难度的另一重大因素。《联合国海洋法公约》第 121 条赋予岛屿像陆地领土一样可以拥有领海、专属经济区和大陆架，但又排除了不能维持人类居住或其本身的经济生活的岛礁。于是，在实践中对岛屿能否维持人类居住或其本身的经济生活的理解上就有了众多的分歧。虽然在各种划界的谈判和国际法院判例、仲裁案例中都很重视研究岛屿的效力问题，但有关国家仍易于以对自己最有利的解释行事。

在国际实践中，通常有三种方法对待岛屿在划界中的效力问题，即零效力、全效力和半效力。而岛屿享有全效力、半效力或零效力，取决于它们与达到公正解决划界关系的程度，以及有关方面谈判和接受的诚意。关于钓鱼岛在东海大陆架划界中的地位，中国坚持钓鱼岛面积小，无人居住，不能维持本身的经济生活，根据《联合国海洋法公约》不应拥有自己的大陆架。而日本坚持钓鱼岛有权拥有自己的大陆架，并打算以钓鱼岛作为东海大陆架的划界基点。从《联合国海洋法公约》的相关规定、国家实践和国际司法与仲裁实践三方面来看，钓鱼岛在东海大陆架划界中不应具有划界效力，除 12 海里领海外，不再享有 200 海里专属经济区和大陆架，这也是各国学者在研究钓鱼岛问题时得出的一致结论。② 日本一些学者，如中内清文教授明确指出："可以说，尖阁列岛并不真正适合于人类居住。看来很清楚的一点是，这些岛屿只是对于其周围的可能是巨大的石油储藏而言才是有价值的。……把尖阁列岛用作划定大陆架界线的基点，从而产生出对石油储藏和各自的经济利益份额的权利，那似乎并不是公平的或者衡平的。"③

中国在谈判中应坚持钓鱼岛在划界中除 12 海里的领海外，不享有 200 海里专属经济区和大陆架。在钓鱼岛问题凸显之初，有学者认为解决岛屿归属是划分

---

① 陈致中编著：《国际法案例》，法律出版社 1998 年版，第 133 ~ 137 页。
② 袁古洁：《国际海洋划界的理论与实践》，法律出版社 2001 年版，第 200 ~ 201 页。
③ ［日］中内清文，邵津译：《东中国海和日本海的划界问题》，载《国外法学》1980 年第 4 期。

大陆架和专属经济区的前提。① 但最近一些年，这种观点有了变化。有学者提出，不论钓鱼岛问题如何解决，在划界中都应当忽略其存在（零效力），这样才有可能有助于钓鱼岛主权及整个东海划界问题的解决。② 同时，为使钓鱼岛争端不影响整个划界，中日双方可就钓鱼岛不享有专属经济区和大陆架权利达成协议，然后将钓鱼岛及其周围 12 海里海域作为"搁置区"，在双方商定共同开发区时，也不应考虑此"搁置区"。

2. 加强中国海洋立法与执法行动

日本以钓鱼岛群岛、冲之鸟礁等为领海基点划定的专属经济区面积达 405 万平方公里，加上领海海域约 43 万平方公里，其海域面积位居世界第六位。③ 相比之下，我国一直强调周边海域的争议面积达 150 万平方公里，可见我国在管辖海域范围上的消极态度和被动局面。在如此激烈的海洋竞争时代，会处于十分不利的地位。

2012 年 9 月，中国政府依据《中华人民共和国领海及毗连区法》，划定并公布了钓鱼岛及其附属岛屿的领海基点基线，并将陆续颁布相关法律法规进一步完善领海制度。这对于加快我国海洋政策与法制完善，明确我国管辖海域界限，明确赋予我们的海上力量在钓鱼岛及其附属海域执法的权利和义务具有重大意义。根据《海洋法公约》及国际法的有关规定，我国政府向联合国秘书长交存了钓鱼岛领海基线的有关坐标表和相关海图。这将为中国依据国内法和有关国际法对钓鱼岛海域进行管理提供法律基础。应该说这是中日在钓鱼岛问题上重建起来的一种新平衡。

关于海洋基本法的制定问题，《中国海洋 21 世纪议程》（1996 年）中已有涉及，④ 作为综合性规范海洋问题的基本法律，该法应明确海洋开发与管理的目的、原则、具体措施等。这对于集全国之力，完善海洋管理体制，实现海洋立国的愿望无疑意义重大。《专属经济区和大陆架法》自 1998 年公布实施以来，尚未制定相应的配套法规与实施细则，为应对海洋冲突，包括划界争端，有必要尽快制定

---

① 例如韩国学者朴椿浩曾主张，"解决钓鱼岛主权争端是最终解决中日之间大陆架划界争端的先决条件"，见朴椿浩，丽玉等译：《东亚与海洋法》，法律出版社 1983 年版，第 31 页。

② 例如美国学者李韦清指出，"中日双方越不坚持钓鱼岛等岛屿是划定海洋分界必不可少的，它们就越有可能解决复杂的大陆架争端"，参见李韦清：《水域下的纠纷：中日东海大陆架主权冲突》，载《海洋发展与国际法》第 18 卷，1987 年版，第 598 页；我国台湾学者马英九也认为，"领土纠纷可以和大陆架问题完全区分开来"，参见马英九：《东海海床划界的法律问题》，1984 年版，第 104 页。

③ 日本海洋政策研究所编：《海洋白皮书：日本的动向，世界的动向》，2005 年版，第 9~10 页，转引自金永明：《东海问题解决路径研究》，法律出版社 2008 年版，第 197 页。

④ 国家海洋局编：《中国海洋 21 世纪议程》，北京海洋出版社 1996 年版，第 39 页。

和细化相应法规。同时，应考虑在海洋基本法的基础上制定海洋事务部门新法规，包括海岸带管理法、海洋安全法等，其中海洋安全法应涉及海洋领土安全、海洋资源安全、海上交通安全、海洋环境安全等内容，以维护国家安全，确保海洋权益。①

无论是海洋开发战略还是《规划纲要》的实施，都需要强有力的海上执法队伍作保障。由于我国海洋事务管理的多部门性、条块分割性以及缺乏统一协调性，应加强整合涉海部门的海上维权执法力量，可以参考和借鉴韩国的做法和经验，包括相应设施的配置、定期对执法人员进行培训、组建海岸警卫队等，以加强海上执法力量，维护我国海洋权益。

3. 加强国防力量，加快海军建设

日本的右倾化趋势是 21 世纪中国周边外交面临的最大挑战之一，也是雅尔塔体系面临的最大挑战之一。钓鱼岛问题不仅仅是中日领土纠纷，更是日本借机强化美日同盟、遏制中国崛起的战略工具。钓鱼岛问题的长期化、紧张化符合日本右翼政府的利益，也成为日本长期战略抱负的必要手段。为此，日本政府持续宣扬所谓"中国威胁论"，以此为借口拉近日美距离，并重建强大的、可派驻海外作战的日本军队。2013 年度日本《防卫白皮书》就重建自卫队问题明确表示"只靠外交努力无法防范侵犯于未然。防卫力量是排除侵略的国家意志和能力的表现。"② 在 2014 年日本《防卫白皮书》中，中国篇幅则达到 21 页，就比例而言远超对美国（8 页）和"朝鲜半岛"（17 页），除了指责"中国军事不透明""军费快速增长"外，还指责中国在东海、南海违反现有国际秩序，日本以中国为借口，强化军力的意图昭然若揭。

日本的右倾化态势和强化自卫队的举措不是暂时的政策波动，而是持之以恒的既定国策。即便发生政府更迭，也只能是在程度上有所差别而言。对中国而言，我们必须清晰意识到单纯依靠协商和妥协是不可能解决钓鱼岛问题的。目前，我国是通过海监执法船只"在钓鱼岛海域保持经常性的存在，并进行管辖。"③ 但中国必须考虑钓鱼岛问题骤然恶化和出现军事斗争的可能性并认真加以准备。在不放弃外交努力的同时，中国必须大力发展军事力量，用军事力量的现代化制约日本的敌视态度，用威慑力的提升遏制日本军事挑战雅尔塔体制的图

---

① 《"制定海洋安全战略迫在眉睫"》，载《中国海洋报》2008 年 3 月 12 日，第 2 版。

② 平成 25 年版防衛白書，http：//www.mod.go.jp/j/publication/wp/wp2013/pc/2013/index.html（2015 年 6 月 10 日上网）

③ 《钓鱼岛是中国的固有领土》白皮书，中国政府网，http：//www.gov.cn/jrzg/2012-09/25/content_2232710.htm，2012 年 9 月 25 日。

谋，用切实可行的海军投送和占领能力防止日本在钓鱼岛问题上铤而走险。毛泽东主席曾经指出，"以斗争求和平，则和平存；以妥协求和平，则和平亡"。中国国防力量尤其是海军遏制能力的提升，不是钓鱼岛外交协商的障碍，而是让日本理智地坐在谈判桌前的必要工具。

从军事外交的角度看，中国军事工具的施用应达到以下目标：首先，中国的海军必须具有切实的威慑和干预能力。日方对钓鱼岛的事实控制有着复杂的历史背景，但是这种事实控制是非法的和暂时的，是以日本政府不在钓鱼岛设立永久建筑物和主权标示为前提的。如果日本自卫队试图用军事手段来强化对钓鱼岛的实际控制，那么整个事态的性质就改变了。同时，只有中国存在切实的干涉能力才能使日本放弃这样危险的做法。其次，中国国防力量需要让日本及其盟国意识到，中国政府捍卫钓鱼岛主权的意志是坚定和不容挑战的。威慑的本质是"实力＋运用实力的意志"，中国不放弃通过外交途径解决钓鱼岛问题的努力，并非软弱和放任日本强化事实占领。中国国防力量表达自己意志的方式也不仅是发表谈话那么简单。中国海军和空军正在通过实际行动表明自己捍卫国家主权领土完整的决心，这种行为被日本和美国描述为"危险的""挑衅性的"，但正是这些举动使日美不至于错判中国的决心。随着钓鱼岛问题的长期化和日本对中国态度理解的清晰化，危险性的对峙举动幅度会在初期的大幅上涨后出现回落并回归平稳。中国国防力量当前要做到的就是在双方对峙幅度大增的时期坚定履行自己的职责，以坚定和进取的姿态为钓鱼岛局势未来的平稳打下基础。最后，中国海军的举动，其目标不是刺激中日关系进一步恶化，而是迫使日本重新回到理性的立场上。因此，中国在钓鱼岛地区的军事存在是服务于和平发展的总目标而非相反。中国的军事部门需要和外交部门紧密沟通，建立制度化的合作渠道和共同的认知模式，协同保障钓鱼岛局势的平稳，并使中日双边关系回到我国政府希望的轨道上。

（三）中国解决中日钓鱼岛主权争端的基本对策

中日钓鱼岛争端是一个历史问题，也是一个现实问题。钓鱼岛是中国固有领土，然而，如何有效维护中国对钓鱼岛的领土主权，有效管控和妥善解决钓鱼岛争端，避免引发中日关系紧张和冲突是中国面临的重大挑战。根据钓鱼岛争端产生的历史、政治和法律原因，中国在解决钓鱼岛争端问题上，也必须综合施策，有效应对。从外交解决途径来看，中国可供选择的路径和手段主要是国际法律和制度、政治智慧、占据法理优势和道德制高点。

1. 强化主权存在，和平解决争端

我国长期以来奉行"主权在我，搁置争议，共同开发"的原则。随着钓鱼岛

问题的不断升级，现在有必要提出反映我国国家利益、符合争议实际情况、凝聚民族共识的海洋争议国家战略及解决原则，即：强化主权存在，推动双边谈判，合理开发利用。[①]

同时，我国国家战略的核心是发展经济，因此，外交战略、海洋战略都要服从和服务于这个核心。海洋划界和岛屿主权争端具体看很重要，关涉国家至关重要利益，必须寸土必争，而放到总目标的框架中来看，更多时候需要为保持和平稳定的地区和周边环境而避免直接的冲突。为了争取发展的和平稳定大环境，既不能放弃对争议海域和岛屿的权利主张，又绝不能轻易使用武力。要充分运用各种"软力量"，如声望、外交策略与技巧、文化感染力等，以符合中国文化传统和外交方针的大国形象处理大大小小的海上摩擦与挑战，包括不失时机地利用各种国际场合，重申中国的权利主张，定期派遣海上力量在争议海域和岛屿附近进行巡察，以体现管辖。同时，加强海军现代化建设是保障海洋权益、有效威慑和抑制潜在麻烦的必要手段。但不应忘记中国古训："上兵伐谋，其次伐交，其次伐兵，其下攻城。"

2. 积极开展中国大陆与港澳台地区维护钓鱼岛主权的合作

台湾因素的效用是解决钓鱼岛主权争端一个不可忽视的方面。鉴于台湾和中国大陆大体上会维持"不离不即"的现状，因此，有必要考虑和充分发挥台湾在解决钓鱼岛主权争端问题上的积极作用。我国在《钓鱼岛是中国的固有领土》白皮书上明确指出"钓鱼岛自古以来就是中国的固有领土，这是全体中华儿女的共同立场"，希望以民族的立场团结海峡两岸和香港特区同胞实现对日钓鱼岛策略的统一。[②] 一方面，在岛屿主权争端问题上，台湾与我们有着共同或相似的立场。台湾民众始终反对日本吞并我钓鱼岛的企图；台湾一些学者对如何维护中华民族的海洋权益做了大量令人钦佩的工作。[③] 另一方面，在重视发挥台湾作用的同时，如何使其参与，采取何种步骤和措施，对争端的解决可能有什么好处和负面作

---

① 张新宝教授在《联合国海洋法公约》座谈会上的发言，转引自王秀卫：《我国海洋争端解决的法律思考：联合国海洋法公约座谈会综述》，载《中国法学》2012 年第 6 期。

② 《钓鱼岛是中国的固有领土》白皮书，中国政府网，2012 年 9 月 25 日，http://www.gov.cn/jrzg/2012-09/25/content_2232710.htm（2015 年 5 月 20 日上网）。

③ 台湾学者在一系列著述中翔实的史料和论点，为中国在东海争端问题提供了坚实的法律和历史依据，并为大陆学者所经常引用，如，马英九：《从新的海洋法论钓鱼列屿与东海划界问题》，台北：正中书局印行 1986 年版；马英九：《东海海床划界的法律问题》，载《中国国际法与国际事务年报》（第一卷），1986 年版；丘宏达：《关于中国领土的国际法问题论集》，台湾商务印书馆 1975 年版；丘宏达：《日本对于钓鱼台列屿主权问题的论据分析》，载香港《明报月刊》"钓鱼台群岛资料"，1979 年版；俞宽赐：《钓鱼岛主权争端之经纬与法理》，载《中国国际法与国际事务年报》（第五卷），1991 年版。

用，以及能够对两岸关系产生何种影响等，都需要认真全面的评估。李登辉曾在访问日本的过程中明确提出，钓鱼岛是日本的固有领土的说法，[①]虽然在台湾内部引起了强烈反弹，但这一信号已经说明了中国大陆和台湾、香港地区建设更紧密的钓鱼岛问题统一战线的必要性。

香港民间人士在保卫钓鱼岛领土方面一直发挥着极为特殊的影响和作用，并且有着极为丰富的"保钓"经验。钓鱼岛争端升级，为中国大陆、台湾和香港地区创造一个潜在合作的机会，让海内外中国人有了一个向心凝聚的动力。应充分重视中国大陆和台湾、香港地区在钓鱼岛问题上的有效合作，包括常态化地举办各种讨论钓鱼岛问题的学术会议，民间"保钓"团体之间进行互相协调与配合等。

3. 加强国内外舆论宣传，占据法理和道义制高点

日本密谋窃取钓鱼岛是对战后国际秩序的严重挑战，是对反法西斯战争胜利成果的公然否定。我们应充分利用历史及法理证据，争取国际社会的舆论认同，占据法理和道义的制高点。2012 年 9 月 25 日，我国公布了《钓鱼岛是中国的固有领土》白皮书，全面系统地阐述了我国政府在钓鱼岛问题上的立场，应以此为基准，做好对内对外的舆论宣传工作。[②]日本频繁而蛮横地在钓鱼岛采取单边行动，拒绝承认钓鱼岛争端的客观存在，并无视《联合国宪章》和联合国《海洋法公约》义务，拒绝和中国坐下来谈判，迫使中国不得不采取相应的反措施，使双方围绕钓鱼岛问题在官方和民间两方面的冲突不断升级。可以预见，如果日本继续坚持其错误立场，不承认钓鱼岛争端的客观存在，就不可能和中国谈判来解决问题，而双方围绕钓鱼岛的冲突就不会停息。中国将被迫以行动对行动，与日本展开针锋相对的斗争，日本必须为这样的局面和可能的后果承担国家责任。因此，正视现实，尊重历史和事实，遵守《联合国宪章》和平解决争端义务和切实履行《联合国海洋法公约》关于过渡期间的安排及克制单方行动的义务，寻求和平方法处理分歧，有效管控争端，才是较为理性的选择。

四、中国解决中日东海海洋权益争端的战略与对策

中日东海海洋权益争端主要指双方在东海海域存在的专属经济区划界问题。

---

① 《钓鱼岛是日本的？新党告李登辉涉"外患罪"》，凤凰网，http：//news.ifeng.com/a/20150728/44282694_0.shtml，2015 年 7 月 28 日。

② 王秀卫：《我国海洋争端解决的法律思考：联合国海洋法公约座谈会综述》，载《中国法学》2012年第 6 期。

在中日两国所属的东海海域，中日两国专属经济区存在重合部分，中日两国在如何划分东海专属经济区问题上存在着严重分歧。依据联合国《海洋法公约》，中国主张依据大陆在海底自然延伸原则来划定中日东海专属经济区，日本政府则坚持等距离中间线原则。由于东海海域具有重要的经济、资源、运输、安全和战略价值，更增加了中日解决东海划界争端的难度。

（一）解决中日东海海洋权益争端的国际法依据

中日东海划界争端首先涉及对《海洋法公约》的解释和适用问题。由于考虑到专属经济区划界的复杂性，《海洋法公约》规定了专属经济区两种划界方法，即公平原则和等距离中间线原则。中日东海专属经济区划界争端就源于对《海洋法公约》的适用和解释分歧。

联合国海洋法公约起草过程中，在专属经济区划界方法上产生了严重分歧。相邻或相向国家在专属经济区的划分原则上出现了两种相互对立的声音：第一种主张按"公平原则"协议划界，另一种主张以"等距离中间线原则"划界。这两种对立的声音反映出各主权国家为了追求最大限度地获取国家利益的站队状况。"坚持以'公平原则'作为划界标准的国家集团认为，'等距离规则'成为国际法规则缺乏法律确信，它们引用国际法院 1969 年北海大陆架案判决来加强这种结论。而'等距离集团'广泛地引用国家实践来证明等距离方法的公平性，并且批评'公平原则'是'没有原则的原则。'因为一旦产生争端，各方对公平就不会有一个统一的标准"[1] 1982 年完成的联合国《海洋法公约》为了最大限度地获得缔约国认可，在许多问题上采取了折中与模糊的表述方式。因而使得最终的专属经济区和大陆架划界具体规则性条款成为一种相互妥协的产物。

"公平解决"的折中表述，既可以被解释为结果的公平性，也可以被解释为手段的公平性。既迎合了主张"公平原则"的国家阵营，也满足了主张"等距离均分"的国家阵营。由于"公平解决"在用语上的模糊性与折中性，它成为两种主张的国家都能够接受的法律表述。制度为了追求普遍适用性所产生的缝隙，导致了在具体运用时各利益声索国在法理层面的理解上倾向于自身权益最大化。这也为日后争端各方埋下了难以厘清的话语符号危机。

从当前东海划界争端的现实问题来讲，中日两国一直是围绕着《海洋法公约》进行平行线式的"一法各表"，始终无法达成法律认同和政治共识。为了最

---

[1] 李慧玲：《国际法视角下的中日东海大陆架之争与现实前景》，陕西师范大学，2005 年硕士学位论文，第 12 页。

大限度地在零和博弈的游戏中获得国家利益,每个国家都将对自身最有利的划分方式表述为公平原则,而将对方的提案解释为有悖于公平原则。这成为海洋法在解决具体问题上其实际效用不佳的重要原因。如果争端的每一方都认为自己掌握了绝对的道义与法律依据,那么由此观念带来的冲突将会更加难以调和。

日本认为,中日两国共大陆架,深度达 2 700 公尺的冲绳海槽仅仅是东海大陆架的一个偶然凹陷,真正的东海大陆架位于日本列岛以西、太平洋板块与亚欧板块交汇处,深度达 11 035 公尺的马里亚纳大海沟。因此,按照日本方面的观点,中日两国作为共大陆架的相向国家,应该按照《海洋法公约》第 74 条和第 83 条第 1 款规定:"海岸相向或相邻国家专属经济区界限的划定应在国际法院规约第 38 条所指国际法的基础上以协议划定,以便得到公平解决。"① 这种公平主要是指通过"等距离中间线"原则进行海域面积的平均划分。

但是,值得注意的是"等距离线"的划分方法仅仅是在两个相向国海岸平直时的理想状态的均分,而现实中绝大多数国家之间的海岸线是凹凸不平的。在北海大陆架德国与荷兰、德国与丹麦的大陆架划界问题上,主审法官在判决中对中间线方法是这样裁决的,等距离方法不是习惯法的强制性规则。在北海的情形,不顾地理环境而单纯根据等距离方法划界,由此引起的表面简化将是多么不公平。因此,德国没有义务接受等距离规则。划界应"通过协议,按照公平原则,并考虑到一切有关情况,以使每一个国家尽可能多地得到构成其陆地领土自然延伸的大陆架所有部分,并且不侵占另一国陆地领土的自然延伸。"②

中国主张,中日两国虽为相向的临海国,但由于冲绳海槽的阻隔使得两国不共大陆架。因此,在东海专属经济区的划界上应根据联合国《海洋法公约》第 76 条第 5 款内容③采用"大陆架自然延伸"原则进行划分,并将其海洋权益扩展至冲绳海槽。此外,中国认为在划界海区,中国一侧(包括台湾在内)的海岸线长度为 748 公里,而日本琉球群岛面向东海一侧的海岸线长度仅为 415 公里,④比例为 1.8∶1。根据 1984 年"缅因湾案"的国际法判例,美国和加拿大两国的海岸线长度之比虽然仅为 1.32∶1,但国际法庭仍然认为这一差别具有"不可否

---

① 《1982 年联合国海洋法公约》,国家海洋局东海分局网站,http://www.eastsea.gov.cn/Module/Show.aspx? id=1452(2015 年 7 月 20 日上网)。

② 中国人民大学法学实验实践教学中心:北海大陆架案——大陆架划界原则,http://www.law.ruc.edu.cn/lab/ShowArticle.asp? ArticleID=16448(2015 年 7 月 20 日上网)。

③ 《公约》的该条款规定:"组成按照第 4 款(a)项(i)和(ii)目划定的大陆架在海床上的外部界线各定点,不应超过从测算领海宽度的基线量起三百五十海里,或不应超过连接二千五百公尺深度各点的二千五百公尺等深线一百海里。"

④ 高健军:《从国际法角度看中日东海划界争端——兼论日本主张的无理性》,载《环球法律评论》2006 年第 6 期。

认的重要性……为第三步对等距离线进行修正提供了法律依据",并因此将中间线的最终修正做了有利于美国的调整。[①] 因此,可以肯定,即使最终提交到联合国海洋法庭而采用中间线的划分方式,也不是完全的对争端海域进行平均划分,而是要进行基于海岸线长度比例的修正。

(二) 中国解决中日东海海洋权益争端的战略思考

中日两国是重要邻国,且都是东北亚地区大国,东海划界问题折射出中日两国的结构性冲突。因此,我们不仅从国际法视角,还要立足于中国大战略来思考和谋划,做到统筹兼顾,综合施策。在解决中日东海海洋权益争端问题上,就战略层面而言,中国在中日海洋权益争端中的政策选择要服从于整体海洋战略,而海洋战略则要在和平发展的总体战略中进行规划。目前,中日两国在短期内还无法找到双方都可以接受的东海划界解决方案。弱化中日东海海洋权益纠纷对中日关系的负面影响,避免使其成为中日关系的主导性因素将是一项重要选择。用新的合作议题、收益预期取代原有棘手问题所具有的迫切性和重要性,这也是国际政治的功能主义解决区域合作难题的习惯方式。

1. 把海洋战略嵌入国家大战略

在中国的棋文化中有一句颠扑不破的真理:"大智者谋势,大愚者谋子。"要把东海作为海洋战略的一部分,把海洋战略作为整体战略的一部分。一切战略的制定都要服从于中国崛起的长周期、多层次、宽领域的全局战略部署。

安全与经济收益是国家追求的首要利益。中日东海划界争端既有海洋划界问题,又包含着海底油气资源的争端。它既关系到中国国家安全利益,也涉及中国国家经济利益。东海争端使传统领海安全问题与海洋能源开发问题相互交织,使任何单一的政策工具都不能完全达到目标。比如,海洋划界争端关注对领海与专属经济区的事实控制,海洋能源开发竞争则更关注占有油气资源的等比例性。《埃默里报告》提到的东海大陆架存在着巨大的储油盆地,油盆位于中日等距离中间线横穿的地方。然而,油气资源不同于固体的矿产资源,其在海底油盆中是处于液态的流动状态,在"吸管效应"下,问题的关键就成为中日两国海洋开采能力的竞赛。因此,哪种政策工具或者说哪种策略选择更为合适,只能依据特定的情境加以选择。

---

① 中国人民大学法学实验实践教学中心:缅因湾海洋区域划界案——单一海洋划界,http://www.law.ruc.edu.cn/lab/ShowArticle.asp?ArticleID=16449 (2015 年 7 月 20 日上网)。

维护中国海洋权益是中国和平发展战略的应有之义，同时需要把它纳入中国长远和整体发展战略之中。中国的崛起之路既是一个同国际社会既得利益集团进行漫长而复杂的博弈过程，也是一个从国际体系半核心区域向核心区域渐渐靠近的过程。因此，中国的崛起进程应该被视作一个利益博弈的大棋局。中日之间的海洋权益争端背后所表现的深层次结构矛盾要求我们既要相信"时间和历史是站在中国一侧"而满怀信心，又要保持足够的克制，通盘因应、谋划全局、立足长远。中国的海洋战略作为国家整体发展战略的一个重要环节，其目的是促进总体崛起战略规划的有序实施。我国海洋战略在和平发展战略中的从属地位，决定了中国在日本海洋划界谈判中应当采取更加灵活、务实的博弈策略。

2. 在中日海洋权益争端中坚持务实灵活的合作共赢策略

中国作为一个发展中的新兴大国，其发展具有高度的不平衡性、长期性，要回应很多具体而复杂的国内外挑战。一个相对和平稳定的国际环境对于中国的可持续发展具有重要意义。中日双边的结构性均势短期内难以改变，中美日三边力量结构远远不利于中国的背景下，谋求对任何一方极为有利的谈判结果都是很难想象的。当前中日海洋权益争端困局的背后就是僵持不下的权力均势的结果。

如果说战后40年是日本崛起的时代，那么在"冷战"结束后就已经明显地进入到了中国崛起的时代。虽然同属崛起，一个中等国家的崛起和一个具有超级大国潜力的国家崛起相比，对体系的冲击力度和对国际关系未来面貌的影响是截然不同的。中国应该有这样的历史自信，时间与历史是站在快速崛起的中国一侧的。对于一个实力上升的国家审慎与耐心是最为宝贵的财富。

我们也应该意识到，日本仍然是政治经济领域的区域性强国，美日同盟仍然对我国具有权力优势，这意味着中日东海争端不可能在短期内取得决定性的对中国有利的结局。一个明智审慎的谈判策略应该是分阶段的，我国应该注重每个阶段取得的实质性成果，谋求在共同开发中实现国家海洋权益。

在东海油气资源联合开采问题上，中日都具备成规模的海洋石油开采能力，如何实现合作开发，就成为两国化解开发僵局、实现互利共赢的关键。战后欧洲各国的北海合作模式具有一定的借鉴意义：欧洲北海地区海底地形比东海更加复杂，挪威的外海还有很深的海沟，海象也相当恶劣，在各国政治上相互理解与信任的前提下不仅解决了划界问题，而且北海五国所共同生产的"北海布伦特原油"更成为与美国西德克萨斯轻质原油话语权相媲美的、影响国际原油期货价格的第二大市场。

中日两国在2008年6月达成了具有历史意义的《中日关于东海问题的原则共识》，这个共识在北纬30°、东经126°海域划分出了2 700平方公里的共同开发区。这虽然是中日海洋合作历史上的一小步，但对于中日构建战略互惠关系无疑是历史的一大步。如果按照"合作共赢"的方式实现东海地区的和平、稳定与合作，东北亚地区就可能形成自己的"北海布伦特合作模式"。

3. 通过"一带一路"战略，转移区域国家关系的重心

2013年9月和10月，习近平主席相继提出建设"丝绸之路经济带"和"21世纪海上丝绸之路"的重大战略倡议。目前，中国的"一带一路"建设倡议获得世界各国广泛支持和认同。"一带一路"战略本质上是将国家间的边境地区由一个国家内部的"边缘区"转化为具有发展潜力的"核心区"，增进其空间可达性与辐射力，达到双方或多方共赢的目标。[①] 虽然日本目前拒绝加入"一带一路"相关的计划和项目，但是只要在环东亚地区形成了"一带一路"的战略布局，那么日本就必须面对巨大经济机遇和拒绝后错失机会的挑战。因此，从这一意义上说，日本对"一带一路"战略的态度本质上是机会主义的而非僵化不变的。只要日本认识到两国在"一带一路"战略中获益的可能性，就会基于现实考虑放弃在海洋权益方面的挑衅态度，寻求与中国政府的积极合作。这就使东北亚区域合作可以摆脱最难以解决的困境，有了搁置争议、共同发展的真正契机。

随着"一带一路"战略的实施，中国可以考虑利用次区域经济合作，打破中日两国的政治和安全僵局。通过推进东北亚区域经济一体化的方式，在一个涵盖东北亚各国的多边框架内限制日本政治右倾化和走向军事大国的道路。中国的东北地区与日本建立了密切的经济联系，可以通过这种不具敏感性的次区域合作转变关注点，增加契合点，将中日关系引入"合作共赢"的发展轨道。这将缓解目前中日所面临的政治困境，并使中日的海洋争端失去原有的安全内涵，提升中日区域合作网络体系的外溢功能，为寻求合理解决中日海洋权益争端创造条件和奠定基础。

---

① 柳思思：《"一带一路"：跨境次区域合作理论研究的新进路》，载《南亚研究》2014年第2期。

第五章

东北亚地区能源安全与能源合作

随着经济全球化的发展，能源的生产、运输、供应与消费日益被纳入国际化的轨道。国家的能源安全与地区、全球能源环境日益紧密地联系在一起，能源安全不同于人类历史上任何时期，获得了新的内涵。东北亚地区国家经济的繁荣发展使维护和平稳定、促进发展繁荣和实现互利共赢成为不可逆转的时代潮流。不断改善的区域环境，为国家间开展全方位合作注入了强劲动力。然而，由于受到冷战时期遗留问题、领土问题等影响，东北亚地区各国在能源安全领域仍处于"各自为战"的状态，东北亚地区能源合作仍处于初级发展阶段。中国政府提出的"一带一路"战略为图们江区域乃至整个东北亚地区合作打造了一个新的平台。能源项目成为决定未来合作发展方向，具有重要战略意义的合作，为改善区域能源安全环境和交通基础设施创造了必要的客观环境。东北亚国家能否在这一新的历史起点找到能源合作的利益交汇点不仅关乎各国能源安全，也决定地区能源安全形势的稳定。

一、东北亚地区各国能源安全形势与能源战略

东北亚地区的中日韩三国都是能源消费大国，但能源资源都十分匮乏。目前，东北亚地区的油气进口主要来自中东地区，依靠海运，途径霍尔木兹海峡和马六甲海峡，存在很大的安全风险。俄罗斯是东北亚地区国家，也是世界能源生

产和出口大国。然而，俄罗斯对东北亚国家能源出口能力十分有限，尚不能成为
地区能源市场的主要供应方，东北亚地区也没有形成稳定的能源合作机制。随着
东北亚地区各国经济迅速发展，东北亚地区各国的能源消费量和进口规模不断增
加，使东北亚地区面临着新的复杂的能源安全形势。

根据英国石油公司（BP）2014 世界能源统计年鉴，中国是世界第一大能源
消费国。2013 年石油消费量为 5.074 亿吨，位居世界第二位；天然气消费量为
1.455 亿吨油当量，居世界第四位；煤炭消费量为 19.253 亿吨油当量，居世界第
一位，能源消费总量占世界第一位。[①] 中国石油净进口量达 3.417 亿吨。日本是
传统的能源进口大国，2013 年石油进口量是 2.237 亿吨；韩国百分之百依赖进口
石油，石油进口量为 1.084 亿吨。2013 年中日韩三国的石油消费量占全球
19.7%，占亚太地区石油消费总量 59%。而日本、韩国和中国台湾是亚太地区和
世界最重要的液化天然气（LNG）市场。2013 年液化天然气进口总量为 1 904 亿
立方米，占世界液化天然气贸易量的 59%，亚太地区贸易量的 80%。[②] 2008 年
金融危机爆发后，俄罗斯能源出口开始向东北亚地区国家倾斜。乌克兰危机之
后，西方对俄罗斯实施全面制裁，出于国家能源安全和经济安全的需要，俄罗斯
能源发展战略重心开始向亚太地区转移，俄罗斯与东北亚地区国家的能源合作成
为其重要方向。

（一）俄罗斯能源安全形势与能源战略

2008 年全球金融经济危机发生后，全球能源市场和能源格局发生巨大变化，
欧洲经济萎缩，能源消费水平下降。亚太地区经济持续发展，东北亚成为世界最
具发展活力的地区，世界能源消费市场转向亚太。在这次危机中俄罗斯遭遇巨大
的经济冲击，面临着复杂的国内外能源形势。对于俄罗斯来说欧洲能源安全环境
越来越复杂，所有影响能源出口的外部因素都在向俄罗斯释放着消极的信号：需
求下降、价格形成机制以及欧盟国家的能源政策多元化调整。俄罗斯的能源安全
形势迫切需要建立多元化的能源出口市场。

欧洲是俄罗斯传统能源市场，2000 年以来，俄罗斯一直致力于面向欧洲开
辟新的油气管道。由于受到乌克兰危机的影响，俄罗斯决定放弃南溪天然气管道
建设计划。放弃"南溪"计划对俄罗斯既定的能源战略形成巨大的冲击，而且扩
大与土耳其的油气出口并不能抵消欧洲市场的损失。再加上土耳其多年来一直寻

---

①② BP. BP Statistical Review of World Energy 2014，June 2014. http：//www. bp. com/content/dam/bp/pdf/Energy-economics/statistical-review-2014/BP-statistical-review-of-world-energy-2014-full-report. pdf.

求加入欧盟，使俄罗斯与土耳其的关系也存在较大的不确定性。俄罗斯以土耳其作为销售市场和过境国，从市场规模和政治风险的评估来看都不容乐观。在国际油价下跌、卢布贬值、西方制裁的多重压力下，俄罗斯对欧洲油气出口面临的政治风险增加。再加上欧盟对俄罗斯实施制裁，使俄罗斯能源企业在资金和技术领域都面临困境。

国际能源价格剧烈波动对俄罗斯能源安全形成巨大威胁。对于俄罗斯这样一个严重依赖能源出口的大国来说，能源价格安全是一个复杂的概念，价格波动引发的高油价与低油价一样，对俄罗斯经济发展都是不利的。原因在于俄罗斯的能源安全不是简单的经济指标，也不是能源交易收益，而是能源价格对国家经济安全和经济结构的杠杆和调节效应的正向发展。美国次贷危机爆发以前，国际油价在近十年内基本保持上涨的趋势，欧佩克一揽子油价在 2008 年 7 月 3 日创下 140.73 美元/桶的历史高位。油价暴涨使俄罗斯实实在在地获得了能源价格红利，俄罗斯得以完全摆脱苏联解体和经济转型引发的经济社会危机。2004～2008 年俄罗斯 GDP 增长分别为 7.1%、6.4%、6.8%、8.1% 和 6.0%，政府财政收入成倍增长，国民购买力大大提高，经济领域的投资和消费快速增长。但是国际油价上涨对俄罗斯经济也产生了一些负面的影响，对经济可持续和稳定发展构成威胁。第一，油价上升导致国内生产要素和商品的价格上涨，引发通货膨胀，一直以来伴随着经济复苏，俄罗斯通胀问题一直没有得到有效控制。第二，国际油价上升期间，能源部门迅速扩张，生产要素在国内经济结构中的重新配置在短时间内无法完成，各生产部门均衡发展的关系没有建立起来。第三，国家外汇收入增加，导致卢布升值，使俄罗斯制造业竞争力下降，进口产品充斥俄罗斯市场，俄罗斯消费体系中近 1/3 的商品需要从外国进口。第四，国际高油价带来的巨额利润使俄罗斯经济生产处于低效率发展状态。投机活动泛滥和政府腐败问题严重，社会各阶层之间的矛盾不断增加。高油价对俄罗斯经济增长的净效应不是经济收益的绝对值。2008 年金融危机爆发，俄罗斯当年第四季度 GDP 立刻呈现了 1.3% 的负增长，此后 2009 年全年均保持负增长。2010～2013 年虽然保持 3%～5% 的增幅，但仍然没有恢复到危机前的发展水平。

2014 年国际能源价格大跌，在能源市场和地缘政治因素的助推下，俄罗斯卢布大幅下跌。俄罗斯通胀风险加速膨胀，导致物价和生活必需品价格全面上涨，俄罗斯经济的脆弱性完全暴露出来。根据国际货币基金组织公布的数据，2015 年俄国内生产总值下降 3.7%，[①] 这是近五年来俄罗斯经济首次面临负增长，

---

① International Monetary Fund. World Economic Outlook Database April 2016，April 12，2016. http：//www. imf. org/external/pubs/ft/weo/2016/01/weodata/index. aspx.

使俄罗斯经济陷入衰退的主要原因之一就是国际石油价格下跌，油价与卢布汇率的"连动"。在 2014 年俄罗斯联邦财政预算中，油气出口是俄罗斯最主要的外汇收入和预算资金来源，收入占全部财政收入的 48%，在很大程度上卢布相当于石油货币。由于对俄罗斯整体经济形势缺乏信心，大量外资逃离俄罗斯市场，俄罗斯卢布汇率不断创下历史新低，2014 年卢布兑美元汇率累计下跌约 60%。就俄罗斯现实经济结构而言，国际油价何时见底对俄罗斯经济前景将产生决定性影响。依靠本国其他产业补偿能源产业损失，扭转经济形势的可能性微乎其微。不仅如此，俄罗斯国内燃料能源综合体存在着设备趋于老化，科技相对落后，投资区域不平衡，需要重点发展节能技术和初级能源资源深加工等问题。在能源出口方面，俄罗斯传统能源市场，特别是欧盟对俄罗斯能源需求增长缓慢，甚至停滞。全球关键能源市场竞争十分激烈，能源市场极不稳定，资源的全球化正向区域自给化过渡，能源价格剧烈波动。[1] 基于这些问题，俄罗斯能源战略进行了重大调整。

2010 年俄罗斯政府对 2007 年出台的《东部天然气发展规划》和 2008 年出台的《2020 年前电能设施总体布局规划》进行调整，将规划期限延长到 2030 年，并延续各项战略指标和优先发展方向。2011 年俄罗斯制定了《天然气产业 2030 年前总体发展规划》《2020 年前俄罗斯石油产业发展总体规划》《2030 年前俄罗斯煤炭工业发展总体规划》和《2025 年前俄罗斯远东联邦区电能综合发展规划》。这些能源发展规划都将东北亚地区能源市场定义为未来俄罗斯能源出口的重要方向，提出开发俄罗斯东部资源，提高俄罗斯在东北亚地区能源出口。俄罗斯开始推动与中日韩等主要能源消费国的能源合作。由于能源项目属于长期性的战略投资，俄罗斯与东北亚国家的能源合作多数处在项目谈判和基础设施建设阶段，具体的贸易合作指标还不能与欧洲相提并论。但是，中俄石油管道项目成为具有里程碑意义的战略举措，标志着俄罗斯多元化能源战略进入亚太发展阶段，东北亚地区国家将成为俄罗斯最直接、最具有地缘优势的合作对象。

2014 年俄罗斯能源战略研究所制定了《2035 年前俄罗斯能源发展战略》草案并提交能源部审议。《2035 年前俄罗斯能源发展战略》草案如果获得实施将使俄罗斯东部的能源开发和亚太地区能源合作进入新的全面发展阶段。《2035 年前俄罗斯能源发展战略》草案提出，国家能源政策将从资源原料型向资源创新型转

---

① Бушуев В. В. Доклад на заседании Научного совета РАН, посвященного обсуждению долгосрочного развития газовой отрасли России в рамках доработки проекта Энергетической стратегии России на период до 2035 года. 18 июня 2014 г., РГУ нефти и газа им. И. М. Губкина, Москва. http：//www. energystrategy. ru/ab_ins/source/Bushuev_ES-2035-17. 02. 14. pdf.

变。这将使能源战略重点不再是数量指标的增加，而是能源消费结构质的变化，如提高能源服务，发展节能技术和现代化建设，发展电力、石油化工等高附加值产业。对于俄罗斯经济而言，燃料能源综合体不再是"输血者"，也不再是"发动机"，而是要为发展基础设施建设、保障国内各地区能源一体化、各地区能源综合发展、建立能源集群和实现电气化创造条件。在能源领域投资和创新、液化天然气生产以及能源出口多元化（东部）中实现燃料能源综合体的基础设施协同效应。莫斯科国际关系学院斯塔普兰（H. Стапран）教授认为，"根据现有的数据，到 2020 年前亚太地区将成为带动世界石油、天然气需求增长的火车头。一旦重心从西方转向东方，碳氢化合物供应商将全力夺取亚洲大陆。"①《2035 年前俄罗斯能源发展战略》草案将亚太地区确定为未来 20 年俄罗斯对外能源战略的优先方向。它为俄罗斯东部能源基地建设，建立面向东北亚的能源出口网络确定了发展目标与任务。2015 年七国集团决定继续对俄罗斯实施制裁，俄罗斯将无法获得来自西方国家的资金和技术，俄罗斯更加需要东北亚国家，特别是具有资金、技术优势的中国、韩国和日本参与东部能源开发。在俄罗斯国家能源战略实施过程中已经不能没有东北亚国家的合作，推动东北亚地区能源合作成为保障俄罗斯能源安全，实现俄罗斯能源发展战略的关键。

（二）日本的能源安全形势与能源战略

日本是油气资源极度贫乏的国家，由于能源自给率很低，能源安全形势十分脆弱。根据 2014 年 BP 公司发布的世界能源统计年鉴，日本的能源储备、生产及消费不平衡的情况十分严重。日本的石油、天然气、煤炭资源对于经济规模而言几乎可以忽略不计，其石油、天然气完全依赖进口，煤炭产量不及消费量的百分之一。而日本福岛核泄漏事故爆发后，日本核能产业几乎全部停产。与 2012 年相比 2013 年日本核能下降了 18.6%（见表 5 - 1）。

表 5 - 1   **2013 年日本能源生产、消费与储备情况**

	石油	天然气	煤炭	核能	新能源
储备	—	—	3.37 亿吨	—	—
生产	—	—	70 万吨油当量	—	—

---

① Наталья Стапран. Россия разворачивает энергопотоки на Азию. http：//russiancouncil. ru/inner/? id_4 = 3016#top.

续表

	石油	天然气	煤炭	核能	新能源
消费	2.0890 亿吨	1 169 亿 立方米	1.29 亿吨 油当量	330 万吨 油当量	940 万吨 油当量
世界消费比重	5.0%	3.5%	3.4%	0.6%	3.4%
年增长率	− 3.8%	0.2%	3.6%	− 18.6%	15.9%

数据来源：*BP Statistical Review of World Energy* 2014，June 2014. http：//www.bp.com/content/dam/bp/pdf/Energy-economics/statistical-review-2014/BP-statistical-review-of-world-energy-2014-full-report.pdf.

解决能源资源的匮乏与能源消费之间的矛盾一直是日本政府调整能源结构的立足点和出发点。1973 年，石油占日本一次能源供应量的 75.5%。由于日本加快了核电、天然气和煤炭的利用和对新能源的开发。2009 年，在一次能源供应中，石油的比例下降为 42.1%，作为石油替代能源的煤炭（21.0%）、天然气（19.0%）、核电（11.5%）所占的比例不断增加，逐步实现能源供应多样化。在日本大地震和东京电力公司福岛第一核电站泄漏事故发生之后，核能比例有所下降。2013 年，在一次能源供应中，石油的比例为 45.6%，煤炭为 26.0%，天然气为 22%，核电下降到 0.85%。

由于节能措施的有效实施和经济增长因素的综合影响，日本能源消费增长较为缓慢。日本石油消费量逐年下降，2013 年为 2.09 亿吨，其年增长率为 − 3.8%。初级能源消费总量从 1980 年的 3.6 亿吨增长到 2007 年的 5.2 亿吨，年均增长率只有 1.6%，2010 年为 5 亿吨油当量。2003 ~ 2013 年，世界各国的石油消费量增加了 13.9%，但日本的石油消费增量为 − 16.7%，从 2003 年的 545.6 万桶/天，下降到 2013 年 455.1 万桶/天。[①] 因此，日本在全球石油进口中所占的份额不断减少。但日本的天然气消费量一直呈上升趋势，从 1970 年到 2010 年增长了 27.8 倍（从 34 亿立方米增长到 945 亿立方米）。2013 年日本天然气消费量增加到 1 169 亿立方米，[②] 今后日本液化天然气的绝对进口量还将增加。只是由于其他国家的进口量增长速度超过日本，日本的相对市场份额将减少。在天然气用途上，日本与美国、欧洲有相当大的差异。由于日本只能以液化天然气（LNG）的形式引进天然气，并且主要以需求较为集中的发电和具有一定规模的大型城市燃气公司的利用为主，因此形成了日本独特的基础设施发展形态，即在有天然气需求的地区建设液化天然气基地，再根据需要从液化天然气基地用输气管道延

---

①② BP. BP Statistical Review of World Energy 2014，June 2014. http：//www.bp.com/content/dam/bp/pdf/Energy-economics/statistical-review-2014/BP-statistical-review-of-world-energy-2014-full-report.pdf.

伸出去。

日本是世界最大的煤炭进口国。1970 年日本煤炭的进口量超过了国内的煤炭产量，1988 年进口突破 1 亿吨，2012 年达到 1.9 亿吨，超过日本煤炭消费总量的 99%，占世界煤炭贸易量的 24%。其中进口焦煤 0.6 亿吨，主要来自于澳大利亚、加拿大、美国、中国、俄罗斯和南非，进口动力煤 0.9 亿吨，主要来源于澳大利亚、中国、美国、南非、加拿大和俄罗斯。

虽然日本核电所需的铀也从国外进口，但是由于燃料能量密度高容易储存，且使用过的燃料通过二次处理，可以作为燃料再利用，所以是资源依赖程度少的"准国产能源"。据日本综合能源统计数据，2008 年日本能源自给率为 18%，2009 年的自给率为 7%。核泄漏事故之后，日本核能供给率大大降低。

为了保证日本国内能源供给安全，日本实施了能源供给多元化战略。由于日本经济规模的扩大，其能源消费量增长的速度高于国内生产总值（GDP）的增长，住宅业和商业的发展使民用能源的消耗增加也很快。为了在经济增长的同时力争减少能源消耗，提高工业部门能源利用效率，促进节能产业发展，控制交通运输部门的能源消耗，日本推出积极的能源政策。

多元化战略和节能政策是日本能源政策的核心价值。为了保证国内能源供给安全，日本国内的能源供给逐渐多元化。根据不同时期的不同需要，不断进行调整。第二次世界大战后，为适应战后重建的需要，日本优先确保煤炭增产，为此提供所需要的劳动力、资金和物资，并通过官民一体的煤炭增产体制，实现经济复兴。

经济高增长时期到来后（1962～1972 年），日本将能源供给由煤炭转向石油，实行"以油为主以煤为辅"的政策。1962 年，石油超过煤炭成为能源供应的第一品类。改革煤炭的产业结构，确保石油的稳定供给，并坚持进口石油在消费地纯化加工的原则。将石油加工能力、石油生产计划等置于政府的监督之下。1973 年发生了全球的第一次石油危机，给石油依存度已经超过 70% 的日本带来了极大冲击。为了应对危机，日本政府设立"稳定国民生活应急指挥部"，日本内阁批准了《紧急石油对策纲要》，制定了《石油供应和需求优化法》《关于国民生活稳定紧急措施法》，大规模开展节约能源消费的运动。1974 年美国、日本等主要石油消费国组成了"能源协调小组"和"国际能源机构"（IEA），并通过了《国际能源纲领协议》（IEP），对建立紧急石油储备做出了规定。该协议要求各国必须拥有不少于前一年 90 天石油净进口额的石油储备，并确定了紧急措施减少石油消费。石油危机后，日本高度重视能源供应，将保证供应视为国家未来发展的极为重要的政策，采取了必要措施。包括减少对石油的依赖以及争取实现能源来源多样化、确保石油的稳定供应、推广节能以及研究和发展新能源等，把新能源的研究和开发作为一项长期的任务。

第二次石油危机后，日本在确保稳定的能源供应的同时，优化能源供应结构。1980 年通过替代能源法，制定了"替代能源供应"的目标。为促进石油替代能源技术的全面发展，建立了新能源和产业技术综合开发的行政机构（NEDO）。同时，进一步加强节能立法，推动全面节能政策。1979 年，制定了《关于合理使用能源法》（节约能源法），促进建筑和机械等领域全面节约能源。1978 年推出了"月光计划"，旨在提高能源转换效率，开发和提高能源回收和利用技术。政府通过补贴来研究和推广节能技术，达到了能源利用效率的世界一流水平。

日本重视完善法律，实行长期、全面的计划和措施。2003 年 10 月，日本政府提出了"基本能源计划"。2007 年 3 月进行了第一次修订，主要是应对全球气候变暖，扩大开发新能源，积极推动核电，确保石油和其他能源的稳定供应，并加强节约能源。2010 年 6 月，日本进行了第二次修订。其主要内容包括：

第一，调整和优化能源结构，大力开发利用可再生能源。日本可再生能源的开发技术已经达到较高水平。日本一直由国家推进新能源的开发，如太阳能、风能、生物质能等。日本政府还将清洁能源汽车和燃料电池等作为有助于扩大新能源的"创新性高性能能源利用技术"，加以开发和推动。这些能源有助于能源来源多样化并防止全球气候变暖。以太阳能电池为代表的可再生能源具有很大开发潜力，将推动经济的发展，而且可以发挥各地区独自的创意，甚至每个公民都可以参与能源供应。现阶段还存在着发电量不稳定和成本高的问题，有待于蓄电池开发等技术的进一步发展。

第二，建立石油储备制度。在 1974 年 2 月召开的石油消费国会议上，在美国的倡议下，包括日本在内的主要石油消费国成立了"能源协调小组"（ECG），并于同年通过了国际能源计划（IEP）协议，成立了隶属于经济合作和发展组织（OECD）的"国际能源署"（IEA）。为了加强成员国在紧急时期的能源自给应急能力，国际能源计划（IEP）要求各成员国必须保有相当于本国上年度 90 天净进口量的石油储备，并建立了包括减少消费措施在内的紧急石油共享机制。在 20 世纪 70 年代应对两度石油危机过程中，以国际能源署成员国为核心，石油储备得以增加。20 世纪 80 年代，日本等国采用的国家储备和德国、法国等采用的协会储备等公共石油储备进一步得到增强。截至 2010 年底，国际能源署成员国（仅限纯进口国）平均保有 146 天净进口量的石油储备。

在日本大地震和东京电力公司福岛第一核电站泄漏事故发生之前，日本一直在摸索建立一个提高"核能"依存度的能源社会，希望以此为基础，确保能源的稳定供应并解决环境保护问题。在日本大地震后，日本经济产业大臣海江田表示，日本大地震和福岛第一核电站事故动摇了日本能源政策的根基。为了研究未来能源政策的基本方向，2011年5月12日，日本召开了"未来能源政策的专家会议"。在2011年5月26日至27日举行的八国集团多维尔峰会上，日本首相菅直人对日本大地震及福岛第一核电站事故后的能源政策发表讲话，指出日本要在之前"核能"和"化石能源"两大支柱基础上，发展"天然能源"和"节能"两大支柱，开创能源未来。

此后，日本的能源战略再次转型，体现在以下几个方面：一是经济社会摆脱核电依赖，严格遵守现有核设施运转40年的限制规定，现有核设施的运转必须得到核监管委员会的安全确认，另外提出不再新建、扩建核电站。二是完成清洁能源革命。日本已经明确将清洁能源作为主要电源的目标，依靠技术创新和政策引导推动清洁能源革命。日本制定了一系列具体的量化指标。在节电节能方面，通过设备更新、技术革命、研发新型隔热材料、智能节电、可再生能源利用等手段，实现2030年比2010年削减电耗量1 100亿kWh以上、削减能源消费量7 200万吨油当量以上的目标。三是确保能源的稳定供应。目前，稳定且廉价的化石燃料是影响日本经济社会的重要因素，燃煤发电的重要性日益增长。随着清洁能源的推广，化石燃料的消耗将减少。在火力发电方面，日本拥有最先进的高水平环保技术，因此，日本需要制定一个将推广国际技术和经济增长结合在一起的战略。四是修改《矿业法》。日本战后不久制定的矿业法规存在着资源勘探活动无序的问题。为了在制度上保证合理管理国内资源，由合适的主体进行合适的开发，日本对1950年制定的《矿业法》做出了首次修改。2012年1月21日，日本《矿业法》修正案开始实施。采矿法修正案追加了申请采矿权的批准条件和建立了申请采矿权的新程序。

日本能源政策更加注重与地区国家的能源合作，并且提出"创新型能源环境战略"，重点发展新能源。日本经产省在《2030年能源供求展望》中提出，日本的能源安全战略必须确立以亚洲能源需求增长为出发点，日本应该同亚洲各国建立起长期的能源协作机制，促成日本的能源战略从"一国主义"向"地区主义"的转变。同时虽然日本认为中国是日本周边能源需求增长最快的需求大国，已对日本的能源需求构成巨大的竞争压力，但如果两大能源消费国之间的竞争过于激烈，则在应对能源输出国集团压力时选择空间就会很小，这不利于本国的能源战略的执行。正是从这一角度出发，日本也积极主张与周边新兴能源消费大国达成某种形式的多边能源合作，以在应对能源供应国集团时形成合力。

（三）韩国的能源安全形势与能源战略

韩国是油气资源很贫乏的国家，韩国的能源消费主要依靠进口，对国际石油和天然气的依赖度很高。韩国的石油、天然气、煤炭和核能的储备、生产与实际消费存在巨大差距（见表 5 - 2）。

表 5 - 2　　　　　　　　　2013 年韩国能源生产、消费与储备情况

	石油	天然气	煤炭	核能	新能源
储备	—	—	1.26 亿吨	—	—
生产	—	—	80 万吨油当量	—	—
消费	1.084 亿吨	525 亿立方米	8 190 万吨油当量	3 140 万吨油当量	100 万吨油当量
世界消费比重	2.6%	1.6%	2.1%	5.6%	0.4%
年增长率	<0.05%	4.9%	1.4%	-7.4%	18.1%

数据来源：*BP Statistical Review of World Energy 2014*，June 2014. http：//www. bp. com/content/dam/bp/pdf/Energy-economics/statistical-review-2014/BP-statistical-review-of-world-energy-2014-full-report. pdf.

从 20 世纪 80 年代后期开始，韩国的能源消耗增长率显著提高，韩国一次能源消费量从 1980 的 0.38 亿吨油当量，增加到 2012 年的 2.7 亿吨油当量，居世界第八位。韩国能源消费主要依赖石油、煤炭和天然气。1980～2012 年，石油消耗量从 24.1 亿吨增加到 108.8 亿吨，但石油在能源消费中的份额在下降，从 61.1% 下降到 40.1%，2013 年又减少了 0.4 亿吨。目前，韩国石油消费量居世界第九位。煤炭消费量从 1 320 万吨油当量增加到 8 160 万吨油当量，但所占份额也有所下降，煤炭消费份额的减少主要是严格的环境管制和较高的生产成本所致。石油和煤炭消费减少的份额大部分由液化天然气所取代，韩国从 1986 年才开始消费天然气，之后消费量迅速膨胀，从 1990 年的 34 亿立方米增加到 2013 年的 525 亿立方米，液化天然气的猛增主要出于环保的考虑。另外核能消耗量也有所增加，水力发电消费量从 1990 年开始下降。

韩国能源消费与生产之间巨大的缺口主要是依靠进口来弥补。自 1990 年以来，韩国石油进口量逐年增加，1991 年为 138 万桶/天，2013 年达到 246 万桶/天，原油进口量居世界第五位。韩国进口石油的 87% 来自中东地区，12% 来自亚洲国家；韩国天然气完全依赖进口液化天然气，2013 年韩国 LNG 进口总量为 542 亿立方米，其中从卡塔尔进口 183 亿立方米，从印尼进口 77 亿立方米，从阿曼进口 59 亿立方米，从也门进口 49 亿立方米；另外，韩国煤炭年进口量已经超过 8 000 万吨，是世界上较为重要的动力煤进口国。

韩国的主要能源来源是无烟煤、石油、天然气和水电，但其化石资源和可开发利用的用于发电的水力资源都很稀缺，能源供给几乎全部依赖进口。韩国政府

为了实现稳定的能源供应，除了积极推动国内天然气等资源的开发，还一直积极推动在海外的资源开发和能源进口国的多元化。韩国在促进高效利用能源的同时，近年来也在推动可再生能源的发展。根据 2006 年 3 月颁布的《能源基本法》，决定 20 年内每五年制定一个长期能源战略，即"国家能源战略基本计划"。2008 年 8 月，在由总统主持的国家能源委员会第三次会议上，通过了《能源基本法》制定后的第一个国家能源基本规划。在这个规划中提出了韩国到 2030 年的发展目标，即大幅度扩大核发电和可再生能源。

国家能源基本规划的目标主要包括：将单位能源消耗量改善 46%，即从现在的 0.341TOE/1 000 美元 GDP 到 2030 年降至 0.185 TOE/1 000 美元 GDP；在 2030 年之前把包括石油在内的化石能源的比例（一次能源）从目前的 83% 减少至 61%，将可再生能源的比例增加 4.6 倍，即从目前的 2.4% 增至 11%，将核电的比例从目前的 14.9% 增至 27.8%；扩大"清洁技术"等能源技术的研发预算，促进关键技术的选择、开发和引进；在 2030 年之前将石油和天然气自主开发率从目前的 4.2% 增加至 40%。

商业工业与能源部（MOCIE）是韩国能源矿产政策的行政管理机构，管理韩国主要的能源公司。内设能源和资源政策局、能源产业局和电力产业委员会。韩国制定的能源政策主要表现在以下几个方面：

一是提高天然气、核能及其他可再生能源比例。韩国政府采取很多措施来分散能源供应结构。首先，促进天然气的使用。韩国通过联合循环发电、天然气制冷和压缩天然气动力车等技术的使用，进一步促进了天然气产业的发展。20 世纪 90 年代末韩国政府宣布天然气工业改革计划，在天然气工业市场中已引入了竞争机制，并逐步开放液化天然气的进口业务。其次，鼓励开发核能。韩国能源政策将核能视为主要的电力来源，韩国科学与技术部全权负责核能研发、核能安全与核能防护。韩国自 20 世纪 70 年代即开始兴建核能电厂，1987 年开始与西屋公司进行为期 10 年的技术移转计划，以求达到技术自主。目前，韩国从核电站的设计到建设，整个领域的技术自主度达到 95%，共有 20 座核电站全部是按照自己的核技术建造。日本大地震发生后，韩国知识经济部长官崔重卿特别发表声明，表示韩国不会放弃核发电计划，在 2030 年之前核电将占发电量市场份额的 59%。在核发电方面，日本设施的利用率是 63.3%，而韩国已经达到 91.1%，做到了更为经济地使用核能发电。2009 年 12 月韩国击败法国、美国和日本等竞争对手，获得阿联酋一份价值至少 200 亿美元的核电站出口合同，韩国也因此成为世界上第六个"出口"核电站的国家。最后，提高其他可再生能源的比率。韩国政府曾在 2003 年确立了新型和可再生能源技术的研发与推广规划，并且制订了逐年的详细计划和目标。为发展新型和可再生能源技术，韩国政府选择了三个有市场发展潜力的主要领域：氢燃料电池、光电能源和风力，并且集中资助这些领域。针对太阳能、风能、小型水力、掩埋场沼气及废弃物焚化热能等五种新的可再生能源所产生电力，韩国政府提供五年的发电成本与平均市场电价差异补贴。该计划的目的是进一步提高韩国新的可再生能源发电量。为推广新的可再生能源的使用，韩国贸易、工业和能源部还推出一项再生能源示范计划，选定特定地点建立"绿色村"来实际示范使用各种新的可再生能源，以供厂商研究和发展。2008 年韩国政府为了进一步支持太阳能发电和风力发电等可再生能源的开发，制定了为期 5 年的相关预算，政府对可再生能源开发的相关预算总计为 4.4 万亿韩元，比前总统卢武铉当政时增长了 2 倍以上。虽然经过很多努力，但韩国可再生能源比率远低于发达国家，可再生能源在全部发电量中所占的比例，仅由 2008 年的 2.43% 上升到 2010 年的 2.61%，3 年的年均增幅仅为 0.06 个百分点。

二是重视节能与环保。韩国主要通过采取节能运动、调整能源价格比例等措施促进能源效率的提高。例如，在 1973 年第一次石油危机之后，韩国政府通过成立"能源消费节约促进委员会"，开展能源节约运动。进入 20 世纪 80 年代，能源节约运动进一步深入，在产业部门，以建立能源低耗型产业结构为目标，将石油事业基金用于淘汰落后设备，改用高效设备。同时以能源管理机构为中心进行技术指导，推动确立"长期能源单位缩减计划"，确定主要业种的单位生产额所需的能源量。到 20 世纪 90 年代，韩国成立了以总理任委员长的"国家能源节约促进委员会"，把节能运动提高到了一个新的层次。开展全民能源节约活动，扩大对能源节约设施的投资，搞活能源技术开发，提高能源利用率，将经济社会结构向能源低耗型转变。韩国还调整能源的比价体系，促进节能和产业结构向低能耗转变。另外韩国政府进行了能源价格的改革，重整能源的比价体系，通过能源价格水平合理化来促进节能和向低能耗产业转变。根据《京都议定书》的要求，韩国政府努力发展节能技术，减少温室气体的排放。采取的措施包括出台节约能源、提高能源效率、增加核电和天然气等清洁能源在能源消耗中的比例、积极发展新型和可再生能源技术、在整个国家制定环保和低碳的能源体系等。

三是增加石油储备。韩国石油储备体制是由国家储备与民间储备组成的。韩国政府于 1979 年成立了"韩国石油公社"，专门负责储备基地建设、储备石油的管理和运营。国家储备是战略石油储备的核心。1980 年韩国政府制定的石油储备是达到国内 60 天的消费量。1993 年，政府正式确定了民间石油储备制度，规定民间石油企业要保持 30 天到 60 天的石油库存，主要由 5 家炼油厂、2 家 LPG 进口商、17 家油品进口商和 5 家石化企业承担。1995 年韩国又新增 7 个石油储备基地，使石油储备量在 2006 年实现国内 60 天消费量的目标。目前韩国国家石油储备保持在相当于 106 天消费量的水平。

韩国政府进行石油储备的资金主要来源于石油进口的附加税。韩国法律规定，韩国进口商每进口一升石油或石油加工产品，都要向政府缴纳 13 韩元的附加税，但用于应急储备的石油进口免税。附加税收入用于建立"石油价格缓冲储备基金"，以应对石油价格波动和石油供给中断，除此之外的资金不足部分则由财政拨款或银行贷款来补充。在石油价格急剧上升和石油供给中断的情况下，政府将设定石油产品的目标价格，石油加工企业必须按此价格向市场供应石油产品，政府则利用"石油价格缓冲储备基金"对石油加工企业给予补偿。

（四）蒙古国和朝鲜的能源安全形势与能源战略

蒙古国作为内陆国家，北部与俄罗斯毗邻，东、南、西与中国接壤。中蒙两国边界线长达 4 710 公里。2013 年蒙古国国内生产总值为 115.2 亿美元，同比增长 11.7%。蒙古国能源生产以煤炭为主，2012 年一次能源生产总量约为 2 618 万吨标准煤，其中原煤、原油、生物燃料分别占 96.5%、2.7% 和 0.8%。原煤产量的 94%、原油产量的 98% 都用于出口，全国能源消费量仅为 563 万吨标准煤。[1] 蒙古国石油资源丰裕的地区主要是东戈壁省、东方省、中央省等地区，这里有 10 多个大型的油田。相比较而言，蒙古国现有的石油资源并不多，但专家从地质的角度预测在蒙古国东部的朱温巴彦和查干埃尔斯等地区大约有 4 亿吨的石油远景储量。[2] 2010 年蒙古国全国发电装机容量约 83.2 万千瓦，几乎全部为煤电。2012 年全国发电量 48.16 亿千瓦时，进口电量 3.66 亿千瓦时，出口电量 0.21 亿千瓦时，国内供电量 51.61 亿千瓦时。[3] 较低的能源消费水平和丰富的煤炭资源，使人口相对稀少的蒙古国的能源安全形势明显区别于其他东北亚国家。

20 世纪 90 年代开始，蒙古国开始推行私有化改革，经过 20 多年的发展，蒙古国经济开始复苏并呈现较快增长态势。蒙古国最大的竞争优势在于其境内丰富的矿产资源，经济增长前景良好，市场化程度较高。蒙古国政府实施"矿业兴国"战略，国民经济在矿业开发带动下快速发展。2012 年，蒙古国国内生产总值增长 12.3%，成为世界上发展最快的经济体之一，矿业也成为该国吸引外国投资最多的部门。世界经济论坛《2012～2013 年全球竞争力报告》表明，蒙古国在全球最具竞争力的 144 个国家和地区中排名第 93 位。为改变粗放的原材料出口的经济发展态势，蒙古国政府正在进一步促进外国投资，不支持原矿资源直接

---

[1][3] 《蒙古国能源电力工业概况》，全国输配电技术协作网，http://www.eptc.org.cn/news/internationaldynamics/20140902/15642.html，2014 年 9 月 2 日。

[2] 国明：《蒙古矿产资源魅力显现》，载《中国国土资源报》2004 年 7 月 27 日。

229

出口，鼓励吸引外资到蒙古国投资设厂，发展矿产品半加工和深加工等行业，以完善本国产业链。目前部分外国企业希望在蒙古国投资设立发电厂，在当地消费煤炭资源，出口电力。但蒙古国政府对外商投资的政策不稳定一直饱受诟病。2008 年出台的《外国投资法》要求所有外国投资者必须在蒙古国外国投资和外贸署（FIFTA）进行登记注册，将外国投资最低资本从 1 000 美元提高到 10 万美元。2012 年，蒙古国议会再度修改《外商投资法》，限制对该国矿业、金融业和通信业三大战略性行业的外国投资。在这三个战略性行业中，若外国投资比例超过 49%、投资额超过 1 000 亿图格里克（约合 6 000 万美元）时，须由政府提交议会做出决定。因此，从现实角度来说，制约蒙古国能源出口增长的因素，既有外部市场的客观因素，也有蒙古国出口市场单一、基础设施薄弱、对外投资政策法律不稳定、投资环境不佳、环保政策严格、汇率波动大、地方特权较为严重等内部因素，其后者则是导致很多外国企业在蒙投资受挫的重要原因。但综合来看，蒙古国能源矿产的投资开发和双边贸易，正在进入新的战略机遇期。蒙古国煤炭和石油资源开发、煤化工市场、电力市场、风能和太阳能等清洁能源，以及基础设施建设，将是未来五年蒙古国投资的重点领域和方向，而能源矿产的直接出口和就地转换综合利用将是未来蒙古国能源开发的新形态。

朝鲜是能源资源十分匮乏的国家，没有石油和天然气资源，能源的生产和消耗主要以煤炭、水力发电为主。朝鲜煤炭的探明储量是 147.4 亿吨，其中无烟煤储量 117.4 亿吨，褐煤储量 30 亿吨，现有技术条件下的可开采储量约为 79 亿吨。[①] 无烟煤产地主要在平安南北道，烟煤主要分布在咸境南北道。根据区域划分，朝鲜有四大煤田，分别是平安南道北部、平安南道南部、咸境北道北部和咸境南道南部。目前，朝鲜中央级的煤矿共 100 余个，其中无烟煤矿 70 多个，烟煤矿 30 多个，地方级的中小煤矿有 500 多个。平安南道南部以平壤为中心向东西延伸 80 公里的区域内，无烟煤储量十分丰富。有代表性的煤矿有三神（大城区三神洞）、寺洞（寺洞区）、龙城（龙城区）、黑岭（江东郡黑岭劳动者区）、江东（江东郡）、江西（江西郡）、成川（成川郡）、温泉（温泉郡）等。平安南道北部无烟煤分布达 668 平方公里，主要煤矿有德川市的德川、形峰、济南、介川市的朝阳、介川、凤泉、盐田、原里、新林，北仓郡的松南、岘洞，银山郡的新昌、天圣、永大，顺川市的无震台、直洞，平安北道球场郡的龙登、龙门、龙铁等。咸境北道北部煤田（阿吾地里以北）、南部煤田（清津以南）和平安南

① BP. *BP Statistical Review of World Energy 2014*，http：//www.bp.com/content/dam/bp/pdf/Energy-economics/statistical-review-2014/BP-statistical-review-of-world-energy-2014-full-report.pdf. June 2014.

道安州煤田等地的烟煤储量最为丰富。北部规模最大的煤矿有恩德郡的阿吾地、茂山市的五峰、会宁市的会宁等。安州煤矿 2～5 米厚的矿层达到 7 个，主要出产发热量在 5 300 千卡以上的褐煤，年产量达 700 万吨，是朝鲜最大的煤矿。另外，朝鲜有 650 多座中小型水电站，年发电量为 1 450 亿千瓦时。

苏联解体后，朝鲜丧失了低价从苏联进口石油和电力设备的机会，从而使朝鲜工农业生产全面倒退或停滞。由于以石油为主的能源资源逐渐断绝，朝鲜在 20 世纪 70 年代已经实现高度机械化的农业全面瘫痪，化肥生产因原料、电力短缺而锐减。国际封锁使化肥进口基本断绝，使能源危机逐渐转化为粮食危机，成为直接威胁国家安全的最为严重的问题。而且能源短缺还造成朝鲜国内电力生产水平下降。1975 年朝鲜年产电能为 281 亿度，1989 年创造了 292 亿度的历史最高纪录。此后便连续下降 10 年之久，到 1998 年朝鲜发电量只有 170 亿度。[1] 事实上，朝鲜贫穷落后的重要原因在于能源短缺，正是由于能源瓶颈的扼制，才使朝鲜经济深陷困境。朝鲜新义州至平壤铁路干线早在 1964 年就实现了电气化，而中国东北直到 2000 年还没有电气化铁路。1978 年底中国人口 9.6259 亿人，当年发电量 2 566 亿度，人均 266.6 度。而朝鲜 1970 年人均发电量已达 1 184 度，达到当时的初等发达国家水平。[2] 苏联解体，俄罗斯彻底改变了对朝政策，断绝与朝鲜所有能源关系。最严重的时期朝鲜许多偏远地区每天只能供电 1 小时左右。而且由于电压十分不稳定，电机难以转动，精密的电子设备常常被烧毁，许多现代工厂沦为手工作坊，交通运输也受到严重影响。

20 世纪 90 年代以来，朝鲜政府通过实施水电战略来解决能源供应不足的问题。经过多年的努力，朝鲜单一依赖化石能源的能源消费结构有了很大的改观，对石油的依赖度大大降低。兴建了朝鲜熙川、金野江、礼成江、渔浪川、白头山青年、元山青年、金津江青年等一系列水电站，这些水电站已经全面投入施工建设，并且陆续投入生产。据朝鲜《劳动新闻》2013 年 11 月 25 日报道，位于朝鲜咸镜南道的多个大型水电站每月都能超额完成电力生产任务。并且朝鲜还将燃油电站改为燃煤电站，使能源电力工业率先恢复元气。近几年外国来访者能够看到平壤等城市夜景明亮起来，平壤等城市近两年能够建设一批耗电甚多的商业服务和游乐设施，就是建立在这一基础之上的。再加上从中国输入的电力，朝鲜电力供应状况已经大大改善。2014 年朝鲜与俄罗斯达成贸易卢布结算协议，俄罗斯提出通过"鲁斯希德罗计划"，推动连接俄罗斯远东地区与朝鲜半岛电力网络的建设。

---

①② 梅新育：《朝鲜能源问题的启示》，载《国企》2014 年第 11 期，第 54 页。

二、东北亚地区各国的能源合作与竞争

由于东北亚地区经济快速发展，东北亚地区成为世界上最重要的能源消费中心。东北亚地区各国具有能源互补性特点，能源合作不断发展，同时也存在着能源市场的激烈竞争。一方面，由于东北亚各国在开展地区能源合作，保障自身能源安全方面具有共同的利益，东北亚地区各国的能源合作不断扩大。它既包括能源资源国与能源进口国的合作，也包括能源进口国之间的合作。另一方面，中日韩三国的经济发展都高度依赖能源进口，由于能源进口渠道的趋同性，极易导致三国在国际能源市场中的相互竞争。目前，中日韩三国的能源竞争主要是围绕俄罗斯远东和西伯利亚地区、里海地区和非洲地区展开的。中日韩三国的能源竞争可能通过双边和多边协调进入良性合作轨道，促进东北亚能源市场的稳定性和各国的能源安全性。如果这种能源竞争恶性发展，也会制约东北亚各国经济稳定发展和整个地区的共同繁荣。

（一）东北亚地区各国的能源合作

东北亚地区国家积极在能源基础设施建设领域开展合作。能源基础设施的建设是开展区域能源合作的基础。能源基础设施建设领域的全面合作能够带动整个区域的能源开发、运输、加工等相关产业链的广泛合作。能源基础设施一般包括能源运输系统——铁路、管道、电网，能源上游开发和下游加工等所需基础设备的组建及建设。近年，东北亚地区国家在物流运输系统、电力运输系统和油气管道系统领域展开了全面合作，取得了巨大的经济效益和积极的国际效应。

电力合作是东北亚地区最先启动的能源合作项目。中国在特高压、智能电网的设备制造和试验技术领域已经达到世界先进水平，建成并运行了世界上规模最大的特高压直流输电系统、特高压交流输电线路和智能电网，形成了完整的电工装备产业链和制造体系，具备了参与全球合作的产业优势。中国与俄罗斯的电力合作20年间，双方电力贸易量达136.39亿千瓦时，节约境内煤耗463.81万吨，减排二氧化碳量为1 295.72万吨。[①] 而中韩自贸协定（FTA）签订后，韩国电力

---

① 《中俄电力合作22年，累计进口俄电136亿千瓦时》，中国新闻网，http：//finance. chinanews. com/ny/2014/10-23/6709116. shtml，2014年10月23日。

公司与中国最大的发电公司华能集团签署了《项目合作谅解备忘录》（MOU）《科学研究战略合作谅解备忘录》和《技术共同研究合作谅解备忘录》。中国华能公司与韩国电力公司将发挥各自优势，积极推进境内外电力项目合作开发，并在企业战略、管理、市场、科技、环保和人才培养等方面加强沟通交流，开展合作研究。俄罗斯至朝鲜的能源桥建设项目也已经进入双方政府合作议程。该项目第一阶段将在俄罗斯滨海边疆区和朝鲜罗先经贸区之间建设用于对朝输电的能源基础设施以及输电能力为 110 千瓦的输电线。朝鲜罗先经贸区 2014 年的电网负荷水平在 3 万千瓦，而截至 2025 年前，其电网负荷将升至 60 万千瓦左右。为满足未来电能增长的电力需求，俄罗斯承建方将在能源桥项目的框架下建造新高压输电线。韩国也有意参与合作，通过朝鲜将俄罗斯电力资源引入本国。但由于朝韩关系复杂多变，此合作意向已经存在多年但都未能实施。而"罗津至哈桑物流项目"是韩国总统朴槿惠和俄罗斯总统普京 2013 年发表的《韩俄联合声明》的主要内容之一，是俄罗斯与朝鲜实现煤炭合作的重要物流基础设施，对于朝鲜半岛进入欧亚大陆物流运输体系具有重要的意义。但目前该铁路尚不能充分发挥作用，其根源仍在于朝鲜半岛问题。

石油、天然气领域的基础设施建设是东北亚能源合作的物质基础，对东北亚各国具有重要的战略意义。东北亚区域国家在石油、天然气领域基本上已经形成了"伞状"格局。其中起支撑作用的是能源生产和出口大国俄罗斯，中日韩、朝等能源消费国分散于四周。这四个国家在能源领域虽有利益关联，但并没有形成有效的合作机制，区域能源消费国合作关系十分松散。

中俄油气领域的合作对东北亚区域能源合作具有战略意义。在中俄油气合作的过程中，东北亚地区油气运输基础设施不断得到完善，与之相关的能源贸易体系、金融体系逐渐实现区域化和国际化。2009 年，中俄达成价值 250 亿美元、年供原油 1 500 万吨的长期原油管道贸易协议。2011 年中俄原油管道正式投入运行，2012 年中俄两国原油贸易量突破 2 200 万吨。2009 年"贷款换石油"协议的达成开始了中俄能源合作的新纪元。该协议的实施不仅提高了俄罗斯向中国供应石油的稳定性，而且有利于推动东西伯利亚和远东地区有前景的油气田的开发。[①] 2014 年，中俄签署了《中俄东线供气购销合同》，天然气合作成为中俄能源合作中又一个重要的里程碑。它将雅库特恰扬金气田和伊尔库茨克科维克金气田发展成统一综合体，为"西伯利亚力量"管道提供天然气出口气源。通过"西伯利亚力量"天然气管道，从伊尔库茨克、雅库特经阿穆尔州、犹太自治州、

---

① Коржубаев А. Г. Перспективы сотрудничества России с Китаем в нефтяной сфере, Бурние и нефть，2009（7-8）：10-11.

哈巴罗夫斯克边疆区到滨海边疆区符拉迪沃斯托克。一期工程雅库特—哈巴罗夫斯克—符拉迪沃斯托克大约 3 200 公里，二期工程伊尔库茨克—雅库特 800 公里，设计年输气能力可达到 610 亿立方米。① 中俄油气管道项目的落实不仅为两国能源安全提供了保障，促进两国能源多元化发展，也开创了国际能源合作与金融合作相结合的新型国际能源合作模式，对东北亚地区未来能源合作的发展和走向都将产生重要影响。

俄罗斯与日本虽然没有建立大型油气管道，但日本在俄罗斯的大量投资也促进了俄罗斯东部地区能源开发基础设施的完善。日本是东北亚地区的经济发达国家，也是重要的能源进口国。俄罗斯积极吸引日本向本国能源领域的投资，同时向日本出口石油和液化天然气。日本通过政府援助、低息贷款等方式促进本国企业参与俄罗斯西伯利亚和远东地区的能源开发。日本是俄罗斯"萨哈林 –1"和"萨哈林 –2"项目的重要投资方。其中，"萨哈林 –2"项目是由萨哈林能源公司和日本东京燃气公司、东京电力公司、九州电力公司、广岛燃气公司、京都电力公司等合作的液化天然气项目，合同期在 20 年以上，年供应总量大约 400 万吨。日本三井物产有限公司和三菱商事株式会分别获得该项目 12.5% 和 10% 的股权，项目的运营商是萨哈林能源公司。2010 年液化天然气产量达到 960 万吨，2011 为 1 070 万吨，2012 年为 1 090 万吨，2013 年为 975 万吨。② 这个液化气厂有两条生产线，南基林斯基天然气凝析气田的储量约为 6 820 亿立方米，计划投资建设第三条生产线。不仅如此，2013 年日本国际石油开发公司（INPEX）和俄罗斯石油公司签署了共同开发"马加丹 –2 号"和"马加丹 –3 号"油田的协议，日本获得了这两处油田 1/3 的股权。其中"马加丹 –2 号"的探明储藏量约为 24.5 亿桶，"马加丹 –3 号"为 9.5 亿桶。这一协议将对俄日在高寒地区能源开发技术领域合作产生积极的影响。

俄罗斯与日本在液化天然气领域的合作，不仅使俄罗斯液化天然气顺利进入东北亚能源市场，而且把萨哈林州打造成了东北亚地区新的液化天然气生产基地，为东北亚地区能源合作注入了重要的发展动力。福岛核泄漏事故爆发后，2011 年日本关闭全国的核电站，需要大量进口液化天然气，使俄日液化天然气领域的合作不断扩大。2013 年 BP 世界能源统计年鉴数据表明，2012 年俄罗斯液化天然气出口 76% 以上销往日本。2010 年日本液化天然气进口仅为 7 000 万吨，到 2011 年增长到 7 850 万吨，2012 年，达到 8 730 万吨，在两年内增加了近 25%。在同一时期，液化天然气的总价值增加了 70% 以上，从 2010 年的约 3.5 万亿日

---

① 《Сила Сибири》 Газотранспортная система, http：//www.gazprom.ru/about/production/projects/pipelines/ykv/ （2014 年 11 月 23 日上网）。

② 刘涛：《21 世纪初俄罗斯亚太能源战略研究》，吉林大学博士论文，2015 年，第 84 页。

元增加到 2012 年的 6 万亿日元。日本的液化天然气进口价格平均增加了约 55%，从 2010 年的约每百万英热单位（Btu）11 美元增长到了 2012 年的约每百万英热单位（Btu）17 美元。日本 2012 年约 6.9 万亿日元的贸易赤字中相当大的一部分来自液化天然气进口。[①] 在俄罗斯与日本的能源合作中双方各取所需，已经取得了积极的成果。从目前的情况看，俄罗斯更加倾向于抓住日本这一庞大的液化气消费市场，而日本在美国页岩气产量不断提高的背景下有了更多元化的能源进口方案。在乌克兰危机持续不断升级的背景下，日本已经明确了立场，追随美国不断升级对俄罗斯的制裁，这必然会对未来两国的能源合作产生消极影响。

俄罗斯与韩国一直保持着良好的政治、经济和外交关系，建立并完善贯穿朝鲜半岛的能源运输基础设施是俄罗斯与朝鲜、韩国的共同愿景。2010 年俄韩两国就通过萨哈林—哈巴罗夫斯克—符拉迪沃斯托克天然气管道向韩国输气达成协议，2011 年确定了管道建设的路线图。[②] 双方希望推进过境朝鲜的天然气管道项目，把俄罗斯西伯利亚出产的天然气输送至韩国。2014 年韩国总统朴槿惠在朝鲜半岛信赖进程与东北亚和平合作构想的基础上，提出了发展欧亚统一经济圈的"欧亚计划"，其中一个核心的发展方案就是构建"欧亚能源网"。"欧亚计划"的出发点是，通过修建与俄罗斯相连的铁路、天然气管道和输油管道，自然而然地将朝鲜纳入"区域经济合作网。"[③] 然而，朝鲜半岛紧张局势和朝鲜核问题始终是俄韩朝三方能源合作的主要障碍。现在，俄罗斯与韩国的能源合作需要解决两个重要问题：首先是能源合作的经济盈利性目标；其次是吸收朝鲜参与的共同合作，改善朝鲜半岛能源安全状况，维护朝鲜半岛的和平与稳定。

（二）东北亚地区各国的能源竞争

东北亚地区有世界能源消费大国，也有世界能源生产和出口大国。中日韩都是能源消费大国，俄罗斯是世界能源出口大国。近年来，俄罗斯积极开拓亚太地区能源市场，推动俄罗斯与东北亚地区各国的能源合作。中日韩是世界最主要的三个能源消费国，经济发展都高度依赖能源进口。中日韩三国能源进口渠道的趋同性，客观地使三个国家在国际能源市场中形成一定的竞争关系。

2000 年以来，东北亚地区经济持续高速增长，域内的能源需求急剧增加。中韩两国持续经济增长使得两国的能源进口连创近年新高，日本受核电关闭的影

---

① 伊藤庄一：《TPP 改变东北亚能源格局》，载《中国企业家》2013 年第 8 期，第 40~41 页。

② 《Газпром》и Kogas сблизили позиции по условиям контракта на поставку российского газа в Республику Корея. 2012. 2. 20. http://www.gazprom.ru/press/news/2012/february/article130054/.

③ 张键：《论韩国朴槿惠政府的"信任外交"政策》，载《当代韩国》2013 年第 4 期，第 48~61 页。

响其对进口能源的依赖也达到历史的高峰。根据国际能源机构的预测，未来 20 年内，东北亚地区的能源需求可维持 8% ~ 10% 的高速增长。其中中国对石油和煤炭等主要能源的需求到 2030 年将比目前增长一倍以上，届时将超过美国成为世界第一大能源消费国。其他国家为了保障自身能源安全，都积极扩展能源进口渠道，推进能源进口来源地的多元化。鉴于中东地区安全局势的持续动荡，中日韩逐步降低对中东地区石油供应的依赖，转而把石油进口来源分散在俄罗斯、中亚、非洲以及中南美洲。能源进口源的分散已经成为各国能源安全战略的重要一环，但这也直接引发了东北亚国家在扩展能源进口源头和渠道上的激烈竞争。这种竞争最直接的后果就是形成了"亚洲溢价"现象。由于缺乏共同利益的保护机制，在国际石油定价体系中处于弱势地位，亚洲石油消费国每年向石油生产国多支付 50 亿 ~ 100 亿美元，中日韩三大能源进口国不得不担负沉重的"亚洲溢价"。而中国更是由于尚未建立完善的石油储备机制，成为溢价现象最主要、最直接的受害者。在东北亚地区只有俄罗斯拥有丰富的能源资源，其中东西伯利亚和远东地区的油气储量相当丰富，开发潜力巨大。目前，俄罗斯是世界第二大原油生产国和第一大天然气生产国。由于地缘关系相近，中日韩以及其他地区的主要能源需求国都以竞争的方式推行其能源战略。在东北亚形成了以俄罗斯为能源供给方、多个双边能源合作相互竞争的格局。其中，中日能源领域竞争最为激烈。中日在对俄罗斯西伯利亚—远东石油管道建设的竞争过程中，项目方案一改再改，使得俄罗斯对东北亚的能源输出开发项目一再拖延。同时，在中日两国过度的能源外交竞争压力下，俄罗斯的态度摇摆不定，最终使得有关各方的利益都受到影响，并制约了东北亚区域能源合作的健康发展。中日关于东海油气田争端至今悬而未决。2005 年 9 月，日本自卫队发布的报告中描述了中日冲突的三种可能性，其中之一就是两国在能源产地不断加剧的竞争关系在激化地区紧张局势。虽然两国官员、学者、企业家共同参与的能源论坛在缓和能源竞争关系中发挥积极作用，但仍不能从根本上改变中日在能源领域的竞争关系。

东北亚国家间的能源竞争不仅是能源消费国之间为争夺能源资源的竞争，还存在消费国与能源生产国俄罗斯的直接竞争，其中隐含着复杂的地缘政治因素。2009 年、2014 年中俄石油、天然气管道协议的相继达成暂时终结了中日管道之争，但东北亚地区并没有因此而形成合作格局。日本政治的右倾化、日美同盟关系的存在、美国在东北亚地区特殊的地缘政治利益成为影响区域国家能源合作的隐性的、影响力巨大的负面因素。而且，乌克兰危机之后，日本参与西方制裁俄罗斯，对东北亚地区国家推行右倾化政策，一定程度上导致日本与俄罗斯、中国、韩国之间产生了严重对立情绪，区域能源合作几乎处于停滞状态。事实上，地缘政治因素一直影响着东北亚地区能源合作。中国与俄罗斯达成天然气供应协议之后，中国已经在能源问题上相比日本有了一个极大的优势。然而，日本同样需要俄罗斯的能源供应，但是又必须尽力消除来自其盟友美国的一些担忧。日本政府是俄罗斯国家石油公司在远东地区名为"萨哈林一号"项目的能源合资企业的合作伙伴。在"萨哈林二号"项目中，日本三井和三菱公司分别有12.5%和10%的股权。虽然该公司本身并没有被制裁，但是美国的制裁措施也确实将俄罗斯国家石油公司的首席执行官伊戈尔—谢钦作为制裁目标之一。此外，日本依赖"萨哈林二号"气田的天然气供应，这些状况使得日本很有可能在美国强化对俄罗斯制裁措施时成为首当其冲的受害者。从2009年萨哈林项目开始产生收益以来，这个项目一直是日本液化天然气的稳定来源。日本在俄罗斯项目中的投入，以及2011年核电站事故之后对化石燃料的强劲需求，都使得日本很难在目前的能源形势中独善其身。而且相比21世纪初期，俄罗斯对东北亚地区的经济发展期望值已经大大提高，如果日本的企业在对俄罗斯能源合作中有所犹豫，那么俄罗斯将不得不转向其他东北亚国家。在俄罗斯远东地区能源生产能力十分有限的情况下，日本获得的能源供给量并不能完全得到满足。但与美国之间的联盟关系使得日本很难毫无保留地转向与俄罗斯之间的合作。在乌克兰危机中日本对俄罗斯的谴责直接反映了日本对美国的顺从。

不仅如此，2008年金融危机和乌克兰危机的爆发推动中俄能源合作取得战略性成果。但由于两国在全球以及东北亚地区的经济实力和影响力不对称，能源利益也很难在东北亚地区合作中实现互补相容。首先，中国拥有30 000多亿美元的外汇储备，具有巨大的资金实力，而俄罗斯尽管坐拥5 000多亿美元的外储和大量的油气储备基金，但由于国际油价的剧烈波动，卢布汇率极不稳定，经济稳定性和成长性面临巨大威胁，所以尽管对于东部能源资源开发的欲望很高，但对现有的外汇和油气储备基金的使用十分谨慎，因此俄罗斯既希望利用中国资金又担心过度依赖中国。尽管两国在能源资源禀赋上天然互补，但俄罗斯在地区能源合作方面患得患失的心态，使俄罗斯与中国在区域能源合作中的政策导向往往相向而行，力求抵消中国的资金优势，从而达到中俄力量平衡的状态。对于俄罗斯而言，它更希望在东北亚地区保持"一对多"伞状的合作格局，并保持其"支柱"地位。事实上，这种格局并不利于俄罗斯。在乌克兰危机期间，国际油价的下跌严重危及俄罗斯的能源、经济安全，区域合作机制的缺位使俄罗斯完全"裸露"在危机之中。

总之，对于东北亚所有国家而言，能源安全都是十分脆弱的。中日韩能源需求国的能源安全有赖于地区能源安全水平的提高，俄罗斯能源生产国的能源、经济安全同样也离不开地区经济的协调发展和共同繁荣。更为值得关注的是，由于能源相互依存度较低，恶性竞争激烈，东北亚各国更重视与域外能源供应国之间

237

的能源合作，而不重视东北亚区域内各国之间的相互协作，从而将长期影响东北亚地区制度性合作的深入发展。东北亚地区能源消费国间的能源竞争可能引发国际能源格局的变化，从而给国际能源市场带来波动。由于中日韩三大能源消费国的激烈竞争，西方大型石油公司的垄断利益受到挑战。它促使俄罗斯能源战略重心向亚太地区转移，从而对石油国输出组织的垄断地位形成挑战。能源供求关系引起的地缘政治经济力量的变化，以及国际油价波动等新的影响因素，将对传统能源格局及其权力分配产生深刻影响，从而引发全球及地区层面的矛盾，产生新的能源安全问题。目前东北亚各国间的贸易依存度在不断提高，虽然仍低于欧盟和北美自由贸易区，但同过去相比已有所增加，而且有不断加深的趋势。东北亚国家之间紧密的经济关系使各方只有加强彼此合作，互通有无，才能保证各自经济利益不受伤害，任何一方受损势必牵涉到对方利益，反过来会对己造成不利。在地区经济发展上的相互依存关系将使各国形成紧密的共同体，相互的恶性竞争会损害各国利益。

（三）东北亚地区能源合作存在的问题

东北亚地区的能源合作与发展要求还存在较大差距。这里既有经济因素，也有政治因素的影响。努力克服这些消极因素，积极推动东北亚地区能源合作，将是符合东北亚地区各国共同利益的发展趋势。

首先，东北亚地缘政治因素的消极影响。冷战已经结束，然而东北亚地区还没有消除冷战的阴影。朝鲜和韩国长期对峙，朝鲜半岛局势高度紧张。朝鲜半岛形势对东北亚地区能源合作产生重要影响。2000年以来，俄罗斯积极推动与朝鲜半岛的能源合作项目，包括石油与天然气管道项目和电力并网项目，然而至今没有取得实质性进展。

东北亚地区正处于国际体系重要转型时期，中国迅速崛起，综合实力不断增强。日本谋求政治大国地位，修改和平宪法，解禁集体自卫权。美国不断强化与日本和韩国的双边军事同盟，加强东北亚地区前沿军事部署。东北亚地区各国间的领土主权和海洋权益争端也折射出这种结构性矛盾与冲突。东北亚地区形势新变化加深了大国间的安全困境，对东北亚地区各国间的能源合作必然产生重要影响。

其次，东北亚地区各国都建立了各自的能源安全体系，但相互之间缺乏必要的联系和沟通。在东北亚地区没有建立有效的能源战略储备和预警系统，缺乏应对能源危机的紧急应对机制，缺乏必要的抗风险能力。由于东亚地区缺乏成熟和完善的地区合作机制和有效的能源协调机制，区域内各国的能源安全利益不能融为一体。各国之间的能源交易缺乏完善的市场机制和基础设施，导致能源市场的一体化程度不高，使东北亚地区多边能源合作设想无法实现。由于东北亚地区缺乏有效的能源合作机制，在东北亚形成了多个双边能源合作相互竞争的格局，竞争多于合作。这使各国在资源开发问题上产生的问题无法得到沟通和协调，不利于形成各国互利合作的局面。

最后，俄罗斯国内各种不利因素也直接影响东北亚地区能源合作。俄罗斯是东北亚地区主要能源供应国，由于法律规章不够完善，基础设施相对落后，东北亚地区能源合作受到很大制约。

目前，俄罗斯对外能源合作的法律法规不够健全和完善。如缺少与产品分成协议相配套的法律法规，使能源合作中所履行的产品分成协议缺乏法律保障。现在，俄罗斯与能源相关的法律法规正处于不断修正、完善阶段，缺乏稳定性、系统性和完整性。俄罗斯中央和地方的项目管理审批制度比较繁琐，项目审批已经成为在俄罗斯投资能源项目的主要障碍。投资立项要经过从地方政府到联邦政府的逐级审批，并且即便得到批准后合同还要经过很长时间的准备和谈判。尤其是在与俄罗斯企业的合资项目中还会涉及利税在联邦、州政府和企业之间的分配问题。而且俄罗斯对外资企业税赋较重，使投资者难以承受。以俄罗斯远东地区为例，虽然外资企业可以根据《外国投资法》享受一定的优惠政策，但这些优惠在执行过程中又往往被繁重的税赋所抵消。外资和合资企业需要缴纳增值税、利润税、交通税、销售税、治安税等20多种税费，这些税赋往往会占到企业利润的80%左右。在俄罗斯目前的税收制度下，油气等能源领域的投资变得无利可图。据美国大陆石油公司测算，当布伦特油价为每吨140美元时，在俄罗斯投资生产的同等品质原油的税后价格实际只相当于76美元，也就是说税收占石油价格的45%以上，这种税收制度对外资无疑是缺乏吸引力的，严重影响了外国企业对俄罗斯油气勘探开发的投资积极性。俄罗斯对外资开放的油气资源基本上都是基础设施较差的油气勘探新区，外国企业不仅需要投入大量资金进行基础设施建设，还必须就油气外输的管道规划和建设等与俄罗斯地方和联邦进行不断的协调。近10年来，俄罗斯政府能源政策导向是加大对能源产业的国家控制；对外商在能源领域的投资限制比较严格。这些因素叠加在一起，形成了限制地区能源合作发展的局面。根据俄罗斯反垄断法和战略投资法，对于购买具有战略意义的能源资源或者油气田开发权的外商，特别是对占有50%以上股份的外国投资商必须实行预审和监察。由于缺乏基本标准，俄罗斯政府总能通过各种程序机制，以"不受欢迎"为由阻止收购。这导致外国投资者开发其地下资源的准入门槛提高，外国企业进入俄罗斯油气开发领域的难度和风险增大。

三、中国东北亚地区能源合作战略与政策

东北亚地区具有能源格局多元化特点。这里既有能源生产和出口大国，也有能源消费和进口大国。加强东北亚地区各国的能源合作，共同应对能源安全风险和挑战，这是确保东北亚地区各国能源安全，促进东北亚地区经济发展与繁荣的必由之路。中国是东北亚地区能源消费大国，开展东北亚地区能源合作，维护东北亚地区能源安全，推动建设东北亚地区能源合作机制，保护和支持中国能源企业对外投资与合作，这是中国东北亚地区能源战略与政策的重要选择。

（一）中国的能源安全形势

中国是东北亚地区最大的能源消费国，也是重要的能源生产国。在东北亚国家中，中国的能源资源禀赋和能源消费结构的不对称性使中国在地区能源安全中的地位十分突出。"从广义上说，中国能源安全的主要威胁是中国能源总量的供需矛盾和能源消耗对生态环境的破坏。但从狭义上说，中国能源安全威胁的实质是由于经济发展和环境容量所引起的如何保障中国充足、安全与稳定的油气资源供应问题。"[1] 现阶段中国油气供应问题最为突出，由于对进口油气资源的依存度不断提高，中国能源安全将越来越受到国际市场油气供应和油气价格变动的影响，从而使得东北亚地区整体能源安全形势仍然十分复杂。

第一，中国能源消费持续快速增长与能源生产能力不对称。从 1978 年到 2014 年，中国年能源总消费量从 5.7 亿吨标准煤提高到 42.6 亿吨标准煤，增长了 6.5 倍，电荒、煤荒、油荒、气荒等能源短缺现象时有发生。20 世纪 80 年代以来，传统化石能源储采比一直呈下降趋势。截至 2013 年底，石油、天然气和煤炭的储采比分别为 11 年、29 年和 31 年。能源消费长期过度依赖于煤炭，结构问题难以改善。1978 年以来，煤炭在能源消费结构中的比重长期保持在 70% 左右。2013 年煤炭消费量接近 36 亿吨，超过世界煤炭总消费量的 50%；燃煤发电量约占全国总发电量的 78%。相比之下，天然气和包括核电、水电、风电与光伏发电在内的非化石清洁能源供应在 2013 年的能源消费中占比仅为 5% 和 9.6%。[2]

---

① 夏义善：《中国国际能源发展战略研究》，世界知识出版社 2009 年版，第 172～173 页。
② 北京大学国家发展研究院能源安全与国家发展研究中心（执笔人：王敏、徐晋涛、黄卓）：《中国能源体制改革研究与建议》，载《光明日报》2015 年 6 月 10 日，第 16 版。

第二，在东北亚地区中国能源消费所带来的环境污染问题最为严重。中国85%的二氧化硫排放量、67%的氮氧化物排放量、70%的烟尘排放量以及80%的二氧化碳排放量都来自于燃煤。[①] 社会为能源消费造成的环境污染问题付出了高昂代价，成为中国当前能源发展所面临的最大问题。2014年"控制能源消费过快增长"在中国国家能源局十大工作任务中首次被置于第一位，这表明中国能源利用方式粗放、结构性矛盾突出等问题的严峻性。目前中国的GDP能耗高于世界平均水平的1.8倍多。储量和能耗数据对比的巨大反差表明，中国能源发展的总量约束，不是来自储量过低，而是来自经济发展方式过于粗放导致的能源利用效率低下。当前中国煤炭占能源总消费量的比例过高，而天然气和非化石能源占比不足。根据《中国应对气候变化规划（2014～2020年）》，2014年中国经济增速是7.4%，二氧化碳排放强度应为4%，但是2014年上半年已经达到了5%。单位GDP能耗，原计划为3.9%，仅6个月就已经达到4.2%。[②] 不仅如此，中国能源市场严重的行政垄断和价格管制状态，不仅严重阻碍了稀缺能源资源的高效率利用以及节能减排目标的实现，也成为影响经济增长的痼疾。

近几年中国政府对京津冀、长三角、珠三角等区域，通过控制能源消费总量，煤改气、煤改电，关闭小锅炉，推行热电联产，禁止建设火电厂，高耗能产业西移，对高耗能实行阶梯电价等手段，严格控制这些区域能源消费，以期达到关闭落后产能、能源清洁替代、排污治理的目标。2010年以来，虽然单位GDP能耗有所下降，但由于环境治理也推高了这些区域的能源成本，使上述地区的经济增长放缓，从而造成中国整体经济增长速度下降。中国近30年GDP增长和一次能源消费量增长的关系约为1：0.6，而近10年变为1：0.5，预计未来10年可能进一步变为1：0.4。[③] 而中国能源需求增速的下降，也对东北亚能源需求产生影响。近10年中国的能源消费增量占全球能源消费增量的40%～60%，最高近80%。中国能源需求下降不可避免会导致东北亚地区能源需求增长放缓，除非其他东北亚国家能源需求有大幅度增长和超常表现。

第三，中国面临严峻的油气进口风险。由于能源需求量巨大，战略储备机制不完善，在东北亚地区国家中中国的能源进口风险指数最高。21世纪初中国对中东、非洲石油进口比例曾高达70%，与中亚和俄罗斯能源合作关系建立之后，虽然对这两个地区石油的依赖性有所降低，但2013年中国对中东原油的依存度

---

① 北京大学国家发展研究院能源安全与国家发展研究中心（执笔人：王敏、徐晋涛、黄卓）：《中国能源体制改革研究与建议》，载《光明日报》2015年6月10日，第16版。

② 解振华：《"十二五"碳强度下降目标可以实现》，http://cn.chinagate.cn/news/2014-09/19/content_33557014.htm（2015年8月20日上网）。

③ 林伯强：《追求更有质量的能源消费》，载《人民日报》2014年1月27日，第23版。

仍在 51.85%。① 中东和非洲地区国家间及国家内部的民族与宗教矛盾十分复杂，政治与经济形势长期处于动荡状态。第二次世界大战以后，国际石油市场曾出现 15 次石油断供事件，其中有 13 次发生在这一地区。而且，中国石油进口主要集中于沙特阿拉伯、伊朗、安哥拉、阿曼、也门和苏丹等国家，这些国家都被美国定义为"问题国家"。中东地区复杂的安全形势和持续动荡使中东地区能源安全形势十分脆弱，而伊朗和苏丹一直遭受美国的经济制裁。俄罗斯受到西方国家经济制裁，对中俄能源合作也会带来一定影响，中国在上述国家能源投资的经济风险也会增大。石油供应的稳定性并没有因不断提高的能源进口多元化渠道而得到根本改善。

第四，中国在国际能源格局中的地位与其能源消费大国身份不对称。中国在国际能源价格形成的过程中没有实现自身利益的话语权。由于需求量巨大，东北亚能源市场成为亚洲能源溢价的关键因素，而中国作为最大需求国对平抑能源价格所发挥的作用十分有限。中国国内原油期货市场发育不完善，石油、天然气战略储备尚未完全建立起来，国际影响力十分有限。由于中国现阶段的油气贸易多以现货方式进行，国际游资常常抢在中国购油之前利用国际石油期货交易中心拉抬国际油价，致使中国常常遭遇高买低卖的价格陷阱。②

中国还要面对来自日本和韩国等其他能源进口国的竞争压力。中国与日本和韩国的能源形势有很多相似之处，都是世界能源消费大国，能源安全形势都不乐观。近年来，各国都开始推行能源进口多元化战略，开始在非洲、俄罗斯、中亚及拉美地区积极开展能源外交，形成了激烈的竞争关系。在阿富汗战争、伊拉克战争和利比亚战争之后，美国的军事影响从中东向全球扩展。除俄罗斯以外的所有重要油气产区都在美国的控制之下，美国在国际能源格局中的主导地位在不断强化。2015 年七国峰会决定继续对俄罗斯实施制裁，不仅威胁俄罗斯的能源安全，对中国的能源安全形势也产生诸多负面影响。

（二）推动东北亚地区能源合作的战略与对策

2014 年 11 月 8 日中国国家主席习近平在加强互联互通伙伴关系对话会上宣布，中国将出资 400 亿美元建立丝路基金，为"一带一路"沿线国家基础设施、资源开发、产业合作等与互联互通有关项目提供投融资支持。能源合作作为丝绸

---

① 《2013 年亚洲石油市场分析：原油进口高度依赖中东》，载《中国能源报》2014 年 2 月 6 日，http：//www.oilone.cn/1402/26/1402261056195.html。
② 倪建民：《国家能源安全报告》，人民出版社 2005 年版，第 402 页。

之路核心主题之一，将获得更多的资金支持。2015年3月发布的《推动共建丝绸之路经济带和21世纪海上丝绸之路的愿景与行动》提出，中国将充分发挥国内各地区比较优势，实行更加积极主动的开放战略，加强东中西互动合作，全面提升开放型经济水平。推动东北亚区域能源合作和交通便利化对俄罗斯、中国、韩国、蒙古国都是有利的，亚洲基础设施投资银行和丝路基金对东北亚地区能源开发、产业投资、交通物流的带动作用必将打破区域内一个个"孤岛"的现状，对于东北亚地区能源产业结构布局与各国能源合作将产生积极的影响，并最终促进区域经济协调发展。

第一，拓展石油、天然气和电力领域合作空间。目前，东北亚地区各国间的油气贸易量十分有限，区域内能源交易的发展空间还很大。中国经济总量位居世界第二，在世界主要能源交易所的交易额都很大，伦敦金属交易所、伦敦国际石油交易所30%以上的交易与中国相关。俄罗斯作为世界能源输出国在国际能源交易中心也占有巨大的份额。2013年上海国际能源交易中心在上海自贸区成功注册。组建东北亚地区能源自由贸易区，使其成为具体承担国际原油期货的平台，会给区域内的能源输出国和进口国都带来明显的收益。俄罗斯虽然是能源出口大国，但是其石油精炼能力不足，使得其能源出口大都是以原油的形式简单输出。而东北亚区域内的日韩两国具有先进的石油精炼技术和充足的生产能力。俄罗斯的石油如果能经过日韩两国的深加工，则可以获得更高的附加值。但由于石油与天然气属于不可再生能源，大多数石油输出国组织都对能源产品出口征收高昂的出口关税。而且随着世界能源价格的不断攀升，能源出口关税也在不断提高。针对这一情形，通过整合东北亚能源市场，促使各成员国逐步降低能源产品的进口和出口关税，最终形成能源产品的自由贸易区。这不仅可以充分利用成员国的资源和技术优势，形成优势互补，进行能源产业链上下游资源的深度整合，还将带来本地区能源产业的持续繁荣。

东北亚地区的中日韩等国均是石油进口大国，为应对可能的能源紧缺，各国都已建立自己的石油应急储备体系。中国刚刚建立石油战略储备制度，石油储备基地处于建设初期。目前，中国还不是国际能源组织（IEA）的正式成员，只有日韩两国是IEA成员。由于各国在石油储备方面各自为政，导致区域石油储备规模偏小，应对能源危机的弹性不足。因此，有必要整合各国的石油储备资源，提高各国之间的沟通和协调，最终形成统一的地区性石油储备机制。具体实施上，可以充分利用靠近俄罗斯、中亚等能源主产地的地缘优势，同时借鉴日韩两国相对成熟的石油储备经验，通过人才、技术和基础设施的共享，建立东北亚区域性能源共同储备机制。各国首先需要成立一个统一的石油储备机构，共同制定储备规则和相关法律，对石油储备进行共同投资、管理和运营。储备基地可以选在海上或国境线附近。而且从长远来看，也可以吸引欧佩克等产油国组织在东北亚地区建设原油中转贮存设施。

除油气领域外，东北亚电力市场也有很大的整合空间。俄罗斯拥有欧洲最大、世界第四大电力系统，特别是俄罗斯西伯利亚和远东地区拥有丰富的燃料动力资源，大型的火电站和水电站大多集中在这一地区。东北亚地区各国可以在电力贸易、特高压输电技术、电网建设等领域加强与俄罗斯的合作，推动东北亚电力投资和贸易的发展。现在只有俄罗斯、中国和蒙古国之间有电网连接，未来较具潜力的跨国电网连接有俄罗斯—日本、俄罗斯—中国—韩国、俄罗斯远东西伯利亚—蒙古—中国、俄罗斯远东—朝鲜—韩国。在建设东北亚电力市场过程中，需要各国之间加强相互沟通和协调工作，建立电力信息共享机制，使电力开发与市场需求对接，并通过签订电力合作框架协议和长期合作协议，对电力合作中出现的问题共同协商，共同制定解决方案和措施，保障区域电力能源安全。

为了实现东北亚地区能源市场自由化和一体化的目标，需要做出规划，制定措施，建立和完善东北亚地区能源交易所，建立和推广东北亚地区的能源期货商品，从而争取在国际能源市场中获得一定的定价权，最终形成覆盖整个东北亚地区的统一能源大市场。

第二，在"一带一路"战略下，开展能源海上运输领域合作。中日韩等东北亚地区国家能源进口的运输线路主要是利用海运的方式进口石油，比较单一，并且运输路线也极为固定和单一。中日韩三国85%左右的石油进口，都要途经马六甲海峡。因此，相关海域的畅通对于东北亚国家的能源安全具有重要意义。为维护能源运输的安全，中日韩各国可以跳出马六甲，开辟新的能源运输航道，通过多元化的能源供应和能源运输通道来分散风险。目前，可供东北亚国家选择的新运输线路主要有三条。其一是泰国计划建设开凿的克拉地峡运河。该运河建成后大型油轮可绕过马六甲海峡，直接从阿曼达海进入泰国湾。这样，航程可以缩短700英里，大型油轮的单程运输成本可以节约18万英镑左右。这项工程投资规模估计250亿美元，泰国政府一直在争取引入外资合建，中国和日本都对这个项目表示了浓厚的投资兴趣。其二是中缅输油管线。它可以直接打通中国与中东产油区的直连通道。中东石油通过印度洋后由缅甸直通中国云南，可以避免目前中国石油运输过分依赖马六甲海峡的潜在风险。其三是中哈输油管线。中国已经与哈萨克斯坦签订了在油气领域开展全面合作的框架协议。合作的重点是共同铺设一条西起哈萨克斯坦西部的阿特劳东至中国新疆阿拉山口，全长3 088公里的输油管道。建成的中哈输油管线，可以直接向中国和其他东亚国家输送哈萨克斯坦、土库曼斯坦等中亚地区的石油资源，而且也是俄罗斯向东亚供油重要运输线路。

第三，推动东北亚地区节能、新能源和环保领域的合作。多年来，日本和韩国积极开展节能活动，拥有先进的节能技术。两国在节能环保相关问题上法律完备，积累了丰富的经验。中国经济快速发展和转型升级都需要提高节能环保技术水平。如果将日本和韩国的技术和经验与中国等区域内国家分享，帮助其进行节能技术革新可以减轻地区能源危机压力。中日之间的节能培训项目、日本利用ODA贷款支持中国发展节能技术项目等已经在这一领域取得了可喜的经济效益和社会效益，两国在新能源的开发和利用上也有很大的合作空间。日本通过启动"阳光计划"和"新阳光计划"，加快了对可再生能源技术的开发利用，包括风能、太阳能、温差发电、生物能和地热利用技术等，其中太阳能技术已经进入到大规模利用阶段。同时，日本还在积极开展利用潮汐、波浪和垃圾发电的前沿技术研究工作。中国具备丰富的风能、太阳能储备，但利用效率还比较低。中国可以充分利用这一契机向日本学习新能源的开发和利用技术，借鉴日本的成熟经验。通过开发和利用新能源技术降低各国对石油、天然气等传统能源的依赖，减少东北亚各国在能源消费上的竞争。

碳减排和环境保护也是东北亚地区各国开展能源合作的重要平台。根据《哥本哈根协议》，作为发达国家的日韩两国在温室气体减排上承担的义务较重，东北亚地区各国之间可以就碳排放指标展开互补交易。中国作为发展中国家碳减排压力相对较小，而且《京都议定书》规定发达国家可以通过帮助发展中国家实施减排项目，来完成自己所担负的减排指标。据不完全统计，发达国家的减排成本往往要比发展中国家高5~20倍。东北亚地区的日韩发达国家可以帮助中国建设减排项目，通过向中国提供资金和技术，提高中国能源利用效率和可持续发展能力，来完成《京都议定书》规定的减排义务，这往往要比其在国内完成同样的减排指标能节省大量的成本，这也将成为中日韩区域能源合作的新途径。

（三）建立东北亚地区能源合作机制的构想

目前，东北亚区域的能源合作还是由商界和学术界推动，通过"东北亚天然气管道国际会议"等论坛对各国关心的能源问题进行交流和探讨，而缺少官方的正式沟通协调机制。未来东北亚地区的能源合作，应着重建设多边能源政策合作的次区域组织或政府层面的机构，为共同应对能源及环境问题奠定政策合作的制度性基础。对于中日韩等能源需求国来说，为维护本国的能源安全，单靠一国的能源战略是远远不够的，必须通过建立地区性的能源协作机制，才能最大限度地保证能源需求国共同的能源利用安全性和稳定性。作为东北亚最大的能源需求国和生产出口国，中国应与俄罗斯共同合作，在推动东北亚能源制度性合作方面发挥更大作用。

第一，应推动东北亚能源领域的制度性合作。对于东北亚各国来说，跨国能源合作所涉及的法律法规、政策及跨国投资与跨国运输协调等等都还是新问题，区域合作组织的建立需要借鉴《能源宪章》条约的某些经验。《能源宪章》是一个成熟的多边合作机制，通过在贸易、投资、运输、提高能源利用率等领域加强政府间的对话与合作，以建立稳定的和可预测的投资环境，条约具有开放性、透明性和非歧视性。东北亚地区能源合作组织的建立应借鉴《能源宪章》相关的法律框架。东北亚地区能源合作组织的建立应以循序渐进的方式，先成立政府层面的东北亚能源合作工作委员会，定期组织高官会议工作组活动以及各种具体合作项目，推动建立东北亚地区能源合作实体。参照"欧洲煤钢共同体"和"欧洲原子能共同体"的成功经验，推动制定具有国际法约束力的《东北亚能源共同体宪章》，具体制定东北亚能源合作组织的宗旨、原则、成员资格及其权利与义务；组织结构、职权范围、活动程序、决议的履行方式及监督机制；贸易条款、投资措施、竞争政策、技术转让、投资的促进与保护条款；争端解决以及其他杂项条款等。东北亚区域能源合作组织的宗旨和目标应该是促进东北亚地区周边国家在能源领域的长期合作，维护地区能源安全，为促进各成员国的经济增长、就业和生活水平的提高做出贡献，并以此推动东北亚区域一体化进程。

东北亚区域能源合作组织的各成员国应遵循以下原则：（1）互利原则，应从保障整个东北亚区域的能源安全出发，通过协调各成员国的能源政策，培育本地区石油供应方面的自给能力，通过开展成员间的长期合作以减少对外部石油进口的依赖，共同建立区域石油战略储备和应急机制，构建石油期货等市场机制和能源产品过境运输通道等，来维护组织成员的共同利益。（2）互补性原则，应充分利用各成员国在能源领域的各自优势，优势互补，实现多方共赢的局面。例如，可以共同研究制定税收优惠政策以促进节能效率，制订本地区统一的油气发展计划，合作开发利用可再生能源资源，共同建立新能源技术的研发与应用项目，协同发展民用核电和核电安全技术等。（3）平等合作原则，要求各成员国在公平、自愿的基础上在能源领域展开广泛合作。例如，共同建立能源市场数据共享平台和能源交易协商制度，以组织的名义发展与产油国组织和其他石油消费国的关系，共同保护国际能源运输航线的安全等。（4）开放的区域主义原则，即成员资格是开放的，并不局限于东北亚各国，可以招收其他条件成熟的非本地区国家，最终通过能源共同体的示范作用来促进东北亚区域一体化。

"东北亚能源共同体"合作的具体内容应当包括区域统一的石油储备和应急反应机制、区域石油期货市场、石油过境运输优惠机制、区域内统一的节能税收优惠措施、区域性液化天然气开发计划、共同合作开发利用可再生新能源、共同保障国际能源运输航线的安全以及环保领域的合作、建立"东北亚能源合作论坛"和东北亚能源信息共享机制等。中国经济的迅猛发展和综合国力的提升，使中国在能源合作的制度性合作中发挥积极推动作用。在地区能源制度性合作中，要以互利和双赢为原则，通过推动能源制度性合作带动各国政治、经济、外交、军事和人文等多方面的全面地区协作。

第二，推动东北亚地区组建联合能源数据库。向市场提供准确及时的信息能够增加市场透明度，从而把握适当的供需平衡，抑制过度的能源价格波动。供需基本经济指标的信息共享十分重要。目前，东北亚国家积极参与以国际能源论坛（IEF）为核心，包括联合国统计处（UNSD）、亚太经合组织（APEC）、国际能源署（IEA）、欧佩克（OPEC）等机构的联合石油数据库（JODI）建设。2010年3月，在坎昆举行的国际能源论坛（IEF）部长级会议上，各方就收集石油供需数据、天然气供需数据、扩充石油天然气上游开发计划及下游炼油能力计划所需的相关数据，努力实现联合石油数据库的正式运行达成了一致。2010年11月在首尔召开的G20峰会及2011年2月在利雅得召开的国际能源论坛特别部长级会议上，各方力求进一步完善数据，确定了加强时效性和可信性的方针。为此，在东北亚地区组建包括石油、天然气、煤炭和可再生能源的联合能源数据库是未来合作的重要方向。

第三，建立能源投资保护与合作机制。能源是资本密集型行业，充裕的资金是整合能源价值链的上游和下游产业的必要条件。同时，能源产业投资具有战略性、长期性和持续性的特征，极易受当地政治经济环境的影响，相对风险较高。这就要求能源投资合作必须建立在高度政治互信和安全保障框架基础之上。针对这种情况，东北亚各国在能源投资合作上，可以考虑组建东北亚地区能源开发银行，通过多种形式吸引各国社会和政府投资，以投资为纽带将能源合作各方的利益牢固地联系起来。

乌克兰危机爆发以后，西方对俄罗斯的制裁对全球能源行业的国际融资产生了重大影响。普京执政以来，俄罗斯一直在不断收紧并限制外国投资人在自然资源开发领域所占有的份额。很少有外国公司能在相关领域，特别是被俄罗斯认为具有战略意义的油气和矿产项目中拥有控股权。由于西方制裁，俄罗斯改变多年来政府严格控制上游能源开发项目的做法，2015年俄罗斯副总理德沃尔科维奇在西伯利亚克拉斯诺亚尔斯克经济论坛上公开表示，欢迎中国投资者进入战略油气领域，这凸显出俄罗斯在开发战略能源储备方面急需大量外来投资。西方对俄罗斯的制裁剥夺了该国主要能源公司获取廉价贷款和先进技术的权利，俄罗斯不得不与亚洲加强联系。德沃尔科维奇的讲话说明俄罗斯与中国的关系正在发生质的变化。但俄罗斯转向东方的战略还没有全面铺开，向东方转向的规模与俄罗斯的国家实际发展同样也不相符。在中国的海外投资中，中国在俄罗斯的投资远远少于欧美国家。在资本大规模从俄罗斯外逃的情况下，中国应理性对待在俄罗斯遭遇的"热捧"。虽然中俄在重大项目上取得了进展，但同样也有多笔拟议中的交易陷入困境，甚至不了了之。从传统贸易思想的角度来说，俄罗斯是缺少"契约精神"的民族，中国必须从地区合作视角推动能源投资机制建设，抓住可能的机遇建立"区域分享"机制，而不单单着眼于个别项目获取股权，以避免双方投资陷入"投食"逻辑。亚投行和金砖银行在这一领域都能发挥有效作用。

第四，建立能源企业海外投资与合作的保护机制。由于能源产业往往是一国重要的经济命脉，国家政治局势不稳定往往会导致该国能源产业政策的变化，会给我国企业的投资带来巨大的风险。这种风险存在着高度的不确定性，一般的保险公司都不予担保。因此，需要由政府出面对海外能源投资给予风险管理的支持。这方面可以借鉴发达国家的成熟经验，通过建立海外风险勘探基金，为国内企业在境外开拓能源市场提供风险保障，加大对能源企业对外合作的支持服务力度。为保障中国的能源安全，政府应该鼓励能源企业积极进行对外合作。通过政策、法律、资金的支持为我国大型能源企业的海外并购和投资做好服务工作。目前，俄罗斯"超前经济发展区法案"和"符拉迪沃斯托克自由港法案"都已经通过，并且很快进入实施阶段。俄罗斯有意发挥远东地区的资源优势，发展与石油、天然气相关的产业链，提高石油、天然气产品的深加工能力，并予以投资者大量优惠政策。中国政府在支持企业参与俄罗斯的能源开采，增强企业抵御境外政治经济风险能力的同时，应科学地组织参与俄罗斯远东地区此轮开发进程，从国际法、跨国公司甚至投资者个人的角度避免历史上历次出现的在中国投资进入后俄罗斯政府层面掀起的大规模排华潮。19 世纪末 20 世纪初及 20 世纪 80 年代中国对俄罗斯远东地区的大规模投资虽然仅限于民生领域，尚未涉及能源等战略性投资领域，但国家、企业和个人都因俄罗斯政策突变遭受了严重损失。新一轮远东开发最具吸引力的投资领域都在能源资源、交通运输、油气加工等战略领域，需要巨额投资，而且还要冒一定风险。合作中须通过参与上游的管理，共同决定油气价格，降低油气交易成本，保证能源安全供应。随着我国经济实力的增强，应逐步增加投入，提高在俄罗斯取得"股权油"的比例。在此过程中需要与俄罗斯共同建立合作企业投资风险管理基金，为企业提供风险管理和资金支持。特别是能源勘探项目往往投资大、风险高，会限制企业的投资积极性，因此，通过合作基金的勘探专项资金进行支持和补偿，可以扩展企业的投资范围。另外，还应该进一步发挥出口信用保险的作用，为具有战略意义的境外能源投资项目提供风险控制和短期融资的服务，以弥补商业性保险和贷款的不足。

同时，尽快完善海外投资的相关法律法规体系。目前，我国对企业海外投资的审批和管理，是由多个不同部门分别执行，这种多头管理造成了海外投资项目的审批环节过多和效率不高。为促进能源企业的海外投资，需要加快海外投资审批制度的根本性改革，减少审批层次，简化审批环节，规范审批流程，给企业的海外投资创造公平、公正和公开的投资机制和环境。另外，国资委等国有能源企业的管理机构应与对外经合部门紧密合作，赋予国有能源企业更大的境外投资自主权，使政府的宏观指导和企业的审慎决策有机结合起来。还要加强对海外能源市场的信息收集和发展趋势的预测研究，建立和完善国际能源市场信息系统。目前，有关国际能源市场信息的不完善，尤其是一些新兴能源市场投资信息数据的匮乏，已经严重制约了我国企业对新兴能源市场的开拓步伐。因此，应该有针对性地加强对中亚和非洲新兴能源市场信息的收集、整理和共享。另外，也需要对海外市场的宏观和微观经济环境以及社会政治情况进行跟踪监测，构建一个综合性的国际能源产业投资数据库，搜集整理海外能源市场的基本统计信息。通过可靠的信息传播机构和渠道，为海外投资企业提供关于投资所在地的能源、市场结构、投资政策和相关法律法规的信息服务，实现信息资源共享。

第六章

东北亚地区金融安全与货币体系建设

金融安全是国家经济安全的核心。维护国家金融安全是保证经济稳定发展，实现社会稳定的重要保障。经济全球化的发展既为资本优化配置和国际资金流通创造了有利条件，也为各国金融安全带来了风险和挑战。2008 年全球金融危机使东北亚地区各国经济遭受严重冲击，也暴露出东北亚地区金融合作机制的严重缺失。推动东北亚地区金融合作机制和货币体系建设，是共同维护东北亚地区金融安全的发展要求，也是实现东北亚地区经济稳定发展与繁荣的重要保障。中国是东北亚地区经济大国，在东北亚地区金融合作机制构建中是积极的倡导者和建设者。中国应推动东北亚地区金融基础设施建设，扩大资本市场合作，建立区域制度化汇率协调与合作机制。中国将逐步实现人民币区域化、国际化，在中国 "一带一路" 倡议框架下，以亚洲基础设施投资银行为平台，发展东北亚地区各国的金融合作。

一、国际金融危机与东北亚地区金融安全

全球化背景下，世界各国的国民经济越来越容易受到来自外部因素的影响。20 世纪末以来的两次国际金融危机都是在很短的时间内通过资本市场、贸易、投资等渠道迅速传导，使得许多国家尤其是新兴经济体集中的东亚地区经济发展受到了极大的冲击。国民经济体系的安全基础已不再仅仅取决于本国的经济状

况，更立足于区域性、全球性的经济金融状况。因此，区域金融安全，特别是东北亚地区的金融安全，将成为中国推行外交政策和经贸政策的有力保证。

源于美国的次贷危机以及其后发生的欧盟债务危机通过贸易、汇率、利率等渠道使东北亚地区各国遭受冲击。在这个政治敏感程度较高的区域内，如果区域金融安全不能保证，势必造成整体社会和经济的波动。因此，东北亚区域金融安全不仅涉及整个东北亚各国国家利益和安全，也同时影响着国际社会的和平、稳定与发展。

经济全球化和金融全球化发展背景下，经济资源和金融资本流动加速形成了"双刃剑"效应，一方面使得资源配置效率大大提高，另一方面也带来了不可预测的金融风险。一国的金融体系面对这种高度开放的国际金融环境，需要借助于区域金融合作来获取经济增长利益、规避金融风险的冲击。目前，东北亚区域金融合作实践进展缓慢，影响了区域各国经济增长的稳定性和安全性。如何推动这一区域的金融合作进程已经成为区域各国经济发展面临的现实课题。

（一）国际金融危机对东北亚地区金融安全的挑战

历次国际金融危机开始之后，通过贸易和资本市场等向各国传染，进而造成被传染国的金融动荡和经济危机。2008 年源自美国的全球金融危机对东北亚地区各国资本流动、证券市场、银行业及各国汇率产生了严重影响。

1. 国际金融危机对资本流动的挑战

（1）对中国资本流动的挑战。次贷危机爆发后至 2009 年第一季度，由于全球经济形势迅速恶化及欧美资金匮乏的影响，全球资本由发展中国家回流发达国家。同一时期，中国贸易顺差增速放缓，外商直接投资总量开始下滑，对外证券投资回流增加，同时国外对中国证券的投资大幅缩水。外汇储备增速放缓，导致资本与金融账户顺差有所下降。特别是在 2007 年第四季度和 2008 年第四季度分别出现 266 亿和 468 亿美元的资本净流出。同样，在 2011 年第四季度，受美欧主权债务危机影响，国际资本避险情绪加重，跨境资金净流入套利倾向减弱，资本和金融项目转为净流出 290 亿美元（见图 6 - 1）。①

---

① 国家外汇管理局国际收支分析小组：《2011 年中国跨境资金流动监测报告》，中国金融出版社 2012 年版。

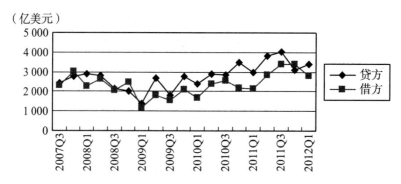

图 6-1　2007 年第三季度至 2012 年第一季度中国资本和金融项目流入流出数据

资料来源：国家外汇管理局。

由图 6-1 不难看出，在全球性金融危机的冲击下，中国资本流动受到巨大影响，并由此而产生若干经济发展中所面临的挑战。

第一，泡沫经济破灭。2007 年之前，中国经济强劲增长以及人民币升值预期带动国际资本大量流入中国。但大量的短期外资大部分快速涌入股市、楼市，形成泡沫经济。此时的银行包括企业为了追求更高的利润，甚至放弃主营业务而将流动资金投向泡沫经济部门，进一步推动了泡沫的形成。危机爆发后，银行系统遭遇信用危机以及大规模资金外逃，导致股市和楼市的大量资本套现撤离中国，加剧了股市和楼市的萧条。泡沫的破灭，严重影响到中国经济的稳定和发展。

第二，海外投资面临不确定性。次贷危机引发境外资金纷纷流出，令中国资本市场价格和交易规模大幅缩水，对境外投资者吸引力减弱；另一方面，企业境外上市规模相对明显下降，中资银行对境外债券的投资持审慎态度，不断收缩战线，导致对外证券投资回流。中资机构海外投资虽采取衡量一国经济发展、政治局势、社会关系的谨慎态度，但经济风险必然成为这一时期的重要考察变量。即便如此，中国投资有限公司在 2008 年的海外投资中亏损 2.1%，2011 年这一指标更高达 4.3%。强实力、多精英、代表中国主权财富投资的中投公司尚且如此，其他投资海外的公司自不言而喻。

除上述风险和挑战之外，国际金融危机对中国的影响还体现在国际收支经常项目低于预期或出现逆差风险、通货膨胀压力大增等风险。这些风险的出现，将严重妨碍中国的实体经济发展，制约整体经济增长而引发各种内外矛盾。

（2）对日本资本流动的影响。日本受全球金融危机影响，2008 年底以来外部需求低迷，出口遭受重大打击。但日本作为资本输出大国，其资金的流入流出相对稳定。日本资金流动在 2008 年第一和第四季度受危机影响，有较大的流出动向。这主要受经常项目顺差较 2007 年下降 34.3% 及资金出逃等影响。2009 年后，受国内经济不景气影响，加之劳动力、资源等生产成本提升和新兴经济国家的产业崛起，对外投资和海外并购呈现上升态势，扩大对外投资规模不仅来自国内巨大的推力，也来自严峻的国际压力，在这双重力量作用下，日本对外投资步伐大大加快。[1]

（3）对韩国资本流动的影响。金融危机对韩国资本流动的影响也比较大。韩国的股市和汇市受到危机的冲击后纷纷下跌，外资在韩国股市表现为持续的净卖出状态，危机爆发后的短短两个月时间累计净卖出超过万亿韩元。外资的持续流出给韩国金融市场的稳定带来了巨大的挑战。

（4）对俄罗斯资本流动的影响。作为转轨型国家，俄罗斯在次贷危机爆发前资本项目的开放程度已经很高并且实现了利率市场化，这为国际资本自由流入流出该国创造了便利的条件。从1996年开始，国际资本流入使得俄罗斯证券市场规模大幅增加，同时也促进了银行业的发展。资料显示，到2001年初，来自非居民的国际流动资本的比重占俄罗斯有价证券市场总资本额的40%~65%，股票市场上的外来资本甚至达到了80%~90%[2]；仅在2000~2005年，俄罗斯银行资产就增长了35%，资本增加了40%，2005年之后依然保持扩张的势头[3]。但这种势头在危机发生后的2008年下半年戛然而止。受次贷危机的影响，俄罗斯爆发了自1998年以来的第二次金融危机。因美国次贷危机和全球流动性紧缩而引发的全球去杠杆化浪潮，致使发达国家大量回笼在俄资金，导致俄罗斯国内出现流动性危机和投资者信心危机。据俄罗斯中央银行测算，2008年俄罗斯私有资本净流出额高达1 299亿美元。其中银行部门流向境外的资金为575亿美元，其他经济部门流向境外的资金约为725亿美元（仅2008年8~9月资本净流出就高达330亿美元）。与此同时，2009年虽然俄罗斯持有4 393亿美元的外汇储备，但负债就高达4 600亿美元，当年需偿还的本利合计1 400亿美元。尽管俄罗斯政府采取了一些救市措施，但仍无力阻止资本外逃和金融市场的萧条。

（5）对蒙古国资本流动的影响。蒙古国农牧业虽然在2008年获得丰收且各项经济指标表现均可，但次贷危机仍然带给这个内陆国家严重影响。贸易额减少、失业率上升、外汇流通不畅和外汇市场大幅波动等因素造成GDP逐渐下行。1990~2008年间，外国对蒙投资额达30亿美元，其中中方投资额达到16亿美元，超过总投资额的半数。受危机的影响，自2008年底开始，国际资本流入明显减少，流出日益增加，对大型项目的投资基本处于停滞状态。由于其他各国展

---

① 王爽：《日本对外投资新趋势及对我国的影响》，载《东岳论丛》2011年第2期。

② Я. М. Миркин，Рынок ценных бумаг России，Москва，Алъпина Паблишер，2002，с. 76.

③ Russia Banking Sector Analysis（2006-2009），Jun，2007. http：//www. bharatbook. com/bookdetail. asp? bookid = 50041.

开"自救",资金抽离蒙古国,加之国际需求能力降低,使得该国支柱产业——矿业出口贸易额锐减,直接造成外汇储备较上一年减少了40%。

2. 全球金融危机对证券市场的挑战

(1) 对中国证券市场的挑战。2007年10月,在金融危机爆发前,中国的股票市场就表现出了持续下跌的势头。2008年金融危机冲击到中国后,受出口及企业赢利不容乐观的基本面影响,个人投资者对未来股市期望降低,市场信心受到严重打击,A股市场旋即暴跌。

为了刺激股市交易,管理部门两次下调证券交易成本。2008年4月24日起印花税税率由千分之三下调至千分之一,9月19日起印花税改为单边征收。两次利好政策出台当天,沪深股市均大涨9%以上。不过,这并未改变大盘下跌态势。自2007年最高点2012年8月,跌幅高达35%,居全球跌幅之首。正是由于金融危机造成的全球流动性不足导致中国内需不足、外需乏力,证券市场流动性枯竭。在次贷危机、欧盟债务危机及其他地区政局不稳等因素的合力制约下,投资者信心不足,无论政府如何救市,市场仍无丝毫起色。

(2) 对日本证券市场的挑战。国际金融危机爆发后,引起世界性的股市大跌,其中日本股市下跌最为惨烈。日经225种平均股指从2008年9月初的12 834点降至10月27日的7 163点,不足两个月时间下跌幅度高达44%。这种下跌幅度不仅远超过同期欧美主要发达国家股市的跌幅,而且也超过了日本泡沫经济崩溃时期的股市跌幅。

此次日本股市下跌主要是受国际金融危机和国际股市普遍下降的大环境影响所致,但与日本国内经济停滞也不无关系。股市是宏观经济运行的晴雨表,股市下跌势必会影响国内外投资家和企业家的投资信心和预期。资产缩水也会产生逆资产效应,直接影响消费心理。在日本股市的投资者中约有60%为外国投资家,日本股市的暴跌实际上意味着国际社会对日本经济丧失信心。另外,日本的民间银行持有大量企业的股票,近年来虽有所下降,但也远高于欧美国家。股市暴跌和长期低迷会使银行账面利益损失增加,资本充足率降低,最终将对银行正常经营产生威胁,甚至引发日本国内新一轮金融危机。

(3) 对韩国证券市场的挑战。美国金融危机不但造成韩国金融机构的投资损失,而且还给韩国经济和金融市场带来了巨大动荡。受全球经济的影响,韩国的经济增速开始放缓。在全球股市大动荡的背景下,韩国股市暴跌,首尔综合股价指数(KOSPI)从2007年11月7日的最高点2 085.03,下跌到2008年10月27日的最低点892.16点,累计下跌57.21%。

韩国金融监管委员会估计韩国金融机构遭受贝尔斯登影响的相关风险资产有

4.34 亿美元；韩国其他金融机构投资雷曼公司遭受 7.2 亿美元损失，金融经纪公司投资 3.9 亿雷曼的衍生品损失；保险公司和银行分别持有 2.10 亿和 1.20 亿美元的资产和房屋抵押支持的延期债券。虽然各公司对雷曼产品的风险处理不同，但这些金融机构遭受的损失是确定的。韩国国家养老金服务公司也损失惨重，因为其拥有的 228 万亿韩元资产的 17% 投资于国内外股票市场，而 80% 投资于国内外的债券，其中投资于雷曼兄弟、美林和 AIG 总共 7 220 万美元的 66% 已遭到损失。此外，国家养老金服务公司还购有 4 200 万美元 AIG 债券和股票，并已缩水 84%。

（4）对俄罗斯证券市场的挑战。美国次贷危机爆发后，全球股市大跌，俄罗斯一度成为世界经济的"安全岛"，外资大举进入，股市大幅上涨。2008 年 6 月 3 日俄罗斯交易系统指数升至历史最高 2 451 点。但自 9 月 16 日受雷曼兄弟破产影响，股指大跌 11% 开始，到 10 月 8 日，股指已跌回 2005 年初夏水平。股票市值从 1.3 万亿美元缩至 4 595 亿美元。其中，最大上市公司"俄罗斯石油天然气工业公司"市值从 2008 年初的 3 296 亿美元缩至 1 063 亿美元。俄罗斯股票交易指数的狂跌，表面上看是大量资本退出证券市场所导致的，但其真正的背景却是随着美国金融危机对俄罗斯的影响越来越深，外国资本开始有意识地出逃俄罗斯所造成的。可以说，自国际金融市场的恐慌弥漫到俄罗斯，外国投资者便纷纷从俄证券市场撤资，抛售俄能源股票和银行股票，从而导致俄证券市场出现动荡。

（5）对蒙古国证券市场的挑战。根据 2010 年的数据显示，蒙古国证券市场总值约为 5 亿美金，属于小规模证券市场。即便如此，受到国际危机的影响，2009 年开始股票投资者数量急剧下降，同比降低近 50%，2010 年同比减少约 52%。股票成交额也出现同样的趋势，2009 年同比降低约 62%，2010 年同比减少约 52%。

3. 全球金融危机对银行业稳健发展的挑战

（1）对中国银行业的挑战。全球金融危机对中国银行业的影响，一方面是国内主要大型商业银行持有倒闭美国金融机构的衍生产品或有价证券，但就平均程度而言，主要原因是由于危机影响中国实体经济，进而对整个银行业的健康稳定发展构成威胁。从业务拓展看，在经济下行、市场趋冷、信心受挫的情况下，海外投资面临挑战；从风险防范看，在全球金融危机和国内经济下行的叠加作用下，银行面临的风险不断增加；从盈利情况看，在有效信贷需求趋于减弱、存贷利差持续缩窄、利息支出成本逐渐上升、中间业务增长乏力、风险资产逐步增多、拨备支出显著增大等因素的共同作用下，2008 年至今后一段时期银行净利润增速明显放缓①。总的来说，金融危机对银行业的挑战主要体现在几个方面。

第一，对中国银行声誉的挑战。受国际金融市场的下跌影响，包括银行在内的金融机构 QDII 产品，不可避免地面临着浮亏的情况。再加上国内股票市场的大幅下挫，证券投资基金、投资连结保险、银行理财产品及信托产品的亏损问题也不断出现。就银行而言，资金损失是一方面，其面临的声誉和信用风险更为严重。第二，银行资产的质量面临挑战。银行资产质量的高低，在经济下行时期，比较容易显现出来。金融危机以来，随着企业破产，理财产品亏本，股价下跌，利率连续下调，银行盈利空间压缩，近年来中国银行业的不良贷款呈现出上升趋势。如果防控措施不力，将会由银行个体的微观风险进一步向系统性的宏观风险扩散。第三，市场波动导致银行中间业务收入大幅减少。2007 上半年中国四大国有上市银行的中间业务收入平均增速超过了 70%。但是自 2008 年以来，受全球性金融危机的影响，国际金融市场发生剧烈波动，资产价格破裂和资本市场下跌导致了银行理财产品和基金发行受阻，银行中间业务收入大幅减少。

（2）对日本银行业的挑战。次贷危机中，日本三菱 UFJ、穗金融集团、三井住友和住友信托银行在 2007～2008 财年次贷相关亏损达 47 亿美元，占其预期利润的近 30%。瑞穗金融集团更是受害匪浅：据该公司在 2008 年初发布的最新一季财务报告预计，公司在美国次级贷款相关资产方面的损失将达 2 750 亿日元，直接导致全年利润下滑 26% 至 4 800 亿日元。日本市值最大的银行——三菱 UFJ2007 年第三季度利润下滑了 68%；三井住友与次贷问题相关的损失扩大到 990 亿日元；住友信托的相关亏损达 299 亿日元。美国次贷危机给日本银行界带来的影响业已扩大。

（3）对韩国银行业的挑战。雷曼兄弟的倒闭造成国际信贷市场的危机，外汇市场上已很难找到一个月以上的贷款，而银行间美元的隔夜拆借利率从 2008 年 9 月 26 日的 2.88% 大幅上升到 9 月 30 日的 8.69%。这给韩国银行在海外市场融资带来了一定的困难。尽管如此，因为握有上半年留存的资金盈余，并基于与国外贷款机构的良好借贷关系，韩国还是获得了一定量的外汇资金，韩国的银行基本经营正常且 BIS 和 IMF 都认为韩国的银行是可靠的。

虽然贷款和经济增长放缓，但是从盈利情况、资产状况和资本充足度来看，韩国国内银行体系还算健康。韩国国内银行 2008 年上半年的净收入为 6.7 万亿韩元，银行的 ROA 和 ROE 分别为 0.88% 和 12.53%。2008 年 8 月的数据显示韩国国内银行的贷款拖欠率和不良贷款率分别为 1% 和 0.7%，远低于美国商业银行 6 月份的 3.16% 和 1.87%。随着经济下滑时间的延长，韩国国内银行的稳定

---

① 马蔚华：《辩证看待全球金融危机对我国商业银行的影响》，载《上海证券报》2009 年 2 月 2 日。

性虽不至于陡然恶化，但仍具有下降趋势。

（4）对俄罗斯银行业的挑战。2008 年之前的一些时日里，俄罗斯储蓄率较低，再加上通胀造成的贷款利率高达 14%，使得一些银行为了加快扩张，纷纷向西方银行机构借入外债，或者向西方投资者转让部分股权。这类融资或外债急剧增长，从 2005 年的 1 000 多亿美元，迅速增加到 2008 年上半年的约 5 000 亿美元。在全球金融危机冲击波袭来之时，企业外债危机十分突出。由于石油、天然气等大宗商品的价格剧烈下降和国外需求猛跌，企业经营恶化，盈利减少或亏损增加，出现了欠债银行和企业无法按时偿还到期外债或分红，或外资退股的情况。而在危机时期，银行和企业新债无处可借，旧债无力偿还。如果不能履行义务，则可能导致大批银行和重要企业的破产或者落入外国人的手里。银行机构与企业外债偿还问题成为危机冲击最为严重的威胁。仅 2009 年一年之内，俄罗斯就有 44 家银行彻底失去经营资格，还有 3 家银行主动宣布破产，另有 12 家银行由于经营不善而被其他 8 家银行融资吞并。另外，银行部门的各项指标明显恶化，银行体系的资产及对私人贷款出现负增长；自有资本的增长率自 2007 年以来呈不断下降趋势；其他指标也出现了不同程度的恶化。

（5）对蒙古国银行业的挑战。2002 年以来，蒙古国主要出口品铜价格高涨，带动国民经济飞快成长。但是到了 2008 年后半年，世界经济危机连带的铜价格暴跌，使蒙古经济陷入低落的泥潭。银行业的不良债权比率逐年上升，2008 年 1 月为 3.2%，2008 年末为 7.2%，2009 年末已达到 17.4%。金融危机的出现也使得多家银行被迫合并或被收购，同时存款集中程度更加明显。

4. 全球金融危机对汇率稳定的挑战

（1）对中国汇率稳定的挑战。随着全球金融危机的蔓延，中国经济也受到了牵连，但这没有抑制住人民币汇率升值的趋势，人民币依然面临着严峻的对外升值压力。近五年来，虽然中间略有反复，但人民币对美元一直呈现升值趋势。人民币升值固然提高中国的政治地位和国际形象，但对国家出口却造成重大影响。人民币升值直接涉及进出口、外商直接投资、对外投资等外向型经济的发展，并通过对这些部门的冲击，以及各部门之间收入流和支出流的传导，最终影响到 GDP、消费等国民经济运行的基本面。从目前全球经济低迷的情况来看，小幅的币值调整对宏观经济没有造成大的震荡，但是从中长期趋势来看，人民币升值将对中国经济产生重大影响。

第一，对中国进出口的影响。受汇率等因素影响，中国在 2009 年进出口总额大幅下降，同比减少约 13.8%，其后至今进出口总额有所回升，但增速远低于预期水平。第二，给中小型出口企业带来汇率风险。中小型出口企业在抵抗汇率风险上能力显得十分薄弱，很多企业甚至没有树立起基本的防范风险观念。人民币升值导致了企业因为汇率变动呈现损失而破产。第三，对资产的价格影响。随着人民币的升值预期加重，热钱也大幅流向中国市场，带动了房地产等相关资产价格的上扬，使国内对该种资产的真实需求受到打压，降低了购买意愿，内部需求压力加大。

（2）对日本汇率稳定的挑战。自从 20 世纪 90 年代中期开始，日本基准利率就大幅走低，并长期保持在较低水平。投资者能以极低的利率借入日元资金，经由外汇市场转化为其他收益率更高的货币或金融产品，赚取利差。然而全球进入危机后，套利交易的最基本因素——利差逐渐消失，世界主要货币也都纷纷贬值，投资者不得不赎回日元平仓，推高了日元汇率①。自 2008 年 8 月初至 2010 年 9 月中旬，日元对美元、欧元分别升值了 24%、33%，创下 15 年和 9 年来的高点。随着对主要国际货币汇率不断升高，日本对外贸易遭受沉重打击。在市场疲软与日元升值的双重夹击下，日本自 1980 年首现贸易逆差，2008 财年日本对外贸易逆差额为 7 253 亿日元。

（3）对韩国汇率稳定的挑战。在韩国，由于 2007 年下半年开始的石油等原材料价格的迅速上升给韩国制造业带来了成本的上升，造成韩国从 2007 年 12 月开始出现经常性账户赤字，2008 年前 7 个月除 6 月份略有盈余外，其他 6 个月均为赤字。同时，受金融危机的影响，韩国出口下挫，韩元贬值压力陡增。韩元兑美元的比价已从 2007 年底的 936.10 变为 2008 年 10 月 28 日的 1 484.00，跌破了 1998 年 1 401.44 的点位，累计贬值超过 56%。

（4）对俄罗斯汇率稳定的挑战。2007 年俄罗斯实现卢布自由兑换，俄央行开始摆脱对外汇市场的干预，卢布从单一钉住美元到向钉住一篮子货币过渡。但 2008 年开始俄罗斯在危机中受到巨大的冲击，在石油出口回落、俄银行和企业的股票市值大幅度缩水、外国投资者纷纷撤离俄证券市场等因素影响下，2009 年 1 月，卢布对美元开始贬值。据俄罗斯官方统计，2009 年起卢布已经贬值大约 30%。俄罗斯央行宣布，誓将美元兑卢布汇率控制在 1 美元兑换 26~41 卢布，但最终仍跌落至 44:1。

（5）对蒙古国汇率稳定的挑战。由图 6-2 可见，在金融危机影响到蒙古国后，其实际有效汇率 RERR 自 2008 年 10 月开始降低，直至次年 3 月。整个期间内，REER 降低 22.9%，严重拖累了蒙古国外汇储备和经济增速。蒙古国不得不与日本以及世界银行、国际货币基金组织、亚洲银行等国家和机构进行财政援助的谈判。2009 年 1 月，蒙古国政府会议通过决议，由副总理、蒙中政府间委员会

① 张红：《干预能止住日元升势吗?》，载《人民日报海外版》2010 年 9 月 18 日，第 8 版。

蒙方组长恩赫包勒德负责，就蒙古希望从中国贷款 30 亿美元事宜与中方举行会谈，用于稳定金融市场。通过持续的对外求助、发行国债以及国内税收改革等手段，蒙古国的汇率于 2009 年 4 月还是企稳回升。

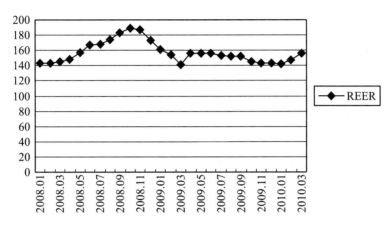

图 6－2　蒙古国 2008 年 1 月至 2010 年 3 月实际有效汇率曲线

注：以 2000 年 12 月为基期。

资料来源：Bank of Mongolia，http：//www. mongolbank. mn/eng/dblistneerreer. aspx.

（二）国际金融危机对东北亚地区的传导路径与各国的对策

金融危机的国际传导有发散型和收敛型两种类型，2008 年金融危机传导就属于发散型传导。究其原因在于：第一，本次传导属于美国向外围国家传导类型。按购买力评价计算 2007 年美国 GDP 占世界总量的 21.4%，再加上美元的世界货币地位，使得美国"转嫁"金融危机的能力要远远高于其他国家；第二，世界经济进入衰退周期。在经历了三年历史性高增长后，世界经济已经处在了经济周期的峰顶，2007 年过后增长速度开始放缓；第三，金融自由化、金融全球化使各国在经济金融领域联系日益紧密，而美国作为世界经济的领头羊使得各国在经济金融领域都或多或少地与美国经济相联系，加之各国经济本身存在一定问题，使得美国金融危机得以广泛传播。

1. 贸易传导渠道

国际贸易是现代国家间经济交往的重要组成部分，它使各国从紧密的经济联系中获得好处，但同时也使得本国经济暴露在国际经济波动的冲击之下，国际贸易同时也成为金融危机的主要传导渠道。贸易溢出传导机制是指通过商品和服务贸易联系途径来传导金融危机，贸易溢出传导机制主要是通过价格效应和收入效应实现的。价格效应是指金融危机造成的货币贬值提高了其出口商品价格竞争力，挤占竞争国的市场份额，竞争国为保护自身利益，必然选择竞争性贬值；收入效应指一国金融危机影响国内经济（国民收入减少）而减少了向其贸易伙伴国的进口。价格效应和收入效应不仅存在于有直接贸易联系渠道，而且还存在于间接贸易联系渠道。

（1）价格效应。次贷危机的爆发导致美元大幅贬值，造成了美国出口商品和劳务价格下降，从而增强了美国在国际贸易中的竞争力，出口相应增加，进而导致竞争国出口下降，由此通过贸易溢出渠道将危机传导至贸易伙伴国。表6-1和表6-2显示了金融危机爆发至今美国对中日韩俄蒙五国的出口情况。

表6-1　　　　　　　　美国对中日韩俄蒙出口情况　　　　　单位：亿美元

	2007 年	2008 年	2009 年	2010 年	2011 年
中国	652.38	714.57	695.76	919.11	1 041.22
日本	626.65	665.79	511.80	604.72	658.00
韩国	347.03	348.07	286.40	388.21	434.62
俄罗斯	73.65	93.35	53.83	59.94	83.18
蒙古国	2.60	5.70	4.00	11.60	31.50

资料来源：International Trade Commission, U. S.

表6-2　　　　　　　　美国对中日韩俄蒙历年出口增长率　　　　　单位：%

	2007~2008 年	2008~2009 年	2009~2010 年	2010~2011 年
中国	9.53	-2.63	32.10	13.28
日本	6.25	-23.12	18.16	8.81
韩国	0.30	-17.72	35.55	11.95
俄罗斯	26.75	-42.34	11.35	38.77
蒙古国	119.23	-29.82	190.00	171.55

资料来源：International Trade Commission, U. S.

由表6-1和表6-2中的数据可以看出，金融危机爆发，美国对五国出口均呈增长走势，出口增长率分别达到为 9.53%、6.25%、0.30%、26.75% 和119.23%。美国出口的增加，挤占了与美国在同一市场上竞争的国家的市场份额，导致竞争国出口市场萎缩，竞争国为减少本国对外贸易的损失，会选择本币贬值，最终导致各国之间的竞争性贬值。

由图6-3可见，中日韩的出口数据虽然在2008年仍在增加，但增长率却在下降，说明中日韩受金融危机的影响开始显现，至 2009 年中日韩三国的出口均出现大幅下降，影响进一步加深，金融危机蔓延开来，在各国之间相互影响①。

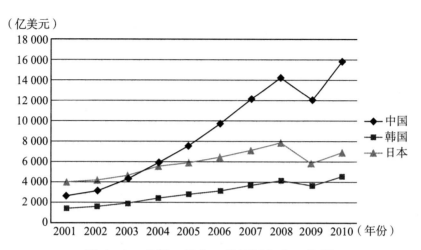

图 6 – 3　中国、日本、韩国历年出口总额

资料来源：《中国统计年鉴》（2001～2010 年）。

（2）收入效应。美国是世界上最大的贸易国，长期以来保持对外贸易逆差，主要依靠进口来维持国内消费。金融危机发生以后，美国国民财富大幅缩水，信用规模急剧收缩，居民消费支出因此而减少，从而导致进口需求直接减少，通过收入效应作用于有直接贸易关系的国家。美国作为全世界最重要的经济体，进口需求减少，影响中日韩对其的出口数量，同时也影响中日韩与其他国家的经济贸易，由此造成中日韩等出口国企业利润下降，经济受到冲击。表 6 – 3 和图 6 – 4 分别显示美国对中日韩的进口数据和美国对三国的进口增长率。

表 6 – 3　　　　　　　　　美国对中日韩进口数据　　　　　　单位：亿美元

国家	2007 年	2008 年	2009 年	2010 年	2011 年
中国	3 214.43	3 377.73	2 963.74	3 649.44	3 993.62
日本	1 454.63	1 392.62	958.04	1 205.45	1 289.25
韩国	475.62	480.69	392.16	488.75	566.61
美国对世界总出口	19 569.62	21 036.41	15 596.25	19 131.60	22 078.24

资料来源：International Trade Commission，U. S.

对比表 6 – 3 和图 6 – 4 可以看出，2008 年美国总进口虽较上年增加，但进口

---

①　俄罗斯与蒙古情形与其他三国基本相同，此小节省略对这两个国家的数据分析。

261

增长率明显低于出口增长率。由图 6 - 3 可进一步直观地看出，2008 年美国金融危机爆发后，2008～2009 年由于美国经济的衰退和消费的缩减，引发了美国从外部进口商品的大幅缩减。中日韩作为美国的主要资源输入国，对美国的年出口增长率均大幅下降。由此金融危机通过收入效应以美国为中心将影响传递到中日韩等东北亚国家。

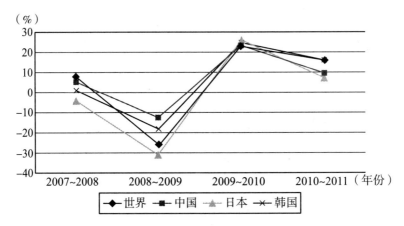

图 6 - 4　美国进口年增长率

资料来源：世界贸易组织。

2. 金融传导渠道

在金融全球化的今天，金融危机可以通过金融渠道传导到经济基本面良好的国家，使之发生金融危机，即金融溢出效应：一国发生货币危机可能导致其市场流动性不足，从而使得金融中介为规避风险开始清算其在其他市场上的资产，这导致了另一个与其有密切金融关系的市场资金流动性不足，进而引发另一个国家大规模的资本抽逃行为。

国际资本，特别是游资的流动，由于很难受到东道国和母国的监管，造成其具有巨大的冲击力和破坏力。游资根据对不同国家货币未来汇价的预期，在国际外汇市场上进行投机炒作，从而使该国汇率异常波动，对该国金融造成极大损失，并通过不同国家之间的汇率波动将危机传导开来。

按照金融危机的传导机理，由美国次贷危机引发的国际金融危机，其金融传导渠道主要有以下几种：

（1）汇率传导渠道。受国际金融危机的影响，美国、欧盟、日本等国不断调整汇率，使得主要国际货币汇率波动幅度加剧，导致大宗商品和上游原材料价格的大幅波动，对劳动密集型的国际生产企业造成了剧烈的冲击。归根结底，汇率变动最终影响该国的进出口贸易，并进而影响整个国民经济。

由图 6-5 可见，人民币自 2005 年 7 月以来对美元已经累计升值约 20%，但在 2007 年 11 月之前名义有效汇率波动却比较稳定，这表明人民币对其他货币并没有出现明显的升值，甚至对欧元、日元还出现小幅贬值。但其后名义有效汇率出现了明显较大幅度的升值。随此变动中国进出口贸易也发生了重大变化。如图 6-6 所示，从 2008 年初开始，出口出现了较大幅度下滑，虽进口有所上升，但至 2008 年 5 月以后，进出口增速均下降。这是由于金融危机引致的经济衰退，传染到其他经济体，进而使这些经济体增速减缓，货币贬值，从而令人民币名义有效汇率升值。由此可见，金融危机通过汇率渠道传染至中国，导致出口导向型企业汇兑损失，增加了出口成本，削弱了出口利润的增长。

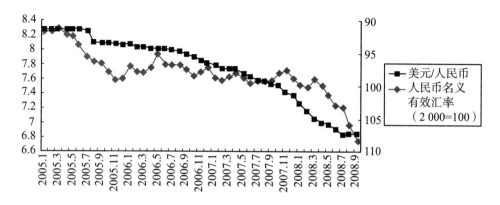

图 6-5 人民币名义有效汇率对美元的汇率走势

资料来源：相关资料整理。

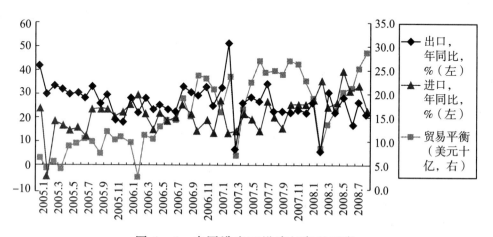

图 6-6 中国进出口增速与贸易平衡

资料来源：相关资料整理。

日本在金融危机爆发期间，日元兑美元等主要国际货币汇率也在不断升高。2009 年 10 月初，在国际外汇市场上，1 美元可兑换 89.4 日元，日元汇率再次出现"高处不胜寒"的情形。日元升值的主要原因：一是美元不断贬值；二是日本政府无意过多干预外汇市场；三是日本与其他国家的货币发行量不同。日元升值对日本经济将造成多方面影响，首当其冲的是出口企业。据估算，日元兑美元每升值 1 日元，日本汽车、电机等行业企业的年利润将减少 1 亿 ~3 亿美元。出口企业业绩下滑，财务状况恶化，将不得不压缩国内生产和投资，进而影响国内就业和消费。另外，美国和欧盟都已陷入衰退，而美国和欧盟占日本出口总额的近 45%，美欧经济的长期衰退对日本的出口无疑是最不利的因素。从 2008 年第二季度开始出口对日本 GDP 的贡献率不断下降，呈现连续四个季度负增长，在 2009 年第一季度更是下滑到了 -13% 的低点。

2008 年金融危机的爆发，对本就处于经济衰退的韩国而言无疑是雪上加霜。韩元兑美元的汇率变化从 2008 年的 938.53 韩元/美元下跌至 1 502.63 韩元/美元（12 月），跌幅达 37.5%。根据统计的数字计算，韩元兑美元在雷曼公司宣布破产保护前下降了 10.5%，在那之后降幅达 27.5%。汇率的下降并没有带来理论上出口的增加，相反，2008 年第四季度，韩国出口增长率降到了有史以来最低点，比第三季度减少 11.9%，消费与投资均创 1997 年金融危机之后 10 年来最低。制造业受出口行业产量减少的影响和第三季度相比，四季度减少了大概 12.0%，同样表现为 1997 年以来最差。由于出口对韩国 GDP 的贡献度所占的比例比较大，出口增长率的下降导致 2008 年韩国第四季度的 GDP 较 2008 年第三季度锐减 5.6%，经济下降速度迅猛大大超出了人们的预期。2008 年韩国的经济增长率由于受危机的重创降到了 2.5%，创近十年来新低。

俄罗斯和蒙古国情况相似，均是在国际需求受金融危机影响大幅下降以及外资撤离的条件下，汇率大幅走低，消耗了大量外汇储备。为了阻止资本外流，稳定汇率，遏制通货膨胀，不得不提高利率。但利率上升加剧了银行体系的脆弱性，恶化了银行的资产负债表。虽然升息有利于汇率稳定，但公司和家庭利息支出增加，债务的偿还能力下降，银行不良贷款增加，其结果是银行的净值下降，银行体系出现流动性困境，银行体系面临崩溃的危险。这些问题最终导致国家进出口下降，最终拉低经济的增长，比如俄罗斯在 2009 年前两月中出口下降 44.5%，进口下降 35.3%，GDP 同比下降 7.3%。

（2）证券渠道传导。证券渠道传导机制主要表现为：当国际游资对一国证券市场进行投机时，证券价格高涨，国内外投资者都涌入其中，致使股票价格持续攀升，泡沫化明显；当证券价格攀升到极高后，国际游资因获得巨额利润而迅速撤离，从而引发证券交易的巨大波动，整体价格迅速大幅下跌，进而引发全国乃至各相关国家的恐慌，纷纷抛售手中证券，金融危机迅速爆发。

金融危机中各国证券市场的反应已在第一部分第二节金融危机对证券市场的挑战中予以说明，此处不再赘述。

3. 金融危机后各国金融政策的变化

（1）中国应对金融危机的各项政策。2008 年 9 月，为了应对国际金融危机的严重冲击，中国货币政策转为适度宽松。人民银行于 2008 年下半年开始，半年内连续 5 次下调存款机构人民币存贷款利率，4 次下调存款类金融机构人民币存款准备金率。这些密集政策起到了稳定市场、增加流动性、促进经济结构向好发展的作用，至 2009 年底，这一适度宽松的货币政策实现了最初的调控目标。2009 年初，国务院提出全年 M2 增长 17% 左右、新增贷款 5 万亿元人民币以上，相对于预期 8% 的 GDP 增长率和 4% 的 CPI 指标，仍是一个适度宽松的货币政策。中国货币政策转向有力配合了政府的积极财政政策，对经济企稳和回升的作用明显，有力地保障了经济增长和调整。但在实施宽松货币政策过程中所造成的货币供应过度宽松、信贷过度膨胀、资产价格上涨而引起的通货膨胀问题，又成为2010 和 2011 年政府治理经济的主要目标。

在财政投入方面，2008 年 11 月中国政府宣布 4 万亿元人民币的经济刺激计划，约占中国 2009 年国内生产总值的 12% ~ 13%。2009 年初这些刺激计划就已全面展开，大部分用于对基础设施和社会保障体系等领域的投资。2008 年后半年，中国政府密集出台了诸如降低证券交易印花税、免征储蓄存款个人所得税、提高出口退税率、成品油价格和税费改革等措施，较为有力地推动了经济增长。

在金融监管方面，中国监管部门结合自身当前的经济状况和中国的特殊经济体制，做出了一些调整，旨在恢复中国的经济。这些调整主要体现在以下几个方面：第一，以防范危机为手段，加强东北亚地区经济一体化建设；第二，加强了金融监管机构之间的相互配合，推进国际金融市场的改革；第三，保持了开放的贸易体制和投资机制。

（2）日本应对金融危机的各项政策。日本政府在 2008 年 8 月、10 月和 12月先后采取了"紧急综合对策""生活对策"和"紧急经济对策"措施，被称为"三级火箭助推"。三次政策措施共投入财政资金 12.4 万亿日元，相当于 GDP 的1.9%，并预计将带动 75 万亿规模的事业投资。鉴于 2008 年第四季度以来经济恶化速度加快，日本政府又于 2009 年 4 月决定出台新的"追加经济对策"，追加额高达 15.4 万亿日元，相当于 GDP 的 3%，这是近年来最大规模的财政投资，带动约 56 万亿日元的事业规模。

在货币政策方面，日本银行主要采取了以下措施：向短期金融市场大量供给资金，通过公开市场操作向金融市场提供美元流动性，两次下调无担保隔夜拆借利率的诱导目标，2008 年 10 月从 0.5% 下调至 0.3%，12 月从 0.3% 下调至 0.1%。2008 年 12 月，又实施购入长期国债、购买一般企业商业票据（CP）等特别措施。直到 2009 年 6 月，日本银行一直维持 0.1% 的低利率不变，继续增加货币的流动性。在利率政策方面，2008 年 10 月，日本银行政策委员会决定将政策利率（无担保隔夜拆借利率）从年利率 0.5%（2007 年 2 月实行）降为 0.3%。之后，日本经济受欧美国家经济减速的影响，出口减少，企业收益和家庭收入减少，就业形势依然严峻，内需增长乏力。同年 12 月，日本银行再一次将政策利率从 0.3% 降为 0.1%，基本上又回到了实行长达 7 年之久的零利率政策。

日本对金融市场实行统一监管。在危机爆发后，日本政府采取了一系列的紧急措施来应对危机：其一，放宽对上市公司赎回本公司的股票限制；其二，限制股市的卖空行为；其三，暂时冻结出售政府和央行所持有的公司股票；其四，刺激国内需求，保证人民生活水平。日本并没有进行金融监管上的较大改革，而只是对金融监管做了微调。这样可以避免因过度监管而对日本经济活力和国际竞争力带来损害。

（3）韩国应对金融危机的各项政策。金融危机爆发后，韩国所采取的主要政策是降息。自 2008 年 8 月份升息 25 个基点至 5.25% 之后，从 10 月开始，韩国央行连续减息三次。10 月 9 日，韩国加入全球联合减息行动，将基准利率下调 25 个基点。虽然韩国央行暗示减息可能不止一次，且市场也认为仅降息 25 个基点不足以改善流动性和提振经济，但是由于持续减息可能继续削弱韩元，当时即使韩国央行也表示大幅减息的可能性不大。然而在 10 月 27 日，韩国央行就紧急减息 75 个基点，并在 11 月 7 日再次下降 25 个基点。

2008 年末至 2009 年初，面对韩元短期内急剧贬值的情况，韩国央行频繁出台干预措施，调控外汇市场。对外，韩国央行积极与主要国家签订货币互换协议，以保证宏观层面有足够的外汇来源。

为救援证券公司和金融机构处于资金流动量不足的困境，韩国央行还决定紧急向证券市场输血，提供 2 万亿韩元的资金。此外，韩国政府还通过由公共机关购买资金周转不灵的建设公司的代售住房或土地等方式，向建筑公司援助 8.7 万亿韩元至 9.2 万亿韩元的流动资金。韩国政府还制定措施减轻家庭住房负担，呼吁银行延长贷款延期期限和调整到期日，降低从浮动利率贷款转至固定利率贷款时的中期偿还手续费，并呼吁家庭转向固定利率贷款。

（4）俄罗斯应对金融危机的各项政策。俄罗斯主要通过直接注资增加大银行的国家持股和向大银行提供授信和优惠贷款，帮助银行机构解决困境。如中央银行拨出资金，增加控股银行的国家持股份额。俄罗斯有 1 100 多家银行，多数为规模较小的私营商业（股份）银行，规模大的银行则基本上都有国家参股或属于国家控股银行，如储蓄银行、外经贸银行、农业银行、天然气股份银行等就属此类。从法人角度讲，这些银行也是股份公司，但政府有决定权。政府给这些银行金融提供流动性，实际上提高了国家在这些银行的股份比重。俄罗斯中央银行通过给这些银行增加低息贷款规模，有些贷款是长期优惠贷款，但对小银行则不提供优惠信贷。俄罗斯政府还借危机推进银行机构的改革和重组，政府通过大国有银行收购经营清偿力低的小银行，如对"城市抵押银行""ВЕФК"银行等几家银行进行重组。此外，2008 年 10 月中旬俄罗斯国家杜马通过的 2009～2011 年国家预算法案修正案，决定在 2009 年拨款 1 750 亿卢布给对外经济银行，由其对具有较高评级的企业、银行债券和有价证券进行投资，即具有国计民生重要战略意义的大企业股票进行回购，达到稳定股市和支持企业的双重目标。[①]

（5）蒙古国应对金融危机的各项政策。蒙古国政府采取了包括加强立法、扩大国际合作、增收特别税和增发国债等措施。蒙古国国家大呼拉尔（议会）于 2008 年 11 月 25 日通过了为储户提供担保的法律。此法通过后不久，蒙古一家商业银行——阿诺德银行因出现不良贷款而受到审查，虽然一度传出阿诺德银行可能倒闭的消息，但因为有法律保护，储户并未因此产生恐慌。2009 年 1 月 9 日，蒙古国国家大呼拉尔蒙日议会小组提议，直接与日本以及世界银行、国际货币基金组织、亚洲银行等国家和机构进行财政援助的谈判。1 月 14 日，蒙古国政府会议通过决议，由副总理、蒙中政府间委员会蒙方组长恩赫包勒德负责，就蒙古希望从中国贷款 30 亿美元事宜与中方举行会谈，用于稳定金融市场与农牧业、工业以及基础设施项目。为增加财政收入，蒙古国政府通过了对进口石油产品征收特别税的决定，仅此一项可为国家增加 150 亿至 200 亿图的收入。蒙古国政府还计划发行 1 800 亿图国债，以回笼资金，同时加快对国家战略大矿奥尤陶勒盖铜金矿和塔旺陶勒盖煤矿的开发。根据预测，一旦上述开发项目两三年后产生效益，蒙古国的外汇收入将大幅增加，经济也有望继续保持快速增长势头。[②]

（三）当前东北亚地区金融安全状况评估

金融是现代经济的核心，金融安全是国家经济安全的核心。20 世纪 80 年代

---

① 《俄反危机的政策核心：维护银行和证券市场稳定——专访俄罗斯政府行政改革委员会委员列夫·雅科勃松》，载《21 世纪经济报道》2009 年 5 月 4 日，第 34 版。

② 霍文：《加强立法　扩大合作　增发国债——蒙古国多种手段应对金融危机》，载《人民日报》2009 年 1 月 31 日，第 3 版。

以来，国际上一系列金融危机表明，一国若在防范金融风险问题上认识不足或处理不当，就有可能发生金融危机。金融危机往往会演变为经济危机、社会危机甚至国家政治危机。对东北亚地区各国金融安全状况进行评估，有助于掌控金融平稳运行，防范金融风险，保证经济平稳健康发展。

1. 东北亚地区金融安全指标体系的构建

结合对金融预警指标体系现有的研究结果，笔者将预警指标体系归纳如表6-4所示的四大类，利用这四个不同的指标体系相结合共同反映国家的金融安全状况。

（1）宏观经济指标体系：反映了金融深化程度和国家宏观经济在运行过程中出现的偏差对国家金融安全的影响。

（2）金融机构安全指标体系：主要是反映国家和银行的信用状况，商业银行的经营状况是否稳定。

（3）外汇市场指标体系：反映了国际收支状况的变化、汇率的变动等对金融安全的影响，外汇储备充足程度，以及币值是否稳定。与宏观经济指标等结合可以用来监测货币汇率的变动状况。

（4）股市地产安全指标体系：用来衡量系统中泡沫风险的程度和大小，泡沫风险主要来自于房地产和股市等产业。

表6-4　　　　　　　　金融安全预警指标体系

名称	预警指标名称	临界值	注释
宏观经济指标（A_1）	GDP 增长率	8%	
	通货膨胀率	2%	
	M2/GDP		
	财政赤字/GDP	<3%	
	失业率		
金融机构安全指标（A_2）	商业银行不良资产/总资产	2%~3%	商业银行经营状况指标
	商业银行资本充足率	>8%	
	商业银行税后利润		
外汇市场指标（A_3）	实际汇率升值幅度		币值稳定性指标
	经常项目差额/GDP	<5%	
	外汇储备/外债总额	>20%	外债结构风险
	短期外债/外汇储备	>100%	

名称	预警指标名称	临界值	注释
股市地产安全指标（A₄）	股票市盈率		股市和房产市场风险指标
	股票市价总值/GDP	60%	
	房地产空置率		
	股票交易周转率		股票流通性强弱的指标

表6-4中四大类指标体系所含子指标较多，其中许多子指标的作用是相通的。下面主要通过选择中国预警子指标来进行检验，在此基础上进一步进行筛选（见表6-5）。

表6-5 危机爆发前后中国主要预警子指标

年份 指标	2006年	2007年	2008年	2009年
GDP增长率（%）	11.6	13.2	9.6	8.7
通货膨胀率（%）	1.5	4.8	5.9	-0.9
失业率（%）	4.1	4.0	4.2	4.3
M2/GDP	1.63	1.52	1.51	1.78
财政赤字/GDP（%）	0.78	-5.58	0.4	2.29
银行不良贷款/总资产（%）	7.5	6.7	2.4	1.58
商业银行资本充足率（%）	5.1	5.8	6.1	11.4
经常项目差额/GDP（%）	9.34	10.64	9.64	5.96
外汇储备/外债总额（%）	330	409	515	560
外汇储备/短期外债（%）	615	751	1 046	1 031
股票市价总值/GDP（%）	41.33	123.07	38.65	71.64

资料来源：根据《金融年鉴》和《中国统计年鉴》整理而得。

从表6-5中可见，中国GDP的增长率在危机爆发前处于增长阶段。2008年危机爆发后，GDP增长率下跌了3.6%，受金融危机的持续影响，GDP持续下跌。截至2009年末，GDP更是跌至8.7%。GDP作为衡量一国经济的最佳指标，其大幅下跌意味着经济的不景气。中国自2008以来GDP的大幅下降主要是受金融危机的持续影响所致，可见GDP对一国经济繁荣和衰退的反应是比较明显的。

由表6-5可知，在危机爆发前通货膨胀率就已经开始出现大幅增长，这是由于2006~2007年中国经济增长过快导致。2008年危机爆发，中国经济受到冲击，通货膨胀率持续增加。一般来说，通货膨胀率的增加会使失业率相对减少，但可以看出，持续的通货膨胀压力反而使得失业率逐渐升高，可见中国滞涨现象十分明显。通货膨胀率由于受政府调控市场的政策影响较大，所以作为预警指标不是很准确。而失业率一般与 GDP 增长率呈负相关，失业率可以很好地反应一国的失业状况，是较准确地反映危机爆发后一国宏观经济状况的参考指标。

以银行为主的融资行为占整个融资的比值达 80% 以上，银行等金融机构稳定，整个金融体系也不会出现太大的动荡。近年来，中国银行不良贷款/总资产的比重逐年递减，危机爆发期间，在金融机构审慎借贷的作用下，不良贷款/总资产的比值更是大幅下跌。从当前的形势分析，在短期内，中国的银行业还是相对较为稳定的，由银行体系引发金融危机的可能性较低。

资本充足率是衡量银行体系稳健性最重要的指标之一，国际上将资本充足率临界值设为 8%，并认为当银行的资本充足率大于 8% 时，是相对安全的状态。结合表 6-5 可以看出在 2006~2008 这三年，中国银行的资本充足率均小于 8%，处于安全值以外。在资本充足率不足的情况下，遭遇经济不景气会使得银行的经营损耗加大，不利于银行体系在危机中的恢复。而中国的银行体系在危机中却表现出了稳健的态势——在危机爆发后的一年里，银行系统的资本充足率不降反升，且突破 10%，在 2009 年达到 11.4%，可见中国银行在抵御危机的冲击方面表现了强劲的态势。银行系统的稳健为抵抗金融危机提供了很好的屏障，因此选取资本充足率和不良资产指标作为预警指标还是比较具有参考意义的。

M2/GDP 比例的大小、趋势和原因由多种不同因素共同决定，所以选取 M2/GDP 作为预警指标不能准确地反映一国的金融安全与危机的直接关系。

财政赤字/GDP 的比值，国际警戒线定为 3%。参考表 6-5 可以看出 2006 年中国的财政赤字占比仅为 0.78%，还是比较低的。随着 2007 年中国经济的持续增长，财政赤字表现为负值，为 -5.58%，这说明中国收支状况表现较好，财政收入远大于财政支出。自 2008 年下半年次贷危机爆发以来，中国财政赤字开始出现增长，截至 2009 年增长至 2.29%，接近安全值。国家财政支出大于收入，表明国家加大支出对社会投资和社会救济。这有利于经济萧条时加大生产资料的需求量，促进生产，刺激消费，从而带动经济的发展。

国际上将经常项目差额控制在 GDP 的 4% 以内视为国际收支平衡的重要指标。2005~2009 年，在房产泡沫和金融泡沫的双重刺激下，全球经济形势一片大好，其中，中国经常项目顺差/GDP 的比值超过 4% 国际标准线，达 5.96%，在 2007 年更是冲破 10% 达到 10.64%。伴随着金融危机的爆发，中国经常项目差额与 GDP 的比值也表现出了下跌的趋势，2009 年跌至 5.96%，2010 年回落至标准线 4%，2011 年进一步降至 2.8%。经常项目顺差占 GDP 的比值不断回落，表明中国国际收支水平的持续改善，以及与外部经济的日渐平衡。可见该指标能很好地反映危机前后一国对外状况。

短期外债占外债总额的比值自 2006～2009 年分别为 53.66%、54.46%、49.23%、54.31%，国际上的这一标准为不超过 25% 是安全的，而中国在 2007 年超过该值 29.26%。对比 2006～2009 年，中国短期外债占比过高，存在风险较大。但结合中国外汇储备的情况来看，中国外汇储备/外债总额的比值自 2006～2009 年历年数据分别为 330%、409%、515%、560%，呈现逐年攀升的趋势。这一比值也远远高于国际上所制定的安全值（＞20%）；外汇储备/短期外债的比值在表 6－5 中可以看出，自 2006 年以来也是呈现出递增趋势，最高时在 2008 年达 1 046%，这一比值也远远高于国际标准安全线（100%）。综上可以看出，现阶段中国有足够的偿债能力来应对现阶段的危机，因此由外债引发的金融危机可能性不大。

按照国际标准，股票市价总值控制在 GDP 的 60% 以上认为股市是安全的，从长期而言，在此基础上投资可获得较好的投资回报。在表 6－5 中，中国股市在 2007 时，股票市价总值与 GDP 比值高达 123.07%，根据巴菲特的理论，投资者容易对中国股市产生利好的预期，于是导致热钱大量涌进中国股市，股市泡沫化严重。2008 年伴随着次贷危机的爆发，国内外投资者对股市的前景堪忧，导致投资资金纷纷撤离股市，股市泡沫破灭，中国股市开始暴跌，股票市价总值降低，股票市价总值与 GDP 的比值也出现了暴跌。2009 年随着中国经济的逐渐恢复，股票市价总值/GDP 重又回到 60% 以上，达到了 71.64%。

2. 东北亚地区金融安全状况评估

在利用中国数据对上述预警指标进行检验的基础上，笔者对预警指标进行了筛选。同时考虑到其他四国有些指标数据的获取比较困难，像股票市盈率、房产空置率、短期外债等，因此无法纳入预警指标体系，此外还有一些数据的作用虽突出但不具有可比性也未纳入指标体系中。

综合前述对中国指标的分析，再结合危机传导机制、影响、对策等，最终选取的预警指标体系包含了经济、贸易、银行、汇率、股市等各方面变量。

（1）GDP 增长率。由表 6－6 可以看出，2007 年之前，各国经历了较为繁荣增长的一段时期，但随着次贷危机的到来，2007 开始至 2009 年东北亚五国的 GDP 增长率均出现了大幅下降，俄罗斯降幅最大达 16.3%；蒙古国紧随其后，降幅为 11.5%。日本的 GDP 在 2008 年出现了负增长，增长率为 -1.16%，到 2009 年 GDP 增长率更是跌至 -6.28%；中韩也没能躲过此劫，GDP 在 2009 年也均出现了大幅下跌的情况。随着应对危机政策的出台，各国经济从 2010 年开始从谷底复苏，截至 2010 年底，东北亚五国 GDP 均出现了增长，其中蒙古国涨幅最大。

表6-6　　　　　　　东北亚五国的 GDP 增长率　　　　　单位：%

国家＼年份	2005	2006	2007	2008	2009	2010
中国	11.30	11.60	14.20	9.60	9.20	10.30
日本	1.93	2.01	2.36	-1.16	-6.28	3.94
韩国	3.96	5.20	5.11	2.30	0.20	6.11
俄罗斯（2008 年价格）	6.4	8.2	8.5	5.2	-7.8	4.3
蒙古国	7.3	8.6	10.2	8.9	-1.3	17.5

资料来源：世界银行 WDI 数据库。

通过东北亚五国这六年的 GDP 数据变化可以看出，危机爆发前各国 GDP 增长率波动不大，呈现出平缓的上升趋势，危机爆发期间及以后的一年里，GDP 增长率波动剧烈，甚至出现负值，通过 GDP 的数值可以比较直观地看出危机爆发时给经济带来的影响。

（2）汇率。由表6-7可以看出，中国和日本在汇率方面表现相似，在危机爆发前均表现出了对美元的升值趋势，危机爆发后日元和人民币依然保持坚挺，继续保持稳步求升。中国出现这一状况的原因主要是国际收支双顺差，特别是贸易账户的大额顺差使外汇储备大量增加，从汇率决定理论的角度分析，这是促使人民币升值的主要经济因素。日元兑美元的升值主要是因为美国经济大萧条和居高不下的失业率以及财政赤字使得大量规避风险的资金涌入日本。2007 年韩元对美元处于升值阶段，危机的爆发使得韩币大幅贬值，韩元兑美元的汇率在 2009 年更是跌至 1 276.93（韩元/美元）。全球金融危机导致韩元贬值的主要原因是外资的大量撤退，加上韩国外汇和黄金储备较少，一旦外资撤退，韩国货币贬值是必然的。俄罗斯和蒙古国的汇率变动也和上述各国基本一致。

截至 2010 年，经济形势好转，五国的货币对美元均表现出了升势，汇率大体上表现出一致性。由以上分析可以看出，汇率对危机的预警方面还是具有参考意义的，危机爆发前后汇率波动明显。

表6-7　　　　　　　东北亚五国的汇率情况　　　　单位：1 美元兑本币数

国家＼年份	2006	2007	2008	2009	2010
中国	8.19	7.61	6.95	6.83	6.77
日本	110.22	117.75	103.36	93.57	87.78
韩国	1 024.12	929.26	1 102.05	1 276.93	1 156.06

续表

年份 国家	2006	2007	2008	2009	2010
俄罗斯	27.19	25.58	24.85	31.74	30.37
蒙古国	1 179.70	1 170.40	1 165.80	1 437.80	1 357.06

资料来源：世界银行 WDI 数据库。

（3）经常项目差额/GDP。经常项目顺差占 GDP 的比值一定程度上可反映出一国国际收支平衡状况。国际上将经常项目差额/GDP 的值控制在 4% 以内，视国家收支基本平衡。由表 6-8 可以看出中日韩三国的经常项目差额与 GDP 的比值变化趋势表现出了一致性。

表 6-8　　　　　　　东北亚五国经常项目差额/GDP　　　　单位：%

年份 国家	2005	2006	2007	2008
中国	7.13	9.33	10.61	9.41
日本	3.65	3.91	4.81	3.21
韩国	1.78	0.57	0.57	-0.62
俄罗斯	11.05	9.33	5.55	6.26
蒙古国	3.34	6.49	4.06	-12.27

资料来源：国际统计年鉴、世界银行 WDI 数据库。

危机爆发前的 2005～2007 年三年里，中日的经常项目差额/GDP 呈现稳步上升的趋势，这种整体的上升主要是由于在美国房产泡沫和金融泡沫的推动下，全球贸易顺差和美国贸易逆差出现大幅增长导致的。其中中国经常项目差额/GDP 三年来均超过国际安全线，在 2007 年的时候更是达到 10.61%。中国 2009 年经常项目差额/GDP 跌至 5.96%，2010 年回落至标准线 4%，2011 年进一步降至 2.8%。经常项目顺差占 GDP 的比值的不断回落，表明国家国际收支水平的持续改善，以及与外部经济的日渐平衡。可见该指标能很好地反应危机前后一国对外状况。

日本的经常项目差额/GDP 也一直在安全线附近波动，在 2007 年也超出了安全线达到 4.81%。韩国经常项目差额/GDP 的数值三年来变化不大，但总体呈现出下降的趋势。中日贸易顺差的大幅增加为危机埋下了伏笔，在随之而来的 2008 年，由于美国房产泡沫的破灭，危机迅速蔓延，中日韩经常项目差额/GDP 均迅速下跌。

蒙古国情形与上述三国情形大致相同，在 2007 年其经常项目差额/GDP 开始降低，这是由于受到危机影响，其矿业出口大幅缩水，导致危机爆发的 2008 年里，其经常项目差额/GDP 降为负数。俄罗斯该比例与其他国家相比提前一年回落，在 2007 年为最低，随后在其国家政策的改革下，俄罗斯经常项目重新走高，于 2008 年开始复苏。

（4）商业银行资本充足率。资本监管是审慎性银行监管的核心，资本充足率直接关系到危机对一国银行体系的影响程度，银行的资本充足使其在危机期间有足够的资金来应付危机的损耗，国际上认为资本充足率在 8% 以上是安全的。由表 6 - 9 可以看出，中日两国的银行资本充足率均低于安全线，韩国则在安全线以上，韩国主要是吸取亚洲金融危机的教训，在银行监管方面比较严格。日本较低的资本充足率使其金融机构在危机期间损失惨重，而韩国和中国在危机爆发后银行受到的冲击较小，恢复较快。

由于俄罗斯政府和中央银行曾修改了现行法律，规定从 2005 年起资本低于 500 万欧元的银行的资本充足率为 10%；从 2007 年起所有信贷组织（不管其是银行还是非银行信贷组织，也不管其自有资本的数量多少）的资本充足率一律为 10%。相对较严的金融监管使得俄罗斯在危机期间能够保持高于安全线的资本充足率，尽管次贷危机的冲击使不良贷款上升，利润水平下降，资产增长也受到不利影响，但俄罗斯银行业的净息差仍高于中国，其盈利能力强于中国的银行，资本充足率和金融包容水平也超过中国①。蒙古国由于数据缺失，忽略对其讨论。

表 6 - 9　　　　　　　东北亚五国商业银行资本充足率　　　　　　　单位：%

年份 国家	2005	2006	2007	2008	2009	2010
中国	4.4	5.1	5.7	6.0	5.6	6.1
日本	4.9	4.8	5.3	4.5	4.3	5.3
韩国	9.3	9.2	9	6.3	7.3	7.6
俄罗斯	NA	12.1	13.3	10.8	13.1	12.9
蒙古国	NA	NA	NA	NA	NA	NA

资料来源：世界银行 Bank capital to assets ratio 数据库。

（5）股票交易额/GDP。结合历史数据研究发现，危机爆发前股市一般比较活跃，股票交易频繁。结合表 6 - 10 可以看出，危机爆发前两年中日韩三国的股市非常活跃，股票交易额均超过安全线 60%（俄蒙虽未超过安全线，但该指标也处于历史高位），股市交易额最高时在中国达到230.4%，这主要是由于全球金融市场泡沫化严重，导致热钱大量涌入各国股市所导致的。随着危机的爆发，投机者对股市预期下降，使得资本大量抽逃，各国股市开始暴跌。在表 6 - 10 中，东北亚五国在2008 年股市交易开始下跌，日蒙两国由于直接融资市场不发达，股票市场在 2009

---

① 粟勤、肖晶：《中俄两国银行业改革绩效比较与经验借鉴》，载《经济问题探索》2013 年第 12 期。

年跌幅巨大，由此可见危机已经爆发并开始对股市产生严重的影响。危机爆发前股票交易额高涨，危机爆发期间中日韩均出现大幅下跌，危机爆发次年略有回升，可见各国的变化还是能够比较直观地反映出危机的爆发的。

表 6 – 10　　　　　　　东北亚五国股票交易额/GDP　　　　　单位：%

国家 \ 年份	2005	2006	2007	2008	2009
中国	26.0	61.5	230.4	120.7	179.7
日本	109.8	143.1	148.2	119.5	82.7
韩国	142.4	150.9	203.5	157.8	190.0
俄罗斯	20.85	51.96	58.05	33.85	55.82
蒙古国	0.09	0.31	1.25	0.92	0.35

资料来源：国际统计年鉴。

（6）股票交易周转率。股票交易周转率是反映股票流通性强弱的指标。根据数据显示，危机期间股票交易周转率均出现下降。

结合表 6 – 11 可以看出，各国股票交易周转率基本在 2007 年左右达到阶段峰值，随后大幅降低。其中，中韩蒙在 2007 年达到最大值，2008 年迅速降低，中韩两国于 2009 年股市流通性开始回升，但蒙古国股市受到的打击较其他国家更为严重，直到 2009 年也未回复。日本稍显滞后，其周转率在 2008 年达到峰值，在 2009 年大幅下降。俄罗斯则是略显超前，其股票周转率在 2006 年最高，2007 年略微下调，随后稳步提高[1]。

不管怎样，股票周转率数据表明东北亚五国股市出现了动荡。由各国股票交易周转率变化，还是可以比较明显地看出 2008 年危机爆发前后，股票市场股票交易减少，流通性减弱，股市的震动加强。

表 6 – 11　　　　　　　　东北亚五国股票交易周转率　　　　　　单位：%

国家 \ 年份	2006	2007	2008	2009
中国	102.0	180.1	121.3	229.6
日本	132.1	141.6	153.2	127.1
韩国	172.5	201.6	181.2	237.6
俄罗斯	64.06	58.94	59.17	108.46
蒙古国	13.51	14.66	10.20	3.84

资料来源：国际统计年鉴。

---

①　金融危机对俄罗斯股票周转率影响较小，主要归功于俄罗斯政府采取的迅速而坚决的救市方案。如 2008 年 10 月 13 日俄罗斯总统签署《支持金融体系补充措施》法案及实施其他公开市场等措施。

综上所述，此六种指标随着金融危机的爆发而波动，指标体系的剧烈变化对于中日韩俄蒙五国而言，意味着发源自美国的金融危机通过前述各种渠道传染至各国，并对各国的金融环境造成巨大负面影响。因此，为实现区域经济稳定发展和共同抵抗危机，加强区域功能性金融合作、建立稳定完备的制度合作机制十分迫切。

二、东北亚区域金融合作与中国的战略选择

经济全球化和金融全球化发展背景下，经济资源和金融资本流动加速形成了"双刃剑"效应，一方面使得资源配置效率大大提高，另一方面也带来不可预测的金融风险。一国的金融体系面对这种高度开放的国际金融环境，需要借助于区域金融合作来获取经济增长利益、规避金融风险的冲击。目前，东北亚区域金融合作实践进展缓慢，影响了区域各国经济增长的稳定性和安全性。如何推动这一区域的金融合作进程已经成为区域各国经济发展面临的现实课题。

（一）东北亚区域金融合作的动因

就东北亚区域金融合作而言，合作的目的在于防范金融危机的发生，促进区域经济增长与发展，也就是说东北亚区域金融合作的基本动因在于实现区域金融安全与区域经济稳定发展。

1. 维护区域金融安全

（1）区域金融合作是防范金融危机的要求。1997年发生的亚洲金融危机和2008年爆发的全球金融危机，使得东北亚区域各国受到不同程度的影响。韩国经济遭到了巨大的冲击；俄罗斯也出现了卢布贬值危机；由于中国的资本项目没有开放，这道天然的"防火墙"避免了中国国内金融市场受到冲击，但对外贸易受到严重打击，直接促成了国内经济的增长乏力；日本虽然没有受到金融危机的直接冲击，但由于它与东亚区域其他国家密切的贸易和债权债务关系，这些国家的危机也对日本的出口和债权人利益产生了消极的影响。可以说，金融危机的发生使得任何相关国家的利益都不可避免地受到损害。

对这两次金融危机的研究表明，国际投机资本的短期流动性冲击、国际金融体系安排的制度性缺陷以及货币危机的自我实现机制是危机爆发的直接原因，东亚各国经济结构的内在缺陷是导致危机爆发的深层次内因，而缺乏有效的区域性

金融合作手段和机制是不能阻止危机传染的关键所在。中日韩作为区域性大国在金融危机中立场不一，做法缺乏沟通，在金融层面上缺乏必要的制度安排来共同应对金融危机，扮演的角色和所起作用不尽相同。因此，加强区域各国之间的货币金融合作，建立起稳定完备的金融合作机制十分迫切，是实现区域金融安全的现实需要。

（2）区域金融合作是避免国家间内外政策冲突的有效选择。根据"不可能三角形"理论的解释，一个开放经济体的政府只能在汇率稳定、资本自由流动和独立的货币政策三个目标中选择两个而放弃第三个。要谋求稳定的汇率，则一国只能在资本自由流动和国内货币政策自主权之间做出取舍。但在经济实践中经常出现两难选择：一方面，在资本自由流动的情况下，即使放弃货币政策的主动权，也难以维持汇率的稳定；另一方面，在资本自由流动的情况下，实行浮动汇率，也很难保持货币政策的有效性。

亚洲金融危机之前，东亚各新兴市场国家选择了资本市场的开放和独立的货币政策，这就意味着放弃了汇率的稳定性。在国际投机资本的攻击下，被迫实行了浮动汇率制度，汇率的大幅波动对各国经济造成了极大损害。从世界经济发展来看，各国对资本项目的管制必然会放开，即资本最终会自由流动，因此，要维持稳定的汇率就必须寻求区域性的金融合作，最初可能只是地区伙伴国之间相互的资金支持，发展成熟了就是让渡部分或全部货币政策主权的货币联盟。因此，东北亚各国为避免单一决策下的政策低效性，应该加强货币与金融合作，推动金融区域化的发展。

（3）区域金融合作是稳定汇率的需要。汇率稳定对各国的对外贸易投资具有重要的意义。东北亚区域各国长期经受汇率不稳定的困扰，尤其是日元对美元汇率的不稳定对东北亚地区国家损害更大。由于日元兑美元汇率的大幅度波动以及东北亚区域内国家长期实行盯住美元的汇率制度，使得在世界经济形势恶化的情况下，一方面，在东北亚地区很容易诱发连锁性的货币贬值，这种竞争性的货币贬值将进一步加剧东北亚经济、亚洲经济和全球经济的动荡；另一方面，从生产领域游离出来的大量资金直接进入资本市场，从事证券、期权等衍生交易。这些短期资本具有投机性、流动性和不稳定性的特点，是区域经济不稳定的因素。

因此，建立区域金融保障和统筹体制，保持货币稳定，加强国家之间不同汇率安排的管理与合作问题，减少金融动荡和负面效应，已经提上了议事日程。加强东北亚区域金融合作既是防止上述现象发生的重要手段，也是确保区域金融安全与稳定的现实需要。

2. 促进区域经济合作与发展

（1）区域金融合作可以提供区域开发资金，扩大区域内资本投资规模。区域性金融合作不仅能够有效地规避金融风险，而且能够加深区域内资源的整合，吸引区域内和区域外资本加入到区域开发过程中来。东北亚地区是当今世界最具经济发展潜力的区域，这里有资源和能源大国，有资本和技术大国，有巨大的市场，但这种发展潜力向现实优势的转化还受区域开发资金短缺的制约。

从东北亚整个区域来看，资金的短缺与资金的盈余并存，中国、俄罗斯远东地区和蒙古以及朝鲜的经济增长和发展需要大量的资金，资金的短缺作为结构性矛盾在短期之内依靠自生的力量难以解决，而日本作为该地区世界经济大国拥有大量的资金盈余，同时韩国作为新兴的发达国家其充裕的资金也需要寻找有利的投资场所。但是由于东北亚各国，特别是中日韩之间没有形成发达的金融合作机制和网络，在开发资金来源上难以形成一个良好的互补循环机制把最具潜力的资金需求市场与有效供给有机地结合起来。从目前看，东北亚区域经济环境正趋于成熟化，中国经济的稳定增长，俄罗斯远东地区能源开发的现实化，蒙古改革开放的稳步推进以及朝鲜的市场化动向的改革趋势都使得东北亚这一潜在市场正在成为现实市场，区域投资的利润源能够得到保证，区域内盈余资金的投资场所正在形成。

目前，实现全区域各国间的金融合作还有一定困难，但至少中日韩三国在开发资金上的合作具有极大的现实性与必要性，东北亚区域特别是中日韩三国的金融合作对解决区域资金盈余和资金短缺的结构矛盾具有决定性影响，同时，这种金融合作机制与合作秩序的形成也有利于吸引世界资本流向东北亚地区，实现整个区域对开发资金的需要。

（2）区域金融合作是转换金融结构，提高资金配置效率的需要。东北亚地区特别是中日韩三国的金融结构都是以银行为主导的间接金融体系，资本市场发展落后，尤其是亚洲债券市场发展很不成熟，滞后于经济发展水平。据国际货币基金组织（IMF）2001 年的统计，东亚国家银行融资总额占 GDP 的 106.7%，股权融资占 70.2%，而债券融资仅占 GDP 的 38.1%；而同期美国的数字分别为 52.4%、136.0%、167.4%。

东北亚地区的这种金融体系在投资者降低资产交易成本、促进储蓄的积聚和集中等方面具有显著优势，因而在国家"赶超"战略中发挥了重要作用。然而，这种金融体系缺乏流动性、透明度和应对重大变化的弹性，难以支撑经济结构调整的战略重任，而且这一体系所固有的缺陷与货币双重不匹配的缺陷导致银行部门的风险积累，从而成为危机的源泉。因此，包括东北亚中日韩三国在内的东亚国家共同发展债券市场，开展金融合作是实现金融结构转换，提高资金配置效率的重要选择。

近年来，随着地区经济的发展，东北亚地区国家特别是中国和日本积累了大量外汇储备。但是由于区域内缺乏一个流通性高而又深化的债券市场,大部分外汇储备主要投资于区外资本市场,这些投资转而又以短期资本的形式回流亚洲地区,成为本地区经济波动和金融不稳定的根源之一。由于债券市场在将储蓄转化为生产性投资、促进经济增长和经济发展的过程中起着非常重要的作用。因此东亚各国可以组建区域性债券市场,设立区域信贷保证机制,有利于整个地区吸引资金,提高整个区域的抗金融风险能力,同时减少对欧美大国资本市场的依赖。同时,建立一个完善、高效的东亚债券市场,有利于货币和资金的自由流动以及在亚太地区的有效分配,使东北亚地区投资者可以充分利用区域内国家的货币、较高的储蓄资源和雄厚的外汇储备,在区内金融市场进行投资;使储蓄资金从资本充足的国家流向本地区发展中国家,为这些国家的企业、基础设施以及政府提供融资;实现资本在地区内的顺畅流动和有效调配,促进东北亚地区经济的发展,特别是培育东亚债券市场,能够引导储蓄直接流入本地区的企业和经济实体,使本地区储蓄更多地直接转化为对本地区的投资,而不需要通过发达国家资本市场进行投资,从而将东北亚地区的储蓄留在本地区,并在区域内得到有效利用。

(3)区域金融合作是促进区域内贸易和投资发展的需要。20世纪90年代以来,东北亚区域各国间贸易和投资规模不断扩大,特别是中日韩三国间的经济联系程度日益加深,日韩与中国之间的投资和贸易关系十分紧密,贸易依存度越来越高。实体经济领域的合作发展对金融领域的合作提出了更高的要求,同时,东北亚区域金融合作的滞后也成为制约区域贸易和投资进一步发展的"瓶颈"。这一点可以从中日韩三国间贸易和投资在1997年之前一度出现不稳定波动得到反映。因此,应尽快在东北亚区域建立促进地区贸易和投资稳步发展的相关机制和机构,例如:建立和完善东北亚区域的清算支付体系,促进区域间贸易的顺畅发展;组建东北亚开发银行,集聚资本促进区域内投资和开发;建立东北亚区域特别是中日韩三边的货币互换机制,保证区域经济发展的持续稳定,为区域贸易投资创造良好的外部环境。

当区域金融合作发展到一定水平后,可以考虑在东北亚区域或"10+3"框架下构建区域货币联盟,实现区域货币一体化目标。通过加强区域间各国的金融合作,最大限度地消除东北亚各国间经济合作的不确定因素,降低合作各方的交易成本,提高各自的市场透明度,促进区域内统一市场的形成和区域经济一体化。

3. 推动区域货币的国际化进程

东北亚区域内,"人民币国际化"进程和"日元国际化"进程一直是区域货币角力的主流。长期以来，日本政府一直致力于推动"日元国际化"进程，但由于日本经济长期低迷、日元币值受美元影响巨大，以及日本在国际社会的政治地位不高、负面形象较大等因素的影响，"日元国际化"进程并不顺利，始终给世人一种"经济强国、货币弱国"的印象。反观中国，国民经济经历了二十多年的快速发展，已经跃居世界第二经济大国，在国际社会的政治、经济影响力不断增强，"人民币国际化"进程也成为顺其自然的一种趋势。但中国的国内金融基础还不够稳固，资本项目还没有完全放开，还只能是一个"经济大国、货币小国"，人民币成长为有影响力的国际货币还需要借助国力的不断增强和其他有利的机遇条件。从目前及未来一段时间中日两国的货币角力态势来看，谁也无力凭借己力完全超越对方而成为区域主导货币，也不可能完全摆脱对方而单独成为唯一的区域"货币锚"，唯一的现实选择是通过双方的经济金融货币合作，最终达成各自货币向"区域化"进而"全球化"发展的"双赢"局面。

（二）东北亚区域金融合作的基本框架与机制

东北亚区域金融合作的动因强烈，但是受到区域各国的社会制度、经济体制、经济发展水平、金融市场发育程度等因素的制约，尚不具备进行整体合作的实力和条件，金融合作只能以非均衡的发展方式在经济发展水平较高，经济开放度较大、经济联系较为密切的中日韩三国之间展开。在当前条件下，东北亚区域金融合作可以说就是中日韩之间的金融合作。而且中日韩之间的金融合作推进机制往往也需要借助东盟地区的"10＋3"框架下来实现，这也是东北亚区域金融合作的特殊性所在。

1. 东北亚区域金融合作的基本框架

（1）中日韩合作框架。从合作的动因、基础和可行性等方面考量，中日韩之间紧密的经济联系使得开展金融合作具备了充分条件。从国际贸易方面来看，中日韩贸易关系日益紧密化，贸易依存度越来越高，三国间的双边贸易不但成为东北亚贸易的核心，而且彼此已经成为最大的贸易伙伴；从国际投资方面来看，中国已经成为日韩对外投资的主要对象国。国际金融合作是国家间经济贸易联系发展到一定阶段的产物。国家间的经济联系密切化，推动了金融合作的发展，而金融领域的合作则进一步润滑国家间的经济贸易联系，促进国家间贸易和投资的发展，同时，国际金融合作需要在具有相对一致性的经济制度框架下进行。因此，经济贸易联系的紧密化和经济制度的相对一致性就构成了金融合作的物质基础和制度条件。中日韩金融合作的现实性基础和可能性的制度条件正在于日益密切化的经贸关系和日趋一致的市场化取向的制度条件的形成。

（2）"10＋3"合作框架。1997年亚洲金融危机之后，东盟—中日韩（"10＋3"）的东亚合作机制逐渐深化。美国国际经济研究所所长、著名经济学家弗雷德·伯格斯坦指出："说到国际金融，有两个组织会觉得他们在掌管大局：七国集团（如将俄罗斯算在内，是八国）和国际货币基金组织"。其实不然，至少从中期来看，世界经济格局中最重要的变化很可能来自由日本、中国、韩国和东盟十国构建的新东亚布局。贸易方面也是如此。世界贸易体系最显著的变化，特别是短期内，不太可能发生在世界贸易组织和所谓的'大区域'，如美洲自由贸易区或扩张了的欧盟，而是极有可能来自由日本、韩国和其他东盟国家紧锣密鼓谈判中的地区贸易协定。几乎还没有引起其他地区的注意，东亚国家正聚在一起打自己的经济算盘。结果是，"有史以来第一次，世界正在形成一个三足格局"。[1]伯格斯坦先生所言的三足鼎立的世界经济格局目前看为时尚早，但却揭示了东盟和中日韩区域合作发展趋势值得重视，并将对世界经济格局产生重要影响。

东盟"10＋3"合作机制之所以在1997年以后得以形成，源自区域经济集团化潮流下，东亚国家各自发展战略的需要和防范金融危机的需要。其一，区域经济合作与一体化已经成为当代世界经济发展的重要特征。在欧洲，欧洲经济联盟的经济联系越来越紧密，以欧元为核心的货币一体化进展顺利。在美洲，北美自由贸易区发展迅猛，正在实现向美洲自由贸易区的过渡。与之形成鲜明对照的是，亚洲国家特别是东亚国家之间的经济合作与一体化进程，与其经济的快速发展极不相称，也很不适应。面对经济全球化和区域经济集团化的趋势以及美国、欧洲及其经济集团的实力扩张，东亚国家意识到，要在国际舞台上获得更多发言权，单靠一国力量难以达到，东亚国家必须依靠地区合作，建立自己的区域合作组织，才能维护和拓展生存与发展空间，在区域层次上与北美、欧盟相抗衡。其二，亚洲金融危机使东亚国家加强本地区经济合作的愿望更为迫切。1997年亚洲金融危机发生时，由于东亚地区缺乏一个区域经济合作组织，各国难以采取统一的行动来共同对付危机，有的成员甚至采取"各扫门前雪"政策，进一步加剧了危机，各国均损失惨重。而一贯被东南亚视为"保护伞"的美国既未及时提供援助，也未采取措施遏制投机资金的肆虐，却在危机后以援助为名，企图扩大其在东亚的影响，引起东亚国家的普遍不满。此外，在金融危机爆发的过程中，不少东亚国家为渡过难关，申请国际货币基金组织的援助，被迫接受其苛刻的条件，付出了巨大代价。危机使东亚国家深切感受到必须加强东亚内部合作，自立自强，自己把握发展的命运。

---

[1]　弗雷德·伯格斯坦2001年3月在中国国务院发展研究中心举办的"中国发展论坛"上的发言。

2. 东北亚区域金融合作的推进机制

我们认为当前东北亚区域货币金融合作重点应该放在推动功能性金融合作上，该区域的功能性金融合作途径主要有：以建设中日韩自由贸易区为契机，推动中日韩三国为基础的区域性清算支付体系；以东北亚区域开发为目的的区域开发性金融机构安排；以防范区域金融风险、维护区域金融安全为目的的区域性金融信息交换、风险监控和危机援助机制；以增强区域各国资本市场合作为目的的区域债券市场体系建设等。其中区域性清算支付体系的建立是中日韩 FTA 建设的必要环节；东北亚开发银行的建立是该区域开展功能性金融合作的重要举措；构建区域性信息交换、金融风险监控和危机援助机制则作为功能性金融合作的近期安排，为区域汇率协调合作机制奠定基础；区域性债券市场体系的培育作为功能性金融合作的中远期安排，为进一步建立区域汇率协调合作机制甚至区域货币一体化的实现提供了坚实的合作和对话平台。此外，东北亚区域各国之间（特别是中日韩三国之间）还要在微观金融层面加强合作，增进交流，如金融人员的培训、实施金融改革和开放战略的经验交流、金融业不良资产处置方面的合作、各国间资本市场的相互开放与合作等。所有这些功能性金融合作的开展，都为东北亚区域（特别是中日韩三国之间）开展进一步的制度性货币合作创造着条件和可能，对东北亚区域、东亚区域乃至全球范围内的金融发展、金融安全和稳定有着重要的意义。

（1）区域性贸易和投资便利化机制。随着 2012 年 11 月中日韩自由贸易区谈判的启动，建立区域性贸易和投资便利化机制显得十分必要了。推动东北亚区域的金融合作需要以区域贸易和投资合作发展为基础和前提，建立清算支付体系既是金融合作的重要内容，又是加强经济合作的基础。由于东亚地区内部贸易占越来越重要的地位，为了减轻对美元的过度依赖，减少交易成本和降低汇率波动对国际收支的影响，有必要加强地区各国之间货币的直接结算。建立三国间的区域性清算支付体系是现实选择之一：一方面，现代化的支付结算体系能为扩大区域贸易和投资规模提供便捷的服务；另一方面，东亚各国增加地区货币在贸易结算中的使用可以节省大量外汇储备，降低汇率风险。这一机制的建立需要本地区各国的中央银行加强合作，并实行一些保证结算的措施。例如，为了增加地区货币在国际结算中的份额，各国不仅在经常账户交易中而且在资本账户交易中都应保证每个货币的地区内可兑换性。

东北亚区域清算支付体系首先应该在中日韩之间建立，设立清算基金以保证在中日韩之间顺利实现贸易的结算，该基金的出资比例可以根据各国从其他两国进口金额总数来确定，比例由三国中央银行行长会议决定，可定期调整。清算支付体系的核心内容是三国中央银行均承诺以约定汇率用美元清算本币贸易结算差额。成员国的贸易商在本国银行可以开设贸易对象国货币的结算账户，商业银行在本国中央银行可以开设其他成员国货币的账户，成员国之间贸易使用本币结算。贸易差额可在商业银行将贸易对象国的货币换成本国货币或美元，商业银行的交易差可在中央银行换成本国货币或美元，对象国的中央银行承诺用美元支付其贸易差额。成员国出现支付困难时可向清算基金申请贷款。由于东北亚各国特别是中日韩三国金融市场开放程度不同，目前尚无法建立包括资本交易在内的清算与支付系统，而只能建立与国际贸易相关的贸易结算系统。随着各国开放程度的趋同，将来有可能建设包括资本交易在内的清算支付体系。

（2）区域开发性融资机制。东北亚地区的国际开发需要大规模的基础设施建设。特别是图们江地区的路港区等基础设施薄弱，大大制约了该地区的合作发展进程，巨大的地区开发资金缺口与该地区大量的资本盈余和输出形成了鲜明的反差。依靠现存的多边开发性金融组织，如亚洲开发银行和世界银行等并不能完全有效提供东北亚地区基础设施建设所需的全部资金，在这种情况下，成立东北亚区域的开发性金融组织，以作为资本流向区域的有效载体，争取多渠道资金流向东北亚地区，是解决地区开发资金短缺和推动区域合作发展进程的最有效办法。

实际上，关于建立东北亚区域开发性金融组织——"东北亚开发银行"的探讨早已存在，但是由于缺少了中日韩等区域主要国家政府的有力推动，而致使这一计划的发展方向一再调整和搁浅。这种形势下，中国政府应该更加积极主动地研究各种可行性方案，努力促成各方的一致，推动建立合理的区域融资机制安排，这是加强区域合作发展的重要环节和途径。

（3）区域性金融信息交换、风险监控和危机援助机制。构建东北亚区域金融信息交换、风险监控和危机援助机制的必要性源于金融危机的区域性"扩散效应"、区域金融稳定的公共产品特性、现有的国际性组织和制度安排对金融危机防范和援助的低效率以及东北亚区域各国（主要指中日韩三国）金融结构和金融系统风险的趋同性等方面。

1997年亚洲金融危机之后，东亚区域各国开始着力构建区域金融信息交换、风险监控和危机援助机制，现有的亚洲区域性防范机制是在东亚"10＋3"框架下建立并逐步发展完善的，由最初在1997年11月达成的"马尼拉框架"，即《提高亚洲地区合作促进金融稳定新框架》逐步发展扩大为"东盟监控"进程，再到"10＋3"框架下的与《清迈倡议》（CM1）有关的监控机制。

对现有监控机制进行总结与评估，我们认为，东亚区域合作需要加强"10＋3"国家间区域信息交换过程与机制、经济监控和金融服务市场监管的范围，以完善亚洲区域性信息交换、金融风险监控和援助机制。第一，应该进一步明确区域性信息交换、风险监控机制的实施目标，即保持区域金融市场的稳定，促进东亚经济一体化。第二，建立增强的区域金融监控机制，如建立定期政策对话框架、成员国引入信息共享机制、成员国一体化政策对话机制、建立区域范围内的早期预警机制、制订地区外汇储备库计划（必要时应超出《清迈倡议》），逐渐为建立区域汇率协调机制和货币一体化做准备。第三，扩大区域各国之间的金融信息交换和监控范围及内容。

另外，还要加强区域性金融危机援助机制的建立。区域金融合作的初衷之一就是当区域内一国发生金融危机时能够获得及时的流动性援助以降低危机的破坏力，因此，必须建立和完善一种区域性危机援助机制。一般来说，有这样两种危机援助机制安排：货币互换机制和货币基金组织安排。在这方面，东亚区域金融合作已经取得了很大的进展，《清迈倡议》下的货币互换机制已经由双边向多边发展，2010 年建立的区域外汇储备库已经成为区域货币基金的雏形。

（4）区域性资本市场合作机制。中日韩为代表的东亚国家拥有大量的外汇储备，但是由于缺乏一个流通性高而又健全完善的区域性债券市场，大部分外汇储备主要投资于区外资本市场，特别是欧美国家发行的金融资产，这些投资转而又以短期资本的形式回流入亚洲地区，出现了"双重不匹配"问题。而中日韩等国金融体系都是银行主导型融资体系，缺乏健全完善的资本市场来分散和化解金融风险，一旦银行因"双重不匹配"问题发生流动性不足，就会引发货币领域的"孪生危机"，成为本地区经济波动和金融不稳定的根源之一。

中日韩三国作为东北亚区域的主导国家，在该地区具有重要战略性利益，对亚洲债券市场的发展应高度关注，并尽早制定应对策略。第一，发展区域性债券市场有助于深化区域各国金融体系改革，完善中日韩等国的金融市场体系和公司融资结构，增加亚洲地区的投融资渠道，降低对银行体系过度依赖，从而降低区域各国的系统性金融风险。第二，发展亚洲债券市场为亚洲各国巨额外汇储备提供投资渠道，有助于亚洲区域内的储备资产多样化，从而减少对欧美市场的依赖，增强地区抗风险能力。第三，发展区域性债券市场能够大大提高本地区储蓄的资本转化率，有助于将亚洲的储蓄留在亚洲，并在区域内得到有效利用。第四，发展亚洲债券市场有利于避免借款的双重不匹配（货币和期限），降低区域内金融体系脆弱性。第五，发展亚洲债券市场有利于促进亚洲地区的金融合作，为制度性货币合作构建坚实的平台，并改善亚洲在国际利益分配格局中的不利处境，同时还可以让东亚各国实现由本区域自有资本拉动的经济可持续性增长。因此，加强中日韩三国之间的资本市场合作，培育统一、高效的区域性债券市场已经成为东亚地区防范和化解金融风险的一种必然的现实选择。

（三）东北亚区域金融合作的进程与主要问题

自 1999 年东亚经济开始恢复以来，国家和地区间的金融合作取得了比较大的进展，也面临着诸多的发展障碍和问题。目前，东北亚区域金融合作在"10 + 3"框架下主要取得了四个方面的进展：其一，区域性信息沟通、金融风险监控和预警机制；其二，始于《清迈倡议》的货币互换安排；其三，区域性债券市场的发展；其四，各种金融合作机制的建立与发展。

1. 东北亚区域金融合作的进程

（1）"10 + 3"框架下的信息沟通、金融风险监控和预警机制建设。建立东亚区域内各国的信息沟通、风险监督和预警机制是区域金融合作的一个重要组成部分。监督和预警机制不仅仅包括成员国宏观经济金融条件和政策分析，还包括对经济中存在的种种脆弱性的辨别和提出适当的对策。

马尼拉框架。"马尼拉框架"小组是国际货币基金组织、世界银行、亚洲银行和国际清算银行共同支持设立的一个具有高层次监督对话机制的区域性合作论坛。1997 年 11 月，主要来自亚太地区的 14 个经济体的财政与央行代表在马尼拉召开会议，会上通过了《提高亚洲地区合作促进金融稳定新框架》（即马尼拉框架）。马尼拉框架围绕四个议题而展开：区域监控；为巩固金融部门发展提供技术援助；提高国际货币基金组织处理金融危机的能力；促进亚洲货币稳定的应急融资安排。在每年召开的两次定期会议上，代表们讨论新出现的经济形势与动向，就可能出现的金融问题与挑战交换意见和看法，但并不提供任何国别或整个地区政策行动的建议。尽管马尼拉框架并没有实质性地改善东亚金融市场的管理、监督和一体化进程，但是对于信息交换、促进减轻和分散危机风险以及早期预警还是有积极作用的。

由东盟监控发展到"10 + 3"框架内的监控。1998 年 10 月，东盟各国财长签署了《谅解条款》，建立了东盟监督进程（ASEAN Surveillance Process，ASP）。除通常的汇率和宏观经济总量监测外，东盟的监控进程还包括部门、社会政策监测，以及能力建设、制度加强和信息共享。东盟财长会有关 ASP 政策协调会一年举行两次。

1999 年初，亚洲开发银行建立了区域经济监测小组（REMU），为东盟和"10 + 3"监测进程提供支持。1999 年，东盟领导人邀请中国、日本和韩国一道在马尼拉讨论地区经济合作问题。同年 11 月的"10 + 3"峰会公布了《东亚合作联合声明》，涵盖了可能开展区域合作的广泛领域。在东盟监控进程中

285

进行的监测活动也扩展到中国、日本和韩国。最初的"10＋3"监控进程还需要进一步完善：一是"10＋3"监控进程需要明确信息交换的具体内容；二是最初的"10＋3"监控实践无法对潜在风险发出有效的早期预警，因而不利于当事国采取必要的多边或集体应对行动；三是考虑到信息交换和同行评估的不充分性，"10＋3"监控进程在帮助成员国改进金融市场管理、监督和一体化进程方面作用不大。

《清迈倡议》之后，"10＋3"监控进程明显加强。2001年5月，在夏威夷火奴鲁鲁召开的"10＋3"财长会议进一步肯定了建立东亚"10＋3"早期预警系统的方向，并决定建立"10＋3"研究小组，其任务就是审查提高"10＋3"经济评估和政策对话有效性的各种途径，以此作为《清迈倡议》下双边货币互换协议的补充。从2002年开始，"10＋3"各国开始举办部长级的年度政策磋商会议。2004年5月在韩国济州岛召开的东盟"10＋3"财长会议也决定建立定期性政策对话机制。另外，"10＋3"框架内的若干国家已经开始自愿地交换双边短期资本流动数据，早期预警机制也在建设中。其他有关的工作如各国金融监管与信用评级部门的合作等，也已经开始进行。2010年5月2日，在乌兹别克斯坦召开的"10＋3"财长会议宣布在新加坡建立独立的监测机构——"10＋3"宏观经济研究办公室。该机构负责对"10＋3"国家的宏观经济形势和金融稳定进行指导、评估，并撰写报告；对"10＋3"国家金融风险进行评估并提供援助和政策建议；根据"清迈倡议多边化"协定，确保请求货币互换方遵守互换合约的规定，以支持"清迈倡议多边化"的决策过程。

（2）《清迈倡议》下的货币互换机制（BSA）建设。2000年5月，在泰国清迈举行的东盟与中日韩（"10＋3"）财长会议达成了著名的《清迈倡议》。该倡议提出：加强有关资本流动的数据及信息的交换；扩大东盟的货币互换协议，在"10＋3"框架下构筑货币互换交易网和债券交易网；通过完善东亚各国货币间的直接外汇市场建立资金结算体系，扩大东亚货币间的交易。至2007年，《清迈倡议》下的货币互换机制已经取得了很大进展。

货币互换协议的数量和规模扩展较快。《清迈倡议》将原来东盟五国之间的货币互换机制扩大到了"10＋3"框架下的成员国之间货币互换。2000年8月，"10＋3"的各中央银行将双边货币互换计划的规模由2亿美元扩展到10亿美元。2005年5月举行的"10＋3"财长会议鼓励各方将双边货币互换协议规模加倍，将出资与IMF贷款规划脱钩比例由10%增加到20%，并探索货币互换安排多边化的途径。截至2007年6月底，"10＋3"成员之间已经签署了16份双边货币互换协议，总规模达到 800 亿美元①。

货币互换协议由双边向多边发展。在货币互换协议数量和规模取得较快发展的基础上，制度安排形式也有所进步。2007 年 5 月，"10 + 3" 财长会议同意建立 "东亚外汇储备库"，由各成员分别划出一定数量的外汇储备，建立区域储备基金，一旦金融危机发生，东亚各国便可动用公共外汇储备实行自救。这标志着《清迈倡议》下的双边货币互换机制开始向区域各国的多边货币互换机制（ASA）发展，即把《清迈倡议》框架下现有的各个双边货币协议升级为一个单一的协议，建立公共外汇储备，共同防范严重金融风险。1998 年全球金融危机爆发之后，《清迈倡议》多边化进程明显加快，直至 2009 年 5 月的印尼巴厘岛第 12 届 "10 + 3" 财长会议发布的联合声明，宣布 2009 年年底之前正式建立规模为 1 200 亿美元的区域外汇储备库，标志着《清迈倡议》多边化进程取得重大实质性进展。2010 年 3 月 24 日，"10 + 3" 框架下的多边资金救助机制——"清迈倡议多边机制（CMIM）" 正式建立，以总额 1 200 亿美元的基金为发生短期流动性危机的成员在协议的条件下提供援助。在 2012 年 5 月召开的 "10 + 3" 财长会议上，各国同意将清迈倡议多边化的规模从原来的 1 200 亿美元扩展到 2 400 亿美元。

货币互换协议更多地使用区域内货币。《清迈倡议》下的货币互换协议一开始大多数均以本国货币换取美元。但是，中国与日本、韩国的双边货币互换协议是以人民币换取日元和韩元。后来中国与菲律宾和新加坡也以非美元的本国货币进行互换。通过扩大区域内货币的互换比例，降低了美元对东亚区域的影响力。

《清迈倡议》的实施及其拓展表明了亚洲国家在货币和金融合作方面的成效，为长远的区域金融合作提供了一个机制和框架的基础，同时也向国际投机者展示了 "10 + 3" 成员加强官方金融合作的政策取向。

（3）区域性债券市场的发展。金融危机带来的巨大冲击表明，东亚各国以银行为主的间接金融体系是脆弱的，因此在危机之后，"10 + 3" 成员国开始筹划建设区域性直接融资机制。亚洲债券基金（ABF）的发行和在 "10 + 3" 框架内建立亚洲债券市场倡议（ABMI）可以被视为建立区域内直接融资机制的有益尝试，也是本区域最具实质性意义的融资机制。目的在于通过债券基金的发行，另建融资渠道，缓解流动性短缺。同时，亚洲债券市场的建立对完善东亚金融市场，保证长期资本供给渠道畅通，深化金融改革具有深刻的影响。

---

① 参见吴晓灵：《东亚金融合作：成因、进展及发展方向》，载《国际金融研究》2007 年第 8 期。此外，对于《清迈倡议》下的货币互换协定数量和规模有不同的统计数据。如祝小兵在 "东亚金融合作与制约因素"（载《国际问题研究》2006 年第 6 期）一文中提及 "到 2006 年 2 月止，20 个货币互换安排的总量达到 515 亿美元"；费昭珣在 "东亚金融合作的影响因素及推进步骤"（载《重庆工学院学报》2007 年第 11 期）一文中提及 "截止 2006 年 5 月 4 日，货币互换规模已达 750 亿美元"。本文所采用的统计口径来源于 2007 年 5 月发布的《第十届东盟 + 中日韩财长会联合声明》。

亚洲债券基金（ABF）的启动与发展。2002年6月，东亚及太平洋中央银行行长会议（EMEAP）提出成立亚洲债券基金（ABF）的设想，由EMEAP成员各自拿出一定数量外汇储备成立基金，专门投资EMEAP成员的债券，以促进储备回流、改善本地区债券市场流动性及市场基础设施。

2003年6月2日，EMEAP正式启动初始规模为10亿美元的亚洲债券基金（ABF1期）。该基金以国际清算银行为基金管理人，EMEAP建立管理委员会监督运作，由各国央行动用美元储备认购，投资于成员国以美元计价的主权与准主权债券。

2005年8月，基于ABF1的成功，EMEAP又推出了第二期亚洲债券基金（ABF2），由成员央行出资20亿美元投资于EMEAP的8个成员国（日本、澳大利亚和新西兰除外）的主权与准主权本币债券。ABF2下设1支泛亚基金及8支成员基金。从目前情况看，ABF2取得了较好的收益。亚洲债券基金的成立和发展为未来亚洲货币基金的建立奠定了基础。

亚洲债券市场倡议（ABMI）。2003年8月，在马尼拉召开的"10＋3"财长会议提出了在"10＋3"框架下建立亚洲债券市场倡议（ABMI）。主要目的是通过在东亚发行大规模的以多种货币计值的债券，从扩大债券的供给和改善市场基础设施的角度，促进各成员债券市场发展及市场间的联通，在东亚建立、发展有效的债券市场，以利于私人与公共部门通过债券市场进行资本集聚并进行长期资本领域的投资，保证长期资本供给渠道畅通，服务于亚洲经济的稳定和金融市场的完善。具体措施是增加政府和公共金融机构债券发行，以此作为市场基准债券；鼓励企业发行本币债券以吸引外国投资；通过政府担保鼓励贷款证券化，并为中小企业发行债券开辟途径。

为推进亚洲债券市场的发展，AMBI成立了跨境发行、区域担保与投资、区域信用评级、区域中央托管与结算、多边发展银行发行本币债券等工作组，共同研究探索区域债券市场的基础设施建设及相关制度、标准，投资工具等。在部分领域收到实效。例如，多边开发机构发行本币债券方面有了一定进展，国际金融公司和亚洲开发银行在我国银行间债券市场分别发行了11.3亿元和10亿元人民币债券，亚洲开发银行分别在马来西亚、泰国、新加坡及中国香港发行了本币债券等。截至2006年12月底，债券市场余额已达28 404亿美元，比1997年的3 550亿美元增长了约7倍。[1] 2009年5月，"10＋3"财政部长会议宣布，建立初始资本为5亿美元的贷款担保和投资机制，以帮助企业在东亚发行以本币为主的企业债券。2010年5月，"10＋3"财长同意建立信贷担保和投资便利（CGIF），作为

---

[1] 欧明刚：《危机十年：东亚金融合作的新起点》，载《世界经济与政治》2007年第11期。

亚洲开发银行（ADB）下设的信托基金，以初始的7亿美元资本金，帮助本地区货币债券的发行。"10＋3"宏观经济研究办公室（AMRO）于2011年5月2日正式成立，作为东盟"10＋3"框架下的区域宏观经济分析和监测实体，成为未来区域经济监控和政策对话独立机构的雏形。

（4）中日韩之间金融合作进程加快。中日韩三国除了在"10＋3"框架下开展多边金融合作之外，双边金融合作进程也取得了许多进展。2011年12月，中日双方协议加强金融市场合作，鼓励金融交易，互购国债，促进人民币与日元在两国跨境交易中的使用。2012年6月1日，中日首次推出货币直接兑换，虽然在美元锚的影响下，交易量较小，但日元成为继美元之后与人民币直接交易的第二种外国货币，这对人民币的国际化和中日货币合作都是有益的探索。2012年7月，两国计划将双边货币互换协议的规模扩大，以促进两国货币的直接交易。但是，2012年9月开始的钓鱼岛争端中断了中日金融合作刚刚开启的良好局面。

中韩货币金融合作进程一直比较顺利。2002年6月24日，中韩在《清迈倡议》下签署货币互换协议。根据协议，两国可在必要时通过货币互换作为对国际金融机构援助资金的补充，以助对方解决国际收支问题，维护金融稳定，货币互换的最高限额相当于20亿美元。2008年12月12日，中韩签署了双边货币互换协议，双方可以本国货币为抵押，换取等额（规模为1 800亿元人民币/38万亿韩元）的对方货币，协议的实施有效期为3年，旨在为双方的金融体系提供短期流动性支持，并推动贸易发展。2011年10月，在该协议即将到期时，中韩同意将双边货币互换协议规模扩大至3 600亿元人民币/64万亿韩元，扩大后的货币互换协议有效期为3年。2012年2月，中国银行与韩国友利银行签署了业务合作备忘录，进一步为中韩的经贸往来和民间交往提供了便利。

（5）其他各种区域金融合作机制的建立与发展。目前，东亚区域内各个层次、各个领域的金融合作机制有8个，即"10＋3"财政机制、亚欧会议财长机制、东盟财长机制、东盟中央银行论坛、APEC财长机制、东亚及太平洋中央银行行长会议组织（EMEAP）、东南亚央行组织和东新澳央行组织。这些合作机制的功能可大体概括为6个方面：金融市场发展、基础设施建设（包括支付结算体系、担保体系及评级机构等）、银行监管、经济评估及政策对话、危机管理及能力建设。其中，EMEAP是唯一在以上6个方面均发挥作用的合作机制。

2. 东北亚区域金融合作面临的主要问题

十年来，尽管东北亚区域金融合作在"10＋3"框架下取得了一定的进展，但总体来看，该区域金融合作进程还处于初级阶段，合作实践中还存在诸多问题，未来进一步深入开展金融合作还面临一些亟待突破的困境。

（1）合作规模偏小，进展缓慢，影响合作的效力。相对于目前地区各经济体的外汇储备与储蓄资金的数额而言，东北亚金融合作的规模和各国投入的资源明显不足。就 BSA 框架而言，其金额远远不能满足各国和地区应对外部冲击与货币危机的需要。仅以泰国为例，其签署的双边互换协议总金额为 60 亿美元，而它在 1997 年金融危机严重时向 IMF 寻求的资金援助则高达 172 亿美元。而亚洲债券基金的现有规模更加有限，远不能满足区域债券市场建设的需要。

（2）合作的组织结构松散，以沟通和协调为主，约束性的制度化水平较低。研究表明，合作的非约束性往往会减低合作的效力甚至产生"逆效"合作，因此，合作的约束性、制度化是区域金融合作成功的重要保证。只有具有约束性的制度安排，才能为合作确立明确的目标，提供有效的纪律约束与监督，降低合作的不确定性和交易成本，使合作进程具有可信性，从而提高相关金融资源的利用效率。目前的东亚金融合作主要是以双边的松散型合作为主，强调沟通、协商和非约束性。例如，"10＋3"框架下的 BSA 就是没有强制约束力的制度安排实施保障，中日韩之间也缺乏有关金融合作的多边制度安排，东亚监督进程、资本流动监管机制等领域也尚未建立起正式的制度安排。东亚区域的这种合作方式固然有其历史的必然性和合理性，但要想取得区域金融合作的深入发展，就必须突破这种制度变迁的"路径依赖性"，逐渐向正式的、具有约束力的制度性金融合作过渡。

（3）合作的独立性不足，受区域外因素的影响较大。东北亚金融合作的动因之一是试图摆脱现行国际货币体系下东亚过度依赖美元和外部金融市场的"困境"，减少美元汇率波动等外部因素对区域经济发展的影响，以维持本地区的金融稳定。因此，"10＋3"金融合作进程必须具有一定的独立性。然而，目前的合作架构并未达到这一目的。例如，现行的 BSA 安排中，80%～90% 的资金需要在 IMF 资金援助项目框架下才能提供，需要遵守 IMF 的贷款条件，ABF1 也只能购买美元计价金融资产。这表明东亚各经济体在实际利率安排上仍与美元保持着比较密切的联系，并未解决本地区各经济体面临的融资币种错配问题，也很难在货币危机到来时提供有效的、更大规模的流动性支持。

（4）核心主导国角色缺失，合作的推动力不足。国际区域金融合作进程中的核心主导国推动作用十分关键。欧洲货币一体化之所以成功，德法两个大国起了重要而又十分关键的核心和推动作用，如果没有两国从政治上支持货币一体化，不失时机地把经济货币一体化推向更高阶段，单靠市场的推动和经济一体化的自然演进是不可能达到单一货币的目标的。[①] 从目前东北亚区域金融合作实践来看，基本是在"10＋3"框架下开展的，表现为中日韩三国之间的金融合作关系基本是以东盟十国为轴心而展开的一种架构，形成了特殊的"小国联盟带动区域合作"的权利和利益格局。欧盟的成功经验表明，区域合作中的核心主导国必须是经济规模大、竞争力强、币值相对稳定的政治经济大国，东盟并不适合区域金融合作的核心主导国角色。应该说，目前东北亚区域金融合作的这种"10＋3"的格局是一种区域内外大国之间权力和利益协调的产物，有一定的历史必然性，但仅是一种权宜之计，以东盟为核心的"10＋3"框架无力推动区域金融合作层次的进一步提升，即东盟没有能力充当制度变迁过程中的"初始行动团体"，因为它没有足够的敏感性和驱动力去发现制度创新的"潜在利益"，也没有足够的实力去说服"次级行动团体"跟随它一起推动制度变迁。因此从长远来看，东北亚乃至东亚区域合作必须确定"区域大国为核心"的战略。在区域经济发展中，中日两国有着比较大的影响，中国是本地区潜在的"市场提供者"，而日本经济和金融实力在整个地区具有相对明显的优势。中日两国对区域金融合作的积极参与，有助于培育区域共同利益，也有助于地区的稳定和发展区域金融一体化。因此，需要中国和日本两个经济强国共同发挥核心主导国的推动作用。目前，中日两国在政治、经济和安全等各方面都存在着利益分歧，两国之间缺乏明确的政治和金融合作的意向，这也是区域金融合作需要突破的关键障碍之一。

（四）东北亚各国的区域金融合作策略

除朝鲜之外，东北亚地区的日本、韩国、俄罗斯、蒙古在区域金融合作方面都有各自的参与策略和考量，全面认识和深入分析各国的区域金融合作策略，是制定我国东北亚区域金融合作战略所必需的。

1. 日本的区域金融合作策略

日本是推动东北亚区域金融合作的关键一方，其合作态度和方式直接影响着区域金融合作的进展和成败。从目前来看，日本将其区域金融合作的重点放在整个东亚区域（主要在"10＋3"框架下），刻意地回避在东北亚层面上与中韩开展过多的合作，以降低中韩两国在区域金融合作中的影响力，从而突出自身在合作中的主导地位。另外，日本参与区域金融合作的进程中始终伴随着推行"日元

---

① 何慧刚：《欧元模式与美元化模式比较分析及其对东亚货币合作的启示》，载《金融与投资》2005年第11期。

国际化"战略的目的，从"日元国际化"进程中也可以透现出日本参与区域金融合作的策略。

（1）提出"亚洲货币基金"构想和"新宫泽构想"（New Miyazawa initiative）关于东亚货币合作最早、最重要的构想是日本提出的亚洲货币基金构想。1997 年 7 月亚洲金融危机爆发以后，9 月，日本政府在 IMF 和亚洲开发银行会议上提出建立"亚洲货币基金"（Asian Monetary Fund，AMF）的构想，倡议组建一个由日本、中国、韩国和东盟国家参加的组织，筹资 1 000 亿美元资金，以确保亚洲货币的稳定和对亚洲国家在经济出现危机时及时提供援助。

由于 IMF 和美国的阻挠，这个计划不得不搁浅。美国反对建立 AMF 的深层次原因是出于美国自身利益的考虑，尤其是维护其对国际货币金融领域的主导权。此外，由于种种原因，特别是亚洲各国对日本的动机有所怀疑，日本的提议并没有得到亚洲国家的广泛支持。而且，当时各国对危机的认识还不够，尤其是对危机的传播速度及范围与后果缺乏充分的估计，致使建立亚洲货币基金的建议化为泡影。

1998 年 10 月，日本吸取了"亚洲货币基金"失败的教训，低调的日本大臣宫泽提出了被称为"克服亚洲货币危机的新构想"的建议。他提出，为克服亚洲货币危机，日本设立总计 300 亿美元的财政援助计划。其中 150 亿美元将被用作中长期财政援助，以恢复亚洲各国的实际经济，另外 150 亿美元将用于本地区对短期资本的需求。他指出，对美元的过度依赖是亚洲爆发货币危机的主要原因之一，这使得本地区很多国家期望日元发挥更大的作用，增加日元的使用将有助于国际货币体系的稳定。东亚各国对此表示热烈的欢迎，美国政府和 IMF 也表示支持。因为作为一种地区性货币援助机制，世界其他地区业已存在，美国和 IMF 没有理由反对。"新宫泽构想"的实质就是为了扩大日元在东亚的使用范围和影响力，以期最终建立一个日元圈。

（2）签订日本和东盟国家间的自由贸易区协定。2002 年 1 月 9 日至 15 日，日本首相小泉纯一郎访问了东南亚五国，提出在东盟和日中韩三国（"10 + 3"）框架的基础上，建立"东亚扩大共同体"。2002 年 1 月 13 日，日本和新加坡签署了以双边自由贸易协定为主的《经济合作协定》，这是日本与外国签署的第一个自由贸易协定。根据这个协定，日本将取消 94% 的新加坡进口关税，新加坡将取消现存对日本商品的所有关税。日本希望以此为模式，建立"日本—东盟自由贸易区"。并希望以此为基础，实现整个东亚地区的合作，即从建立日本—东盟自由贸易区（"10 + 1"）扩大到建立东亚经济共同体（"10 + 3"），并吸收澳大利亚和新西兰参加。

2003 年 10 月，日本在印度尼西亚巴厘岛同东盟 10 国联合签署了《东盟日本全面开展经济合作框架协议》。根据协议，日本将对那些还没有加入世贸组织的东盟成员国继续给予最惠国待遇。从 2004 年开始，日本和东盟就商品贸易、服务贸易和投资自由化等问题进行磋商。尚没有同日本签署双边经济伙伴协议的东盟成员国也将与日本进行双边优惠贸易谈判。

日本除了已同新加坡签署了第一个自由贸易协定，还分别同泰国、马来西亚、菲律宾就建立自由贸易区问题开始了正式谈判，同印度尼西亚的谈判也正在积极筹备之中。2003 年 12 月中旬，日本和东盟在东京举行了特别首脑会议，发表了旨在加强日本与东盟各国经济、政治和安全关系的《东京宣言》和《行动计划》。在这次特别首脑会议上，日本还决定加入《东南亚友好合作条约》。此外，日本同韩国之间也决定从 2004 年 12 月 22 日就缔结自由贸易协定问题举行政府间的正式谈判。

（3）签订双边货币互换协议，积极参与多边货币互换协议。为了落实《清迈倡议》关于广泛建立东亚区域各国间双边的货币互换机制的倡议，日本在2001～2003 年，先后与韩国、泰国、菲律宾、马来西亚、中国、印度尼西亚和新加坡等国签订了总额约为 160 亿美元的双边货币互换协议。有效地推动了东亚区域在危机救援机制方面的建设。

2010 年，日本在"清迈倡议多边化机制"下建立的外汇储备库成立之初，出资基金份额的 32%（同中国相等）支持东亚区域多边资金救助机制的建立。

（4）积极推行"日元国际化"战略，将"日元国际化"与区域金融合作相结合。日本长期以来致力于在东亚地区建立一个日元圈，并发挥金融领导作用。从 1997 年下半年开始，日本在日元国际化的范围内深入地讨论了关于地区货币和汇率体系的具体想法。日本大藏省的一个咨询机构"外汇和其他交易委员会"在 1999 年 4 月发表了《21 世纪的日元国际化》的报告。该委员会认为，扩大日元的使用应该从和日本有紧密经济联系的亚洲开始，建议采取一些措施促使日元成为真正的国际货币。这些措施包括：在美元、欧元和日元之间实现汇率稳定；建立组成由美元、欧元、日元和其他货币组成的亚洲货币篮子，根据贸易和经济重要性确定每种货币的比重；改善日本金融和资本市场；允许日本银行扩大向外国中央银行提供以日元计算的信贷便利；增加非居民对日元的使用和持有，并且在美元、欧元和日元之间实行汇率目标区制度。

2003 年 7 月，为避免与亚洲国家的贸易活动受到美元汇率波动的牵制、减轻和避免汇率变动给进出口企业带来的风险、促进日元国际化，日本财务省宣布将与亚洲开发银行合作，在 2005 年底之前设立"亚洲贸易债权市场"。在与亚洲国家进行贸易来往时，日本将以日元为主要结算货币。

迄今为止，关于建立亚洲货币互换系统、亚洲货币基金以及亚洲债券市场的构想和倡议，最初均出自日本。尽管许多建议曾受到美国的强烈反对，具体实施又面临重重困难，但日本仍然乐此不疲。我们可以看出，日本政府将国内金融改革和参与以至主导亚洲区域金融合作的内容融入了日元国际化进程。在此过程中，政府成为核心力量，汇合学术界和企业界精英人物，组成专门的研究咨询机构，定期进行论证分析，从而根据不同时期的国际国内金融动态，修正日元国际化整体方案。就目前亚洲区域金融合作的成果看，"原创权"为日本的倡议或建议，只要将提议者换成其他亚洲国家之后，"日本版倡议"都在不同程度上被采用或接纳了。如果说在亚洲金融合作中，中国面临着巨大挑战，那么，中国如何参与以至引领亚洲金融合作，如何在制度变迁初始阶段发挥自身的比较优势、锁定自身在变迁中的主导地位，则是挑战之一。

2. 韩国的区域金融合作策略

在中日韩三国中，韩国的经济影响力相对偏弱，但在推动三国之间的合作问题上，其政治经济的综合影响力极大。从经济方面来看，韩国的产业结构水平介于日本与中国之间，处于产业结构转移的中转地带，起着承上启下的作用。从国际关系方面来看，在中日韩三角关系中，中日之间分歧较多，不但有对历史认识的问题，还有对领土主权认识的问题，甚至还有根本性的意识形态问题，而韩国与日本之间虽然在经济、历史、领土上也有矛盾，但相对要弱化得多。所以，韩国参与东北亚区域金融合作的态度和举措对于东北亚区域金融合作进程至关重要。从目前的态势来看，韩国也试图利用自身在三国关系中的这种特殊地位，积极争取本国在东北亚区域合作中的主导地位，以建设韩国成为"东北亚区域金融中心"作为本国参与区域金融合作的基本策略。

（1）韩国建设东北亚金融中心的构想。韩国东北亚经济中心国家战略，主要是通过建设东北亚金融商业中心、物流中心，构筑国家创新体系，吸引外资和加强对外经济合作及促进南北韩之间的交流来完成。该项战略的首要内容，就是推行"东北亚金融中枢"战略。在该计划中，韩国试图通过健全金融产业和高效的金融监管体系，确立其在东北亚的金融中枢地位。

2003年12月，韩国东北亚时代委员会发表了东北亚金融中心推进战略。首先，为了把金融外汇市场培育成21世纪东北亚国际金融的枢纽，到2007年为止按照OECD水平对金融相关制度进行先进化。其次，通过金融产业的发展促进实体经济的发展，通过跟国内外金融机关之间的竞争诱导增长与退出，通过对金融监督与法律体制的整顿完成全球标准的落户。另外，通过对金融系统的稳定加强国内经济的缓冲力，提高国家威望与稳定性，促进通过域外市场引进海外资本的步伐。最后，通过主导对朝鲜、中国、蒙古、俄罗斯远东地区等的开发，提高国际威望。也就是说，通过培育金融网络中心扩大区域内金融合作的战略。

在这一战略基础上，提出了推进韩国金融中心建设的 7 大课题（见表 6 - 12）。韩国政府认为，应分 3 个阶段推进其金融中心建设：第一阶段（2003 ~ 2007 年）为推进上述 7 大课题阶段。在该阶段，大力培育资产运营业，使之成为金融中心建设中的先导产业，吸引世界 50 大资产运营企业进入韩国，将韩国投资公司培育成国际资产运营机构；第二阶段（2008 ~ 2012 年）为建成东北亚金融中心的阶段。在这一阶段中，争取海外金融机构大量投资于韩国，使韩国成为亚洲主要资产运营中心，并将之作为海外金融机构在亚洲圈的国内机构；第三阶段（2013 ~ 2020 年）是建成亚洲 3 大金融中心之一。在该阶段，吸引国际大型商业银行、投资银行本部业务进入韩国，进一步将韩国金融机构培育成为亚洲地区 3 大金融中心之一。

表 6 - 12　　　韩国建设东北亚金融中心战略需推进的 7 大课题

目标	主要内容
增强国内金融市场的优势	1. 培育资产运营业，使之成为先导产业 2. 促进金融市场建设
推动具有竞争力的制度及环境方面的基础设施建设	1. 推进金融中心的蓝图 2. 革新金融制度及金融监督机制 3. 改善经营环境、吸引海外金融机构进入韩国
发挥韩国金融业在东北亚区域内的主导作用	1. 在满足地区金融需求过程中发挥主导作用 2. 建立起金融产业的国际网络

（2）积极地参与各层次的东亚区域性及跨国间经济金融合作。在 "10 + 3" 合作机制形成和发展过程中，韩国一直比较积极地推动和参与。除了通过上述 "10 + 3" 这一多边协商机制以外，韩国还通过东亚及太平洋地区中央银行行长会议（EMEAP）和财政部长会议参与东亚金融合作。EMEAP 包括东亚和太平洋地区的 11 家中央银行和货币当局。2002 年 8 月，时任泰国总理他信最先提出成立亚洲债券基金的倡议，韩国随后积极响应和支持。

2003 年 3 月，泰国财政部和中央银行完成设立亚洲债券基金的计划拟制。2003 年 6 月 2 日，EMEAP11 个中央银行和货币当局同时发布公告，正式启动亚洲债券基金，共同出资 10 亿美元，由各国央行动用储备以美元认购，投资于东亚国家发行的美元债券。

2003 年 6 月 22 日，在泰国清迈举行的 "亚洲合作对话"（ACD）会议上，18 个成员的外长发表了关于亚洲债券市场发展的《清迈宣言》，表明了各方致力于发展亚洲债券市场的共同意愿。宣言提出，为促进亚洲债券市场发展，要改善和统一税收、法律、会计、信用担保与评估、清算结算的系统及监管体系；致力于提高区域内的公众认知，创造一个有利于金融市场发展的环境；发行以本地货币计价的债券，促进地区内直接投资；采取坚实步骤应对国际资本流动，确保融资模式的多样化。

2004 年 5 月，韩国在济州承办了"东盟'10 + 3'财长会议"。会议之后举行了用于交流亚洲债券市场主要信息的亚洲债券市场网站开通仪式。

（3）积极开展区域内双边金融合作。目前，中韩两国在金融领域的合作加深。由中国人民银行和韩国财经部牵头的"中韩金融合作会议"自 1993 年 9 月 9 日签订合作备忘录以来，每年举行一次，由双方轮流主办，至今已成功举行了 13 次，为增进中韩金融合作发挥了重要作用。2002 年 6 月 24 日，中国人民银行与韩国银行在北京签署了人民币和韩元之间的货币互换协议。据此，两国央行可在必要时向对方提供相当于 20 亿美元的资金，作为对国际金融机构援助资金的补充，支持对方解决国际收支问题和维护金融稳定。2003 年 12 月 4 日韩国银行在北京设立了代表处，开辟了外国央行在北京设立代表处的先河。此后，两国央行之间协作关系越来越密切，合作项目和交换信息等合作得以深化。2008 年 12 月 12 日，中韩签署了双边货币互换协议，双方可以本国货币为抵押，换取等额（规模为 1 800 亿元人民币/38 万亿韩元）的对方货币，协议的实施有效期为 3 年，旨在为双方的金融体系提供短期流动性支持，并推动贸易发展。2011 年 10 月，在该协议即将到期时，中韩同意将双边货币互换协议规模扩大至 3 600 亿元人民币/64 万亿韩元，扩大后的货币互换协议有效期为 3 年。2012 年 2 月，中国银行与韩国友利银行签署了业务合作备忘录，进一步为中韩的经贸往来和民间交往提供了便利。

（4）积极实施国内的金融改革和创新。其一，促进金融产业与实物经济协调发展。为此，韩国进行了持续的结构调整和法律制度改善，培养出了一批具有国际竞争力的企业，这些企业获得了外国投资者的信赖并成为其投资对象，因此，韩国证券市场上外国投资者所占比重达到了 42%。在此基础上，更系统地发展和培育金融产业，扩大韩国金融市场的规模和提高金融市场的素质，同时更有效地使用金融资源，进而促进实物经济的成长和法律及会计等相关服务业的发展。进而有助于使韩国成为东北亚地区的金融中心。

其二，实施资本市场运营体制的改革。韩国政府对以往一直独立运营的"证券交易所""创业板市场"和"期货交易所"这一分立的资本市场运营体制进行了改革，实行 3 家交易所合并。合并后的"韩国证券期货交易所"已于 2005 年 1 月 27 日在釜山开业。合并不仅会节省投资者的交易成本，提高交易效率，而且对于活跃国内证券市场也大有裨益。合并后的韩国证券期货交易所的开业标志着韩国构建"东北亚金融中枢"的启动。

其三，实施金融机构重组，处理金融不良资产。为成功摆脱金融危机的困境，韩国中央银行在宏观调控方面有两方面贡献：一是在货币政策方面，为了刺激消费和投资，韩国银行充分放松银根，促进萧条的经济复苏；二是为金融机构不良资产的调整间接提供政府资金。韩国银行先给存款保险公司提供一些资金，然后再由存款保险公司给不良金融机构提供资金支持。韩国在摆脱危机及进行经济转型方面的成功经验，对正处于经济转型中的我国来说，无疑具有比较直接的参考和借鉴意义。

其四，成立专门投资机构来管理该国的外汇储备资产。韩国政府成立了韩国投资公司，来管理本国的外汇储备资产并提高投资回报。该公司初步注册资本为1 900 亿韩元（折合 1.89 亿美元）。韩国央行计划让韩国投资公司为其管理 170亿美元资金，但条件是央行能够随时取出资金。韩国财经部也将把 30 亿美元委托给韩国投资公司管理，用于投资海外房地产、衍生金融产品及其他资产。

3. 俄罗斯的区域金融合作策略

对于东北亚区域金融合作进程，俄罗斯并没有独立的、明确的参与策略或政策表述，但是我们能够从其东北亚战略乃至亚太战略构想中寻找和提炼出俄罗斯参与区域金融合作的基本逻辑和想法。因此，阐述俄罗斯的区域金融合作策略之前，我们必须对俄罗斯的亚太战略（包括东北亚战略）作以概括的了解和分析。

（1）俄罗斯参与区域金融合作的战略背景。俄罗斯并非传统意义上的亚太国家或者东北亚国家，但是自 2000 年普京执政以来，一直到 2012 年普京第二次执政之后，俄罗斯逐渐强化"东西均衡"的"务实主义"外交政策，战略重心向东平衡，亚太战略在俄罗斯外交战略体系中的地位愈发重要，甚至已经成为俄罗斯"回归"大国、强国道路上的主要依托，其中又以俄罗斯的东北亚战略最为重要。促使这种战略转变发生的原因概括起来有以下几点：其一，苏联解体之后，北约东扩使得俄罗斯在西向、南向战略空间方面不断受到"挤压"，新的地缘政治格局迫使其调整外交战略，向东寻求更广阔、灵活、均衡的战略发展空间；其二，21 世纪是"亚太时代"，亚太地区已经成为全球经济发展最为活跃、最具潜力地区，俄罗斯需要借助亚太地区发展"快车"来实现其强国之梦；其三，俄罗斯远东和西伯利亚地区经济发展水平落后，与其欧洲经济发达部分的联系逐渐"断裂"，甚至有分裂、独立的隐患，必须通过积极参与东北亚区域合作，借助中日韩等东亚经济体的资本、技术、劳动力等要素推动俄东部地区的开发进程，通过合作共赢的方式实现地缘政治环境的稳定；其四，为应对美国"亚太再平衡"

战略，俄罗斯必须积极建设与亚太各国的双边关系，积极参与亚太地区的多边合作机制，以削弱和牵制美国在该地区的影响力；其五，亚太地区有俄罗斯最重要的若干外交关系，如俄—中、俄—印、俄—东盟、俄—朝鲜半岛等关系，积极维系和建设这些双边、多边关系，对于俄罗斯打造新型全球治理结构和"多极化"的国际政治经济秩序、重拾大国强国之梦至关重要。

（2）俄罗斯参与区域金融合作的战略目标。俄罗斯的区域金融合作策略根植于各种战略背景的交替转换，服务于其东北亚战略、亚太战略乃至总体外交战略目标的实现。概括而言，俄罗斯的东北亚战略乃至亚太战略是以其西伯利亚和远东地区为主要考量的，政策的出发点有两个：一是地缘安全；二是经济发展。注重寻找两个平衡点：一是要积极参与东北亚的合作进程，保证俄罗斯不被排斥在地区事务之外，又要保证这种参与不危害其西伯利亚和远东地区的安全与稳定；二是要充分利用东北亚地区经济合作，保证其西伯利亚和远东地区发展所需要的市场、资金、技术和劳动力，又要防止该地区的经济完全脱离俄罗斯，成为东北亚经济的"资源附庸"①。

基于对各种战略背景和政策出发点的综合分析，我们认为，俄罗斯参与东北亚区域金融合作有两个基本目标：一是通过区域金融合作充分挖掘和整合各方资源，实现俄罗斯远东和西伯利亚地区经济发展和地缘政治稳定；二是利用区域金融合作的各种双边、多边合作机制，提振俄罗斯的国际影响力，拓展其战略空间直至打造新型的全球治理结构和"多极化"的国际政治经济新秩序。第一个战略目标的实现主要依托于为推动地区双边、多边经贸合作和能源合作而开展的各种功能性金融合作进程，其中以中俄金融合作最为重要；第二个战略目标的实现主要依托于为建设新型的全球治理结构和"多极化"的国际政治经济新秩序而开展的制度性货币合作进程——"卢布国际化"，其中以上海合作组织机制、金砖国家合作机制、俄罗斯—东盟对话合作机制为主要平台。

（3）俄罗斯的区域金融合作进程之一：功能性金融合作。功能性金融合作是为了促进地区间商品贸易、产业合作、能源贸易等领域发展而进行的贸易结算便利化、投资便利化等方面的银行合作或资本市场合作。近年来，中俄经贸合作规模和水平快速发展，2014年中俄贸易规模已达创纪录的952.8亿美元，由此引发的中俄双边金融合作也日益深化，成为俄罗斯参与区域金融合作的主要进程。目前，中俄双边功能性金融合作进展归纳为以下几方面：

其一，中俄互设金融机构不断扩大。2008年2月，中俄第一家互设银行——俄罗斯对外贸易银行上海分行开业。2013年1月，中国银行（俄罗斯）滨海分

---

① 季志业：《俄罗斯的东北亚政策》，载《东北亚论坛》2013年第1期。

行在俄罗斯境内的海参崴开始对外营业。中俄两国互设金融机构从无到有，在金融服务方面建立了有效的合作机制，更加方便于两国企业进行投资和贸易。

其二，建立中俄跨境金融服务中心。2013年6月，第一家中俄跨境金融服务中心成立，进一步完善对俄金融服务，方便两国进行直接结算，从而使跨境结算效率得到大幅提高，推动对俄边贸发展。

其三，卢布现钞实现跨境调运。卢布现钞调运问题一直是阻碍中俄本币结算的重要制约环节，这一问题在2013年取得了重大进展，卢布现钞调运实现机制化、常规化，该年仅黑龙江省就跨境调运现钞7.8亿卢布。卢布跨境调运对于建立卢布现钞交易平台具有重要的现实意义，能够极大地促进中俄双边贸易发展和贸易本币结算。

其四，中俄双边货币兑换业务深入发展。双边货币互换业务是中国和俄罗斯银行间金融合作的重要组成部分。近年来，双边货币兑换业务有了深入发展，双边货币现钞兑换网点不断增加、货币兑换规模逐年扩大。2013年，黑龙江省的试点银行共办理7 547笔人民币与卢布现钞兑换业务，总金额达91.4亿卢布。

其五，中俄互相设立账户行和代理行，开立代理账户。通过账户行和代理行进行结算的结算方式使得两国边境地区商业银行间的合作迈上新的高度。截至2015年3月末，黑龙江省有10家商业银行分支机构与俄罗斯24家商业银行分支机构建立了账户行关系，双方银行共设代理行账户126户。境外参加行分布在俄罗斯莫斯科等10个城市。①

（4）俄罗斯的区域金融合作进程之二：卢布国际化战略。卢布国际化是俄罗斯对外战略的重要组成部分，也是俄罗斯参与区域金融合作的主要诉求和致力于推动的主要进程。俄罗斯希望通过卢布国际化战略，使得卢布成为国际储备货币，以此打破美欧金融霸权体系，实现俄罗斯重归"多极化"世界中的"一极"。

2003年5月，普京在国情咨文中首次提出要实现卢布完全可兑换，俄罗斯拉开了以卢布国际化为目标的新一轮金融外交的序幕。近年来，俄罗斯为实现卢布国际化及提高卢布的国际地位采取了许多积极措施。第一，2006年7月，俄罗斯实现卢布在资本项目下的完全可兑换，这是推行卢布国际化战略的基础。第二，推动贸易伙伴在双边贸易中使用本币结算。目前俄罗斯与白俄罗斯80%的贸易、与哈萨克斯坦30%~40%的贸易使用本币结算。俄罗斯还与中国、越南、委内瑞拉和土耳其等国就实现双边贸易的本币结算问题进行协商谈判并取得突破。此外，推动独联体成员国之间贸易的本币结算也是推进卢布国际化战略的重点。第三，

---

① 丁勇、刘鹏翔：《中俄金融合作网络越织越密》，载《中华工商时报》2015年5月13日，第5版。

积极争取与俄罗斯的能源贸易中用卢布进行结算。俄罗斯作为能源出口国，一直希望在石油定价机制中拥有一定的发言权，这首先需要扩大俄罗斯本币在能源交易中的计价、结算规模和比例。第四，推动独联体框架内的货币合作，提升卢布在独联体国家货币体系中的地位。在俄罗斯的推动下，独联体成员国于2004年9月15日颁布了《独联体货币领域合作与协调行动的构想》。该构想为独联体成员国开展货币合作做了阶段性安排，最终合作目标是制定干预汇率的共同方针，针对货币金融政策作出集体决策，就共同货币达成一致，并使之成为国际支付手段和国际储备货币。第五，打造俄罗斯的国际金融中心。建设国际金融中心对卢布的国际化战略具有重要意义。根据俄经济发展部制定的《俄罗斯建设国际金融中心构想》，俄罗斯建设国际金融中心将分为两个阶段进行：第一阶段为2008～2010年，重点在于发展国内证券市场，实现本国证券市场与地区证券市场的一体化，使俄罗斯金融市场成为提供跨国金融服务的局部的国际金融中心，成为独联体地区范围内的金融中心。第二阶段，在全球范围内提高竞争力水平，使俄罗斯金融市场成为地区性金融中心，成为在欧亚地区起主导作用的国际金融中心。[①]

（5）俄罗斯的区域金融合作进程之三：多边合作机制。多边合作机制是俄罗斯参与东北亚区域金融合作的重要平台，尤其以上海合作组织机制、金砖国家合作机制以及俄罗斯—东盟对话合作机制最为重要。在这些合作机制中，俄罗斯卢布和中国人民币既有合作又存在竞争，中俄两国的金融诉求在一种微妙的平衡关系中进行着不断的角力和协作。

在上海合作组织机制中，俄罗斯一方面通过能源金融外交和反恐军事安全合作不断巩固自身在中亚地区的传统地位，并将其作为卢布国际化的重要平台，不断提升卢布在这一合作机制中的影响力；另一方面也通过积极参与中国"一带一路"战略建立的亚洲基础设施投资银行和丝路基金中，小心翼翼地应对人民币在这一合作机制中的影响力不断提升的挑战。

在俄罗斯—东盟对话合作机制中，俄罗斯通过能源贸易、军工贸易、技术转让等领域的合作与金融资源相结合，提升其在地区事务中的话语权和卢布的国际影响力，使自己比较成功地跻身亚太地区，牵制了中美日韩等亚太国家在东亚地区的影响力。

"金砖国家"是俄罗斯十分看重的多边合作机制，是俄罗斯由"集团外交"向"网状外交"转变的重要表现，也是俄罗斯致力于打造新型全球治理结构的重要依托。从俄罗斯的金融诉求角度，一方面，金砖国家合作框架下能够扩大本币结算范围，促进卢布国际化发展。近年来，金砖五国通过签署货币兑换的相关协

---

① 李中海：《卢布国际化战略评析——兼论中俄贸易本币结算》，载《俄罗斯研究》2011年第4期。

议、建立金融国家开发银行和外汇储备库等措施，为各成员国之间贸易的本币结算创造了条件，也为俄罗斯加快实现卢布国际化发展步伐提供了重要保障；另一方面，俄罗斯将依托金砖国家合作机制，推动国际货币金融体系改革。在《俄罗斯加入金砖国家构想》中，俄罗斯多次强调金砖国家有潜力成为全球治理新体系特别是货币金融体系的关键因素之一，希望通过与金砖国家其他成员国之间货币金融领域的合作达成一系列目标，其中最重要的目标就是：改革现行"美元治下"的国际货币体系向多极化方向发展，建立公平、多元化的国际储备货币体系；改革现行的国际金融体系，加快国际货币基金组织和世界银行等国际金融机构治理结构改革，提升金砖国家在国际金融决策中的话语权和代表权。

4. 蒙古的区域金融合作策略

对于蒙古参与区域金融合作策略的认识，应该基于两个纲领性文件的解读：一是 1994 年颁布并于 2011 年修订的《蒙古国外交政策构想》，这一文件制定了蒙古国不结盟、等距离、全方位的"多支点"外交政策，强调优先发展与中俄两国的关系，积极发展与美日印等"第三邻国"关系，这一独立的、平衡的、多元化外交政策成为蒙古国对外参与和处理国际事务的基石；二是 2008 年批准实施的"蒙古国家全面发展战略"，这一战略完全继承了蒙古国转型以来保持独立性和发展经济的一贯主张，成为蒙古国对内推进本国经济社会发展的指导性文件。这两个对内对外的纲领性文件，充分反映了蒙古国"自我意识"的觉醒，也认识到了自身的地缘战略价值、资源禀赋等方面得天独厚的优势，希望充分利用这些优势来吸引和整合各方资源，通过合作共赢来实现国家利益最大化。

（1）"多支点"外交战略支持蒙古国积极参与东北亚区域合作进程。20 世纪 90 年代以来，蒙古的对外关系由原来仅与苏联及东欧国家发展关系转向亚洲。蒙古在产业结构体系上与东北亚国家有很强的互补性，以东北亚地区作为其参与地区国际分工体系的首选区域，是蒙古对外经济联系的最理想地区。因此，蒙古国积极参与东北亚区域经济合作进程，将其东部列为优先发展的地区，明确提出首先发展东部地区（东方省、苏赫巴托尔省、肯特省），在此基础上发展和带动其他地区。蒙古政府据此还制定了详细的经济区发展方案，提出东部地区将是蒙古未来经济发展的重点，是与东北亚各国合作发展经贸关系的优先地区。借助图们江区域国际合作开发与规划中的"中蒙大通道"，将使蒙古这个内陆国家获得其梦寐以求的出海口，使蒙古的经济与东北亚地区有机融合。同时，也依托与东北亚国家的多边关系来牵制和平衡同中、俄两国的关系。

（2）"蒙古国家全面发展战略"指出了实施金融合作的基本方向。蒙古国的经济发展水平较低，资本稀缺，急需外部资金注入来推动本国经济发展。在战略的第三部分列举了全面发展战略实施的六大优先事项，其中有四项表述分别是：大力发展出口导向、私人部门主导、科技含量高的制造业和服务业，特别要侧重于信息、通信发展，促进生物和纳米技术，过境运输，物流，金融中介服务，深化农产品加工，创建可持续的、基于知识的经济；开采矿藏具有重要的战略意义，创造和积累储蓄，确保经济强劲高速增长，发展现代加工工业；确保大力发展国内各区域，特别是基础设施，减少城乡发展差距；创造一个可持续发展的环境，改善适应气候变化的能力和措施，保护国家生态系统，制止生态失衡。这四项表述基本指明了未来实施金融合作的基本方向和领域，即：出口加工制造业；矿产资源开发；基础设施建设；环境保护。

（3）中蒙金融合作具有深厚的现实基础和巨大的发展空间。中国已经连续十几年成为蒙古国的第一大贸易伙伴。截至2011年，在蒙古国投资的中国企业达5 639家，占全部在蒙投资企业数的49.4%；中国对蒙投资存量达到28.5亿美元，占蒙外资总额的48.8%，居首位，蒙中贸易周转总额63.8亿美元，中国占蒙古国对外贸易总额的56%。[①] 这表明中蒙经贸合作关系具有无可比拟的明显优势。2011年6月中蒙双方签署了《中华人民共和国和蒙古国关于建立战略伙伴关系的联合声明》，声明指出中蒙双方"应按照矿能资源开发、基础设施建设、金融合作'三位一体、统筹推进'的原则深化合作"。中蒙之间应在经贸合作基础上，在基础设施建设、矿产资源开发等领域深化功能性金融合作，利用亚洲基础设施投资银行和丝路基金等平台加强对东北亚经蒙古、中亚通过俄罗斯最终抵达欧洲的大陆铁路桥有关的配套投资。同时为外部资金参与相关投资提供区域合作的公共平台，并以平台为依托逐渐把投资领域由基础设施领域向矿产资源开发领域拓展。这不仅与蒙古国家战略中提出的基础设施投资和战略矿产开发相适应，方式上的多边参与和具备较高透明度的公共平台也更为蒙古国所接受。

此外，基于大规模经贸往来的人民币大量储存、流通于蒙古国境内，尽管人民币在蒙古作为贸易和投资货币已经发挥了重要的流通、支付和储藏功能，中蒙银行间也早有人民币账户行关系来实现支付和结算，但与东南亚相比，我国对涉蒙人民币跨境流通的重视尚不够。受国际金融危机和落实国家战略投资的影响，蒙古在未来一段时间内将面临较大的资金缺口。参照中俄"贷款换石油"计划，蒙古以矿产资源开采权为抵押、以开采的矿产偿还贷款，中国就可以向蒙提供人民币优惠贷款，款项可用于购买中国的技术、设备、劳务等。同时还可采取人民币结算也予以出口退税优惠等措施，推进人民币区域化在蒙古的发展。

---

① 《中国已成蒙古国最主要投资力量》，新华网，http://news.xinhuanet.com/politics/2012-05-21/c_123167949.htm，2015年5月21日。

（五）中国推动东北亚区域金融合作的战略与政策

中国作为世界上最大的发展中国家，是东北亚区域经济的重要组成部分。随着中国与东北亚经济联系日益密切，中国与东北亚之间的相互依存度越来越高。东北亚对中国越来越重要，中国也将在东亚经济发展中日益发挥重要作用。

1. 中国是东北亚区域金融合作中的重要角色

首先，中国是东北亚区域金融合作的积极参与者。中国与东亚各国经济休戚相关。积极参与东亚区域金融合作无论是对东亚各国还是对中国本身，都是十分有益的。因此，中国对东亚区域金融合作一直持积极参与的态度。目前，中国与东盟部分国家及韩国开展了双边货币合作；中国人民银行作为 EMEPA 的主要成员，一直致力于亚洲债券基金机制的建设和完善，并将根据我国债券市场发展和区域金融合作的需要，在该机制内发挥积极作用。

其次，中国还将是东亚金融合作的有力推动者。中国经济的总体实力已经超越日本在东亚地区居于首位，更为重要的是中国正以自己不断发展的巨大市场，为整个东北亚地区乃至世界的经济发展做出重大贡献。同时，中国具有大国风范，坚持以互惠互利、平等合作的态度对待双边和多边的合作。在金融危机期间，中国为了整个东亚地区的利益，不惜牺牲自己的利益而坚持人民币不贬值就是最好的例证。中国在本地区具有很高的公信力，因而中国将在东亚经济合作中发挥不可替代的作用。今后中国的各项货币金融政策不应当是单纯的国家经济政策，而应当是一种"区域政策"，注重以区域经济为背景制定国内货币政策，树立政策的公信力。这就要求我们不仅要追求区域货币合作的收益，还要考虑并肩负起应有的责任，承担必要的成本。因此，今后各项经济政策的制定应当考虑到区域金融合作的目标。

短期内，中国还不能从亚洲地区的经济和金融合作中获得太多明显利益。这是由于虽然中国近年来经济高速发展，在亚洲金融合作过程中地位越来越重要，但其自身是庞大的经济体，具有大国经济特点，居民储蓄和外汇储备丰富，国内市场广阔。同时，还由于中国的资本项目尚未完全开放，人民币依然不可兑换，中国对区域金融合作的依赖性不像其他国家那样高。因此，参与区域金融合作，始终要以国内经济和金融发展为立足点。而且，一旦中国国内发生系统性金融风险，无论是区域金融合作机制还是国际金融合作机制，都无法真正起到有效的救援作用。但从长期来看，中国又可能是区域金融合作的最大受益者之一。这是因为友好且密切合作的地区环境将为中国的和平崛起提供有利的外部条件，使得中国成为融入亚洲的地区大国。参与亚洲地区金融合作，除直接的和眼前的利益之外，中国将主要获得良好的外部环境，以便集中精力解决国内问题，为长期发展创造条件。目前来看，中国选择积极参与东盟和中日韩的"10＋3"合作模式作为基本的合作模式，符合中国与东亚地区政治与经济现阶段的特点，将日本纳入东亚3个大国协调的框架内，既推进中日双边合作，又通过与东盟建立自由贸易区等扩大多边合作，保持和增强中国的影响，提高合作的实效。

我们认为，中国参与东北亚金融合作进程，前提条件是应该处理好国内金融领域的改革和发展问题，使得参与金融合作具备良好的国内金融基础；基本态度是积极参与，寻求对话和沟通，求同存异，反对金融霸权；根本目的是通过合作，谋求经济发展和金融安全，并逐步提升人民币的国际地位和影响力；实现途径是积极稳妥地实施金融开放战略，积极参与区域性债券市场的建设，积极参与区域性金融监控和危机救援机制，积极参与区域各国间各个层面的对话机制，积极参与区域汇率协调与联动机制建设等。

2. 培育和健全国内金融市场体系，奠定区域金融合作良好基础

目前，我国国内金融市场化程度不高，金融市场不完善，金融基础设施薄弱，金融结构也存在很大的缺陷。对外金融开放度不高，监管体系亦不健全，缺乏从事国际金融合作的经验。金融体系依然脆弱，尤其是银行系统脆弱性程度偏高，其平均水平比整体金融脆弱性水平高出10个百分点，成为影响中国整体金融脆弱性的主要诱因。尽管近年来银行系统的不良贷款比率有所下降，但仍大大高于发达国家的同类指标。同时，随着商业银行经营规模的扩大，其资本充足率也纷纷出现下降趋势，尤其是除中国银行外的三大国有商业银行的资本充足率更是远低于巴塞尔协议8%的标准。正因为如此，中国金融市场迟迟不能较大幅度地对外开放。

这种金融发展水平使得中国还无法在亚洲金融合作进程中发挥主导作用。因此，中国在积极参与东北亚区域金融合作的同时，必须不断改革和完善中国金融体制和金融市场：首先，深化国内金融体制改革，致力于改善公司治理结构，逐步推进商业银行治理结构的改革和利率市场化；其次，加快本国金融市场的发展，培育直接融资市场尤其是债券市场，发展各类机构投资者；再次，重视建设坚实的金融基础设施和良好的金融发展环境。建立适当的监管机制，颁行符合国际惯例的会计制度，设立合理的税收框架，逐步完善统一互联的市场登记体系和清算体系，大力发展评级机构，加强信息披露；最后，逐步建立开放的融资市场，在有利的环境和条件下加速开放资本项目，扩大区域内的相互投资。这其中，建立相对完善、开放的金融市场与开放资本项目十分重要。

3. 积极稳妥地实施金融开放战略，稳步提升人民币的国际地位

（1）稳步开放资本市场。在深化国内金融改革的同时，应该积极稳妥地实施金融开放战略，增加国内金融对外开放度。随着国内债券市场的发展，在可控制的前提下，推动跨境债券的发行与流通，稳步开放资本市场。具体而言，通过"4Q"的方式实施，即：继续开放境外金融机构等合格的机构投资者（QFII）在境内投资人民币债券、外币债券、股票与基金等；逐步推动境内合格的机构投资者（QDII）在境外发行外币定值的债券、股票与基金，并逐步开放在香港发行人民币债券；逐步开放境外合格的机构投资者（QFII），包括合格的国际金融组织和跨国公司等在境内发行人民币、美元或港币定值债券，减轻人民币升值压力，控制债券市场开放中的风险；逐步开放境内合格的机构投资者（QDII），包括合格的中小金融机构、社会保障基金、保险公司、投资基金等投资于境外外币定值债券等，扩大境内投资者的投资选择品种。

（2）稳步开放人民币的流通与兑换，推进人民币国际化进程。中国在1996年实现了人民币经常项目可兑换，资本项目的开放也在积极有序地推进，在有效防范风险的前提下，有选择、分步骤地放宽对跨境资本交易活动的限制，逐步实现人民币资本项目可兑换。当前人民币资本项目下已经实现了部分可兑换，在国际货币基金组织划分的43个资本交易项目中，中国目前有一半的资本项目交易已经基本不受限制或有较少限制。逐渐放宽人民币的流通管制，逐步提高国内居民携带人民币出境额度，促进人民币在周边地区流通，提高双边贸易中以人民币结算的比例，促进人民币的"周边化""亚洲化"进程，逐步将人民币培育为亚洲债券的主要计价货币之一。

（3）在区域货币合作的框架中逐步改革人民币汇率制度，推进"人民币亚洲化"。具体措施包括：首先，暂时维持人民币汇率的稳定并进一步积累储备资源，为改革创造有利环境。短期内，在维持人民币汇率稳定的条件下，加强区域内汇率政策协调，提供融资便利，使人民币逐步在次区域（如中华经济圈）范围内发挥"名义锚"的作用。其次，在东亚区域货币合作的框架中实施汇率制度改革，通过制度化的"人民币亚洲化"，实现汇率的稳定性与灵活性双重目标，推动其国际化进程。最后，通过双边或多边的清算协定实现区域内贸易的人民币结算。

4. 积极参与区域性债券市场建设，扩大人民币为主体的债券市场规模

中国积极参与亚洲债券市场发展的意义重大，一是以亚洲债券市场发展为契机，推动国内债券市场发展，加速国内金融基础设施的建设，完善中国的金融体

系；二是推动亚洲债券市场发展，促进人民币在周边地区流通，进而推动人民币的亚洲化和国际化的进程，为中国经济全面与国际接轨创造适当的金融环境。因此，参与亚洲债券市场发展是中国融入亚洲地区的实际步骤之一，也是中国实现和平崛起战略意图的重要契机，既有利于亚洲经济的全面发展，又有利于中国经济的和平崛起。

（1）发展以人民币为主体的亚洲债券市场的可行性。首先，以日元或亚洲"一篮子"货币作为亚洲债券定值货币困难重重。日元本来最有条件成为亚洲的定值货币，但由于日本自身金融结构存在严重缺陷，同时在美国的控制下，日元很难摆脱对美元的依附地位，日元汇率波动频繁；日本长期执行脱离亚洲政策，对待战争侵略行为一直没有认真反省，而且不断伤害亚洲人民的感情；特别是日本在十几年来经济持续处于低迷状态，对亚洲其他国家的经济贡献日渐减弱；日元在亚洲金融危机时期不负责任的表现，日元在亚洲各国外汇储备的比例极低。相对于中国的快速崛起，日元的地位正逐渐呈下降趋势。

仿效欧元建立亚洲的单一货币或亚洲"一篮子"货币的设想和主张也都不大切合亚洲地区的实际而缺乏可行性。亚洲各国和地区经济发展水平相差甚大，各民族国家主权意识强烈，实现货币一体化所必需的商品、服务、资本以及劳动力自由流通等条件并不具备；"一篮子"货币更牵涉币种的选择、各币种权重的确定及汇率的调整安排等复杂问题，要实现亚洲的单一货币"亚元"或亚洲一篮子货币将陷于一个旷日持久且难有结果的争论之中。

其次，人民币成为区域性强势货币的趋势越来越明显。随着中国经济实力的不断增强和对外经贸交往的快速发展，加之人民币在中国周边国家和地区正被越来越多的经济体所接受，人民币在境外的流通量不断增加，人民币在部分周边国家和地区的流通量为200亿~300亿元，在局部区域甚至已被用作计价、支付和结算货币。

最后，中国与其他亚洲经济体经贸合作的加强，进一步促进和加强人民币的国际货币结算功能。整体来看，由于亚洲经济一体化的加强，区域经济联系更加紧密，中国迅速加入了东亚地区的生产体系，相对地减少了其他东亚小型经济体对美国、日本和欧盟市场的出口依赖；另一方面，中国不断增强的海外投资能力，以及区域合作项目中中国势必将在亚洲区域内投资众多大型的能源、交通、通信和环境保护等基础设施建设项目，都将使区域内国家和地区增大对人民币的需求，进一步促进和加强人民币的国际货币流通与结算功能。

（2）发展以人民币为主体的亚洲债券市场的战略步骤。亚洲经济的现实和中国经济的强劲发展为建立以人民币为主体的亚洲债券市场提供了可能，但我们仍必须清醒地看到，还有许多国内、国际的不利因素阻碍着以人民币为主体的亚洲债券市场的发展。一方面，目前中国仍面临着债券市场基础薄弱、市场监管体系不健全、资本账户不可兑换、人民币汇率形成机制有待优化等问题；另一方面，亚洲其他国家对全面接受中国需要一个过程，特别是美国、日本并不愿看到中国崛起成为区域经济和金融主导国。因此，推进以人民币为主体的亚洲债券市场的道路仍然十分曲折。

首先，加快国内债券市场发展。在我国的债务结构中，贷款占比为 77.5%，而企业债、金融债、国债与央行票据的比例仅 22.5%。而 2004 年，美国的各类债券在美国债结构中占到 58.5%。债务结构的巨大差距，说明我国直接融资发展缓慢，资本市场对配置资源作用极其有限，间接融资占比过高，金融系统极为脆弱。当前应加快发展债券市场，借此优化金融资产结构，推进金融市场的整体发展，并为亚洲债券市场的发展奠定坚实的基础。

其次，在现有以美元为主体的基础上逐步扩大人民币在亚洲债券市场的份额。从当前的实际出发，首先应促进亚洲各国内部债券市场的发展，建立完整的债券市场体系，扩大现有的亚洲债券基金规模，为亚洲区域经济发展提供融资服务。在债券币种上，仍以亚洲各国普遍接受的美元或日元为主，待条件成熟时，逐步扩大面向境外发行的人民币债券规模。中国在亚洲区域投资的基础设施项目融资上，向国内发行人民币债券，从有限规模的债券交易与流通试点基础上，稳步扩大人民币在亚洲债券市场的份额。

最后，充分利用香港的国际金融中心优势，先连通大陆与香港的债券市场，再逐步与亚洲其他国家的债券市场融为一体。香港是著名的国际金融中心，有灵通的信息，丰富的金融人才储备，健全的监管体系，发达的交易、支付、结算与清算系统，成熟的债券市场做市商制度以及托管机制等良好的基础设施。在大陆与香港的金融合作方面，中央国债登记结算公司已经与香港金融管理局签署了合作协议，中国境内的合格金融机构可透过该网络，通过香港来从事外币债券的交易和清算。在此基础上，大陆应该优先考虑与香港建立起统一的政府债券市场，为企业债券和金融债券的发行确立定价基准。然后，再进一步整合两地之间的金融债券与企业债券市场，到时机成熟时形成所谓的"大中华"债券市场。最后，以"大中华"债券市场的身份融入整个亚洲债券市场之中。

5. 积极利用各层面的金融合作机制，提升中国在合作进程中的影响力

亚洲债券市场发展及亚洲地区经济和金融合作是一个长期过程。每一阶段都面临不同的任务，应容纳多种合作模式，通过各种妥协方案和各方立场的协调，找到一国在某个领域中做出让步，但在另一个领域得到相应补偿性利益的合作模

式，实质性地通过多边合作框架下的双边金融合作关系逐步展开，积极推动与不同国家（地区）在多边合作架构下，建立双边及多边金融合作机制，促进区域内金融合作进程。

（1）积极建立双边及多边的跨国支付清算体系合作关系，推进与东盟的自由贸易区的建设和中日韩自由贸易区建立。

（2）组建区域性投资机构，如亚洲投资银行（Asian Investment Bank）或亚洲金融公司（Asian Finance Corporation），以促进区域经济合作和私人部门发展为主要目的，回避短期内的汇率协调及对一篮子货币或货币单位的复杂评估与协调工作，尽快使得各国从中受益。

（3）积极参与东亚金融监管协调体系。中国与东亚国家的经济关系日趋密切，金融关系的相关性也日益加强，一国金融政策有效性与其他国家的反应密切相关，一国政府的政策制订必须考虑其他国家的战略选择。我国需要与东亚国家的央行进行利率、汇率政策的协调，加强同东亚国家金融监管当局的合作，共同抵御可能发生的金融冲击。和东亚国家及时交流制订金融政策、降低不良贷款和处置高风险金融机构的经验，共同建立东亚地区金融风险早期预警系统。

（4）通过组建亚洲经济金融研究院或类似的研究机构，建设金融信息交流网络等建立对话机制，吸收各国学者、官员等参与，重点研究亚洲开展经济金融合作的各类重大问题和具体技术细节，如区域金融合作目标与模式、市场制度的规划与协调、债券品种的设计、区域性担保机制、各国监管协调与合作等。同时，也可以此为平台，事先将各种设想和意图与各国进行沟通和协调，待成熟后再提交给政府间的协调机构。

6. 积极开展与各方的协调和对话，展示"敢于负责任"的区域大国形象

金融危机的发生深刻揭示了一体化趋势下区域内成员之间加强经济政策协调的必要性。作为东北亚地区一个重要的政治、经济大国，面对金融全球化在地域上的战略性调整，以及区域内相互依存度不断加深的事实，为加深东亚各经济体之间的货币金融合作，并致力于推进人民币的国际化进程，中国应积极开展同其他域内成员的政策协调与对话：

（1）积极推动汇率政策协调。作为该地区一个重要的稳定源和协调主体，中国应积极推动东亚国家和地区的汇率政策协调，在"10＋3"的合作框架下与周边国家和地区签订双边或多边汇率调整协议，规定在不同时期、不同汇率状况下为实现地区内的经济和金融稳定而做出相应的汇率政策调整。如有必要的话，还

需进一步就汇率波动的幅度以及官方干预的时机和方式等问题达成一致意见，进而实现在稳定区域内汇率的同时对外保持联合浮动。

（2）努力加强东北亚的货币金融合作。中国应努力推进自身同域内其他经济体的制度融合，具体措施就是积极倡导东亚各成员财政和央行对话的机制化，目的是通过平等的磋商来协调解决成员之间的政策冲突，建立安全的区域金融风险防范机制和货币金融相互援助体系。为此，中国有必要在金融监管的透明度、金融政策及相关信息的披露、财政与货币政策的一致性，以及官方共同行动等方面同域内其他成员交换意见，寻求深层共识。

（3）倡导建立有效的激励—约束机制。为推进东亚区域货币体系的构建，防止区域货币金融合作与协调的失败，同时也是出于维护自身经济利益的考虑，中国应积极倡导建立有效的激励和约束机制，既为那些做出并认真履行协调承诺的区内成员争取应有的利益补偿，又能够对那些不认真履约或不希望承担责任的成员实施必要的惩罚或约束。

（4）制约潜在的地区霸权，维护发展中成员国的合法权益。作为一个正在崛起的发展中大国，中国应致力于维护本地区的和平与稳定，应倡导将和平共处五项原则作为区域货币金融合作的重要指导原则，与东亚其他发展中成员一起抑制区域货币金融合作中可能出现的货币霸权（"美元霸权"与"日元霸权"）。一系列事实也已证明，危机爆发以来，中国对作为加强区域内成员政策协调的"10＋3"的合作框架采取了积极支持的态度，并提出了许多富有建设性的建议。这表明，中国作为推进地区内和平、稳定与制度性融合的动力源，正逐渐发挥其应有的作用。

三、东北亚区域货币体系建设与中国的战略选择

在东北亚区域各国之间广泛、深入地开展功能性金融合作的基础之上，东北亚区域货币金融合作将逐渐提升到制度性货币合作层面——区域货币体系建设。目前来看，东北亚区域货币体系建设的现实条件还不成熟，货币体系的建构模式还处于理论构想和实践摸索阶段。对于中国而言，东北亚区域货币体系建设与人民币国际化进程联系紧密，后者是前者实现的基础和前提。因此，我们应该本着务实的态度，认真研究和推进人民币国际化进程，以此来推动东北亚区域货币体系的建设。

（一）东北亚区域货币体系的建构模式

东北亚区域制度性货币合作相对于功能性金融合作，是更高层次的区域金融合作状态。具体表现为区域性汇率协调合作机制的构建和区域货币一体化的实现两方面，其中前者是东北亚区域货币体系建设的初级阶段，而后者则是区域货币体系建设的高级阶段。

1. 区域汇率协调与合作机制的建立

区域性汇率协调机制需要比较高层次的合作架构，这是金融合作深入发展的需要。鉴于东北亚各国货币汇率制度的缺陷，改革原有的汇率制度，进行区域性的汇率合作势在必行。近年来，学界对东亚区域汇率协调与合作机制问题进行了比较深入的研究和讨论，可选择的汇率合作制度安排基本归为两类："钉住单一货币"论和"钉住货币篮子"论。而"钉住单一货币"论在"驻锚币"选择上可以分为"东亚美元本位"（外部名义锚）和"东亚区域内单一货币本位"（内部名义锚）——日元本位或者人民币本位；"钉住货币篮子"论在"驻锚币"选择上又可以分为"钉住东亚货币篮子"（内部名义锚）和"钉住共同货币篮子"（混合驻锚）。我们对以上几种区域汇率协调与合作机制的构想逐一进行评析，以寻求东亚区域汇率协调与合作机制的最优选择。

（1）"东亚美元本位"论。麦金农（Mckinnon）在 1999 年就提出了"东亚美元本位"的观点。这种货币合作模式是建立在多国货币对一种强势货币的严重依赖基础上的不对称货币合作模式。危机前的东亚各国货币是分别钉住美元的，这种联系是为了给国内的价格水平提供一个整体的外部名义锚，麦金农称之为"东亚美元本位"（East Asian Dollar Standard）。麦金农认为，在 2000 年，东亚发生危机的国家和未发生危机的国家货币又复归到正式和非正式的钉住美元制。原因在于，东亚国家是一个"自然的货币区"，东亚国家一国能否成功将美元作为名义锚钉住美元，很大程度上取决于其他经济伙伴或竞争对手能否牢固地钉住美元。因此，东亚国家实行的其实是一种"集体的名义锚"，即东亚美元本位制。麦金农认为，对于实行"东亚美元本位"的每一成员国，由于贸易关系的高度一体化，区内贸易的增长速度远高于对美贸易的增长速度，上述美元名义驻锚的稳定性更多依赖于大多数东亚国家共同稳定对美元的汇率，而不是仅仅依赖于美国自身的价格水平。这一提议的实质是在东亚各国松散的钉住美元的基础上加以制度化。

麦金农认为，钉住制度要比浮动汇率制更适合东亚地区，东亚地区钉住汇率的目标货币应当选择美元而非日元。这是因为：第一，美元作为交易媒介、价值尺度和储备货币在全世界范围内被广泛使用，钉住美元具有规模经济效应。第二，美元具有大规模的完善的债券市场和远期市场，便于其他国家购买储备资产或者干预外汇交易。目前，美元的这种条件是独一无二的。第三，东亚国家共同钉住美元也有利于维持区域内国家间或地区间双边汇率稳定。危机之后，经过一段时间的调整，东亚各国的汇率与美元的联动又恢复到危机前的状况。东亚的非正式钉住美元的倾向也在一定程度上反映出钉住美元的合理性，只需要将这种倾向转为公开、明确的制度安排即可。

麦金农这一方案的好处在于保留了美元作为外部名义驻锚的优点，有利于使人们产生稳定的所谓"回归性预期"（regressive expectation），在国内货币贬值时坚定市场的信心，减少恐慌，避免货币危机的发生。除此之外，相对于个别钉住来说，共同钉住美元的汇率机制使各加入国之间能够保持相对汇率的稳定，从而避免了危机来临时地区内亲密贸易伙伴之间货币贬值的传染和恶性竞争，防止危机的进一步蔓延。此外，这一方案还有一个比较重要的可取之处——简单易行。由于东亚各国目前事实上采取的是各自单独钉住美元的政策，如果转而实行集体钉住，对本地区各国现行汇率政策的调整要求比较小、实施成本低，因而这一设想显得比较具有吸引力和可行性，以此作为东亚汇率协调制度的切入点应该说是比较合适的。

然而，钉住美元也有许多内在缺陷。首先，由于美元—日元汇率的波动使得这种汇率安排仍然显得十分脆弱。如果美元对日元大幅波动，东亚地区仍然存在巨大的汇率风险，仍有可能对许多国家的贸易和出口竞争能力带来不利影响。尤其是在美元和日元剧烈波动并伴随投机冲击时，又必然会引起东亚各国货币再次的竞争性贬值，使这种汇率安排走向崩溃。其次，单一的钉住美元的汇率制度并不适合东亚不断多元化的贸易和投资结构，不利于名义有效汇率的稳定。由于东亚国家对日本和美国经济的依赖（表现为各小国主要从日本进口资本品、引进资金，而产品却主要销往美国），所以当世界主要货币之间的汇率发生变化时，有效汇率也会随之波动。美元对日元升值时，来自日本的资金会减少，当美元对日元贬值时，进口成本上升。可见，只要日元对美元汇率频繁大幅波动，东亚国家的出口和经济就会受到很大影响并产生严重的风险管理问题。另外，东亚国家与美国不但在地理上相隔甚远，而且经济发展水平处于不同阶段。在东亚，除了日本为发达国家外，其余则为少数新兴市场体（如新加坡、韩国、中国香港等）和广大的发展中国家，与美国的经济发展水平差距较大，使这种外部统一锚难以起到应有的作用。因此，东亚各国采取共同钉住美元的汇率协调机制与各自单独钉住美元没有本质上区别，只是实现了相互间汇率的稳定，却不能使东亚摆脱美元—日元波动和投机冲击的困境。

（2）"东亚日元本位"论。其主要内容是将日元作为东亚各个国家或地区的"货币锚"，各个成员国钉住日元或者是日元汇率目标区。这一方案可以说是受到了欧洲货币一体化发展历程的影响与启示，这个建议类似于 20 世纪 80 年代欧洲货币机制中德国马克成为汇率机制的实际货币锚（当时欧洲国家选择了德国马克作为名义锚，各国汇率钉住马克并围绕马克波动）。根据目前东亚地区的经济发展现状，日元是唯一有实力充当这种名义锚的货币。但是，日本和德国不一样，日元和德国马克的表现也大相径庭。具体表现在：其一，和长期比较稳定的德国马克不一样，日元汇率在近十几年来一直难以保持稳定，钉住日元根本不能带来区域内成员国货币汇率的稳定。其二，德国的 GDP 总值几乎完全来源于其在欧洲的相关贸易，这就使德国马克在欧洲中央银行的地位得到强有力的支持。日本则不然，尽管日本的 GDP 占亚洲总额的 72%，但是日本作为东亚出口市场的容量有限，日元贸易只相当于亚洲各国贸易的 1/3。其三，日本与东亚各国的经济一体化程度、日本经济的开放程度、日本金融的自由化程度等都还不够高，东亚国家很难把钉住日元作为自己汇率政策的基础。其四，日本经济从 20 世纪 90 年代以来一直陷入危机，经过长达十余年的不景气之后仍然没有什么起色，日元作为一种国际储备货币的吸引力正在减少而不是增加，日元国际化的程度甚至不如 80 年代。此外，由于历史的原因，东亚绝大多数国家在政治上很难接受日元单独作为区域的货币锚，所以说，这一方案比起东亚美元制更加缺乏可行性。

（3）建立类似 ERM 的东亚汇率目标区制。国内不少学者基于外部名义锚的内在缺陷，建议为推动东亚地区经济一体化进程，应在东亚建立类似西欧国家所建立过的汇率机制，并认为这是一种比较理想的选择。这种建议是要将一篮子东亚国家货币作为内部名义锚，类似西欧国家最初以一篮子欧洲国家货币作为欧洲货币单位，欧洲各国对其钉住值只能波动 2.25%，各国进行边际干预。东亚货币篮中各国货币的比重，可以根据各国经济总量、贸易方向和投资比重来确定。这样，东亚各国货币共同钉住货币篮，从而实现各经济体之间货币汇率的稳定。但是建立内部驻锚的汇率目标区制，目前在东亚困难很大。

首先，东亚区域内缺少欧盟内存在的像德国这样的核心国及马克这样的强势货币。德国是欧洲最大的经济体，在欧洲一向享有稳定的宏观经济政策的声誉。欧洲汇率机制（ERM）的重要问题是如何确定其总的货币政策取向。事实证明，ERM 是以德国为主导的，其他国家实际上遵从了德意志银行的货币政策。同时马克在当时是区内的强势货币，而且与美元、英镑等国际货币保持相对稳定的汇率。从目前的情况来看，日本或中国均难以独立担当东亚区内的核心国。

其次，从东亚目前的贸易方向、利用外资及外债的结构看，钉住区内货币篮子存在较大的汇率风险。从东亚各经济体的进出口贸易方向、利用国外直接投资及所欠外债结构来看，美国和欧盟在东亚的贸易结构中都占到相当的比重；外资和外债结构中，美元和欧元结算的比重依然很大，若东亚贸然采取钉住区内货币篮子制，将会给东亚各经济体带来极大的汇率风险。由于货币篮由区内货币组成，加上区内多数货币实力不强。根据目前的情况，日元无疑将占绝对优势（大约在50%以上），而日元对美元汇率波动幅度较大。因此，货币篮将不会出现预期的稳定局面，仍然与美元和欧元汇率出现较大波动，加上东亚各经济体大多为小型开放经济体，显然仍会给东亚的贸易和投资带来巨大的汇率风险。

可见，目前东亚建立内部驻锚的汇率稳定协调机制的条件并不具备。由于内部驻锚存在缺乏灵活性的弊端，东亚未来建立类似欧洲汇率机制"区域内钉住汇率制"的可能性也不大。

（4）钉住共同货币篮子。与浮动汇率制度相比，钉住货币篮子可以降低名义汇率的波动幅度。与钉住单一货币相比，钉住货币篮子能降低实际有效汇率的波动幅度，减少汇率波动对国际贸易和投资的损害。但是如果东亚国家各自独立地公开或不公开确定权数，令本国货币钉住某一货币篮子，那么，在本国遭受货币金融危机的时候，地区内协调机制的缺失会引发一连串的竞争性贬值。这种危机通过影响市场预期和溢出效应形成传染效应，造成整个地区内经济的危机。而钉住共同的货币篮子则可以创造一种稳定的价格环境，通过地区内货币领域的合作机制解决上述问题。

威廉森（Williamson）提出了"爬行波幅钉住货币篮子"（Basket Band Crawling，BBC制度）。BBC制度是指由以下三种汇率制度——一揽子货币钉住汇率制、爬行钉住汇率制和限幅浮动汇率制——组合而成的复合汇率制度。所谓"爬行波幅钉住货币篮子制度"，是指各国按同样的权重钉住一篮子货币，同时确定汇率波动的幅度，在此幅度内波动政府承诺不进行干预，如汇率波动超过该幅度，政策当局可以进行干预，使汇率回到波幅之内。

BBC制度的不足在于：第一，它作为一种中间汇率制度，存在透明度较低的缺陷。第二，操作比较复杂。特别是如何确定货币篮子中主要货币的权重，是最有争议的问题。而且无论何种权重的实施，都意味着各成员对货币主权的一种牺牲。为了明确而简单地说明这个问题，举个例子：假设A国货币篮子中日元权重为30%。如果近期日元对美元贬值10%，那么按照货币篮子中日元权重，成员A的货币对日元贬值3%。如果A国以100%的权重和日本贸易，那么要保持和货币钉住美元的竞争对手们相同的竞争力，A国货币应该对日元贬值10%。无疑，A国货币仅贬值3%是丧失了竞争力的。

这种汇率制度的优点也很明显，与共同美元本位和内部驻锚的汇率目标区制相比，结合东北亚现状，钉住共同货币篮制仍然优于前两者。

第一，这种汇率安排可以维持相对稳定的汇率，很大程度上减轻"钉住美元制"下美元对日元汇率剧烈波动给东亚国家和地区带来的不良影响。货币篮中任一种货币汇率发生波动，可能对该货币篮作为一个整体的平均值影响不很明显，除非这种货币在货币篮中占有很大的比重。而且，即使货币篮中的几种货币汇率同时波动，也会因为不同货币的升降而相互抵消，从而有效地平抑汇率波动的风险。第二，正是因为共同钉住混合货币篮子的汇率稳定性特点，从而能够比"共同美元本位制"更多地节省外汇储备，使东亚国家和地区更好地利用充分的储备头寸建立东亚货币合作基金。第三，可预测性强。BBC制度中宣布对美、日、欧货币的钉住，还可以增进那些宣布是实行管理浮动汇率制度国家名义汇率水平的稳定性和可预测性，增强货币信用，规范市场，减少投机。第四，与内部驻锚的汇率目标区制相比，这种汇率安排不需要像欧洲汇率机制那样严格的条件限制。又在一定程度上增加了汇率的灵活性，可以避免欧洲汇率机制中的干预不对称性及内部驻锚的汇率僵化弊端。第五，体制转换成本低。对于本地区各成员国来说，实施货币合作所要做的只是把钉住单一货币或者是其他形式的钉住变成美、日、欧元的"一篮子"钉住，各个经济体可以保持自己原有的汇率制度，最大限度地减少了汇率制度合作时来自各方的阻力。另外，这一制度限制了"以邻为壑"的贬值政策实施的空间，将地区内竞争集中于生产层面。它可以为东亚地区更深更广的金融货币合作打下基础。

总体来说，选择钉住共同篮子货币比选择钉住单一货币更为合理可行。因此，"一篮子"目标区爬行钉住可以说是东亚汇率协调机制的最佳方案，东亚地区各国应当朝着这个方向努力，制定出更为合理、稳定、可操作性强的汇率制度。

目前，东亚各经济体（除日本外）应平衡退出传统的钉住美元制，实行共同钉住货币篮（由美元、欧元和日元组成）制度。随着成员国经济的发展、宏观经济政策充分协调和东亚货币合作基金的建立，逐渐把东亚区内货币（如人民币、韩元等）加入货币篮，同时相应减少美元和欧元的权重，使货币篮具有亚洲货币单位（ACV）的性质。但要以区内货币完全替代美元和欧元却是不现实的，可在美元和欧元比例缩小到一定比重（如40%）时，建立东亚汇率稳定协作机制的框架协议，逐步创建起东亚单一货币区。

2. 区域货币形成途径与区域货币一体化模式

从理论上说，既能够保证区域内汇率的稳定性与对外汇率灵活性，又能长期存续的汇率制度是共同货币区安排。从实践角度看，东北亚是否具备建立共同货币区的条件是这一思想能否实现的关键所在。目前人们一般应用最优货币区的指标分析法对这一问题进行考察。对中日韩等区域主要国家的利率、价格、实际GDP、国内投资、区内直接投资与贸易以及要素流动性等变量进行的实证分析表明，东北亚已具备建立货币联盟的某些条件。但是，最优货币区理论假定其研究的对象在社会制度、意识形态等非经济方面是同质化的，其指标分析法无法将区域各国之间的非经济因素差异量化，而非经济因素在货币一体化这一名为经济合作过程，实为政治博弈过程的问题上，影响力极大。因此，单单以最优货币区理论来考量东北亚区域货币一体化可行性问题似乎不妥。实际上，在东北亚地区构建共同货币区还面临着明显的困难。该地区各经济体发展水平相差较大。经济发展水平的差异会阻碍汇率政策的协调，而金融发展水平的差异则会增加单一货币区乃至共同钉住的操作难度。而且，东北亚各国目前仍缺乏建立货币联盟的政治意愿和制度化的汇率合作机制，不具备明确的政治协调性。最优货币区理论的提出者芒德尔（Mundell）教授也认为欧洲单一货币的模式并不适合现在的东北亚地区。因此，目前东北亚区域货币体系建设仅仅是一种制度构想。

（1）区域货币形成的途径。国际货币体系与货币格局的发展历史表明，区域货币的形成通常有两种途径：货币联盟与货币替代，这两种方式可以概括称为"欧元化"路径与"美元化"路径。所谓"欧元化"路径，是指区域内成员国在经历长期汇率稳定与汇率协调，通过经济指标与经济政策的趋同化，放弃各自的货币主权，共同创设与使用一种新的货币，以现实中的欧元为标志，这是一种平等的、协议式的货币联盟发展模式。而"美元化"路径则是指拉美的一些国家，由于本币信用不佳或政府无法维持币值，导致公众选择美元以替代本币进行经济交易，或者干脆立法取消本币，直接使用美元，显然这是一种非自愿的、无协议式的"货币统一"模式。

深入分析以上两种模式，显然"美元化"对东亚地区是不合适的，东亚各国在政治上与感情上都是不可能接受的，"欧元化"则是一种相对较为合理、可行的选择。但是，欧洲货币联盟的很多特点与条件是东北亚地区所不具备的，东北亚货币合作有自身的条件与特点，简单照搬欧洲的经验也不可取。如果我们把欧洲货币一体化称为"单一货币联盟"（Single Currency Monetary Union），那么东北亚货币体系则可以称为"多重货币联盟"（Multiple-Currency Monetary Union）。这种货币一体化的特点是指先通过地区主要货币国际化进程的逐渐合作与融合，然后再过渡到单一货币联盟。

（2）东北亚区域货币一体化的模式。目前，关于东北亚区域货币一体化的建构模式有几种构想：

第一，单一主导货币区域化模式。单一主导货币区域化是指某一主导货币在政府法定或者私人部门的事实选择下，逐渐取代其他国家货币而充当区域货币的地位，发挥区域货币的职能和作用。在主导货币区域化过程中，货币被取代的国家也自愿使用主导国的货币，放弃或逐步放弃本国货币。

美元作为主导货币，在亚洲实行美元区域化。这一构想可行性不强，首先，美国是区域外国家，尽管美国实施了"亚洲再平衡"战略之后，在东亚地区的影响力进一步加强，但这种影响力主要还是体现在政治、军事方面，在经济领域美国对东亚区域影响力并没有明显增强。近几年来，美元汇率波动频繁，币值不稳，汇率风险上升。次贷危机的爆发更表明了"钉住美元"并不能避免发展中国家的金融动荡，有时甚至容易引发金融危机。

日元作为主导货币，在亚洲实行日元区域化。目前来看，日元的很多缺陷使日元难以担当中心货币的角色：日元在国际贸易和金融交易中的比重较低；并且与美国相比，还缺乏一个成熟的、有一定深度和广度的国内金融市场；日元汇率波动频繁，是发达国家中最不稳定的货币之一；等等。因此，日元在国际金融交易中的地位比较低。此外，近年来，日本国内资金严重过剩，存贷款利率持续超低，日元大幅贬值，国内经济发展极不稳定，因此，日元要成为亚洲区域的支柱货币面临着障碍。

人民币作为主导货币，实行人民币区域化。尽管近些年来中国经济增长迅速，人民币地位有了很大的提高。但中国仍然未摆脱"经济大国、货币小国"的地位，人民币还不是完全自由兑换的货币。目前的工作只能是逐渐建立以人民币为核心之一的汇率联动机制，逐步扩大人民币的影响，为将来人民币走向国际化创造条件。目前，人民币作为主导货币的条件还不成熟，需要辅之以"人民币国际化"进程的加快。

韩元等其他区域货币作为主导货币更不具有现实性和合理性，区域化的问题也无从谈起。所以，在东北亚地区走单一主导货币区域化路径是不现实的。但这并不影响在亚洲子区域或次区域采用主导货币区域化路径。只要该货币在子区域或次区域范围内有一定的影响力，各国愿意接受这种货币，就可以在该区域采用它作为子区域或次区域的共同货币或过渡性货币。

第二，单一货币联盟模式。单一货币联盟是其成员国承诺放弃本国发钞权，而另行创立全新的区域货币的合作方式。它具有透明性、节省信息和交易成本的优势，欧洲货币联盟即属于此类。欧洲货币联盟的建立经历了从欧洲汇率机制到欧洲货币的演进路径，属于典型的单一货币联盟。欧元模式给未来亚洲货币合作安排提供了一个可供参考的选择，也为亚洲走向货币统一提供了一条途径。较之于货币替代的美元化模式，由经济发展水平相近，政策趋同的国家组成单一货币区创建新的共同货币，根据区内国家经济发展的需要制定共同的货币政策应该更具稳定性。

虽然创建单一货币的利益是巨大的，但是难度也相当高。尽管欧元的成功启动，将这一货币合作模式付诸实践，但由于亚洲的经济和政治一体化水平要比欧洲低得多，所以很难完全效仿欧洲的单一货币模式。著名经济学家蒙代尔也认为，欧洲模式的单一货币现在不适合亚洲，因为单一货币要求相当程度上的政治整合，这远远超出了东北亚地区目前存在的或者在可预见的将来能够实现的政治整合。因而必须结合地区实际情况，走适合地区条件的货币合作之路。

第三，多重货币合作模式。多重货币合作是指区域内形成几个次区域货币，由次区域货币再过渡到单一货币的合作形式。东北亚货币合作之路既非美元化模式，也非单纯的欧元模式，也不能完全照搬多重货币联盟合作模式。但主要应以多重货币合作模式为主，结合其他合作模式组建地区货币合作机制。应根据地区不同国家的制度条件和经济发展水平，政策趋同性等标准，以建立"区域内货币为主的货币篮子"的汇率协调机制为前提，以"日元国际化"和"人民币国际化"的平行推进、相辅相成、合作共赢为推动力，构建以中日韩为核心的地区货币联盟，实现地区货币一体化或者各主权货币之间完全意义上的互换安排。

总之，东北亚区域货币体系的建设无论以何种模式、从哪个局部开始，最初都有三点值得注意：一是货币合作的可行性和稳定性；二是建立东亚最优货币区的时效性和效益性；三是货币合作的权利制衡性。基于此三点考虑，东北亚区域货币体系可以在各国政府达成一致的目标系统框架之后，分阶段、多层次、多形式地开展。展望东北亚货币体系建设的前景，尽管目前实现东北亚货币一体化不具有现实性，但如果区域内各国能够相互信任、相互合作，区域货币整合仍存有巨大的空间。

（二）东北亚区域货币体系建设的SWOT分析

SWOT战略分析法的核心是要科学分析研究对象的内部条件和外部环境因素，构建SWOT矩阵，从而为战略决策提供指引。我们将运用这一方法深入分析东北亚区域货币体系建设过程中，地区内部具备的各种有利、不利条件，以及区域外存在的各种机遇和挑战，进而系统科学地构建策略矩阵，提出我国应对区域货币体系建设过程中出现的各种复杂环境的战略举措。

1. 东北亚区域货币体系建设的自身优势条件

（1）趋向主动的合作意愿：金融危机已经让各国认识到了区域货币金融合作

的必要性。1997 年发生的亚洲金融危机和 2008 年爆发的全球金融危机对东北亚区域各国造成了不同程度的冲击，使得区域内各国认识到了加强区域货币金融合作是维护区域金融安全的必要途径。对这两次金融危机的研究表明，国际投机资本的短期流动性冲击、国际金融体系安排的制度性缺陷以及货币危机的自我实现机制是危机爆发的直接原因，东亚各国经济结构的内在缺陷是导致危机爆发的深层次内因，而缺乏有效地区域性金融合作手段和机制是不能阻止危机传染的关键所在。中日韩作为区域性大国在金融危机中立场不一，做法缺乏沟通，在金融层面上缺乏必要的制度安排来共同应对金融危机，扮演的角色和所起作用不尽相同。因此，加强区域各国之间的货币金融合作，建立起稳定完备的金融合作机制十分迫切，这是实现区域金融安全的现实需要。

（2）有利的客观条件：东北亚各国之间日益广泛、深入的经济合作基础。东北亚区域各国拥有人口规模、自然资源、资本积累、技术创新、市场提供、产业支撑等所有发展所需的要素资源，中国、日本、韩国、俄罗斯、蒙古等国之间都已经成为彼此重要的贸易伙伴，经济联系不断加强，域内贸易依赖程度已经达到很高的水平，中日韩自由贸易区谈判已经启动，预示着三国之间未来的经贸合作前景趋好，这些都为未来的东北亚区域货币体系建设提供了坚实的经济基础，而区域各国间进一步的经济合作与发展也需要在货币金融领域提升彼此合作的层次和水平。

（3）必要的前期合作安排：东北亚各国之间的功能性金融合作已经有所开展。目前，东北亚各国已经在"中日韩"框架和"10＋3"框架下开展了信息互换监控机制、货币互换机制、区域债券市场建设等多领域的金融合作，并不断地取得了进步，其中货币互换机制的多边化建立了区域外汇储备库，为进一步建立区域货币基金奠定了坚实的基础。区域债券发行规模、品种的不断扩大为进一步构建区域汇率协调机制提供了前提条件，中日韩 FTA 的启动为深化区域货币金融合作提供了有利契机，这些务实的功能性区域金融合作都会成为开展制度性货币合作、建立区域货币体系的必要准备。

（4）寻求恰当的合作契机：区域货币国际化进程不断推进。"人民币国际化"和"日元国际化"进程为区域货币体系建设提供了恰当的合作契机。首先应该从长远、大局的角度认识到，两个货币国际化进程不是一种此消彼长的"零和"竞争关系，而是一种相辅相成的"双赢"合作关系。当前形势下，只有通过合作，逐渐缩小分歧，不断扩大域内贸易的本币结算比例，才能真正实现本国货币的"国际化"。目前，中日韩 FTA 谈判的启动已经成为东北亚区域货币合作进程的有利契机。

2. 东北亚区域货币体系建设的自身不利条件

东北亚区域货币体系建设还面临"最优货币区"条件不成熟、"锚"货币及东亚货币合作主导国缺失、政治互信度低等困境。

（1）"最优货币区"条件不成熟。虽然中日韩在货币金融合作方面取得了一定的进展，但从生产要素流动性、经济开放度、产品多样化、经济发展水平、产业结构趋同、经济政策选择等方面，东北亚区域还远远不能满足货币体系建设的"最优货币区"的标准。货币体系的潜在参与方根据自身预期收益与成本进行权衡博弈时，很难达成一体化的一致承诺，无法实现货币资源的帕累托有效配置。因此，东北亚货币体系建设的条件还远未成熟。

（2）东北亚货币体系的主导国和"锚货币"的缺失。拥有核心领导国和"锚货币"是一个地区进行经济和货币合作的必要条件。欧洲货币一体化之所以能够不断深化，就是因为有法德作为核心国，并以强劲的德国马克作为"锚货币"。东亚地区与欧洲相比，情况更为复杂和特殊，在东亚各个国家之中，中国和日本的总体经济实力和地位较高，作为核心领导国家的可能性较大，但是两个国家各自都存在一定的问题，在东亚货币合作中都还不能承担起领导国的责任，具体看来，日本要想成为核心主导国家存在政治和经济的双重障碍。20 世纪 90 年代，日本经历了"失去的十年"，经济停滞不前，长期处于泡沫经济的漩涡，此次经济危机更是使日本经济雪上加霜，经济增长速度明显放慢，通货膨胀严重，汇率大幅度波动，金融机构债券问题严重。国内首相频繁更迭，寻求复苏经济的良策，但是仍没有突破，经济仍旧处于萧条低落状态；此外，日本对于历史问题的态度，一直都使东亚国家难以认同，东亚各国在心理和事实上难以把东亚货币合作进程主导权交给日本。因此，日本在东亚货币合作中很难发挥主导作用，目前与核心领导国还存在很大的差距，许多问题需要改进。中国的总体经济实力有限，科技创新水平、技术研发水平等方面与日本相比还存在较大的差距；国内金融市场和体系不健全，资本市场还未完全放开，金融改革不彻底不全面，金融监管水平低，金融风险存在的可能性较大，货币国际化程度不高，人民币还不能自由兑换，这些现实问题的大量存在使得中国和人民币在短期内很难充当主导角色。因此，在货币合作的整体博弈中，东亚地区缺少主导力量和"锚货币"，致使东北亚货币合作面临困境。

（3）东北亚货币体系建立缺乏稳定的政治基础和地区安全环境。货币合作需要强大的政治联盟作为后盾，然而，由于历史与现实原因，东北亚各国相互之间信任度低，对合作始终存在戒心，致使东北亚货币合作因缺乏政治基础而搁浅。日本极端右倾的安倍晋三政府自上台以来，针对侵略历史、钓鱼岛争端等问题频频采取一系列激化的挑衅行为，妄图修改和平宪法、扩充军备等举措使得地区形势趋于紧张，中日关系陷入冰封，东北亚区域合作进程受到极大的负面影响。另外，日本否认侵略战争事实和与区域各国间的领土争端，如日韩的竹岛（日称独岛）之争、日俄的北方四岛之争等。半岛问题也一直是地区安全环境不稳定的导火索。

3. 后危机时代东北亚货币体系建设面临的外部机遇

（1）后危机时代世界经济复苏态势确立。东亚经济在金融危机之前基本上维持了高速稳定增长的态势，2004 年至 2007 年间，经济增长率保持在 6% 以上，2007 年一度达到 8%，国际金融危机的冲击，由于国外需求下降，国外直接投资减少，东亚的实体经济遭到极大的破坏，东亚地区的经济增长率出现了大幅下滑，一度降至 2009 年的 3.4%。但是，东亚经济在 2009 年后出现了复苏态势，2010 年东亚经济增长率将近 7%。新加坡是意外的亮点，其在 2010 年第二季度取得了 18.8% 的经济增长率，上半年增长率高达 18.1%，成为全球经济增长最快的经济体。并且，2010 年中国—东盟自由贸易区正式启动，给东北亚的经济及货币合作带来新一轮的增长。

（2）国际货币金融体系改革的呼声渐强。2007 年美国次贷危机最终演化为 2008 年的全球金融危机，进一步暴露了现行国际货币金融体系的诸多弊端，国际社会针对现行国际货币金融体系改革的声音日益强烈。在 2008 年 11 月 15 日华盛顿召开的 20 国集团峰会上，胡锦涛主席提出推动国际金融体系改革的主张，强调要加强国际金融监管合作，推动国际金融组织改革，鼓励区域金融合作，改善国际货币体系。在 2009 年 4 月的 20 国集团伦敦峰会之前，中国人民银行行长周小川于 2009 年 3 月 23 日提出了创造世界货币的建议，该建议在国际社会引起很大的反响。很多观察家认为中国通过建立"超主权货币"的建议来增加人民币的影响，中国旨在多途径促进人民币国际化，人民币国际化已经被纳入到中国的国家竞争战略。

现行国际金融体系改革的大幕被渐渐拉开，为推动东北亚区域货币合作提供了新的机遇，东北亚各经济体在现行国际金融体系中的金融权力和利益将在"10 + 3"框架和"中日韩"框架下的区域货币金融合作过程中逐渐统一，这对于东北亚区域货币体系建设将产生积极的影响。

（3）加快货币合作进程，增强东北亚在世界经济格局与金融体系中的地位。金融危机虽然对全球经济都造成了损失，但是危机对各国的冲击程度是不同的。此次危机由美国开始，对欧美等发达国家经济造成了强烈冲击。东亚虽然也受到危机的影响，但相对来说受到的冲击较小。在货币合作方面，欧洲已经形成欧元区，北美基本实现美元化，东亚经济作为世界经济格局中的一部分，与欧美等区域合作进程相比，已经明显落后。东亚各国应抓住各种机遇加强各国与地区间的货币合作，金融危机在某种程度上就为东亚提供了这样的机会，因此，在后危机时代，东亚应该借鉴欧洲货币合作与美洲货币合作的经验，利用金融危机带来的难得的"时滞"，抓住机遇加快东亚货币合作进程，从而增强本地区的货币金融实力，增强在国际货币基金组织和世界银行等国际金融组织中的表决权和发言权，提高国际影响力和国际地位。

4. 东北亚区域货币体系建设存在的外部威胁

（1）美国的"亚太再平衡"战略影响。东亚区域货币金融合作的外部挑战主要来自于域外大国——美国因素的干扰。2009 年，奥巴马任美国总统之后便提出"重返亚太"战略，并通过加强在东亚区域的军事存在、参与和主导 TPP（"跨太平洋战略经济伙伴关系协定"）谈判等一系列举措提升了美国对东南亚地区事务的参与度和影响力，借此减弱了东亚区域货币金融合作架构中的关键环节——东盟与中日韩等国开展区域性合作的投入度和专注力，较为成功地介入到东亚区域合作事务中来。2013 年奥巴马总统连任之后，加强了"亚太再平衡战略"的实施力度，通过强力推进"TPP"谈判、默许日本在钓鱼岛问题上的一系列挑衅行为以及在修宪、扩军等方面的极端右倾行径，意图改变东亚地缘政治经济关系和区域国际政治经济格局，这使得东北亚国际关系复杂化、东南亚国际关系"亲美化"，从而实现其阻挠东亚区域合作进程、强化美国在东亚"存在"的战略意图。分析表明，目前美国的亚太战略对于东亚区域合作进程的外部威胁空前强大，以其亚太战略为背景的东亚国际关系变化正在使得东亚区域货币金融合作进程陷入"停滞"状态。

（2）其他区域合作进程的"挤压"效应。东北亚货币体系建设的外部威胁还来自于其他区域合作进程的影响。这些区域合作进程已经塑造了既有的资源占有和利益分配格局，从而对东北亚货币体系建设会形成一种"挤压"效应，主要表现在：欧盟、北美自由贸易区等比较成熟、影响力较大的区域合作实践会限制东北亚区域货币体系的发展空间；东盟、上合组织等相关的区域合作进程会影响东北亚区域货币体系的推进力度；美、日、韩、菲等双边或多边军事同盟的加强会增大东北亚区域货币体系的建设难度，TPP 等区域合作框架的建立会削弱东北亚区域货币体系的实现可能。

（三）中国推动东北亚区域货币体系建设的战略与政策选择

基于以上对东北亚区域货币体系建设的内部条件和外部环境分析，不难看出，东北亚区域货币体系建设既具备一定的有利条件，又存在比较棘手的不利因素，面临的外部环境中也是机遇与挑战并存。而且从某种意义上来讲，不利因素是"硬性"的、不易克服或转变的，在某一时期来看，威胁和挑战甚至是居于主导地位的。因此，推动东北亚区域合作和区域货币体系建设需要更高的智慧和更强的毅力。中国应该利用一切有利于合作的平台和渠道，充分发挥区域货币合作的内部优势，尽量克服合作过程中的不利因素；审时度势，把握和利用好各种外部机遇，化解和消除各种潜在威胁，在区域货币体系建设进程中寻求"合作共赢"的战略选择。

1. SWOT 战略选择矩阵分析

我们将区域货币体系建设过程中的内部与外部各项因素相组合的方式形成矩阵来分析四种可行性的战略选择（见表 6 – 13）。

表 6 – 13　　中国推动东北亚区域货币体系建设的战略选择矩阵

内部条件 外部环境	优势（strengths）	劣势（weaknesses）
机遇（opportunities）	SO 战略：积极推进型战略	WO 战略：扭转型战略
威胁（threats）	ST 战略：多元化战略	WT 战略：防御性战略

（1）"发挥优势、抓住机遇"的积极推进型战略。中国应该充分利用和发挥自身较强的发展优势和较好的外部机遇，采取积极推进型战略，发展壮大自己，凝聚一切与我相向而行的力量，形成合力，务实推进区域货币合作进程。因此，要夯实已有的区域经济和金融合作基础，积极推进与周边国家的贸易、投资、产业、文化等各领域合作，积极推进中国与东盟国家、中俄、中韩、中蒙、中朝合作，加快人民币国际化、区域化进程，积极提升中国在国际社会和东亚区域的公信力和"正能量"效应，扩展区域合作共赢的示范效应，使得东亚各国增强区域认同感和凝聚力，吸引更多的积极因素融入区域经济金融合作中来。

（2）"把握机遇、克服劣势"的扭转型战略。认清东北亚区域货币体系建设中存在的弱项或劣势，利用有利的外部机遇，采取扭转型战略，扭转合作进程中的不利态势，从而获取进一步发展。进入后危机时代，世界经济外部环境趋稳转好，国际经济货币格局也出现变革迹象。中国应该利用这一相对宽松、有利的外部环境，实现中国经济的转型升级，进一步加强与欧洲、非洲、南美等地区国家的经济合作，同时带动东亚其他贸易投资联系紧密的国家合作共赢。通过加强中欧、中非、中国与南美洲等合作，切实改善中国发展的国际环境，拓展中国发展的国际空间，推动人民币的国际化和影响力，推动国际金融体系改革进程，提升人民币在国际货币体系中的地位，为东北亚区域货币体系建设做好"货币锚"的准备。逐渐扭转东亚区域货币金融合作松散、缓慢、基础条件薄弱的"非制度化"困境。

（3）"发挥优势、削弱威胁"的多元化战略。我们还需要通过发挥自身发展优势，降低外部因素对合作进程的各种现实和潜在威胁，采取主动灵活的多元化战略保证区域合作进程的有效推进。首先，应该利用一切合作平台和机制推动各种双边、多边区域合作，在合作中寻求共同利益诉求和共同发展的机会；其次，务实推进"海峡两岸"合作机制、"金砖国家"合作机制、上海合作组织合作机制、中非合作机制、中国—东盟合作进程等；最后，在"一带一路"战略指引下，以基础设施建设、市场开发、产业合作、人文交流为纽带，深入展开中国与周边亚洲国家、欧盟各国、非洲国家、南美洲国家的区域性多边和双边合作；最后，打造中国发展和国际合作的"多支点"体系，以多元化、多支点降低外部威胁，在广泛、深入合作中求同存异，寻找推进区域货币合作的机会和可能。

（4）"规避劣势、降低威胁"的主动防御型战略。在某一时期或者在某一突变因素的影响下，东北亚区域货币合作发展可能面临着阻碍因素陡增，外部威胁变大的不利局面。面对这种挑战，首先，应该坚信合作共赢是大势所趋，不会因为一时一事的影响而扭转；其次，应该做好充分的心理准备和应急预案，必要时采取"主动型"防御战略，以退为进、既合作又斗争，维护已有合作基础，努力寻求改善局面的时机，以推动合作的继续发展。从当前的东北亚区域的主要国际关系来看，美国强力推进"亚太再平衡"战略、中日关系陷入冰封等诸多区域合作的障碍性因素同时存在，这使得区域经济合作趋缓，区域货币金融合作陷入"停滞"局面，区域货币体系更是看似遥不可及。面对这种局面，中国不能将所有不利因素混为一谈，而应该采取"一事一策，分而治之"的策略。第一，应对美国主导的TPP区域经济协定框架，我们在适当的时机可以选择加入，因为美国也清楚，将中国排斥在外的TPP根本不能称得上是真正的、实质性的、有意义的"跨太平洋战略经济伙伴关系协定"，通过参与其中合理地利用中国的影响力来削弱美国的主导力。第二，针对美国加强同其盟友的军事合作以破坏区域合作进程所需的稳定国际环境，中国一方面要利用各种政治、经济、文化等领域的国际交流来削弱军事同盟的影响力；另一方面也要与美国加强军事领域的高层交流，使自身的国防建设方向和战略尽量透明化、可预知。第三，针对日本右倾政府的种种挑衅行径，应该予以彻底的揭露和斗争，树立为维护区域发展环境的稳定而积极努力的"负责任"大国形象。

2. 中国的综合性战略

综合以上这些 SWOT 战略矩阵的分析，我们在推进东北亚区域货币体系过程中需要贯彻"发挥优势、规避劣势、抓住机遇、降低威胁"的综合性战略，本着"以我为主，稳步推进"的态度，多方面采取合理有效的措施，来推动东北亚区域货币体系建设的进程。

（1）加强中国内地和港、澳、台之间次区域的货币一体化建设。作为区域货币一体化的初级形态存在，这将对东北亚地区货币联盟的形成提供基础和有力支持。

（2）中国应继续积极推进中日韩自由贸易区的进程。通过区域贸易和投资便利化、自由化的实现来强化区域各国之间的经济联系，提升中国与东北亚各国的区域凝聚力，逐渐向最优货币区的标准接近。

（3）推进政府间对话机制的建立和政策的协调。加强同区域内各成员，尤其是中日韩之间的政策协调。通过磋商来促进解决中国与各国之间有关金融监管的透明度、金融政策的协调、相关信息的披露以及官方共同行动等方面的问题。

（4）积极推动和改善区域主要国家之间的地缘政治经济关系。一方面，切实采取措施夯实中俄、中朝、中蒙、中韩之间的合作基础，多渠道、多层次扩展区域双边和多边合作平台，强化区域共同利益诉求。另一方面，在中日关系陷入僵局的情况下，既要利用一切国际交流平台和机制来阐明中国的严正态度和正确主张，争取国际社会的理解和认同，与日本军国主义思想和右倾主义行径作坚决的斗争；又要团结包括日本国内、国际社会的一切主张和平、正义的力量，通过与日本民间的经济文化交流，与日本国内反右倾人士及国际社会一起，尽力消除阻碍中日关系良性发展的各种因素，尽一切努力将日本拉回区域交流与合作的正确轨道上。

（5）深化国内金融改革，提升国内金融体系质量。建立完善开放的国内金融市场，积极推进人民币实现资本项目下自由流动的进程，以满足人民币成为区域性主导货币的要求。

（6）积极推进东北亚区域货币金融合作的制度化安排。以"合作的制度化"来规范和引导东北亚货币金融合作进程。中国推进东亚货币合作的制度化进程，不仅使人民币能够参与到区域性汇率制度安排当中，而且以制度降低合作的成本，确保货币合作进程的顺利。

（7）认清东亚区域合作进程中的美国因素。应该与美国保持多层次、多渠道的积极、务实、广泛的沟通交流平台和机制。适当时机可以考虑加入美国主导的"跨太平洋战略经济伙伴关系协定"谈判，利用这些机会提升中国的影响力和人民币的国际地位。

3. 中国的具体推进措施

（1）加强区域国家间的资本市场合作。首先，推进区域国家间本币资金跨境流动方面的合作。可以考虑以本币进行对等的资本账户开放或投资来带动本币跨境流动。其次，推进区域国家间股票市场的合作。现阶段重点放在股票市场监管合作、证券交易所合作和交叉上市等方面。最后，推进区域国家间债券市场的合作。以此优化区域各国的金融体系，优化区域内的资金配置，并降低和缓解金融系统风险；另外，可以拓宽各国外汇储备的使用渠道，从而降低对域外金融市场的依赖；并且，有利于发挥货币互换协议等其他金融合作项目的作用。

（2）建立和完善金融交流机制和对话平台。可以在区域国家银行合作机制的基础上建立和完善中央银行货币政策协调与业务合作机制、财长对话机制和银行联合体等平台。利用这些平台，通过平等的协商解决各国间的政策冲突、金融政策协调、金融监管透明度和相关信息披露等问题，并在此基础上寻求更深层次的共识，进一步协调金融合作进程。此外，在培养全方位金融人才、金融项目库建设和金融信息交换与共享等方面也必须建立必要的协调机制。

（3）充分利用区域内现有的投融资平台，吸引域内外资金建立各类产业基金、开发基金推动区域合作进程。以我国"一带一路"战略实施而建立的亚洲基础设施投资银行（AIIB）、丝路基金等平台为核心资本，通过发行国际债券、股权投资等方式集合资本，投资于区域合作重大项目。

（4）扩大区域国家间双边和多边货币互换规模。通过将合作国货币注入本国金融体系，使得本国商业机构可以直接运用对方货币来支付从对方国进口的商品。货币互换不仅可以降低筹资成本，降低汇率变动风险带来的损失，还能在稳定国际收支和防止金融危机的发生方面发挥着重要的作用。货币互换机制能够在稳定公众心理的基础上，消除金融危机的"自我实现机制"，从而实现货币危机前的有效控制。目前，建立纯粹的多边货币互换协议也许不是很容易，可以先考虑在双边货币互换协议的基础上建立多边交叉货币互换协议。

（5）大力推进区域内以项目开发为主的能源金融合作。随着能源和金融的相互渗透和融合，能源市场实质上已成为了金融市场的一部分，能源合作也成为金融合作的一部分，因此可以通过能源合作来推动区域金融合作进程。由于东北亚区域内的俄罗斯远东地区以及蒙古国能源储量丰富，区域内中日韩等大国对外能源依赖性日趋增强，这就使得通过大力推进区域内以项目开发为主的能源金融合作来促进区域金融一体化进程的路径选择具有现实的可行性。

（6）积极推动东北亚区域内金融基础设施建设。东北亚区域各国必须努力构建统一的区域清算支付体系、区域信用评级体系以及区域支付担保体系，大力发展各类机构投资者，完善债券市场中介机构，建立合适的监管架构，颁行合理且与国际接轨的会计、税收与法律构架等。

（7）稳妥有序推进人民币资本项目可兑换，逐步实现人民币计价债券的发行流通。目前我国人民币仅实现了经常项目下的可自由兑换，资本项目下的可自由兑换还没有完全实现，通过稳妥有序推进人民币资本项目可兑换，逐步实现人民币区域化、国际化进程，有利于最终实现人民币计价债券在区域内的发行流通，这将极大地提升我国在东北亚区域债券市场的影响力，同时也为我国在东北亚区域金融合作中发挥"领头羊"作用增添重要砝码。

（8）主动倡导建立区域制度化汇率协调合作机制，实现区域内主要国家间汇率联动。当前，人民币与东北亚区域内相关国家货币之间已经存在一定程度上的汇率联动关系。目前应该坚持不懈地对人民币汇率制度进行自主、渐进和可控的改革，在未来通过建立"中日韩—俄"自由贸易区的形式，逐步把俄罗斯吸收到中日韩区域汇率协调合作机制中来，最终建立起东北亚区域汇率协调机制，这是最为理想的一种汇率合作方式。

世界经济全球化、区域化的发展趋势正在不断冲击国际货币体系中大国主宰世界的旧格局，必然加速国际货币新秩序目标的建设进程。其中，拥有着全球成长最快的资本市场、全球最庞大外汇储备的中国正越来越成为国际货币体系中重要角色。中国在东北亚货币体系中将发挥越来越重要的作用，成为东亚的"货币锚"和货币合作的核心国。

第七章

东北亚地区贸易投资便利化与
东北亚区域合作

贸易投资便利化和自由化，是区域经济合作的重要内容和关键步骤。从 20 世纪 90 年代初开始，东北亚地区各国经济关系日趋紧密，整体经济实力与经济规模提升明显，但贸易投资便利化和自由化发展还很滞后。尽管从 20 世纪末期开始，中日韩自贸区等制度性合作议题开始受到关注，一些贸易投资自由化、便利化措施也有实施，但是时至今日，东北亚国家间的贸易投资便利化发展还缺乏制度性保证。因此，我们有必要在科学评估东北亚地区贸易投资便利化发展水平的基础上，深入研究建立中日韩 FTA 的影响，探索中国推动东北亚地区贸易投资便利化与区域合作的战略对策。

一、经济全球化条件下东北亚地区经济贸易合作

在世界经济全球化以及区域经济一体化的浪潮下，作为三大经济区域之一的亚洲与欧洲、北美相比，在区域经济合作的进程当中处于落后的境地。作为亚洲经济次区域的东北亚地区经济虽然取得了快速发展，但是其经济合作的质与量都难以满足各国经济进一步发展的需要。尤其是近些年来，东北亚各国的经济发展更加迅速，贸易与投资规模不断扩大，对区域经济合作有了更高的需求，东北亚区域经济合作也出现了新的历史契机。

（一）东北亚地区经济平稳发展

第二次世界大战后自日本经济崛起、四小龙腾飞、东盟诸国振兴、中国经济快速发展以来，亚洲国家经济的高速发展一直为世界所瞩目，尤其是东北亚国家所取得的经济成就更为显著。

1. 经济增长方面

自20世纪90年代初以来，东北亚地区在世界经济中一直占据着重要地位。从GDP这个经济总量指标上来看，由于1997年亚洲金融危机的冲击，东北亚地区的经济总量占世界的比重有所下降。但从20世纪末开始，随着东北亚各国逐渐摆脱经济危机的影响，东北亚的经济总量开始呈现比较稳定的增长态势，并在随后的数年内保持了较好的发展势头。尽管经历了2008年经济危机，东北亚地区的GDP无论是在总量上还是占全球的比重上，都一直比较平稳，并在最近的7年呈现出了较为稳健的上升态势（见表7-1和图7-1）①。虽然东北亚地区的经济总量和欧盟、北美自贸区相比尚有差距，但是随着东北亚地区GDP占全球比重的上升，与欧盟、北美自贸区的经济总量差距在逐渐缩小，2012年达到17.43万亿美元，超过了欧盟的17.25万亿美元，与北美自贸区的19.17万亿美元相差无几。

表7-1　　　　东北亚、欧盟、北美自贸区GDP比较　　单位：万亿美元

年份	东北亚	欧盟	北美自贸区	全球
2004	7.95	13.69	14.06	43.42
2005	8.49	14.31	15.12	46.98
2006	9.07	15.27	16.13	50.89
2007	10.28	17.66	16.98	57.35
2008	12.04	19.01	17.36	62.88
2009	12.15	17.00	16.68	59.56
2010	14.05	16.93	17.63	65.24
2011	16.34	18.31	18.47	72.13
2012	17.43	17.25	19.17	73.52
2013	17.57	17.96	19.86	75.62

资料来源：世界银行网站及国际货币基金组织网站，http://data.worldbank.org/indicator/NY.GDP.MKTP.CD；http://www.imf.org/external/pubs/ft/weo/2015/01/weodata/index.aspx。

---

① 由于相关数据无法获取，本节的东北亚地区均不包含朝鲜。

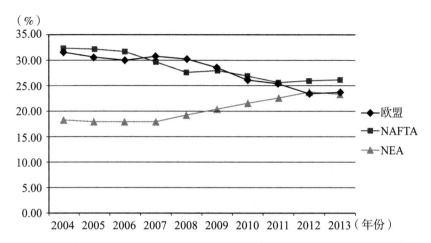

图 7－1　2004～2013 年东北亚和欧盟、北美自贸区 GDP 全球占比趋势
资料来源：根据表 7－1 数据整理得出。

　　中国与日本是推动整个东北亚地区经济增长的最重要力量，并且中国的地位日益突出，逐渐取代了日本的领头羊地位，其表现就是东北亚整体 GDP 波动趋势逐渐与中国的波动趋势趋同。如表 7－2 和图 7－2 所示，在 20 世纪末之前，东北亚 GDP 总量占全球比重一直与日本比重呈相同趋势波动；在步入 21 世纪之后，仍然随着日本 GDP 全球比重的下降而下降，但是下降的幅度更加平缓，其重要原因在于中国 GDP 总量的大幅增加；在 2007 年之后，东北亚 GDP 总量占世界份额脱离与日本下降趋同的势头，开始随着中国 GDP 的快速增长而呈现出大幅度上扬的趋势。

表 7－2　　　　　　　　东北亚国家 GDP 总量　　　　　　　　单位：亿美元

年份	中国	日本	韩国	俄罗斯	蒙古	东北亚国家	全世界
1994	5 592.24	48 503.48	4 587.04	3 950.87	9.26	62 642.89	276 386.74
1995	7 280.08	53 339.26	5 593.30	3 955.28	14.52	70 182.43	305 925.36
1996	8 560.85	47 061.87	6 034.13	3 917.21	13.46	65 587.52	312 474.00
1997	9 526.53	43 242.78	5 604.85	4 049.27	11.81	62 435.24	311 547.86
1998	10 194.62	39 145.75	3 764.82	2 709.53	11.24	55 825.96	310 296.19
1999	10 832.79	44 325.99	4 863.15	1 959.06	10.57	61 991.56	321 842.91
2000	11 984.75	47 311.99	5 616.33	2 597.08	11.37	67 521.52	332 273.28
2001	13 248.07	41 598.60	5 330.52	3 066.03	12.68	63 255.89	330 328.65

续表

年份	中国	日本	韩国	俄罗斯	蒙古	东北亚国家	全世界
2002	14 538.28	39 808.20	6 090.20	3 451.10	13.97	63 901.74	343 174.23
2003	16 409.59	43 029.39	6 805.21	4 303.48	15.95	70 563.62	385 397.24
2004	19 316.44	46 558.03	7 648.81	5 910.17	19.92	79 453.37	434 213.66
2005	22 569.03	45 718.67	8 981.34	7 640.01	25.23	84 934.28	469 752.73
2006	27 129.51	43 567.50	10 117.98	9 899.31	34.14	90 748.43	508 906.20
2007	34 940.56	43 563.47	11 226.76	12 997.05	42.35	102 770.19	573 457.98
2008	45 218.27	48 491.85	10 022.16	16 608.44	56.23	120 396.96	628 782.08
2009	49 902.34	50 351.42	9 019.35	12 226.44	45.84	121 545.38	595 606.37
2010	59 305.02	54 953.87	10 944.99	15 249.16	62.00	140 515.05	652 378.05
2011	73 218.92	59 056.31	12 024.64	19 047.93	87.61	163 435.41	721 286.10
2012	82 294.90	59 544.77	12 228.07	20 174.71	103.22	174 345.67	735 211.55
2013	92 402.70	49 195.63	13 045.54	20 967.77	115.16	175 726.81	756 218.58

资料来源：世界银行网站，http：//data. worldbank. org/indicator/NY. GDP. MKTP. CD。

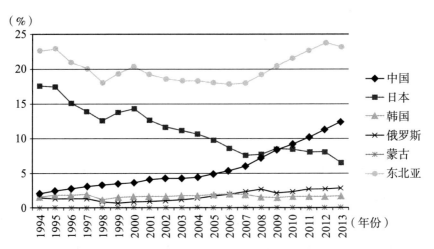

图 7 - 2　1994 ~ 2013 年来东北亚国家 GDP 占世界比重的变化趋势
资料来源：根据表 7 - 2 数据整理得出。

　　东北亚经济的发展不仅仅体现在 GDP 总量的稳定增加，更体现在比较持续
稳定的 GDP 增长速度上。根据表 7 - 3 和图 7 - 3，东北亚国家中除了俄罗斯和蒙
古的 GDP 增速波动较大之外，其余国家的表现相对平稳。日本由于其经济尚未

完全走出泡沫经济后的长期萧条趋势，其 GDP 增速也一直在 1% 左右徘徊；韩国除了个别年份波动较大之外，总体呈现出了较好的增长趋势；而中国的 GDP 增长表现最为强劲，除了 1999 年的 7.62% 低于韩国的 10.73% 之外，一直处于东北亚国家的领先位置。在深受经济危机影响的 2009 年，多数国家及经济集团的增长为零甚至负数，中国的经济增长仍达到了 9.21%。与欧盟、北美自贸区这些世界主要经济体的 GDP 增长相比，主要东北亚国家在多数年份的 GDP 增长表现更佳。

表 7 - 3　　　东北亚国家及全球主要经济集团 GDP 增长速度　　　单位：%

年份	中国	日本	韩国	蒙古	俄罗斯	北美	欧盟	全球
1994	13.08	0.87	8.77	2.13	-12.57	4.08	2.86	3.12
1995	10.92	1.94	8.93	6.38	-4.14	2.72	2.66	2.91
1996	10.01	2.61	7.19	2.24	-3.60	3.62	1.99	3.29
1997	9.30	1.60	5.77	3.90	1.40	4.46	2.68	3.70
1998	7.83	-2.00	-5.71	3.34	-5.30	4.43	3.03	2.55
1999	7.62	-0.20	10.73	3.07	6.40	4.80	3.00	3.38
2000	8.43	2.26	8.83	1.15	10.00	4.17	3.88	4.26
2001	8.30	0.36	4.53	2.95	5.09	1.04	2.19	1.81
2002	9.08	0.29	7.43	4.73	4.74	1.87	1.31	2.06
2003	10.03	1.69	2.93	7.00	7.30	2.74	1.48	2.79
2004	10.09	2.36	4.90	10.63	7.18	3.73	2.52	4.15
2005	11.31	1.30	3.92	7.25	6.38	3.33	2.06	3.57
2006	12.68	1.69	5.18	8.56	8.15	2.66	3.42	4.11
2007	14.16	2.19	5.46	10.25	8.54	1.79	3.07	3.93
2008	9.63	-1.04	2.83	8.90	5.25	-0.14	0.48	1.48
2009	9.21	-5.53	0.71	-1.27	-7.82	-2.80	-4.41	-2.08
2010	10.45	4.65	6.50	6.37	4.50	2.60	2.13	4.08
2011	9.30	-0.45	3.68	17.51	4.26	1.68	1.76	2.79
2012	7.65	1.75	2.29	12.40	3.44	2.26	-0.40	2.27
2013	7.67	1.61	2.97	11.74	1.32	2.20	0.06	2.29

　　资料来源：世界银行网站，http：//data.worldbank.org/indicator/NY.GDP.MKTP.KD.ZG。

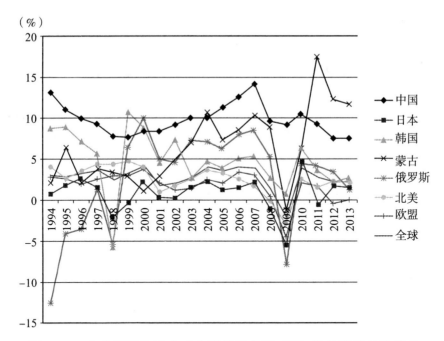

图 7 - 3　东北亚国家及全球主要经济集团 GDP 增长速度对比趋势

资料来源：根据表 7 - 3 数据整理得出。

　　在 GDP 高增长的背后，东北亚国家人均 GDP 数据则相对不尽如人意，除了日本、韩国的人均数据长期高于全球平均值之外，俄罗斯、中国、蒙古的数据则低于全球平均水平。2013 年，中国、日本、韩国、蒙古、俄罗斯的人均 GDP 分别为 6 807.43 美元、38 633.71 美元、25 976.95 美元、4 056.40 美元和 14 611.70 美元（见表 7 - 4、图 7 - 4 和图 7 - 5）。但从长期的发展趋势上看，俄罗斯在 2006 年之后就超过了全球平均值，而中国、蒙古也在向全球平均值靠拢，差距在逐年缩减。

表 7 - 4　　　　　　　　东北亚国家及全球人均 GDP　　　　　　　单位：美元

年份	中国	日本	韩国	蒙古	俄罗斯	全球
2004	1 490.38	36 441.50	15 921.94	798.02	4 109.38	6 771.66
2005	1 731.13	35 781.17	18 657.46	998.76	5 338.41	7 238.23
2006	2 069.34	34 075.98	20 917.04	1 333.88	6 947.50	7 748.53
2007	2 651.26	34 033.69	23 101.44	1 631.90	9 145.45	8 629.03
2008	3 413.59	37 865.62	20 474.83	2 135.81	11 699.68	9 350.24
2009	3 748.50	39 322.61	18 338.71	1 715.36	8 615.67	8 753.71

续表

年份	中国	日本	韩国	蒙古	俄罗斯	全球
2010	4 433. 34	42 909. 25	22 151. 21	2 285. 65	10 709. 77	9 476. 72
2011	5 447. 31	46 203. 70	24 155. 83	3 181. 10	13 324. 29	10 356. 43
2012	6 092. 78	46 679. 27	24 453. 97	3 691. 05	14 090. 65	10 438. 63
2013	6 807. 43	38 633. 71	25 976. 95	4 056. 40	14 611. 70	10 613. 45

资料来源：世界银行网站，http：//data. worldbank. org/indicator/NY. GDP. PCAP. CD。

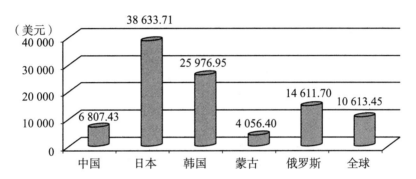

图 7 - 4   2013 年东北亚国家及全球人均 GDP 比较

资料来源：根据表 7 - 4 数据整理得出。

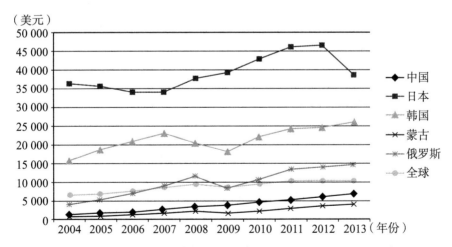

图 7 - 5   2004 ~ 2013 年东北亚国家及全球人均 GDP 比较趋势

资料来源：根据表 7 - 4 数据整理得出。

从衡量经济增长的另一个重要指标——国民收入（GNI）来看，无论是
GNI 总量的增长、所占世界比重的增加，还是从人均 GNI 的表现来看，都与

333

GDP 的相关数据呈现出趋同的趋势，在此不加赘述（见表 7 - 5、图 7 - 6 和图 7 - 7）。

表 7 - 5 　　　　　　东北亚地区及全球国民收入　　　　单位：亿美元

年份	中国	日本	韩国	蒙古	俄罗斯	东北亚	全球
2004	19 361.98	47 463.37	7 516.33	18.94	4 905.82	79 266.44	422 787.11
2005	22 656.51	50 016.24	8 569.66	22.64	6 384.71	87 649.77	473 950.41
2006	26 698.73	49 314.12	9 665.85	28.62	8 301.40	94 008.71	510 489.77
2007	32 616.18	48 121.19	10 917.24	36.46	10 799.83	102 490.90	553 329.58
2008	40 407.56	48 355.53	11 186.45	47.35	13 685.94	113 682.82	600 971.18
2009	48 082.92	47 979.84	10 373.79	47.82	13 184.95	119 669.32	609 384.21
2010	56 694.46	53 766.02	10 533.01	51.55	14 251.23	135 296.26	644 598.57
2011	65 926.64	57 756.33	11 257.87	64.58	15 470.09	150 475.51	682 902.08
2012	77 457.29	61 015.79	12 321.64	86.18	18 240.88	169 121.79	728 558.63
2013	89 053.36	58 999.05	13 015.75	107.06	19 877.38	181 052.60	761 192.65

资料来源：世界银行网站，http：//data. worldbank. org/indicator/NY. GNP. ATLS. CD。

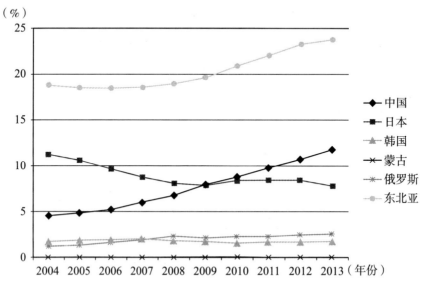

图 7 - 6　东北亚各国及整体 GNI 在全球占比

资料来源：根据表 7 - 5 数据整理得出。

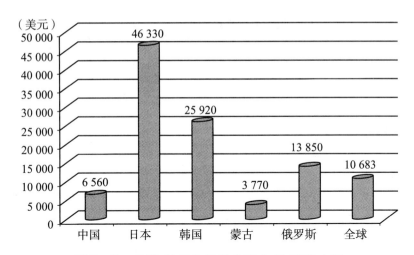

图 7 - 7　2013 年东北亚及全球人均 GNI 水平

资料来源：世界银行网站，http：//data.worldbank.org/indicator/NY.GNP.PCAP.CD。

2. 外汇储备方面

外汇储备是一国经济实力的重要体现之一，是平衡一国国际收支、稳定本币汇率并偿还对外债务的积累，是一国国际清偿力的最重要组成部分。东北亚主要国家由于历史原因，采取了赶超型、政府主导型、出口导向型的经济发展模式，加之 1997 年危机的沉痛教训，近些年来都积累了较为充分的外汇储备。尤其是进入 21 世纪以来，东北亚地区的外汇总储备已经超过了欧盟与北美自贸区的总和，2011 年甚至达到了 45.05%。其中中国的贡献度最大，2011 年外汇储备达到了 3.25 万亿美元，占全球总储备的 27.37%（见表 7 - 6 和图 7 - 8）。充足的外汇储备为东北亚地区抵御金融冲击提供了充分的保障。

东北亚国家充足的外汇储备在为该地区应对外部金融冲击提供保障的同时，也给该地区国家带来了较为沉重的储备负担。储备货币发行国的汇率变动对储备货币持有国具有较为深远的影响，不仅给东北亚地区应对外部金融冲击的能力增加了变数，还把东北亚地区经济发展的部分主动权让给了外部经济集团。这反映了东北亚地区还没有一个真正成熟的国际化货币。日元虽然已经成为国际化的货币，但是其在国际货币体系中的地位与日本经济在全球经济中的地位不相符，在全球外汇储备当中没有真正发挥出应有作用；人民币国际化战略虽然在逐步推动中，但是距离真正的国际化货币还有相当差距；东北亚其他国家的货币则与国际化货币差距更大。

表 7-6　　　　　　东北亚国家及全球外汇储备（含黄金）　　　单位：亿美元

年份	中国	日本	韩国	蒙古	俄罗斯	东北亚地区	全球
2000	1 717. 63	36 16. 39	962. 51	2. 02	276. 56	6 575. 12	22 314. 71
2001	2 200. 57	4 019. 58	1 028. 75	2. 07	363. 03	7 613. 99	23 533. 17
2002	2 977. 39	4 696. 18	1 214. 98	2. 67	483. 26	9 374. 48	27 857. 54
2003	4 161. 99	6 735. 54	1 554. 72	2. 04	784. 09	13 238. 38	34 771. 14
2004	6 229. 49	8 446. 67	1 991. 95	2. 08	1 262. 58	17 932. 77	42 003. 16
2005	8 314. 10	8 468. 96	2 105. 52	3. 33	1 822. 72	20 714. 63	47 800. 89
2006	10 807. 56	8 953. 21	2 391. 48	7. 20	3 037. 73	25 197. 18	57 938. 61
2007	15 463. 65	9 732. 97	2 625. 33	10. 02	4 788. 22	32 620. 18	73 933. 86
2008	19 660. 37	10 307. 63	2 015. 45	6. 57	4 262. 79	36 252. 81	80 719. 95
2009	24 528. 99	10 489. 91	2 704. 37	13. 27	4 393. 42	42 129. 96	94 104. 53
2010	29 137. 12	10 960. 69	2 921. 43	22. 88	4 792. 22	47 834. 34	107 908. 88
2011	32 546. 74	12 958. 39	3 069. 35	28. 44	4 974. 10	53 577. 02	118 316. 10

　　资料来源：国际货币基金组织网站，http：//www. imf. org/external/pubs/ft/weo/2012/02/weodata/index. aspx。

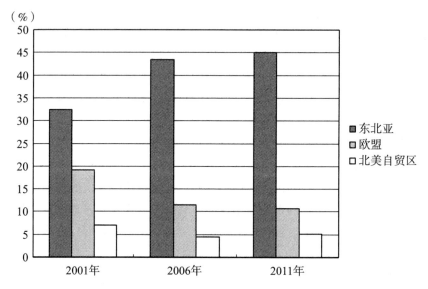

图 7-8　东北亚与世界主要经济体外汇储备占全球比重变化趋势

资料来源：根据表 7-6 数据整理得出。

3. 通货膨胀率控制方面

　　根据表 7-7 和图 7-9 反映的东北亚及全球主要经济体按 GDP 平减指数衡量

的通货膨胀率，除了俄罗斯、蒙古波动较为剧烈之外，东北亚主要经济体中日韩的通胀率都普遍低于全球平均水平，与北美自贸区和欧洲的整体水平相比，中国与韩国部分年份数据表现要高于前者，而日本由于经济低迷的影响，其通货膨胀率长时间处于负数区间。

表 7 - 7　　　　　　东北亚国家及全球主要经济体按 GDP 平减
指数衡量的通货膨胀率　　　　单位：%

年份	中国	日本	韩国	蒙古	俄罗斯	欧盟	北美自贸区	全球
2004	6.93	-1.35	2.98	16.69	20.28	2.95	3.28	5.46
2005	3.92	-1.25	1.03	20.10	19.31	2.56	3.22	5.49
2006	3.81	-1.12	-0.14	21.99	15.17	2.95	3.07	5.41
2007	7.64	-0.93	2.40	11.63	13.80	3.04	3.24	5.55
2008	7.76	-1.27	2.96	21.45	17.96	3.20	2.09	8.35
2009	-0.61	-0.50	3.54	1.83	1.99	1.83	0.33	2.39
2010	6.64	-2.16	3.16	20.03	14.19	1.04	1.23	4.60
2011	7.80	-1.85	1.58	12.13	15.91	1.73	2.06	5.66
2012	2.00	-0.93	1.04	12.44	7.48	1.61	1.80	3.48
2013	1.70	-0.55	0.70	12.08	5.90	1.39	1.40	2.34

资料来源：根据国际清算银行及国际货币基金组织网站数据整理，http：//www.bis.org/statistics/index.htm；http：//www.imf.org/external/pubs/ft/weo/2012/02/weodata/index.aspx。

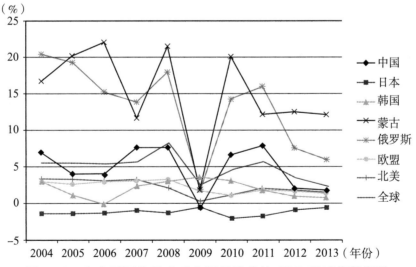

图 7 - 9　东北亚国家及全球主要经济体按 GDP 平减指数衡量
的通货膨胀率变动趋势

注：图中北美指北美自由贸易区。
资料来源：根据表 7 - 7 数据整理得出。

（二）东北亚地区贸易投资不断扩大

1. 对外贸易方面

自 21 世纪以来，东北亚地区的进出口贸易总额不断增长。10 年内，从 2005 年的 3.78 万亿美元增长至 2014 年的 8.92 万亿美元，同时东北亚对外贸易在全球所占的比重也在不断上升，从 2005 年的 14.90% 上升至 2011 年的 19.14%（见表 7-8、表 7-9 和图 7-10）。中国的对外贸易总额在 2000 年就已经在东北亚地区独占鳌头，并一直呈现稳定攀升之势，2014 年达到 4.69 万亿美元，占世界外贸总额的 10.06%，对东北亚地区外贸增长的贡献度最大；韩国与俄罗斯所占的比重也呈现出比较平缓的上升趋势，分别从 2005 年的 2.56% 和 1.71% 上升到 2014 年的 2.94% 和 2.13%；蒙古由于其经济总量规模的缘故，其对外贸易总额占世界比重一直在 0.03% 以下；日本的对外贸易总额虽然从 2005 年的 1.28 万亿美元增长至 1.85 万亿美元，但是在全球贸易总额中的比重则从 2005 年的 5.04% 下降至 3.98%，影响力有所缩减。

表 7-8　　　　　　东北亚外贸总额　　　　　单位：万亿美元

年份	中国	日本	韩国	蒙古	俄罗斯	东北亚	全球
2005	1.4163	1.2776	0.6488	0.0031	0.4332	3.7789	25.3623
2006	1.7380	1.3943	0.7607	0.0039	0.5427	4.4395	29.0923
2007	2.2027	1.5187	0.8893	0.0050	0.6741	5.2897	33.8754
2008	2.6383	1.7655	1.0428	0.0068	0.8897	6.3431	39.0738
2009	2.3005	1.3147	0.8351	0.0049	0.5903	5.0456	31.1883
2010	3.0724	1.6585	1.0604	0.0073	0.7628	6.5614	37.1287
2011	3.7994	1.8995	1.3392	0.0130	0.9835	8.0346	44.0896
2012	4.1447	1.9252	1.3699	0.0133	1.0345	8.4876	44.6902
2013	4.4822	1.7856	1.3675	0.0126	1.0631	8.7110	45.8773
2014	4.6897	1.8539	1.3718	0.0129	0.9936	8.9220	46.6128

资料来源：联合国贸发会议数据库，http://unctadstat.unctad.org/ReportFolders/reportFolders.aspx。

表7-9			东北亚国家外贸总额占世界比重			单位：%
年份	中国	日本	韩国	蒙古	俄罗斯	东北亚
2005	5.58	5.04	2.56	0.01	1.71	14.90
2006	5.97	4.79	2.61	0.01	1.87	15.26
2007	6.50	4.48	2.63	0.01	1.99	15.62
2008	6.75	4.52	2.67	0.02	2.28	16.23
2009	7.38	4.22	2.68	0.02	1.89	16.18
2010	8.28	4.47	2.86	0.02	2.05	17.67
2011	8.62	4.31	3.04	0.03	2.23	18.22
2012	9.27	4.31	3.07	0.03	2.31	18.99
2013	9.77	3.89	2.98	0.03	2.32	18.99
2014	10.06	3.98	2.94	0.03	2.13	19.14

资料来源：根据联合国贸发会议数据库资料计算整理，http：//unctadstat. unctad. org/Re-portFolders/reportFolders. asp。

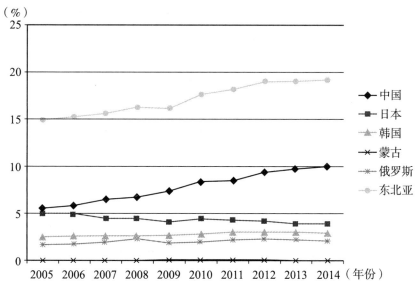

图7-10　东北亚国家外贸总额占世界比重趋势变化

资料来源：根据表7-9数据整理得出。

通过比较全球主要经济体的对外贸易数据，可以看出，欧盟和北美自贸区外贸总额占全球比重一直呈缓慢下行趋势，与东北亚地区的稳定增长形成了较为鲜明的对比（见图7-11）。东北亚地区在2008年就以6.34万亿美元的贸易总额正式实现了对北美自贸区的超越，虽然与欧盟占全球外贸份额40%左右的稳定表现有很大差距，但是随着欧盟比重的缓慢下降，东北亚比重的稳定上升，两者的差距在逐年缩小。2014 年，东北亚外贸总额已经接近欧盟总额的 2/3，与 2005年不足后者的一半形成了对比（见表 7 – 10）。

表 7 – 10　　　　　　　世界主要经济集团外贸总额　　　　　单位：万亿美元

总额	东盟	欧盟	北美	东北亚	全球
2005	1.4532	9.9576	4.5775	3.7789	25.3623
2006	1.6794	11.3455	5.1180	4.4395	29.0923
2007	1.9161	13.3221	5.5813	5.2897	33.8754
2008	2.2562	14.9028	6.0784	6.3431	39.0738
2009	1.8583	11.7351	4.8585	5.0456	31.1883
2010	2.3763	12.9329	5.8127	6.5614	37.1287
2011	2.8298	15.0070	6.6650	8.0346	44.0896
2012	2.9785	14.3976	6.9011	8.4876	44.6902
2013	3.0262	14.9267	6.9909	8.7110	45.8773
2014	3.0570	15.3564	7.1941	8.9220	46.6128

资料来源：根据联合国贸发会议数据库数据计算整理，http：//unctadstat.unctad.org/ReportFolders/reportFolders.aspx。

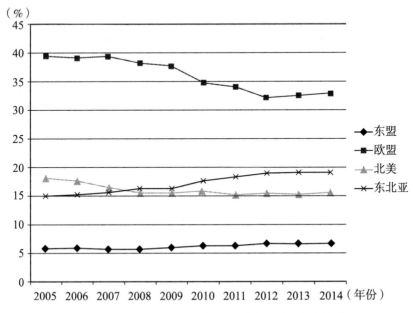

图 7 – 11　世界主要经济集团外贸总额比重趋势

资料来源：根据联合国贸发会议数据库数据计算整理。

东北亚地区对外贸易总额迅速增长、在世界进出口贸易中所占比重快速上升的同时，区域内贸易占其对外贸易的比重却没有上升，出现了小幅度下滑（见表 7 - 11、图 7 - 12 和图 7 - 13），从 2004 年的 23.98% 下降至 2013 年的 21.06%，基本保持在 20% 左右的较低水平。这反映了东北亚国家之间的经济依存度并没有提升，对区域内贸易的依赖性比较弱，区域内经济合作程度还处于较低的层次，说明了东北亚仍然处在一个松散型区域经济合作层次中。

这种现象的根本原因在于，东北亚对外贸易的增长机制并非是本区域内产业分工深化的结果，而是在生产与消费这两个重要的贸易推动源头上，与区域外部市场有着更加重要的联系。东北亚地区的经济合作缺乏一个来自内部的动力机制，即缺乏一个区域内生产消费网络。

表 7 - 11　　　东北亚和主要经济集团内部商品贸易比重对比　　单位：亿美元

年份	东北亚区域内商品贸易额	东北亚地区各国商品贸易总额	东北亚区域内商品贸易比重（%）	欧盟区域内商品贸易比重（%）	北美自贸区内商品贸易比重（%）
2004	7 038.08	29 347.34	23.98	68.57	55.88
2005	8 159.83	34 475.00	23.67	67.77	55.74
2006	9 367.75	40 898.82	22.90	68.08	53.85
2007	10 981.34	47 970.60	22.89	68.10	51.29
2008	12 703.80	57 056.74	22.27	67.19	49.47
2009	10 200.12	45 031.74	22.65	66.56	47.96
2010	13 714.25	59 613.42	23.01	64.89	48.69
2011	16 372.70	72 344.60	22.63	63.75	48.30
2012	16 275.77	74 709.04	21.79	61.96	48.55
2013	16 079.86	76 352.92	21.06	61.21	49.19

资料来源：根据联合国贸发会议数据库数据计算整理，http：//unctadstat.unctad.org/ReportFolders/reportFolders.aspx。

2. 国际投资方面

在外资流入方面，东北亚的外国直接投资（FDI）的流入自 20 世纪 70 年代以来在波动中呈现总体上升之势。近 20 年来虽然在世界 FDI 流入的比重中呈现出了较大的波动，但是与欧盟、北美自贸区 FDI 流入量的剧烈波动幅度相比，东北亚地区的流入量相对稳定。同时东北亚地区的 FDI 流入总量也是稳步快速增长，

341

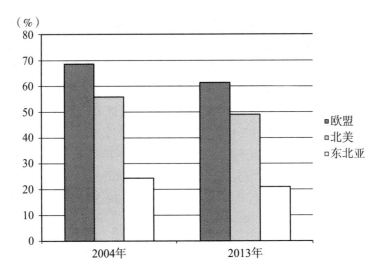

图 7 - 12　东北亚和主要经济集团内部商品贸易比重对比

资料来源：根据表 7 - 11 数据整理得出。

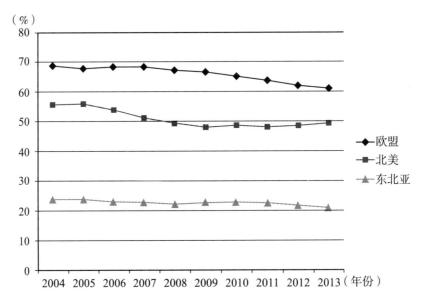

图 7 - 13　东北亚和主要经济集团内部商品贸易比重对比

资料来源：根据表 7 - 11 数据整理得出。

从 1970 年 1.60 亿美元稳步增长至 2013 年的 2 197.44 亿美元，与北美自贸区的 2 881.38 亿美元、欧盟的 2 462.07 亿美元十分接近，差距有稳步缩小的趋势（见表 7 - 12、图 7 - 14 和图 7 - 15）。

表 7 - 12		全球主要经济体 FDI 流入量			单位：亿美元
年份	东北亚	东盟	欧盟	北美自贸区	全球
1973	-0.38	12.45	95.06	57.62	206.46
1978	1.77	13.79	133.07	102.24	343.58
1983	15.16	32.93	149.32	157.11	504.59
1988	40.03	70.66	581.37	675.76	1 646.45
1993	297.76	165.85	781.29	597.83	2 227.01
1998	574.25	209.26	2 854.63	2 099.94	7 071.57
2003	749.28	297.84	2 870.82	795.26	6 043.03
2008	2 195.52	503.00	5 514.13	3 962.31	18 188.34
2013	2 197.44	1 254.35	2 462.07	2 881.38	14 519.65

资料来源：根据联合国贸发会议数据库数据计算整理，http：//unctadstat.unctad.org/Re-portFolders/reportFolders.aspx。

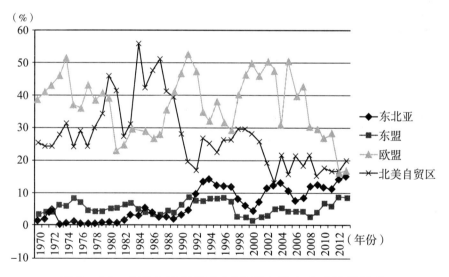

图 7 - 14　全球主要经济体 FDI 流入量占全球比重趋势

资料来源：根据表 7 - 12 数据整理得出。

与吸引外资相比，东北亚地区的对外投资额度也呈现出了相似的波动，自20 世纪 70 年代以来，东北亚对外投资额在快速增长的同时，总体上在世界对外投资总额中的比重也呈上升之势，从 1970 年的 2.51% 上升至 2013 年的 25.58%。近 20 年以来，东北亚的对外投资额占世界比重呈现出了较为剧烈的波动，但是

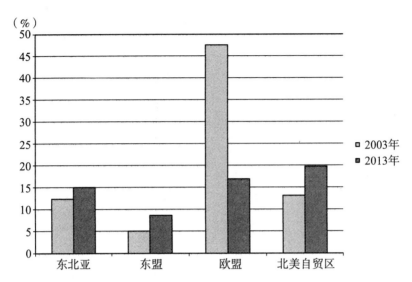

图 7 - 15   2003 年与 2013 年全球主要经济体 FDI 流入量占全球比重

资料来源：根据表 7 - 12 数据整理得出。

自 2006 年以来一直呈现比较明显的上升势头，从 2007 年的 7.36% 上升至 2013 年的 25.58%，而同期欧盟则从 55.50% 下降至 17.75%，北美自由贸易区虽然从 20.57% 上升至 27.92%，但从长期趋势来看，其波幅仍相对比较剧烈（见表 7 - 13、图 7 - 16 和图 7 - 17）。

表 7 - 13 　　　　　　　各主要经济集团对外投资额 　　　　　　单位：亿美元

年份	东北亚	东盟	欧盟	北美自贸区	全球
1973	19.06	0.26	110.60	125.19	259.35
1978	24.02	1.20	173.39	185.03	393.21
1983	38.74	3.04	180.82	121.20	377.00
1988	370.12	3.82	934.68	248.62	1 825.46
1993	207.78	43.07	938.43	828.39	2 427.73
1998	322.76	48.35	4 217.98	1 667.17	6 893.70
2003	464.01	56.18	2 946.06	1 535.30	5 806.95
2008	2 592.31	339.58	9 836.01	3 887.30	19 993.26
2013	3 608.78	563.61	2 504.60	3 938.76	14 108.10

资料来源：根据世界贸易组织以及联合国贸发会议数据库资料整理，http://stat.wto.org/CountryProfile/WSDBcountryPFExportZip.aspx? Language = E；http://unctadstat.unctad.org/ReportFolders/reportFolders.aspx。

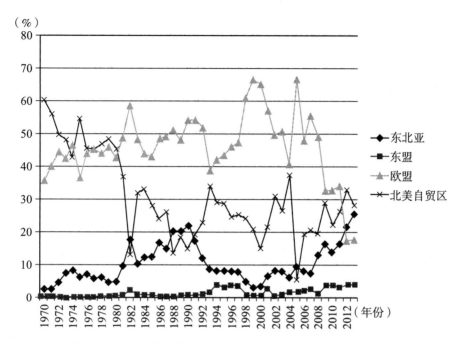

图 7 – 16　主要经济集团对外投资占全球比重变化趋势

资料来源：根据表 7 – 13 数据整理得出。

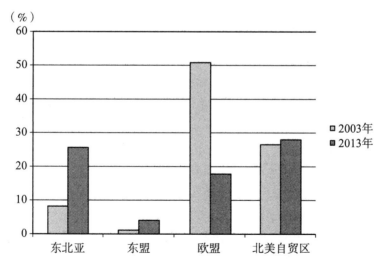

图 7 – 17　2003 年和 2013 年年全球主要经济体 FDI 流出量占全球比重

资料来源：根据表 7 – 13 数据整理得出。

　　从对外贸易和国际投资两个方面来看，东北亚地区都呈现出了总量迅速增长、在全球地位显著上升的趋势。与欧盟、北美自贸区等主要经济集团相比较，

345

东北亚地区在贸易总量方面上升明显，在世界贸易流通领域中的地位日益显著，只是其内部贸易并没有显著上升；东北亚地区在引进外资和对外投资方面也呈现了明显的上升势头，显示出东北亚地区正在加速融入全球的生产环节，在世界生产领域也逐渐占据更加重要的地位。

（三）东北亚区域经济合作日益加深

1. 区域经贸联系日趋紧密

东北亚虽然是目前亚太地区人口最多、面积最大、经济实力最强的区域，但在政治与经济方面也是一个合作相对松散的地区。随着经济全球化以及区域经济一体化水平的不断深化，再加上此起彼伏的经济危机，使得东北亚国家面临着共同的亟待解决的政治经济问题。在这样的背景下，东北亚区域经济合作开始有了新的进展，向制度性经济一体化方向迈进，中日韩等国已经融入世界性的区域主义趋势。

在东北亚国家经济迅速发展、对外经济贸易不断扩大的同时，本区域内的各种形式的经济合作也不断地展开与深化，通过签订各种双边、多边的经济合作协定促进经济合作的开展。如中韩签署了《中韩政府贸易协定》和《中韩投资保护协定》；中俄之间的伙伴关系从1994年的"建设性伙伴关系"升级到1996年的"战略协作伙伴关系"，2004年10月14日，中俄在北京共同签署了《中俄联合声明》和《〈中俄睦邻友好合作条约〉实施纲要》。在东北亚国家已经签署和正在谈判的双边、多边贸易与投资合作中，最核心的问题就是中日韩经济合作，1999年11月的中日韩三国首脑会议提出了"东北亚经济合作体"的构想，开始了三国制度性合作的探讨；2002年，中日韩三国领导人同意展开建立中日韩自由贸易区研究，三国为此进行了长达10年的研究；2012年3月22日中日韩投资协定谈判顺利结束；2012年5月2日，中国商务部和韩国外交通商部联合发表部长声明，正式宣布将启动中韩之间的自贸协定谈判；5月13日，中日韩正式签署《中华人民共和国政府、日本国政府及大韩民国政府关于促进、便利和保护投资的协定》（简称中日韩投资协定），这是中日韩第一个促进和保护三国间投资行为的法律文件和制度安排，为中日韩自贸区建设提供了重要基础；11月20日，中日韩自由贸易区谈判正式启动，如果能够成功实现，将成为中日韩三国合作在经济领域制定的第一个重要法律文件。中日韩FTA的建立，将有力推动三边经贸合作迈上新台阶，并极大地推动东北亚的经济合作进程。但是由于中日两国"钓鱼岛"问题的升温，使得FTA的前景蒙上了一层阴影。而在这样的背景下，

2015 年 6 月 1 日，中韩两国政府正式签署《中华人民共和国政府和大韩民国政府自由贸易协定》。该协定是我国迄今为止对外签署的覆盖议题范围最广、涉及国别贸易额最大的自贸协定，对中韩双方而言是一个互利、双赢的协定，实现了"利益大体平衡、全面、高水平"的目标。同时，双方承诺在协定签署生效后将以负面清单模式继续开展服务贸易谈判，并基于准入前国民待遇和负面清单模式开展投资谈判。[①] 中韩自由贸易协定的正式签署必将刺激中日韩 FTA 进程的加速，从而推动整个东北亚区域经济合作程度的加深、进程的加快。

2. 区域经济合作稳步推进

（1）大图们江区域合作。1995 年 12 月，中朝俄签订了《关于建立图们江地区开发协调委员会的协定》，中俄朝韩蒙签署了《关于建立图们江经济开发区及东北亚开发协调委员会的协定》以及《图们江经济开发区及东北亚环境准则谅解备忘录》，"图们江地区开发协商委员会"和"图们江地区开发协调委员会"也由此成立，成为图们江地区合作与开发事务的主要协商机构。

2005 年，成员国将备忘录有效时间延长，图们江地区开发升级为大图们江地区合作。经过 10 余年的发展，图们江地区开发取得了显著的成绩，能源、通信、交通等基础设施建设取得了显著进展。最为重要的成绩是初步形成了地方政府层面的合作机制，联合国开发计划署在北京专设了图们江区域开发项目秘书处。另外，各国间地方政府之间的合作对话会晤机制已经建立起来，定期解决经济合作中遇到的问题。2009 年 11 月 17 日，我国正式批复《中国图们江区域合作开发规划纲要——以长吉图为开发开放先导区》，增强了我国与东北亚国家的全方位合作。

（2）"10 + 3"框架下的东北亚区域经济合作。20 世纪末，亚洲金融危机沉重打击了东亚经济，此次危机不仅使得东亚经济放慢了快速发展的脚步，更使得东亚国家开始真正地认真探寻亚洲的经济合作问题。这样，带有明显的应对危机性质的功能性区域经济合作开始在东亚国家之间发展，其标志是 1997 年东盟及中日韩"10 + 3"领导人会议的举行，之后形成了"10 + 3"领导人定期会晤机制，经过十多年的发展，"10 + 3"机制实现了从非正式到规范化、制度化的过渡。而作为东亚次区域的东北亚国家的中日韩三国，更是在该框架下的定期会晤期间，设立了旨在推动三国的经济合作的领导人会晤。在"10 + 3"框架下，东北亚国家加强了贸易投资、货币金融、粮食能源以及技术信息等领域的合作开

---

① 《中韩两国自由贸易协定 6 月 1 日正式签署》，http://city.ce.cn/2015cspd/cszl/jjdl/201506/02/t20150602_2547438.shtml，新华网，2015 年 6 月 2 日。

发，如东北亚国家在《清迈倡议》下签订了多个双边货币互换协议，为东北亚区域搭建了稳固的经济合作框架。

（3）亚太经合组织（APEC）框架下的东北亚区域经济合作。APEC与东北亚有着共同的松散性、多样性、开放性、非制度性等特征，而且东北亚的中日韩俄也是APEC成员，在积极参与APEC推进的贸易与投资自由化进程中，东北亚区域经济合作也不断走向深化。例如，中日韩俄在APEC下签署的《茂物宣言》、《马尼拉宣言》等重要文件，极大地降低了关税总水平，在投资方面逐渐废除了资本流动的诸多限制，从而有力地促进了东北亚区域内的贸易与投资自由化进程。APEC重要成员美国虽然不属于东北亚，但是鉴于美国与东北亚主要国家密切的政治经济贸易联系，东北亚国家的经济发展离不开美国所提供的最终产品消费市场。正是通过APEC这一组织框架，美国在东北亚区域经济合作进程的推进中扮演了不可或缺的角色。

东北亚区域经济合作还没有形成一个成熟的独立框架，基本上都是遵循着亚太经合组织（APEC）以及东亚"10＋3"的合作框架，而围绕着大图们江地区展开的经济合作将成为东北亚区域经济合作的重要框架之一。

3. 东北亚地方合作协调机制

东北亚国家能够实现经贸联系日益紧密、经济合作逐渐升级，除了国际组织与各国政府的努力之外，还有来自各种区域性论坛组织机制的推动力。这些论坛组织汇集了政府官员、专家学者以及金融企业界人士，通过各种类型的学术会议、组织培训还有一些具体的经济合作项目，对于经济合作过程当中的各种具体问题进行协商、对话，从而从半官方、民间促进了东北亚地区经济合作机制的建立。其中比较有影响力的组织机构有：[①]

（1）环日本海地区国际交流与合作地方政府首脑会议。1994年，中国吉林省、日本鸟取县、韩国江原道、俄罗斯滨海边疆区的地方首脑在韩国江原道建立了"环日本海地方首脑会议制度"。2000年，蒙古国中央省成为正式会员。该会议定期每年举办一次，就各领域的全面合作达成了意向和协议，部分项目已经签订合同付诸实施。环日本海经济合作已经从具体领域向全面区域化经济合作推进。

（2）东北亚经济论坛（NEAEF）。成立于1990年的东北亚经济论坛，是具有区域性合作组织特征的区域论坛，参与方有包括美国等七个国家的政府、高等学校、研究机构、公司企业、联合国开发计划署、世界银行和亚洲开发银行。该

---

① 陈志恒：《东北亚区域经济一体化研究——以交易费用理论为视角》，吉林人民出版社2006年版，第91～92页。

论坛通过对话协商来研究东北亚地区的双边及多边经济合作，并从 2006 年起每年定期举办青年领导人培训项目（YLP）。东北亚经济论坛在推动东北亚经济合作方面取得了实质性的成绩。2008 年 10 月 28 日，在天津举办的东北亚经济论坛第十七届年会发表了《天津滨海宣言》，就尽快组建东北亚合作开发银行与各国参会代表达成共识。

（3）东北亚经济会议。该会议从 1990 年开始每年召开，由日本新潟县环日本海经济研究所主办，与会方包括中国、日本、韩国、俄罗斯、蒙古国以及美国等国家和地区。东北亚经济会议是集招商引资、商品贸易、理论研讨于一体的大型跨国投资贸易和理论研讨活动。

（4）中日韩地方政府交流大会。1999 年，中国人民对外友好协会及国际友好城市联合会、日本地方自治体国际化协会、韩国地方自治团体国际化财团成立了中日韩地方政府交流大会。会议主旨是讨论地方政府的国际交流在振兴地方经济、推动区域合作中的作用。

（5）东亚（环黄海）城市市长会议。1993 年 11 月，首次东亚（环黄海）城市市长会议在日本北九州召开。会议规定每年召开一次实务者会议，每两年召开一次市长会议，包括中日韩共九个城市。会议设立了委员会、事务局等组织机构，表明环黄渤海区域经济合作已经从民间交流阶段转向地方政府间的合作。

（6）中日韩三国合作秘书处。1999 年的东盟及中日韩"10＋3"领导人会议期间，中日韩三国之间的经济合作开始启动。为了更加高效、系统地促进三国之间的合作，根据《中华人民共和国政府、日本国政府和大韩民国政府关于建立三国合作秘书处的协议》，中日韩三国合作秘书处于 2011 年 8 月 1 日在首尔正式成立，旨在为三国磋商机制的运行和管理提供行政和技术支持，增进三国的经济合作关系。在这个合作机制框架下，中日韩三国已经建立了 50 多个政府间磋商机制，其中包括 17 个三国部长级会议。中日韩三国合作秘书处已经成为东北亚次区域合作最重要的国际组织。

东北亚区域经济虽然已经建立了各种合作协调机制，但是总体上来看合作机制的层次不高，没有在东北亚各国普遍上升到国家战略的高度，而中日韩 FTA 合作机制的建立，将是在合作机制层面上一个质的提升。

4. 东北亚区域经济具体合作领域

除了上文所提及的东北亚贸易与投资合作之外，东北亚国家还针对具体的经济合作项目，在其他的领域展开了合作，其中包括金融合作、能源合作以及环境合作等。

（1）东北亚区域金融合作。东北亚区域金融合作从 20 世纪 90 年代开始，亚洲金融危机的爆发促进了东亚各国的经济合作。由于东亚经济合作带有明显的应对危机的后发性质,故东亚地区乃至东北亚区域的经济合作具有明显的金融先行的特征。东北亚国家在"10 + 3"框架下展开了金融领域里的合作,主要形式为一系列双边和多边的金融合作。

东北亚地区的双边金融合作主要围绕在中日韩俄这几个国家展开以下合作:

第一,中日金融合作。中国与日本的财政金融交流的主要方式是发起于 2007 年 4 月的中日经济高层对话机制和于 2006 年 3 月启动的中日财长对话机制,就中日宏观经济形势与政策、中日经济合作、国际财金合作等领域进行会晤与磋商。中日两国金融合作的主要成果是 2002 年签署的人民币和日元间的 30 亿美元限额的货币互换协议。2007 年 9 月,双方续签了该互换协议,加深了两国央行乃至整个货币金融领域的合作关系。

第二,中韩金融合作。中韩金融合作的一个突出成果是双边货币互换协议的签署与扩大。2008 年 12 月 12 日,中国人民银行和韩国银行宣布签署规模为 1 800 亿元人民币/38 万亿韩元的双边货币互换协议,目的在于向两个基本面和运行情况良好的经济体的金融体系提供短期流动性支持,并推动双边贸易发展。2011 年 10 月 26 日,两国续签了互换协议,并将互换规模扩大至 3 600 亿元人民币/64 万亿韩元。中韩两国双方同意探讨将互换货币兑换成主要储备货币的可能性及比例。互换协议的续签将有利于中韩两国加强双边金融合作,促进两国贸易和投资,维护地区金融稳定。

第三,中俄金融合作。中俄两国自 20 世纪 90 年代以来就开始在财政金融领域深化交流与合作。通过两国首脑会晤以及定期会晤框架,中俄的金融合作机制有中俄总理定期会晤委员会(金融合作分委会)、中俄财长对话机制、中俄金融合作论坛和中俄经济工商界高峰论坛等。通过上述合作机制,中俄两国的金融合作取得了显著成效:首先,实现了银行间外汇市场的两国货币直接交易,为双方的货币国际化进程提供了重要支持;其次,两国增加互设金融机构;最后,推进并完善了两国本币结算制度及法律体系。

第四,其他双边金融合作。首先是东北亚国家间签署的系列双边货币互换协议。2011 年 5 月 6 日,中蒙两国签署了金额为 50 亿元人民币的双边本币互换协议,旨在促进双边贸易发展和为金融体系提供短期流动性。2012 年 3 月 20 日,两国将互换规模扩大至 100 亿元人民币/2 万亿图格里特。2011 年 10 月 19 日,日韩两国双边货币互换协议规模从 130 亿美元扩大至 700 亿美元。

东北亚的多边金融合作机制主要有始于 1999 年的中日韩三国领导人会议、始于 2009 年的中日韩三国财长会议以及启动于 2008 年 12 月 10 日的中日韩三国央行行长会议。通过这些合作机制,中日韩三国联合通过了《国际金融和经济问

题联合声明》《推动中日韩三国合作行动计划》以及《2020 中日韩合作展望》等
重要文件,并就建立区域外汇储备库的出资份额、区域金融一体化、国际金融体
系改革等问题达成共识,认为应当继续加强金融紧密合作,促进区域经济的复苏
与增长。

除了中日韩这个合作框架外,东北亚金融合作的另一个重要合作框架是东盟
"10 + 3"机制。自 1997 年年底首次举办以来,截至 2010 年已经举办 13 次财长
会议,就成员国建立区域资金救援机制、区域债券市场发展、短期资本流动监控
等领域进行合作。"10 + 3"财长会议的一个重要成果是 2000 年达成的《清迈倡
议》,构建了东亚地区的双边货币互换机制与网络,以帮助在金融危机中短期外
汇流动性或出现国际收支困难的成员国,2010 年 3 月 24 日,"清迈倡议多边化
协议"正式生效。①

此外,东北亚国家还通过各种国际与地区性的经济组织,来对国际货币金融
合作、国际金融制度改革等问题进行磋商。这些国际性的对话机制有:亚太经合
组织财长会议、国际货币基金组织、国际清算银行中央银行行长例会、二十国集
团财长和央行行长会议、东亚及太平洋地区中央银行行长会议组织(EMEAP)、
东亚峰会财经合作机制以及亚欧财长会议机制。

目前,东北亚国家的金融合作以中日韩三国为主体,在双边以及多边层面同
时展开,并取得了积极的成果,为东北亚地区的经济复苏与发展创建了良好的金
融环境,更为东北亚地区的经济合作奠定了坚实基础。

(2)东北亚区域能源合作。能源作为经济血液,是东北亚地区经济合作与发
展的不可或缺的一个重要领域。东北亚经济合作的主体——中日韩都是对进口能
源依存度很高的国家。为了使该区域的经济发展能够获得足够的能源支持,东北
亚国家需要深化合作,规避能源价格的波动给经济发展带来的冲击。

第一,俄罗斯的能源新战略。在该领域内,俄罗斯作为能源出口大国,其能
源战略对于整个东北亚的能源合作具有决定性的影响。西部欧洲市场一直是俄罗
斯能源战略的重点,其石油、天然气也是优先出口到欧洲地区。近年来,俄罗斯
开始把其发展战略从欧洲部分逐渐向东部转移,开始实施东部开发战略,修建基
础设施并加大向亚洲地区的能源出口力度。2009 年 12 月,"东西伯利亚—太平
洋"石油管道正式向亚太地区输油,有力地扩展了俄罗斯在亚太地区的能源市
场。在天然气方面,俄罗斯也在加大对亚洲市场的开发力度,俄罗斯天然气工业
公司未来几年最主要的 3 项投资中有 2 项面向亚太市场。俄罗斯的能源战略东移

---

① 任维彤:《东北亚地区金融合作》,载王胜今:《东北亚地区发展报告(2010)》,吉林大学出版社
2011 年版,第 166 页。

将对东北亚的能源合作乃至整个区域经济合作产生极大的推动作用。

第二，东北亚国家间的能源合作。东北亚地区的能源合作主要围绕着俄罗斯这个世界最大的能源出口国展开。中俄能源合作方面：中俄原油管道（"斯科沃罗季诺—漠河—大庆"线）已经投入运行，中俄原油管道二线正在稳步推进，二线建成后，中俄原油管道年输油量将达到 3 000 万吨[①]；两国在天然气合作方面也取得了重要进展，2014 年，中国石油和俄罗斯天然气公司签署了《中俄东线天然气购销合同》和中俄西线供气销售框架协议，俄罗斯将通过中俄天然气东线和西线管道每年分别向中国供气 380 亿立方米和 300 亿立方米。此外，俄罗斯还向中国出口电能和煤炭等能源。日俄能源合作方面：两国间的油气合作项目主要有"萨哈林—1 号"和"萨哈林—2 号"项目，其中"萨哈林—1 号"项目的原油储量为 962.6 万吨，天然气产量为 82.2 亿立方米，"萨哈林—2 号"项目原油储量为 1.4 亿吨，天然气产量为 6 840 亿立方米，将构成日本重要的进口能源储备。

总之，东北亚地区的能源合作具有较为广阔的前景和潜力，在为东北亚各国的经济发展提供了能源安全保障的同时，也为东北亚经济合作的深化注入了巨大的推动力。

（3）东北亚区域环境合作。随着全球环境污染问题的日益严峻以及各国对可持续发展问题的愈加重视，环境合作开始成为国家间经济合作的一种新方式。自1992 年的《里约大会宣言》《21 世纪议程》获得通过后，东北亚地区的环境合作开始起步，其重点集中于对跨境空气污染以及海洋污染的防治上。经过 20 余年的努力，东北亚地区的环境合作已经取得了一系列成绩，形成了多渠道、多层次、多领域的合作格局。在合作层面上，包括双边层面、地区层面以及通过多边与国际组织层面的环境合作。

双边合作是东北亚地区环境合作实践最普遍也是成果最多的一种合作形式，最突出的表现是一系列合作协定的签订以及诸多合作项目的开展。例如，中日之间 1994 年签订了《环境保护合作协定》，1998 年签订了《面向二十一世纪环境合作联合公报》；中韩之间 1993 年达成了《环境合作协定》，并于1994 年成立联合委员会；日韩之间 1993 年达成了环保合作协议，并组成了联合环境合作委员会。东北亚国家之间通过各类双边环境协定，开展了环保方面的国际合作。

在双边合作的基础上，地区级的多边环境合作也逐渐展开，如 1992 年发起

---

① 《中俄原油管道二线前期有序推进》，中国石油新闻中心，http：//news. cnpc. com. cn/system/2016/05/12/001592052. shtml，2016 年 5 月 12 日。

的东北亚地区环境合作会议（NEAC）、1993 年启动的"东北亚区域环境合作计划"（NEASPEC），以及 1999 年开始的中日韩三国环境部长会议机制。此外，在 2002 年 11 月，东盟—中日韩（10 + 3）环境部长会议机制得以建立，同年成立了中日韩三国环境部长会议机制下的沙尘暴监测与预警计划。

东北亚国家还充分参与了有国际组织参与的多边环境合作，如 1991 年的西北太平洋行动计划（NOWPAP）、1993 年成立的东亚酸沉降监测网（EANET）以及 2003 年创立的联合国环境署"亚太地区次区域环境政策对话会"。

在今年召开的第 14 次中日韩环境部长会议上，中日韩三国环境标志机构代表签署了《中日韩环境标志一体机共同认证规则协议》《中日韩环境标志互认认证程序协议》和《中日韩互认实施规则》等三项环境标志合作与互认协议，突破了国际贸易壁垒，在加强了环境合作的基础上，扩大了东北亚的环保产品市场，推动了区域经济合作的发展。

东北亚的环境合作在 20 余年的发展历程中取得了一定的成绩，促进了东北亚国家之间的沟通，加强了环境能力建设与意识形成。各国通过环境合作获得了共同的利益，尤其是通过引入清洁发展机制（CDM）这样一种有效的市场化运作模式，东北亚各国都获得了巨大的经济利益。但东北亚的环境合作尚处于初步合作的浅层次阶段，并没有形成系统的合作机制，各国的合作参与程度参差不齐，合作机制与合作项目还存在内容分散并有交叉与重叠的现象。

总之，由于东北亚地区经济上没有形成独立成熟的合作框架，合作机制的战略高度有限，所以东北亚地区经济合作的领域也相对分散，相互之间的联系偏弱。促进东北亚各国间的贸易投资便利化与整个地区的自贸区合作是提升东北亚地区经济合作质与量的重要途径。

二、东北亚地区各国贸易投资便利化与自贸区合作

东北亚地区各国都是重要的贸易伙伴，建立了密切的经贸关系。在贸易投资便利化和自贸区建设上也采取了很多措施，取得了很大成就。在亚太经合组织和东盟与中日韩"10 + 3"框架下，中日韩三国就开始了贸易投资便利化合作。现在，中日韩三国签署的投资协定，为相互投资创造了稳定和透明的投资环境。中日韩三国还在推动自贸区谈判，引领东北亚地区国家向贸易和投资自由化方向发展。

（一）东北亚地区贸易投资便利化的发展

1. 全球视野下的贸易投资便利化发展

国际贸易和国际直接投资是国际经济关系的重要组成部分。贸易投资的便利化和自由化一起，构成了促进全球经济发展的重要驱动力量。尽管目前关于贸易投资便利化的定义还不像自由化那样明确和统一（见表 7-14）[1]，但人们的实践活动早已起步，世界海关组织、联合国、世贸组织和世界银行等国际组织已经或者正在制定对各成员具有约束性的公约或协议，积极推动国际贸易和国际直接投资领域的便利化进程。下面我们以 APEC 和 WTO 两个国际（区域）组织为例，分析全球贸易投资便利化的发展进程。

表 7-14　　主要国际（区域）经济组织关于贸易便利化的定义

亚太经合组织（1999 年）	通过具体措施，协调并简化与贸易有关的程序或者障碍，降低成本，促进货物或服务更好地流通，主要涉及海关程序、标准一致化、商务人员流动和电子商务等四大领域
世界贸易组织（1998 年）	国际贸易程序的简化和协调，具体包括国际货物贸易流动所必须的收集、提供、沟通及处理数据的活动、做法和手续
经合组织（2001 年）	国际贸易中，商品从卖方流向买方并向另一方支付所需要的程序及相关信息流动的简化及标准化

资料来源：根据相关文献整理。

（1）由 APEC 推动的贸易投资便利化进程。贸易投资便利化是 APEC 的三大支柱之一[2]，也是 APEC 今后的重要行动方向。截至目前，APEC 推动贸易投资便利化的重点领域包括关税减让、非关税措施削减、服务和投资市场开放等。[3]

---

[1]　一般认为，贸易便利化是指"简化和协调国际贸易程序、加速要素的跨境流动"。引自国务院发展研究中心对外经济研究部研究报告，张琦、许宏强执笔：《中日韩区域贸易安排中的贸易便利化》，《调查研究报告》[2009 年第 195 号]。关于投资便利化，亚太经合组织（2008）认为是指政府采取的一系列旨在吸引外国投资，并在投资周期的全部阶段上使其管理有效性和效率达到最大化的行动或做法，包括市场准入、投资待遇、禁止业绩要求、争端解决和投资保护等方面。

[2]　其余两个为贸易投资自由化和经济技术合作。

[3]　宫占奎、于晓燕：《APEC 贸易投资自由化 20 年：成就与展望》，载《当代亚太》2009 年第 4 期。

APEC 的便利化行动可以分为四种推进方式，即单边行动计划（IAP）、集体行动计划（CAP）、"探路者"方式（Pathfinders Approach）① 和三种计划的混合方式。② 其主要成果如下：

在贸易便利化方面，APEC 于 1994 年确立了茂物目标，同意发达成员与发展中成员分别于 2010 年和 2020 年实现贸易投资自由化。为落实茂物目标，APEC 于 1995 年通过《大阪行动议程》，该议程规定了实现贸易投资便利化的原则、机制和具体领域，③ 相关机构陆续建立。1996 年，通过签署《马尼拉行动计划》，使《大阪行动议程》落到实处。在《马尼拉行动计划》中，各成员承诺逐渐降低由产品标准差异及技术管制引起的贸易成本，从而将 APEC 的贸易便利化目标推向实施阶段，其中，各成员的单独行动计划是最具实质性的内容。随后，在 1997 年的蒙特利尔会议中，APEC 成员又进一步在简化海关程序、协调海关估价及有效实施知识产权协议等方面达成共识。

自 1999 年以来，APEC 更谋求通过建立更加快捷的通关程序、促进海关制度透明化和电子商务的应用、简化商务旅行等措施推进便利化进程，其最重要成果就是两个行动计划的签署，即《贸易便利化第一期行动计划》（2003 年推出，2006 年顺利完成）和《贸易便利化第二期行动计划》。

在投资便利化方面，APEC 于 2009 年正式推出了《投资便利化行动计划》（IFAP）④，这是 APEC 第一次在投资便利化领域采取的大规模行动，其目的就在于降低国际投资者的投资障碍，鼓励亚太地区内的投资。"自此，APEC 范围内投资便利化活动逐步走向正轨"，进度也不断加快，并表现出了"强调监督评估机制、强调能力建设、强调合作"等特点。⑤

（2）由 WTO 推动的贸易投资便利化进程。世界贸易组织（WTO）没有专门的贸易便利化协议，相关条款分散在几个协议中，如《原产地规则协议》《海关估价协议》《技术性贸易壁垒协议》和《装运前检验协议》等。WTO 框架内的便利化进程具有明显缺陷，即只规定了原则，过于抽象，缺乏可操作性；相关条

---

① "探路者"方式（Pathfinder Approach）是 2001 年 APEC 会议文件《上海共识》中提出的新倡议，旨在鼓励部分 APEC 成员率先采取行动或措施以推进贸易投资自由化与便利化，待经验积累或条件成熟后，再逐步扩大到全体成员。

② 吕刚：《APEC 框架下中日韩三国的便利化举措》，载《发展研究》2010 年第 3 期。

③ 《大阪行动议程》中规定的 APEC 开展贸易投资便利化的主要领域包括：关税、非关税壁垒、服务、投资、标准和一致化、海关程序、知识产权、竞争政策、政府采购、消除管制、原产地规则、争端解决、商业人员流动、执行乌拉圭回合协议和信息收集与分析。

④ IFAP 是 APEC 第一次在投资便利化领域采取的大规模行动，旨在降低国际投资者的贸易障碍，鼓励亚太地区内的投资。

⑤ 沈铭辉：《APEC 投资便利化进程——基于投资便利化行动计划》，载《国际经济合作》2009 年第 4 期。

款散布在各协议中,各国协调起来比较困难。

从目前来看,贸易便利化谈判已经取得一定的进展(见表7-15),但我们也应该看到,各方在是否制定约束性的多边规则、是否适用争端解决机制等问题上尚存在较大分歧。况且,由于成员国之间的经济发展水平存在较大差异,以及谈判难以避免涉及农产品等敏感商品等原因,加之谈判的政治敏感度越来越强、各自承诺的性质和范围各不相同等因素影响,各方妥协的余地越来越小,借助WTO框架进行贸易便利化议题集体谈判将越来越艰难。[①]

表7-15 WTO框架下的贸易便利化进程

时间	议题	特征
1996年	WTO第一届部长会议正式提出贸易投资便利化的问题,旨在探索减少繁琐手续的途径,降低通关成本	发达国家倡导全球贸易通关低成本、减少商品跨国流动的障碍;发展中国家提请尊重现有的海关结构与功能,与发达成员可以存在差异
2001年	多哈第四届部长会议贸易便利化被列入议题,认为有必要进一步加速货物流动、发送和清关,并提高该领域技术援助和建设能力	发展中国家积极性不高,贸易便利化领域未取得预期进展
2004年	达成多哈回合贸易谈判框架协议,简化不必要的贸易程序,以公开、透明的方式公布贸易制度信息,合理地征收费用,降低贸易成本,缩短货物通关时间,提高贸易效率	发展中国家认为谈判的结果仅具指导性,不能适用争端解决机制,而发达国家主张谈判的成果应是一个强制约束性的规则,应适用争端解决机制

资料来源:根据相关文献整理而得。

2013年12月,在WTO第九届部长级会议上,多哈回合谈判重启,达成了"巴厘一揽子协定",这是WTO成立以来的首份多边贸易协定,多哈回合谈判实现12年来"零的突破"。2015年12月,WTO第十届部长级会议在农业谈判上取得重要突破,各国就非洲等发展中国家最为关切的农业出口竞争达成共识,首次承诺全面取消农产品出口补贴,其中发达经济体承诺将立即取消其大部分农产品

[①] 其中,美国、日本、韩国等国组成了一个倡导和推动贸易便利化规则谈判的集团(即科罗拉多集团),但在递交提案时也是各自为政,并未有效减小谈判难度。

出口补贴，发展中国家则将在 2018 年取消。① 目前，包括中国在内的 WTO 主要成员均期望推进相关谈判尽快结束，争取将贸易便利化作为早期成果。

2. 东北亚贸易投资便利化的措施与进展

（1）"10＋3"框架下中日韩与东盟的便利化措施。首先，中国—东盟自贸区框架下中国的便利化措施。中国—东盟自贸区是中国对外商谈的第一个自贸区，也是东盟作为整体对外商谈的第一个自贸区。自 2002 年中国与东盟启动自贸区谈判开始，双方已于 2004 年、2007 年和 2009 年分别签署了《货物贸易协议》《服务贸易协议》和《投资协议》② 三个重要文件。

2009 年 10 月，在中国—东盟海关与商界合作论坛上，双方表示将共同推动贸易便利化的广泛深入发展。从 2010 年 1 月 1 日起，中国—东盟自贸区正式建成，中国与东盟 6 个老成员（新加坡、马来西亚、泰国、印度尼西亚、菲律宾、文莱）之间实行了大幅度的关税减让措施。

其次，日本—东盟自贸区框架下日本的便利化措施。日本与东盟于 2007 年 8 月在马尼拉达成自由贸易协定。该协定生效后，日本对从东盟进口的商品实行取消关税或者关税减让措施，③ 但由于"在政治上较为敏感"，大米、糖以及一些奶制品被作为"特例商品"未被列入。

最后，韩国—东盟自贸区框架下韩国的便利化措施。2003 年 10 月，在韩国—东盟领导人峰会上，韩国方面提出建立韩国—东盟自由贸易区，其后双方进行了多方会谈。2006 年 7 月，文莱、印度尼西亚、新加坡、马来西亚和菲律宾 5 国与韩国实施减税措施。根据其货物贸易协定，韩国与东盟六国（文莱、印尼、新加坡、马来西亚、泰国和菲律宾）的一般产品到 2010 年实现零关税。2007 年 11 月，双方又签订了服务业协定，之后又用不到一年半的时间完成了剩下的自贸谈判程序。

在投资便利化方面，东盟和韩国双边投资协议已经正式签署，按照投资协定的条例，东盟与韩国都承诺开放各自的投资领域，并让对方的投资享有优惠待遇。东盟成员国和韩国的政府不可以在没有给予公平与充足赔偿下，接管企业的资产；在投资争端方面，投资者将可透过本国法庭的法律途径或交由国际仲裁机

---

① 《WTO 农业谈判有突破，多哈回合前景待观察》，http：//news. xinhuanet. com/world/2015-12/20/c_1117520089. htm，新华网，2015 年 12 月 20 日。

② 《投资协议》致力于在中国—东盟自贸区下建立一个自由、便利、透明及公平的投资体制。协议包括 27 项条款，双方承诺相互给予投资者国民待遇、最惠国待遇和投资公平公正待遇，提高投资相关法律法规的透明度，为创造更为便利的投资条件提供制度基础，并为双方投资者提供充分的法律保护。

③ 90% 的产品实行零关税，并在 10 年内逐步取消另外 3% 的产品的关税，同时降低另外 6% 的产品的关税。

构处理这些问题。

（2）中日韩贸易便利化进展。中日韩三国人口占东亚的74%、世界的22%，经济总量占东亚的90%、世界的20%，贸易总量占东亚的70%、世界的20%；而且中日韩地缘相近，经贸活动紧密依存，在推动东亚贸易投资便利化合作中具有举足轻重的地位。由于中韩自贸区的建立和中日韩自贸区谈判的开启，今后三国间贸易便利化的深入合作将主要在上述两个框架下推进。

此前，中日韩三国的贸易便利化主要在WTO、APEC和"10＋3"框架下推进，具体方式包括构建自由贸易区和签署贸易和投资协定等。例如，作为APEC成员，中日韩三国积极参与了APEC促进贸易投资便利化的诸多重要进程（如两期《贸易便利化行动计划》和《投资便利化行动计划》），并且取得了巨大的进展。但中日韩三方之间进行的集体性行动近乎没有，这也是东北亚经济一体化进展迟缓的表现之一。

在自贸区建设方面，2002年底，在中方倡议下，中日韩三国领导人同意就建立中日韩自由贸易区开展可行性研究，之后三国的研究机构对自贸区的影响进行了综合研究，形成了共同政策建议。2010年5月，中日韩自贸区官产学联合研究正式启动，自贸区正式谈判已于2012年11月开启。

在海关合作方面，2007年，中日韩三方海关领导人会议机制正式建立，目前，下设4个工作组，即知识产权保护工作组、海关执法与情报工作组、经认证的经营者工作组和海关手续工作组。该机制为三方海关加强协调与合作提供了重要平台，在上述四大领域及人力资源开发方面开展了密切合作。

在知识产权保护方面，三方制订了《中日韩三国海关保护知识产权行动计划》（即《零假冒计划》），在加强信息交换、立法和执法交流、提高公众意识、与权利人合作等方面取得了积极进展。

在交通物流建设方面，中日韩召开了三届海上运输及物流部长会议。首届会议于2006年9月在韩国首尔召开，三国决定建立中日韩海上运输及物流部长会议机制，每两年轮流在三国举行，并确定了12项具体行动计划；第二届会议于2008年5月在日本冈山召开，三国确定了建立无缝物流系统、发展环境友好型物流业、实现物流安全与高效的平衡的三大合作目标；第三届会议于2010年5月在我国成都举行，提出了建立东北亚物流信息服务网络的倡议，当年12月，东北亚物流信息服务网络（NEAL-NET）正式成立。

（3）中日韩投资便利化进展。虽然中日、中韩和日韩的双边投资协定早已签署（分别为1988年、1992年和2002年），但三国共同的投资协定却直到2012年才正式签署。在产业上，虽然中日韩三国早已形成了较为成熟的生产网络，三国的对外投资金额也分别高达676亿美元、1 156亿美元、204亿美元（2011年），但三国间的相互投资仅占上述投资总量的约6%。

2003年10月，中日韩三国领导人同意就三边投资安排的可能模式进行非正式联合研究。为落实联合研究，三国于2004年组成了由政府、企业界和学术界参加的联合研究组，并着手开始研究工作；进而在同年11月，三国领导人达成共识：落实联合研究组建议，改善商务环境，加强相互投资。

2005年5月，三国建立了改善商务环境的机制，在该机制的基础上，三国于2008年12月签署《改善商务环境的行动计划》，各国承诺改善商务环境、促进投资，该《行动计划》涉及的领域如下：法律、法规的透明度；建立公众评议系统和关于申请情况的答复系统；知识产权保护；包括地方层面的争端解决机制；投资促进和相关服务；中央和地方政府管理的一致性；等等。

2012年5月13日，《中日韩投资协定》谈判在经历了5年内的13轮正式谈判和数次非正式磋商后，终于在北京正式签署。该协定将为三国投资者提供更为稳定和透明的投资环境。依照以往经验，贸易协定往往先于投资协定，即先实现贸易自由化，接着才有资本、技术、人力资源等便利化和自由化。"而中日韩投资协定却打破常规，先行签署，必然产生投资对贸易的创造效应和促进机制，促进三国自由贸易协定的顺利推进和最终签订，从而为中日韩自贸区建设奠定基础。"[1]

在具体内容上，该协定共包括27条和1个附加议定书，囊括了国际投资协定通常包含的所有重要内容，包括投资定义、适用范围、最惠国待遇、国民待遇、征收、转移、代位、税收、一般例外、争议解决等条款。

该协定的里程碑式意义即在于，这是中日韩第一个以集体行动方式来促进和保护三国间投资行为的法律文件和制度安排。另外，虽然《中日韩投资协定》不等同于今后自由贸易区谈判中投资协定的文本，"而是一个独立的促进、便利和保护三国投资的条约"，[2] 但却是今后中日韩自贸区投资协定谈判的基础。"在促进三国间国际投资的同时，它还旨在进一步推动它们之间自由贸易区的谈判与磋商。这一点对中国尤为重要。"[3]

3. 东北亚地区贸易投资便利化水平测算

由于贸易投资便利化的定义并不统一，所以对其水平的定量测算尤为困难。我们以"世界经济论坛"《世界贸易促进报告2012》[4] 和世界银行"Doing Busi-

---

① 蓝庆新：《中日韩投资协定具里程碑意义》，载《国际商报》2012年5月16日，第A01版。
②③ 李国学：《中日韩投资协议的特征、问题及对中国的意义》，载《中国市场》2012年第33期。
④ Robert Z. Lawrence, Margareta Drzeniek Hanouz, Sean Doherty. *The Global Enabling Trade Report* 2012—*Reducing Supply Chain Barriers*. World Economic Forum, 2012.

ness2012"为依据,对中日韩三国的便利化水平进行大致的评估。

(1)贸易便利化指标的设定与中日韩三国的评估。在《世界贸易促进报告2012》中,代表贸易便利化总体水平的是 ETI 指数(Enabling Trade Index)[1],指数评比指标,包括市场准入(market access)、海关管理(customs administration)、运输与通信基础设施(transport and communications infrastructure)和商业环境(business environment)。同时每个一级指标下包含着 9 个次级指标,以尽量确保对贸易便利化内容的覆盖,分别为国内和外部市场进入、海关管理效率、进出口程序效率、行政管理透明度、交通基础设施的可获得性和质量、交通服务的可获得性和质量、信息通信技术的可获得性和应用、管制环境、安全性。在每一个次级指标下,又包含了若干指标,总数近 50 个。

东北亚地区最重要的中日韩三国,不仅经贸往来频繁,而且已初步形成了统一的生产网络,此三国的贸易便利化水平直接决定东北亚地区的经贸发展水平与深度。中日韩的 ETI 指数如表 7 – 16 所示。

表 7 – 16 中日韩的贸易促进指数(ETI)

国家	中国	日本	韩国
ETI	4.22	5.08	4.65
全球排名	56	18	34

资料来源:Robert Z. Lawrence, Margareta Drzeniek Hanouz, Sean Doherty. *The Global Enabling Trade Report* 2012—*Reducing Supply Chain Barriers.* World Economic Forom,2012,p32.

可以看到,在"世界经济论坛"公布的排名中,日本"ETI 指数"为 5.08,领先于中韩,在全球排名中位置也相对靠前;韩国的总体贸易便利化水平得分 4.65 分,在全球排名中位居 34 位;而我国的 ETI 指数仅为 4.22,在全球排名 56 位。

我们进一步考察中日韩三国在次级指标上的表现(见表 7 – 17)。

表 7 – 17 中日韩在九项次级指标上的贸易便利化水平

国家	中国(全球排名)	日本(全球排名)	韩国(全球排名)
国内和外部市场准入	3.6(108)	3.8(98)	3.4(115)
海关管理效率	4.6(38)	5.7(13)	5.0(30)
进出口程序效率	4.8(63)	5.8(16)	6.2(5)

---

① 世界经济论坛(WEF),总部设于日内瓦,每两年编撰一次 ETI 排名报告。

续表

国家	中国（全球排名）	日本（全球排名）	韩国（全球排名）
行政管理透明度	3.6（61）	6.0（13）	4.4（40）
交通基础设施的可获得性和质量	3.6（94）	5.6（18）	5.5（21）
交通服务的可获得性和质量	3.8（64）	5.4（6）	5.0（14）
信息通信技术的可获得性和应用	4.1（58）	5.5（20）	6.2（5）
管制环境	3.6（72）	4.8（23）	3.8（59）
安全性	5.3（44）	5.6（31）	5.1（53）

资料来源：根据"世界经济论坛"《世界贸易促进报告2012》相关数据整理而得，具体参见 Robert Z. Lawrence，Margareta Drzeniek Hanouz，Sean Doherty. *The Global Enabling Trade Report* 2012—*Reducing Supply Chain Barriers.* World Economic Forom，2012.

通过以上数据可知，在几项重要指标中，中日韩三国表现差异较大，如：在国内和外部市场准入方面，中日韩在全球排名为108、98、115，属靠后的梯队；在海关管理效率上，中日韩在全球位于中等水平，排名分别为38、13、30；在重要的进出口程序效率方面，日韩表现均非常良好，排名分别为16、5，而中国则为63名；在管制环境方面，中韩表现较差，排名均在50名以外，而日本也仅为23名。

总体来看，中日韩三国的贸易便利化水平较为落后，无法满足日益增长的贸易量的需要。具体来看，中日韩三国里面，日本的贸易便利化水平最高，韩国其次，而我国的贸易便利化水平与日韩两国还有较大差距。

（2）投资便利化指标的设定与中日韩三国的评估。世界银行在"Doing Business2012"中，从10个方面考察了在世界各国的经商环境，包括：建立企业（含4个次级指标）、建设许可（含3个次级指标）、获得电力（含3个次级指标）、注册所有权（含3个次级指标）、获得信用（含4个次级指标）、保护投资者（含4个次级指标）、纳税（含3个次级指标）、跨境贸易（含6个次级指标）、执行合同（含3个次级指标）、破产解决（含3个次级指标）。

表7-18整理了中日韩三国在商业经营环境方面的全球排名和具体数值（各指标首先列举排名，进而在括号内标注次级指标的具体数值）。

表 7-18　　　　　　　　　中日韩三国经营环境对比

国家	中国	日本	韩国
全球总排名	91	20	8
建立企业（手续、耗时、成本、最低资本额）	151（14项、38天、3.5%，100.4%）	107（8项、23天、7.5%、无最低资本额限制）	24（5项、7天、14.6%、无最低资本额限制）
建设许可（手续、耗时）	179（33项、311天）	63（14项、193天）	26（12项、30天）
获得电力（手续、耗时、成本）	115（5项、145天、640.9%）	26（3项、117天、0.0%）	11（4项、49天、38.6%）
注册所有权（手续、耗时）	40（4项、29天）	58（6项、14天）	71（7项、11天）
获得信用	67	24	8
保护投资者	97	17	79
纳税	122	120	38
跨境贸易（所需进出口文件数）	60（5件、8件）	16（5件、3件）	4（3件、3件）
执行合同	16	34	2
破产解决	75	1	13

　　注：成本为国外投资者设立企业的成本为占该国人均收入的百分比；最低资本额为国外投资者设立企业的最低资本量占该国人均收入的百分比。

　　资料来源：The World Bank，IFC：*Doing Business* 2012.

　　通过对数据分析可知，中日韩三国中，在投资便利化方面，韩国做得最好，在全球排名中也是名列前茅；日本居于20位，而我国则远远落后于日韩两国，即使在世界范围内也是比较落后。以几个重要指标为例，在设立企业的过程中，我国需要14项手续，日本需要8项，而韩国仅仅需要5项，在时间上也是韩国需要时间最短（7天），日本其次（23天），而在我国设立企业需要的时间最长（38天）；在建设许可方面，情况依然如此。

　　总的来看，中日韩三国里面，韩国的投资便利化水平最高，而且其便利程度位居世界前列；日本其次，而我国的投资便利化水平与日韩两国相距甚远，提升空间很大。

（二）东北亚地区贸易投资便利化的问题

1. 贸易便利化存在的问题

"世界经济论坛"（WEF）对各国的进出口商人进行了调查，从而总结了阻碍各国对外贸易较为突出的几大因素，并根据调查问卷结果对各国和各种因素进行排名，其中：（1）对于中国，就出口而言，占总数13.3%的人认为外国技术要求和标准严重影响了我国的出口，这是最为突出的问题，同时说明非关税壁垒对我国商品进入国际市场的阻碍作用很强；国际交通不畅导致的高成本和延迟占9.4%，不适当的产品工艺和技术占11.2%，难以达到买方对于商品数量和质量的要求，占8.6%，出口程序的繁琐与外方腐败占6.5%，国外对于原产地要求仅为4.8%，获得贸易融资占9.6%。就进口而言，最大的阻碍因素是关税和非关税壁垒，占22.2%，而国内技术和标准也高达14.2%，国内和国际交通不畅导致的高成本和延迟分别占13.1%和13.7%，高达19.9%的人选择了进口程序的繁琐，不适当的电信基础设施虽仅占2.6%，但考虑到电子商务突飞猛进的发展，此因素日后必将严重影响我国的外贸环境。（2）对于日本，就出口而言，外国技术要求和标准对日方出口影响较大，占10.9%，非关税壁垒在日本商品的出口中也是首位阻碍因素；难以达到买方对于商品数量和质量的要求，占10.6%，国际交通不畅导致的高成本和延迟占10.2%，国外对于原产地要求为8.6%，出口程序的繁琐与外方腐败占8.7%。就进口而言，最大的问题是关税和非关税壁垒，占23.7%，而国内技术和标准也高达22.9%，国内和国际交通不畅导致的高成本和延迟分别占13.8%和16.8%，进口程序的繁琐占20.4%，而不适当的电信基础设施仅占1.2%。（3）对于韩国，就出口而言，外国技术要求和标准对其影响较大，占13.8%，难以达到买方对于商品数量和质量的要求，占14.9%，国外对于原产地要求为3.9%，出口程序的繁琐与外方腐败占7.7%。就进口而言，最大的问题是关税和非关税壁垒，占24.6%，而国内技术和标准也高达17.1%，进口程序的繁琐占24.7%，国际交通不畅导致的高成本和延迟占17.7%，而不适当的电信基础设施仅占2.7%。

目前，东北亚国家在贸易效率、市场准入、海关管理、管制措施等方面还存有一些有待改进的问题。在进出口效率方面，表7-19列举了中日韩三国在进出口耗时、进出口手续等贸易效率方面的数据。

表 7-19　　　　　　　中日韩三国贸易效率一览

国家	进/出口耗时（天）	进/出口手续总数（项）
中国	24/21	6/7
日本	11/10	11/10
韩国	8/8	6/4

资料来源：根据沈铭辉《东亚国家贸易便利化水平测算及思考》相关内容整理而得。

由表 7-19 可以看出，在进出口耗时方面，中国远远多于日本、韩国，是日韩耗时的 2~3 倍，这不利于我国外贸行业效益的提高，同时也要求进一步提升我国的海关管理效率。但在进出口手续方面，日本远远超过中韩，同时需要改进。

另外，从表 7-17 可知，在几项重要指标中，中国、日本、韩国表现均差强人意，个别重要指标甚至很靠后。

在"国内和外部市场准入"方面，中国仅得分 3.6，在全球排 108 名；虽然日本在此项得分比中国、韩国都高，但也仅为 3.8 分，全球排 98 名；韩国得分为 3.4 分，全球排 115 名。这说明中日韩在市场准入问题上做得仍然不够，有很大的改进空间。

在"海关管理效率"方面，中国、日本、韩国的表现较"市场准入"为好，但总体水平依然不理想，中日韩排名分别为全球 38、13、30。在"进出口程序效率"方面，中国表现较为落后，得分 4.8，全球排名 63，日本、韩国表现良好，均排在世界前列，这是未来我国需要大力完善的领域。

在"管制环境"方面，中国、韩国得分劣于日本，不尽如人意。这体现出三者在管制方面依然严格。值得注意的是，日本虽然得分较高，但是这并不能说明日本更为开放，原因在于日本国内社会传统和民族习惯的封闭性等无形管制较多，这是在量化指标中很难体现出来的。

2. 中日韩投资便利化的焦点议题

中日韩通过三边联合行动签订的《中日韩投资协定》，是东北亚地区最重要的投资便利化措施之一，其特点在于："基本上沿袭了美式双边投资协议的'高标准'，但在投资促进和投资争端解决机制方面更多地体现了三国在国际投资领域合作方面的务实与灵活"[1]；其最大的不足就在于："负面列表"及"准入前国民待遇"的争论并未最终解决，这两个议题极有可能在中日韩 FTA 谈判中再次

---

[1]　李国学：《中日韩投资协议的特征、问题及对中国的意义》，载《中国市场》2012 年第 33 期。

发酵。

准入前国民待遇与"负面列表"是相互关联的两个议题，同时也是中日韩投资协定谈判的焦点。[①] 所谓"准入前国民待遇"是指在投资建立之前就给予外国投资者及投资不低于在相似情形下给予本国投资者及投资的待遇；所谓"负面列表"（否定清单）意味着"不列入即开放"。中国需要列明现在及将来与协定背离的保留措施，除此以外的其他部门都必须开放。

准入前国民待遇，其核心是给予外资准入权，即取消对外资企业设立及并购的审批。这与中国现行外资管理体制存在根本性冲突；即使不意味着审批权的彻底放弃，但也使得政府对于外资进入的审批等管理权限大大下放。

日韩与其 FTA/EPA 伙伴签署的协议中，都含有准入前国民待遇的原则，[②]但它们对各自国内投资领域的开放却很有限、对于进入本国的外资限制重重、监管异常严格，尤其是来自于民族传统和社会风气的封闭性，这种无形管制严重限制了我国对于日本、韩国的投资，同时也不利于推动中日韩投资便利化的进一步发展。

《中日韩投资协定》（2012）并未使负面列表及准入前国民待遇的争论尘埃落定。对此两项，我国尚未作出承诺。在法理上，该《投资协定》并不等同于今后 FTA 谈判中投资协定文本，但它却是未来中日韩 FTA 中投资协定的基础，因此我国仍然面临着"高水平"投资协定谈判的压力。

此外，日韩的经济体制的封闭性和排他性严重排斥了其他国家资本的进入，而且这种管制不仅采取了政府法律规制等有形措施，还包括无形的社会性因素管制，这使得我国企业难以适应。日本和韩国这种独特的投资保护主义将不利于现有的《中日韩投资协定》的落实。尽管在过去的几年里，日韩相继放宽了外资准入，采取了一些有利于投资便利化的举措，但在重要经济部门依然受到严格监管，即便在日韩占据优势地位的制造业也是如此。以日本为例，虽然日本实行了资本自由化，但为了谨防经济支配权落入外人之手，日本引进外资时以间接投资为主，并对占比不是很大的直接投资实行严格规制。

---

① "准入前国民待遇是传统投资协定采取的控制模式与开放投资体制中的自由模式最重要的差别，给予外资准入前国民待遇意味着对投资自由化进一步承诺。"引自赵玉敏：《国际投资体系中的准入前国民待遇——从日韩投资国民待遇看国际投资规则的发展趋势》，载《国际贸易》2012 年第 3 期。

② "2002 年日韩两国签署包含投资准入前国民待遇的双边投资协定之后，它们各自在近几年签署的经济伙伴协定中大都采用了准入前国民待遇。到 2011 年 2 月，日本共签订了 12 个自由贸易性质的经济伙伴协定，其中 10 个协定包含投资规则，所有包含投资规则的协定都承诺准入前国民待遇。到 2010 年年底，韩国共签订了 93 个双边投资协定，其中只有 2002 年与日本签订的双边投资协定包含了准入前国民待遇条款。目前韩国已经与 8 个国家和地区签订了自由贸易协定，除了与欧盟的协定中没有涉及投资外，其余 7 个协定都包含投资章节，而且这些投资章节都纳入了准入前国民待遇条款。"引自赵玉敏：《国际投资体系中的准入前国民待遇——从日韩投资国民待遇看国际投资规则的发展趋势》，载《国际贸易》2012 年第 3 期。

3. 中日韩贸易投资便利化的发展潜力

第一，中日韩经济联系紧密，便利化合作对各国均有重要意义。中日韩三国已经被一个巨大规模的跨境生产网络紧紧联系在一起，但在目前的贸易和投资条件下，三国间经济互补的巨大潜力远没有发挥出来。

2011年中日韩三国的对外贸易额约占全球贸易总额的1/5，但当前中日韩三国的区域内贸易水平较低（20%），与欧盟（60%）和北美自由贸易区（40%）相差较大。中日韩的经济规模和跨国投资居世界前列，但三国间的相互投资仅占三国对外投资总量的6%。如果能找出三国共同感兴趣的便利化合作领域并拿出有针对性和可行的改善计划，将极大地提高东北亚地区的经贸合作水平。

第二，集体行动的相对缺乏，合作空间巨大。从三国的便利化实质性进程可以看出，中日韩三国各自都采取了许多实质性的行动和措施来促进便利化，但这些大多都是单独行动，三边联合行动还不多，进一步合作的空间较大。实际上，这也是WTO和APEC等多边框架下便利化进程的一个明显不足。总之，通过采取联合行动，中日韩三国非常有可能在便利化领域取得更快和更大的进展。在三国间建立无纸贸易环境就是其中之一。① 此外，还可以采取行动协调和简化三国的海关程序，应用信息技术，提高海关程序的透明度，以此开展和加强中日韩三国海关主管部门之间的合作。

第三，中日韩之间的制度建设相对滞后，关税壁垒和其他贸易限制仍然较高，投资和贸易往来仍然有较多限制，三国间经济互补的巨大潜力远没有发挥出来。从以上分析可以看出，对中国、日本、韩国国际贸易影响最大的是非关税贸易壁垒和进出口程序繁琐。在未来的中日韩贸易便利化进程和自贸区建设过程中，采取联合行动，排除阻碍商品、资本和人员的非关税壁垒等流动障碍，促使通关进一步便利化，减少不必要的审批程序，必将使三国都获益良多。

（三）从便利化到自由化：东北亚国家的FTA战略

1. 便利化对FTA建设的影响

FTA的复杂程度与综合性都在加强，这是FTA的发展趋势。除传统的货物贸易协定谈判、服务贸易协定谈判、投资协定谈判，目前，在各区域贸易协定谈

---

① 吕刚：《APEC框架下中日韩三国的便利化举措》，载《发展研究》2010年第3期。

判中,各国(尤其是发达经济体)正在为自由贸易协定注入越来越多其他内容,包括环境保护、劳工标准、知识产权保护和政府采购协议等。《中日韩自由贸易区可行性联合研究报告》指出,未来的中日韩 FTA 不仅涉及货物贸易、服务贸易、投资等领域,还将涉及卫生与植物卫生措施、技术性贸易壁垒、知识产权、透明度、竞争政策、争端解决、产业合作、消费者安全、电子商务、能源和矿产资源、渔业、食品、政府采购和环境等议题。[①]

可见,贸易投资便利化不仅是贸易投资自由化的基础和铺垫,在很多议题上两者的谈判内容是一致的。货物贸易、服务贸易、自然人流动、资本与信息流动的便利化,是中日韩三国各自已签署的 FTA/ETA 协议的重要内容,简化和协调海关程序等便利化举措也将是未来中日韩 FTA 谈判中的重要组成部分。

2. 中日韩的 FTA 战略

2008 年 8 月,WTO 多哈回合谈判无果而终,各国对多边体制更加失望,这也坚定了各方加强区域合作的决心。自由贸易区战略是各国从自身实际需求出发、服务于各自多元化意图的国家级战略。

(1)中国的 FTA 战略。中国受国内经济高速发展的影响,迫切需要稳定的原材料市场和出口市场,因此我国签订 FTA 的顺序服从国内经济发展和建立我国在东亚经济一体化发挥重要作用的需要,往往采取早期计划、货物贸易、服务贸易等协议分步达成,并不一次性完成。参与区域经济合作、加强自贸区建设已经成为我国"以开放促发展"的新平台和新方式。

虽然"我国尚未建立起一整套主旨明确、安排有序、措施具体的国家 FTA 战略"[②],但这并不妨碍我国区域经济合作的实践,我国已经是亚太地区自贸区建设中的重要力量。"目前,中国已经与新西兰、东盟、智利、新加坡、秘鲁、巴基斯坦和哥斯达黎加缔结了 FTA,与香港特别行政区和澳门特别行政区建立了'更紧密经贸关系的安排'(CEPA)。中国大陆还和台澎金马单独关税区签订了'海峡两岸经济合作框架协议'。中国与海湾合作委员会(GCC)、南部非洲关税同盟(SACU)、澳大利亚、瑞士、挪威和冰岛的 FTA 谈判正在推进之中。"[③]

从实际进程来看,我国的 FTA 战略具有以下特点:

第一,优先选择周边国家和地区,尤其是东亚地区。当前我国发展外交关系的方针是:"大国是关键,周边是首要,发展中国家是基础,多边是舞台",并提

---

①③ 商务部国际司:《中日韩自由贸易区可行性联合研究报告》,中国商务部网站,http://images.mofcom.gov.cn/gjs/accessory/201203/1333096957493.pdf,2012 年 3 月 30 日。

② 张帆:《论构建中国的 FTA 战略》,载《开放导报》2004 年第 5 期,第 74~77 页。

出了针对周边国家的"以邻为伴，与邻为善""睦邻、安邻和富邻"政策。我国最先达成的 FTA 经济体大多位于东亚地区（如东盟十国），这是为了满足我国经济发展对于原材料、外部市场的需求，同时可以避免贸易摩擦。

对外经济贸易大学国际经济研究院课题组根据经济标准、政治外交标准、地缘标准以及时间标准的顺序，对我国 FTA 战略的伙伴选择进行排序，如表 7 - 20 所示。

表 7 - 20　　　　　　　　　我国 FTA 伙伴选择时间

时间	合作目标
短期	东盟十个成员国、中国台湾、澳大利亚、海湾六国、墨西哥、南非同盟五国
中期	韩国、印度、俄罗斯
长期	日本、欧盟、美国

注：中澳、中韩已经于 2015 年分别正式签署自由贸易协定。

资料来源：对外经济贸易大学国际经济研究院课题组：《中国自贸区战略——周边是首要》，对外经济贸易大学出版社 2010 年版，第 197 页。

第二，循序渐进，务实灵活。我国在和伙伴国进行 FTA 谈判时，并没有采取"一蹴而就"的方式，而是根据自身国情和伙伴国的接受程度，采取"达成全面协议、循序渐进推进"的方式，以降低关税和非关税壁垒为着眼点，由货物贸易入手，进而扩展到服务贸易和投资；比如先签订"早期收获计划"，减免部分商品的关税，进而深化合作，将投资、服务和贸易便利化等内容包括进来。这样有助于伙伴国早日享受自贸区建设的利益，表达诚意，帮助树立对于双边合作的信心。

（2）日本的 FTA 战略。进入 21 世纪，日本一改过去排斥建立区域贸易集团的做法，不仅积极建立和磋商各类双边自由贸易协定，而且制定了明确的区域经济一体化战略。截至 2013 年 10 月，日本已与新加坡、墨西哥、马来西亚、智利、泰国、印度尼西亚、文莱、东盟、菲律宾、瑞士、越南、印度和秘鲁签订了《经济伙伴关系协定》（EPA），并且正在和韩国、海湾合作委员会国家（GCC）、加拿大、蒙古国和澳大利亚等 10 个经济体进行 EPA 谈判。

2002 年，日本外务省公布《日本的 FTA 战略》，首次向外界展示了自己国家未来建设自贸区的基本原则和指导方针。"根据《日本的 FTA 战略》和《关于今后推进 EPA 的基本方针》，日本选择谈判对象的主要标准是：第一，确保本国经济利益；第二，形成对本国有利的政治外交环境；第三，具有成功的可能性。"[1]

---

① 徐梅、张淑英、赵江林：《中日建立自由贸易区问题研究》，中国经济出版社 2009 年版，第 21 ~ 22 页。

日本的 FTA 战略更偏重于 EPA 体系的建设①，不仅包括贸易，而且还非常重视投资。但是受国内农产品部门保护程度过高的拖累，使得日本在伙伴国家的选择方面处处受到限制。从实际情况来看，日本的 FTA 战略是以东亚为中心，以东盟为基础，有限考虑韩国和东盟主要成员（如印度尼西亚、文莱、新加坡、泰国、菲律宾、马来西亚、越南等），同时不放弃跨区域的国家和地区（如墨西哥、智利、瑞士）。

日本建立 FTA 的战略目标主要有以下三点：第一，经济目标。日本可以通过 FTA 保持良好的外部经营环境，使日本对外投资企业获得较高收益，降低贸易壁垒，增加开展事业活动的自由，提高预见能力，保护投资利益。第二，政治目标。通过 FTA 促进国内结构改革。日本国内的邮政民营化改革、农业政策改革、行政改革等结构性改革阻力重重，利益集团庞大且牵扯甚广。在改革进程中，日本不仅需要外部良好的经济环境支撑，而且也需要外部冲击来推动。第三，安全目标。日本视 FTA 为经济、外交、安全保障的综合体，不仅基于经济利益，更重视外交、安全和政治战略。考察日本战后对外投资历程可知，日本向来重视东南亚地区，这不仅是日本极缺的矿产等资源供给地和外部市场，同时也关乎日本海上运输线的安全，甚至在某些日本政客眼中是牵制中国、遏制中国扩大影响的重点争取对象。② 这一点在日本有关参加 TPP 谈判的态度上就是很好的证明。

（3）韩国的 FTA 战略。中日韩三国发布的《中日韩自由贸易区可行性联合研究报告》指出，韩国积极参与 FTA 的目标主要有三个，即促进贸易增长、提高经济效率、提升福利水平。③ 截至目前，韩国与智利、新加坡、欧洲自由贸易联盟（EFTA）、东盟、印度、欧盟、秘鲁和美国的 FTA 已经生效，与土耳其和哥伦比亚的 FTA 也已达成。此外，韩国正在与澳大利亚、新西兰、海湾合作组织、中国、日本、越南、印度尼西亚、加拿大和墨西哥 9 个国家和地区组织进行 11 个 FTA 的谈判。

韩国的 FTA 战略与日本有很大不同，其根本原因是韩国相比中日两国影响

---

① 按照日本国内的说法，区域经济合作包括自由贸易协定和经济合作协定两种主要方式。日本出于规避农业等国内敏感部门、突出海外投资等多方面考虑，在其所推动的 FTA 战略中更加偏好外延比较宽泛的经济合作协定（Economic Partnership Agreement, EPA）。这主要是因为 EPA 模式在贸易自由化的程度和在有些领域开放程度可能低于 WTO 规则的要求，这有助于日本扬长避短，在最小的成本下获取最大化的经济利益，同时又可以迎合伙伴国（尤其是东亚国家和地区）对于日资的需求（日本海外实体投资额巨大）。

② 《日本のFTA戦略》，http：//www. mofa. go. jp/mofaj/gaiko/fta/policy. html，2002 年 10 月。

③ 商务部国际司：《中日韩自由贸易区可行性联合研究报告》，中国商务部网站，http：//images. mofcom. gov. cn/gjs/accessory/201203/1333096957493. pdf，2012 年 3 月 30 日。

力最小，力量最单薄。因此它将自身的 FTA 战略分为三步走：第一步，与美国签订自由贸易区协议，目前已经完成。第二步，与欧盟和东盟签订自由贸易区协议，目前正在进行当中。第三步才是和中国进行自由贸易区谈判。之所以将中国的自由贸易区谈判放到欧美之后，是因为韩国希望能通过与这两个最发达的经济体签订自由贸易协定，向美欧两个发达的经济体学习其先进的贸易制度，达到贸易制度的先进化，增加国内竞争，促进经济增长，提高韩国企业的生产效率，摆脱对中日贸易的严重依赖，提前进入美国市场，吸引美国的投资，改善其国内的经济环境，争取在与中国和日本谈判过程中处于有利地位。

三、中国推动东北亚地区贸易投资便利化与区域合作的战略构想

东北亚地区各国都是重要的经济贸易伙伴，形成了密切的相互依赖关系。然而，东北亚地区贸易投资便利化和自由化水平还不高。适应经济全球化和区域一体化发展趋势，加强东北亚地区贸易投资便利化建设，推动东北亚地区自贸区建设，将有助于深化东北亚地区经济合作，促进东北亚地区经济稳定发展。

（一）中国推动东北亚地区贸易便利化的政策选择

东北亚地区既包括日本和韩国这两个发达国家，又包括中国、俄罗斯、蒙古和朝鲜等新兴经济体和发展中国家。由于这些国家处于不同的经济发展阶段，各国对于贸易便利化的认知程度和发展水平也不尽相同。作为世界第二大经济体，中国与东北亚地区其他国家相比，在贸易便利化发展过程中处于比较领先的地位，并且在贸易便利化领域一直重视国际和区域合作，具有较多的经验积累。因此，中国应该发挥更加积极的作用，通过加强与周边国家的合作，共同努力并循序推进东北亚地区贸易便利化进程。

中国一贯主张在"平等协商、互利共赢、循序渐进、开放包容"原则基础上，积极参与和推动东亚区域经济合作。其主旨与 APEC 所倡导的自愿性、协商性、灵活性、透明性和开放性等原则不谋而合。鉴于东北亚地区各国在贸易便利化具体领域优劣势不尽相同的现状，可借鉴 APEC 方式，特别是"探路者"方式。此外，影响东北亚地区贸易便利化合作的现实因素主要来自以基础设施不足为代表的"硬约束"和以制度建设缺失为代表的"软障碍"。相对于"硬约束"

"软障碍"广泛涉及技术规定、贸易程序以及国内制度和政策等诸多方面，对各国利益的影响和冲击程度也较大。因此，中国在推进地区贸易便利化的进程中，应依照执行的难易程度分阶段、循序地提出并实现短期、中期和长期目标。

短期目标——中国提出具体或重点领域的便利化行动倡议，开展更多的、有针对性的具体活动，示范并帮助区内发展中国家实施便利化行动措施。

中期目标——中国与地区内国家合作，组织与协调国家间的贸易便利化合作，解决实施贸易便利化措施等方面存在的问题；

长期目标——东北亚各国共同构建更加透明、便捷和高效的贸易管理体制，逐渐向制度性合作转化。

目前与构建地区制度建设的复杂性和艰巨性相比，优先发展重点领域合作与成立贸易便利化协调机构具有更大的可实践性和可操作性，中国应当率先在这两个方面发挥地区大国的作用与影响力。

1. 优先发展重点领域的合作

（1）基础设施建设。实现贸易便利化，其中一个重要条件就是基础设施建设；没有一定的基础设施投入，贸易便利化便是一纸空谈。一个国家进行基础设施建设，不仅意味着修建新的公路或铁路，还意味着港口、机场或桥梁的维护工作、改进交通运输能力、通过信息技术完善设施管理体系以及持续连贯的交通政策。

对于大多数发展中国家来说，在短期内达到上述目标的执行成本太高，往往需要外资或者接受援助。目前，东北亚地区特别是落后国家在公路、铁路和航空运输建设等方面还很薄弱，在交通运输方式的转换、货物的跟踪和追踪、邮政以及物流等运输服务方面还有待提高。但从另一个角度来说，该地区也存在巨大的基础设施融资需求。为此，中国倡议筹建亚洲基础设施投资银行，向本地区发展中国家的基础设施建设提供资金支持①。中国企业也应配合国家"走出去"战略，积极参与东北亚地区的基础设施建设，特别是与贸易便利化相关的项目，为地区国家间贸易的进一步发展创造条件。此外，中国等国家可以通过提升本国港口、航空运输及互联网等基础设施质量，逐步缩小与日本和韩国之间的差距，促进商品和资本在区内的自由流动，减少在贸易便利化领域的合作难度。

（2）海关程序。海关是国际贸易链条上的一个重要环节，如何加快该环节的便利化实施是各个国家、区域经济一体化组织以及世界贸易组织所面临和关注的

---

① 习近平：《深化改革开放，共创美好亚太——在亚太经合组织工商领导人峰会上的演讲》（2013年10月7日），载《人民日报》2013年10月8日，第3版。

主要问题。随着经济全球化和经济一体化的发展，传统的非关税壁垒进一步受到约束，复杂的海关程序和法规已被全球商界及相关的国际组织视为一种非关税措施，乃至被评估为与关税等同的阻碍贸易便利化的最大难题①。

中国海关在推动自身贸易便利化方面，要提高口岸通关效率，完善电子口岸系统建设，推广"提前报关，货到放行"的监管新模式，并向由海关主导的新型口岸一体化管理体制过渡。首先，不断推进口岸大通关建设，提高监管水平和服务质量，简化审批手续，缩短通关时间，降低企业贸易成本；其次，继续深化各地方电子口岸建设，扩大互联网应用范围，加强政府部门的信息互换和共享；再次，在保障有效监管的前提下，主动适应区域经济一体化发展要求，放宽"属地申报、口岸验放"的使用范围，便利进出境物流；最后，进一步密切与交通运输、商务、金融等其他相关政府部门的配合，加强与进出口、货代、报关以及有关生产企业的沟通，以确保整个贸易供应链的安全与便利。

在推动地区贸易便利化方面，中国要努力克服海关程序、标准一致化、商务流动和监管环境等方面存在的各种壁垒，拓展同其他国家海关合作的广度和深度。在当前的经济形势下，中国海关主张以促进贸易发展为目标，从监管互认、执法互助、信息互换三个方面拓展国际海关合作，切实为企业开拓市场进行规范和管理，并提供便利和服务。中国可以进行海关程序与制度方面的人力资源培训，如对蒙古海关官员开展海关现代化、海关监察和风险管理技术培训；也可以通过提供海关信息化设备与建设海关信息网络，提升受援国的海关信息技术水平，如对中国—蒙古跨境项目的海关控制试点经验进行评估②。

此外，中国可以在区域海关合作中施加影响，在适当的时机输出本国贸易便利化的成熟做法，使其逐步成为区域海关贸易便利化制度的标准，从而确立中国在区域海关贸易便利化中的主导地位③。东北亚各国也应借鉴国际海关在推进贸易自由化方面的主要做法与经验，通过提高双边交往层次以及深入参与多边合作事务来提高区域海关的合作水平。

（3）标准与一致化。在当前国际贸易合作促进措施中，采用国际统一标准是消除技术性贸易壁垒最简单可行和有效的方法。同时，标准与一致化也是贸易便利化的一项重要内容。地处东北亚地区的中国、日本、韩国和俄罗斯均是亚太经济合作组织的成员国，标准和一致化是 APEC 贸易便利化行动计划 II 的一个重要组成部分。因此，构建和完善一套科学合理、与国际接轨的技术标准体系，是东

---

① 樊莹：《后金融危机时期的东亚贸易投资便利化合作》，载《国际经济合作》2011 年第 3 期。

② 参见中亚区域经济合作第十一次 CAREC 部长级会议：《贸易便利化规划进展报告和工作计划（2011 ~ 2012）》。

③ 周阳：《美国经验视角下我国海关贸易便利化制度的完善》，载《国际商务研究》2010 年第 6 期。

北亚贸易便利化发展的必然要求。具体措施如下：第一，中国和其他国家应力图使本国国内标准与国际标准接轨，并在优先领域使国内标准和国际标准保持一致；第二，调整影响各国间货物相互认可的一系列规章、制度和程序；第三，在强制和自愿领域，达成合格评定的双边或多边认可协议；第四，在涉及国际标准的贸易协定、国内法律和规章上保持一致；第五，加强多边和双边合作，争取国家间定期进行交流，确保标准一致化方面的透明度。

需要注意的是，贸易便利化的标准不宜制定得过高，否则发展中国家就将面临资金、人力和技术不足的巨大困难。此外，对于东北亚各国在海关环境与规制环境方面的差异性，亦不能操之过急地建立一套统一的标准，而应以各国标准的相互认可为主。

（4）电子商务。在比较各国贸易便利化水平时，电子商务通常被作为其中的一个指标用来衡量一国是否拥有足够的通信信息基础设施，以及能否利用信息化提高商业效率并推动经济活动的开展。电子商务是简化贸易手续、推动国际贸易发展的重要手段，因此是否能够及时采用新信息技术，也是贸易便利化的一个方面[1]。

在东北亚地区，日本和韩国在电子商务方面的差距不是很大；俄罗斯等国在采用新技术改善贸易便利化水平方面，还处于落后的局面。中国可以倡议各国一同制定东北亚区域的电子商务总体发展规划，采取主管机构指导和各国开发应用相结合的战略，组建包括专家及政府官员在内的电子商务政策领导小组，并建立相应的电子商务管理机构。对于地区互联网络建设，各国可根据实际情况先完成本国的网络基础设施，再通过推进政府间对话与协商，争取构建东北亚地区的电子商务合作框架。基础网络环境的建设资金，除了国家投资以外，也可鼓励地区私人资本参与。此外，中国等国家要加快对地区内相关法律法规的研究与制订，以推进电子商务的法制建设，使之尽快适应东北亚经贸快速发展的需要。

（5）商务人员流动。随着经济全球化的发展以及国际贸易活动的增加，国家间的商务活动也不断增多。商务人员流动同货物流和资金流共同影响着国际贸易的各个方面，其便利性也是体现贸易便利化水平的一个重要方面。

东北亚各国可以借鉴各区域贸易便利化内容，特别是 APEC 贸易便利化行动计划中关于商务流动的内容，分阶段地在商务流动程序、信息与通信技术使用方面制定措施。在商务流动的程序方面，首先为公司内部商务流动制定或实施一些措施，改善签证或审查要求；然后在旅游文件检查、专业服务、旅游文档安全性

---

① 沈铭辉：《东亚国家贸易便利化水平测算及思考》，载《国际经济合作》2009 年第 7 期。

（和处理系统）移民法规等方面进行标准化，缩短处理商务和工作签证的时间，为短期商务访问者实施商务旅行卡或签证豁免安排或多次入境签证①。在信息与通信技术使用方面，首先逐步争取各国在互联网和商务旅行手册上都有最新的与入境相关的信息；然后在经济和技术条件允许的国家引入先进的旅客信息系统，预先给予旅客许可以确保到达时能便捷地通关。

2. 成立贸易便利化协调机构

为了确保东北亚地区贸易便利化合作的顺利进行，中国应当建议并采取积极有效的措施，完善国内与地区贸易便利化的组织机构建设。首先，在中国及其他国家国内逐步成立贸易便利化委员会，促进并提高各国国内的贸易便利化水平；其次，在地区各国政府间建立协调机构或成立国家层面的贸易便利化协调机制，加大贸易便利化的推进力度，解决在落实贸易便利化协议、实施贸易便利化措施等方面存在的问题；最后，在地区组建具有实体功能的"东北亚贸易便利化合作指导委员会"，全面负责各成员在贸易便利化领域合作的协调工作。该指导委员会不仅负责将地区各级会议的指示传达落实到各国具体的贸易便利化行动之中，而且承担在各国之间、公共部门与私人部门之间的信息沟通、资源共享、进度监控等工作。同时，该委员会应定期汇报各国在贸易便利化领域合作的最新发展，并积极提出改善的政策建议。

此外，东北亚地区的发展中国家尚不能有效地参与世贸组织有关贸易便利化谈判和联合国、世界海关组织主办的制定贸易便利化新标准的各种论坛。针对这种状况，中国可以与日本、韩国等国合作，通过举办区域研讨会的方式，采取一系列措施来帮助这些国家，诸如表明或交换贸易便利化方面的观点、解决贸易便利化方面的实际问题、检验特定的问题和计划等②。

（二）中国推动东北亚地区投资便利化的政策选择

在全球 FDI 增势放缓乃至下降的大背景下，东北亚地区 FDI 态势良好，仍有较大的投资便利化空间。首先，东北亚是全球 FDI 的重要目的地。2008～2013年，全球 FDI 流入量下降了 20.17%，东北亚地区 FDI 流入量却基本保持平稳，

---

① 依照 APEC 商务旅行卡计划，持卡人可以在加入该计划的成员范围之内，不需要申请签证或进入许可，享受最期限为 60 天的多种形式短期免签进入许可，还享有通过 APEC 主要机场的特殊通道快速出入境的权利。目前，包括中国、日本、韩国和俄罗斯在内的 21 个成员都已经参与了该计划。

② 2003 年 WTO 出台的与贸易相关的技术援助工作计划涉及贸易便利化的实质内容，这非常有利于成员国更加准确地了解问题。

占世界 FDI 总流入量的比重由 16.20% 上升到 20.84①。2013 年，中国 FDI 流入量达到了 1 239.11 亿美元，仅次于美国排名世界第 2 位；俄罗斯以 792.62 亿美元排名第 3 位②。其次，东北亚国家 FDI 母国的地位也有所加强。2008～2013 年，东北亚地区 FDI 流出量总体上呈现出高增长势头，占世界 FDI 总流出量的比重由 16.33% 上升到 33.09%。除了传统的投资大国日本之外，中国、俄罗斯和韩国也逐步加大了对外投资的力度，分别位居 2013 年世界 20 大投资经济体的第 3 位、第 4 位和第 12 位③。但是，东北亚地区外国家在该地区的投资份额高于地区内国家，这使得东北亚各国对推动地区投资便利化合作的愿望并不强烈。

鉴于以上情况，中国仍可借鉴 APEC 方式特别是"APEC 投资便利化行动计划"，通过与日本、韩国、俄罗斯、蒙古和朝鲜签订东北亚投资合作框架协议，建立包括六国在内的东北亚投资区，减少相互直接投资的各种限制，促进该地区的投资便利化水平。

在双边层次上，中国与周边国家均签署了投资协定④，为实现国家间相互投资便利化提供了重要的政策保障。然而，这些投资协定在促进相互直接投资方面所发挥的作用极其有限。此外，全球新近签署的双边投资协定持续下滑，越来越多的国家（地区）倾向于通过区域而非双边方式制定国际投资规则⑤。

在多边层次上，中日韩三国领导人于 2012 年 5 月 13 日签署《中华人民共和国政府、日本国政府及大韩民国政府关于促进、便利和保护投资的协定》。该协定包括 27 条和 1 个议定书，囊括了国际投资协定通常包含的所有重要内容，包括投资定义、适用范围、最惠国待遇、国民待遇、征收、转移、代位、税收、一般例外、争议解决等条款。这是中日韩第一个促进和保护三国之间投资行为的法律文件和制度安排，为中日韩自贸区建设提供了重要基础。2014 年 5 月 17 日，《中日韩投资协定》生效，该协定将提高政府透明度、改善争端解决机制和加强知识产权保护，为三国投资者提供更为稳定和透明的投资环境。

---

① UNCTAD. *World Investment Report* 2014. United Nations Publication，2014。东北亚地区 FDI 数据包括日本、中国大陆、中国香港、朝鲜、韩国、中国澳门、蒙古国、中国台湾和俄罗斯。

②③ UNCTAD. *World Investment Report* 2014. United Nations Publication，2014.

④ 1988 年 8 月 27 日，中国与日本签署《中华人民共和国和日本国关于鼓励和相互保护投资协定》；1991 年 8 月 26 日，中国与蒙古签署《中华人民共和国政府和蒙古人民共和国政府关于鼓励和相互保护投资协定》；1992 年 9 月 30 日，中国和韩国签署双边投资协定，2007 年 9 月 7 日又签署新的《中华人民共和国政府和大韩民国政府鼓励和相互保护投资协定》；2005 年 3 月 22 日，中国与朝鲜签署《朝鲜民主主义人民共和国政府和中华人民共和国政府关于促进和保护投资协定》；2006 年 11 月 9 日，中国与俄罗斯签署《中华人民共和国政府和俄罗斯联邦政府关于促进和相互保护投资协定》。

⑤ UNCTAD. *World Investment Report* 2013. United Nations Publication，2013. 在 2012 年，共有 20 项双边投资条约得到签署，这是 25 年来所达成的条约数量最少的年份；达成的 10 项"其他国际投资协定"中有 8 项是区域协定。

在区域层次上，中国、日本、韩国和俄罗斯在参与 APEC 投资便利化行动计划中，可以通过达到既定目标努力提高各自国家的投资便利化程度，为将来东北亚区域投资协定的签署积累实力与经验。可是，东北亚各国经济发展水平和对外政策重点存在着巨大差异，使得区域投资协定难以在短期内达成一致。

因此，中国政府在短期内应主要从多边层次上着手，充分利用《中日韩投资协定》的积极作用，在吸引日本、韩国企业到中国投资的同时，大力推动中国企业到日韩投资，进而极大地促进三国间的投资便利化；在中长期内采取一系列的行动与手段，减少制约东北亚投资合作的经济和非经济因素，从而在区域层面推进投资便利化的进程。

目前，制约东北亚投资合作的主要因素集中在以下几个方面：第一，地区国家经济发展水平差距较大，投资合作带来明显不同的投资机会及经济利益，东北亚投资区建设在投入资金与倾斜政策上难以协调。第二，地区投资合作缺少相应的组织机构和制度性保障，现存的法规政策错综复杂且标准不一，直接影响到国际直接投资的健康有效发展。第三，地区投资合作缺乏投资便利化评估机制，在缺乏一定量化预期效果的情况下推进投资便利化，增加了各国对加强该领域合作意愿的不确定性。第四，地区领土争端、历史问题、政治制度差异、国家利益等方面的原因，导致国家间的政治摩擦频发，影响甚至左右东北亚投资合作的进程。

针对这些问题与挑战，中国与东北亚各国政府应在谋和平、求稳定、促发展的共同愿望下，进一步提升对加强投资领域合作的政治意愿，并采取积极可行的政策和措施。具体而言，通过改善东北亚地区投资环境、倡导能力建设与合作以及完善量化评估机制，逐步缩小地区国家之间的发展差距，扩大地区投资合作，提升合作层次，共同推进地区投资便利化合作。

1. 改善制度环境

投资便利化涵盖了众多领域，其最终目标就是保障投资的有效流动及资金的使用效率。在此过程中，政府可以采取一系列行动和措施吸引外国投资，并且提高整个投资周期管理的效率性。因此，协调各类投资政策并保持其一致性、简化投资审批程序、减少投资风险，从而进一步提高投资便利化，成为当前东北亚地区投资便利化合作的当务之急。

第一，加强投资政策制定与管理的开放性和透明性。政府应向投资者提供所有的与投资政策相关的法规和信息，预先告知将要发生变化的投资政策。在制定与投资相关的规章制度时，应使用简单易懂的语言。关于现有管理体制的运行，应在官方刊物或政府网站上定期公布评估结果。这些政策措施能够提高企业的兴趣与信心，并依据投资政策的改变及时做出经营决策和商业预期。

第二，提高投资环境的稳定性和财产的安全性。政府应提供平稳的政治经济环境，运用法律法规等手段保护投资者的财产所有权与使用权，建立公正的争端解决机制，以降低与投资相关的非商业风险、提高中小企业的融资能力以及增加企业对国内立法体系的信心。

第三，增加投资政策的可预测性和一致性。政府应设立专门机构制定投资规章和制度，并且明确划分投资管理机构职能，使得国内关于投资的法律和规章保持一致性，减少对投资有关政策解释方面的歧视性官僚主义做法。对企业而言，投资政策的可预测性与一致性不仅能够简化商业交易、降低商业运行成本与腐败程度，而且可以增强商业信心并提高企业的竞争力。

第四，促进投资程序的效率性和有效性。政府应通过简化投资程序、鼓励并促进机构合作与协调、建立一站式的主管机构以加速投资过程；明确各级政府的职责以避免对投资过程的重复管理；保证投资者的最少投资准入原则以降低企业经营成本并为更多中小企业提供机会。

此外，各国政府还可以在协调与企业关系、建立投资监督与评估机制等方面采取政策措施，激发企业的积极性与社会责任性。具体说来，政府应鼓励企业进行投资研发或技术与程序改进活动，并运用新科技改善地区的投资环境。

2. 倡导能力建设与合作

东北亚各国在投资便利化领域的差距较大，中国应同其他国家一同积极倡导能力建设和技术合作，以帮助区内发展中国家实施便利化。具体措施如下：

第一，东北亚地区应通过召开区内外最佳范例研讨会、对落后国家的行政官员进行培训等技术支持，帮助区内的发展中国家特别是落后国家选择和确定最符合其国情的便利化行动措施并予以实施。

第二，学习并参照 APEC 开展投资便利化能力建设项目，设立"最小能力建设需要"等相应指标，对各国能力建设的进展进行评估。或者在地区成立一种合作机制，帮助落后国家达到能力建设的指标，这些帮助可能来自地区的某个国家、地区的合作活动、间或来自国际和地区的机构。

第三，加强地区内政府与私营部门的合作，确保投资便利化的行动措施与企业有直接的利益关系，并鼓励企业为改善东北亚地区投资环境发出自己的声音，就推动投资便利化发展建言献策。

第四，积极参与地区和国际组织，诸如 APEC、联合国贸发会议、经合组织和世界银行的各种活动，加强与这些组织在投资便利化领域的能力建设合作，接受实施的帮助并借鉴其成功经验，将能力建设的目标融入东北亚地区投资便利化的具体行动之中。

3. 完善量化评估机制

贸易投资便利化合作对于降低政府的管理成本和企业的经营成本、增加贸易收益是显而易见的。但是，在有关贸易和投资便利化统计数据的获取方面存在着诸多障碍，一般难以简单地对其进行成本—效益的经济学分析。与贸易便利化相比较，投资便利化量化评估框架的建立与评估指标的选取更是难上加难。

隶属于 APEC 的中国、日本、韩国和俄罗斯应大力支持并积极参与投资便利化行动计划，密切关注该计划开发的评估框架与关键绩效指标，并将其作为投资便利化取得实质性进展的重要制度保证。

第一，制订出关键绩效指标，利用世界银行 Doing Business 数据库，作为衡量投资便利化进展的具体量化标准；

第二，建立定期报告机制，组建包括政府主管部门、官员、企业代表和学者在内的独立评估专家组，每年定期报告各国和本地区投资便利化取得的进展；

第三，聘请独立专家评估本地区投资便利化目标的实现情况；

第四，加强对投资便利化的量化模型、评估方法和标准进行研究，避免技术因素影响评估的准确性。

（三）中国推动东北亚区域经济合作的战略构想

东北亚作为世界经济中最具活力、经济上互补性强的地区之一，其区域合作长期处于滞后状态，至今还未能建立正式的经济合作机制。除了东北亚地区政治形势不稳定与区域内国家间的经济发展水平差距过大以外，美国对东北亚地区的巨大影响力以及该地区核心国家主导地位的缺失，都成为影响东北亚区域经济一体化的主要因素。

作为东北亚区域内的大国，中国的经济总量在 2010 年超过日本位居世界第二位，其经济增长具有改变国际力量格局的潜力。中国一直奉行各国间平等协商、和平交流的政策，并不想成为地区内的霸权主义国家。出于战略的考虑，中国积极推动东北亚区域合作。一方面，中国通过对内建设和谐社会凝聚经济社会发展的动力，对外推动双边与多边合作提升在东北亚的国际地位，并以此为基础在提升经济实力的同时向全球大国的目标迈进；另一方面，中国当前处理国际秩序的能力决定了其未来的国际地位，要摆脱将来经济起飞后，中国在全球的影响力与经济实力严重不相称的局面，中国就必须提前赢得必要的话语权。推动东北亚区域合作，参与区域合作规则的制定，有助于中国发挥和提升在该地区的影响力，并且以硬实力为基础来推广和扩大软实力，塑造中国在东北亚的领导地位。

因此，中国应以"深刻变革、和谐世界、共同发展、共担责任和积极参与"为世界观和时代观，以拓展和巩固国家战略利益、发挥地区大国责任为目标，以积极、主动的姿态参与地区事务。

当前，在东北亚地区除了朝韩关系、朝日关系尚未实现正常化以外，其他国家的双边关系总体上还是比较好的。中国同俄罗斯、朝鲜、蒙古有着传统上的友好关系，与日本和韩国是一衣带水的邻邦，三国之间的交流与合作非常密切；俄罗斯与日本、韩国实现了比较正常的交往与合作；蒙古与中国、日本、韩国和俄罗斯分别建立了伙伴关系。总地说来，东北亚国家关系的正常化并且不断向前发展，为区域经济合作奠定了良好的基础。

从东北亚区域经济的实际情况出发，其合作的类型选择应该是自由贸易区。20 世纪 90 年代中期以前，东北亚各国特别是中日韩三国没有给予 FTA 应有的关注。日本一直把推进多边自由贸易体制作为其对外贸易政策的基础，对双边及地区间的 FTA 持不积极的态度；韩国作为一个后发工业化国家，能充分享受多边自由贸易体制的好处，因此也就无心涉足 FTA；而中国忙于申请加入 WTO，自然就无暇关心 FTA①。但是，随着亚洲金融危机的爆发、WTO 多边贸易谈判的举步维艰以及世界各区域 FTA 合作的迅速兴起和扩大，东北亚各国认识到加强区域合作的重要性，中日韩三国纷纷加快建立 FTA 的步伐。到目前为止，中国、日本和韩国签署的 FTA 协议已经达到 40 个，三国都把 FTA 看作扩大国际经济合作，推进多边自由贸易体制的重要途径②。除了与大洋洲、欧洲、北美和南美等地区的国家签署和谈判 FTA 协定之外，中日韩三国也积极与亚洲各国开展合作：中国与东盟、新加坡和巴基斯坦签订了 FTA 协议，与香港、澳门和台湾地区建立了更紧密经贸关系安排和海峡两岸经济合作框架协议；韩国与新加坡、东盟和印度签署了 FTA 协议；日本则与新加坡、马来西亚、泰国、印度尼西亚、东盟、文莱、菲律宾、越南和印度签订了 FTA 协定。相比较而言，东北亚国家间的自贸区建设略显滞后。目前，只有日本和蒙古、中国和韩国签署了 FTA 协定，日韩自贸区谈判已被推迟③。2012 年 11 月 21 日中日韩启动三国自贸区谈判以来，已进行了十轮谈判④。面对这种现状，以区域外双边合作来促进区域内双边合作，随之以区域内双边合作来促进区域内多边合作无疑是一个好办法。东北亚国家已经签署的双边 FTA 协议大多发生在关税水平较低的发达国家之间以及在低关税

---

① 陈建安：《中韩日自由贸易区协定的可行性及其经济效应》，载《世界经济研究》2007 年第 1 期。

② 参见中国、日本、韩国商务部网站，三国数据截至 2015 年 6 月，http：//fta. mofcom. gov. cn，http：//www. mofa. go. jp/policy/economy/fta，http：//www. fta. go. kr/main/。

③ 日蒙自贸协定和中韩自贸协定分别于 2015 年 2 月 10 日和 6 月 1 日正式签署。

④ 2016 年 4 月 5 日，中日韩自贸区第十轮谈判首席谈判代表会议在韩国首尔举行。

的发达国家和发展中国家或地区，这些国家之间建立自贸区的经济效果并不显著。反之，若在东北亚国家间建立自贸区，则可大幅降低发展中国家的关税水平。另外，东北亚国家组建自贸区具有明显的政治意图，主要是出于政治和安全方面的考虑，而深层次的区域经济一体化需要良好的政治关系和共同利益，这也正是东北亚地区缺乏的要素①。

就目前的情势来看，中韩自贸协定是中国迄今为止对外签署的覆盖议题范围最广、涉及国别贸易额最大的自贸协定②。根据协定，在开放水平方面，双方货物贸易自由化比例均超过税目 90% 、贸易额 85%，协定范围涵盖货物贸易、服务贸易、投资和规则等 17 个领域。中韩自贸协定的签署不仅为两国经贸合作提供更加有利的制度环境，还将对正在进行的中日韩自贸区谈判起到一定的推动作用，对于整个东北亚地区的一体化也起到了带动作用。中国在东北亚地区的 FTA 战略选择首先应该在中韩 FTA 的基础上，尽快促成中日韩 FTA 的成立；同时，进一步与日本、俄罗斯进行 FTA 双边谈判，争取尽早建立中日、中俄 FTA；然后再将多个双边协议进行整合，进而以双边合作促进多边安排，逐步将蒙古和朝鲜加入自由贸易区，进而形成中日韩、中俄韩、俄日韩、中俄朝等多重三边合作乃至"中日韩 + 俄"等四边合作；最后过渡到覆盖东北亚所有成员国的自由贸易区。这种战略不仅能够有效地降低多边 FTA 谈判的难度，而且还可以使中国处于东北亚地区 FTA 合作的中心位置，进而获得东北亚区域经济合作进程中的主导权③。此外，根据 FTA "中心—边缘"理论，FTA 中心国家的收益将会最大化，这一选择无疑可以使中国在东北亚地区获得最大的经济和战略利益。

然而，中国这一战略在实施过程中将会面临较大的阻力与困难。第一，中国的 FTA 战略会引发日本和韩国的竞争与合作效应。为了与中国争夺在东北亚乃至东亚地区经济合作的主导权，日本和韩国将从自身利益出发加速与其他国家缔结 FTA 协议。由于各双边 FTA 都有各自的贸易自由化安排，这些多重、复杂的规定最终导致"意大利面条碗"效应的产生。"意大利面条碗现象"一词源于巴格沃蒂（Bhagwati）1995 年出版的《美国贸易政策》一书，指在双边自由贸易协定（FTA）和区域贸易协定（RTA），统称特惠贸易协议大量涌现的情况下，各个协议的不同的优惠待遇和原产地规则就像碗里的意大利面条，无序地绞在一

① 王胜今、于潇：《东北亚地区建立自由贸易区（FTA）的现状与趋势》，载《东北亚论坛》2007年第 4 期。
② 《中韩自贸协定正式签署》，中国商务部网站，http：//fta. mofcom. gov. cn/article/chinakorea/kore-anews/201506/21837_1. html，2015 年 6 月 1 日。
③ 赵金龙：《中国在东北亚地区的 FTA 战略选择：基于 CGE 模型的比较研究》，载《东北亚论坛》2008 年第 5 期。

起，剪不断，理还乱，使进出口企业和出口商品制造商无所适从。[1] 第二，中国
FTA 战略的演进过程中存在着一些问题。与日本和韩国相比，中国既没有明确的
FTA 战略，也没有建立专门的谈判部门，更没有在 FTA 方面进行深入的研究。
面对日本和韩国制造业的竞争优势，中国很多行业还没有做好相关的准备。另
外，中国当前的平均关税率要高于韩国，更是远远高于日本。一旦建立中日 FTA
或中日韩 FTA，中国产业将面临更大的冲击。第三，中国自贸区谈判之路并不平
坦。中韩自贸协定谈判之前双方经过了八年的精心准备，先后进行了民间可行性
研究和政府主导的官产学联合研究，直到 2012 年 5 月初中韩两国才正式启动自
贸区谈判并历时两年半全部完成。中日韩搁置领土争端并将开始自贸区协定谈判
的决定，体现了三国推进政经分离，优先解决现实问题的思路。不过，由于各国
对此都有各自不同考虑，可以设想谈判之路不会一帆风顺。俄罗斯绕开中国，其
主导的欧亚一体化联盟已经与越南签署自贸区协议，也反映出地区发展中国家担
心中国汽车、纺织、家电等制造业产品对其国内市场造成冲击。

因此，中国在东北亚地区的 FTA 战略必须以稳健、有效获利为目标，切不
可盲目的全面铺开。在 FTA 谈判国家越来越多以及谈判内容越来越复杂的趋势
下，中国有必要制定具体的 FTA 方针政策，建立专门的 FTA 谈判部门，采取灵
活多样的方式，在科学分析论证的基础上，逐步建立 FTA 合作网络。当然，从
双边合作、三边合作、四边合作、多边合作到建立东北亚自由贸易区，需要一定
量的积累才能达到最终质变。东北亚各国也应针对自身的发展特点与具体国情，
与中国共同有目标、有步骤地推进东北亚自由贸易区的建设。

四、中日韩 FTA 建设与中国的战略对策

目前，中日韩之间的经贸关系十分密切，但由于相互间还存在着较高的贸易壁
垒，致使经贸关系发展的潜力还没有得到充分发挥。建立中日韩自由贸易区，意味
着三国间必须相互取消各种关税与非关税壁垒，并为人员、资本的流动创造更便利
的条件。随着中日韩三国贸易关系的不断发展，贸易摩擦和贸易争端问题也时有发
生。能否迅速、合理地处理相互间的贸易争端，已经成为推动中日韩三边经贸关系
发展不可回避的重要问题。建立中日韩自由贸易区，并在中日韩自由贸易区框架下

---

① Lee C J Jeong H G，Kim H S，etc. *From East Asian Ftas to an EAFTA：typology of East Asian TTAs and implications for an EAFTA*. Seoul：Korea Institute for International Economic Policy，2006.

确立贸易争端协调与解决机制，对推动中日韩经贸关系的发展具有极为重要的意义。中日韩自贸区建设也将会带动整个东北亚地区贸易投资便利化和区域一体化发展。

（一）中日韩FTA建设的有利因素

中日韩FTA建设有利于推动三国经贸更加自由化和便利化，促进中日韩经贸关系稳定健康发展。中日韩自贸区建设既有积极的有利因素，也存在不可忽视的不利因素。趋利避害、优势互补、互惠互利和合作共赢将是推动中日韩自贸区建设的原则基础。

1. 发展态势良好的经贸关系

（1）中日经贸关系。中日两国邦交正常化以来，双边贸易一直保持着高速发展的态势（见图7-18和图7-19）。按照中国海关统计，1992年中日双边贸易额为253.6亿美元，2014年达到3 122.5亿美元，1992～2014年22年增长了11.31倍，年均增长速度是12.09%。随着中日贸易关系的发展，两国相互成为对方最重要贸易伙伴之一。尽管近年来中国对日本出口额及从日本的进口额占中国贸易额的比重呈下降趋势，且自2004年始，日本从中国的第一大贸易伙伴下降到了第三大贸易伙伴，但根据中国海关统计，中日双边贸易额仍呈上升态势。在日本的贸易伙伴中，中国的地位不断提高。根据日本财务省贸易统计数据，自2002年起中国超过美国成为日本的第一大进口来源地，自2001年开始中国一直是日本的第二大出口市场，且日本对中国出口、从中国进口占其贸易额比重均呈上升趋势。

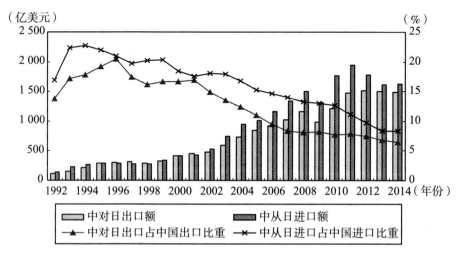

图 7-18 1992～2014 年中日贸易额及其占中国的比重

资料来源：根据各年《中国海关统计》年鉴数据计算。

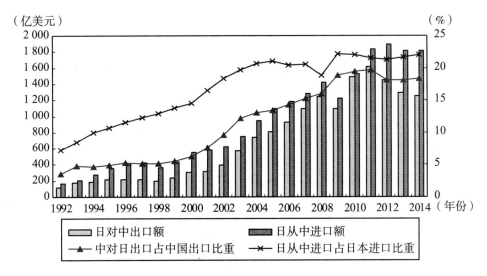

图 7 – 19　1992 ~ 2014 年日中贸易额及其占日本的比重

资料来源：根据日本财务省各年《贸易统计》数据计算。

（2）中韩经贸关系。自 1992 年中韩建立正式外交关系以来，两国政府先后签订了贸易协定、投资保护协定，并就成立经济、贸易和技术委员会达成了协议。政府层面的合作有力地推动着实质性经贸关系的发展。特别是 2012 年 5 月正式启动的中韩自由贸易区谈判，为推动两国经贸合作升级、推动中韩战略合作伙伴关系深化发展，进而推动中日韩 FTA 的建立奠定了坚实的基础。1992 年以前，中韩贸易主要通过香港等第三地间接进行。建立正式外交关系以来，中韩两国进入了直接贸易阶段，两国的贸易关系也随之步入了迅速发展的轨道（见图 7 – 20 和图 7 – 21）。按照中国海关统计，1992 年中韩贸易额为 50.3 亿美元，其中中国对韩国出口额为 24.1 亿美元，从韩国进口额为 26.2 亿美元；2014 年分别增长到 2 904.4 亿美元、1 003.35 亿美元和 1 901.05 亿美元。1992 ~ 2014 年 22 年，中韩两国双边贸易额增长了 56.74 倍，中国对韩国出口额增长了 40.63 倍，从韩国进口额增长了 71.56 倍；年均增长速度分别为 20.25%、18.47% 和 21.50%。在此期间，中国的对外贸易总额增长了 25.99 倍，年均增长率为 15.95%；韩国的对外贸易总额增长了 5.94 倍，年均增长率为 9.20%。由此可见，中韩双边贸易的发展速度，远远超过了中国、韩国各自总体的对外贸易发展水平。随着中韩贸易的快速发展，两国已经相互成为对方最重要的贸易伙伴之一。目前，韩国是中国的第三大贸易伙伴、第三大出口市场、第一大进口来源国和第四大外商直接投资来源地。中国在韩国的贸易伙伴中的地位不断上升，已经成为韩国的最大贸易伙伴、最大出口市场、最大进口来源国、最大投资目的地。

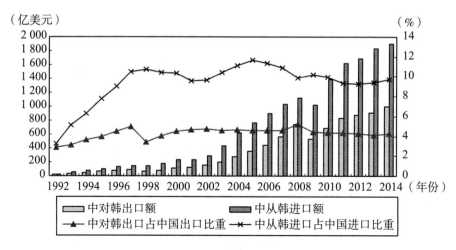

图 7 - 20　1992~2014 年中韩贸易额及其占中国的比重

资料来源：根据各年《中国海关统计》年鉴数据计算。

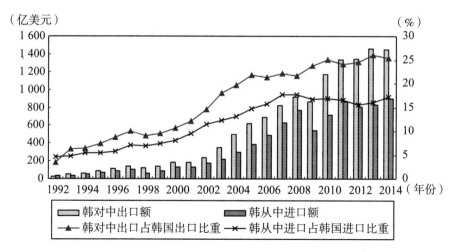

图 7 - 21　1992~2014 年韩中贸易额及其占韩国比重

资料来源：根据韩国贸易协会各年《贸易统计》数据计算。

（3）日韩经贸关系。自 1965 年日韩两国建立正式外交关系以来，日韩两国在政治、经济、文化等各个方面的合作都有了长足发展，特别是在贸易方面日韩两国更是取得了令人瞩目的成绩（见图 7 - 22 和图 7 - 23）。按照日本财务省统计，1992 年，日韩两国双边贸易额为 293.5 亿美元，其中日本对韩国出口额为 177.7 亿美元，从韩国进口额为 115.8 亿美元；2014 年，分别增长到 850.64 亿美元、504.88 亿美元和 345.76 亿美元。1992~2014 年 22 年，日韩两国双边贸易额增长了 1.90 倍，日本对韩国出口额增长了 1.84 倍，从韩国进口额增长了 1.99 倍；年均增长率分别为 4.96%、4.86% 和 5.10%。由此可见，日韩双边贸易的发展相当迅速，贸易规模不断扩大。随着日韩贸易规模不断扩大，两国相互间已经成为对方最重要的贸易伙伴之一。在韩国贸易伙伴中，日本一直处于非常重要的地位。虽然韩国对日本的出口额、从日本的进口额占韩国贸易额的比重总体呈下降的态势，但贸易总额呈波动上升趋势。2002年日本由韩国的第一大出口市场退居为第三大出口市场，但却在同年由韩国的第二大进口市场上升为第一大进口市场。在日本的贸易伙伴中，韩国也同样处于相对重要的位置。不论是出口贸易构成，还是进口贸易构成中，韩国所占的份额都位居前列。日本从韩国进口额占日本进口总额的比重虽然没有明显的上升趋势，但却保持着相对平稳的态势。

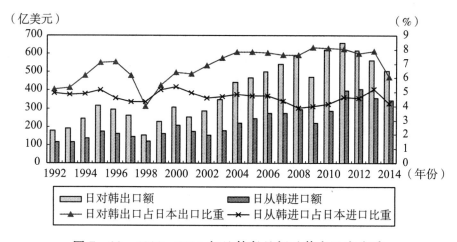

图 7 – 22　1992~2014 年日韩贸易额及其占日本比重

资料来源：根据日本财务省各年《贸易统计》数据计算。

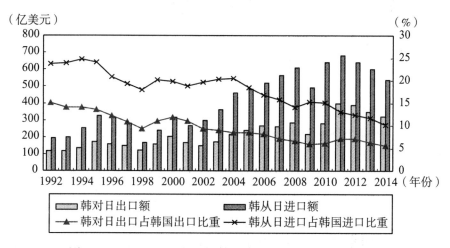

图 7 – 23　1992~2014 年韩日贸易额及其占韩国比重

资料来源：根据韩国贸易协会各年《贸易统计》数据计算。

2. 日韩两国参与区域经济合作的积极态度

建立中日韩自由贸易区需要中日韩三国的密切合作和相互协调。三国的区域经济一体化战略和政策直接影响着该自由贸易区能否建立。总体来说,中国日益重视发展与周边国家的区域经济合作,对建立中日韩自由贸易区持较为积极的态度。近年来,韩国也对参与东北亚区域经济合作,特别是建立中日韩自由贸易区持较为积极的态度。日本政府尽管还没有把建立一个包括中国在内的自由贸易区作为其对外经济政策的重要课题,但其已经从区域经济集团化政策的坚定批判者转变为谨慎实践者。

(1) 日本对区域经济合作态度的转变。第二次世界大战结束后的相当长一段时间内,日本一直坚持非集团化的区域合作政策,不仅自身没有参加任何封闭的互惠贸易协定,甚至还经常批评经济集团化有悖于 GATT 所确定的多边互惠贸易原则。直到 20 世纪 80 年代以后,日本才开始真正关注与东亚有关国家和地区的区域合作。

1999 年,日本通产省发表的《通商白皮书》提出,在缔结自由贸易协定方面日本有必要采取更加灵活、更具建设性的措施。2002 年 10 月,日本外务省发表了题为"日本的 FTA 战略"的报告书,该报告是日本制定并公开发表的关于区域一体化战略的第一个政府文件。报告书简单归纳了日本政府对 FTA/EPA 的性质及其与 WTO 多边贸易体制关系的认识,在此基础上系统阐述了日本推进区域一体化的政治经济意义与需要注意的事项、日本与有关国家签署的区域一体化协定应包括的内容及特点、区域一体化合作对象国的选择标准等,并且还提出了与韩国、东盟、中国、澳大利亚、墨西哥等推进区域合作的基本方向及签署 FTA/EPA 的可能性。

2004 年 12 月,日本政府召开了有关促进经济合作的阁僚会议,会议通过了"关于未来推进经济伙伴关系协定的基本方针"。"基本方针"明确提出了日本要以东亚为中心推进经济伙伴关系的区域一体化战略重点,并且从为日本营造有利的国际环境、保障日本的整体经济利益、有关国家和地区的具体情况及与其缔结 EPA/FTA 的可能性三个方面,具体阐述了谈判对象的选择基准。从内容方面看,主要包括三个方面:一是将日本的区域一体化战略正式确定为 EPA 战略,明确界定了日本推进与有关国家区域经济一体化的主要领域;二是正式提出了以东亚为中心的区域一体化战略重点,改变了前者仅仅从东亚地区贸易壁垒较高的角度出发提出的优先推进与东亚国家经济一体化的表述;三是进一步明确和充实了区域一体化对象的选择标准,明确体现出了日本区域一体化战略的综合性特征,即希望通过经济伙伴关系的建立实现多方面的经济、外交及政治目的。此后,日本政府及有关部门开始按照"关于未来推进经济伙伴关系协定的基本方针"的基本思路，逐步明确了实施区域一体化战略的时间表。

2006年5月，日本政府发表了由经济财政咨询会议提交的题为"全球化战略"的报告。2007年5月，日本经济财政咨询会议公布的"关于EPA谈判的进度计划"，重申了"经济成长战略大纲"的有关目标以外，还针对不同的谈判对象国和地区提出了相应的进度计划，并首次提出要在2007年1月之后的两年之内，争取使与日本签订EPA协定的国家达到12个以上。至此，日本已经形成了包括推进区域一体化基本方针、主要经济合作领域、对象选择标准在内、推进路径与时间表等方面内容的系统的区域一体化战略。①

（2）韩国对区域经济合作表现出更为积极的态度。1997年亚洲金融危机之前，韩国政府的自由贸易协定战略更多的是强调多边主义原则的自由贸易协定。1997年遭受金融危机重创后，韩国政府才开始更多地关注双边的自由贸易协定，并且表现出对区域经济合作越来越积极的态度。智利是韩国确定实施FTA战略的第一个谈判对象国（1998年11月），也是韩国正式签署自由贸易协定的第一个伙伴国（2003年2月），该协定于2004年4月生效。韩国—智利FTA生效后两国贸易关系的快速发展，更加坚定了韩国政府支持并参与区域经济合作战略的方向。虽然在2003年12月～2004年12月韩国—日本FTA谈判陷入僵局的态势使韩国签署FTA的热情有所下降，但自2005年起韩国推进FTA进程的热情又有所恢复。先后成立了FTA民间促进委员会、自由贸易协定局（FTA局）等专门机构，使FTA向制度化方向迈进。目前，韩国已达成或正处于谈判进程中的FTA包括亚洲地区的东盟、新加坡、印度、中国和海合会，欧洲的欧盟和欧洲自由贸易联盟，拉美地区的美国、智利、加拿大、秘鲁、哥伦比亚和墨西哥，大洋洲的新西兰和澳大利亚。其中，韩国—智利、韩国—东盟、韩国—新加坡、韩国—印度、韩国—欧洲自由贸易联盟、韩国—美国、韩国—欧盟已正式签署FTA协议并开始实施。

与此同时，中日韩FTA谈判尽管步履蹒跚，但也在逐渐推进中。此外，韩国还在考虑并希望开展与俄罗斯、土耳其、南方共同市场、以色列、南部非洲关税同盟等国家启动FTA谈判。从上述情况可以看出，韩国已经成为世界上对于其他国家签署双边自由贸易协定最积极的国家之一。尽管到目前为止，韩日的有关谈判仍处于搁置状态，但中韩FTA谈判已结束并于2015年6月1日签署了正式协定。韩国的政策调整和对签署双边自由贸易协定的积极态度，对于尽早建立中日韩自由贸易区具有非常重要的意义。

---

① 廉晓梅：《日本区域一体化战略排斥中国的地缘政治动机与对策》，载《东北亚论坛》2006年第6期。

（二）中日韩 FTA 建设的不利因素

1. 区域内没有建立起有效的政治互信机制

东北亚地区是当今世界国际关系最复杂的地区之一，地区大国之间既存在许多悬而未决的领土与领海争端问题，也存在对历史认识的严重分歧问题。不仅如此，东北亚地区还是冷战思维残余影响最深的地区之一。特别是中日韩三国间的领土和领海主权争端一直得不到有效解决，这对三国间的政治互信构成严重损害，这一因素将长期成为影响三国政治关系的重要障碍。如中日之间存在的"钓鱼岛"问题、韩日之间存在的"独岛"（日称竹岛）问题等，中日韩之间存在的海洋权益分歧等问题一直处于悬而未决的状态。特别是 2012 年 8 月 10 日，韩国总统李明博高调登上韩日争议的"独岛"，引发了韩日关系的又一度僵局。2012年 4 月 16 日，日本东京都知事石原慎太郎在美国演讲时声称东京都计划在年内购买钓鱼岛"产权"把中日关系也推向紧张边缘，8 月 24 日，日本首相野田佳彦在国会众议院声称将在钓鱼岛附近海域加强"警备"，又宣布通过"购岛"的方式将钓鱼岛"国有化"等一系列行径将中日关系推到了一触即发的境地。此外，日本、韩国与美国分别签署的安全保障协定，其中《日美防务合作指针》甚至把朝鲜半岛和中国台湾列入了其防务合作范围。这种举动必然对中日关系发展产生严重的消极影响，并严重损害该地区在政治、安全领域的互信。尽管到目前为止，中日韩 FTA 谈判已经进行十轮，但领土争端问题势必使中日韩 FTA 谈判能否达到预期效果在很大程度上存在不可预知的变数。

2. 日本区域经济合作战略的地缘政治化倾向明显

区域经济合作的深入发展离不开地区关键大国的相互协调和积极推动。例如，在欧盟（欧共体）的建立和发展过程中，法德两个大国起到了关键性的推动作用。北美自由贸易区则是在美国的积极推动下得以建立的。日本是东北亚地区的重要经济大国，其区域经济合作战略对东北亚区域经济合作的影响不容忽视。近年来，日本已经从经济集团化的批评者转变为谨慎实践者，但这种转变是非常有限的。事实上日本对区域经济合作特别是东北亚区域合作的消极态度，已经成为该地区经济合作取得突破性进展的重要障碍之一。特别是日本在参与区域经济合作的过程中，还存在明显的对抗与排斥中国的倾向。第一，日本保护国内弱势农业的政策取向没有发生根本调整，其短时期内不会放弃传统的保护落后农业和农民利益的政策，所以很难与农业大国和农业强国建立自由贸易区之类的经济集团，除非有关国家在此过程中不要求日本大幅度开放农产品市场。第二，日本努力保持与美国的政治、经济关系协调的对外政策主轴没有发生变化。美日关系是日本对外政治、经济关系的主轴，所以在处理与东北亚国家经济关系问题上，日本一直在视美国的态度而变，其追随美国的对外政策倾向没有任何变化。从这个意义上讲，美国的态度和政策仍然是左右日本在东北亚及东亚地区政策的关键性因素。第三，日本在参与区域经济合作的过程中，存在明显的对抗与排斥中国的倾向。[①] 到目前为止，日本事实上并没有把中国确定为协商谈判的对象，而且在有关计划中，日本政府计划需要在与其他东亚国家都达成经济伙伴关系协定之后再与中国展开磋商谈判。如对于中国提出的建立中日韩自由贸易区的建议，尽管中日韩三国政府签署了中日韩投资协定，并已经启动了两轮中日韩自由贸易区谈判，但就目前来看，日本政府并没有给予实质性的配合，中日韩 FTA 谈判能否取得实质性进展还很难判断。

3. 各国弱势产业应对区域贸易自由化的困难突出

中日韩三大主要经济体之间的经济发展水平和经济结构差异明显。从经济总量（PPP）方面看，根据国际货币基金组织（IMF）统计数据显示，2014 年中国经济总量（176 320.14 亿美元）世界第 2 位、人均 GDP（12 893.43 美元）世界第 80 的国家；日本经济总量（47 880.33 亿美元）世界第 3 位、人均 GDP（37 683.05 美元）世界第 27 的国家；韩国经济总量（17 897.58 亿美元）世界第 14 位、人均 GDP（35 485.07 美元）世界第 31 的国家。从经济结构方面看，在中日韩三国中，日本的产业结构层次最高，其资本密集型产业和技术密集型产业在世界范围内都具有非常强的竞争力，但其自然资源缺乏，劳动力成本和土地成本高；韩国的资本和技术密集型产业发展水平较高，也有一定的资金实力，但自然资源比较缺乏，在工资成本与土地成本不断上升的情况下，劳动密集型产业的发展空间日趋狭小；中国的产业结构层次最低，资金比较缺乏，但其劳动力资源丰富，劳动密集型产业发展较快。由于各国发展阶段和发展水平相差悬殊，资源禀赋差异较大，致使区域内各国弱势产业应对区域贸易自化的困难异常突出。第一，日本脆弱的农业部门是市场开放的最大难题。日本是一个人多地少、农业生产率低下的国家，主要靠政府的各种补贴和各种关税与非关税壁垒保护和维持农业生产，失去关税与非关税壁垒，日本的农业将遭受难以承受的打击。在日本目前的选举制度下，农民的数量尽管非常少，但其政治影响力却很大，迫于"农

---

① 廉晓梅：《日本区域一体化战略排斥中国的地缘政治动机与对策》，载《东北亚论坛》2008 年第 6 期。

林族"议员反对，日本政府很难在农产品市场开放方面做出实质性的让步。第二，韩国农业部门也是市场开放最困难的领域之一。从韩国方面看，农业发展状况虽然比日本略好一些，但其敏感程度也是相对较高的部门。日本也是韩国的重要农产品出口市场，多年来韩国对日贸易一直存在巨额赤字，但在农产品贸易中却存在规模较大的顺差。但与中国的农产品相比，韩国明显缺乏价格优势。近年来，中国对韩国农产品出口增长非常迅速，这也导致了中韩农产品贸易摩擦。第三，中国资本与技术密集型产业市场开放的困难。从中国方面看，其特殊敏感部门主要在工业领域，特别是资本密集型产业与技术密集型产业。与日本、韩国相比，中国的汽车制造业、钢铁工业、石化工业以及高新技术产业都存在比较明显的劣势，在这些领域短时间内进行全面市场开放将对这些产业造成非常剧烈的市场冲击。由此可见，东北亚地区各个国家的弱势敏感产业的不同，使在这个区域达成一个共同的市场开放协议极为困难。①

4. 美国重返亚太的消极影响

美国奥巴马政府所实施的"重返亚洲"对外政策所指的亚洲，并不是指亚洲整体，而是指东亚地区；所谓"重返"也并不是指退出之后重新归来，因为美国从来就没有将其在东亚地区的军事部署撤出，也从来没有停止过对东亚事务的参与和干预，事实仅仅是由于各种原因使得美国在东亚地区的影响力明显下降。因此，这种"重返"实际上是美国希望全面提升在东亚地区的影响力，进一步巩固和扩大在该地区的同盟关系，参与东亚区域合作并谋求建立自身发挥主导作用的区域合作组织——跨太平洋伙伴关系协议（TPP）。美国"重返亚洲"既对东亚地区安全格局和地区形势产生了深刻影响，同时也将对该地区的区域经济合作产生多方面的复杂影响。构建跨太平洋伙伴关系协定（TPP），是美国在经济领域"重返亚洲"、主导亚太地区合作的重要措施之一。2016 年 2 月 4 日，美国、日本、澳大利亚、文莱、加拿大、智利、马来西亚、墨西哥、新西兰、秘鲁、新加坡和越南 12 个国家正式签署了 TPP 协议。TPP 协议的签署对东北亚地区的区域经济合作，特别是中日韩 FTA 的影响不容忽视。第一，影响区域凝聚力提升和区域共识的形成。如前文所述，中日韩三国间存在的各种历史与现实矛盾纷繁复杂，区域凝聚力较低，这一问题直接制约着三国间区域合作的深入开展。签署TPP 协议的 12 个国家全部属于 APEC 成员，并且有 8 个参与东亚峰会合作机制，1 个是东北亚国家。目前韩国正在推进第二轮 TPP 预备谈判。美国推动 TPP 必将造成 APEC、东亚和东北亚已有合作机制的分裂化，制约区域共识形成。第二，

---

① 廉晓梅：《论中日韩自由贸易区建立的制约因素》，载《现代日本经济》2004 年第 4 期。

一定程度上降低中日韩三国对该区域经济合作的关注和努力。近年来，日本和韩国开始将区域合作战略考量的重点转向评估 TPP 的影响，以及分析如何应对有关影响。在这种情况下，推进中日韩 FTA 的各项议题必然会受到一定程度的忽视。第三，加剧东亚区域经济合作的"意大利面条碗现象"。目前，东亚地区已经存在太多双边及多边区域贸易协定和合作机制，美国推动 TPP 必将进一步加剧东亚区域合作的"意大利面条碗现象"，从而影响中日韩 FTA 的建立与发展。

（三）中国推动中日韩 FTA 谈判的战略对策

1. 关于中日韩 FTA 涵盖内容问题的对策

根据中日韩三国经济发展水平的巨大差异，中方应坚持三国的区域经济一体化协议需要包括推进贸易投资自由化和经济技术合作两方面的内容，即三方应该签订以贸易自由化为核心的全面经济合作协议。经济技术合作通常又被称为发展合作（development cooperation），在许多双边或多边区域经济合作协定中都是不可或缺的重要内容。例如，在 APEC 框架下，经济技术合作被视为与贸易投资自由化和便利化同等重要的推动 APEC 不断发展的两个轮子之一。近年来东亚地区有关国家签署的绝大多数双边区域合作协定也包括经济技术合作方面的内容。在中国—东盟自由贸易区框架协议中，明确规定了中国与东盟各国将在农业、信息和通信技术、人力资源开发、大湄公河流域开发等领域加强合作。日本与新加坡、马来西亚、菲律宾签署的经济合作协定也包含类似的内容。考虑到中日韩三国的经济发展水平和三方的共同利益，中国应该积极推动三国开展金融合作、投资保护合作、知识产权保护合作、国际劳务合作、科技开发合作、旅游合作、环境保护合作等几个领域的经济技术合作。

2. 关于贸易自由化涵盖范围问题的对策

根据日韩两国与其他国家或区域组织现已签署的双边自由贸易协定，贸易自由化的涵盖范围问题将成为三国磋商谈判的难点性问题。日本目前签署的几个双边自由贸易协定基本上都把农产品、水产品以及部分敏感工业产品排除在贸易自由化的范围之外。韩国也是一个农业相对落后的国家，因此，韩国很有可能效仿日本的做法，主张把绝大多数农产品作为贸易自由化的例外而加以保留。如果同意日韩的要求，就意味着建立中日韩自由贸易区事实上主要是中国对日韩两国进行单方面的贸易优惠。所以，中国必须坚持实质性地消除绝大多数贸易的关税及其他商业规定，切实推进中日韩之间的自由贸易，把作为自由贸易的例外商品范围缩小到尽可能小的程度。具体来说，中国关于尽可能扩大贸易自由化涵盖范围的主张可以通过以下方式加以实现：一是为贸易自由化涵盖范围设定一个最基本的数量标准。在开展磋商谈判之前，中方应该仔细测算日韩两国可能列入其敏感产业目录商品在对华贸易中所占的比重，然后根据这一比重推测日韩最大限度能够接受的贸易自由化涵盖范围的数量指标，并据此提出中方要求的谈判指标。二是以同意延长贸易自由化的过渡时间为对策，争取减少作为贸易自由化例外的商品种类。目录内容不必过多，尽可能限制在少数几种关键性弱势产业之内，其余的弱势产业主要通过延长市场过渡期和保护调整时间的办法加以解决。

3. 关于产品原产地规则问题的对策

由于不同国家参与国际分工的方式不同，因此在如何把握原产地原则的松紧适度问题上态度也截然不同。关于完全获得或生产产品，三方的分歧不会太大，最复杂的是利用区域外原材料或零部件组装加工产品的原产地认定问题。总体看来，由于日本的绝大多数出口工业品都是经过深加工的产品，因此，即使是利用了区域外的原材料或原料，有关产品的国内附加值也会远高于原材料或原料的成本。另外，在加工组装类产品方面，尽管日本进口的零部件和配件也越来越多，但其在技术密集型高附加值零部件生产方面占有优势地位，从而造成这类产品日本自身生产部分的附加值也高于进口部分。因此，日本一般都会主张用更严格的产品原产地规则保护自身的市场。从韩国已经签订的几个自由贸易协定分析，韩国关于产品原产地规则的要求不会特别严格，因为韩国出口产品中包含的进口原材料、零部件价值也很高，过于严格的原产地规则对其扩大出口也不利。中国是世界上最主要的加工组装基地，所出口的产品大都包含国外进口的零部件，甚至是关键零部件，进口原材料、零部件、配件在商品价格中所占比例非常高。特别是在中国出口的工业产品当中，约有50%以上属于跨国公司在华投资企业生产的产品，如果制定过于严格的产品原产地规则，必将影响中国享受的自由贸易优惠待遇，也会影响外商对华直接投资的发展。因此，中国应该坚持适当降低原产地规则的标准，促进东亚地区特别是中日韩企业间的合理分工。为此，中国应该加强与韩国方面的协调和沟通，争取把原产地规则的宽严程度控制在一个适当的水平。另外，为了提高行政效率和降低商业成本，中日韩自由贸易协定中的原产地规则应该尽可能简单明了。

4. 关于服务贸易自由化问题的对策

由于区域自由贸易安排中的贸易自由化领域已不再局限于货物贸易领域，积极推动服务业市场的相互开放和服务贸易自由化，已经成为许多区域自由贸易协定的核心内容之一。因此，我国关于该问题的对策应该主要是根据自己的实际情况设定一个合理的服务业市场开放安排和时间表。鉴于中国服务业发展水平，我国政府在磋商中应该主要采取以下几方面的对策：一是把货物贸易自由化和服务贸易自由化分开来谈判，最好的结果是首先确定货物贸易自由化的有关内容，待中日韩自由贸易协定中货物贸易自由化的内容协商完毕，并已经进入实施阶段以后，重新启动服务贸易市场开放的谈判和磋商。二是把服务贸易自由化与农产品贸易自由化联系起来展开磋商谈判。在建立中日韩自由贸易区的过程中，实现农产品贸易自由化，日韩两国面临的挑战最大，而中国最不希望服务贸易市场在短期内全面开放。所以，中方可以把两者结合起来，如果日韩两国承诺放开农产品市场，则我方也将加快推进服务贸易的自由化。三是尽可能争取为服务贸易领域的市场开放制定一个较长的过渡期，各方可以在 10～15 年内逐步放开服务贸易领域，从而为自身的产业调整和企业重组创造便利条件。

5. 关于贸易保障措施问题的对策

由于中日韩三国都各自存在一些弱势产业，为使各国能够平稳地进行产业结构调整、避免短时期内过度激烈的产业冲击发生，在建立中日韩自由贸易区的过程中，三国也应该就采取贸易保障措施的条件、程序以及可以采取的贸易保障措施的具体类型等问题展开磋商并达成一致，同时也要防止各方滥用贸易保障措施，妨碍正常的地区内自由贸易。关于贸易保障措施，中国的对策主要包括以下三个方面：一是关于贸易保障措施的实施条件，中国应该要求在中日韩自由贸易协定中明确规定从定性的角度看什么情况可以看作是遭受重大产业冲击，以及从定量的角度看什么样的具体标准可以看作是重大产业冲击。二是关于贸易保障措施的实施程序，中国应该在有关谈判中明确提出采取贸易保障措施应该遵循哪些程序，有关国家的政府对区域贸易协定的其他成员负有什么样的说明责任等。三是关于贸易保障措施的实施期限，中方应该主张为实施贸易保障措施设定一个合理的期限条件，如果在保障措施到期并取消之后又发生了新的冲击问题，有关国家可以启动新一轮的贸易保障措施程序。

6. 关于贸易争端解决机制问题的对策

贸易争端解决机制是绝大多数区域自由贸易协定的核心内容之一。区域自由贸易协定之所以要对此做出明确的规定，主要是为了提高解决贸易争端的效率，及时化解贸易纠纷，保证有关各国间贸易关系的健康发展。在建立中日韩自由贸易区的协商谈判过程中，中方应该坚持对贸易争端解决机制做出明确的规定，最理想的方案是成立由三国贸易专家组成的贸易争端协调机构，具体负责相互间贸易争端的协调、仲裁职能。在该机构无法有效化解有关贸易争端的情况下，有关各方可以直接展开政府间磋商，如果政府间磋商仍不能解决问题，则可以通过WTO的争端解决机制进行磋商和仲裁。这样就可以形成一个多层次、高效的贸易争端解决渠道和机制，有利于三国间贸易争端的解决。

第八章

民族主义对东北亚国家关系的
影响及对策研究

冷战结束后，民族主义复兴，东北亚地区民族主义也随之兴起。冷战时期遗留的历史问题、文化遗产、政治摩擦、领土争端，不断地激起各国内部的民族主义浪潮。渗透在日常生活中的民族主义情结，夹杂着复杂的民族情感，通过文学、艺术和大众传媒等各种形式的渲染，表达出对其他国家民族的警惕、反感和厌恶，甚至出现民族排斥和货物抵制。民族主义作为复杂的社会和政治文化现象，对国家外交政策和国家间关系产生着持续的重要影响。研究东北亚地区民族主义浪潮的表现及其产生的根源；分析东北亚地区民族主义对国家间关系产生的影响；探讨中国应对东北亚地区民族主义的战略与对策，将有助于化解民族主义负面影响，为东北亚国家睦邻友好与合作关系发展奠定坚实的社会文化基础。

一、东北亚地区民族主义新浪潮

冷战的终结使人类告别了东西方两大阵营的对抗，真正迎来了民族国家占据主体地位的全球化时代。长期受到两极格局意识形态压抑的民族主义力量获得了舒展和张扬的空间，民族主义作为一个老问题正以新的形态出现在世人面前。使民族主义"这个在两极霸权时代曾一度被认为是已经或趋于消失的现象，现在不仅重又回到人们的视野中，而且显然已成为国际政治画屏的最重大的焦点之一"。[1]

民族主义"旨在确定以'民族'为基础的社会文化认同，以整合变动中的国家和社会的关系，并确定同其他国家的关系"[2]。"民族主义的本质是民族国家的人民对国家利益的自我认识和实现对本民族的文化认同与对现实利益的认知的途径。"[3] 在国际舞台上，它有各种不同的表现形式，"如民族主义＋政治、民族主义＋经济、民族主义＋文化。在冷战时期，主要的是民族主义＋政治，在南北关系中，主要的是民族主义＋经济。冷战结束之后，民族主义＋历史和民族主义＋文化的现象越演越烈"[4]。值得一提的是，"相对于民族主义在政治领域和经济领域内的表现来说，它在文化领域内的对立面更大而对抗性则要隐秘一些，但其实际影响却更深远，应该引起我们的重视"[5]。

美国亚洲问题专家艾伦·怀廷曾依据民族主义与一国外交政策的关系将民族主义划分为"自在性肯定的民族主义""涉他性自信的民族主义"及"侵略性挑衅的民族主义"三种类型。[6]"自在性肯定的民族主义"将"我们"作为唯一的、积极的内部指示对象，并以自身的独有特质和所取得的伟大成就而骄傲。"涉他性自信的民族主义"加入对"我们"形成利益挑战的"他们"作为消极的外部指示对象，进而确认自己的身份。"侵略性挑衅的民族主义"则选定一个明确的外国仇敌作为严重的威胁，要求为维护本国至关重要的利益而采取行动。这三种形式在东北亚地区民族主义新的浪潮中对应地反映为"爱国主义情感""民族优越感"和"排外主义情绪"三个方面。

（一）爱国主义情感

民族主义与爱国主义关系密切，相对于其他二者而言，"自在性肯定的民族主义"最具正面意义，最能够激发民族主义的积极效用。由其孕育的爱国主义情感，是"一个人对其祖国的热爱之情，其中暗含着一种随时准备以行动去保卫祖

① 王逸舟：《当代国际政治析论》，上海人民出版社 1995 年版，第 87 页。
② 徐迅：《民族主义》，中国社会科学出版社，1998 年版，第 15 页。
③ 房宁、王炳权：《论民族主义思潮》，高等教育出版社，2004 年版，第 28 页。
④ 王沪宁：《文化扩张与文化主权：对主权观念的挑战》，载《复旦学报（社会科学版）》1994 年第 3 期。
⑤ 王联：《世界民族主义论》，北京大学出版社 2002 年版，第 287 页。
⑥ Allen S. Whiting. Chinese Nationalism and Foreign Policy after Deng. *The China Quarterly*, No. 142, Jun., 1995.

国，并且在其他方面支持祖国的意思"①。冷战结束之后，东北亚地区的民族主义和爱国主义主要体现在国家意识和爱国情感两个方面：没有国家意识，爱国主义便没有了情感依托；没有爱国情感，爱国主义也就无从表达。

苏联的轰然解体及之后社会的急剧转型引发了俄罗斯严重的思想混乱，全方位危机造成的心理陷落激起了民族主义的浪潮。1999 年 12 月 30 日，普京发表了其纲领性宣言《千年之交的俄罗斯》，坦承俄罗斯"迫切需要进行富有成效的建设性的工作，然而，在一个四分五裂、一盘散沙似的社会里是不可能进行的。在一个基本阶层和主要政治力量信奉不同的价值观和不同的思想倾向的社会里也是不可能进行的"②。基于此，普京提出了以爱国主义、强国意识、国家观念和社会团结为支撑的"俄罗斯新思想"，强化社会的国家意识，号召人民为建设一个伟大强盛的俄罗斯共同努力。以此为肇始，俄罗斯的爱国主义逐渐回归。据俄罗斯列瓦达民调中心 2012 年 11 月 21 日公布的关于俄罗斯人"民族自豪感"的社会调查结果显示，27% 的受访者以自己身为俄罗斯公民感到"非常自豪"，49%选择"比较自豪"，16% 选择"不那么自豪"，5% 选择"根本不自豪"，4%选择"很难回答"。在更为细致的调查中，80% 的俄罗斯人为俄罗斯的历史而自豪，74% 的人为本国在体育领域取得的成就而骄傲，73% 的人为本国在文学和艺术领域取得的成就而自豪，66% 的人为本国在科技领域的成果而自豪，59% 的人为本国军队的实力而骄傲，46% 的人为本国在世界上的政治影响力而自豪，33% 的人为本国取得的经济发展成就而骄傲，31% 的人为本国当前的民主现状而自豪，24% 的人为本国目前的社会公平程度而骄傲，23% 的人为俄罗斯现行的社会保障体系而自豪。③ 值得注意的是，这些数据相比 2003 年的调查数据其数值有了明显上升。另据《莫斯科回声》电台 2013 年 7 月 11 日报道，全俄舆论研究中心在 2013 年 4 月举行的调查结果显示，在列出的所有政治标签中，俄罗斯人给予"爱国主义"最积极正面的评价，85% 的人认为"爱国主义"是正面的评价。④正如俄罗斯总统普京在第三次总统竞选前所言，"我们没有主导思想……但我们需要共同找到某个能团结整个多民族的俄罗斯的因素。我认为，除了爱国主义之外，没有任何东西能够做到"⑤。面对反对势力的扰攘，俄罗斯基于爱国主义的

① ［英］戴维·米勒等，邓正来等译：《布莱克威尔政治学百科全书（修订版）》，中国政法大学出版社 2002 年版，第 571 页。

② ［俄］普京：《千年之交的俄罗斯》，选自《普京文集——文章和讲话选集》，中国社会科学出版社 2002 年版，第 7 页。

③ 关健斌：《俄罗斯人的自豪感从何而来》，载《中国青年报》2012 年 11 月 24 日，第 4 版。

④ 《俄罗斯人偏爱的政治标签》，光明网，http：//int.gmw.cn/2013-07/12/content_8265816.htm，2013 年 7 月 12 日。

⑤ 王小东：《只有爱国主义能团结俄罗斯》，载《环球时报》2012 年 3 月 5 日，第 14 版。

共识，还是选择了这个象征着国家强势复兴的政治强人——普京。从某种意义上讲，普京的胜利是俄罗斯民众强烈的爱国主义情感的胜利。

纵观日本的近现代史，其民族国家的发展经历了以明治维新、第二次世界大战后民主改革和冷战终结为转折点的三个历史阶段。"伴随着每一个阶段的转折，日本的民族主义都呈现出明显的起伏波动规律，其表现形态显示出不同的阶段性特征。"① 进入 20 世纪 90 年代，"平成景气"完结，"五五年体制"崩溃，日本掀起了持续至今的"新民族主义"浪潮。经济的挫败和社会的不安沉重打击了日本的民族心理。日本国民为安放自身归属自然产生对新的共同体的迫切需要，这呼唤并催生了以强化国家观念为表征的爱国主义思潮。为挽救民族的思想危机，以原东京大学教育学部教授藤冈信胜为代表的一批日本学者积极倡导"自由主义史观"，深刻反思日本社会自虐式的历史教育，努力挖掘民族历史中的光明面，呼唤积极健康的民族主义，希冀强化民众的国家观念并重塑民族自信。一时间，一股重新评价日本近现代历史的思潮兴起，新民族主义浪潮由此发端。与此同时，日本的社会氛围也发生了重大的变化，日本语热、"街头书道"热并起。2005 年 11 月，御茶水女子大学数学教授藤原正彦出版了一部影响巨大的著作《国家的品格》，主张恢复日本民族的传统道德，重新树立对"真正的武士道精神"的推崇。他认为日本应该做一个堂堂正正的、有品格的国家。此类社会现象迎合了大众的心理倾向，从逆向思维的角度而言，它们的流行也正是日本民众爱国主义情感的重要表现。在国家层面上，日本通过法律的形式自上而下地向国民灌输国家观念，强化民众的国家意识。1999 年 8 月，日本第 145 届通常国会通过《国旗国歌法》，将"日之丸"、《君之代》作为法定的国旗和国歌，以增强民族凝聚力。2006 年 11 月和 12 月，日本众议院和参议院先后通过《教育基本法修正案》，将培养"爱国心"作为日本国民教育的基本目的，将尊重民族传统文化和热爱国家乡土作为学校教育的主要内容，以此唤起和加强民族的爱国主义热情。尽管"自由主义史观"有着重大的理论缺陷，存在着导致日本社会思想右倾化的巨大风险，但集中表达了民众的爱国主义初衷和朴素的爱国情感。

韩国作为世界上少数几个单一民族国家之一，其国民拥有共同的祖先，操同一种民族语言，共享同一套文字书写体系，在同一种风俗习惯中生息繁衍。5 000 余万人口在 9.96 万平方公里的狭小疆土中受着同一种气候、山川、水文的地理滋养，加之紧密的亲属联系，强大的民族凝聚力有着历史和自然的双重保障。在单一民族国家中，爱族与爱国总是能够取得天然的高度统一。观察韩国的社会现实，韩民族的爱国主义主要体现为强烈的"身土不二"的爱国情感。韩国

---

① 李寒梅：《日本民族主义形态研究》，商务印书馆 2012 年版，第 5 页。

的市区和城际高速路上，"身土不二"的广告牌随处可见，这四个极为凸显的汉字给来韩的外国人留下了深刻印象。这几个地道的古汉字的意思是身体和土地不可分割，它们始终作为一个整体而存在。按照韩国人自己的解释，韩国人只有享用在韩国土地上出产的食物才是健康的，才是真正适合自己身体的。这个起初出自农村的传统民谚意为热爱乡土，永不忘本，在后来的社会生活中逐渐演变成为强烈的国货意识。尽管韩国的汽车进口关税已经很低，且日系、德系汽车的技术和质量优势世界公认，但韩国进口汽车使用量的比重始终有限。韩国的小车、大巴、卡车、工程车，不是"现代"就是"大宇""双龙"。韩国的农产品市场里，尽管进口果蔬的价格一般比本地的还要低廉，但韩国民众仍是购买国货，并以吃国产的食品为荣。大街小巷的广告也几乎被"现代""三星""LG"（乐喜金星）"KB"（大韩银行）等民族企业品牌所垄断。1998 年亚洲金融危机爆发，韩民族的爱国主义热情井喷，陷入孤立无援境地的韩国人纷纷排队向国家捐献自己的黄金和白银，帮助国家顺利挺过了一场大危机。2008 年全球金融危机爆发后，韩国市民团体又发起了"韩民族购买韩国货（buy korean）运动"，号召国内外韩民族团体和个人促进韩民族团结一致，携手克服国家经济危机。① 曾有人用"酱板草"来比喻韩国的民族性格，这种不起眼的草木既不艳丽，也不娇嫩，但却有着无比的坚韧和对生的强烈渴望。在全球化纵深发展的今天，韩民族强烈的国家意识和爱国情感成了一道韩国人专属的爱国主义风景线，引发其他国家和民族的深刻思考。

在中国人民追求独立、解放和民族富强的历史进程中，爱国主义精神起着巨大的凝聚和推动作用。在新的历史时期，中华民族的爱国主义以新的形式表现出来。2001 年 7 月 13 日，国际奥委会第 112 次全会投票，北京获得了 2008 年世界第 29 届夏季奥林匹克运动会主办权，中国的民族自信和爱国热情空前高涨。在 2008 年北京奥运会筹备和举办过程中，全国民众表现出极大的爱国热情。他们把这场体育盛事视为彰显中国国际形象的国家大事，广泛参与了从吉祥物选定到火炬传递的活动，为国家赢得了世界赞誉，彰显了澎湃的爱国主义热情。2010 年 4 月 14 日，青海省玉树藏族自治州玉树县发生了 7.1 级地震。全国民众全力以赴展开抗震救灾活动，涌现出无数感人事迹。它再一次向世界展现了中华民族战胜灾难时英勇斗志和爱国情感。无论是国家盛事还是国家灾难，中华民族总是能发挥爱国主义热情，并做出切实有效的爱国行动。胡锦涛在辛亥革命 100 周年纪念大会上发表讲话指出，"辛亥革命 100 年来的历史表

---

① 《"韩民族购买韩国货"运动即将启幕》，中国新闻网，http：//www.chinanews.com/gj/news/2009/03-18/1607872.shtml，2009 年 3 月 18 日。

明，爱国主义是中华民族精神的核心，是动员和凝聚全民族为振兴中华而奋斗的强大精神力量"。①

（二）民族优越感

相对于"自在性肯定的民族主义"而言，"涉他性自信的民族主义"显示出并不积极的一面。它旨在自我肯定的基础上引入外部对象，并通过对外部对象的丑化和鄙视来成就和满足其自身的民族优越感。民族优越感是一种几乎普遍的歧视性看法和行为的并发症，在态度方面，它将本民族视为是高尚可敬的，以本民族的价值标准为普遍法则，把其他民族视为低级可鄙的；在行为方面，在民族内部保持良好的合作关系而不齿与其他民族进行合作。② 在东北亚地区国家间关系中，"涉他性自信的民族主义"主要表现为民族优越感。

俄罗斯民族向来具有强烈的民族优越感和自豪感。俄罗斯人一直认为俄罗斯有着特殊的使命，俄罗斯民族是特殊的民族。19 世纪的俄国哲学家和政论家霍米亚科夫曾经对俄罗斯的民族意识有着似乎矛盾的看法。他认为"俄罗斯民族是世界上最谦恭的民族，但是这个民族为这种谦恭而自豪；俄罗斯民族是最不好战、最热爱和平的民族，同时这个民族应该统治世界"③。颇具弥赛亚精神的俄国文学家陀思妥耶夫斯基更是认为"俄罗斯民族是带有神性的民族"④。1993 年3 月，俄罗斯自由民主党主席日里诺夫斯基在一次会议上讲到，"应当永远记住，俄罗斯的确自古就负有一项历史使命：当一个解决别国无法解决的任务的国家"⑤。优越感催生使命感，使命感彰显优越感。民族优越感归根结底是一种源于同其他民族相比较而产生的心理优势。据俄罗斯列瓦达民调中心 2012 年 11 月21 日公布的关于俄罗斯人"民族自豪感"的社会调查结果显示，70% 的人认为"当俄罗斯公民比当其他国家公民好"；34% 的人认为"如果其他国家的人更像俄罗斯人，那么世界将变得更好"；48% 的人同意"俄罗斯比世界绝大多数国家好"的说法；53% 的受访者同意"即便自己的祖国不对，我们也要支持它"的原则。⑥ 此外，一个民族看待外族的心理还可以从其对待外来人口的态度中进行

---

① 胡锦涛：《在纪念辛亥革命 100 周年大会上的讲话》，新华网，http：//news. xinhuanet. com/politics/2011-10/09/c_122133761_2. htm，2011 年 10 月 9 日。

② Ross A. Hammond, Robert Axelrod. The Evolution of Ethnocentrism. *The Journal of Conflict Resolution*, Vol. 50, No. 6, Dec. ，2006, p926.

③ ［俄］尼·别尔嘉耶夫，雷永生等译：《俄罗斯思想》，三联书店 1995 年版，第 45~46 页。

④ 同上，第 67 页。

⑤ ［俄］弗·沃·日里诺夫斯基，李惠生等译：《俄罗斯的命运》，新华出版社 1995 年版，第 211 页。

⑥ 关健斌：《俄罗斯人的自豪感从何而来》，载《中国青年报》2012 年 11 月 24 日，第 4 版。

侧面观察。全俄社会舆论研究中心最近对俄罗斯人如何看待大量外来人口以及俄罗斯外来移民制度进行了民意调查,据俄罗斯经济与生活网站 2013 年 8 月 8 日的报道,74% 的俄罗斯人认为大量来自其他国家的外来人口会对国家产生负面影响,认为外国移民会对俄罗斯产生正面影响的受访者只占到 14%,53% 的受访者要求严格移民法律,只有 6% 的受访者提议放宽入境制度,而 26% 的受访者认为限制移民的措施只应针对不会说俄语的以及非苏联公民。① 调查结果还显示,对外来人口持负面评价的比率较五年前有较大增加。俄罗斯民族是一个优越感强的民族,同时也是一个骄傲的民族。这种民族心态的优越和骄傲不仅来源于其广阔的疆域和富饶的资源,以及历史上曾经取得过的光辉成就,也与近年来俄罗斯经济复苏所带来的民族主义情绪的高涨有着密切的内在关联。

由于日本近 20 年来经济停滞和中国强势崛起,使日本社会普遍感受到了巨大的精神压力。从客观上讲,悲观脆弱的民族心态有着对民族自信心和优越感的天然渴求。当本民族的现实成就不足以满足这种需求时,就应该对历史和现实进行深刻的自我反省,进而为改善民族近况做切实的艰苦努力。对于这场民族精神的危机,本应采取积极理性态度的日本,却走向了另外一条消极病态的民族主义道路。1996 年 6 月 27 日,日本文部省公布了 1997 年度中学历史教科书的审定结果,许多通过审定的备选教科书中都加入了对"从军慰安妇"的记述。该审定结果刺激了日本右翼保守势力的敏感神经,他们成立"新历史教科书编纂会",将"南京大屠杀""从军慰安妇"等历史事实视为有损日本民族"光辉形象"的政治宣传。日本病态的民族主义,不仅表现在其不顾他族情感,偏执地对侵略历史进行美化,还表现在其臆造的民族优越感。据日本共同社 2012 年 11 月 24 日的报道,日本内阁府当天发布的关于外交的舆论调查结果显示,仅 18% 的受访者表示对中国"有亲近感",39.2% 的受访者表示对韩国"有亲近感"。其中,对中国有亲近感的数据创下了自 1978 年开始进行此项调查以来的新低。② 尽管日本民众中不乏有良知、有修养的有识之士,但鄙视他族的民族主义浪潮始终是不健康而且危险的。2013 年 12 月 18 日,日本读卖新闻社与美国盖洛普公司联合实施的一项民意调查结果显示,78% 的日本人选择"中国"作为有可能对日本构成军事威胁的国家和地区,超过了所有的其他国家。而对于中国的信任度,88% 的日本人认为中国"不可信",认为"可信"的仅占 5%。

忧患意识深深地植入了韩民族的骨髓,其民族性格中既有悲情主义的成分,

---

① 《大多数俄罗斯人认为外来人口对国家是负面现象》,光明网,http://int.gmw.cn/2013-08/09/content_8559912.htm,2013 年 8 月 9 日。

② 《日调查称仅 18% 国民对中国有亲近感,创新低》,环球网,http://world.huanqiu.com/exclusive/2012-11/3309419.html,2012 年 11 月 24 日。

又有斗志昂扬的精神。随着综合国力的不断增强，韩国近年来出现了一种强烈的
"大国心理"。然而，在当代国际体系的转型过程中，比起美国、中国、俄罗斯等
诸大国，韩国并不可能在现实中取得她想象中那般重要的国际地位。面对理想与
现实之间的差距，韩国意图通过树立韩民族的"伟大"形象加以弥补，于是
"韩民族优越论"应运而生。韩民族优越思想以自我为中心和法则，"修改及解
释韩民族的历史、语言、思想与文化，并声称韩文化及韩民族是世界上最优秀的
古老文明"①。韩国以大规模"造史运动"所营造出的历史幻景得到内心的巨大
满足，借此彰显民族的"伟大"。韩国的民族优越感引发的自大心理让其难以清
醒地认识自身与世界，其民族心态需要更多的开放和包容。

中国的民族优越感不仅来源于辽阔的疆土和泱泱大国五千年的文明历史，当
代经济的高速发展及国家的各项成就都对其有着高度的强化。在民族主义回潮的
背景下，中国社会的"本土意识"和"文化自觉"逐渐加强，传统文化的复兴
引起了越来越多的社会关注。当前，与国学及传统文化相关的文化活动越来越
多，国学书籍的出版和传统文化的宣讲平台越来越受到大众的欢迎。高校"国学
院"和国内外"孔子学院"的设立更是有着强烈的国内外反响。与此同时，基
于实践发展的需要，中国学界也更加强调知识的自主创新，在许多偏西化的学科
门类中，出现了树立具有中国特色的理论体系的响亮声音，倡导在国际关系领域
中打造"中国学派"便是其中一例。从建构主义的视角来看，民族心理的内部变
化会自然而然地影响该民族看待外部世界的观点。2009 年，《中国可以说不》的
升级版《中国不高兴》出版，销量在上市一个月的时间内突破 60 万册。该书主
张中国外交要设立"大目标"，中国要做一个"英雄国家"。在信息化时代，网
络成为张扬民族主义的舆论场。2012 年钓鱼岛事件之后，中国对日的民族主义
情绪持续高涨。值得警惕的是，在许多网络论坛中存在着一定数量的对周边邻国
的过激言论。中国的民族主义是防御性的，其民族主义情绪是相对克制的，其民
族优越感更本质地来源于中华民族在历史和当代所创造的伟大历史成就。

（三）排外主义情绪

在艾伦·怀廷的分类中，"侵略性挑衅的民族主义"是性质最为恶劣，影响
最为负面的民族主义形态。它会激起民族的愤怒情绪，制造极端恶性事件，并有
可能导致国家的军事动员。"从心理层面，民族主义为民族成员提供安全感和保
护。民族身份保护'自己'人，以集体文化和精神的联系来排斥和抵抗异己的力

---

① 王生：《试析当代韩国民族主义》，载《现代国际关系》2010 年第 2 期。

量。"① 在东北亚地区，"侵略性挑衅的民族主义"主要表现为排外主义情绪。

20世纪90年代，俄罗斯开始了复杂的国家和社会转型，"休克疗法"导致经济形势严重恶化，人民生活水平急剧下降，社会秩序陷入了严重的混乱。在旷日持久的政治斗争中，有着深刻历史根源的大国沙文主义沉渣泛起。1993年12月，在俄罗斯议会选举中，由日里诺夫斯基领导的自由民主党得票率高居榜首，成为议会第一大党，标志着俄罗斯极端民族主义势力的崛起。该党的纲领主张强烈的民族主义和排外主义，对外国人和国内少数民族持坚定的排斥立场。近年来，俄罗斯国民经济复苏，社会稳定，自由民主党的影响大不如前，在国家政治生活中的作用逐渐式微。新的历史时期，一个活动猖獗的极端民族主义团伙——"光头党"引起了人们越来越多的关注。该组织是一个主要由青少年组成的极端仇外团体，其于20世纪末叶成立和壮大，并在俄罗斯国内不断制造骇人听闻的极端排外事件。极端排外主义的抬头引起了俄罗斯国家领导人的高度重视和警惕。据2010年12月21日俄新网的报道，普京认为，俄罗斯存在了数个世纪的针对排外主义的免疫力正在减弱，俄罗斯不应该自我封闭，而应该成为一个更加开放的国家。② 这种清醒实在是一种可贵的客观理性。俄罗斯官方的公民社会监督组织公众院，在2012年的报告中指出：如今，各种社会组织中的排外程度都有所上升。在生活在大城市的居民和受过高等教育的人群中，变化尤其显著。

2010年，日本国内生产总值被中国反超，不再是世界第二大经济体。2011年3月11日，日本东北部海域发生里氏9.0级地震并引发海啸，地震还导致日本福岛第一核电站发生核泄漏。面对如此的内忧"外患"，为加紧争夺海上资源并转移国内人民的视线，日本右翼势力开始在国际领域内针对周边邻国挑起民族主义事端。2012年4月16日，日本东京都知事、知名右翼分子石原慎太郎在华盛顿发表演说，表示东京都政府将于年内"购买"钓鱼岛。4月27日，东京都政府正式开设银行账号，呼吁民众为政府购岛计划捐款。6月26日，东京都政府派出工作人员赶赴冲绳县石垣市商讨具体购岛事宜，中日钓鱼岛争端进一步激化。9月10日，日本政府会议确定购岛，钓鱼岛争端进入白热化。在右翼极端势力的煽动下，日本民众受到了极大的蛊惑。据日本《产经新闻》2013年9月16日报道，该社与日本富士电视新闻网于前两日联合进行的民意调查结果显示，有69.6%的日本民众认为日本政府将钓鱼岛"国有化"的做法是"正确"的。③

---

① 徐迅：《民族主义》，中国社会科学出版社1998年版，第41页。

② 《普京担心俄民族主义和排外主义抬头》，环球网，http：//world. huanqiu. com/roll/2010-12/1360823. html，2010年12月21日。

③ 《日调查：超半数日受访民众支持"购买"钓鱼岛》，http：//world. huanqiu. com/exclusive/2013-09/4362941. html，环球网，2013年9月16日。

403

一些民众甚至不惜捐献自己的养老金以支持日本政府对钓鱼岛的"购买"行为。2012年12月26日,对钓鱼岛争端持更加强硬立场的安倍晋三再次当选日本首相。2013年1月8日,安倍领导的自民党表示,日本将在下一个财年提升军事预算以抗衡周边邻国的"军事挑衅"。[①] 在外交场合中,安倍极力鼓吹"中国威胁论",号召亚洲国家联合起来抗衡中国,并将遏制中国看做是日本为世界做出贡献的重要途径之一。在国内,他积极倡导修改日本和平宪法,意图将自卫队升格为国防军,否认战争侵略行为,并力挺阁僚参拜"靖国神社"。在"靖国神社"问题上,安倍为自己在首任内未曾参拜深感痛心和愧疚,并大胆抛出"侵略定义未定论"。2013年5月,安倍在接受美国《外交》杂志采访时,将日本的"靖国神社"比作美国的"阿灵顿国家公墓",并称"前往参拜也无妨"。[②] 安倍作为政党领袖和国家领导人,发表如此荒诞和偏颇的言论是极其不负责任的,其右倾排外的顽固言行更是对相关邻国的巨大挑衅。

与世界上大多数民族标榜"爱"的哲学不同,韩民族宣称自己信仰"恨"的哲学。这种"恨"的哲学是指,"对于自己所受过的不公平待遇,对于自己所受过的不幸命运,只要一天不能得到真正的报雪,只要一天不能得到真心的道歉,便将永远地心怀怨恨而纠缠不解"[③]。2008年6月28日晚间至29日早晨,韩国一万多民众在首尔举行大规模集会,抗议政府进口美国牛肉,并与警方发生冲突,结果造成191人受伤。为纪念"三一独立运动"爆发94周年,2013年3月1日,韩国"拯救胡同商圈消费者联盟"在首尔市举行大规模抵制日货行动,组织者宣读《对日本的怒吼》等宣言书,表达对日本的不满和抵制日货的坚定决心。据介绍,此次活动参与商户竟达720万之多。[④] "从本质上来说,'恨'的哲学是一种弱者的哲学,是一种内敛的哲学。持有这种哲学的个人或民族,会通过把怨恨积聚起来,求得一种抵抗强者的勇气,一种保存自我的力量。"[⑤] "恨"的民族哲学是一把"双刃剑",它可以激发民族斗志,更好地为国家建设服务,但若走向反面,也可能毒化民族心理,给本国和国际社会造成负面影响。

中华民族是以"和合"文化为主导的民族。从古代的民族大融合,到近代对日本的"以德报怨",再到当代对"和谐世界"的大力倡导,中华民族都是以宽

---

① 《日临时追加21亿美元军费购防空导弹升级F-15》,环球网,http://mil. huanqiu. com/world/2013-01/3465639. html,2013年1月9日。

② 《安倍再抛荒诞言论,将靖国神社比作阿灵顿国家公墓》,环球网,http://world. huanqiu. com/regions/2013-05/3952571. html,2013年5月20日。

③ 邵毅平:《朝鲜半岛:地缘环境的挑战与应战》,上海古籍出版社2005年版,第248页。

④ 《纪念三一运动,韩国掀起最大规模抵制日货运动》,观察者网,http://www. guancha. cn/Neighbors/2013_03_01_129148. shtml,2013年3月1日。

⑤ 邵毅平:《朝鲜半岛:地缘环境的挑战与应战》,上海古籍出版社2005年版,第249~250页。

和包容的民族形象出现的。不容否认，在历史长河中的某些时期，中国也确实存在极端的排外主义现象，如果用历史的观点看历史，这些现象都是十分容易理解的。在当代，中国的民族主义已经愈发成熟和理性，这不仅是由于综合国力的全面提升，更是因为民族素质的普遍提高，以及在民族与世界关系发生变化时强大的心理调适能力。2012年9月18日前夕，针对日本在钓鱼岛问题上咄咄逼人的嚣张气焰，全国多个城市发生了一些非理性的抗议活动，抵制日货的民间情绪高涨，部分地区出现破坏日资商店，甚至砸毁同胞日货车的恶性事件。之后，几名肇事者被提起公诉，伤人者被依法刑拘。事件的发生引起了社会各界的强烈反思，全民族陷入了对"理性爱国"的深刻思考，肇事者也在事后纷纷表示了对一时激愤的悔恨和愧疚。全球化时代是一个世界多民族共享机遇与福泽的时代，如果不能看清外部的变化，民族的发展就将止步。如果不能理顺与世界的关系，民族就面临着灾难，用理性包容去拥抱世界才是当代民族国家走向繁荣富强的康庄正途。

当代国际关系的基本行为主体依然是民族国家。作为维护民族利益和国家生存发展的重要方式，只要世界上还有民族之分，民族主义就有其存在并发挥作用的合理性。民族主义是不同的国家之间进行政治、经济和文化关系交换的有效方式，不同类型的民族主义本身具有不同的功能属性。"自在性肯定的民族主义"孕育爱国主义，并将民族态度作为主要的关注点；"侵略性挑衅的民族主义"会激起民族愤怒，引发国家的军事动员。其中前者对外交政策的影响最小，后者则是影响外交政策最主要的潜在因素。"涉他性自信的民族主义"介乎二者之间，共享两者的功能并视其强度或倒向前者，或倒向后者。如果随着时间的推移而越来越强调外部的威胁，那就是它倒向"侵略性挑衅的民族主义"的前兆。① 从历史的纵向和当世的横向进行观察，民族主义的发展形态关系到民族国家的兴衰与存亡。俄国十月革命、日本明治维新、韩国复国运动以及中国的救亡运动刷新了东北亚地区的国家面貌。俄罗斯复兴、日本奇迹、汉江奇迹和中国改革开放极大地提升了各国综合实力，这些都是民族主义的正面历史意义。但不应忘记，日本民族主义的极端膨胀也曾经带来巨大的历史伤痛。民族主义在实现过程中的价值诉求是对其进行评判的检验标准。它不仅关系到一个民族采用何种方式塑造自我形象，更关系到采取哪种途径来处理国与国之间的关系。"每一个民族不仅要树立良好的、符合国际公认的道德和规范的自我形象，对人类共同拥有的地球承担责任，而且还要对别的民族和别的文化承担责任。坚持民

---

① Allen S. Whiting. Chinese Nationalism and Foreign Policy after Deng. *The China Quarterly*, No. 142, Jun. , 1995, pp. 295-296.

主、自由、理性、和平的民族主义，才会有利于各个民族国家共同繁荣、和平相处。"① 在 21 世纪国际体系深刻转型的大潮中，东北亚各国应该彼此尊重各自对发展模式和发展道路的战略选择，怀着一颗宽厚包容的心积极应对复杂的国际形势，妥善处理地区内国家间关系，为建设一个政治互信、经济互利和文化互赏的东北亚同心戮力。

二、东北亚地区民族主义浪潮的溯源

随着全球化的发展和国际局势的演变，民族主义并没有成为"已经过时"的、"历史"的思潮，而是日益成为全球性的主要社会思潮之一。在争夺 21 世纪意识形态主导权的自由主义、新左派、新保守主义和民族主义四大思潮中，民族主义有更强大的生命力，民族主义以其独特的魅力撼动着人们心灵深处的情感②。因此，"民族主义是近代以来世界最强大的政治和社会力量之一"③，"民族主义不仅依然拒绝退出历史舞台，并且还在许多国际冲突中扮演着重要角色"，并成为国家制定内外政策和处理国际关系和国际问题的重要影响因素，民族主义成为当今国际政治中最具影响力的一种现象。④

冷战结束后，意识形态的影响力急剧下降，民族主义却掀起了新一轮高潮，并表现出新的特征。近年来东北亚地区民族主义情绪呈日趋高涨的态势，这种高涨绝非偶然，而是存在着深刻的历史动因、社会文化渊源以及现实基础。

（一）东北亚地区民族主义的历史动因

近代以来，东北亚地区不仅遭受了来自西方国家的殖民与侵略，而且还被日本军国主义势力践踏和蹂躏。对于中华民族和整个朝鲜半岛的人民来说，那挥之不去的被日本殖民和侵略的历史阴影始终笼罩在心头。中日之间的历史问题，主要是指日本政府如何正确认识和对待日本侵略中国及亚洲邻国的历史问

---

① 徐迅：《民族主义》，中国社会科学出版社 1998 年版，第 162 页。
② 杨宁一：《世界历史视野中的民族主义》，《历史教学》，2005 年第 10 期。
③ 埃里·凯杜里：《民族主义》，中央编译出版社 2002 年版，第 3 页。
④ 作为本文研究对象的民族主义主要指那种以比较强烈的形式表现出来的民族国家意识，表现为一种对国家发展和强大的迫切感、危机感和使命感，一种爱国主义和对国家的高度归属感和认同感，一种维护国家独立、主权、统一和领土完整的观念。

题，处理日军在战争中遗弃的化学武器问题、日军华人随军"慰安妇"问题、日本政要参拜靖国神社问题、日本历史教科书篡改侵略事实问题以及中国劳工、战争受害者对日索赔问题等。中国政府一贯主张中日两国要"前事不忘，后事之师""以史为鉴，面向未来"，努力发展中日友好合作关系。为此，中国政府历来教育中国人民要把发动侵略战争的军国主义罪魁祸首和普通士兵特别是广大日本民众区别对待。战后以来，大多数日本国民承认对中国做过坏事，希望日中友好，誓不再战。在 1972 年中日联合声明中，"日本方面痛感日本过去由于战争给中国人民造成的重大损害的责任，表示深刻的反省。"① 正是在这一基础上，中日两国实现了邦交正常化。1998 年，日本政府在中日发表《关于致力于和平与发展的友好合作伙伴的联合宣言》中表示，"痛感由于过去对中国的侵略给中国人民带来巨大灾难和损害的责任，对此表示深刻反省"。② 这是日方在中日两国政治文件中首次写入"侵略"，比联合声明中的表态前进了一步，应予以充分肯定。

但 20 世纪 90 年代的日本社会保守化、右倾化日益明显，保守主义"历史观"盛行。1994 年自民党内一些国会议员组织出版《大东亚战争的总结》一书，把侵略亚洲邻国的战争说成是解放亚洲的战争。因右派国会议员反对，战后 70 余年日本国会至今仍无法通过一项承认侵略历史并向亚洲邻国道歉的决议。1995 年 6 月 9 日，日本国会众议院以不到半数通过一项所谓《以史为训重表和平决心的决议》。该决议有意回避以道歉、谢罪的形式承担日本所应履行的国家责任。而只是讲"念及世界近代史上有许多殖民地统治和侵略性行为，认识到我国过去所做的这种行为和给其他国家，特别是亚洲各国造成的痛苦，表示深刻的反省"。③ 尽管如此，由于各方斗争激烈，日本参议院仍未能按惯例审议通过该决议。1996 年 6 月 5 日，以奥野诚亮为首，日本自民党又成立了有 116 名国会众参两院议员参加的所谓"光明日本国会议员联盟"，并表示："决不赞成把我国罪恶地视为侵略国家的自虐自己的历史认识和卑屈的谢罪外交。"战后 60 年日本国会通过的一项决议中，连"殖民地统治和侵略性行为"的表述也被删除。④ 小泉首相执政后连续 4 次参拜供奉有甲级战犯亡灵的靖国神社，对所谓"英灵"表示哀悼，一些日本高级官员和学者公开否认南京大屠杀。加之日本政府批准右翼教科书等，完全背离了日本政府在有关问题上

① 《中日联合声明》（1972 年 9 月 29 日），新华网，http：//news. xinhuanet. com/ziliao/2002-03/26/content_331579. htm，2002 年 3 月 26 日。
② 中日关于建立致力于和平与发展的友好合作伙伴关系的联合宣言（中日联合宣言）（1998 年 11 月 26 日），新华网，http：//news. xinhuanet. com/ziliao/2002-03/26/content_331597. htm，2002 年 3 月 26 日。
③④ 刘永江：《论正确认识中日之间的历史问题》，环球网，http：//history. huanqiu. com/txt/2010-08/1007628. html，2010 年 8 月 12 日。

407

以往的表态。还有日本在华遗留化学武器伤人事件等与历史相关的现实问题不断发生，引起了中国广大民众的极大愤慨和不满，导致两国民族主义对立情绪高涨。

近年来，随着中日关系的恶化，中日两国国民的感情也陷入深谷，达到了中日邦交正常化以来的最低点。中国民众的对日亲近感在 20 世纪 90 年代以后开始下降，到 21 世纪后则不断恶化。其间，在 2008 年胡锦涛访日取得成功后，中国民众对中日关系的评价曾一度出现好转，这从读卖新闻社与瞭望东方周刊的共同调查结果中可以看得出来①。但是，在 2010 年钓鱼岛撞船事件发生后，中日关系再度恶化，中国民众的对日认识也发生了很大变化。② 2012 年调查结果显示，中国国民对日好感度在 2011 年出现了严重的下滑，由 2010 年的 38.3%，降为 2011 年的 28.6%。"历史问题"等影响日益增强，在"提到日本，您的第一联想词是什么"这一问题上，47.1% 的学生教师首先会联想到南京大屠杀，与 2011 年（45.5%）相比有所上升，其中的原因之一在于，日本政治家有关否认南京大屠杀的言论对学生教师造成很大的负面影响。③

韩日之间的历史问题，主要是由于日本右翼势力和军国主义的残余一直妄图篡改历史，美化侵略战争。近年来，他们更加活跃，变本加厉地为军国主义歌功颂德，为日本侵略朝鲜半岛的历史翻案，为战争罪行开脱。日本曾对朝鲜半岛实行了极其野蛮的殖民统治，战后一直拒绝由天皇出面就其侵略罪行做出正式道歉。前首相小泉更是变本加厉地参拜靖国神社，甚至有人主张日本对朝鲜的殖民统治最终只是给那里带来了好处。在"日军韩国随军慰安妇问题"以及"日本歧视在日韩（朝）侨"等问题上，也不时做出伤害韩国国民感情的行为。这些都引起了韩国的极大不满，刺激了韩国民族主义的高涨。

中韩之间的历史问题，主要表现在高句丽的历史归属问题上存在分歧。高句丽是公元前 1 世纪至公元 7 世纪在中国东北地区和朝鲜半岛存在的一个政权。由于高句丽的特殊地理位置，而且国土横跨今日的中国和朝鲜半岛，双方都声称高句丽是属于本国的原始民族。现在中国史学界已出版了大量有关高句丽的历史专著。④ 在中国史学界，"高句丽是中国东北古代民族建立的王国"的历史观点已

① ［日］《读卖新闻》，2008 年 8 月 4 日。

② 参见读卖新闻社与瞭望东方周刊的共同舆论调查（『読売新聞』2010 年 11 月 7 日、言論 NPO「2011 年第 7 回日中共同世論調査」，http：//www.genron-npo.net/world/genre/cat119/2011.html），2013 年 11 月 15 日。

③ 《舆论调查显示：中日关系重要性仍被高度认可》，中国日报网，http：//www.chinadaily.com.cn/hqzx/2012-06/20/content_15514771.htm，2012 年 6 月 20 日。

④ 参见刘子敏：《高句丽历史研究》；耿铁华：《中国高句丽史》；马大正等：《古代中国高句丽历史丛论》《中国高句丽历史续论》；杨军：《高句丽民族与国家的形成和演变》；等等。

成为共识。[①] 但是，韩国的学者对此持有异议。韩国历史学者多认为高句丽只属于本国历史而与中国无关。他们认为高句丽人创立了属于自己的独特文明，曾建立了与古代中国平起平坐的大帝国，代表著作有徐炳国所著的《高句丽帝国史》与申滢植所著的《高句丽史》。韩国历史学界不认同中国学界的结论，持有极大的异议，由此引发极端民族情绪。

高句丽历史争议本来就是源于学术研究、历史研究，无关政治，更无关边界问题。正确认识历史，确立"学术"与"政治"分开、"历史"与"现实"分开的原则，共同营建和谐、稳定的两国关系。不能因为历史问题而影响当前的合作大局。对于历史认识问题，两国学者特别是历史学者肩负着重要使命。历史研究应本着对历史负责，对未来负责的原则，发挥历史学的功能，站在更高的角度，看得更深、更远。历史学者需要关注社会大众的感情，但是又必须注意不能被偏狭的感情因素左右。"学者们根据自己的研究提出不同观点，应该说是正常的。问题在于将历史问题现实化，将学术问题政治化。例如，将历史上的国界与当前的国界联系起来，或者把某种学术观点当作谋求改变目前国界的一种政治图谋，或者根据历史上的国界试图改变目前国界，都是不明智的。我们应当正确地看待历史问题，不能指望时间倒流。"[②] "中韩有着数千年的友好交往史，这是两国关系发展的有利条件。中韩之间不存在领土问题，这是两国关系发展的重要政治基础。对于民族、疆域变迁史的研究，应该本着学术与政治分开，现实与历史分开的原则，正确对待，妥善处理，不要影响两国关系。"[③]

（二）东北亚地区民族主义的社会文化渊源

东北亚地区新一轮民族主义热潮的出现，有其深厚的社会文化渊源。对于日本来说，第二次世界大战后，在以发展经济为核心和第一要务的"吉田茂路线"指导下，日本很快恢复了战后经济，先后超越了当时的联邦德国（西德），后来又超过了苏联，成为世界第二经济大国。大和民族产生了空前的民族自豪感和民族优越感，日本的大国意识急剧膨胀。日本越来越感到"经济巨人"与"政治侏儒"地位的不相称。进入 20 世纪 80 年代以后，日本提出了实现"政治大国"的愿望。不仅要成为亚洲的领袖，而且还要领导世界，对美国人说"不"。但是，

① 2003 年 6 月 24 日《光明日报》发表的《试论高句丽历史研究的几个问题》的署名"边众"的文章，该文提出："高句丽政权的性质应是受中原王朝制约和地方政权管辖的古代边疆民族政权"。

② 朴昌根：《中韩关系》，载《社会科学报》2005 年 1 月 27 日。

③ 《温家宝：中韩无领土争端，历史研究要讲两分原则》，中国新闻网，http://www.chinanews.com/gn/news/2007/04-06/909281.shtml，2007 年 4 月 6 日。

20多年来日本经济持续低迷和出现停滞。当中国经济蓬勃发展、中国迅速崛起的时候，日本社会的氛围异常纠结，开始走向民意保守化，政治右倾化的道路。民族主义由外向型转向内向型，逐渐探寻民族重塑之路，形成了保守主义的民族主义。它在塑造本民族历史形象时，有意回避民族历史上的污点，对战争责任问题没有明确的认识。一些极右势力和某些政要美化侵略战争甚至否认侵略战争的事件，对日本政府不断产生实质性影响。

多年来，日本"右派势力"的社会群体一直在壮大，同时政治精英也在动员着社会的民族主义力量。为了政治需要，政治人物往往以民主为借口，用民粹主义政治方式，动员着民间存在着的民族主义资源。其代价往往是牺牲与其他国家的关系，尤其是和中国、韩国的关系。这种现象在小泉纯一郎执政期间表现得很明显。从那时起，越来越多的日本内阁成员、国会议员，甚至首相迎合国内极右势力的期待，选择参拜供奉东条英机等日本二战甲级战犯的靖国神社，并发表一些美化侵略战争的不当言论。在文化教育领域，受传统的"耻"文化的影响①，一部分右翼知识分子主张"反对'自虐史观'""肯定'大东亚战争'""否定远东军事法庭""参拜靖国神社""中国威胁论"等。他们提出为侵略历史翻案的"自由主义史观"，并修改"历史教科书"，一些美化侵略战争的书籍、影视作品和电子游戏也大行其道。"冷战"后，日本左翼和平主义势力减弱，右倾势力影响不断扩大，国内修宪意识大涨，要求国家正常化的呼声越来越强烈。无论是执政党还是反对党，无论是中央政治人物还是地方政治人物，无论是政府还是民间，都有很大的动力去践行民族主义。小泉纯一郎、石原慎太郎（东京市长）和桥下彻（大阪市长）等，之所以成为日本的政治明星，其中一个很重要的原因，就是他们的政治行动满足了民族主义思潮的期望。

对于韩国来说，民族成分相对单一，民族文化的认同感也比较强。政府也一直努力培养民族独立意识与整体意识，增强民族凝聚力和民族优越感。特别是韩民族凭借着强烈的民族主义精神创造了举世瞩目的"汉江神话"，极大增强了民族自信心。伴随着韩国经济的快速发展和国际地位的大幅度提高，"冷战"后韩国的民族主义情绪日益高涨，强调自身的文化价值，渲染"韩民族优越论"②。韩国政府规定，中学的历史教科书要在内容上强调韩民族的主体意识，培养大韩民族的责任感和自豪感。近年来，"韩民族优越论"思想在韩国广为蔓延，并借

---

① 日本的耻感文化由一种心理情结所强迫，而且这已成为一种普遍的下意识，日本文化中的耻感是无处不在的社会感受性和舆论的外部强迫性通过个人心理情感实现的社会心理的下意识，因此日本人从一种行为转向另一种对立的行为不会特别感到心理上的障碍。并不是"恬不知耻"的文化，是相对于西方的"罪"文化而言的。参见［美］鲁斯·本尼迪克特，晏榕译：《菊花与刀》，光明日报出版社2005年版。

② 王生：《试析当代韩国民族主义》，载《现代国际关系》2010年第2期。

助"韩流之风"越吹越盛。2008 年以来,由于受到全球金融危机的影响以及中国崛起的间接效应,韩国在经济领域的某些优势已经"昔日不再"。韩国民众越来越担忧韩国经济重新陷入"赶不上日本,又被中国追赶"的"夹心三明治"窘境。① 面对日本追求"普通国家"的诉求和在历史问题上的僵化态度以及在领土问题上的强硬立场,韩国担心历史重演。

对于俄罗斯来说,苏联解体后,处于经济低迷和心理失落双重困惑中的俄罗斯人转向本民族的历史和传统,希望借助民族主义的信念和力量进行政治动员和文化整合。对于经历苏联解体和处在社会转型中的俄罗斯民众来说,民族主义无疑起到慰藉心灵的作用,同时也成为凝聚民心、唤醒国家意识的有力工具。苏联解体后,以美国为首的西方国家借助北约东扩,不断压缩俄罗斯的战略空间,激起了民族主义对西方的愤怒,加强了俄罗斯的民族认同,使其成为维护民族利益的一面旗帜。面对亚太世纪的到来,俄罗斯不希望自己继续被边缘化,国家战略开始东移,越来越重视远东地区的发展。南千岛群岛有着十分重要的地缘战略地位和经济意义,俄罗斯与日本围绕"南千岛问题"的争端,就是俄罗斯自苏联解体以来一次可控的情绪爆发,假借这次机会进入了东亚博弈的核心,为俄罗斯在东亚新的调整和布局中找到最佳的立身和发力位置创造机遇。这为俄罗斯民族主义情绪的宣泄找到了一个广阔的释放空间。

对于中国来说,自近代以来备受西方列强(包括日本)的侵略和压迫,这和中国"五千年辉煌灿烂的历史"形成了鲜明的对比。这使中国人有着很深的屈辱感和压抑感,由此形成了积淀于心理深层的情结,即"民族伟大复兴"的情结。希望中国成为世界强国,屹立于世界民族之林。在历史上中国一直是以文化为本位的国家,从甲午战争到第二次世界大战,日本给中国人民带来的战争和灾难,彻底改变了中国人的民族主义观念。2012 年因日本购岛事件所激发的中国部分民众的示威行动足以表明这一点。到目前为止,中国民族主义情绪主要特征表现为反应性和防御性。

(三)东北亚地区民族主义的现实基础

东北亚地区近年来民族主义情绪出现新的高涨,除了上述历史、社会文化等原因之外,还存在着现实的土壤。

---

① 《韩国经济被中日经济挤压,恐再当"夹心三明治"》,载〔韩〕《朝鲜日报》2007 年 2 月 24 日。

1. 全球化浪潮促使民族国家意识上升

全球化不仅给东北亚国家带来了超越民族国家意识的全球意识的增长，同时也刺激了民族国家意识的上升。冷战结束后，东北亚正在经历着关键性改变：即民族国家意识上升、民族国家普遍成熟，各国的自主行动能力和自主意志大大增强。① 两极格局终结后，冷战时期那种以意识形态划分的阵营和同盟，让位于以国家利益为基础的国际合作。全球化对民族国家意识的强化作用超过了对全球意识的强化作用。各个国家都凸显本国的历史文化特色，树立本民族历史文化的优越意识，其结果是使存在很多相似的节日和文化传统、同处于"儒学文化圈"内的中日韩三国，在社会文化领域出现了一系列"争端"，致使"区域文化认同"出现了"困境"，也激发了各国民族主义意识的高涨。

冷战结束后，东北亚地区经济贸易往来日益频繁，人员往来不断增多。区域化促进了地区意识的萌生，也促进了各国民族主义的增长。地区化使东北亚各国人们相互之间进入新的心理摩擦和磨合期。

2. 美国亚洲政策带来的影响

自 2010 年 3 月"天安舰事件"以来，美国的"亚洲再平衡战略"的推行日益加快。在美国战略重心向亚太地区转移的背景下，冷战"沉寂多时"的"黄岩岛问题""钓鱼岛问题""独岛问题""南千岛群岛问题""苏岩礁问题"等重新浮上水面，而且争端有日益加剧的趋势。特别是美国为了满足战略需求，不断强化美日同盟，多次表示钓鱼岛适用于日美安保条约的范围，美国会履行防卫盟国日本的义务②。美国与日本举行大规模的军事演习，重点演练岛屿防御和抢岛作战。③ 与此同时，美国还调动"航母舰队"靠近钓鱼岛海域，将 MV-22"鱼鹰"部署在普天间军事基地。可以说，美国在东亚的战略需求客观上给日本保守的民族主义提供了继续膨胀的空间，助长了日本解决领土纠纷的强硬态度。从长远看，日本与中俄韩等国的领土纠纷不仅得不到缓和，反而有进一步激化的可能。

---

① 王生：《韩国疏美亲中现象剖析》，载《东北亚论坛》2006 年第 2 期。

② 《希拉里再次表明钓鱼岛适用于〈日美安保条约〉》，凤凰网，http://news.ifeng.com/mainland/special/zrczdydxz/content-2/detail_2010_10/29/2933575_0.shtml，2010 年 10 月 29 日。

③ 参见《美日 4 万兵力今起联合军演 规模是美韩军演 6 倍》，网易网，http://news.163.com/10/1203/08/6MVEKIN90011121M.html，2010 年 12 月 3 日；《美日开始岛屿作战演习，假想中国军队夺岛》，中国网，http://news.china.com/focus/diaoyudao/11123703/20120821/17385516.html，2012 年 8 月 21 日；《美日首度进行岛屿防御联合演习》，美国中文网，http://news.sinovision.net/portal.php? mod = view&aid = 230567，2012 年 9 月 25 日。

美国战略重心转向亚洲鼓励了韩国保守势力的政治安全主张。特别是"天安舰事件"发生后,韩国与美国在朝鲜半岛周边海域进行持续的军事演习。2012年2月23日,朝鲜和美国在北京举行了第三次高级别的对话,就在外界以为半岛局势可能会走向缓和之际,韩美却宣布开始举行人数达到20万人的"关键决心"军演,半岛的局势骤然紧张。朴槿惠总统主张推进"半岛信赖进程",但朝鲜第三次核试验以后,国际社会要求对朝鲜"制裁之声"日渐高涨,在美国主导下只好选择继续参与军演。

在美国战略重心东移的背景下,不仅日韩民族主义的保守性得到凸显,中国的民族主义情绪也受到了激发。一段时间以来,中国经济的快速发展使得政治影响力和军事力量增强,也使民众的民族自豪感不断上升。虽然中国尚处在实现民族复兴、国家富强的进程阶段,对外关系出现摩擦本属正常。但传统大国的自尊心、近代历史的屈辱感、国际上的不公正待遇使得中国民众在受到外界刺激时,常常爆发出强烈的民族主义情感。能在短期内迅速增强"民族凝聚力",其情绪化的表现内部蕴含着"非理性"因素是不能否定的事实。中国政府出于稳定周边局势的考虑,一直在努力引导中国民族主义情绪的理性表达。但是,现代传媒技术的发展使得普通民众表达自己声音的速度显著增快,渠道也不断拓展,很容易助推民族主义情绪的高涨。

2012年8月到9月,东北亚地区密集举行了四场军事大演习,即美日的"九州岛"联合军事演习、美韩的"乙支自由卫士"、美日的"夺岛"以及日本的"富士火力"演习。这四场演习使该地区整个安全形势更加紧张。尤其是美国的政策正偏离以前在领土争议和解决机制上的中立立场,即针对中国而偏袒某方的行为,不利于东北亚地区的和平与稳定,也助长了中日韩三国民族主义情绪的蔓延。[①] 2012年日本上演钓鱼岛国有化闹剧以后,中日关系进一步恶化,激起了全中国人的愤怒,9月18日,中国近200个城市爆发反日游行示威。[②] 在反日的同时,也表达出了对美国怂恿与支持日本的不满。席卷东北亚地区的民族主义狂风一直在增强,并日益表现出极端的行为。

3. 东北亚国家间领土主权和海洋权益争端的反响

伴随着国家实力的增强,邻国之间就会越来越重视原来属于"模糊状态下"的"领土"或"海洋资源"问题,这也往往会成为激发民族主义高涨最为敏感

---

① 《美国不应介入东亚领土争议》,新华网,http://news.xinhuanet.com/world/2012-08/21/c_123607372.htm,2012年8月21日。

② 《社评:180多地和平抗议,给理性掌声》,环球网,http://opinion.huanqiu.com/1152/2012-09/3131163.html,2012年9月20日。

的一条引线，也是刺激国民民族主义情绪的最强烈催化剂。

2012年9月10日，日本政府不顾中方一再严正交涉，宣布"购买"钓鱼岛及其附属的南小岛和北小岛，实施所谓"国有化"。中国政府和人民对此表示坚决反对和强烈抗议。中国政府就中华人民共和国钓鱼岛及其附属岛屿的领海基线发表声明。中日两国政府针锋相对，互不让步，出现了严重的对峙局面。与此同时，两国人民之间民族情绪高涨。2012年的调查显示，领土问题是影响中日关系发展的首因。中方数据显示，有51.4%的普通公众和69.7%的学生教师认为"领土问题（钓鱼岛争端）"是最主要的阻碍因素。日方调查结果显示，有69.6%的公众和52.2%的知识分子首先选择的是"领土问题"，其次是"海洋资源的纷争"（34.1%，37.3%）。其中，"钓鱼岛问题"的提及率比去年的25%略有上升，占31.5%。[①]

日本除与中国的钓鱼岛之争，还有与韩国的独岛（日称竹岛）之争，同样刺激着韩国民族主义的高涨。从韩日两国在独岛归属问题上的原则立场、两国推行的海洋战略以及两国民族感情的严重对立等角度上来看，双方的领土纠纷似乎难于调和，由此引发的日韩两国民族主义情绪也难以平复。

俄日两国领土争端也在最近几年骤然升温，口水仗愈演愈烈，外交冲突不断。2010年11月1日，梅德韦杰夫视察四岛中的国后岛，他成为第一位视察俄日之间存在争议岛屿的俄罗斯国家元首。此后，俄罗斯高官陆续前往南千岛群岛，第一副总理舒瓦洛夫、国防部长谢尔久科夫等先后视察南千岛群岛。针对俄罗斯的举动，日本外相前原诚司2010年12月4日乘坐海上保安厅飞机从空中视察了该争议岛屿。2011年2月9日，梅德韦杰夫下令在南千岛群岛部署更多现代化武器，并称俄罗斯需要在其领土"不可分割的"一部分上扩大军力，"以确保这些岛屿的安全"，并强调南千岛群岛是"战略要地"。这些举动激化了两国在这一问题上的固有矛盾，两国关系跌至冷战结束以来最低点。

三、东北亚地区民族主义对国家关系的影响

冷战结束以来，民族主义对东北亚国家间关系的影响广泛而又深刻。随着全球范围内民族主义的蔓延，东北亚各国的民族主义亦不断强化，并对国家间关系

---

① 《舆论调查显示：中日关系重要性仍被高度认可》，中国日报网，http://www.chinadaily.com.cn/hqzx/2012-06/20/content_15514771.htm，2012年6月20日。

产生持续和重要的影响。为了克服民族主义的消极影响，有必要对新时期东北亚地区民族主义影响国家间关系这一问题进行多维度的探讨。

（一）民族主义与国家的关系

现代国家的产生与民族主义有着不解的渊源。从民族生存的角度来看，正是出于民族的需要，才产生了现代意义的国家。反之，民族主义也为民族国家确立了"民族利益至上"的价值观念和基本准则，规范人们的行为，检验国民对国家的忠诚。因此，民族主义"天生就是为政治服务的，具有特定的政治功能。这种特定功能体现在它能够为民族共同体确立基本的政治价值，对民族成员进行政治总动员，促进民族国家的建立，促成民族政治运动和为民族国家进行合法性论证。"[①] "当以主权国家为主要行为体的国际体系形成之后，国家就成了民族的代言人，他从民族那里获得了拥有主权的合法性，并用民族主义将全体国民集中在国家及其周围，有效的动员并组织其去参与全球化中的国际竞争"[②]。因此，民族主义的发展和走向必然影响到国家间关系的内涵和未来，东北亚地区民族主义也必然对国家间关系产生深刻的影响。

民族主义常常表现为国家政治和外交决策的民意基础。民族主义通过选举、媒体、社会调查等方式对国家机构或政府施加影响。在现代民主制度的国家环境下，由于掌握国家权力的政府首脑和议会议员都是经过民众选举投票选出的，所以民众的意愿和态度对他们的政治偏好有重大影响。使政府倾向于赞同选民的意志和要求，避免推行不得人心的对外政策，以致在未来选举中得不到民众选票的支持。民族主义，当然也包括民族主义情绪，常常以民意表达和民众诉求形式对政府决策产生影响。另外一种情况就是政府有意诱导、制造、煽动、利用民族主义情绪，甚至出现政府绑架民意的状况。日本政府抛出的所谓购买钓鱼岛计划和推动修宪，就是对日本民族主义情绪的调动，其结果必将引起周边国家与日本之间的矛盾和对抗，从而改变彼此之间的态度和关系。

民族主义构筑政党政治与执政合法性。当前，东北亚地区各国经济增长乏力，民众对政府的信任程度减弱，国家对社会成员的动员和控制能力存在着不同程度的弱化。各政党和政治精英的权威及影响力随之产生不同程度的下降，政治合法性受到挑战。东北亚各国政党都迫切需要一种思想意识，能够凝结民众最广泛认同和共鸣，以缓解政治合法性危机，扩大政治影响。为此，个别国家的政党

---

① 周平：《民族政治学》，高等教育出版社 2003 年版，第 247～252 页。
② 韦民：《民族主义与区域主义的互动》，北京大学出版社 2005 年版，第 10 页。

和政治精英常常祭起民族主义大旗，凭借民族主义的广泛影响力，操纵民意，强化国家身份概念。在国际关系上，则强调国家间关系的对立，关注国家相对收益，以此巩固其政治权力和政治意识的合法性，甚至不惜以增加国家关系的负面压力为代价。东北亚国家之间关于岛礁主权争端的热炒，就是这一政治现象的后果。可以看出，在当前的国内政治角逐中，东北亚各国的民族主义具有社会基础地位，从而对国内政治关系产生重要影响，并能够将这种影响借助政治博弈向外输出，继而影响着地区国家间关系。

（二）民族主义对东北亚国家外交政策的影响

民族主义直接影响对外政策制定者。民族主义直接影响国家决策者，通过他们进一步影响国家的对外政策。首先从决策者个人层面来看，不同国家的民族都有自己的民族发展历史，都有自身民族发展过程中传承下来的意识形态、宗教信仰、道德价值观念等文化传统。各国的决策者都在各自不同的文化传统中成长，长期接受本民族文化的教育和影响，甚至往往是体现本民族精神和利益的代表或精英。"因为他们的言论或行为符合了国家的民族精神，体现出了反映本民族特征的文化模式。这样，他们在制定或执行政策过程中，必然有意或无意地把存在于他们意识深层中的文化价值体现出来，给本国的对外政策打上明显的烙印"①，同时与国家力量中的其他因素（如经济、军事、政治）结合，制定国家具体的对外政策，指导国家对外交往实践。其次从决策者与社会环境关系层面来看，一方面，作为民族主义载体的民众在当今民主政治体制下要求国家外交决策者必须站在民族立场上，在代表并维护本民族的利益基础上制定并施行外交政策，否则就会得不到民族成员的认同和支持；另一方面，外交决策者也可通过利用或操控民族主义情绪来构筑并扩大自己的政治支撑基础，达到政治目的。他们往往善于通过迎合民众的民族自尊心，把对民族问题敏感的选民尽可能多地拉入自己的阵营，以巩固自己的权力，扩大政治影响力。以日本为例，近年来，作为曾经左右日本政坛的极端民族主义代表——森喜朗、小泉纯一郎、野田佳彦、石原慎太郎、安倍晋三等，都是利用民族主义来达到自己的政治目的。

民族主义对国家外交决策具有重要影响。在当代国际关系中，政府之间的关系固然是国家间关系的主要表现形式，但民间的交往、互动关系同样也日益引起人们的普遍关注。在现代国家制度环境下，民众的意愿不仅影响或者左右着本国政府的国内政策，同时在国家对外关系决策等方面与政府互动，往往对政府的对

---

① 王晓梅：《各国文化与外交》，世界知识出版社 2000 年版，第 2～3 页。

外行为选择具有十分重要的甚至是决定性的影响。随着东北亚各国民主政治的发展，民族主义以民众意愿为载体，日益成为建构国家间关系的重要因素。因为民族主义作为民族文化的组成部分，深深地根植于国民意识中，构成一种具有客观诉求的社会力量。一个国家人们对国际事件、国家关系和外交政策的价值认同、情感取向和政治态度推动着本国对外政策的调整。以 2015 年 7 月 16 日日本国会众议院强行表决通过安保相关法案的民意基础为例，由朝日新闻与东京大学于 2012 年 12 月联合进行的民意调查显示，约有 50% 的日本选民赞成修改宪法，增强日本的国防实力，相比 2009 年 41% 的比例上升近一成，45% 的选民赞同日本实施联合自卫权，与他国结成同盟，共同应对外部势力的攻击，数据同 2009 年相比上升 8% 。而在日本政坛，89% 的国会众议院议员支持修改宪法，79% 的议员支持日本政府缔结防卫同盟。① 这说明安倍政府对外政策的右倾化拥有一定民意基础。

（三）民族主义对东北亚国际关系的影响

东北亚领土主权争端引发的民族主义严重影响国家间关系发展。在东北亚地区存在的诸多历史和现实问题上，各国的民族主义诉求既有相互一致之处，也存在相当大的分歧和冲突，由于所引发的矛盾严重影响东北亚各国间的友好交往及对和平的努力。为了主权和领土之争，在民族主义浪潮声中，地区安全形势日趋紧张，许多媒体甚至以为战争将会很快在东北亚发生。因为，"东北亚已经成为这样一个区域，它被历史上的对抗和敌意打下了深深的烙印。东北亚地区从未形成一种能够促进区域合作的区域意识，或者提供一种能够确保长期稳定的区域秩序。"② 从民族主义的视角解析岛屿争端现象可以发现，"在韩、日等地区强国眼中，妥协意味着在国家实力的较量中甘拜下风，承认自己的地位和影响力不如对方。在中国看来，放任周边国家勾结美国挑衅、要挟中国，意味着自己在本地区的威信未能得到周边国家尊重，承认在地区事务中受制于美国。上述想法尽管只存在于各国的一部分人当中，且不一定符合事实，但民族主义恰恰是这样一种掺杂了浓厚感情色彩的观念和思维方式。在民族主义者的视野中，单个问题往往具有全局性的象征意义，即便是很小的妥协也会危及民族的立身之本，在一些情况下为了国家尊严，甚至牺牲一部分国家利益也是值得的。"③

---

① 《最新民调显示约五成日本民众支持修改和平宪法》，凤凰网，http：//news. ifeng. com/mainland/special/diaoyudaozhengduan/content-3/detail_2013_01/28/21681075_0. shtml，2013 年 1 月 28 日。

② 任东波：《民族主义与区域主义》，载《东北亚论坛》2005 年第 5 期。

③ 归泳涛：《东亚民族主义勃兴与中国周边关系的转型》，载《国际安全研究》2013 年第 2 期。

民族主义使国家利益至上观念根深蒂固。东北亚各国的民族主义觉醒，起源于反抗外来侵略，因此，民族主义对国家利益的认识有别于西方民族主义的认知。除此之外，历史上的东北亚各国长期受"个人服从集体"的传统观念和教育的影响，国家主义或民族主义对国民来说具有至高无上的权威。从而，东北亚民族主义在发展进程中，虽然存在着一些西方民族主义所不愿接受的狭隘、非理性甚至是极端的观念，并不断激发出过激的行为和表现，但基本没有受到明显而有效的制约。"这并非是由于民族成员丧失了理智或是公民个体不具有独立人格，而是因为东亚民族主义的奋斗目标在实践中与国民意识所包含的公民追求个体权利、承担相应义务的实现条件（尤其在与外部有关的安全保障方面）存在有太多的契合之处。"[①] 从而，东北亚地区的民族主义，历史惯性的对国家间关系产生负面影响。

网络民族主义成为影响国家外交决策的"新常态"。随着人类科技进步特别是通信技术的发展，使民族主义影响不断扩大。民族主义借助信息技术不断传播着国家的独立、主权、利益以及国际社会中的地位等意识，将其作为对国家、政治集团、政治精英，乃至普通民众的政绩、道德操守、对政治事务的态度等的评判标准。这种网络民族主义不断地扩散到现实生活的各个领域。网络民族主义作为一种新的社会思潮，并没有因为技术的进步而改变民族主义的本质内涵，却让民族主义与爱国主义、民粹主义、传统民族主义甚至极端民族主义更广泛的融合。先进的网络传播平台为东北亚地区的民族主义作为一种排外、不稳定的民族意识形态在更广泛的领域中提供了更多彼此接触的机会，从而导致思想观点更加直接的对冲，形成对国家间关系产生影响的跨国网络群体意识争端，进而实质性地影响国家间关系。与此同时，网络民族主义还会通过对各国外交政策的影响而彰显作用。在东北亚地区，首先表现为网络民意成为制定地区外交政策的重要参考要素；其次表现为网络强大的动员能力和对敏感问题的关注，甚至引领政府去关注和制定相关政策；最后表现为网络民族主义更易引发外国媒体的广泛注意，从而为相关国家的外交政策制定带来相当压力。

民族主义对国家睦邻关系产生严重影响。在这方面，突出表现在中日和日韩之间缺乏互信，特别是安倍政府对历史问题的顽固态度和政治右倾化趋势，导致周边国家民众难以对日本产生信任并与之和睦相处。日本内阁于 2012 年 9 月 27 日至 10 月 7 日间进行了"关于外交的舆论调查"。从这次调查结果来看，在受访者中，对中国"没有好感"的日本人高达 80.6%，与 2011 年的上次调查相比增加了 9.2 个百分点，创下 20 世纪 70 年代开始此项调查以来的新高；有 92.8% 的

① 赵立新：《东北亚区域合作的深层障碍》，载《东北亚论坛》2011 年第 3 期。

被调查对象认为现在的日中关系"不好",比上次调查增加了 16.5 个百分点;而回答现在的日中关系"良好"的仅占 4.8%,比上次调查下降 14 个百分点。关于与韩国关系,回答对韩国"没有好感"的也增加了 23.7 个百分点,达到 59%,处于历史第二高的水平;认为日韩关系"不好"的达到 78.8%,比上次调查增加 42.8 个百分点,均创下历史新高;认为日韩关系"良好"的占 18.4%,下降 41.1 个百分点,均创下历史新低。[①] 针对这一调查结果,连研究中日关系的横滨大学著名教授矢吹晋也认为,中日关系不良的根本原因是彼此国民互不信赖。[②] 至于中国民众对日本的态度,自 2012 年 9 月起,中国多次发生反对日本安倍政府关于东北亚政策及言论的游行示威,甚至民间一度出现抵制购买日本商品的行为,就可见一斑。

民族主义对国家间经济合作关系产生重要影响。目前,东北亚经济一体化合作严重滞后,远远落后于世界发展潮流,甚至落后于东南亚国家联盟。各国的民族主义是重要影响因素之一。具体来说:一是狭隘民族主义的存在。东北亚国家间存在着只从本国利益、现实利益出发关注相对收益的现象,不愿兼顾他国发展和本地区长远利益。关税和非关税壁垒等贸易保护主义行为依然存在,严重阻碍了国家间自由贸易的实现,普遍存在着社会成员为振兴民族经济而使用国货的狭隘民族主义意识。这种民族主义观念不仅在一定程度上影响了各国间的经济合作,还潜在影响着政治、安全、互信等领域。二是不良政治行为导致民族主义对经济关系的损坏。长期以来,在东北亚国家之间,特别是中日之间,长期存在着"政冷经热"的现象。具体表现为,在地区经济合作日益深化的过程中,日本已经成为东北亚地区岛屿争端最多的国家,加上在强征"慰安妇"和官员参拜靖国神社等问题上的无理言行,进一步激发了他国民众的民族主义情绪和行为上的对抗,导致地区其他国家对日本的不信任以及对其军事大国战略的担忧。这种担忧潜在地损害了国家间睦邻与合作关系,使"政冷"渐趋弱化"经热"。2012 年下半年,多家日本在华企业因工人罢工而不得不暂时停工,中国的多家旅行社终止了赴日本的旅游项目,成为中国国内民族主义对日情绪激化的典型表现。美国全国广播公司称,受主权争端的影响,中国消费者购买日本品牌商品的欲望大大下降,仅 2012 年第三季度,日本汽车整车对华出口下跌了约 70%,而汽车零部件出口可能下跌 40%。钓鱼岛事件发生时,一家国际知名汽车咨询机构发布研究报告显示,近年来,中国消费者对日系车型的购买意向率从 2009 年的 32% 下降

---

①② 《调查显示日本人反中韩情绪上升》,新华网,http://news.xinhuanet.com/world/2012-11/26/c_124000432.htm,2012 年 11 月 26 日。

到 2012 年的 24%，而欧美车型则从 25% 上升至 35%。[1] 摩根大通经济学家还认为，"中国经济也可能因此受到不利影响，因为日本企业可能因此加速将其在中国投资、产能向亚洲其他国家转移。"[2]

总之，随着民族主义的日益发展及其对国家关系的深刻影响，东北亚国家间的政治互动有变得更加敏感的趋向。从负面角度说，民族主义不断地动摇和扭曲着自第二次世界大战以来经过多方努力而建构的国家间关系，由战后秩序下的相对良性向非良性转变、由相对安全向猜疑敌视转变；降低了东北亚区域内国家间睦邻与合作的现实期望值，使多层面互动合作向国家间战略制衡转变，在局部地区使"政热经热"向"政冷经冷"转变；在热点问题处理上，由政府主导的搁置争议方式向争执不休的政治摩擦转变。另外，各国政府、党派、民间团体的民族主义主张对国家战略的要求陈杂不一，相互博弈，增加了民族主义对国家关系影响的复杂性，加大了地区安全稳定存在的变数，强化了区域内各国民众的不安全感。

四、中国应对东北亚地区民族主义的战略对策

东北亚地区各国出现的民族主义浪潮的一些负面影响不利于区域合作和区域一体化发展，也不利于各国间相互友好和信任。它常常以爱国主义名义受到宣传和蛊惑，甚至绑架和影响国家内外政策。现在，必须从全球化和区域化大视野，看待和解决民族主义问题，增强利益共同体和命运共体同意识。倡导多元化和包容精神，相互理解与信任、相互友好与合作，共同维护东北亚地区和平与稳定，实现东北亚地区发展与繁荣。

（一）倡导文化多样性和包容性

东北亚地区各国有着悠久交往的历史，中华文化对东北亚地区各国都有着深远的历史影响。特别是日本、韩国、朝鲜和蒙古国与中国具有文化相通的特征。但是，各国在政治制度、价值形态和宗教信仰上又表现为多样性特点。这些文化

---

[1] 《2012 年中日贸易暗淡收官》，经济参考报网，http：//www. chinatradenews. com. cn/html/maoyix-inxi/2012/1227/1195. html，2012 年 12 月 27 日。

[2] 《日本经济在岛屿争端中"悲鸣"》，环球网，http：//world. huanqiu. com/exclusive/2012-10/3171898. html，2012 年 10 月 31 日。

多样性又表现在历史、文化、教育、科学、艺术、道德等各方面的差异。东北亚地区各国都是东亚文明的创造者，为东亚文化发展与繁荣作出了各自的贡献。在全球化和信息化时代，东北亚地区各国需要以开放心态，坦荡胸怀，彼此尊重，相互交流和借鉴，在合作中共同发展。

1. 弘扬东北亚地区共同的文化传承

东北亚地区各民族具有一定的地域文化同质性。美国学者亨廷顿将东北亚归划在儒家文明圈内，认为该地域拥有共同的历史文化渊源。还有西方学者认为，当代东北亚地区经济的高速增长和崛起，也应该归因于儒家文明强调仁义、重视教育、倡导和谐的结果。历史上，中国历代王朝都视自己为天下中心，坚信自己拥有地理、物质、文化等的优越地位，当周围"藩国"向"中央"称臣纳贡时，能够获得远远超过贡物价值的赏赐。在朝贡秩序中，国际经济交往对周边国家而言，可能有获取经济利益的意图，而就中国而言只是国际秩序的形式而已，其实际意义在于文化认同和世界秩序的象征。[①] 历史传统给东北亚地区民族主义和文化的形成与发展留下了儒家文明的印记，它也是今天东北亚各民族国家宝贵的文化财富，成为建设东北亚命运共同体的文化基础。

近代以来西方列强进行的殖民扩张和侵略战争中断了东北亚地区的文化传承，使其沦陷于西方力量的影响和控制之下。历史的磨砺让东北亚各民族先后表现出一种维护民族尊严、抵御外部侵略、保护国家主权的地区文化和民族主义认知。在东北亚各民族文化中也吸纳了西方主权平等、独立自主等国际法思想。这种认知使爱国主义成为国家凝聚力的重要源泉，促进了东北亚地区国家主义的普遍传播，使东北亚各民族国家在一定程度上形成了排外意识。日本的侵略行为又让这种排外意识，既针对域外国家，又排斥域内国家，显得更加复杂。

弘扬中华文化的包容精神将有助于克服东北亚地区狭隘的民族主义。中华文化崇尚"海纳百川，有容乃大""协和万邦""天下大同"。这些文化精神将使东北亚地区形成命运共同体意识，做到"唇齿相依""休戚与共"。

2. 尊重东北亚地区国家多元文化特征

在历史发展进程中，世代传承的文化都会在演进中不断丰富和发展。但积淀在民族心理深层结构的文化精神作为民族文化基因，将成为民族国家特有的文化特征。总的来说，每一个国家都传承、保持和认同着一种民族文化，它们作为民族国家文化占据主导地位，并形成与其他民族国家不同的文化特征。

---

① 陈剑峰：《文化与东亚、西欧国际秩序》，上海大学出版社 2004 年版，第 22 页。

东北亚地区的中国、日本、韩国、朝鲜、俄罗斯和蒙古六国，虽然地缘相连，但在现代化转型过程中，分别塑造了各自的文化特征。从政治文化来说，东北亚6国中有4个国家有社会主义经历。朝鲜在"先军政治"指导下坚持着其认定的社会主义，中国正在建设中国特色社会主义，俄罗斯和蒙古转向资本主义，日本和韩国分别是发达和中等发达的资本主义，6个国家的政治形态和政治文化迥异。从经济文化来说，日本和韩国为政府导向型市场经济模式，政府对市场经济进行行政干预、计划引导和产业规划；俄罗斯因国家资本和私人资本都不能完全控制经济，因而共同承担社会义务，形成社会市场经济模式；蒙古国选择激进式的市场经济体制转轨，进行了国有资产私有化及财政、税收、银行和价格改革；朝鲜封闭的国民经济一直在计划经济体制下运行，直至最近才有了一些变革的迹象；中国是渐进式的社会主义市场经济体系建设，正在开创一条具有中国特色的社会主义经济发展道路；6个国家的经济模式迥异。

为此，在东北亚地区应充分尊重各民族国家文化多样性特征，尊重每个国家在社会制度和发展道路上的自主选择，相互借鉴，取长补短，实现共同发展。

3. 扩大东北亚地区各国人文交流

东北亚多元文化共存是全球多元文化共存的组成部分，全球化所带来的全球规模的交流——特别是文化交流和人员交流，也为东北亚地区的多元文化之间的理解和沟通提供了机会。

文化传播对于文化的包容性认同极为重要，表现为把原属于其他文化的成员争取过来，其中最有效的方式是以流动人口和移民为载体的文化传播。东北亚各国的文化塑造了具有各自民族特性的国民，他们作为各自文化的载体，在交往过程中，把民族和国家的文化带到各地，进行着文化交流。随着经济发展，东北亚地区人员的流动在日益增加，日韩两国境外旅游已成常态，中国大陆的出境旅游人数逐年攀升。中国旅游研究院《中国出境旅游发展年度报告2014》显示，2013年中国出境游目的地排行榜中，韩国位列第3位，日本位列第7位，俄罗斯位列第12位。[①]《中国入境旅游发展年度报告2014》统计，2013年中国入境旅游四大客源国，分别是韩、日、俄、美，占全部入境外国人数的四成。[②] 另外，随着公司和企业的跨国经营、各种地区组织的发展，文化和人员交流将会越来越多。

中国积极推动东北亚地区的文化交流，通过新闻媒体、科学教育、人员往来

---

①② 戴斌主编：《中国出境旅游发展年度报告2014》，中国旅游研究院网，http：//www.ctaweb.org/html/2014-9/2014-9-18-15-27-54614.html，2014年6月16日。

扩大中华文化的传播。通过文化交流，扩大东北亚地区各国人民的相互了解，增进各国和人民之间的友谊，为东北亚地区国家关系稳定发展建立坚实的社会基础。

（二）推动构建东北亚地区广泛共识

从地区文化视角来看，民族主义在东北亚国家间的紧张关系，可以通过增进民族国家的地区认同而加以缓和，包括构建地区文化认同、经济一体化认同、共同安全认同、文化基因认同等，基于地区认同而形成地区利益共同体和命运共同体意识。2013 年 10 月，习近平主席在中央周边外交工作座谈会上发表重要讲话，强调我国周边外交的基本方针，就是坚持与邻为善、以邻为伴，坚持睦邻、安邻、富邻，突出体现"亲、诚、惠、容"周边外交新理念。要倡导包容的思想，强调亚太之大容得下大家共同发展，以更加开放的胸襟和更加积极的态度促进地区合作。这些理念，首先我们自己要身体力行，使之成为地区国家遵循和秉持的共同理念和行为准则。[①]

1. 地区文化认同

冷战的结束打破了全球地缘政治的壁垒，然而东北亚地区作为冷战遗产最为丰富的地区，长期滞后于其他地区的合作进程，没有形成对地区一体化发展具有积极意义的地区文化认同。这种滞后虽然形成于国家之间的不信任、对安全的顾虑和冷战时期的对峙记忆，但面对共同的历史传统与文化和当前紧密的经贸往来，东北亚依然存在界定地区文化，扩大地区文化认同的机遇。亨廷顿说过，用"区域主义"这个词来描绘正在发生的事并不恰当，区域是地理的而不是政治的或文化的实体。……只有在地理与文化一致时，区域才可能作为国家之间合作的基础。离开了文化，地理上的邻近不会产生共同性，而可能出现相反的情况……这些努力能否成功最主要依赖于有关国家是否具有文化同质性。[②] 从这个意义来讲，文化上的区域认同才是东北亚国家间合作的最终基础、动力来源和保障。所以，从地缘文化角度促进地区文化认同，产生地区意识，以至弥合地区民族主义的分歧，具有重要价值。

---

① 《习近平：让命运共同体意识在周边国家落地生根》，新华网，http://news.xinhuanet.com/politics/2013-10/25/c_117878944.htm，2013 年 10 月 25 日。

② ［美］塞缪尔·亨廷顿，周琪等译：《文明的冲突与世界秩序的重建》，新华出版社 1999 年版，第 36~37 页。

对于中国来说，东北亚地缘文化的疏离状态，一方面确实造成地区认同的障碍，但另一方面又因为多元性的存在而让各国习惯接纳和了解不同理念，为构建地区文化的共识保留了空间。另外，彼此疏离的文化之间并非黑白、对错颠倒，往往存在善意、借鉴、协调的可能，中国的和合文化有足够的智慧应对多元文化共存的挑战，一定能够凝练出得到地区认同的东北亚文化内涵。汤因比曾说过，他所预见的和平统一，一定是以地理和文化主轴为中心，不断结晶扩大起来的。他预感到这个主轴不在美国、欧洲和苏联，而是东亚。[①] 东北亚国家相依相生的历史经验能够支撑起地区意识，总结出地缘特征，搭建文化认同和民族主义相互理解的有利基础。从而形成有独特内涵的文化意义上的地区认同，进而削弱传统民族主义对国家关系的负面影响。中国政府积极参与地区性制度构建、全面参加地区领导人峰会、主动倡议建立地区性组织进程中，还应不断从阐释东北亚文化内涵的角度，推进地区认同。

2. 经济一体化认同

经济发展关乎社会民情，在相对封闭的经济体中民族主义情绪有极强的影响力，而基于经济依赖所产生的认同有助于削弱民族主义的负面影响，有助于缓和民族矛盾，促成相互信任和包容。东北亚地区人口达 17 亿人，GDP 约占世界的 1/5，占亚洲 70% 以上，各国经济在进入 21 世纪后增长强劲，尤其进出口贸易的增长表现尤为突出。然而，东北亚区域内贸易额仅占其对外贸易额的 20% 左右，远低于欧盟和北美自由贸易区近 50% 的份额。可见，东北亚地区经贸合作虽然活跃，但仍有潜力可挖，若能加深地区经济一体化认同，在中韩自贸协定签署基础上，建成中日韩三方自由贸易区，则经济总量将位列北美和欧盟自贸区之后，居世界第三。然而，建立经济一体化认同任重而道远，东北亚经济依赖与合作有待深入发展。

由于地区经济体系未能建立起来，经济一体化认同相对滞后，东北亚各国尚未将地理相近、贸易互补的经贸交往整合为区域经济力量，从而无法合作对抗风险，导致在新一轮的金融危机中各国均遭受惨重损失，进而还影响到各国的政治稳定和民族主义情绪，再一次证明区域内的经济一体化认同，对东北亚地区的发展至关重要。

时至今日，东北亚地区经济一体化认同同时面临着机遇和挑战。从传统来看，东北亚地区经济具有互补性，能够促进各国间贸易额增长，但贸易的行业间

---

① ［日］池田大作、［英］汤因比，荀春生等译：《展望21世纪——汤因比与池田大作对话录》，国际文化出版公司1985年版，第294页。

性并没有给地区经济共同体认同提供更多的动力。随着多个国家的工业化转型，行业内贸易在地区经贸往来中逐渐占据更多份额，虽然一定程度上推动了地区经济一体化认同并对贸易便利和关税壁垒有了进一步要求，但产业依赖特点鲜明，各国产业间的联系存在垂直分布特征，对地区经济认同作用有限——一旦合作条件恶化，经济合作会转向寻找域外替代者。就在东北亚各主要国家考虑到自贸区建立迫切性的时候，美国提出在该地区推动建立《跨太平洋伙伴关系协议》（TPP），无形中冲击了东北亚地区的经济一体化认同，其影响必将深远。2013 年 3 月 15 日，日本安倍政府宣布加入 TPP 谈判；韩国于 2013 年 9 月宣布制定加入 TPP 方针以来，一直没有放弃加入 TPP 的选择。日韩两国的选择消耗了东北亚地区经济一体化认同的进程，好在中韩两国已经签署自由贸易协定，为地区经济一体化认同迈出了坚实的一步。当然，无论是中日韩自由贸易区，还是东北亚经济一体化，抑或太平洋伙伴关系，都是顺应历史发展、符合强化东北亚经济彼此依赖的不同模式，只是各模式实践路径和难度差异明显，把握不好也有可能分裂甚至破坏地区经济一体化认同。中国政府在不能直接推动地区经济一体化认同的情况下，可以依据现有路径，即通过双边自贸区的签订，实质性推动地区经济一体化认同的进程。

3. 共同安全认同

地区安全局势与国家安全环境不可分割，国家安全取向与民族主义意识息息相关。因此，关注地区安全必须重视民族主义的影响，实现地区共同安全认同必然要超越狭隘的民族主义。然而，从现状来看，超越民族主义，建立地区共同安全认同还需做出艰苦的努力。

在东北亚地区，美国的军事战略造成严重的安全困境。美国不断强化与日本和韩国的双边军事同盟，军事战略重心向亚太地区转移，实行新的"亚太再平衡"战略。美国谋求单方面军事优势和绝对安全的政策对东北亚地区安全合作造成严重负面影响。它极大地刺激了日本政治右倾化，安倍政府修改和平宪法、解禁集体自卫权和通过新安保法案的一系列举动都集中折射出日本强烈的民族主义取向。日本与俄罗斯、中国和韩国领土主权争端激起了民族主义热情，民族主义浪潮又助推领土争端日益激化。东北亚各国民族主义思潮的动向，直接造成重视国家安全，轻视地区安全的现状。要走出这种冷战思维，使各国的民族主义理性回归，需要确立新的共同安全认同。

中国政府倡导的"互信、互利、平等、协作"新安全观，以及"综合、共同、合作和可持续"的亚洲安全观，其宗旨在于通过合作实现共同安全。在全球化时代，东北亚地区各国利益相互交融，已经形成利益共同体和命运共同体。应对复杂的传统安全威胁和非传统安全威胁，各国只能走通过合作寻求共同安全之路。

4. 文化基因认同

东北亚的区域合作和安全问题都是国际社会关注的热点。"经热"与"政冷"的长期共存造成一种普遍的困惑——两种力量为何能够如此并行不悖的顺畅运行？历史证明，对这种现象的普遍接受，已经超越了国家的界限，成为地区的共有理念。这种特殊的地区共识应该与其历史和文化密切相关，而考虑到近代以来东北亚地区国家间的对抗经历，更凸显出地区共有文化基因中的包容性起到了重要作用，也就是说文化包容性影响下的民族主义能够接受对立状态下的合作，东北亚民族主义并未表现出极端的封闭形态。

文化基因认同是民族认同和国家认同的前提条件，东北亚文化基因认同的基础是中国文化核心的代表——倡导中庸与和合精神的儒家价值观。正是这样的价值观影响了地区国家的民族认同。这种认同并未因为近代国家之间的对抗而中断，反而内化成为东北亚地区民族国家性格的一部分，和而不同，斗而不破，进而让东北亚地区的合作与纷争显现出共存的地域特征。追溯历史，国家之间曾经出现的相互倾轧，都是某个民族在放弃或违背儒家价值观的时候才会出现，承受战争灾难之后又会努力回归。因此，中国在包容性基础上，大力推进地区文化基因认同，是应对地区民族主义矛盾、深化相互理解、维护地区和平的重要举措。

值得注意的是，文化基因认同不是否认文化的差异性和多元性，而是在多元文化中形成认同，在认同中尊重多元文化，否则和而不同就将失去意义，和合精神也将失去包容的对象，导致儒家价值观丧失生命力中最宝贵的基因。

（三）提升中国在东北亚地区文化软实力

中国作为一个新兴工业国家，在历史文化传承、和平发展战略和经济建设方面已经取得巨大成就，铸就了极具吸引力和同化力的文化软实力，让中国有机会站在前所未有的平台上，以开放的胸襟成为超越狭隘民族主义、稳定地区安全、带动地区发展的榜样。2013 年习近平主席在周边外交工作座谈会上指出，"要着力加强对周边国家的宣传工作、公共外交、民间外交、人文交流，巩固和扩大我国同周边国家关系长远发展的社会和民意基础。……要全方位推进人文交流，深入开展旅游、科教、地方合作等友好交往，广交朋友，广结善缘。要对外介绍好我国的内外方针政策，讲好中国故事，传播好中国声音，把中国梦同周边各国人民过上美好生活的愿望、同地区发展前景对接起来，让命运共同体意识在周边国家落地生根。"① 习近平主席的讲话，从文化软实力角度提出了建立周边命运共同体的途径和方法，对于应对东北亚地区的民族主义浪潮也具有重要指导意义。

1. 提升文化软实力

在全球化时代，政治、经济、军事和文化相互联系、相互影响。一方面文化软实力需要政治、经济和军事实力的支撑；另一方面，文化软实力可以提高政治、经济和军事的竞争力。现在，中国已经发展成为重要的新兴大国，是世界第二大经济体，成为东北亚地区第一经济大国。中国经济、军事、科技实力的增强为提升中国文化软实力创造了硬实力基础。然而，中国要成为真正的世界大国和东北亚地区大国，还需要增强中国的文化软实力。

中国经济迅速发展，中国走向民主富强，这不仅造福于中国人民，也是对世界和地区发展的重要贡献。2008 年爆发全球金融和经济危机后，中国成为带动全球经济复苏的重要引擎。中国经济发展与繁荣带动了东北亚和周边地区经济发展与繁荣。中国实力的增强，加强了维护世界和平和东北亚地区和平的积极力量。然而，中国的迅速崛起也引起了周边国家，特别是东北亚地区一些国家的疑虑和猜疑，出现各种所谓"中国威胁论"。东北亚地区各种民族主义更是乘势泛起，利用地区各种热点问题大加炒作，进行蛊惑宣传。这一切表明，为了建立中国与东北亚地区各国和各国人民间的睦邻和信任关系，为了保持稳定可持续的经济合作关系，为了给中国创造和谐的周边国际环境，中国必须把提升在东北亚地区的文化软实力放在重要的战略地位。通过提升中国文化软实力来化解东北亚国家公众的各种担忧，消除各种民族主义造成的负面影响。

中国的文化软实力集中表现为中国"与邻为善""以邻为伴""亲、诚、惠、容"的睦邻外交政策；中国"海纳百川，有容乃大"的开放胸怀；中国"和而不同""求同存异"的包容精神；中国"协和万邦""天下大同"的和谐理念；中国博大精深的哲学思想和精彩丰富的文化艺术。我们要通过扩大东北亚地区文化交流和人员往来，积极传播中国的思想文化，增进东北亚地区各国人民的相互了解，树立中国良好国家形象，提升中国的文化软实力，增强我们的亲和力、凝聚力、感召力和影响力。

2. 增强中国的亲和力

文化具有持久而深刻的影响力，只有当一国文化被他国认同和接受的时候，

---

① 《习近平：让命运共同体意识在周边国家落地生根》，新华网，http://news.xinhuanet.com/politics/2013-10/25/c_117878944.htm，2013 年 10 月 25 日。

它的软实力才能得以体现。文化软实力能够促进不同国家、民族、人民之间的相互交流和信任；帮助本国文化传统、价值理念和生活方式被其他国家所理解、认同，甚至模仿。文化传播、文化交流、文化沟通是提升文化软实力的重要手段。

提升中国在东北亚地区的亲和力，塑造中国在东北亚地区良好的国家形象，一方面需要中国经济的持续繁荣和社会稳定；另一方面也要依赖于文化软实力的提升。通过议题设置、讲述方式和偏好选择等设计，彰显中国文化的先进价值。首先，要弘扬优秀文化就要选取人类文化精髓，相较于众家之长，兼容并蓄，以期推动世界文化的交流与发展，从而增强中国文化的活力和亲和力。其次，把影响公众舆论和主动塑造文化形象相结合，参与国际传媒、主导舆论话语、提高文化感染力和渲染效果，借助"第三方"平台塑造文化形象。最后，通过塑造文化形象把握影响主动权，扩大文化交流范围，丰富文化交流形式，促进文化间的理解、尊重与信任，树立中国形象的亲和典范，以化解东北亚地区的民族主义思潮。

文化外交也是增强中国亲和力的重要手段。通过文化外交，向外部世界展示中国的民主制度建设进程，宣传中国改革开放和经济发展成就，表达中国坚持走和平发展道路的时代选择，从而塑造中国在东北亚地区"亲仁善邻"的国家形象，克服民族主义影响，增强中国在东北亚地区的国家影响力。

3. 塑造中国良好国家形象

2013 年 12 月 30 日，习近平在政治局会议上指出，提高国家文化软实力，要努力提高国际话语权。要加强国际传播能力建设，精心构建对外话语体系，发挥好新兴媒体作用，增强对外话语的创造力、感召力、公信力，讲好中国故事，传播好中国声音，阐释好中国特色。[1] 这是缓解外部环境对中国崛起疑虑和不安、弥合东北亚地区民族主义认识分歧、维护周边稳定环境的根本途径。

然而，中国文化软实力提升是一个具有历史意义的长期过程，除了具体的措施以外，更需要从战略高度全面协调国家内政外交。第一，要做到坚持和谐理念，坚定和平发展道路选择，唯有这样才能树立中国具有亲和力的国际形象，维护地区的和平与稳定；第二，要塑造中国的国际威望和影响力，重视国际责任意识和操守，积极参与国际制度建设，宣传中国的合理主张和解决问题的能力，塑造负责任大国的形象；第三，要汲取传统文化营养，创新文化理念，以国际公认的方式参与多边合作，积极宣传和推进人类命运共同体和周边命运共同体的建

---

① 《习近平：建设社会主义文化强国着力提高国家文化软实力》，新华网，http://news. xinhua-net. com/politics/2013-12/31/c_118788013. htm，2013 年 12 月 31 日。

设；第四，推进中国特色社会主义民主和法治建设，充分体现中国社会模式和发展道路的优越性；第五，以战略视角，丰富和充实具有先进价值和共享空间的文化价值理念，拓展文化内涵，夯实文化软实力基础；通过对外宣传，扩大文化软实力影响，使东北亚地区各国和民众将中国的发展和崛起作为普遍共识加以接受，将其视为中国对世界发展的重要贡献，并愿意与中国一道维护东北亚地区和平与稳定，从而与中国分享发展带来的好处。

在东北亚地区经济增长乏力时期，民族主义对地区和平与稳定以及中国的发展造成的影响，非常值得警惕。应该认识到，在东北亚国际体系转型和经济发展减速的情况下，东北亚某些国家的国内政治需要民族主义，以转移公众视线，获取政治资源。另外，中国的崛起对邻国传统心理的冲击也会刺激其民族主义思潮的泛滥。为应对这类挑战，中国应以超越历史的战略性视野，通过提升文化软实力，超越狭隘的国家民族主义意识形态。积极推动构建广泛的文化认同与地区共识，使各国民众彼此尊重和理解，促进交流与融合。力求减少地区民族主义对区域合作、和平发展的影响，为可持续发展争取良好的周边国际环境。

参 考 文 献

1. ［英］埃里·凯杜里著，张明明译：《民族主义》，中央编译出版社 2002 年版。

2. ［英］安东尼·D. 史密斯著，龚维斌、良警宇译：《全球化时代的民族与民族主义》，中央编译出版社 2002 年版。

3. ［日］安世舟著，高克译：《漂流的日本政治》，社会科学文献出版社 2011 年版。

4. ［英］巴里·布赞、［丹］奥利·维夫著，潘忠岐等译：《地区安全复合体与国际安全结构》，上海人民出版社 2010 年版。

5. ［日］坂野润治，崔世广译：《近代日本的国家构想》，社会科学文献出版社 2014 年版。

6. ［美］本尼迪克特·安德森著，吴叡人译：《想象的共同体：民族主义的起源与散布》，上海人民出版社 2005 年版。

7. ［美］彼特·J. 卡赞斯坦、［日］白石隆编，王星宇译：《东亚大局势：日本的角色与东亚走势》，中国人民大学出版社 2015 年版。

8. 陈峰君、王传剑著：《亚太大国与朝鲜半岛》，北京大学出版社 2002 年版。

9. 陈志恒著：《东北亚区域经济一体化研究——以交易费用理论为视角》，吉林人民出版社 2006 年版。

10. 刁秀华著：《俄罗斯与东北亚地区经济合作的进展：以能源合作和中俄区域合作为视角的分析》，东北财经大学出版社 2011 年版。

11. ［英］厄内斯特·盖尔纳著，韩红译：《民族与民族主义》，中央编译出版社 2002 年版。

12. 方长平著：《国际冲突的理论与实践——当代世界与中国国际战略》，社会科学文献出版社 2015 年版。

13. 房宁、王炳权著：《论民族主义思潮》，高等教育出版社 2004 年版。

14. ［美］费正清编，杜继东译：《中国的世界秩序》，中国社会科学出版社

中国东北亚战略与政策研究

2010 年版。

15. 官力、王红续主编：《新时期中国外交战略》，中共中央党校出版社 2014 年版。

16. ［美］海斯著，帕米尔译：《现代民族主义的演进史》，华东师范大学出版社 2005 年版。

17. ［美］汉斯·摩根索著，徐昕、郝望、李保平译：《国家间政治：权力斗争与和平（第七版）》，北京大学出版社 2006 年版。

18. ［美］亨利·基辛格著，胡利平、林华、曹爱菊译：《世界秩序》，中信出版社 2015 年版。

19. ［美］亨利·基辛格著，顾淑馨、林添贵译：《大外交》，海南出版社 1998 年版。

20. ［美］亨利·基辛格著，胡利平、林华、杨韵琴、朱敬文译：《论中国》，中信出版社 2012 年版。

21. ［美］亨利·基辛格著，胡利平、凌建平等译：《美国的全球战略》，海南出版社 2009 年版。

22. 黄凤志、高科、肖晞著：《东北亚地区安全战略研究》，吉林人民出版社 2006 年版。

23. 黄凤志主编：《东北亚地区政治与安全报告（2012）》，社会科学文献出版社 2012 年版。

24. 黄平、倪峰编：《美国问题研究报告（2013）》，社会科学文献出版社 2013 年版。

25. 黄平、郑秉文主编：《美国研究报告——中美关系中的第三方因素（2014）》，社会科学文献出版社 2014 年版。

26. 黄晓勇主编，苏树辉、邢广程副主编：《世界能源发展报告（2014）》，社会科学文献出版社 2014 年版。

27. ［法］吉尔·德拉诺瓦，郑文彬、洪晖译：《民族与民族主义》，三联书店 2005 年版。

28. ［韩］具天书：《东北亚共同体建设阻碍性因素及其超越——韩国的视角》，北京大学出版社 2014 年版。

29. 李寒梅著：《日本民族主义形态研究》，商务印书馆 2012 年版。

30. 李慎明、张宇燕编：《全球政治与安全报告》，社会科学文献出版社 2015 年版。

31. 李文著：《东亚合作的文化成因》，世界知识出版社 2005 年版。

32. 李向阳主编：《亚太地区发展报告：一带一路（2015）》，社会科学文献出版社 2015 年版。

33. 李向阳主编：《亚太地区发展报告：中国的周边环境（2014）》，社会科学文献出版社 2014 年版。

34. 李永全主编：《俄罗斯发展报告（2013）》，社会科学文献出版社 2013 年版。

35. 李玉潭、陈志恒、殷立春著：《东北亚区域经济发展与合作机制创新研究》，吉林人民出版社 2006 年版。

36. 林跃勤、周文主编：《金砖国家经济社会发展报告（2011）》，社会科学文献出版社 2011 年版。

37. 刘慧主编，赵晓春副主编：《中国国家安全研究报告（2014）》，社会科学文献出版社 2014 年版。

38. 刘清才等著：《21 世纪初俄罗斯亚太政策研究》，社会科学文献出版社 2013 年版。

39. 刘清才、高科等著：《东北亚地缘政治与中国地缘战略》，天津人民出版社 2007 年版。

40. 刘清才主编：《俄罗斯东北亚政策研究——地缘政治与国家关系》，吉林人民出版社 2006 年版。

41. 刘中民、左彩金、骆素青著：《民族主义与当代国际政治》，世界知识出版社 2006 年版。

42. 刘淑春等著：《当代俄罗斯政党》，中央编译出版社 2006 年版。

43. 刘江永著：《中日关系二十讲》，中国人民大学出版社 2007 年版。

44. 栗献忠著：《俄罗斯民族主义研究》，社会科学文献出版社 2015 年版。

45. 林军著：《俄罗斯外交史稿》，世界知识出版社 2002 年版。

46. ［美］罗伯特·A. 斯卡拉宾诺著，郝平等译：《美国与亚洲：斯卡拉宾诺北京大学演讲集》，北京大学出版社 2002 年版。

47. ［美］罗伯特·吉尔平著，武军等译：《世界政治中的战争与变革》，中国人民大学出版社 1994 年版。

48. 门洪华著：《东亚秩序论：地区变动、力量博弈与中国战略》，上海人民出版社 2015 年版。

49. 门洪华主编：《未来十年中国的战略走向》，中国经济出版社 2015 年版。

50. 门洪华、［韩］辛正承主编：《东北亚合作与中韩关系》，中国经济出版社 2014 年版。

51. 缪家福著：《全球化与民族文化多样性》，人民出版社 2005 年版。

52. ［俄］尼·别尔嘉耶夫著，雷永生、邱守娟译译：《俄罗斯思想：19 世纪至 20 世纪初俄罗斯思想的主要问题（第 2 版）》，生活·读书·新知三联书店

2004 年版。

53. 倪世雄等著：《当代西方国际关系理论》，复旦大学出版社 2009 年版。

54. 倪建民主编：《国家能源安全报告》，人民出版社 2005 年版。

55. 朴键一著：《中国周边安全环境与朝鲜半岛问题》，中央民族大学出版社 2013 年版。

56. 潘蔚娟主编：《2013 年世界重要安全文件汇编》，时事出版社 2014 年版。

57. 潘忠岐著：《从"随势"到"谋势"：中国的国际取向与战略选择》，复旦大学出版社 2012 年版。

58. 《普京文集》，中国社会科学出版社 2002 年版。

59. 《普京文集（2002～2008）》，中国社会科学出版社 2008 年版。

60. 《普京文集（2008～2014）》，世界知识出版社 2014 年版。

61. ［日］蒲岛郁夫，郭定平、田雪梅、赵日迪译：《战后日本政治的轨迹：自民党体制的形成与变迁》，上海人民出版社 2014 年版。

62. 祁怀高著：《构筑东亚未来：中美制度均势与东亚体系转型》，中国社会科学出版社 2011 年版。

63. 曲伟主编，刘爽、笪志刚副主编：《中国—东北亚国家年鉴》，黑龙江人民出版社 2012 年版。

64. ［美］塞缪尔·亨廷顿著，周琪等译：《文明的冲突与世界秩序的重建》，新华出版社 1999 年版。

65. ［日］孙崎享著，郭一娜译：《日美同盟真相》，新华出版社 2014 年版。

66. 邵毅平著：《朝鲜半岛：地缘环境的挑战与应战》，上海古籍出版社 2005 年版。

67. 沈定昌著：《韩国外交与美国》，社会科学文献出版社 2008 年版。

68. 沈丁立、张贵洪主编：《亚洲国际关系的重构》，上海人民出版社 2011 年版。

69. ［日］五百旗头真主编，吴万虹译：《战后日本外交史（1945～2010）》，世界知识出版社 2013 年版。

70. 唐笑虹主编：《2010 年世界重要安全文件汇编》，时事出版社 2011 年版。

71. 唐永胜、徐弃郁著：《寻求复杂的平衡——国际安全机制与主权国家的参与》，世界知识出版社 2004 年版。

72. 王洛林、张宇燕主编，孙杰副主编：《2015 年世界经济形势分析与预测》，社会科学文献出版社 2015 年版。

73. 王胜今主编：《东北亚地区发展报告》，吉林大学出版社 2013 年版。

74. 王帆著：《新开局——复杂系统思维与中国外交战略规划》，世界知识出版社 2014 年版。

75. 王逸舟著：《全球政治和中国外交》，世界知识出版社 2003 年版。

76. 王联主编：《世界民族主义论》，北京大学出版社 2002 年版。

77. 王军主编：《民族主义与国际关系》，浙江人民出版社 2009 年版。

78. 王生著：《当代韩国民族主义研究》，社会科学文献出版社 2015 年版。

79. 吴心伯著：《转型中的亚太地区秩序》，时事出版社 2013 年版。

80. ［日］五百旗头真，周永生等译：《日美关系史》，世界知识出版社 2012
年版。

81. 韦民：《民族主义与区域主义的互动》，北京大学出版社 2005 年版。

82. 《习近平谈治国理政》，外文出版社 2014 年版。

83. 夏义善主编：《中国国际能源发展战略研究》，世界知识出版社 2009 年版。

84. 肖晞著：《东北亚非传统安全研究》，中国经济出版社 2015 年版。

85. 徐梅、张淑英、赵江林著：《中日建立自由贸易区问题研究》，中国经济
出版社 2009 年版。

86. 向卿著：《日本近代民族主义》，社会科学文献出版社 2007 年版。

87. 徐万胜著：《日本政治与对外关系》，人民出版社 2006 年版。

88. 阎学通著：《世界权力的转移：政治领导与战略竞争》，北京大学出版社
2015 年版。

89. 杨洁勉著：《中国外交理论和战略的建设与创新》，上海人民出版社 2015
年版。

90. 杨军著：《高句丽民族与国家的形成和演变》，中国社会科学出版社 2006
年版。

91. 袁古洁著：《国际海洋划界的理论与实践》，法律出版社 2001 年版。

92. ［俄］伊·伊万诺夫著，陈凤翔等译：《俄罗斯新外交：对外政策十
年》，当代世界出版社 2002 年版。

93. ［美］兹比格涅夫·布热津斯基著，中国国际问题研究所译：《大棋局：
美国的首要地位及其地缘战略》，上海人民出版社 2007 年版。

94. ［美］詹姆斯·多尔蒂、小罗伯特·普法尔茨格拉夫著，阎学通、陈寒
溪等译：《争论中的国际关系理论（第 5 版)》，世界知识出版社 2013 年版。

95. 张利华主编：《中国文化与外交》，知识产权出版社 2013 年版。

96. 张蕴岭主编：《中国与周边国家：构建新型伙伴关系》，社会科学文献出
版社 2008 年版。

97. 赵传君主编：《东北亚三大关系研究：经贸·政治·安全》，社会科学文
献出版社 2006 年版。

98. 赵立新著：《当代东亚民族主义与国家间关系》，社会科学文献出版社2012年版。

99. 郑永年著：《大格局：中国崛起应该超越情感和意识形态》，东方出版社2014年版。

100. 中国现代国际关系研究所著：《全球战略大格局——新世纪中国的国际环境》，时事出版社2000年版。

101. 中国现代国际关系研究院编著：《东北亚地区安全政策及安全合作构想》，时事出版社2006年版。

102. 中国国际问题研究所著：《国际形势和中国外交蓝皮书（2012）》，世界知识出版社2012年版。

103. 中华人民共和国外交部政策规划司编：《中国外交》（2014年版），世界知识出版社2014年版。

104. 朱锋、［美］罗伯特·罗斯主编，《中国崛起：理论与政策的视角》，上海人民出版社2008年版。

105. 宗良等著：《危机后的全球金融变革》，中国金融出版社2010年版。

106. 左凤荣著：《重振俄罗斯——普京的对外战略与外交政策》，商务印书馆2008年版。

107. 巴殿君：《从文化视角透析日本外交政策的战略选择》，载《日本学刊》2010年第4期。

108. 巴殿君、沈和：《论国际体系的转型与东亚地缘政治困境》，载《吉林大学社会科学学报》2014第3期。

109. 蔡建：《朝核危机再起　中国如何应对》，载《世界知识》2009年第9期。

110. C·日兹宁、温刚：《俄罗斯在东北亚地区的对外能源合作》，载《俄罗斯研究》2010年第3期。

111. 崔旺来：《论习近平海洋思想》，载《浙江海洋学院学报（人文科学版）》2015年第2期。

112. 陈寒溪、孙学峰：《东亚安全合作的现实与前景——观点的分歧及其分析》，载《世界经济与政治》2008年第3期。

113. 陈建安：《中韩日自由贸易区协定的可行性及其经济效应》，载《世界经济研究》2007年第1期。

114. 陈岳：《当前国际体系的变革与走向》，载《外交评论》2015第6期。

115. 陈岳：《中国当前外交环境及对应》，载《现代国际关系》2010年第11期。

116. 刁秀华：《东北振兴发展中的能源安全问题研究——兼论东北地区与俄罗斯的能源合作》，载《西伯利亚研究》2009年第1期。

117. 刁秀华、周轶赢：《俄罗斯与东北亚地区的能源合作》，载《东北亚论坛》2006 年第 6 期。

118. 樊莹：《后金融危机时期的东亚贸易投资便利化合作》，载《国际经济合作》2011 年第 3 期。

119. 方婷婷：《俄罗斯与亚太地区的能源合作以及中国的应对》，载《世界经济与政治论坛》2010 年第 4 期。

120. 房广顺、武耀威：《东北亚能源安全形势的新发展与战略新选择》，载《东北亚纵横》2008 年第 7 期。

121. 宫占奎、于晓燕：《APEC 贸易投资自由化 20 年：成就与展望》，载《当代亚太》2009 年第 4 期。

122. 郭锐：《国际体系转型与东北亚多边制度安排构想》，载《同济大学学报（社会科学版）》2008 年第 6 期。

123. 国明：《蒙古矿产资源魅力显现》，载《中国国土资源报》2004 年 7 月 27 日。

124. 归泳涛：《东亚民族主义勃兴与中国周边关系的转型》，载《国际安全研究》2013 年第 2 期。

125. 韩爱勇：《东北亚大国协调与复合型安全合作架构的建立》，载《当代亚太》2013 年第 6 期。

126. 韩立华：《东北亚地区能源竞争与合作问题研究》，载《国际商务——对外经济贸易大学学报》2006 年第 1 期。

127. 韩立华：《保障东北亚地区能源安全必须走多边合作之路》，载《俄罗斯中亚东欧市场》2005 年第 6 期。

128. 韩立华：《东北亚能源：从竞争走向合作》，载《国际石油经济》2005 年第 1 期。

129. 何慧刚：《欧元模式与美元化模式比较分析及其对东亚货币合作的启示》，载《金融与投资》2005 年第 11 期。

130. 何志工、安小平著：《东北亚区域合作——通向东亚共同体之路》，时事出版社 2008 年版。

131. 黄凤志、金新：《中国东北亚安全利益的多维审视》，载《东北亚论坛》2011 年第 2 期。

132. 黄凤志、金新：《朝核问题六方会谈机制评析》，载《现代国际关系》2012 年第 12 期。

133. 黄河、吴雪：《新形势下中国对朝外交政策的调整》，载《东北亚论坛》2011 年第 5 期。

134. 季志业：《俄罗斯的东北亚政策》，载《东北亚论坛》2013年第1期。

135. 季志业：《俄罗斯朝鲜半岛政策的演变及走势》，载《现代国际关系》2003年第2期

136. 金祥波：《浅析东北亚能源合作及中国的能源对策》，载《长白学刊》2008年第3期。

137. 金熙德：《日本政治大国战略的内涵与走势》，载《当代世界》2007年第7期。

138. 金灿荣：《2010年中国外交新态势》，载《现代国际关系》2010年第11期。

139. 金庄洙、李惠令、洪庆熙、廖俊宇：《东北亚地区的民族国家认同、地区认同与对外认知》，载《当代韩国》2010年第4期。

140. 金景一、金强一：《东北亚国际秩序的转型与大国的角色定位》，载《东北亚论坛》2013年第1期。

141. 刘清才、成芳：《推动建立亚太地区安全合作架构的战略构想与路径选择》，载《吉林大学社会科学学报》2015年第5期。

142. 刘清才、戴慧：《超越冷战思维——构建和谐的东北亚地区新秩序》，载《东北亚论坛》2008年第1期。

143. 刘清才、刘涛：《西方制裁背景下俄罗斯远东地区发展战略与中俄区域合作》，载《东北亚论坛》2015年第3期。

144. 刘清才、刘文波：《东北亚国际体系转型与中国面临的机遇和挑战》，载《吉林大学社会科学学报》2011年第3期。

145. 刘清才、赵轩：《中俄推动建立亚太地区安全与合作架构的战略思考》，载《东北亚论坛》2014年第3期。

146. 刘雪莲、李晓霞：《中国特色大国外交及其在东亚地区的推进特点》，载《东北亚论坛》2015年第6期。

147. 刘雪莲、王勇：《影响东亚国际体系转型的主要因素与中国的战略选择》，载《吉林大学社会科学学报》2011年第3期。

148. 刘勃然、黄凤志：《韩国朴槿惠政府东北亚外交战略的调整及其影响》，载《国际论坛》2014年第3期。

149. 刘国斌：《"一带一路"基点之东北亚桥头堡群构建的战略研究》，载《东北亚论坛》2015年第2期。

150. 刘舸：《韩国能源安全的脆弱性及其战略选择》，载《东北亚论坛》2009年第5期。

151. 刘舸：《东北亚能源安全局势与韩国的战略选择》，载《当代韩国》

2009 年第 2 期。

152. 刘泓：《日本民族主义动态与走向》，载《人民论坛》2012 年第 31 期。

153. 柳思思：《"一带一路"：跨境次区域合作理论研究的新进路》，载《南亚研究》2014 年第 2 期。

154. 李保国、林伯海：《当代中国民族主义：演进、表现形态与话语》，载《前沿》2012 年第 5 期。

155. 李国学：《中日韩投资协议的特征、问题及对中国的意义》，载《中国市场》2012 年第 33 期。

156. 李建明：《论韩国民族主义及其影响下的中韩关系》，载《学理论》2008 年第 18 期。

157. 李开盛、李小方：《安全结构视野下的朝核问题走向》，载《太平洋学报》2011 年第 4 期。

158. 李俊江、范硕：《中朝经贸关系发展现状与前景展望》，载《东北亚论坛》2012 年第 2 期。

159. 李中海：《卢布国际化战略评析——兼论中俄贸易本币结算》，载《俄罗斯研究》2011 年第 4 期。

160. 李忠辉：《当代韩国民族主义对立二元结构释析》，载《人民论坛》2011 年第 26 期。

161. 粟勤、肖晶：《中俄两国银行业改革绩效比较与经验借鉴》，载《经济问题探索》2013 年第 12 期。

162. 梁云详：《中日民族主义比较研究》，载《国际政治研究》2009 年第 1 期。

163. 廉晓梅：《日本区域一体化战略排斥中国的地缘政治动机与对策》，载《东北亚论坛》2006 年第 6 期。

164. 廉晓梅：《论中日韩自由贸易区建立的制约因素》，载《现代日本经济》2004 年第 4 期。

165. 罗鹏、白福臣、张莉：《中国海洋经济前景预测》，载《渔业经济研究》2009 年第 2 期。

166. 吕刚：《APEC 框架下中日韩三国的便利化举措》，载《发展研究》2010 年第 3 期。

167. 吕耀东：《论日本政治右倾化的民族主义特质》，载《日本学刊》2014 年第 3 期。

168. ［俄］M. 季塔连科、朱显平、张辛雨：《亚太地区的安全稳定与俄中利益》，载《东北亚论坛》2012 第 6 期。

169. 梅新育：《朝鲜能源问题的启示》，载《国企》2014 年第 11 期。

170. 倪建平：《俄罗斯能源战略与东北亚能源安全合作：地区公共产品的视角》，载《黑龙江社会科学》2011 年第 1 期。

171. 欧明刚：《危机十年：东亚金融合作的新起点》，载《世界经济与政治》2007 年第 11 期。

172. 庞中英：《亚洲地区秩序的转变与中国》，载《外交评论》2005 年第 4 期。

173. 戚文海：《论东北亚能源合作共同体的构建》，载《俄罗斯中亚东欧市场》2004 年第 4 期。

174. 邱晟晏、顾丽娜：《多边主义、区域主义和双边主义的概念辨析》，载《经济纵横》2007 年第 10 期。

175. 任东波：《民族主义与区域主义》，载《东北亚论坛》2005 年第 5 期。

176. 苏长和：《周边制度与周边主义——东亚区域治理中的中国途径》，载《世界经济与政治》2006 年第 1 期。

177. 孙春日：《从〈韩国的国家战略 2020〉看韩国对今后 15 年东北亚安全机制的预期》，载《当代亚太》2006 年第 11 期。

178. 孙霞：《东北亚地区安全复合体：动力与挑战》，载《国际论坛》2006 年第 3 期。

179. 孙学峰、黄宇兴：《中国崛起与东亚地区秩序演变》，载《当代亚太》2011 年第 1 期。

180. 沈铭辉：《APEC 投资便利化进程——基于投资便利化行动计划》，载《国际经济合作》2009 年第 4 期。

181. 沈铭辉：《东亚国家贸易便利化水平测算及思考》，载《国际经济合作》2009 年第 7 期。

182. 石源华、［韩］文恩熙：《试论中韩战略合作伙伴关系中的美国因素》，载《东北亚论坛》2012 年第 5 期。

183. 唐彦林：《国际政治背景下东北亚多边能源合作机制的构建》，载《西伯利亚研究》2006 年第 4 期。

184. 王生：《韩国疏美亲中现象剖析》，载《东北亚论坛》2006 年第 2 期。

185. 王生：《试析当代韩国民族主义》，载《现代国际关系》2010 年第 2 期。

186. 王爽：《日本对外投资新趋势及对我国的影响》，载《东岳论丛》2011 年第 2 期。

187. 王胜今：《东北亚区域经济合作的发展趋向及路径选择（笔谈）》，载《吉林大学社会科学学报》2007 年第 7 期。

188. 王胜今、于潇：《东北亚地区建立自由贸易区（FTA）的现状与趋势》，载《东北亚论坛》2007 年第 4 期。

189. 王文奇：《后冷战时代东北亚的民族主义与区域秩序》，载《东北亚论坛》2012 年第 4 期。

190. 王志立：《正视与应对：对当代中国民族主义的深层思考》，载《徐州师范大学学报（哲学社会科学版）》2012 年第 4 期。

191. 王传剑：《朝鲜半岛问题与中美关系》，载《国际政治研究》2005 年第 3 期。

192. 王湘穗：《币缘政治：世界格局的变化与未来》，载《世界经济与政治》2011 年第 4 期。

193. 王俊生：《东北亚多边安全机制：进展与出路》，载《世界经济与政治》2012 年第 12 期。

194. 吴晓灵：《东亚金融合作：成因、进展及发展方向》，载《国际金融研究》2007 年第 8 期。

195. 肖晞：《冷战后东亚秩序的转型与中美两国的东亚战略》，载《吉林大学社会科学学报》2010 年第 1 期。

196. 肖晞：《东北亚非传统安全：问题领域及合作模式》，载《东北亚论坛》2010 年第 2 期。

197. 徐进：《东亚多边安全合作机制：问题与构想》，载《当代亚太》2011 年第 4 期。

198. 许宁、黄凤志：《战略忍耐的困境——奥巴马政府对朝政策剖析》，载《东北亚论坛》2014 年第 3 期。

199. 徐向梅：《东北亚能源安全形势与多边能源合作》，载《国际石油经济》2004 年第 10 期。

200. 杨耕：《东北亚国际政治体系权力结构与利益制衡的多边视角分析》，载《内蒙古民族大学学报（社会科学版）》2010 年第 1 期。

201. 杨伯江：《日本民主党对外战略方向评析》，载《现代国际关系》2012 年第 2 期。

202. 杨宁一：《世界历史视野中的民族主义》，载《历史教学》2005 年第 10 期。

203. 杨莉：《俄罗斯与东北亚》，载《国际问题研究》2005 年第 1 期。

204. 杨泽伟：《中国能源安全问题：挑战与应对》，载《世界经济与政治》2008 年第 8 期。

205. 阎学通：《对中美关系不稳定性的分析》，载《世界经济与政治》2010 年第 12 期。

206. 伊藤庄一：《TPP 改变东北亚能源格局》，载《中国企业家》2013 年第 8 期。

207. 余建华:《韩国能源安全战略与中韩能源合作探析》,载《国际关系研究》2014 年第 2 期。

208. 喻常森:《"第二轨道"外交与亚太地区安全合作》,载《东南亚研究》2003 年第 5 期。

209. 詹德斌:《韩民族"恨"的心理特征与韩国外交》,载《国际政治研究》2013 年第 3 期。

210. 赵立新:《东北亚区域合作的深层障碍》,载《东北亚论坛》2011 年第 3 期。

211. 张东宁:《东北亚民族主义与地区安全格局》,载《国际安全研究》2014 年第 2 期。

212. 张海滨:《东北亚环境合作的回顾与展望》,载《国际政治研究》2000 年第 2 期。

213. 张慧智:《朝鲜半岛战略调整与东北亚大国关系互动》,载《社会科学战线》2012 年第 4 期。

214. 张键:《论韩国朴槿惠政府的"信任外交"政策》,载《当代韩国》2013 年第 4 期。

215. 张景全:《国际体系与日本对外结盟》,载《日本学刊》2005 年第 3 期。

216. 张学刚:《中国边海形势与政策选择》,载《现代国际关系》2012 年第 8 期。

217. 张蕴岭:《东亚合作和共同体建设:路径及方式》,载《东南亚纵横》2008 年第 11 期。

218. 张蕴岭:《东北亚区域合作与新秩序的构建》,载《社会科学战线》2015 年第 3 期。

219. 张玉国:《野田政权对日美同盟关系的强化》,载《外国问题研究》2011 年第 4 期。

220. 张玉国:《新时期的美日关系:回顾与展望》,载《日本学论坛》2004 年第 3 期。

221. 赵华胜:《中俄睦邻友好合作条约与中俄关系》,载《俄罗斯研究》2001 年第 3 期

222. 赵金龙:《中国在东北亚地区的 FTA 战略选择:基于 CGE 模型的比较研究》,载《东北亚论坛》2008 年第 5 期。

223. 赵鸣文:《浅论中俄关系的挑战与机遇》,载《和平与发展》2012 年第 3 期。

224. 赵玉敏:《国际投资体系中的准入前国民待遇——从日韩投资国民待遇

看国际投资规则的发展趋势》，载《国际贸易》2012 年第 3 期。

225. 郑先武：《东亚"大国协调"：构建基础与路径选择》，载《世界经济与政治》2013 年第 5 期。

226. 周方银：《中国的世界秩序理念与国际责任》，载《国际经济评论》2011 年第 3 期。

227. 周方银：《中国崛起、东亚格局变迁与东亚秩序的发展方向》，载《当代亚太》2012 年第 5 期。

228. 周阳：《美国经验视角下我国海关贸易便利化制度的完善》，载《国际商务研究》2010 年第 6 期。

229. 朱锋：《东亚安全局势：新形势、新特点与新趋势》，载《现代国际关系》2010 年第 12 期。

230. 朱峰：《中美战略竞争与东亚安全秩序的未来》，载《世界经济与政治》2013 年第 3 期。

231. 朱锋：《六方会谈的制度建设与东北亚多边安全机制》，载《现代国际关系》2007 年第 3 期。

232. 朱锋：《二次核试后的朝核危机：六方会谈与"强制外交"》，载《现代国际关系》2009 年第 7 期。

233. 朱显平：《中俄能源合作及对东北亚区域经济的影响》，载《东北亚论坛》2004 年第 2 期。

234. 朱显平、李天籽：《加强东北亚区域能源合作保障我国能源安全》，载《东北亚论坛》2004 年第 6 期。

235. 朱显平、李天籽：《东北亚区域能源合作研究》，载《吉林大学社会科学学报》2006 年第 2 期。

236. ［日］中内清文，邵津译：《东中国海和日本海的划界问题》，载《国外法学》1980 年第 4 期。

237. A. Pettigrew, H. Thomas, R. Whittington. *Handbook of strategy and management*. Sage Publications, 2006.

238. Alan S. Blinder, Andrew W. Lo and Robert M. Solow. *Rethinking the Financial Crisis*. Russell Sage Foundation, 2013.

239. Alexander Wendt. *Social Theory of International Politics*. New York：Cambridge University Press, 1999.

240. Andrew Mark and John Ravenhil eds. *Pacific Cooperation：Building Economic and Security in the Asia-Pacific Region*. Boulder：Westview Press, 1995.

241. Andrew Phillips, War, *Religion and Empire：The Transformation of Inter-*

national Orders. New York: Columbia University Press, 2011.

242. Andrew O'Neil. *Nuclear Proliferation in Northeast Asia: The Quest for Security*. Palgrave Macmillan, 2007.

243. Bader, Jeffrey A. *Obama and China's Rise: An Insider's Account of America's Asia Strategy*. Brookings Institution Press, 2012.

244. Bruce Gilley. *Middle Power and the Rise of China*. Georgetown University Press, 2014.

245. Charles L. Pritchard, John H. Tilelli Jr., Scott A. Snyder. *U. S. Policy Toward the Korean Peninsula: Independent Task Force Report*. Council on Foreign Relations, 2010.

246. Chi Lo. *China After the Subprime Crisis: Opportunities in the New Economic Landscape*. Palgrave Macmillan, 2010.

247. Choon-ho Park. *East Asia and the Law of the Sea*. Seoul: Seoul National University Press, 1983.

248. David C. Kang. *China rising: peace, power, and order in East Asia*. New York: Columbia University Press, 2007.

249. Edward N. Luttwak. *The Rise of China vs. the Logic of Strategy*. The Belknap Press of Harvard University Press, 2012.

250. Evelyn Goh. *The Struggle for Order: Hegemony, Hierarchy and Transition in Post-Cold War East Asia*. New York: Oxford University Press, 2013.

251. Eugenio Andrea Bruno. *Global Financial Crisis: Navigating and Understanding the Legal and Regulatory Aspects*. Globe Law and Business, 2009.

252. Glenn H. Snyder. *Alliance Politics*. Ithaca: Cornell University Press, 1987.

253. Gwyn Prints ed. . *Threats Without Enemies*. London: Earthscan, 1993.

254. Howard Davies. *The Financial Crisis: Who's to Blame?* . Polity Press, 2010.

255. Hal S. Scott. *The Global Financial Crisis*. Foundation Press, 2009.

256. Hsieh, Alice Langley. *Communist China's Strategy in the Nuclear Era*. Kessinger Publishing, 2011.

257. John Ikenberry and Chung-in Moon. *The United States and Northeast Asia: Debates, Issues and New Order*. Rowman & Littlefield, 2008.

258. Kyu-Sung Yi. *The Korean Financial Crisis of 1997: Onset, Turnaround and Thereafter*. World Bank, 2011.

259. Mario Giovanoli and Diego Devos. *International Monetary and Financial Law: the Global Crisis*. Oxford University Press, 2010.

260. Mikyoung Kim and Barry Schwartz. *Northeast Asia's Difficult Past*: *Essays in Collective Memory*. Palgrave Macmillan, 2010.

261. Niklas Swanström. *Regional Cooperation and Conflict Management*: *Lessons from the Pacific Rim*, Department of Peace and Conflict Research. Uppsala: Institutionen för freds-och konfliktforskning, 2002.

262. Pritchard Charles L. , Snyder Scott A. , Tilelli John H. *U. S. Policy Toward the Korean Peninsula*: *Independent Task Force Report*. Council on Foreign Relations, 2010.

263. Richard A. Posner. *A Failure of Capitalism*: *the Crisis of '08 and the descent into depression*. Harvard University Press, 2009.

264. Richard J. Samuels. *Securing Japan-Tokyo's Grand Strategy and the Future of East Asia*. Cornell University Press, 2008.

265. Roselyn Hsueh. *China's regulatory state*: *a new strategy for globalization*. Cornell University Press, 2011.

266. Robert J. Shiller. *The Subprime Solution*: *How Today's Global Financial Crisis Happened, and What to Do about It*. Princeton University Press, 2012.

267. Robert W. Kolb. *Lessons from the Financial Crisis*: *Causes, Consequences, and Our Economic Future*. Wiley, 2010.

268. Simon S. C. Tay. *Asia Alone*: *The Dangerous Post-Crisis Divide from America*. Wiley, 2010.

269. Steen Thomsen, Caspar Rose and Ole Risager. *Understanding the Financial Crisis*: *Investment, Risk and Governance*. Sim Corp Strategy Lab, 2009.

270. Stephen Krasner ed. *International regime*. Cornell University Press, 1983.

271. Wei Liang and Faizullah Khilji. *China and East Asia's Post-Crisis Community*: *A Region in Flux*. Lexington Books, 2012.

272. Atsuko Ichijo. "Book Review: Political Theory: Nation-States and Nationalisms" . *Political Studies Review*, Vol. 13, No. 3, August 2015.

273. Artyom Lukin. "Russia and the Balance of Power in Northeast Asia", *Pacific Focus*, Vol. 27, No. 2, August 2012.

274. Allen S. Whiting. "Chinese Nationalism and Foreign Policy after Deng", *The China Quarterly*, Vol. 142, June 1995.

275. Alexander E, Farrell, Hisham Zerriffi, and Hadi Dowlatabadi. "Energy Infrastructure and Security", *Annual Review of Environment and Resources*, Vol. 29, August 2004.

276. Alastair Iain Johnston. "What (If Anything) Does East Asia Tell Us About International Relations Theory?", *Annual Review of Political Science*, Vol. 15, June 2012.

277. Alessio Patalano, James Manicom. "Rising Tides: Seapower and Regional Security in Northeast Asia", *Journal of Strategic Studies*, Vol. 37, July 2014.

278. Arase, David. "Non-Traditional Security in China-ASEAN Cooperation: The Institutionalization of Regional Security Cooperation and the Evolution of East Asian Regionalism", *Asian Survey*, Vol. 50, No. 4, July/August 2010.

279. Bisley, Nick. "Securing the 'Anchor of Regional Stability'?: The Transformation of the US-Japan Alliance and East Asian Security", *Contemporary Southeast Asia*, Vol. 30, No. 1, April 2008.

280. Boris G. Saneev. "Energy cooperation between Russia and Northeast Asian countries: Prerequisities, directions and problems", *Global Economic Review*, Vol. 32, December 2003.

281. Bong, Youngshik Daniel. "Past is Still Present: The San Francisco System and a Multilateral Security Regime in East Asia", *Korea Observer*, Vol. 41, 2010.

282. Chih-Yu Shih. "Breeding a reluctant dragon: can China rise into partnership and away from antagonism?", *Review of International Studies*, Vol. 31, No. 4, October 2005.

283. Choi, Hyun Jinv. "Fueling Crisis or Cooperation? The Geopolitics of Energy Security in Northeast Asia", *Asian Affairs An American Review*, Vol. 36, No. 1, Spring 2009.

284. Changhee Nam, Seiichiro Takagi. "Rising China and Shifting Alliances in Northeast Asia: Opportunities and Challenges facing America and its Allies", *Korean Journal of Defense Analysis*, Vol. 16, September 2004.

285. CHENG, JOSEPH Y. S. "China's Regional Strategy and Challenges in East Asia", *China Perspectives*, Vol. 2013, No. 2, June 2013.

286. Christopher P. Twomey, M. Taylor Fravel. "Projecting Strategy: The Myth of Chinese Counter-intervention", *The Washington Quarterly*, Vol. 37, No. 4, January 2015.

287. Christoffersen, Gaye. "Russia's breakthrough into the Asia-Pacific: China's role", *International Relations of the Asia Pacific*, Vol. 10, No. 1, January 2010.

288. David Shambaugh. "China Engages Asia: Reshaping the Regional Order", *International Security*, Vol. 29, January 2005.

445

289. Dingding Chen. "Domestic Politics, National Identity, and International Conflict: the case of the Koguryo controversy", *Journal of Contemporary China*, Vol. 21, No. 74, February 2012.

290. Danish Institute for International Studies. "North Korea's Security Policy: Implications for Regional Security and International Export Control Regimes", *DIIS Report*, Vol. 31, July 2008.

291. Edward Friedman. "China's Ambitions, America's Interests, Taiwan's Destiny, and Asia's Future", *Asian Survey*, Vol. 53 No. 2, 2013.

292. Ernst B. Haas. "International Integration: The European and the Universal Process", *International Organization*, Vol. 15, No. 3, Summer 1961.

293. Friedrichs, Jörg. "East Asian Regional Security", *Asian Survey*, Vol. 52, No. 4, July/August 2012.

294. Elizabeth Wishnick. "Energy in Northeast Asia: Resources for Conflict or Cooperation? An Introduction", *East Asia*, Vol. 25, March 2008.

295. Ernst B Haas. "What is Nationalism and Why Should We Study it?", *International Organization*, Vol. 40, No. 3, Summer 1986.

296. Fumio Ota. "Red Star over the Pacific: China's Rise and the Challenge to U. S. Maritime Strategy", *The China Journal*, No. 66, July 2011.

297. Gannon, Philip. "Obama and China's Rise: An Insider's Account of America's Asia Strategy", *Political Studies Review*, Vol. 11, No. 3, October 2013.

298. Goh, Evelyn1. "The United States in Asia: Reflections on Deterrence, Alliances, and the 'Balance' of Power", *International Relations of the Asia Pacific*, Vol. 12, No. 3, August 2012.

299. Glenn Kessler. "North Korea Tests U. S Policy of Strategic Patience", *The Washington Post*, May 27, 2010.

300. Gerald P. Dwyer and Paula Tkac. "The Financial Crisis of 2008 in Fixed-Income Markets", *Journal of International Money and Finance*, Vol. 28, No. 8, August 2009.

301. Hans Morgenthau. "The National Interest of the United States", *American Political Science Review*, Vol. 46, No. 4, December 1952.

302. Isak Svensson. "Management and Conflict Settlement in East Asia", *Asian Perspective*, Vol. 35, June 2011.

303. J Miles. "Chinese nationalism, US policy and Asian security", *Survival*, Vol. 42, No. 4, Winter 2000.

304. Jane Perlez. "China Bluntly Tells North Korea to Enter Nuclear Talks", *The New York Times*, May 24, 2013.

305. Jae-Seung Lee. "Towards green energy cooperation in Northeast Asia: implications from European experiences", *Asia Europe Journal*, Vol. 11, September 2013.

306. Jaewoo Choo. "Energy cooperation problems in Northeast Asia: Unfolding the reality", *East Asia*, Vol. 23, No. 3, September 2006.

307. Jennifer Lind. "Democratization and Stability in East Asia", *International Studies Quarterly*, Vol. 55, No. 2, June 2011.

308. Jeanne L. Wilsona. "Soft Power: A Comparison of Discourse and Practice in Russia and China", *Europe-Asia Studies*, Vol. 67, No. 8, October 2015.

309. J. R. V. Prescott. "Maritime Jurisdiction in East Asian Seas", Occasional Papers of the East-West Environment and Policy Institute, East-West Center, No. 4, 1987.

310. Jim Garamone. "Gates: North Korea Becoming Direct Threat to U. S. ", *American Forces Press Service*, January 11, 2011.

311. John Bolton. "How to Answer the North Korean Threat", *The Wall Street Journal*, February 20, 2013.

312. John E. Endicott, Alan G. Gorowitz. "Track-Ⅱ cooperative regional security efforts: Lessons from the limited nuclear-weapons-free zone for Northeast Asia", *Pacifica Review Peace Security & Global Change*, Vol. 11, October 1999.

313. Jhee, Byong-Kuen. "Public Support for Regional Integration in Northeast Asia: An Empirical Test of Affective and Utilitarian Models", *International Political Science Review*, Vol. 30, No. 1, January 2009.

314. Kathleen Collins. "The Limits of Cooperation: Central Asia, Afghanistan, and the New Silk Road", *Asia Policy*, No. 17, January 2014.

315. Kawai, Masahiro. "East Asian economic regionalism: Progress and challenges", *Journal of Asian Economics*, Vol. 16, No. 1, February 2005.

316. Karla S. Fallon. "Promoting an Energy Partnership in Northeast Asia", *Pacific Focus*, Vol. 21, No. 1, March 2006.

317. Kelly, Robert E. "The 'pivot' and its problems: American foreign policy in Northeast Asia", *The Pacific Review*, Vol. 27, No. 3, May 2014.

318. Koga, Kei. "The US and East Asian Regional Security Architecture: Building a Regional Security Nexus on Hub-and-Spoke", *Asian Perspective*, Vol. 35, No. 1,

January 2011.

319. Kuhrt, Natasha. "The Russian Far East in Russia's Asia Policy: Dual Integration or Double Periphery?", *Europe-Asia Studies*, Vol. 64, No. 3, May 2012.

320. Lin, Wen-Lung Laurence. "The U. S. Maritime Strategy in the Asia-Pacific in Response to the Rise of a Seafaring China", *Issues & Studies*, Vol. 48, No. 4, December 2012.

321. Lian Ma. "Thinking of China's Grand Strategy: Chinese Perspectives", *International Relations of the Asia Pacific*, Vol. 13, No. 1, January 2013.

322. Liselotte Odgaard. "The Balance of Power in Asia-Pacific Security: U. S. - China Policies on Regional Order", *Korean Journal of Defense Analysis*, Vol. 19, No. 1, March 2007.

323. Michael Yahuda. "Chinese dilemmas in thinking about regional security architecture", *The Pacific Review*, Vol. 16, No. 2, March 2003.

324. Maria Elena Romero-Ortiz. "Asia Pacific Regionalism: The Strategies of Japan and China in the Region", *Latin American Journal of International Affairs*, Vol. 2, No. 3, January 2010.

325. Matthew Augustine. "Multilateral Approaches to Regional Security: Prospects for Cooperation in Northeast Asia", *Korean Journal of Defense Analysis*, Vol. 13, No. 1, 2001.

326. Michael Lumbers. "Whither the Pivot? Alternative U. S. Strategies for Responding to China's Rise", *Comparative Strategy*, Vol. 34, No. 4, July 2015.

327. Michael Alan Brittingham. "The 'Role' of Nationalism in Chinese Foreign Policy: A Reactive Model of Nationalism & Conflict", *Journal of Chinese Political Science*, Vol. 12, No. 2, January 2007.

328. NICHOLS, L. "Expansion and contraction in developed Northeast Asian nations", *Hydrocarbon Processing*, Vol. 94, No. 10, 2015.

329. Peter Hays Gries. "China's New Nationalism: Pride, Politics, and Diplomacy", *The China Journal*, No. 53, January 2005.

330. Peter Hays Gries. "The Koguryo controversy, national identity, and Sino-Korean relations today", *East Asia*, Vol. 22, No. 4, December 2005.

331. Ratner, Ely. "Rebalancing to Asia with an Insecure China", *Washington Quarterly*, Vol. 36, No. 2, April 2013.

332. Ramon Pacheco Pardo. "China and Northeast Asia's Regional Security Architecture: The Six-Party Talks as a Case of Chinese Regime-Building?", *East Asia*,

Vol. 29, No. 4, August 2012.

333. Ross A. Hammond, Robert Axelrod. "The Evolution of Ethnocentrism", *The Journal of Conflict Resolution*, Vol. 50, No. 6, December 2006.

334. Robert Jervis. "Dilemmas About Security Dilemmas", *Security Studies*, Vol. 20, No. 3, August 2011.

335. Sung-han Kim. "Environment-security nexus in northeast Asia", *Global Economic Review*, Vol. 30, 2001.

336. Shunji Cui. "Problems of Nationalism and Historical Memory in China's Relations with Japan", *Journal of Historical Sociology*, Vol. 25, No. 2, June 2012.

337. Smith, Hazel. "International Politics and Security in Korea", *Pacific Affairs*, Vol. 82, No. 1, March 2009.

338. Suisheng Zhao. "China's Global Search for Energy Security: cooperation and competition in Asia-Pacific", *Journal of Contemporary China*, Vol. 17, May 2008.

339. Stephen C. Nelson and Peter J. Katzenstein. "Uncertainty, Risk, and the Financial Crisis of 2008", *International Organization*, Vol. 68, No. 2, January 2014.

340. Sergey Sevastyanov. "The More Assertive and Pragmatic New Energy Policy in Putin's Russia: Security Implications for Northeast Asia", *East Asia*, Vol. 25, February 2008.

341. Svensson, Isak. "East Asian Peacemaking: Exploring the Patterns of Conflict", *Asian Perspective*, Vol. 35, No. 2, April-June 2011.

342. Shunji Cui. "Beyond History: non-traditional security cooperation and the construction of Northeast Asian international society", *Journal of Contemporary China*, Vol. 22, No. 83, September 2013.

343. Tow W. T. "Taylor B. What is Asian security architecture?", *Review of International Studies*, Vol. 36, No. 1, January 2010.

344. Tsutomu Toichi. "Energy Security in Asia and Japanese Policy", *Asia-Pacific Review*, Vol. 10, No. 1, May 2003.

345. Tsuneo Akaha. "International cooperation in establishing a regional order in Northeast Asia", *Global Economic Review*, Vol. 27, March 1998.

346. Vladimir I. Ivanov. "Prospects for Russia's energy diplomacy in Northeast Asia", *Global Economic Review*, Vol. 28, No. 1, January 1999.

347. Victoria Ivashina and David Scharfstein. "Bank Lending during the Financial Crisis of 2008", *Journal of Financial Economics*, Vol. 97, No. 3, September 2010.

348. William T. Tow. "Brendan Taylor. What is Asian security architecture?",

Review of International Studies, Vol. 36, No. 1, January 2010.

349. William T. Tow. "The United States and Asia in 2013: From Primacy to Marginalization?", *Asian Survey*, Vol. 54, No. 1, January/February 2014.

350. Woosang Kim. "Rising China, pivotal middle power South Korea and alliance trasition theory", *International Area Studies Review*, Vol. 18, No. 3, July 2015.

351. Yoo. "The China factor in the US-South Korea alliance: the perceived usefulness of China in the Korean Peninsula", *Australian Journal of International Affairs*, Vol. 68, No. 1, January 2014.

352. Yu Xintian. "China and Northeast Asian regional security cooperation", *Asia-Pacific Review*, Vol. 12, No. 2, November 2005.

353. Ивашенцов Глеб Александрович. Соаммит АТЭС-2012: Тихокеанские горизонты России. 《Международная жизнь》, №2-2012.

354. Ивашенцов Глеб Александрович. России нужна развернутая энергетическая стратегия в АТР. 《Международная жизнь》, №3-2013.

355. Долгов Борис. Россия и Китай: стратегическое партнерство. 《Международная жизнь》, №7-2014.

356. Петровский Владимир. Россия, Китай и новая архитектура международной безопасности в АТР. 《Международная жизнь》, №1-2013.

357. Бородавкин Алексей Николаевич. Восточное направление российской внешней политики итоги и перспективы. 《Международная жизнь》, №1-2011.

358. Давыденко Андрей Иванович. Россия укрепляет связи с партнерами в Азии. 《Международная жизнь》, №3-2013.

359. Брутенц Карен. Россия и Азия. 《Международная жизнь》, №3-2011.

360. Николаев Михаил Ефимович. АТР и национальная безопасность России 《Международная жизнь》, №4-2010.

361. Стратегия национальной безопасности Российской Федерации до 2020 года. 13 мая 2009 года, http://news. kremlin. ru/ref_notes/424.

362. В. Путин. Выступление на саммите Совещания по взаимодействию и мерам доверия в Азии21 мая 2014 года, http://www. kremlin. ru/news/21058.

363. Концепция внешней политики Российской Федерации, 12 февраля 2013 г. http://www. mid. ru/bdomp/ns-osndoc. nsf/e2f289bea62097f9c325787a0034c255/c32577ca0017434944257b160051bf7f! OpenDocument.

364. Петровский Владимир. Эхо Второй мировой в Восточной Азии: 《ловушки》 холодной войны и уроки коллективного действия. 《Международная жизнь》,

№8-2014.

365. Стратегиия национальной безопасности Российской Федерации до 2020 года, http：//archive. mid. ru/bdomp/ns-osndoc. nsf/e2f289bea62097f9c325787a0034c 255/8abb3c17eb3d2626c32575b500320ae4！OpenDocument.

366. Александр Лукин. Поворот России к Азии：миф или реальность？4 номера 2016 года, https：//interaffairs. ru/jauthor/material/1468.

367. ДмитрийЛабин. В поисках стратегии успехав Северо-Восточной Азии, 31октябр. 2012года, http：//www. ru. journal-neo. com/node/119518.

368. 16. Людмила Захарова, Экономические отношения России и КНДР： курс на прорыв, 04. 06. 2014, http：//ru. journal-neo. org/2014/06/04/e-konomi-cheskie-otnosheniya-rossii-i-kndr-kurs-na-prory-v/.

369. Послание Президента Федеральному Собранию, 3 декабря 2015 года, http：//kremlin. ru/events/president/transcripts/messages/50864.

370. В. Путин. Стенографический отчёт о заседании сессии в рамках Делового саммита форума《Азиатско-тихоокеанское экономическое сотрудничество》10 ноября 2014 года, http：//www. kremlin. ru/news/46988.

371. Выступление Министра иностранных дел России С. В. Лаврова на встрече министров иностранных дел стран-участниц Совещания по взаимодействию и мерам доверия в Азии, 28 апреля 2016 года, http：//www. mid. ru/press_service/minister_speeches/-/asset_publisher/7OvQR5KJWVmR/content/id/2256996.

372. Юрий Райков. Восточная Азия и новый мировой порядок, 12 номера 2015 года, https：//interaffairs. ru/jauthor/material/1419.

373. 半田滋,「集団的自衛権のトリックと安倍改憲」, 高文研, 2013 年。

374. 渡辺利夫,「日本の東アジア戦略：共同体への期待と不安」, 東洋経済新報社, 2005 年。

375. 渡边昭夫,「アジア太平洋協力構想」, NTT 出版社 2005 年版。

376. 長島昭久,「日米同盟の新しい設計図：変貌するアジアの米軍を見据えて」, 日本評論社, 2002 年。

377. 防衛省編,「防衛白書平成 24 年版」, 佐伯印刷, 2012 年。

378. 防衛省編,「防衛白書平成 25 年版」, 日経印刷, 2013 年。

379. 防衛省防衛研究所,「東アジア戦略概観 2013」,（有）成隆出版, 2013 年。

380. 防衛省防衛研究所,「東アジア戦略概観 2014」,（株）時評社, 2014 年。

381. 防衛日報社編,「自衛隊年鑑 2013」, 防衛日報社, 2013 年。

382. 防衛年鑑刊行会編,「防衛年鑑 2013, 防衛メディアセンター」, 2013 年。

451

383. 谷内正太郎編,「日本の安全保障と防衛政策」,ウェッジ,2013 年。

384. 河野収,「日本地政学:環太平洋地域の生きる道」,原書房,1983 年。

385. 江沢譲爾,「地政学研究」,日本評論社,1942 年。

386. 入江昭,「歴史家が見る現代世界」,講談社,2014 年。

387. 森本敏,「安全保障論:21 世紀世界の危機管理」,PHP 研究所,2000 年。

388. 石破茂,「日本人のための「集団的自衛権」入門」,新潮社,2014 年。

389. 五百旗頭真,「秩序変革期の日本の選択:「米・欧・日」三極システムのすすめ」,PHP 研究所,1991 年。

390. 外務省編,「外交青書 2013」,日経印刷,2013 年。

391. 小牧實繁,「大東亞地政學新論」,星野書店,1943 年。

392. 小島朋之,竹田いさみ,「東アジアの安全保障」,南窓社,2002 年。

393. 小原雅博,「国益と外交」,日本経済新聞出版社 2007 年版。

394. 小沢一郎,「日本改造計画」,讲谈社 1993 年版。

395. 信夫清太郎,「日本外交史」,商務印書館 1992 年版。

396. 永野信利,「日本外交全貌」,耕文社 1986 年版。

397. 永野信利,「天皇と鄧小平の握手」,行政問題研究所 1983 年版。

398. 猪口孝,「日本:経済大国の政治運営」,東京大学出版会,1993 年。

399. 猪口孝,「現代国際関係と日本」,築書斎 1991 年版。

400. 荒井利明,「東アジアの日・米・中:平和と繁栄をどう確保するか」,日中出版,2007 年。

401. ビルエモット著,伏見威蕃訳,「アジア三国志:中国・インド・日本の大戦略」,日本経済新聞出版社,2008 年。

402. アーロン・フリードバーグ著,佐橋亮監修,「支配への競争:米中対立の構図とアジアの将来」,日本評論社,2013 年。

403. ニコラス・スパイクマン著,奥山真司訳,「平和の地政学:アメリカの大戦略の原点」,芙蓉書房出版,2008 年。

404. ドミニク・モイジ著,櫻井祐子訳,「「感情」の地政学:恐怖・屈辱・希望はいかにして世界を創り変えるか」,早川書房,2010 年。

405. コリングレイ,ジェフリースローン著,奥山真司訳,「進化する地政学:陸、海、空そして宇宙へ」,五月書房,2009 年。

406. ケント・E.カルダー著,杉田弘毅訳,「新大陸主義:21 世紀のエネルギーパワーゲーム」,潮出版社,2013 年。

407. イアン・ブレマー,ジョセフ・ナイ,ハビエル・ソラナ,クリストファー・ヒル著,「新アジア地政学」, 土曜社, 2013 年。

408. ［韩］陈德奎：《韩国的民族主义》, 首尔：现代思想社, 1976 年。

409. ［韩］李永镐：《韩国人的价值观》, 一志社, 1979 年。

410. ［韩］金宇泰：《韩国民族主义研究》, 釜山：釜山大学出版社, 1984 年。

411. 노태구：《민족주의와 국제정치》, 서울：범학사, 2001.

412. 김혜승：《한국민족주의：발생양식과 전개과정》, 서울：比峰出版社, 2003.

413. 정융녠, 승병철：《21 세기는 중국의 시대인가：민족주의, 정체성 그리고 국제관계》, 과천：문화발전소, 2005.

414. 차기벽：《한국 민족주의의 이념과 실태》, 파주：한길사, 2005.

415. 박찬승：《민족주의의 시대：일제하의 한국 민족주의》, 서울：景人文化社, 2007.

416. 곽진오：《세계화와 동아시아민족주의》, 서울：책사랑, 2010.

417. 노태구：《한국민족주의와 국제주의》, 서울：경기대학교 민족문제연구소, 1996.

418. 유광진：《중국의 민족주의와 동양성》, 수원：경기대학교 민족문제연구소, 1997.

419. 王生：《동북아평화와 중한합작：북한 핵 문제 해결을 위한 과정 중 중국과 한국의 역할을 중심으로 연구함》, 《韩国文化技术》, 第八集, 韩国檀国大学文化技术研究所 2009 年 12 月出版。

420. 최연식：《탈냉전기 중국의 민족주의와 동북아질서》, 2004, 14 (1).

421. 남정휴：《중국 근대국가 형성과정을 통해서 본 중국의 민족주의》, 한국동북아논총, 2005, 37.

422. 천성림：《20 세기 중국 민족주의의 형성과 전개》, 동양정치사상사, 2005, 5 (1).

423. 곽진오：《글로벌화와 일본민족주의》, 일본학보, 2006, 67.

424. 김경국, 외：《"大中华"论与当地中国民族主义 분석》, 중국학논총, 2006, 21 (1).

425. 박의경：《동복아 협력의 모색과 21 세기 한국 민족주의를 위한 제언》, 한국동북아논총, 2006, 40.

426. 노태구：《동북아시대와 한국민족주의》, 한국의 청소년문화, 2006, 7.

427. 이희옥：《중국민족주의의 발전의 이데올로기적 함의》, 중국학논총, 2009, 47.

428. 장규식：《20 세기 전반 한국 시상계의 궤적과 민족주의 담론》, 한국사연구, 2010, 150.

429. 한석희：《21 세기 중국 민족주의의 딜레마》, 신아세아, 2010, 17 (1).

430. 석한섭:《중국 대외정책형성에 미친 민족주의의 영향에 관한 연구》,
조선대학교, 1993.

431. 김월회:《20 세기초 중국의 문화민족주의 연구》, 서울대학교, 2001.

432. 이빈:《중국 근대 민족주의 사상에 관한 연구》, 원광대학교, 2007.

433. 한주희:《중국의 부흥과 대외정책의 변화: 중국 민족주의와의 상관
성을 중심으로》, 부산대학교, 2010.

后 记

　　教育部哲学社会科学重大课题攻关项目《中国东北亚战略与政策研究》（项目批准号：09JZD0037）顺利通过结项，研究成果作为学术著作正式出版了。我作为项目负责人和首席专家有一种如释重负的感觉。在课题申报时，我的团队充满信心、精心论证的冲劲；在学术会议上，学者云集，精英荟萃，具有浓郁的学术气息；全体课题组成员精诚合作，发扬联合攻关的团队精神；还有我的研究生们一呼百应，齐心协力，一派"上阵父子兵"的架势。这一切都给我留下了难忘的深刻印象，同时也使我百感交集。

　　我感受到一种时代的脉搏。中国的迅速崛起使中国走上世界中心舞台，成为世界新兴大国。它把中国的命运与世界的命运紧密地联系起来。冷战结束和经济全球化为中国提供了前所未有的发展机遇，同时，中国也面临着各种复杂的全球性问题与挑战。习近平总书记在 2014 年中央外事工作会议上指出，"当今世界是一个变革的世界，是一个新机遇新挑战层出不穷的世界，是一个国际体系和国际秩序深度调整的世界""认识世界发展大势，跟上时代潮流，是一个极为重要并且常做常新的课题。中国要发展，必须顺应世界发展潮流。要树立世界眼光、把握时代脉搏"。① 顺应世界潮流，积极开展具有中国特色的大国外交和周边外交，这是充分利用国内国际两大资源和两大市场，建设高度富强、民主、文明现代化强国的必由之路。它表明中国国际角色和外交战略的重大转换，也是中国作为负责任世界大国的时代选择。立足国际视野，顺应世界潮流，把握时代脉搏，加强中国特色大国外交和周边外交的理论与政策研究，这是一项重大的研究课题。

　　我感受到一种学者的责任。汉斯·摩根索曾指出，"外交是一种艺术。它运用国家权力的不同要素以最大的作用影响那些在国际局势中最直接地涉及国家利益的问题""外交是国家权力的头脑""高质量的外交能够把外交政策的手段和

---

　　① 《习近平出席中央外事工作会议并发表重要讲话》新华网。http://news.xinhuanet.com/2014-11/29/c_1113457723.htm，2014 年 11 月 29 日。

目的与现有国家权力的资源和谐地配合起来"。① 它表明英明的外交对于实现国家主权、安全和发展利益的重要性。以习近平为总书记的党中央提出了中国特色大国外交和"亲、诚、惠、容"周边外交新理念，提出了"一带一路"发展战略。我们的课题研究就是围绕党和国家外交工作重心，对中国东北亚战略与政策进行深入、系统和全面地研究，使我们的课题研究服务于党和国家外交决策，推动中国东北亚外交政策的学术研究。这项课题既促进了我们的学术研究，也使我们深深感到学者服务社会，为国家外交决策贡献思想与智慧的使命与担当。

我感受到一种团队的精神。吉林大学是中国高校东北亚研究的重镇，设有教育部人文社科东北亚重点研究基地，有吉林大学东北亚研究院和行政学院国际政治系一批实力雄厚的教学科研队伍。多年来，我们建立了校内跨行政单位和跨专业的学科群，实行优化组合，开展学术合作。重大项目的课题组成员就是以此为基础形成的，各位子课题负责人和其他课题组成员都是行政学院国际政治系和东北亚研究院的教授和副教授，他们都是长期从事东北亚问题研究的专家学者。大家的精诚合作和辛勤工作，为顺利完成课题研究贡献了自己的智慧和力量。

我感受到一种鼎力的支持。我们聘请了现代国际关系研究院院长季志业研究员、俄罗斯所所长冯玉军研究员、朝韩研究室主任咸宝良研究员，军事科学院陈学惠研究员，同济大学国际战略研究院院长门洪华教授，内蒙古大学娜琳教授作为咨询专家参加课题研究。他们拨冗莅临，多次参加我们举行的学术会议和高层学术研讨会，对课题研究给予了高屋建瓴的指导。在课题研究过程中，我们得到了梁守德教授、倪世雄教授、程伟教授、王胜今教授、刘丽华教授、吴心伯教授、陈玉刚教授、苏长和教授、朱峰教授、李玉潭教授、李俊江教授、李晓教授、刘德斌教授、徐学纯教授、周光辉教授、张贤明教授、边铁研究员等各位师长和同仁的指导和支持。我们的课题同时也得到了教育部社科司、外交部政策规划司、吉林大学社科处、吉林大学国际处、吉林大学行政学院、吉林大学东北亚研究院、《吉林大学社科学报》编辑部、《东北亚论坛》编辑部等部门领导和同志们给予的关怀和帮助。正是有这么多部门和学者们的支持，才保证我们的课题顺利进行和圆满完成。我作为项目负责人要向各位教授和相关单位表示最诚挚的谢意！

在此也要特别感谢郭锐教授、于海洋教授、张东宁副教授、刘涛副教授协助进行了修改和统稿工作，郭锐协助进行了结项准备工作。感谢曲文娜老师为课题所做的大量工作，以及杨晨曦、乔蕊、成芳、周金宁等各位博士研究生在举办学术会议和完成课题过程中的任劳任怨和无私奉献。

---

① ［美］汉斯·摩根索，徐昕、郝望、李保平译，王缉思校：《国家间政治——权力斗争与和平》（第七版），北京大学出版社 2006 年版，第 178 页。

附：课题组成员和任务分工情况：

首席专家（项目负责人）：刘清才教授

咨询专家：季志业研究员、陈学惠研究员、冯玉军研究员、戚宝良研究员、门洪华教授、娜琳教授

第一子课题：东北亚国际体系转型与中国的战略选择

子课题负责人：刘雪莲教授；主要成员：张景全教授、宫笠俐副教授、姚璐副教授；

第二子课题：东北亚地区的安全挑战与安全机制建设

子课题负责人：黄凤志教授；主要成员：肖晞教授、高科教授、张玉国副教授、许宁讲师、金新讲师；

第三子课题：朝鲜半岛问题与中国的战略与政策

子课题负责人：张慧智教授；主要成员：巴殿君教授、郭锐教授；

第四子课题：东北亚地区领土主权与海洋权益争端及其战略与对策

子课题负责人：沈海涛教授；主要成员：张丽华教授、于海洋教授、姜延迪副教授；

第五子课题：东北亚地区能源安全与能源合作

子课题负责人：朱显平教授；主要成员：李天籽教授、刘涛副教授、徐博副教授；

第六子课题：东北亚地区金融安全与货币体系建设

子课题负责人：庞德良教授；主要成员：张建政副教授、于乃书副教授、洪宇副教授、续延军讲师；

第七子课题：东北亚地区贸易投资便利化与区域合作

子课题负责人：陈志恒教授；主要成员：廉晓梅教授、陈治国副教授、王岩讲师；

第八子课题：民族主义对东北亚国家关系的影响及对策研究

子课题负责人：王生教授；主要成员：张斌教授、张东宁副教授、许琳教授、潘海英教授、支继超博士。

教育部哲学社會科学研究重大课题攻關項目
成果出版列表

书　名	首席专家
《马克思主义基础理论若干重大问题研究》	陈先达
《马克思主义理论学科体系建构与建设研究》	张雷声
《马克思主义整体性研究》	逄锦聚
《改革开放以来马克思主义在中国的发展》	顾钰民
《新时期　新探索　新征程 ——当代资本主义国家共产党的理论与实践研究》	聂运麟
《坚持马克思主义在意识形态领域指导地位研究》	陈先达
《当代资本主义新变化的批判性解读》	唐正东
《当代中国人精神生活研究》	童世骏
《弘扬与培育民族精神研究》	杨叔子
《当代科学哲学的发展趋势》	郭贵春
《服务型政府建设规律研究》	朱光磊
《地方政府改革与深化行政管理体制改革研究》	沈荣华
《面向知识表示与推理的自然语言逻辑》	鞠实儿
《当代宗教冲突与对话研究》	张志刚
《马克思主义文艺理论中国化研究》	朱立元
《历史题材文学创作重大问题研究》	童庆炳
《现代中西高校公共艺术教育比较研究》	曾繁仁
《西方文论中国化与中国文论建设》	王一川
《中华民族音乐文化的国际传播与推广》	王耀华
《我国少数民族音乐资源的保护与开发研究》	樊祖荫
《楚地出土戰國簡册［十四種］》	陳　偉
《近代中国的知识与制度转型》	桑　兵
《中国抗战在世界反法西斯战争中的历史地位》	胡德坤
《近代以来日本对华认识及其行动选择研究》	杨栋梁
《京津冀都市圈的崛起与中国经济发展》	周立群
《金融市场全球化下的中国监管体系研究》	曹凤岐
《中国市场经济发展研究》	刘　伟
《全球经济调整中的中国经济增长与宏观调控体系研究》	黄　达
《中国特大都市圈与世界制造业中心研究》	李廉水
《中国产业竞争力研究》	赵彦云

书　名	首席专家
《东北老工业基地资源型城市发展可持续产业问题研究》	宋冬林
《转型时期消费需求升级与产业发展研究》	臧旭恒
《中国金融国际化中的风险防范与金融安全研究》	刘锡良
《全球新型金融危机与中国的外汇储备战略》	陈雨露
《全球金融危机与新常态下的中国产业发展》	段文斌
《中国民营经济制度创新与发展》	李维安
《中国现代服务经济理论与发展战略研究》	陈　宪
《中国转型期的社会风险及公共危机管理研究》	丁烈云
《人文社会科学研究成果评价体系研究》	刘大椿
《中国工业化、城镇化进程中的农村土地问题研究》	曲福田
《中国农村社区建设研究》	项继权
《东北老工业基地改造与振兴研究》	程　伟
《全面建设小康社会进程中的我国就业发展战略研究》	曾湘泉
《自主创新战略与国际竞争力研究》	吴贵生
《转轨经济中的反行政性垄断与促进竞争政策研究》	于良春
《面向公共服务的电子政务管理体系研究》	孙宝文
《产权理论比较与中国产权制度变革》	黄少安
《中国企业集团成长与重组研究》	蓝海林
《我国资源、环境、人口与经济承载能力研究》	邱　东
《"病有所医"——目标、路径与战略选择》	高建民
《税收对国民收入分配调控作用研究》	郭庆旺
《多党合作与中国共产党执政能力建设研究》	周淑真
《规范收入分配秩序研究》	杨灿明
《中国社会转型中的政府治理模式研究》	娄成武
《中国加入区域经济一体化研究》	黄卫平
《金融体制改革和货币问题研究》	王广谦
《人民币均衡汇率问题研究》	姜波克
《我国土地制度与社会经济协调发展研究》	黄祖辉
《南水北调工程与中部地区经济社会可持续发展研究》	杨云彦
《产业集聚与区域经济协调发展研究》	王　珺
《我国货币政策体系与传导机制研究》	刘　伟
《我国民法典体系问题研究》	王利明
《中国司法制度的基础理论问题研究》	陈光中
《多元化纠纷解决机制与和谐社会的构建》	范　愉
《中国和平发展的重大前沿国际法律问题研究》	曾令良
《中国法制现代化的理论与实践》	徐显明

书　名	首席专家
《农村土地问题立法研究》	陈小君
《知识产权制度变革与发展研究》	吴汉东
《中国能源安全若干法律与政策问题研究》	黄　进
《城乡统筹视角下我国城乡双向商贸流通体系研究》	任保平
《产权强度、土地流转与农民权益保护》	罗必良
《矿产资源有偿使用制度与生态补偿机制》	李国平
《巨灾风险管理制度创新研究》	卓　志
《国有资产法律保护机制研究》	李曙光
《中国与全球油气资源重点区域合作研究》	王　震
《可持续发展的中国新型农村社会养老保险制度研究》	邓大松
《农民工权益保护理论与实践研究》	刘林平
《大学生就业创业教育研究》	杨晓慧
《新能源与可再生能源法律与政策研究》	李艳芳
《中国海外投资的风险防范与管控体系研究》	陈菲琼
《生活质量的指标构建与现状评价》	周长城
《中国公民人文素质研究》	石亚军
《城市化进程中的重大社会问题及其对策研究》	李　强
《中国农村与农民问题前沿研究》	徐　勇
《西部开发中的人口流动与族际交往研究》	马　戎
《现代农业发展战略研究》	周应恒
《综合交通运输体系研究——认知与建构》	荣朝和
《中国独生子女问题研究》	风笑天
《我国粮食安全保障体系研究》	胡小平
《我国食品安全风险防控研究》	王　硕
《城市新移民问题及其对策研究》	周大鸣
《新农村建设与城镇化推进中农村教育布局调整研究》	史宁中
《农村公共产品供给与农村和谐社会建设》	王国华
《中国大城市户籍制度改革研究》	彭希哲
《国家惠农政策的成效评价与完善研究》	邓大才
《以民主促进和谐——和谐社会构建中的基层民主政治建设研究》	徐　勇
《城市文化与国家治理——当代中国城市建设理论内涵与发展模式建构》	皇甫晓涛
《中国边疆治理研究》	周　平
《边疆多民族地区构建社会主义和谐社会研究》	张先亮
《新疆民族文化、民族心理与社会长治久安》	高静文
《中国大众媒介的传播效果与公信力研究》	喻国明
《媒介素养：理念、认知、参与》	陆　晔
《创新型国家的知识信息服务体系研究》	胡昌平

书　名	首席专家
《数字信息资源规划、管理与利用研究》	马费成
《新闻传媒发展与建构和谐社会关系研究》	罗以澄
《数字传播技术与媒体产业发展研究》	黄升民
《互联网等新媒体对社会舆论影响与利用研究》	谢新洲
《网络舆论监测与安全研究》	黄永林
《中国文化产业发展战略论》	胡惠林
《20世纪中国古代文化经典在域外的传播与影响研究》	张西平
《教育投入、资源配置与人力资本收益》	闵维方
《创新人才与教育创新研究》	林崇德
《中国农村教育发展指标体系研究》	袁桂林
《高校思想政治理论课程建设研究》	顾海良
《网络思想政治教育研究》	张再兴
《高校招生考试制度改革研究》	刘海峰
《基础教育改革与中国教育学理论重建研究》	叶　澜
《我国研究生教育结构调整问题研究》	袁本涛　王传毅
《公共财政框架下公共教育财政制度研究》	王善迈
《农民工子女问题研究》	袁振国
《当代大学生诚信制度建设及加强大学生思想政治工作研究》	黄蓉生
《从失衡走向平衡：素质教育课程评价体系研究》	钟启泉　崔允漷
《构建城乡一体化的教育体制机制研究》	李　玲
《高校思想政治理论课教育教学质量监测体系研究》	张耀灿
《处境不利儿童的心理发展现状与教育对策研究》	申继亮
《学习过程与机制研究》	莫　雷
《中国青少年心理健康素质调查研究》	沈德立
《灾后中小学生心理疏导研究》	林崇德
《民族地区教育优先发展研究》	张诗亚
《WTO主要成员贸易政策体系与对策研究》	张汉林
《中国和平发展的国际环境分析》	叶自成
《冷战时期美国重大外交政策案例研究》	沈志华
《新时期中非合作关系研究》	刘鸿武
《我国的地缘政治及其战略研究》	倪世雄
《中国海洋发展战略研究》	徐祥民
《中国东北亚战略与政策研究》	刘清才